Hans Peter Duerr

SEDNA

oder
Die Liebe
zum Leben

Suhrkamp Verlag

Für meine Töchter

Erste Auflage 1984
© Suhrkamp Verlag
Frankfurt am Main 1984
Alle Rechte vorbehalten
Druck: Wagner GmbH, Nördlingen
Printed in Germany

Inhalt

Vorwort
9

Einleitung
11

1. TEIL. DIE HÖHLE.
15

§ 1 Die Hütte des Neuen Lebens.
17

§ 2 Alte Frau unter dem Wasserfall
und Gelbhaarige Jungfrau.
27

§ 3 Die Mutter der Walrosse.
39

§ 4 Im Bauch der Erde.
46

§ 5 Die Liebe und der Tod.
59

§ 6 Der Schamane und die Tierfrau.
71

§ 7 Die Venus der Eiszeit.
83

2. TEIL. DAS LABYRINTH.
95

§ 8 Leopardenfrau und Geierweibchen.
97

§ 9 Der Stier seiner Mutter.
113

§ 10 Das Zerreißen des Geliebten.
128

§ 11 Die Herrin des Labyrinths.
142

§ 12 Der Weg zu den Inseln der Seligen.
154

§ 13 Der Tanz der Kraniche.
163
§ 14 Der Sprung über den Stier.
175
§ 15 Die Dame mit den Seerosen.
185
§ 16 Die verschwundene Göttin.
194
§ 17 Persephones Schoß.
209

3. TEIL.   FLUCHTVERSUCHE.
229
§ 18 Die Liebe zum Leben.
231
§ 19 Alles Leben ist Leiden.
237
§ 20 Time Must Have a Stop.
241
§ 21 Vögel ohne bestimmte Farbe.
250
§ 22 Der Pfad endet mitten in Petersilie.
256

Anmerkungen
265
Bibliographie
431
Register
503

Das Leben nicht verschmähen,
den Tod nicht verschmähen,
nicht im Nirvāṇa wohnen.
Zen-Spruch

Vorwort

In meinem vor sechs Jahren erschienenen Buch *Traumzeit* habe ich die Auffassung vertreten, daß die ›archaischen Menschen‹ rationaler waren als wir heutigen, weil sie ein vernünftiges Verhältnis zu dem hatten, was jenseits der Vernunft liegt, und daß man deshalb sagen kann, daß sie die Weisheit geliebt haben, also Philosophen gewesen sind. Diese These war nun weniger falsch als übertrieben, und das einzig Bemerkenswerte an ihr war, daß die vielen akademischen Kritiker, die das Buch als ein trojanisches Pferd des Irrationalismus entlarvten, um das einige ihrer Studentinnen und Studenten tanzten, sich mit dieser feinsinnigen Analyse dermaßen verausgabt hatten, daß sie die grundlegende Schwäche des Buches nicht mehr bemerkten. Auch jene Kritiker, die auf die Brechstange verzichtet haben, waren zu sehr der Zeit verhaftet, in der das Buch erschien, einer Zeit, die im Zeichen der Rehabilitierung all dessen stand, was dem Prozeß der Zivilisation zum Opfer gefallen war. Dieses intellektuelle Klima führte bisweilen dazu, daß im Geiste Kants und Hegels erzogene Universitätsprofessoren bereit waren, sich selber als eine geistig etwas unterbelichtete Spezies zu sehen, der nichts übrig blieb, als den Weisheiten indianischer Schamanen zu lauschen, auch wenn diese nicht viel mehr sagten, als daß nichts so heiß gegessen wie gekocht wird oder daß der Krug so lange zum Brunnen geht, bis er bricht.
Im vorliegenden Buch versuche ich zu zeigen, daß die ›archaischen Menschen‹ weniger das Wissen liebten als das Leben und daß sie es unternahmen, das Leben zu erhalten und immer wieder zu regenerieren. Sie waren keine Intellektuellen, sondern Ritualisten, und wenn es auch unwahrscheinlich klingen mag, so dachten sie doch nicht tiefer als, sagen wir, Karl Popper oder Jürgen Habermas. Damit will ich nicht sagen, daß sie an der Wirklichkeit desinteressiert gewesen sind; aber liebten sie die Wahrheit, dann handelte es sich, wie Nietzsche sagte, um »Wahrheiten für ihre Füße, Wahrheiten, nach denen sich tanzen läßt«.

Heidelberg, im Frühling 1984   Hans Peter Duerr

Einleitung

Sieht man von den letzten Jahrtausenden ab, so kann man sagen, daß die Menschen sich während ihrer gesamten Geschichte mit der Welt, in der sie lebten, identifizieren konnten, und zwar mit einer Welt, wie sie *war* und nicht wie sie *sein sollte*. Diese Liebe zum Leben hatte natürlich ihren materiellen Grund. Mag es auch etwas überzeichnet sein, die Wildbeuter als »ursprüngliche Überflußgesellschaft« zu charakterisieren, so steht doch fest, daß die Jäger und Sammlerinnen im Vergleich zu den späteren Bauern und Hirtennomaden wenig arbeiten mußten, um ihre Existenz zu sichern. Zudem machte die flexible Lebensform der sowohl egalitären als auch individualistischen kleinen Gruppen es möglich, größere gesellschaftliche Konflikte dadurch zu vermeiden, daß man sich aus dem Wege ging.

Ein solches Leben ließ sich recht umstandslos bejahen, und so standen auch die religiösen Rituale dieser Gesellschaften im Dienste des Lebens. Wenn sich der Kosmos zyklisch regenerierte, dann nahmen die Menschen in ihren Ritualen an dieser Erneuerung teil, und es hat den Anschein, daß sie so etwas wie eine Geburtshilfe leisteten, wenn die Natur in den Wehen lag, indem sie dazu beitrugen, das Jagdwild aus dem Bauch der Erde zu lösen.

Nach dem Ende der letzten Eiszeit wurden die meisten Wildbeutergesellschaften, vor allem offenbar durch das Bevölkerungswachstum, dazu gezwungen, ihre traditionelle Lebensform aufzugeben, Nutzpflanzen anzubauen und Tiere zu züchten. Zwar blieben die zentralen Rituale Regenerierungszeremonien, aber sie bezogen sich jetzt nicht mehr auf die Wiederkehr der abgewanderten Tierherden, sondern vornehmlich auf das Wachstum der Nahrungspflanzen. Die Arbeit war freilich mühsamer, eintöniger und vor allem langwieriger geworden und das Konfliktpotential zwischen den Gesellschaften und innerhalb der Gesellschaft immens gewachsen.

In anderen Worten: obgleich die Zivilisation seit der »neolithischen Revolution« stetig Fortschritte machte, sank die »Lebensqualität«, und das Bewußtsein davon, daß das Leben im wesentlichen mühselig und leidvoll war, führte im ersten vorchristlichen Jahrtausend zur Entwicklung von Weltanschauungen, die später von Nietzsche als die »bisher größten Attentate auf das Leben« bezeichnet werden sollten. Auf der einen Seite entstanden die »Transzendenzideologien«, in denen einem jenseitigen oder einem künftigen Leben ungleich größerer Wert beigemessen wurde als dem, welches die Menschen in Wirklichkeit führten, und auf der anderen Seite artikulierten sich die »Weltfluchtideologien«, in denen das Leben überhaupt abgewertet und verneint wurde. Während sich bekanntlich die »Transzendenzideologie« in späterer Zeit zur offiziellen Weltanschauung der Zivilisation entwickelte, die sich die Erde untertan machte, wurde die »Weltfluchtideologie« in weiten Teilen Asiens zur tragenden Religion und begleitete im Westen häufig die »Jenseitslehre« als mystische Unterströmung.

Dabei sollte man beachten, daß »Weltflucht« nicht notwendigerweise – und sogar nur in den selteneren Fällen – einen Rückzug des Menschen in die Abgeschiedenheit des Klosters, der Wüste oder des Urwaldes bedeutet. Meist geht es eher darum, die Dinge *sub specie aeternitatis,* im Schatten der Ewigkeit zu sehen, so daß alles, was gedacht oder getan werden kann, zur absoluten Bedeutungslosigkeit zusammenschrumpft. In der *Hathayogapradīpikā* heißt es über den »Lebenderlösten«:

»Von allen Zuständen befreit, von allen Gedanken verlassen, ist nun der Yogin gleich einem Toten, aber erlöst. Der Yogin, der *samādhi* erreicht hat, wird vom Tode nicht verzehrt, vom *karma* nicht gequält und von keinem anderen erreicht. Er kennt weder Geruch noch Geschmack, noch Farbe, noch Tastgefühl, noch Laut, noch sich selbst, noch einen anderen. Sein Geist schläft nicht, auch wacht er nicht, er ist von Erinnerung und Vergessen befreit. Er kennt weder Kälte noch Wärme, weder Glück noch Unglück, weder Ehre noch Verachtung.«

Da der Befreite erfahren hat, daß alles im Grunde bedeutungs- und wertlos ist, einschließlich seiner selbst, ist er von der Bürde des Lebens entlastet. Was immer er tun oder glauben mag, so »tut« oder »glaubt« er dies nur, denn seine wahre Identität hat sich zu der einer beziehungslosen Monade verflüchtigt, und wir müssen gewärtig sein, ihn als Hippie zu treffen wie als Ethnologieprofessor, als Sektenbeauftragten der evangelischen Kirche wie als SS-Mann, er kann an der Ladenkasse bei Edeka gleicher-

maßen sitzen wie im Zentralkomitee der KPdSU, was lediglich bedeutet, daß wir ihn überhaupt nicht mehr treffen können. »If you meet the Buddha on the road, kill him«, denn der Buddha ist niemand, dem man jemals begegnen könnte.
Paul Feyerabend hat einmal bemerkt, daß ihn einer, der den Dingen der Welt mit *der* wissenschaftlichen Methode beikommen will, an jemanden erinnere, der versuchte, mit den Schritten des klassischen Balletts das Matterhorn zu besteigen. In diesem Sinne mache ich in dem vorliegenden Buch *nicht* den Versuch, die verschiedenen Ideologien zu werten, gleichsam um *die* dem Menschen angemessene Weltanschauung herauszufiltern. Dies nicht deshalb, weil ich etwa ein Liebhaber des Relativismus wäre, sondern weil unter bestimmten geschichtlichen Bedingungen gewisse Lebensstrategien sinnvoller sind als solche, die uns im Augenblick mehr ansprechen mögen. So kann ich mir zwanglos Situationen vorstellen, in denen Nekrophilie, Todessehnsucht oder Zynismus dem Überleben dienlicher sind als ein pausbäckiges »Ja zum Leben«.

1. Teil
Die Höhle

Ich werde sie aufsuchen
Die unbekannte Frau
Ich werde die verborgenen Dinge ergründen
Jenseits der Menschen
Schamanengesang der Eskimo

§ 1
Die Hütte des Neuen Lebens

Nach einer Überlieferung der Cheyenne* zog einst, als dieser Stamm noch keine Büffel auf Pferden jagte und die *travois* noch von Hunden gezogen wurden, ein junger Schamane mit einer Frau, die er entführt hatte, nach Norden, denn das Land war ausgedörrt und unfruchtbar, die Vegetation war verschwunden, und die Jagdtiere blieben aus. Nach einer langen Reise gelangten sie plötzlich in einen dichten Wald, und in der Mitte dieses Waldes ragte ein riesiger Berg in den Himmel.[1] Am Fuße des Berges stießen sie auf einen Felsen, und als sie ihn beiseite rollten, öffnete sich vor ihnen eine Höhle, die sie betraten. In ihrem Innern trafen sie auf den Großen Medizingeist (Maheo), der ihnen sagte, sie sollten sich genau an die Unterweisungen halten, die er ihnen geben wolle. Täten sie das, so bewegten sich die himmlischen Gestirne wieder, denn der Dröhnende Donner würde sie wecken[2], die Sonne, den Mond und die Sterne, der Regen würde die Erde wieder befruchten, und die Tiere tummelten sich wieder auf ihr. Er wolle ihnen auch eine Zeremonie sowie dem Schamanen eine Büffelkappe, Is'siwun *(esewon)*, geben, eine Kappe mit schlaffen Hörnern, die sich jedoch aufrichteten, wenn er sie bei der Zeremonie trüge. Mit dieser Kappe, fuhr der Große Geist fort, könne der Schamane fortan die Jagdtiere herbeiholen, insbesondere die großen Büffelherden.[3] Alsbald ließen sich die beiden unterweisen, und während dieser Zeit beschlief auch der Große Geist die Begleiterin des Schamanen. Als sie schließlich die Höhle wieder verließen, verjüngte sich vor ihren Augen die ganze Erde und füllte sich mit Leben. Aus der Höhle aber strömten riesige Büffelherden, die den beiden folgten. Seit dieser Zeit heißt der Schamane Tomsivsi, Aufrechte Hörner, und er war es, der den Sutaío, seinem Volk, das sich auf der Prärie den Tsistsistas, den eigentlichen Cheyenne, anschloß, jene Zeremonie brachte, in der er vom Großen Geist unterrichtet worden war: Hohvéheyom, die »Hütte des Neuen Lebens«, heute meist »Sonnentanz« genannt.[4]
Diese Zeremonie ist nun nichts anderes als die rituelle Verge-

1 Nowah'wus, der heilige Berg der Cheyenne.

genwärtigung dessen, was in dem heiligen Berg geschah, die Verjüngung des alt gewordenen Kosmos, die Wiederbelebung der dürren und kraftlosen Vegetation, das Zurückholen der verschwundenen Tierwelt und damit die Erneuerung des Menschen; ihre Aufgabe ist es, wie im Jahre 1903 ein Cheyenne-Priester zu dem Ethnographen George Dorsey sagte, »to make the whole world over again«.[5] Die Kraft des Kosmos hatte nachgelassen, und im Augenblick der Schwäche bedurfte es der Anstrengung eines Teiles des Kosmos, der Menschen, teilzunehmen an der Wiederbelebung.[6] »Die Wiederbeleber« werden auch heute noch die Hauptbeteiligten der Zeremonie genannt; der »Gelübdemacher« *(etsetoheva)* repräsentiert den Schamanen Aufrechte Hörner, die »Heilige Frau« ist seine Begleiterin, der Sonnentanzpriester ist Maheo, der Große Geist, sein Gehilfe der Dröhnende Donner.

Idealiter ist die Welt zu Beginn des Sonnentanzes noch unbefruchtet, öd und leer, in seinem Verlauf aber keimt und wächst es aus dem Erdreich, der Regen hat die Erde befruchtet, die Vögel und die Fische legen ihre Eier, die Büffelkühe haben ihre Kälber geworfen, und von Süden her kommen die Herden, um sich vom jungen Gras der Prärie zu nähren, bis sie sich im

2 Aufrechte Hörner und seine Begleiterin verlassen die Höhle.

Herbst, wenn die Hitze des Sommers das hohe Gras vertrocknet hat, wieder nach Süden wenden.[7] Der heilige Berg, in dem die Wiederbelebung stattfand, wird repräsentiert von der aus Baumstämmen gefügten Sonnentanzhütte.[8] Deren Struktur geht auf die der Erdhütten (Abb. 3) zurück, in denen die letzten Cheyenne fast bis zur Mitte des vorigen Jahrhunderts lebten, um dann als berittene Büffeljäger Tipis zu benutzen.

Als der künftige Schamane Aufrechte Hörner mit seiner Begleiterin nach Norden unterwegs war, fragte diese ihn, warum er denn nicht mit ihr schlafe, wenn er sie schon entführt habe, worauf ihr der Schamane entgegnete: »Die Medizingeister fordern Deine Gegenwart, damit ich eine der Auflagen des Großen Medizintanzes der Alten erfüllen kann: die Verewigung des Volkes durch die Frau. Gedulde Dich bis zu unserer Rückkehr, dann werde ich Dir meine Liebe schenken.«[9] Spätestens in der Höhle wird der Frau dann klargeworden sein, was genau ihr

Entführer mit seiner Erklärung gemeint hatte, nämlich dann, als der Große Geist mit ihr sexuell verkehrte, auf daß sie in einem späteren Beischlaf mit dem Schamanen diesem die göttliche Manneskraft weitervermitteln könne.

Dieser mythische Beischlaf zwischen Gott und Frau wurde bis in unser Jahrhundert hinein vom Sonnentanzpriester und der Frau des Gelübdemachers[10] öffentlich vollzogen, und er war einer der Vorwände, den Sonnentanz im Jahre 1904 und erneut im Jahre 1920 zu verbieten[11], insbesondere der Hinweis darauf, daß selbst inzestuöse Verbindungen dabei nicht auszuschließen seien.[12]

Was war seine Bedeutung? Es scheint, daß sich hier zweierlei unterscheiden läßt. Wie bei vielen Völkern, so ist auch bei den Cheyenne der Beischlaf zwischen Mann und Frau eine zwar notwendige, aber keine hinreichende Bedingung für das Entstehen eines neuen Menschen, denn die *Seele* des Menschen stammt weder von seiner Mutter noch von seinem Vater, vielmehr von Maheo, dem Großen Geist.[13] So kann man wohl sagen, daß die Befruchtung der Begleiterin des Schamanen durch den Gott prototypisch wiedergibt, was sich bei der Entstehung neuen Lebens in jeder Frau ereignet, nämlich die ›Animierung‹ der ›Substanz‹ *(tsehešetovatto)* des Embryos, die von der Frau stammt, durch Maheo.

Zum zweiten aber war die Frau auch, wie schon kurz erwähnt, das ›Gefäß‹, in dem die göttliche Kraft des Großen Geistes dem Manne übermittelt wurde. Deutlicher als bei den Cheyenne wird dieser Aspekt an der berühmt-berüchtigten Zeremonie der Mandan, die »Mit den Büffeln gehen« oder »Mit den Büffeln koitieren«[14] hieß. Dabei schliefen verheiratete Frauen mit meist älteren, machtvollen Männern, um deren ›Kraft‹ *(xo'pini)* in sich aufzunehmen und anschließend an ihre Ehemänner weiterzugeben[15], die oft diese Kraft benötigten, um gefährliche Kriegszüge und andere risikoreiche Unternehmen zu bewältigen.[16] Schon die Reisenden Lewis und Clark, die den Winter 1804/1805 bei den Mandan verbrachten, berichteten davon, daß man ihnen viele Frauen zum Beischlaf angeboten hatte, weil die Indianer die Weißen als sehr machtvoll ansahen; und dies wußten sich so manche Händler zunutze zu machen, die mit besonderer Vorliebe ihre Büffelfelle von den Mandan bezogen, weil diese im

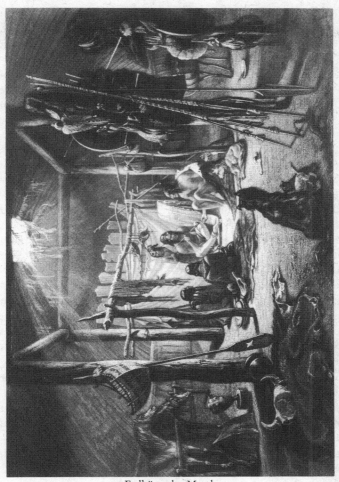

3 Erdhütte der Mandan.

Rufe standen, die laszivsten Frauen dieses Erdenwinkels ihr eigen zu nennen.[17] Ein paar Jahrzehnte später beschreibt der Prinz zu Wied, wie sich eine Mandanfrau einem einflußreichen Mann näherte:

»Dem auf diese Art Begünstigten streicht nun die Frau mit der flachen Hand über den ganzen Arm hinab, zieht ihn bei der Hand auf, und er muß ihr an einen abgelegenen Ort meist in den die Hütten im Winter nahe umgebenden Wald folgen, worauf sie wieder herein kommt und dieses Verfahren oft mit acht bis zehn Männern wiederholt. Sobald der begünstigt gewesene Mann seinen Platz wieder eingenommen hat, präsentiert ihm der die guten Wünsche erbittende seine Tabakspfeife und läßt ihn rauchen, worauf sodann von dem Bewirtheten die besten Wünsche für das Gelingen des Unternehmens oder Anliegens gethan werden.«[18]

Es wurde bereits erwähnt, daß diese Frauen »mit den Büffeln« in die Büsche gingen, in anderen Worten, daß die machtvollen Männer anscheinend in irgendeiner Weise mythische Büffel repräsentierten.[19] Bei den Blackfeet berührte zunächst der »Vater« die Vulva der Frau mit seinem Penis, krümmte anschließend seinen Zeigefinger wie ein Büffelhorn und führte schließlich das steife Glied, wie ein Stier brüllend, in die Vagina der Partnerin ein.[20] Wenn wir schließlich hören, daß der Sonnentanzpriester der Cheyenne und die Frau des Gelübdemachers sich in Büffelfelle hüllten und unter einem Büffelfell den Beischlaf vollzogen[21], dann liegt es nahe anzunehmen, daß hier eine Kopulation zwischen Büffeln nachvollzogen wurde. Dies wird bestätigt von der »Büffelzeremonie« der Cheyenne, vielleicht der Urform des Sonnentanzes[22], in der ein Mann als Büffelstier und eine Frau als Büffelkuh sich paarten.[23]

Wie wir sahen, ist die Höhle des heiligen Berges – und damit auch die Sonnentanzhütte – der Ort des Ursprungs des Lebens. In dieser Höhle wurde die mythische Frau vom Großen Geist befruchtet, hier wurde ihr die Seele des Kindes eingegeben. Gleichzeitig ist die Höhle aber auch der Ort, an dem die Jagdtiere, und für die Büffeljäger natürlich vor allem die Büffel, entstehen, und wir gehen sicher nicht fehl in der Annahme, daß der Große Geist als Büffelstier die Büffelkuh schwängerte, was erklären würde, warum der Sonnentanzpriester als Repräsentant des Großen Geistes sowie die heilige Frau als Repräsentantin der Begleiterin des Schamanen Aufrechte Hörner in Bisonverkleidung miteinander schliefen. Auch die Maheyuno, die heiligen Personen der vier Himmelsrichtungen, werden mit Bisonhörnern dargestellt, und Hetanehao, die Verkörperung der »Manneskraft«, ist allem Anschein nach ein Sonnenbüffelmann, dessen Leib aus einem stark stilisierten Phallus besteht und dessen Bild mit blauer Farbe auf die Brust der Frau gemalt wurde. In diesem Bild vereinigen sich die regenerierende Kraft der Sonne – die von Notoma, dem Geist des kalten Nordens, in den Süden vertrieben worden war, nach der Wintersonnenwende sich jedoch wieder auf den Weg zurück gemacht hatte – und die Kraft des Bisonstieres, der ebenfalls aus dem Süden in die Prärie zurückgekehrt ist. Diese ›Sonnenbüffelkraft‹ ist es nun, die in die Frau fließt[24], die stellvertretend nicht nur für alle Frauen, sondern auch für die Weibchen der Tiere und für das weibliche

4 Hetanehao, der Sonnenbüffelmann.

Erdreich das neue Leben in sich wachsen läßt. Allgemeiner ausgedrückt kann man also sagen, daß der heilige Beischlaf des Sonnentanzes ein geradezu kosmischer *hieros gamos* ist, in dem die göttliche Sonne, eigentlich ›der Sonn‹, die weibliche Erde mit Leben erfüllt, so daß die Menschen, Tiere und Pflanzen wieder neu aus ihr entstehen können. Auf – und später offenbar unter – einem Büffelfell, das in östlicher Richtung von der Sonnentanzhütte entfernt ausgebreitet wurde, der Richtung also, in der die Sonne aufgeht, schlief der Sonnentanzpriester mit der heiligen Frau, und ein anderer Priester betete dabei für die Regenerierung aller Wesen.[25]

5 Heilige Frau und Gelübdemacher der Cheyenne östlich der Sonnentanzhütte (im Hintergrund sichtbar).

Eine analoge Zeremonie findet sich auch bei einem anderen Algonkinvolk, nämlich bei den traditionell mit den Cheyenne befreundeten Arapaho. Bei ihnen schlief der den Himmelsgott verkörpernde Sonnentanzpriester mit der Frau des »Hüttenmachers« unter zwei Bisonfellen. Auch hier ist der Himmelsgott zugleich Büffel und Sonne[26], und im Ursprung befruchtete er Thawwathenennetare oder »Person, die aus der Erde kommt«, und da ihre Repräsentantin, die Frau des »Hüttenmachers«, die Erde ist, ist diese Frau über und über mit roter Erdfarbe bemalt.[27]

Es ist nicht leicht zu sagen, wann der Sonnentanz, die »Hütte des Neuen Lebens«, in seiner klassischen Form entstanden ist. Allgemein heißt es, daß der Sonnentanz der Algonkin, also der Sutaio, von denen die Tsistsistas ihn übernahmen, und der Arapaho der älteste sei, weil bei diesen Stämmen der Welterneuerungscharakter am reinsten ausgeprägt ist.[28] Einige Stämme der Plains-Indianer malten das charakteristische Ereignis des Jahres auf Büffel- oder Elchfelle, und nach diesen sog. »Winter Counts« kann man manche geschichtlichen Ereignisse datieren. So erfahren wir etwa durch einen »Winter Count« der Yanktonai Dakota, daß diese im Jahre 1713 einen Sonnentanz veranstalteten, zu einer Zeit also, in der sie noch in Wigwams und vermutlich auch in Erdhäusern in Minnesota lebten.[29] Wir haben bereits erwähnt, daß die Struktur der Sonnentanzhütte sich von der der Erdhütten ableitet, mit der Ausnahme, daß in der Ritualhütte ein Zentralpfeiler hinzugefügt wurde. Vermutlich haben die Cheyenne, wie man aus Siouxberichten ermittelt hat, um das Jahr 1675 die Quelle des Minnesota River erreicht[30], und es mag sein, daß sie nicht allzu lange vorher nach Minnesota gekommen waren, wo sie den Bodenbau kennenlernten und ihre Wigwams aus Weidengerüst, bedeckt mit Riedmatten, Häuten und Rinden, zugunsten der Erdhäuser aufgaben. Auch nachdem die Cheyenne im 18. Jahrhundert den Missouri überschritten hatten, lebten sie noch längere Zeit in Erdhausdörfern am Grand River, die von den letzten Gruppen erst um 1840 aufgegeben wurden.[31] So läßt sich sagen, daß der klassische Sonnentanz der Cheyenne in der zweiten Hälfte des 17. Jahrhunderts entstanden sein mag, und zwar vermutlich, wenn man ihn mit dem Sonnentanz der berittenen Büffeljäger vergleicht, mit einer leichten Akzentverschiebung zugunsten der Regenerierung der Nutzpflanzen, vor allem des Mais. Zwar unternahmen die in Minnesota lebenden Cheyenne schon frühzeitig Jagdexpeditionen in die Prärie, aber die spätere Funktion des Sonnentanzes, eine gewisse Einheit zu stiften[32], den das Jahr über zerstreut nomadisierenden bands das Gefühl zu vermitteln, im Grunde *ein* Volk zu sein, eben das der Cheyenne – eine solche Funktion wird er für nur gelegentlich Großwild jagende Pflanzer kaum gehabt haben können. Wie dem auch sei, das zentrale Ereignis der Welterneuerungszeremonie, die Befruchtung der weiblichen Erde durch die männliche Sonne, scheint geprägt von einer pflanzerischen Ideologie, und die Identifikation der Sonne mit dem Büffel scheint auf die Zeit zurückzugehen, als die Jagd auf die großen Bisonherden die Bedeutung des Bodenbaus immer mehr in den Schatten rückte.

Aber gibt es auch andere Cheyenne-Überlieferungen, Traditionen, die in eine Zeit zurückreichen, in der die Sutaío und die Tsistsistas noch nicht in Minnesota siedelten und dort Mais, Bohnen und Squash anbauten? Wenden wir uns den Überlieferungen von zwei übernatürlichen weiblichen Wesen zu, der »Alten Frau unter dem Wasserfall« und der »Gelbhaarigen Jungfrau«.

§ 2
Alte Frau unter dem Wasserfall
und Gelbhaarige Jungfrau

Einst, so wird erzählt, trafen zwei junge Männer aufeinander, die dieselbe Kleidung trugen und auch dieselbe Bemalung aufwiesen. Darüber verwundert, stellten sie fest, daß sie beides von derselben »Alten Frau unter dem Wasserfall« erhalten hatten.[1] Vor den Augen der ausgehungerten Stammesangehörigen – das Jagdwild war nämlich ausgeblieben – tauchten sie nun unter diesen Wasserfall (Matama Hehkait, »Gewässer der Alten Frau«) – der wohl im 18. Jahrhundert mit den St. Anthonyfällen einige Meilen oberhalb der Einmündung des Minnesota River in den Mississippi identifiziert wurde[2] (Abb. 6) – und gelangten in eine Höhle.

Dort saß eine alte Frau, die damit beschäftigt war, Maiskörner zu Mehl zu zerstampfen. Sie begrüßte die beiden und sagte zu ihnen, sie sei Großmutter Erde (Escheman), schenkte ihnen Maissamen, Bohnen und Squash, gab ihnen Büffelfleisch und Mais zu essen aus Schüsseln, die niemals leer wurden, bemalte sie mit roter Farbe, der Farbe des Lebens und der Erde, und zeichnete darauf eine gelbe Sonne und einen gelben Mond. Dann entließ sie die jungen Männer aus ihrer Höhle, nachdem sie ihnen noch eine Büffelkappe mit auf den Weg gegeben hatte, und als sie unter dem Wasserfall wieder auftauchten, folgten ihnen prustende Büffel.[3]

In dieser Geschichte ist also keine Rede von einem männlichen Großen Geist, der die Menschenfrau befruchtet, vielmehr von der Maismutter der Mandan, der »Alten Frau, die niemals stirbt«, der ungeschaffenen Vegetationsgöttin, der Cawatahat der Pawnee (»Weiblicher Glanz geht vorüber«)[4], oder wie immer sie von den Indianern in der Umgebung des Missouri genannt wurde. Auch die Alte Frau, die niemals stirbt, wurde von zwei Mandan, Schwarze Medizin und Süße Medizin[5], besucht, als diese sich auf der Hirschjagd verliefen und zu ihrer Erdhütte gelangten, dem Winteraufenthalt der Maisgeister, und auch sie bewirtete ihre Gäste aus Töpfen, die sich immer wieder

6 Das Gewässer der Alten Frau: die St. Anthonyfälle im Mississippi.

füllten, wenn sie leergegessen wurden.[6] Gleichermaßen ist sie die Herrin der Büffel, und stets ist der Büffel mit dem Mais verbunden – so sproß etwa bei den Osage der Mais aus dem Leib des Bisons, als die ersten Menschen auf ihn stießen[7] –, was dadurch erklärbar ist, daß die von Norden kommenden Jäger den Büffel und den Mais etwa gleichzeitig kennenlernten.[8]

Zwar ist in der Erzählung der Cheyenne keine Rede von einem Geschlechtsakt zwischen der Büffel- und Maismutter und den beiden Jünglingen, aber die Überlieferung dieses Stammes ist voll von Geschichten, in denen ein Jäger eine Büffelkuhfrau auf der Jagd mit einem Pfeil verletzt, ihr bis zu ihrer Hütte folgt und sie dort schwängert, so daß sie ein Kind zur Welt bringt[9]; und die Pawnee erzählten sich von einem Mann, der gleichzeitig eine Büffel- und eine Maisfrau heiratete, sowie von dem Jäger, der eine im Lehmboden steckengebliebene Büffelkuh bestieg und schwängerte.[10]

Wir erinnern uns, daß die Büffelkappe Is'siwun, die der Schamane Aufrechte Hörner in der Höhle erhalten hatte und die auch den beiden jungen Männern von der Büffelmutter unter dem Wasserfall geschenkt wurde, die Funktion hatte, die Bisonherden aus der Höhle hervorzuholen, und das heißt im Grunde, sie zu *regenerieren*. Denn eine Auflage des Großen Geistes bestand darin, die Kappe während der Welterneuerungszeremonie in der Sonnentanzhütte, die ja die Höhle repräsentierte, zu tragen. Wir erinnern uns auch, daß die Hörner normalerweise schlaff waren, sich aber im Falle der Regenerierung aufrichteten. Ich denke, man muß kein Psychoanalytiker sein, um diese Symbolik zu deuten. Vor etwa hundertfünfzig Jahren faksimilierte der Maler George Catlin ein Bild auf einer Büffelrobe der Cheyenne. Unter den dargestellten Szenen ist auch die, in der ein pfeiferauchender Mann mit einer Büffelkappe auf dem Kopf, deren Hörner stehen, miteinander kopulierende Büffel betrachtet, wobei sein Glied steif von ihm absteht. In den anderen Szenen erscheint derselbe Mann in allerlei Kampfszenen, wiederum mit Büffelkappe und steifem Glied, und auch sein Pferd erfreut sich einer Erektion.[11] Wir haben an anderer Stelle erwähnt, daß die Büffelkappe eine doppelte Funktion hatte (ebenso wie die heiligen Pfeile der Tsistsistas), daß sie neben der Regenerierung der Tiere auch zum Töten der Feinde diente[12], und so finden wir bei vielen Plainsstämmen eine enge Verbindung zwischen Töten und Beischlaf.[13] Bei den Comanche schwängert etwa ein junger Jäger eine Büffelkuh, indem er sie mit Pfeilen durchbohrt, und auch das Erschießen des Mädchens, das die Skidi-Pawnee dem Morgenstern opferten, wurde höchstwahrscheinlich als Geschlechtsakt gesehen.[14]

Die Büffelmutter der Cheyenne überreichte den jungen Männern also die Kappe zur Regenerierung des Bisons. Ob sich dahinter letzten Endes ein Beischlaf der Schamanen mit der prototypischen Büffelkuh, der Herrin der Büffel, verbirgt, braucht uns im Augenblick nicht weiter zu beschäftigen. Solch eine sexuelle Liaison, bei der die Herrin der Büffel die Initiative ergriff, gab es, und zwar in einer Zeremonie der Mandan, die der Prinz zu Wied ›Medecine-Fest zur Anziehung der Bisonheerden‹ nannte und die bei den Indianern selber Okipa hieß. Von ihr, einer Regenerierungszeremonie mit großer Ähnlichkeit zur

7 Büffeltanz der Mandan.

Hütte des Neuen Lebens der Cheyenne[15], berichtet George Catlin, der etwa zur selben Zeit wie der Prinz die Gegend bereiste, folgendes: Während des Festes in der Okipa-Hütte trat plötzlich eine junge Frau auf und verkündete, sie sei die Mutter der Büffel, über deren Geschick sie verfüge, die Herrin über Leben und Tod. In der folgenden Nacht liefen alte Männer, die Ausrufer, mit Rasseln durch das Dorf und teilten den Leuten

mit, die Herrschaft über das Volk liege nun in den Händen einer einzigen Frau, und jedermann solle sich schleunigst in die Hütten zurückziehen, denn in dieser Nacht seien alte Frauen die Häuptlinge. In einem später folgenden Tanz, den die Frauen durchführten, lösten sich immer wieder einzelne, um mit dem Auserwählten auf der Prärie zu verschwinden, nachdem die Mutter der Büffel mit gutem Beispiel vorangegangen war.[16]
Wir erinnern uns an die Mandan-Sitte, die »Mit den Büffel koitieren« genannt wurde und in welcher der Frau keine größere Rolle zukam, als die, sich von einem Fremden besamen zu lassen, um dessen ›Manneskraft‹ dem eigenen Mann weiterzugeben. (Dies hätten die Männer eigentlich unter sich ausmachen können, wie es etwa im *sosom*-Ritual der Marind-anim auf Neuguinea üblich ist.[17]) Hier sehen wir plötzlich die Situation in einer anderen Beleuchtung: Die Mutter der Büffel und nach ihr die anderen »Büffelkühe« greifen sich die Männer nach Gusto und nehmen sie mit ins hohe Gras.
Folgendes zeichnet sich ab: Die Geschichte, in der Maheo, der Große Geist, die weitgehend passive Begleiterin des Schamanen schwängert und diesem die Büffelkappe überreicht, scheint die jüngste Geschichte zu sein, die der berittenen Büffeljäger der großen Ebenen.
Die zweite Geschichte, in der die Alte Frau unter dem Wasserfall, die Mutter der Büffel und des Maises, den beiden jungen Männern die Büffelkappe überläßt, entstammt der Ideologie eines Volkes, das, wie die Mandan und zeitweise eben auch die Cheyenne, Mais pflanzte, in Erdhütten lebte und Jagdexpeditionen auf den Bison in die Prärie unternahm. Hier ist es keine männliche Gottheit, sondern eine göttliche Frau, die gibt.
Kann man nun sagen, daß diese Rolle der Frau auf dem Pflanzertum beruht und verlorenging, als die Cheyenne wieder Jäger wurden? Ich glaube kaum. Wir dürfen nicht vergessen, daß die Cheyenne nicht einfach zum ›Jägertum‹ *zurückkehrten*. Die Cheyenne auf den Ebenen waren nicht die Jäger und Sammlerinnen, die sie einst gewesen waren, bevor sie Mais, Bohnen und Squash anbauten. Auf den großen Ebenen waren sie das, was ein in den Evolutionismus verliebtes Denken »höhere Jäger« nannte – ein Stamm mit Häuptlingen, Kriegergesellschaften usw., hochspezialisiert auf die Bisonjagd mit Pferden.

8 Tipi der Büffelkappe, Sutaío.

Endet nun mit der Geschichte der Alten Frau unter dem Wasserfall unser Rückblick in die Religionsgeschichte der Cheyenne? Hören wir die dritte Erzählung dieses Volkes, die in eine noch ältere Zeit zurückzuführen scheint als die der Mais- und Büffelmutter, in eine Zeit, in der Sutaío und Tsistsistas noch keine Pflanzer waren, vielmehr irgendwo nördlich der Großen Seen, vielleicht östlich oder westlich der Hudson-Bay ein Wildbeuterdasein führten; denn es heißt, sie hätten in mit Häuten und Fellen bedeckten Wigwams gelebt, Fische gefangen und Gänse und Enten gejagt, die in kleinen Seen nisteten, bis sie

9 Die Herrin der Bisons, Coyote-Mann, die zwei jungen Cheyenne und Ehyoph'sta in der Höhle.

irgendwann, vielleicht erst im 17. Jahrhundert[18], über das »große Wasser«, vermutlich den Oberen See, nach Minnesota übersetzten, um dort der Mais- und Büffelmutter zu begegnen. Es ist dies die Geschichte von Ehyoph'sta, der »Gelbhaarigen Jungfrau«.
Sie beginnt ähnlich wie die von Aufrechte Hörner. Das Volk hatte nichts zu essen, und es schickte zwei junge Männer aus, die nach Norden zogen. Nach acht Tagen sahen sie einen hohen Berg vor sich, neben dem ein blaues Gewässer glitzerte. In einer Höhle am Gipfel des steilen Berges trafen sie auf eine alte Frau, die Herrin der Bisons, und ihren Gatten, Coyote-Mann. Die beiden gaben einem der jungen Männer ihre Tochter zur Frau.

Ihr Name war Ehyoph'sta, Gelbhaarige Jungfrau. Nach der Hochzeit verließen die zwei Cheyenne mit Ehyoph'sta die Höhle, gefolgt von einer Herde Büffel, und so kehrten sie zu ihrem Volk zurück. Die Eltern hatten freilich der jungen Frau eine Auflage mit auf den Weg gegeben: Wenn sie jemals ein bei der Jagd geschossenes Tier bemitleiden sollte, dann müßte sie und mit ihr die Büffel die Menschen verlassen. Und so geschah es auch. Nachdem Ehyoph'sta einige Zeit bei den Menschen gelebt hatte, tat ihr ein von den Jägern verletztes Büffelkälbchen leid. Darauf nahm sie für immer Abschied von den Cheyenne, und mit ihr verschwanden die Büffelherden, die erst viel später wieder zurückkehrten, nämlich als die zwei Jünglinge in das Gewässer der Alten Frau tauchten.[19]

Die *Formulierung* dieser Geschichte muß in der Pflanzer-Zeit der Cheyenne in Minnesota erfolgt sein, denn die Mutter der Ehyoph'sta ist niemand anderes als die Erdmutter Escheman, die Herrin der Büffel und des Maises.[20] Ihr *Inhalt* weist jedoch in graue Vorzeit zurück: Gelbhaarige Jungfrau, die Büffelfärse, ist die Herrin der Tiere der Cheyenne, als diese noch Jäger und Sammlerinnen irgendwo im Norden, im heutigen Kanada waren, und ihre Hochzeit mit einem der jungen Männer ist der Beischlaf des archaischen Schamanen[21] mit der Tierherrin zur Regenerierung der Tiere, ein Motiv, dem wir weiter unten noch häufig bei Wildbeutern begegnen werden.

Wie die Geschichte von Aufrechte Hörner in der Hütte des Neuen Lebens ritualisiert wurde, so entspricht der Geschichte von Ehyoph'sta das Regenerierungsritual Massaum, das in den zwanziger Jahren unseres Jahrhunderts zum letzten Mal durchgeführt wurde und an dessen drittem Tag eine die Herrin der Tiere darstellende Cheyenne-Frau mit dem Repräsentanten des jungen Mannes, also des Schamanen, einen Beischlaf ausübte.[22]

Das Thema der Wildfrau, die in abgelegenen Felsschluchten und Berghöhlen lebt, einen Hirten oder Bauern heiratet[23], diesem in die Menschenwelt folgt, ihn dann aber aus irgendeinem Grund wieder verläßt, war auch in Europa weit verbreitet. Ehyoph'sta verläßt ihren Mann, wie wir gesehen haben, weil sie, die Büffelfrau, ein Büffelkälbchen bemitleidet. Vermutlich bedeutet dies, daß sie, die Büffel*frau*, sich ihres eigentlichen Wesens wieder

bewußt wird, daß sie eben eine *Büffel*frau und keine Menschenfrau ist. Der Grenzverkehr zwischen der diesseitigen und der jenseitigen Welt ist zwar offen, aber die Grenzlinien bestehen, und sie lassen sich nur zeitweilig verwischen.[24]
Wir sagten, daß Ehyoph'sta den Cheyenne die Büffel brachte, daß diese wieder verschwanden und erst mit den beiden Jünglingen zurückkehrten, als diese aus der Höhle der Alten Frau auftauchten. Wie ist dies – historisch – zu verstehen?
Wie bereits gesagt, ist Ehyoph'sta die Herrin der Tiere der wildbeuterischen Cheyenne in Kanada gewesen. »Die Büffel«, die sie mitbrachte, waren entweder wirkliche Büffel der kanadischen Ebenen, die von den Cheyenne so gejagt wurden wie etwa im ausgehenden Jungpaläolithikum das Großwild, oder aber es waren andere größere Tiere wie Karibu oder Elch. Als die Cheyenne dann über die Großen Seen nach Minnesota zogen, lebten sie zunächst als Kleinwildjäger, lernten danach aber den Mais und nicht viel später den Büffel kennen, den sie zunehmend jagten.[25] Die ›büffellose‹ Zeit war also die Spanne zwischen Ehyoph'stas Abschied und dem Besuch der Jünglinge bei der Alten Frau unter dem Wasserfall.
Allen drei Geschichten gemeinsam ist das Eindringen der Schamanen in eine Höhle, in der sie von einem göttlichen Wesen das Hauptjagdwild, den Büffel, erhalten. Wer immer diese Gottheit ist, so ist sie ein Herr oder eine Herrin des Bisons, oder sie trägt zumindest noch deren Züge, wie im Falle der Erdmutter und des Großen Geistes.
In solchen Höhlen verwahrte die Herrin der Tiere die *hemàtasooma*, die ›Seelen‹ der Tiere, und die Aufgabe des Schamanen bestand darin, entweder leiblich oder in der ekstatischen ›Unterweltsreise‹ in die Höhle *(heszevox)* vorzudringen und aus ihr insbesondere das Jagdwild zu holen.[26] Die Höhlen galten als weiblich und wurden mit der Vagina der Frau verglichen.[27]
Allem Anschein nach ist dies eine Vorstellung, die in die wildbeuterische Zeit der Algonkinstämme zurückreicht: Im 16. oder 17. Jahrhundert, so vermutet man, schufen im Gebiet der Großen Seen, in Ontario, Algonkin-Indianer die Felsbilder von Peterborough. Die Felsformation weist zahlreiche Vulvendarstellungen auf, unter ihnen vor allem die eineinhalb Meter große Darstellung einer Frau mit hervorgehobenen Brüsten und einer

Vagina, die von einer an dieser Stelle durch den Fels laufenden mineralischen Narbe gebildet wird. Felsbildforscher meinen, daß hier »symbolische Kopulationen« vorgenommen wurden und daß das gesamte Heiligtum von Peterborough, ein durchlöcherter Felsen, ein Uterus gewesen sei, der von den Algonkin-Schamanen aufgesucht worden sei.[28] Ob diese Algonkin Cheyenne waren, ist unbekannt, aber es ist, wie wir gesehen haben, nicht unwahrscheinlich, daß die Cheyenne sich in der Zeit, in der diese Felsbilder vermutlich angefertigt wurden, in Ontario als Jäger und Sammlerinnen aufhielten.

War diese nackte Frau eine Herrin der Tiere, war sie eine Ehyoph'sta, mit der der Algonkin-Schamane im Felsheiligtum schlief, um die Jagdtiere zu regenerieren?

Ob sich dies nun jemals nachweisen läßt oder nicht, fest steht, daß in allen Teilen Amerikas – und wie wir später sehen werden nicht nur dort – der Schamane zur Herrin der Tiere reiste, meist in eine Felsenhöhle, ihr dort beischlief, um die Tiere zu regenerieren oder ihre Freigabe zu erbitten, wie beispielsweise der Navaho-Schamane, der zur Tierherrin in die Unterwelt reiste, der »Hirsch-Frau«, mit der ihn ein sexuelles Verhältnis verband[29], oder wie die Schamanen südamerikanischer Stämme, die in unterirdischen Höhlen die Herrin der Urwaldtiere oder deren weibliche Schützlinge schwängern, damit sie – wie wir später ausführlicher sehen werden – neue Jagdtiere zur Welt bringen.

Hier mag man auch an die sibirischen Geistfrauen denken, von denen die Schamanen ihre meist tiergestaltigen Hilfsgeister erhielten. So näherte sich die Aïami, eine Tiger- oder Wolfsfrau, dem künftigen Schamanen der Golden und sagte zu ihm: »Ich liebe Dich. Ich habe jetzt keinen Mann, Du wirst mein Mann, ich werde Deine Frau sein. Wir werden miteinander schlafen!«

Diese Aïami lebte in einer Jurte in den Bergen oder auf dem Weltenbaum Kongordjagdá, und sie war es, die dem Schamanen die Hilfsgeister *jarga*, Leopard, *doonta*, Bär, und *amba*, Tiger, gab. Und bei den Teleuten besang der Schamane seine jenseitige Geliebte:

»Meine junge Frau, Ak-Tschetscher,
Meine wunderschöne Frau Ak-Tschetscher,

Aufsteigend über die *tapti*,
Die schraubenartigen Kerben am Schamanenbaum,
Lobpreisend den Vollmond,
Beeile ich mich, Dich zu treffen.«[30]

Wir haben gesehen, daß bei den Cheyenne das Hauptjagdwild, vor allem der Büffel, von den Schamanen aus der Höhle geholt wird, eine Vorstellung, die nicht nur bei diesem Stamm verbreitet ist. Bei den Mandan hatte der Adler Hoita die Tiere in einer Höhle eingesperrt, und am vierten Tag der Okipa-Zeremonie kamen diese aus der Zeremonialhütte, welche die Höhle repräsentierte, um in einer rituellen Jagd angegriffen zu werden.[31] Einer der »Büffelgeist-Orte« der Hidatsa hieß »Büffel kommt aus dem Berg«, und die Indianer legten an den Eingängen der Höhlen, die zu diesen Geist-Orten führten, mit Adlerfedern geschmückte Büffelschädel[32] nieder. In der Zeit, als die Weißen die großen Bisonherden abschlachteten, stieg ein Mann namens Armer Wolf mit seiner Tochter auf einen solchen Berg, legte Büffelfelle vor den Höhlenschlund und sagte: »Büffel, wir haben Euch Eure alten Kleider gebracht und legen sie hier für Euch hin. In der letzten Zeit kommt Ihr nicht mehr sehr häufig aus diesem Berg, und wir leiden Hunger!« Dann weinten die beiden. Während sie den Berg wieder hinabstiegen, sahen sie, wie sich eine kleine Büffelherde näherte, und die Jäger, die sich in der Nähe aufhielten, töteten einige der Tiere. Als jene die Pansen der Büffel aufschnitten, fanden sie nur Lehm darin, und Armer Wolf meinte: »Sie müssen eben aus der Höhle gekommen sein, denn sie haben nur Lehm im Magen. Überdies sind ihre Hufe scharf – wenn sie auf der Prärie herumgezogen wären, müßten die Hufe stumpf sein!«[33]

Wir sagten, daß Ehyoph'sta, die Herrin der Büffel, eine Färse war[34], und es ist anzunehmen, daß sie in der Zeit, als die Vorfahren der Cheyenne Wildbeuter in Kanada waren, die Gestalt eines anderen großen Jagdtieres hatte, vielleicht die einer Karibukuh.

Schauen wir uns bei den kanadischen Algonkin um: Die Naskapi in Labrador, die auch heute noch großenteils als Wildbeuter leben, erzählen sich eine Geschichte, in der einst ein Jäger einer Karibuherde folgte. In der Nacht näherte sich ihm plötzlich aus der Herde eine Karibukuh und fragte ihn, ob er ihr

Liebhaber werden wolle. Der Jäger willigte ein und ging mit ihr. Seit dieser Zeit lebte der »Karibu-Mann« bei den Rentieren, fraß Moos wie sie und folgte ihren Wanderzügen. Aus seiner Verbindung mit der Kuh entsprossen Karibus, die von den Naskapi gejagt wurden, und bisweilen sahen Jäger den Mann, wie er, in Karibufelle gehüllt, auf einem großen Bullen ritt oder wie er in das Fell der schlafenden Tiere gekuschelt die Nacht verbrachte.

Verbirgt sich hinter der Karibukuh eine Herrin der Tiere, und war der Jäger ein Schamane, der auf einer seiner Reisen[35] zur Karibuherrin nicht mehr zurückkam und zum Herrn der Tiere wurde?

In einem großen weißen Berg im nördlichen Labrador, der nach Aussage der Naskapi wie ein Zelt geformt ist, lebt der »Karibu-Mann«, Ati'kwanabe'o. Der Berg, der zwischen der Ungava Bay und der Hudson Bay liegt, heißt Ati'k wadzwa'p, »Karibuhaus«, und in seinem Innern befindet sich eine riesige Höhle. Die wenigen Naskapi und Montagnais, die sich jemals diesem Berg genähert hatten, berichteten, daß die großen Karibuherden jedes Jahr die Höhle des Berges zu ihren Wanderzügen verließen, um später wieder in sie zurückzukehren. Auch die Seelen der von den Indianern getöteten Karibus begaben sich wieder in die Höhle, wo sie sich reinkarnierten, um erneut an den Wanderungen teilzunehmen. Die Schamanen besuchten auf ihren ekstatischen Reisen diese Höhle, um zu erwirken, daß die Rentiere den Berg verließen und für den Abschuß freigegeben würden.[36] Angehörige der Mistassini-band erzählten dem Ethnographen Frank Speck, die Trommeln der Schamanen hätten einen Kopf und einen Schwanz besessen[37], d. h., sie waren wie bei den sibirischen Schamanen Reittiere, auf denen jene sich in die Höhle des weißen Berges begaben, höchstwahrscheinlich ›Geist-Karibus‹, auf denen die Schamanen vielleicht in Karibu-Masken geritten sind wie jener, der eine Liebesbeziehung zur Karibukuh[38] einging und nie mehr aus seiner Ekstase zurückkehrte.

Aber gehen wir noch weiter nach Norden. Gehen wir zu den unmittelbaren nördlichen Nachbarn der Naskapi, zu den Labrador-Eskimo und zu Supergu'ksoak, der »Mutter der Karibus«.

§ 3
Die Mutter der Walrosse

Im Innern des nördlichen Labrador lebt in einer Höhle eine alte Frau mit dem Namen Supergu'ksoak, die Herrin der Karibus und der anderen Jagdtiere der Eskimo. Ihr Reich ist offenbar auch das Land der menschlichen ›Totenseelen‹, die dort ähnlich wie die Lebenden die ›Seelen‹ der Rentiere jagen. Supergu'ksoak wird nicht nur von den Eskimo-Schamanen aufgesucht, die von ihr die Freigabe des Jagdwildes erbitten, sondern auch von denen, die erst Schamanen werden wollen und die von der alten Frau ihre ›Macht‹ erhalten. Sie hat einen Mann namens Tonga'rsoak, der bei den Eskimo der Ostküste Labradors in einer Höhle der schwarzen Berge im äußersten Nordosten der Halbinsel lebt und der in Gestalt eines riesigen Eisbären den Schamanen-Novizen Stück für Stück auffrißt, um hernach den fertigen Schamanen wieder auszuspeien.[1]

Bei den Netsilingmiut ist Nuliajuk, deren Name nach einer Übersetzung »die ewig Kopulierende«, nach einer anderen »die, welche sich immer begattet«, nach einer dritten »die immer Brünftige« bedeutet[2], die Herrin der Land- und der Seetiere, vor allem aber der Karibus. Doch auch die Menschen stammen von ihr ab, und die ›Seelen‹ kehren zu ihr zurück, damit sie diese wieder mit Fleisch und Blut versieht und zurücksendet in ein neues Leben.[3]

Diese Tierherrinnen mögen zwar bisweilen einen Mann haben, der sozusagen bei ihnen in Untermiete wohnt, aber es sind Ur-Mütter, und sie gebären das Leben aus sich selbst heraus, ohne männlichen Samen. Sedna ist »jene, die vorher ist«, und der Name der Uinigumisuitung bedeutet »jene, die niemals heiraten wollte«.[4] Meist wohnen sie tief unten auf dem Meeresgrund in Hütten aus Steinen und Walrippen, und bisweilen sind sie auch die Herrinnen des Totenreichs, wie Sedna, die über die Unterwelt Adlivun herrscht.

Wenn die Jagdtiere ausgeblieben waren, versammelten sich die Eskimo in einer großen Hütte, und der Schamane stimmte einen magischen Gesang an, um die Mutter der Walrosse zu betören

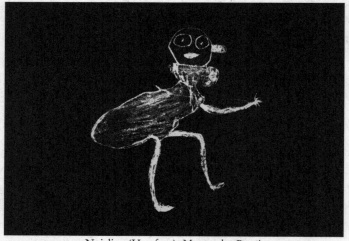

10 Nujaliaq (Haarfrau), Mutter der Rentiere.

und sie aus ihrer Behausung am Grund des Meeres herauszulokken. Währenddessen vollzogen Männer und Frauen bei gelöschten Lampen den Beischlaf, um das Kommen der Tierherrin zu beschleunigen, denn der Geschlechtsverkehr erfreute das Herz der »immer Brünftigen«.[5] Nach einer Weile hörten die Versammelten das heftige Atmen der Sedna, hörten, wie die Herrin der Tiere sich dem ›Luftloch‹ im Boden der Hütte näherte. Wenn sie dann auftauchte, wurde sie vom *angakoq*, dem Schamanen, harpuniert, worauf sie in rasender Geschwindigkeit ins Wasser zurücktauchte, die Harpune im Leib, bis es ihr nach einiger Anstrengung gelang, sich wieder loszureißen. Währenddessen brannten in der Hütte die Lampen, und der Schamane und seine Helfer zeigten den Versammelten stolz die blutverschmierte Harpune, die sie in der Zwischenzeit aus der Tiefe hochgezogen hatten. Diese schamanische Séance fand ›zwischen den Zeiten‹ statt, in ›jener Zeit‹ also, in der die Jagdtiere fortgezogen waren und der Sommer sich anschickte, den Winter zu bezwingen.[6]
Der Sinn dieser etwas ruppigen Zeremonie bestand offenbar darin, der Walroßmutter auf unmißverständliche Weise klarzumachen, daß die Eskimojäger wieder Meerestiere harpunieren wollten. Etwas liebenswürdiger benahmen sich die Kupfer-Eskimo gegenüber ihrer Kanakapfaluk, die in einer von zwei

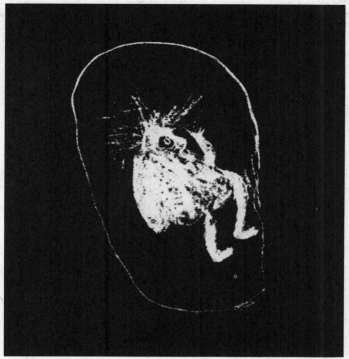

11 Sedna (Jene, die vorher ist), Mutter der Walrosse.

Eisbären bewachten Schneehütte am Meeresgrund hauste. In der Zeit, in der sie die Seehunde zurückhielt, ließen die Schamanen durch ein ›Atemloch‹ im Tanzhaus eine Schlinge zu ihr hinunter, in der sie sich verfing und hochgezogen wurde, freilich nur bis unter den Boden des Tanzhauses, denn sonst wäre sie sehr böse geworden. Dann redeten die Schamanen auf sie ein, erklärten ihr, daß die Menschen hungerten, und baten sie freundlich, doch wieder die Tiere freizulassen.[7]

Die Tiermutter wurde jedoch nicht nur nach oben gelockt oder gezwungen. Manche Schamanen, mitunter auch nur deren Hilfsgeister[8], reisten selber zum Meeresgrund, um die Freigabe der Tiere zu erwirken. Der Herrnhuter Bruder David Cranz, der im Jahre 1761 Grönland besuchte, beschreibt dieses schamanische Unternehmen so:

»Diese höllische Proserpina wohnt unter dem Meer in einem grossen Hause, darinnen sie durch ihre Kraft alle See-Thiere gefangen halten kan. In der Thran-Bütte, die unter ihrer Lampe steht, schwimmen die See-Vögel herum. Die Hausthüre wird von aufrechtstehenden Seehunden, die sehr beißig sind, bewacht. Oft steht auch nur ein grosser Hund davor, der nie länger als einen Augenblick schläft, und also sehr selten überrascht werden kan. Wenn einmal Mangel auf der See ist, so muß ein Angekok für gute Bezahlung eine Reise dahin vornehmen. Sein Torngak, oder *Spiritus familiaris,* der ihn vorher wohl unterrichtet hat, führt ihn zuerst durch die Erde oder See. Dann paßirt er das Reich der Seelen, die alle herrlich leben. Hernach aber kommt ein gräulicher Abgrund oder *Vacuum,* darüber ein schmales Rad, das so glatt wie Eis ist, und sehr schnell herum gedreht wird. Wenn er glüklich darüber gekommen ist, führt ihn der Torngak bey der Hand auf einem über den Abgrund gespannten Seil durch die Seehund-Wache, in den Pallast dieser höllischen Furie. Sobald sie die ungebetenen Gäste erblikt, schüttelt und schäumt sie vor Zorn, und bemüht sich einen Flügel von einem See-Vogel anzuzünden, durch dessen Gestank sich Angekok und Torngak zu Gefangenen ergeben müssen. Diese aber greiffen sie an, ehe sie räuchern kan, schleppen sie bey den Haaren herum, reissen ihr die unflätigen Angehänge ab, durch deren *Charme* die See-Thiere aufgehalten werden, die darauf sogleich in die Höhe des Meers fahren. So gar findet der Held den Rückweg ganz leicht und ohne Gefahr.«[9]

Der Schamane Uitsataqangitsoq, »der Blinde«, schlug auf seiner Reise zu Imap ukûa, der Herrin der Seetiere und Seevögel, der Mutter des Meeres, den Weg ein, den sonst nur die Toten nehmen. Auf dem Meeresgrund packte er die Imap ukûa an ihren langen Haaren, wickelte diese so schnell wie möglich um seinen Arm und rolzte mit ihr auf dem Boden herum, wobei seine Hilfsgeister ihn nach Kräften unterstützten, der Frau auf die Ohren schlugen und dabei schrien: »Sei doch ruhig, er ist ja gekommen, um Dein Haar zu kämmen und Dich vom Ungeziefer zu befreien!« Wenn schließlich die Tierherrin von der Keilerei ermattet war, gab sie nach, und der Schamane reinigte ihren Leib, kehrte den Schmutz zusammen und warf ihn aus der

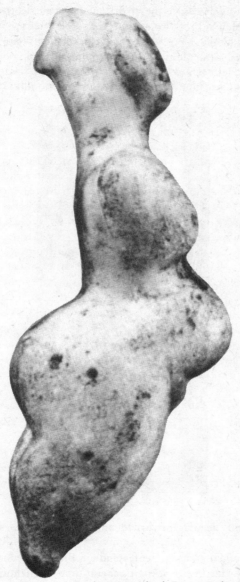

12 Venus von Southampton Island, Dorset-Kultur.

Hütte. Draußen wurde dieser Schmutz alsbald lebendig, verwandelte sich in Seehunde, Eisbären, Polarfüchse, Walrosse, Narwale und alle Arten von Seevögeln, die das Weite suchten. Wieder bei den Menschen angekommen, verkündete »der Blinde«: »Habe ich richtig gehandelt und meine Kunst zu Eurem Besten ausgeübt, so wird es bald regnen und ein Südwest

13 Venus von Okvik, Okvik-Kultur.

aufkommen, der das Eis bricht und den Fangtieren den Weg öffnet.«[10]
Wir können jetzt zusammenfassend ein Bild der Sedna skizzieren: Diese Herrin der Seetiere scheint ursprünglich die Mutter des Lebens überhaupt gewesen zu sein, die Herrscherin des To-

tenreichs, wie heute noch die Nerrivik der Polar-Eskimo, eine ebenso mächtige wie schöne Frau, zu der der *angakoq* durch ein winziges Atemloch reiste, um sie »um Rat zu bitten«[11], zu der die ›Seelen‹ der Menschen und der Tiere sich nach dem Tode begaben, um von ihr, die »sich immer begattet«, neu geboren zu werden. Bei den Aivilik-Eskimo bestrafte die der Sedna entsprechende Sumna das ›spirituelle Töten‹ der Tiere: Wenn die Jäger gewisse Rituale nicht durchführten, die nach dem Töten der Jagdtiere deren Regenerierung verbürgten, d. h. die Wiedergeburt der ›Seelen‹ der Tiere in einem neuen Leib, dann strafte die Sumna die Menschen, indem sie das Fang- und Jagdwild zurückhielt.[12]

Allem Anschein nach ist die Vorstellung dieser Mutter des Lebens sehr alt, und es ist nicht ausgeschlossen, daß die höchstwahrscheinlich der Dorset-Kultur entstammende ›Venus von Southampton Island‹[13], die vielleicht schwanger ist, eine archaische Sedna ist. Auch die aus einem Walroßzahn geschnitzte, etwa 2000 Jahre alte Venus von Okvik mit ausgeprägter Vulva, die auf den Punuk-Inseln in der Nähe von St. Lawrence Island ausgegraben wurde, mag eine solche gebärfreudige Urmutter darstellen. Früher, so heißt es, nahmen die Walfänger von St. Lawrence Island anthropomorphe Holzfigurinen mit auf ihre Jagdzüge, die sie gleichfalls bei Tierzeremonien verwendeten, um sie anschließend, wenn sie ihre Aufgabe erfüllt hatten, wegzuwerfen.[14] Auch in diesem Fall wird nicht auszuschließen sein, daß es sich bei diesen Figurinen um Darstellungen der Tierherrin gehandelt hat.

Im Verlauf der ersten drei Abschnitte haben wir einen weiten Weg von der Prärie über Labrador zu den Polar-Eskimo zurückgelegt, von der Büffelmutter über die Karibuherrin bis zur Herrin der Seetiere. Nördlicher geht's beim besten Willen nicht mehr. Kehren wir deshalb zurück, nicht geographisch, sondern zeitlich, und zwar zur Herrin der Tiere im Jungpaläolithikum, als in unseren Breiten das Mammut und das Rentier gejagt wurden.

§ 4
Im Bauch der Erde

Wenn wir heutzutage eine der berühmten paläolithischen Höhlen betreten, dann befinden wir uns in einer ausgeleuchteten Felsgalerie, und wir betrachten die Gravierungen und Malereien der Eiszeitjäger nicht wesentlich anders als die Werke alter Meister an den Wänden des Louvre. Dabei vergessen wir leicht, daß wir uns in einer völlig anderen Situation, gewissermaßen in einer *anderen Höhle* befinden als jene, die vor Jahrzehntausenden in den Leib der Erde krochen.

Wir müssen bedenken, daß die Lichtverhältnisse in den Höhlen zur Zeit des Paläolithikums ganz andere waren als in unserer Zeit. Das Licht der kleinen, mit Fett gefüllten Steinlämpchen mit Dochten aus Wacholderzweigen, die man beständig nachfüllen mußte, erhellte nur kleine Flächen an den Wänden, so daß nur wenige der dargestellten Tiere in Beziehung zueinander angeschaut werden konnten. Lange Friese wird man kaum jemals als Einheit gesehen haben[1], und wenn eine Einheit beabsichtigt war – was füglich zu bezweifeln ist –, dann wird es eine *gedachte* und keine *gesehene* Einheit gewesen sein.

Je nach dem Einfallswinkel des Lichtes war bei übereinandergeblendeten Gravierungen zuweilen das eine Tier deutlich zu sehen, während das andere fast unsichtbar blieb.[2] Wir können uns vorstellen, wie es gewesen sein mag, als die ersten Menschen des Aurignacien die noch jungfräulichen Höhlen betreten haben, wie im Flackern der Lämpchen plötzlich Gestalten aus dem Fels traten, um augenblicklich wieder zu verschwinden, als habe die Felswand sie geboren, und wie diese Menschen die Umrisse des Tieres, das eben noch zu sehen war, mit den Fingern nachfuhren, ein weiteres Tier, vielleicht eine ›Tierseele‹ herausholten, gewissermaßen Geburtshilfe leisteten im Schoß der Erde, wie vielleicht ein Aurignacien-Schamane auf einem Felsblock in La Ferrassie die groben Umrisse eines Tierkopfes mit einem Ohr, einem Auge und einem Bein versah oder wie aus einem Felsen in La Mouthe die Rückenlinie eines Bisons, wie aus einem Stalaktiten von El Castillo die Umrisse eines ganzen Tierkörpers hervortraten[3], wie aus gewissen Versinterungen in der Höhle Pech-Merle plötzlich ein Mammut entstand.

Man bedenke, was es in jener Zeit für die Jäger bedeutet haben mag, mit den winzigen Steinlämpchen in eine labyrinthische Höhle wie die von Bédeilhac, in der sich noch der moderne Besucher hoffnungslos verirren kann, vorzustoßen, sich in Schächte hinabzulassen und in die letzten und tiefsten Winkel durch enge, lange Tunnel zu kriechen, von der Welt draußen abgeschnitten, in Dunkelheit, Feuchtigkeit und Totenstille, in Felskammern, gegenüber welchen sich die Isolationstanks der kalifornischen New Age-Intellektuellen wie Kinderspielzeug ausnehmen! Nach einer gewissen Zeit der Abgeschiedenheit werden die ersten Stimmen und Bilder gekommen sein als Vorboten einer anderen Welt, die sich dem inneren Auge des Höhlengängers eröffnen sollte, so, wie ein Paviotso-Schamane über seine Initiation in einer Grotte berichtet: »Ich hörte alle möglichen Geräusche. Ich konnte alle Tiere hören. Bären waren da, Berglöwen, Hirsche und andere Tiere. Sie waren alle in der Höhle im Berg.«[4]

Der paläolithische Jäger wird sich also nicht in einem toten, kalten und stummen Erdschlund befunden haben, sondern in einer Welt, die von Leben pulsierte, und man kann sich leicht vorstellen, wie die gravierten und gemalten Tiere an den Wänden in Bewegung waren, gleichsam Geschöpfe in einem Film, der vor dreißig- oder zwanzigtausend Jahren dem gezeigt wurde, der in die Tiefe vordrang.

Die Mandan meinten, George Catlin habe mit seinen Gemälden, die er bei vollem Tageslicht herstellte, die Indianer verdoppelt, und deshalb nannten sie ihn einen großen Medizinmann. Jetzt lebten ihre Häuptlinge, so sagten sie, an zwei verschiedenen Orten. Dort, wo Catlin sie geschaffen hatte, lebten sie *ein bißchen*, denn sie bewegten die Augen und lachten, und wer lachen könne, der wäre gewiß auch in der Lage zu sprechen.[5]

Um wieviel mehr müssen die Höhlenbilder für den gelebt haben, der sie in einem Zustand extremer ›sensorischer Deprivation‹ gesehen hat! Ein Leben, das man mit dem Spielen der Lichtquelle geradezu hervorrufen, fast läßt sich sagen: *schaffen* konnte.

Es scheint, als sei es dem Eiszeitjäger nicht so sehr auf das Resultat des Malens als ästhetischem Gegenstand, sondern auf den *Prozeß* angekommen[6], und in dem Versuch, das nachzuempfinden, was die Höhlenbesucher erlebt haben mögen, haben wir eine Hypothese eingeschmuggelt, die Vermutung nämlich, daß im Prozeß des Malens und Gravierens die Tiere aus dem mütterlichen Schoß der Erde *herausgeholt* wurden, daß wir es hier also mit einer ›paläolithischen Maieutik‹, einer ›Hebammenkunst‹ zu tun haben, in der die Menschen der Eiszeit – vermutlich die Schamanen – in der ›Zeit zwischen den Zeiten‹, der Zeit des Fortziehens und der Wiederkunft der großen Tierherden, diesem Wiedererscheinen etwas nachhalfen.

Wäre es auf das ästhetische Objekt angekommen, wie ließe sich dann – zum Beispiel – erklären, daß die Eiszeitkünstler in der Höhle von Bédeilhac auf dem Bauch durch einen langen Tunnel robbten, um in einer Kammer an einer Stelle, an der die Höhlendecke nur 25 cm vom Boden entfernt ist, einen Pferdekopf, ein paar Zeichen und einen kleinen Bison, der auf dem Kopf steht, zu gravieren, wobei sich der Künstler in eine schwierige, verkrampfte Stellung begeben mußte![7]

Auch die Felsbilder der Wondschinas und Unguds in den australischen Kimberleys wurden nach Aussage der Ungarinyin nicht von den Eingeborenen »geschaffen«, sondern »berührt« oder »aufgefrischt« – das Ungarinyin-Wort dafür bedeutet »reiben«. Die Dinge und die Lebewesen der Welt waren in latenter oder virtueller Form immer schon dagewesen, aber Walanganda »träumte« sie zunächst als rote, gelbe und schwarze Felsbilder in ihre ›manifeste Existenz‹, und aus diesen Bildern ›lösten‹ sich dann die Wondschinas, die im Land umherzogen, die Gegend profilierten, um sich schließlich wieder als Felsbilder niederzulegen: *biriwoden,* »sie wurden Bilder«.[8]

Der Schnitzer der Aivilik-Eskimo nimmt ein Stück Elfenbein in die Hand, dreht und wendet es, beklopft es mit den Knöcheln, hält es an sein Ohr und fragt: »Wer versteckt sich da?« Plötzlich erhellt sich sein Gesicht: »Ah, Seehund!« Und schon fängt er an zu schnitzen, aber nicht so, daß er einem indifferenten Material eine vom Menschen gewollte Form *aufprägt,* sondern eher so, daß er dem, was sich da *verbirgt,* zum Tageslicht verhilft[9], etwa den Seehund aus der Materie befreit, wie das der Schamane mit

den von der Sedna zurückgehaltenen Jagdtieren auf dem Grund des Meeres tat.
Das Leben der Eiszeitjäger wurde von natürlichen Zyklen bestimmt, die auf in Tierknochen geritzten Kalendern festgehalten wurden. Im Winter zogen die großen Rentierherden aus dem Norden bis an die Pyrenäen, die Wildpferde und die Büffel, und höchstwahrscheinlich wanderten auch das Mammut und das Wollnashorn.[10] Plötzlich tauchten in den mit Bäumen bewachsenen Flußtälern die aus der Tundra gekommenen Herden mit den im Sommer geworfenen Jungtieren auf, *wie aus dem Boden gestampft,* und dies mag man wörtlich verstehen, denn vieles scheint dafür zu sprechen, daß die Eiszeitjäger glaubten, daß die Tiere aus der Erde, aus den Höhlen kamen, in die sie jedes Jahr wieder abwanderten. Wir erinnern uns, daß die Indianer der großen nordamerikanischen Ebenen der Meinung waren, die Büffelherden kämen jedes Jahr aus den Höhlen der heiligen Berge, daß die Eskimo glaubten, die Seetiere kämen aus der Unterwasserhütte der Sedna oder die urplötzlich auftauchenden Lemmingherden fielen vom Himmel[11], weshalb sie in Alaska »Geschöpfe aus dem All« genannt wurden. Noch im Jahre 1532 schrieb der Geograph Zeigler aus Straßburg, in Rom hätten ihm zwei norwegische Bischöfe erzählt, in ihrer Heimat kämen die Berglemminge bei stürmischem Wetter geradewegs aus dem Himmel.[12]
Unbestreitbar ist, daß die Malereien und Gravierungen der Höhlen ganz überwiegend aus Darstellungen der wandernden Jagdtiere bestehen, während in der ›mobilen Kunst‹, den Knochengravierungen, die übrige Tierwelt verhältnismäßig stärker berücksichtigt wird. Freilich fällt auf, daß in den Höhlenbildern zwei Tierarten kaum vertreten sind, obwohl ihre wirtschaftliche Bedeutung relativ groß war: der Lachs und das Rentier[13], und bei beiden handelt es sich um wandernde Tiere.
Wie läßt sich diese Tatsache erklären? Was die Lachse betrifft, so sollte man vielleicht beachten, daß die Lachswanderungen mit großer Sicherheit voraussagbar sind. Der Atlantische Lachs, der insbesondere im franko-kantabrischen Bereich gespeert wurde und der eine wichtige Rolle im Speisezettel der Eiszeitjäger spielte, wanderte immer wieder, oft mehrmals im Jahr, die Flüsse hoch, und man nimmt an, daß die Lachsjäger und ver-

mutlich auch -jägerinnen aus diesem Grund relativ seßhaft gewesen sind.[14] Lachse, die tausende von Kilometern Meereswanderung hinter sich haben, finden – höchstwahrscheinlich wegen ihres vorzügliches Geruchssinnes – auf erstaunliche Weise zu dem Bach zurück, in dem sie geboren wurden. Unter den Überlebenden von elftausend markierten Lachsen, die nach drei Jahren wieder in den Bächen gefangen wurden, hatte *kein einziger* den falschen Bach gewählt.[15] So mag also die Seltenheit der Lachsdarstellungen erklärbar sein aus der Sicherheit, mit der man über den Fisch verfügen konnte – um ihn brauchte man sich nicht sonderlich zu bemühen.[16]

Doch wie steht es um das Rentier? Schon ein Erschrecken des Leittieres kann zur Folge haben, daß die Herde einen ganz anderen Weg einschlägt als im Jahr zuvor, was bedeutet, daß die Jäger an der falschen Stelle auf das Wild lauern; und es gibt keinen Anlaß zu glauben, dies sei in der Eiszeit anders gewesen. Freilich war es vielleicht so, daß nicht alle Rentiere wanderten, daß die Renjagd im Magdalénien des südwestlichen Frankreich zumindest teilweise eine orts- und revierfeste Jagd war[17], und daß im Winter die großen Kollektivjagden der von allen Richtungen herbeigezogenen bands stattfanden, verbunden mit den großen Ritualen, während im Sommer die bands unabhängig voneinander das »Sommerren« jagten, ähnlich wie die nordamerikanischen Indianer der Ebenen, die im Winter und im Frühling in kleinen Gruppen den »Winterbüffel« erlegten[18], jedoch im Frühsommer die ›Stammesjagden‹ in großem Stile auf die aus dem Süden gekommenen Wanderherden durchführten.

Aber vielleicht können wir noch einen Schritt weitergehen. In Isturitz fand man den Mittelhandknochen eines Rentieres aus dem Magdalénien, an dem ein multipler Bruch mit anschließender Infektion festgestellt wurde. Trotzdem hatte das Tier den Bruch um zwei Jahre überlebt, was nach Ansicht von Fachleuten einem wilden Ren kaum jemals gelungen wäre. Handelte es sich also um ein domestiziertes Tier? Dazu würde auch passen, daß man auf Darstellungen von Rentieren, aber auch Pferden, Markierungen gefunden hat, die Halftern verblüffend ähnlich sehen.[19] Konnte man also über das Ren mit einer ähnlichen Leichtigkeit verfügen wie über den Lachs, so daß es in den Regenerierungsritualen zurücktrat?

Wir haben davon gesprochen, daß allem Anschein nach in den Höhlen Regenerierungsrituale abgehalten wurden, die Eiszeit-Schamanen ähnlich wie später die der Cheyenne und anderer amerikanischer Jäger ›zwischen den Zeiten‹ die Tiere aus dem mütterlichen Bauch der Erde holten. Unsere heutige Metaphorik ist so selbstverständlich von den Ackerbaukulturen geprägt, daß vielleicht gar nicht aufgefallen ist, daß ich ein zweites Trojanisches Pferd, das Wort ›mütterliche Erde‹, stillschweigend in meine Beschreibungen eingeschmuggelt habe.

Ich habe dieses Wort nicht als ›tote Metapher‹ verwendet, und so wird man fragen können, wie es zu rechtfertigen ist. Meines Erachtens sprechen mehrere Indizien dafür, daß die Höhlen von den Eiszeitjägern als ein weiblicher Leib und gewisse Teile der Höhlen, Felskammern, als eine Gebärmutter aufgefaßt worden sind.

Zum einen waren ganze Höhlenbereiche mit rotem Ocker bedeckt, etwa in Gargas oder in Cougnac, und die kleine Höhle Blanchard bei Saint-Marcel war fast völlig mit roten Ockerstrichen bemalt.[20] Mit rotem Ocker wurden während der Eiszeit häufig die Leichname bestreut oder bemalt[21], und alles weist darauf hin, daß er den ›Lebenssaft‹, das Blut, repräsentierte, das die Wiedergeburt der Toten gewährleisten sollte. In Swasiland gilt der aus Haematit (von αἷμα, ›Blut‹) gewonnene rote Ocker als das Blut der Erdmuttergöttin[22], bei den australischen Aranda stammte er von den Orunchafrauen der Traumzeit, die so viel getanzt hatten, daß ihnen die Gebärmutter aus dem Leib fiel, um die großen Ockerreservoire der heutigen Eingeborenen zu bilden[23], und auch viele eiszeitliche Venusfigurinen wie die von Willendorf, Wisternitz, Laugerie-Basse, die ›Rote von Mauern‹, eine Gravettien-Venus aus den Weinberghöhlen bei Mauern oder die Relief-Venus von Laussel waren mit Ocker rot gefärbt.[24]

Zum anderen finden sich seit dem frühen Aurignacien an Höhlenwänden gravierte oder gemalte Vulven, auch aus Lehm modellierte und mit einer Klitoris versehene wie in der Höhle von Bédeilhac[25], häufig in Verbindung mit Jagdtieren, als ob zum Ausdruck gebracht werden sollte, daß man sich hier am Ort der Geburt der Tiere befinde. Die Vulven von La Ferrassie, den Abris Blanchard und Cellier sowie der Höhle von Gouy

14 Die »Stalaktiten-Brüste« von Le Combel.

waren offenbar in periodischen Abständen markiert worden[26], und es hat den Anschein, daß hier – wie es auch für das Felsheiligtum der Algonkinindianer in Ontario vermutet wurde – Kopulationen, wir würden heute sagen: symbolische Kopulationen, vollzogen wurden.[27]

In einer nur mit Mühe erreichbaren kleinen Felskammer in der spanischen Höhle La Pileta, in der man lediglich zusammengekrümmt sitzen kann, ist ein Vulvazeichen neben verschiedenen Tierdarstellungen angebracht, darunter eine periodisch mit kurzen parallelen Strichen markierte trächtige Stute.[28] Eine derar-

15 Pitjandjara in dem Höhlenuterus, in dem er geboren wurde.

16 Felsklitoris der Mala-Frauen, Ayers Rock.

tige kleine Felskammer, in der man »nur gekrümmt wie ein Embryo liegen« kann[29], befindet sich auch in Le Combel, und auffälligerweise haben die Eiszeitmenschen hier ein Büschel von Stalaktiten, die als Brüste gedeutet worden sind[30], mit roten Tupfern markiert, als wollten sie die Tropfsteine mit Brustwarzen versehen.

Fast unwillkürlich haben wir bei der bisherigen Interpretation einen Jäger-, d. h. einen Männerstandpunkt eingenommen, von dem aus es beinahe natürlich erscheinen mag, daß *männliche* Schamanen die *weibliche* Höhle betraten, um hier durch, sagen wir vorsichtig: kopulationsartige Handlungen die Wiedergeburt der Jagdtiere einzuleiten. Eine ebenso große Plausibilität kann eine andere Deutung beanspruchen. Ziehen wir zum Vergleich einen Höhlenkult *heutiger* Jäger und *Sammlerinnen* heran, nämlich der Frauen der australischen Pitjandjara. In dem Wüsten-Felsmassiv Ayers Rock befindet sich eine Höhle, die Gebärmutter einer Traumzeitfrau namens Bulari. Heute noch wird dieser Felsenuterus durch die Felsenvulva von schwangeren Frauen betreten, die hierher kommen, um zu gebären, d. h. das zu tun, was die Bulari prototypisch *in illo tempore* tut. In einer anderen Höhle von Ayers Rock hängen die Klitoris weiterer Traumzeitwesen, der Mala-Frauen[31], und man kann wohl sagen, daß die ›Stalaktitenbrüste‹ von Le Combel sich zwanglos in gleicher Weise als Klitoris deuten lassen, wenn man im Eingang zur Felskammer die Vagina und in der Kammer selbst den Uterus erblickt. So ist es denkbar, daß die Frauen der Eiszeitjäger genauso wie die Frauen der australischen Wildbeuter diese Höhlen betraten, um hier ihre Kinder zur Welt zu bringen, vielleicht auch, um durch den Akt der Geburt die Geburt der Tiere aus dem Schoß der Erde anzuregen. Nordamerikanische Indianer ritzten einerseits Vulven und Phallen auf Felsgravierungen von Tieren, höchstwahrscheinlich mit der Absicht, die betreffende Tierspezies zur Fruchtbarkeit zu bewegen; andererseits setzten sich etwa die Frauen der Pomo auf derartige »Empfängnisfelsen«, die mit Gravierungen von Vulven und kopulierenden Paaren bedeckt waren, um schwanger zu werden, und sie aßen dabei winzige Splitter des Felsens.[32]

Wir sehen also, daß in diesem Falle der ›mütterliche Felsen‹ zweierlei Funktionen hatte – er diente offensichtlich der Fruchtbarkeit der Tiere und der Fruchtbarkeit der Frauen, und nichts spricht dagegen, daß auch die Eiszeithöhlen eine solche Doppelfunktion besaßen. Betrachten wir etwa das gravierte Plättchen, das in der Höhle Les Trois Frères gefunden wurde (Abb. 17).[33] Entwirren wir die übereinander geblendeten Silhouetten (Abb. 18), so erkennen wir die Darstellungen von fünf Personen – offenbar Frauen in der Hockerstellung von Gebärenden, also wiederum ein Hinweis darauf, daß Eiszeithöhlen als Geburtshöhlen gedient haben könnten.

Bei diesen Interpretationen müssen wir nun nicht stehenbleiben, denn es gibt Anzeichen dafür, daß sich die Bedeutung der Höhlen in dem, was wir bislang gemutmaßt haben, nicht erschöpfte. In einer Reihe von Höhlen wie Niaux, Montespan, Tuc d'Audoubert, Aldène, Fontanet, Pech-Merle hat man Fußspuren der Eiszeitmenschen gefunden, Spuren von Erwachsenen, aber überwiegend von Kindern oder Jugendlichen, die – wie es scheint – in der Begleitung Erwachsener die Höhlen betraten. In Niaux befinden sich die Fußabdrücke etwa zehnjähriger Kinder ungefähr zwei Kilometer vom Eingang der Höhle entfernt, und einmal vorausgesetzt, daß der damalige Eingang mit dem heutigen identisch ist, mußten diese Kinder drei unterirdische Seen überqueren, bis sie die Stelle erreichten, an der man die Eindrücke im Lehm fand.[34]

Fanden hier Initiationen statt, in denen den Kindern unter anderem gezeigt wurde, ›wo die Kinder *wirklich* herkommen‹?

In der Höhle Tuc d'Audoubert gingen die Kinder auf den Fersen, und man mag hier an die afrikanischen Mahalbi-Wildbeuter denken, deren Jünglinge nach dem ersten Jagdzug auf den Fersen eine Höhle betreten mußten, in der sie dann eingeschlossen wurden. In dieser Höhle hatten sie die Bilder der Jagdtiere anzubringen, die sie anschließend mit dem Blut der erlegten Antilopen bestrichen, ganz offenbar, um die Regenerierung der Tiere zu gewährleisten. Schließlich verließen sie die Höhle, aber wiederum auf den Fersen, damit das »wilde Buschgeschöpf«, das hier lebte, nicht an den Zehenabdrücken feststellen konnte, welchen Weg die jungen Tiertöter genommen hatten, so daß es ihm unmöglich wurde, ihnen zu folgen.[35] Offensichtlich war dieses »wilde Buschgeschöpf« die Herrin oder

17 Sandsteinplättchen aus der Les Trois Frères-Höhle.

der Herr der Tiere, und es wachte darüber, daß seinen Geschöpfen kein Leid geschah.[36]
Die Vermutung, daß die Eiszeithöhlen häufig von Kindern und Frauen aufgesucht wurden, erhält dadurch größere Plausibilität, daß die Handabdrücke von Gargas und Cabrerets von Frauen, aber auch von Kindern stammen.[37]
Gegen die Interpretation der ›weiblichen Höhle‹, von Felskammern als Gebärmutter, von Eingängen als Vulva[38], ist geltend gemacht worden, daß derartige Deutungen eher der etwas überhitzten Phantasie von nach den Müttern suchenden Stubengelehrten der Jahrhundertwende entstammten als der Realität. Erdmütter, wie etwa die Alte Frau unter dem Wasserfall, seien zwar als *in* der Erde lebend gedacht worden, nicht aber als die Erde selber.[39]
Ich glaube freilich, daß die beiden Vorstellungen sich nicht gegenseitig ausschließen, denn die Erdmutter, die bisweilen den Menschen in Gestalt einer Frau begegnet, ist in vielen Fällen

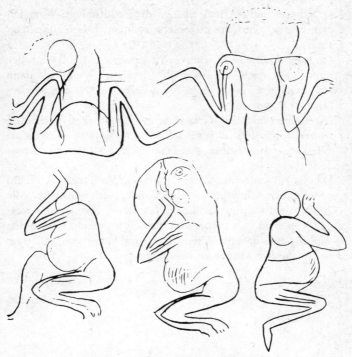

18 Die einzelnen Gravierungen des Sandsteinplättchens.

ganz offensichtlich niemand anderes als die menschliche *Verkörperung* der weiblichen Erde.
So hat beispielsweise die Azteken nichts daran gehindert zu erzählen, daß Quetzalcoatl und Tezcatlipoca diese Frau zerrissen. »Dann«, so heißt es, »machten sie aus ihren Haaren Bäume, Blumen und Gräser, aus ihrer Haut die ganz zarten Kräuter und Blümchen, aus ihren Augen Brünnlein, Quellen und kleine Höhlen, aus ihrem Munde Flüsse und große Höhlen, aus den Nasenlöchern Bergtäler, aus den Schultern Berge.«[40]
Und in seiner berühmten Antwort auf den Major MacMurray, der die Indianer im Auftrage Washingtons dazu aufgefordert hatte, sich gefälligst anzusiedeln, entgegnete der »Träumer« Smohalla, Häuptling der Wa'napûm:
»Du forderst mich auf, die Erde zu pflügen! Soll ich ein Mes-

ser nehmen und die Brust meiner Mutter aufreißen? Wenn ich dann sterbe, wird sie mich nicht an ihrem Busen ruhen lassen.
Du forderst mich auf, nach Steinen zu graben! Soll ich unter ihrer Haut nach ihren Knochen graben? Wenn ich dann sterbe, kann ich nicht mehr ihren Leib betreten, um wiedergeboren zu werden.
Du forderst mich auf, Gras zu schneiden, Heu zu machen, es zu verkaufen und reich zu werden wie die weißen Männer! Wie kann ich es wagen, das Haar meiner Mutter zu schneiden?
Dies ist ein schlechtes Gesetz, und mein Volk kann sich nicht daran halten. Ich will, daß mein Volk hier bei mir bleibt. Alle Toten werden zu neuem Leben erwachen. Ihre Geister werden wieder in ihre Leiber kommen. Wir müssen hier in den Wohnstätten unserer Väter warten und bereit sein, ihnen im Busen unserer Mutter zu begegnen.«[41]

§ 5
Die Liebe und der Tod

Die Desana-Indianer am Rio Vaupés sind zwar keine Wildbeuter mehr, aber immer noch kreist ihr ganzes religiöses Denken um die Jagdtiere. Sie glauben, daß diese Tiere in den Höhlen steiler, alleinstehender Felsen *(ëhtëngë ví'i)* leben, und sie fassen diese als riesige Gebärmütter auf, ebenso wie die tiefen Stellen im Wasser unterhalb der Stromschnellen, wo sich der Uterus befindet, in dem sich die Fische aufhalten.

Wie der Bereich der Sedna einerseits der Ort der Seetiere, andererseits aber auch das Totenreich ist, so kehrt bei den Desana der größte Teil der Seelen der verstorbenen Menschen in diese unheimlichen Felshöhlen zurück[1], insbesondere die Seelen derjenigen, die den tabuisierten Ort unberufen betreten, etwa auf der Suche nach magischen Kräutern, und sie müssen bis zu ihrer Wiedergeburt in den Felsen als *nyamíri-mahsá*, »Nacht-Leute«, verweilen.

Der einzige, der die Höhlen berufen betreten darf, ist der Schamane *(payé)*. Werden die Jagdtiere knapper, so versetzt er sich mit Hilfe des ›halluzinogenen‹ Schnupfpulvers *viho*, »Penis der Sonne«[2], in Ekstase und reist in die Gebärmutter-Höhle zum Herrn der Tiere, Vaí-mahsë, der dort in Gestalt einer kleinen Eidechse oder einer Spinne lebt, aber auch als ein Pfeil und Bogen tragender Zwerg, dessen Leib über und über mit roter Farbe bemalt ist. Als Herr der Fische hält Vaí-mahsë sich auf dem Grund der Strudel zwischen den riesigen Felsen der Stromschnellen auf. Dort wie in den dunklen Höhlen hausen die Prototypen der verschiedenen Tierarten, in den Felsenuteri Tausende von Hirschen, Tapiren, Pekkaries, Affen, Nagetieren, und wenn sie vor den Hügeln tanzen, dann riechen diese Plätze noch tagelang nach dem Parfum der magischen Pflanzen, mit denen sie sich vor dem Tanz eingerieben hatten.

In der Höhle angelangt, tauscht nun der Schamane menschliche Seelen gegen die Jagdtiere, die wie im Stupor gebündelt von den ›Dachsparren‹ und Wänden der Fels-Malocas herabhängen. Er schüttelt die Sparren, damit die schlummernden Tiere aufwa-

chen und in den Urwald laufen können, oder er packt sie in zwei
große Körbe und läßt sie draußen frei.³ Manchmal benutzt der
Schamane keine Drogen, sondern er begibt sich *in corpore* in die
Höhlen, und von ihm stammen die zahlreichen, mit rotem Okker gemalten Felsbilder von Tieren und menschlichen Genitalien, die oft übereinandergeblendet sind.
In diesen Höhlen zeugt Vaí-mahsë, der im übrigen ein notori-
scher Sittenstrolch und ein Liebhaber pornographischer Darstellungen ist⁴, die Tiere, indem er die Weibchen – mit Vorliebe
Hirschkühe – beschläft, wonach die Tierembryonen im Höh-
len-Uterus ausgetragen werden.
Hier stellt sich freilich die Frage, ob sich hinter der Gestalt des
Tierherrn nicht der Schamane selbst verbirgt, der ursprünglich
mit einer Herrin der Tiere geschlafen hat, einem Wesen, das
vermutlich in Vaí-mahsë mangó weiterlebt, der Tochter oder
der Frau⁵ des Tierherrn. Diese ebenfalls recht libidinöse Erscheinung findet großen Gefallen daran, im Urwald oder an den
Flußbänken junge Männer zu verführen, die als Ausgleich für
ihren Liebesdienst Jagdtiere erhalten, die nach dem Akt ihre
Höhlen verlassen.⁶ Der Schamane bemalt sich nämlich in derselben Weise wie der Tierherr mit roter Farbe – der Farbe uteriner
Fruchtbarkeit –, und vor allem heißt es, daß er *in der Verkleidung des Tierherrn* die Höhlen betritt, um die Tierweibchen zu
schwängern, damit sie neue Jagdtiere werfen.⁷
Solche Vorstellungen sind in Südamerika weit verbreitet. Bei
den Tapirapé verkehrten die Schamanen häufig sexuell mit den
Waldgeistern, bisweilen anal, passiv und aktiv, und mächtige
Schamanen suchten gerne die »Hütte der Wildschweine« auf
einem Hügel auf, um dort die Sauen zu beschlafen, damit sie
trächtig würden. Die Schweine, die während der Jagd am
schwierigsten zu erlegen waren und die am schnellsten rannten,
wurden als die »Kinder des *panché*«, des Schamanen, angese-
hen.⁸ Auch bei den Makuna gingen die Schamanen in die als
Gebärmutter konzipierten Höhlen der Urwaldhügel, um dort
die schlafenden Weibchen zu bespringen.⁹
Die Höhlengebärmütter der Desana sind zwar offenbar *an-
onyme* Uteri, doch wir erinnern uns, daß die Jagdtiere in dem
Augenblick aus der Höhle laufen, in dem die jungen Jäger den
Beischlaf mit der Herrin der Tiere vollendet haben, und man

kann vielleicht sagen, daß der Beischlaf des Schamanen mit der Vaí-mahsë mangó[10] in zweifacher Weise konzipiert wurde: Einerseits kopulierte er mit der *Frau,* der Herrin der Tiere (oder mit ihren Töchtern, den Tierweibchen); andererseits bedeutete die Einnahme der Droge und – damit verbunden – das Eindringen in die Höhlengebärmutter einen sexuellen Akt, dieses Mal nicht mit einer Frau, sondern mit einer weiblichen Felsenhöhle.[11] Dies läßt sich vergleichen mit dem Unternehmen des Cuna-Schamanen, der nach dem *Muu-ikala* einerseits in den Uterus der schwer Gebärenden ›eindrang‹, damit ihr die Geburt gelang, andererseits dieses Eindringen als eine geographische Reise mit allerlei Kämpfen und Abenteuern erzählte.[12] Eine Bezeichnung der Desana für den Schamanen lautete auch *ye'e,* »Jaguar«, was von *ye'éri,* beischlafen, und *ye'éru,* Penis, abgeleitet ist.[13]

Erhellt nun dieses sexuelle Eindringen des Desana-Schamanen in den Felsenschoß die Bedeutung der eiszeitlichen Kulthöhlen? Schauen wir uns einige Fakten an.

Im Eingangsbereich der Höhle La Magdeleine lagern an Stellen der Felswände, die noch vom Tageslicht erhellt werden, zwei Frauen im Relief (Abb. 19), das eine Bein angezogen, das andere ausgestreckt, wodurch dem die Höhle Betretenden der zudem besonders herausgearbeitete Schoß der Frauen dargeboten wird. Beiden sind eine Pferde- und eine Bisondarstellung ›zugeordnet‹[14], und fast scheint es, als sollten die beiden zurückgebeugten Frauen zum Ausdruck bringen, daß die Höhle bereit sei, den Eintretenden in sich aufzunehmen.[15]

Eine ähnliche Gravierung befindet sich in der Höhle Le Gabillou. Hier ist eine auf dem Rücken liegende Frau wiedergegeben, und allem Anschein nach ist im ›Röntgenstil‹ ihre Vagina und vielleicht auch ihre Gebärmutter dargestellt (Abb. 20). Da es sich hier ebenfalls nicht um eine schwangere Frau handelt, darf man möglicherweise auch in dieser Gravierung die Darstellung einer empfängnisbereiten Frau sehen.

Symbolisierte auch diese Frau die Erde und ihre Vagina und ihr Uterus die Höhle?

In der Höhle Pech-Merle fand man mit den Fingern in die feuchte Lehmwand gemalte und mit Bildern von Mammuts und anderen Tieren überblendete Darstellungen üppiger Frauen, die sich anscheinend nach vorne beugen, wobei die Brüste herabhängen und das Gesäß nach hinten gedrückt wird.[16] In dieser Halbhocke wurden häufig Frauen dargestellt – als Figurinen, wie die von Oelknitz, Petersfels, Sireuil, oder als Gravierungen, wie die auf den Schieferplatten von Gönnersdorf[17], und man hat diese Stellungen als Tanzhaltungen interpretiert.

19 Eines der beiden Frauenreliefs von La Magdeleine.

Solche Tanzhaltungen finden sich bei heutigen Wildbeutern, und sie signalisieren die Beischlafbereitschaft der Frauen.[18] So tanzen etwa bei den !Ko-Buschleuten die Mädchen und Frauen den Eland-Tanz. Hintereinander aufgereiht wackeln sie mit dem Becken, um das sie Perlenketten – den ›Schwanz‹ der Eland-Antilope – tragen, und stoßen ruckartig das Gesäß nach hinten, um für einen Moment den Genitalbereich, insbesondere die vergrößerten Schamlippen, die als sehr sexy gelten[19], zu zeigen. Nach dem fünften Tag beteiligen sich auch die Männer am Tanz und stellen gemeinsam mit den Frauen das Paarungsvorspiel des Elands dar.[20]

Wurden solche Tänze, in denen von Männern und Frauen die Paarung der Jagdtiere dargestellt wurde, auch in der Eiszeit aufgeführt, oder gab es ein Ritual, in dem der Schamane, als Tier

verkleidet, den Beischlaf mit der Herrin der Tiere oder mit Frauen vollzog, die Tierweibchen repräsentierten?
Betrachten wir zunächst ein Knochenplättchen aus der Höhle Isturitz, auf dem sich ein Mann[21] von hinten einer Frau zu nähern scheint (Abb. 21). Man hat gesagt, daß die ›Kriechlage‹ der beiden möglicherweise durch das Format des Plättchens bedingt sei, daß wir die Gravierung also so ›lesen‹ sollten, daß das Paar stehe.[22] Freilich hat man in der Höhle de la Vache ein Renknochenplättchen gefunden, auf dem ein Mensch in ähnlicher Weise einem anderen folgt, obgleich das Format des Plättchens zwei stehende Personen ohne weiteres erlaubt hätte.

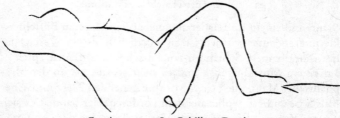

20 Gravierung aus Le Gabillou, Dordogne.

Auf der Rückseite des Rippenplättchens (Abb. 22) folgt ein Büffelstier offenbar einer Büffelkuh, die kopulationsbereit ihren Schwanz zu heben scheint, und wir haben hier wohl die ›tierische Variante‹ derselben Szene vor uns. Sowohl von Maul und Nase des Bisonstiers als auch von der Nase des Mannes gehen Linien aus, und es ist vielleicht nicht überinterpretiert, in diesen Strichen den heftig ausgestoßenen Atem des brünftigen Stiers und des Mannes zu sehen[23], der sich in ähnlicher Stellung zu befinden scheint. Aber auch die beiden Menschen haben tierische Züge, die fliehende Stirn des Mannes und vor allem die Punktierungen auf dem Leib der Frau, besonders auf der Brust, dem Oberschenkel und der Gegend des Venushügels, die wohl eine starke Behaarung, ein Fell, darstellen sollen.[24]
Nähert sich also hier ein Mann, möglicherweise mit einer Maske, einer beischlafbereiten befellten Frau, einer Tierfrau?
Eine Gravierung in der Höhle Les Trois Frères zeigt ein männliches Wesen, das sowohl als eine Mischgestalt[25] aus einem

21 Knochenplättchen aus der Isturitz-Höhle, Magdalénien.

22 Rückseite des Plättchens von Isturitz.

Mann und einem Büffelstier als auch als ein Mann in Büffelmaskierung gedeutet worden ist, in jedem Fall als ein Wesen, das mit stampfendem Schritt zu tanzen scheint. Offenbar spielt es auf einem Musikbogen[26], und es sieht so aus, als ob der ithyphallische ›Mann‹ die beiden vor ihm gehenden Tiere mit seiner Musik bezaubern wolle. Bei dem vorderen Tier handelt es sich um ein Ren mit flossenartigen Vorderfüßen, bei dem hinteren, das sich nach dem ›Mann‹ umzusehen scheint, um ein Mischwesen – vorne wohl Büffelkuh, hinten ein weibliches Rentier mit menschlichen Hinterschenkeln.[27] Nähert sich also der Büffelmann mit erigiertem Glied der hinteren Kuh zur Kopulation? Der akzentuierte Genitalbereich des Tieres, das offensichtlich ein mythisches Wesen ist, läßt dies vermuten. Ist der Büffelmann ein Schamane oder zumindest ein Mensch in Büffelverkleidung?

Man hat eingewandt, daß die in Hufen endenden Arme eine solche Deutung fragwürdig werden ließen.[28] Aber wenn wir etwa die Abbildung des tungusischen Schamanen aus dem Jahre 1705 betrachten (Abb. 24), dann sehen wir, daß auch dessen nackte Füße in Tierklauen enden, obgleich es sich ganz zweifellos um einen Menschen und nicht um ein mythisches Mischwesen, etwa einen Herrn der Tiere, handelt.

Wir sagten, daß es sich insbesondere bei der hinteren Kuh, die ihren Kopf zu dem ›Schamanen‹ umzuwenden scheint und deren Genital deutlich herausgearbeitet ist, nicht um ein reales Tier, sondern um ein ›mythisches‹ Wesen handeln muß. Ihr nä-

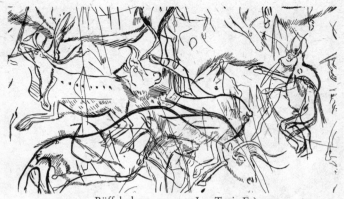

23 »Büffelschamane« von Les Trois Frères.

hert sich anscheinend der ›Schamane‹ mit steifem Glied, auf einem Musikbogen spielend. Lockt er mit seiner Musik das mythische Wesen zur Kopulation?
Bei den Kxoe-Buschleuten am Okavango wurden rituelle Bogenlieder gesungen, wobei der Sänger den /á- //hàßà-Bogen an eine Resonanzschale legte, die harte Schale der Ix'oánà-Frucht, und den Bogen rhythmisch schlug. »Weint« der Bogen, d. h. klingt er unschön, dann ist eine erfolgreiche Jagd nicht in Aussicht. Klingt er schön, dann naht das Wild. »Ihr antwortet nicht auf das, was die Klage-Trommel klagt, was die Schale weint. Die Klage-Trommel und ich, wir suchen verzweifelt Hilfe!« Mit diesen Worten wendet sich der Sänger an die Hüter des Wildes; erhört die Herrin der Tiere die Klagen des Musikbogens, dann läßt sie die Jagdtiere frei. Dí. xà. hè oder Kxyàní, die »Schöpferin und Herrin der Tiere«[29], sagt bisweilen dem Schamanen *(yéu. kx'ào. mà)*, ob sie gewillt ist, den Jägern die Tiere zu überlassen, nachdem der Sänger sie aufgefordert hat: »Du Herrin, Kxyàní, Du Schöpferin, lauf, komm und sieh, wie ich leide! Umkommen und in Mengen fallen soll das Wild! Der Kudubulle soll herbeieilen und erscheinen!«[30]
›Klagte‹ in ähnlicher Weise der Musikbogen des eiszeitlichen ›Büffelschamanen‹ der Herrin der Tiere, und ist die ›mythische‹ Büffelrenkuh ein solches Wesen? Hierfür spricht noch ein weiteres Indiz. Auf den ersten Blick mag es so scheinen, als ob dem Genital des mythischen Tieres eine Art Duftwolke entsteige.

24 Tungusen-Schamane mit Hirschgeweih.

Betrachten wir das Gebilde indessen näher, so haben wir es anscheinend hier mit der Überblendung einer stilisierten ›Venus‹ zu tun, deren Hinterteil gleichermaßen dem Büffelmann zugewandt ist.

Wenn einst eine Hungersnot drohte, bemühten die Sioux ihre »Büffelträumer«, die Büffelfellumhänge und einen Büffelkopf mit -hörnern trugen. Deren Aufgabe bestand darin, die Tiere, zu denen sie ein intimes Verhältnis hatten, heranzuholen, damit sie gejagt werden konnten.[31]

Während der Büffelzeremonie der Cheyenne paarten sich einst ein Mann, der »Büffelstier«, und eine Frau, die »Büffelkuh«, und zwar in der Nähe weidender Herden. Anschließend schritt ein Schamane mit der gehörnten Büffelkappe, Zauberlieder singend, auf die Herde zu, um sie an sich heranzulocken.[32]

Haben wir auf der Gravierung von Les Trois Frères einen solchen eiszeitlichen ›Büffelträumer‹ vor uns?

Wir erinnern uns daran, daß die Büffelkappe der Cheyenne normalerweise schlaffe Hörner hatte, die bei zwei Gelegenheiten steif aufstanden: beim Heranholen der Jagdtiere, vor allem der Büffel, und beim Töten im Krieg, und wir haben auf die enge Nachbarschaft des Tötens bei der Jagd zu dem Beischlaf, dem Eindringen des Pfeiles in den Leib des Jagdtieres und dem Eindringen des männlichen Glieds in die Vagina der Frau, hingewiesen.

Das Wort der Desana für die Jagd lautet *vaí-merä gametarári*, »mit den Tieren kopulieren«.[33] Der Jäger erregt die Tiere sexuell, damit sie näherkommen, und das Töten selber wird als sexuelle Dominanz des Mannes über das Wild gesehen. »Die Jagdtiere sind wie Kokotten«, sagen die Desana, und »Töten ist kopulieren«. Vor der Jagd lebt der Jäger enthaltsam, und zwar nicht nur, um sich sexuell ›aufzuladen‹, sondern weil ansonsten die Tierweibchen, die häufig von sich aus versuchen, den Jäger zu verführen, auf die Menschenfrauen eifersüchtig würden. Frobenius berichtet, daß die Frauen der Mahalbi vor den auf die Jagd gehenden Männern erotisch mit dem Hintern wackelten, um die Jäger sexuell zu erregen, und auch bei den Buschleuten, etwa den !Kung, sind Beischlaf und das Töten bei der Jagd eng miteinander verbunden: Bei gewissen Schauspielen jagen die Männer, die Löwen darstellen, die Mädchen, die Springböcke repräsentieren, und versuchen, sie zu »packen«, was doppeldeutig zu verstehen ist.[34]

In vielen Pflanzer- und Hirtenkulturen wird der Akt der sexuellen Penetration als Töten oder zumindest als – meist entehrende – Gewaltanwendung gesehen und der Penis als Waffe[35], die in den After des besiegten Mannes oder in die Vulva der unterworfenen Frau gestoßen wird: Die Asmat schreien beim Angriff ihre Feinde mit den Worten *ndor mbo*, »meine Frau«, an, und dabei reißen sie ihre Penisse hoch[36], und die Maori tanzten vor dem Feind und sangen dabei:

> *Awhea to ure ka riri?*
> *Awhea to ure ka tora?*
> Wann wird euer Penis wütend?
> Wann wird euer Penis steif?[37]

Auf einer attischen rotfigurigen Vase sagt ein Mann in persischen Kleidern: »Ich bin Eurymedon. Ich stehe vornüber gebeugt.« Ihm nähert sich von hinten ein Grieche, den halberigierten Penis in der Hand. Die Abbildung bezieht sich auf den Sieg der griechischen Truppen über die Perser am Eurymedon-Fluß und besagt soviel wie »Wir haben die persische Armee gefickt«.[38]

»Ja, wir ficken sie«, sagte ein Iatmul-Mann zum Ethnographen über die Frauen, »aber sie nehmen nie Rache!«[39]

Oder man denke an den amerikanischen GI-Spruch, beliebt während des Vietnamkriegs:

> This is my cock
> this is my gun
> one for killing
> one for fun.

Und wenn wir Lichtenberg glauben dürfen, dann scheinen solche Gefühle auch dem akademischen Papierkrieger nicht fremd zu sein: »Wenn er Rezensionen verfaßt, habe ich mir sagen lassen, soll er allemal die heftigsten Erektionen haben.«[40]

Wir haben im vorhergehenden Abschnitt erwähnt, daß in vielen Höhlen und Abris die Gravierungen von Vulven mit Strichen versehen wurden, und Alexander Marshack glaubt nachweisen zu können, daß solche Linien periodisch eingraviert worden sind, was man so deuten kann, daß hier zu gewissen Zeiten mittels symbolischer Kopulationen die Felswand fruchtbar gemacht werden sollte.

Leroi-Gourhan hat die Wunden in den Leibern gravierter und gemalter Jagdtiere – die sich bei etwa 4% der gesamten Tierdarstellungen finden[41] – als symbolische Vulven und die Speere, die in ihnen steckten, als symbolische Phallen interpretiert.[42] Greift man diese Deutung auf, so läßt sich vielleicht sagen, daß durch die ›symbolische Jagd‹ an der Felswand die Tiere geschwängert wurden. Wir erinnern uns an den Comanche-Jäger, der eine Büffelkuh trächtig werden ließ, indem er sie mit Pfeilen durchbohrte. Bei australischen ›Tiervermehrungsritualen‹ wurden Känguruhdarstellungen auf dem Boden gespeert, damit die Känguruhs sich vermehren[43], und im Frühling, wenn das erste Grün die Taiga überzog und die Tiere ihre Jungen warfen, führten die Sym-Evenken ein Ritual durch, das sie *ikenipke*, »Wiederbelebungen«, nannten. In einer Pantomime wurde der kosmische Elch durch die Welten hindurch verfolgt, auf der

25 Symbolisches Speeren des Känguruhs beim *bora*-Ritual, Südostaustralien.

himmlischen Taiga schließlich gestellt und getötet. Doch dieses Töten diente der Regenerierung der Elche und der ganzen Natur, denn eben waren Eis und Schnee geschmolzen, die Wasservögel kehrten zurück, und die Taiga füllte sich mit neuem Leben.[44]

Auf einem Felsbild bei Tiout in der Sahara (Abb. 26) wird offenbar ein Zusammenhang zwischen dem Töten des Jagdtieres und dem menschlichen Beischlaf dargestellt: Der Penis des Jägers, der auf ein Tier zielt, ist durch Linien sowohl mit dem Bogen als auch mit dem Unterleib einer Frau verbunden.[45] Bei Pflanzern wird die Jagd ebenfalls häufig mit dem Beischlaf assoziiert: Bei den Kilindi schoß der Bräutigam mit einem Pfeil in die Richtung der Vulva einer Frau und legte anschließend seiner Braut den Bogen auf die Schenkel. Wenn bei den Luo die frisch Verheirateten nach dem ersten Beischlaf aus der Hütte traten,

schlugen die Jungfrauen auf den Mann ein und schrien: »Du hast unsere Schwester getötet!«[46]
Im altmexikanischen *tlacacàliliztli*-Ritual band man einen Jüngling in der Beischlafstellung einer Frau an einem Gerüst fest. Daraufhin erschossen die Priester den jungen Mann, der den Gott Xipe Totec darstellte, mit Pfeilen, und diese Tötung wurde ausdrücklich als Geschlechtsakt bezeichnet. Auch das nächtli-

26 Felsbild bei Tiout, Sahara.

che Töten einer Frau, die die Erdgöttin Tlalteotl darstellte, wurde als ein Beischlaf gesehen, ein tödlicher Geschlechtsakt, der notwendig war, damit wieder neues Leben entstehen konnte, und in diesem Falle bedeutete der Mord auch gleichzeitig die Geburt des Maisgottes Cinteotl.[47] Denn hatte man nicht jedes Jahr erfahren, daß der neue Mais erst sprießen konnte, nachdem die alte Erde ›gestorben‹ war, und hatte man Jahrtausende zuvor nicht erlebt, daß der Tod der Jagdtiere das Leben der Tiere nach sich zog, die aus dem Bauch der Erde wiederkehrten?

§ 6
Der Schamane und die Tierfrau

Ein Nganasanen-Schamane berichtete von seiner Unterweltsreise, daß er tief im Inneren der Erde an einem See entlangwanderte, bis er auf eine nackte Frau stieß, die ausgestreckt am Boden lag. Dies war die Herrin des Wassers, und sie nahm den Schamanen an Kindes Statt an und ließ ihn an ihren Brüsten saugen. Dann griff sie sich drei Fische aus dem See, warf sie in die irdischen Flüsse und sagte: »Ich werde alle Völker mit Fischen versorgen, damit sie eine Lebensgrundlage haben.« Als der Schamane seine Reise fortsetzte, entdeckte er in einem sumpfigen Gelände ein Zelt, und als er es betrat, lagen auf der linken, der Frauenseite, zwei nackte Frauen, die Rentierkühen ähnelten; sie waren behaart und trugen ein Rengeweih. Beide Frauen waren hochschwanger, und die eine gebar zwei Renkälbchen, die sie für die Menschen freiließ, und auch die andere schenkte zwei Kälbchen das Leben und sprach zu dem Schamanen:

»Hier gebäre ich für alle Menschen. Mögen die Rentiere

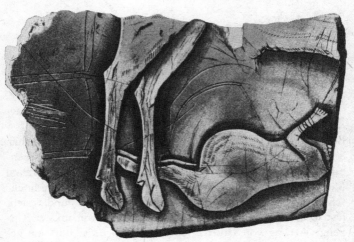

27 »Die Frau mit dem Ren«, Laugerie Basse.

28 Der »Zauberer von Les Trois Frères«.

sowohl den Menschen als auch den Tieren zur Nahrung dienen. Laß mich das eine, das furchtsame, in die Tundra schicken, damit es ein wildes Ren wird. Laß mich das andere, das unterwürfige, in den Wald schicken, damit es ein zahmes Ren wird.«[1]

Betrachten wir nun auf dem Hintergrund dieses sibirischen Schamanen-Berichts die Gravierung auf einem Rentierknochenplättchen aus dem Abri von Laugerie Basse, die im mittleren Magdalénien angefertigt wurde. Offenbar liegt hier eine hochschwangere Frau hinter einem männlichen Rentier[2], und es sieht fast so aus, als stehe das Tier über ihr. Doch wie auf der Rippengravierung von Isturitz scheint es sich nicht um eine gewöhnliche, sondern um eine Tierfrau zu handeln[3], was nicht nur

29 Der »Zauberer« (oben) in seinem Höhlenheiligtum.

die Bauch- und Oberschenkelbehaarung, sondern auch die Beine andeuten, die in einer Art von Hufen enden.
Ich möchte natürlich nicht die Behauptung aufstellen, daß das Bild die Erzählung des Nganasanen-Schamanen illustriere. Freilich haben wir eine Komposition vor uns: Eine hochschwangere ›Tierfrau‹ steht in irgendeiner Beziehung zu einem männlichen Rentier, und es dürfte wiederum nicht allzu verwegen sein, in diesem weiblichen Wesen eine Herrin der Tiere zu sehen.
Bei vielen Jagdvölkern trägt sie die Tiere aus, sei es, daß der

Schamane sie vorher geschwängert hat, sei es, daß sie die Tiere aus sich selber heraus konzipiert.⁴ So wurde sie bei den Finnen angeredet:

»Wenn Du mein Eigen nicht frei läßt,
trägst Du Dein Leben lang einen dicken Bauch,
wenn Du es frei läßt,
wirst Du von Deinem Bauch befreit!«⁵

30 Der »Zauberer von Le Gabillou«.

Der tundrajurakische Schamane sang über seine Unterweltsreise zur »Großmutter«, der Urmutter der Rentiere, die in der Gestalt einer Renkuh erschien:

»Wieder brach ich auf
in meiner Gestalt als junger Rentierstier,
ich ging sieben Tage
auf unserem Erdröhrenweg.«⁶

Haben wir in dem berühmten ›Zauberer von Les Trois Frères‹

einen solchen Schamanen vor uns? Man hat gegen eine solche Interpretation eingewendet, daß bei dem Bild – einer Mischung aus Gravierung und Malerei – nicht eindeutig erkennbar sei, ob dieses Wesen wirklich ein maskierter Mensch sei, also ob das Geweih aufgesetzt oder der Wildpferdschweif befestigt sei.[7] Meines Erachtens geht jedoch ein solcher Einwand an der *Intention* dessen vorbei, der dieses Bild in der Höhle über zahlreichen Tierdarstellungen anbrachte: Er wollte eben nicht einen *verkleideten Mann* darstellen, sondern einen offenbar tanzenden[8], *in ein tierisches Mischwesen verwandelten Schamanen*.[9] Freilich scheint es sich bei den beiden Zipfeln, die von den Oberschenkeln des wohl bisonköpfigen Wesens von Le Gabillou herabhängen, in der Tat um die Beinansätze einer abgezogenen Tierhaut zu handeln, die sich das Wesen übergeworfen hat.[10]

Wie dem auch sein mag: Halten wir fest, daß vieles auf eine Reise der eiszeitlichen Schamanen in eine Unterwelt[11] hindeutet, die wohl einerseits als der die ›Tierseelen‹ austragende Leib der Tierherrin gedacht wurde, andererseits aber auch als ein Bereich, in dem dieses Wesen sich aufhielt.

So wuchs in der Unterwelt der Evenken, am Ort des Ursprungs, ein riesiger Baum, und in seinen Wurzeln wohnte die Ahnmutter und Tierherrin *togo mushun,* »Geist des Feuers«, die Herrin des Klans, seiner Zelte und Feuerstellen. Wenn die Evenken starben, dann reisten sie zurück zur Tiermutter, genauer gesagt kehrten die ›Tierseelen‹ der Menschen entlang dem »wässerigen Flußweg«[12] in den Schoß der Urmutter zurück, und der Schamane begleitete sie auf dieser Fahrt.[13] Wird ihre Rolle als Herrin der Tiere und der Taiga betont, so heißt die Urmutter *bugady mushun,* und sie hatte die Gestalt einer Elch- oder Renkuh. Sie trug die ›Seelen‹ der Tiere in einem kleinen Ledersäckchen unter den Achseln, und listig bot der Schamane ihr an, ihre Unterwäsche von Ungeziefer zu reinigen, und wenn sie sich auszog, griff er sich schnell einige Tiere, die als wollene Fäden in dem Säckchen lagen, um sie später in den Jagdgründen freizulassen.

Einen solchen Doppelaspekt scheint auch die eiszeitliche ›Urmutter‹ gehabt zu haben, wie sie uns in den zahllosen Frauenfiguren[14] entgegentritt, die plötzlich im Périgordien auftauchen[15], um sich dann im Solutréen wieder zu verlieren.

Entgegen der Behauptung Marshacks[16] handelt es sich in den allermeisten Fällen ganz offensichtlich nicht um eine schwangere Frau, sondern um üppige Matronen mit fetten Bäuchen, Brüsten[17] und Schenkeln sowie einem ausladenden Gesäß, wenn man einmal von den wenigen Figurinen absieht, die eine schlanke Frau darstellen.[18] Bei manchen Frauen ist die Schamspalte besonders ausgeprägt und auffällig, etwa bei der ›Vénus impudique‹ aus dem Abri Laugerie Basse, der Venus von Grimaldi, der von Moravany nad-Váhom und insbesondere bei der winzigen Steinvenus von Monpazier, die mit einem geradezu steatopyg anmutenden Hintern und einer riesenhaften Vulva ausgestattet ist.[19]

Die mit ausgeprägten Schamlippen versehene Vulva der kleinen Venus, die das ganze Figürchen dominiert (Abb. 38), erinnert an einen seltsamen roten, dreieckigen Stein, der in einer spätpaläolithischen Fundschicht auf einer Art Terrasse im indischen Madhya Pradesh entdeckt wurde. Auf diesem Stein befindet sich nämlich eine fast dreieckige, konzentrische Lamellierung, die vulvaartig aussieht.[20] Was diesen Fund so interessant macht, ist die Tatsache, daß die noch heute in der Nähe des Grabungsortes lebenden Kol und Baiga, die unlängst noch Wildbeuter waren, den gleichen Stein mit demselben Muster verzieren: Es ist das Symbol der Muttergöttin Mai. Etwa einen Kilometer vom Fundort entfernt liegt das Heiligtum der Kerai ki Devi, der Göttin von Kerai. In seinem Zentrum befinden sich die kopflose Figurine von Angari Devi, der »Göttin der Brennenden Kohlen«, sowie sechs rotbraune bis rote Steine, die das vulvaartige Symbol aufweisen. Sie sind mit Zinnober beschmiert, und es wird gesagt, daß sie die Steine der Göttin seien.[21]

Wahrscheinlich ist es bedeutsam, daß viele eiszeitliche Venusfigurinen in Feuerstellen gefunden wurden. Für ein erfolgreiches Feuerschlagen oder Feuerreiben brauchte man zu jener Zeit leicht entzündliche, trockene Materialien, wie etwa getrocknete Pilze, und einiges Geschick, und es wird nicht leicht von der Hand gegangen sein. So hat man wohl eher darauf geachtet, daß das Feuer nicht ausging, als es immer wieder neu zu entfachen[22], und die Hüterinnen des Feuers, das den Mittelpunkt des Lebens bildete, sind ganz sicher die Frauen gewesen. Ohne Feuer hätte es kein Leben gegeben, und wir dürfen wohl annehmen, daß die

Kontinuität des lebenspendenden Feuers durch die ›Herdmutter‹ gewährleistet wurde, die offenbar als Figurine neben der Feuerstelle verehrt wurde.
So steckte etwa die elfenbeinerne Venus von Königsee-Garsitz, die man tief im Inneren einer Höhle fand, neben einer – vermutlich kultischen – Feuerstelle in einem Sockel, der aus einem Wurzelstock bestand[23], und im Mammutjägerlager von Dolní Věstonice lag in der Aschenschicht einer Feuerstelle eine Venus mit schweren Hängebrüsten – offenbar die Herdmutter des Zentralfeuers der Siedlung, aus dem vielleicht immer wieder der Funke für die anderen, kleineren Herde geholt wurde.[24] Auch im mitteldeutschen Oelknitz lag in einer Grube unter einer ovalen Feuerstelle – die sich möglicherweise einst in einem Ritualzelt befand und die halbkreisförmig von großen Steinblöcken eingefaßt war, von denen einer eine Wildpferdgravierung aufwies – eine kleine Venus aus Kieselschiefer, die man mit dem Kopf nach unten[25] gelegt hatte. Auf einer Steinstele vor dem Herd war eine Vulva eingraviert.[26]
War die Feuerstelle ein direkter Weg zur Unterwelt, zur Höhle, und war die Herdgöttin identisch mit der Höhlengöttin, der Herrin der Tiere?
Bis in unsere Zeit waren viele baskische Häuser mit altsteinzeitlichen Kulthöhlen verbunden, und zwar durch vom Herde ausgehende unterirdische Gänge, durch die die Tiergeister ins Haus gelangen konnten. Die Göttin des Herdfeuers war Andra Mari, die »Herrin Mari«, und sie war zugleich eine meist kuhgestaltig gedachte Höhlen- und Vegetationsmutter, die Königin aller Geister der Welt. Bisweilen vereinigte sie sich mit einem Sterblichen, und im Mittelalter sah man in ihr die Ahnmutter der Fürsten von Vizcaya. Sie war auch die Herrin der Tiere, und früher brachten ihr die Hirten in ihrer Höhle ein Widderopfer dar, damit sie die Herden gedeihen ließ. Noch heute wird sie, die auch aus der Unterwelt die Gewitterwolken heraufholt, in der Höhle von Biddaray als »Höhlenheilige« *(arpeko-saindu)* ähnlich wie die kretische Eileithyia in Form eines Stalagmiten verehrt.[27]
Immer wieder tritt uns auch in Eurasien, insbesondere in Sibirien, die Tiermutter als Herdmutter entgegen. Wir erinnern uns an die *togo mushun* der Evenken, die Herrin der Feuerstelle und

der Tiere, der man Fleisch- und Fettbrocken ins Feuer warf, damit sie dem Jäger die Tiere zuführte. Dabei sprach man die Worte: »*Togo mushun*, iß, werde satt, *bugady mushun*, iß, werde satt! Iß Dich satt, sei uns nicht böse und beschütze uns! Vermehre unsere Rentierherde um einige Tiere! (usw.).«
In jeder Sippe bewahrte der Schamane ein Idol von ihr auf, und jede Familie hatte ein Bild dieses Idols in ihrem Zelt.
Die Erdgöttin der Urdechen hieß *sangia-mama*, und sie war die Mutter der Menschen wie der Tiere. Wenn sie dem Jäger Wild zugeführt hatte, fütterten die Jäger ihr Idol mit dem Blut der erlegten Tiere, und sie opferten ihr Kopf und Herz des Rens oder des Elchs und sprachen dazu:

»*Sangia-mama! sangia-mama!*
Hör unser Flehen!
Nimm unser Opfer mit dem Blut unseres Tieres an!
Für den Elch, den Du sandtest,
Bringen wir den Kopf.
Wir alle knien
Und verneigen uns demütig vor Dir, *sangia-mama!*«[28]

Die Jäger der Nanai fertigten Figuren der Schutzpatronen der Tiere, der *girki-aïami*, an, und zwar kurz bevor sie zur Jagd aufbrachen. Blieb die Jagd erfolglos, so hängten sie die Figürchen unterwegs auf, opferten ihnen und baten sie um Wild.[29]
Nicht selten war diese Feuermutter und Herrin der Tiere auch eine ausgesprochene Frauengöttin, die den Frauen insbesondere bei der Entbindung beistand, ein Aspekt, der noch die griechische Tierherrin Artemis kennzeichnen sollte. Die Stammutter der Lappen, *mader-akka*, ließ in ihrem Leib den Embryo entstehen und gab ihn nach einer Weile ihrer Tochter weiter, der unter der Feuerstätte lebenden »Spinnalten« (*sar-akka*), die Fäden aus Sehnen spann und den Rentierkühen beim Kalben half. Die *sar-akka* führte das entstehende Kindchen schließlich in den Uterus einer Frau ein und half ihr auch bei der Geburt.[30]
Vielleicht waren die Venusfigurinen, die man in den Wohnstätten von Mal'ta vornehmlich auf der Seite fand, die man als die Frauenseite bezeichnet hat, weil dort die Frauengeräte wie Nadeln, Schaber und dergleichen mehr herumlagen[31], solche spezi-

fischen Frauengöttinnen. Jedenfalls war dies in Sibirien häufig so: Bei den Katchinen und bei den Burjaten stellte man die Ongone auf der rechten, der Frauenseite auf. Die burjatischen Ongone hießen »Ongone der Frauen«, und sie beschützten die Kinder und das Vieh.[32]

Auch in der Oelknitzer Kultecke, die wir bereits erwähnt haben, unter deren Feuerstelle die kleine Venusfigurine gefunden wurde, befanden sich in der Nähe der Wildpferdgravierungen Frauenwerkzeuge, Nähnadeln und Nadelbruchstücke, und der Ausgräber hat die Frage aufgeworfen, ob hier vielleicht Frauen Jagdrituale ausübten.[33] Wenn wir uns erinnern, daß auf einer Steinstele vor der Feuerstätte auch eine Vulva eingraviert war, so wird man annehmen dürfen, daß es sich bei den ›Jagdritualen‹ am ehesten um Regenerierungsrituale für Mensch und Tier und vielleicht auch für die Vegetation gehandelt hat.

Man hat es als fraglich bezeichnet, ob mobile Jäger ein Interesse an einer großen Zahl von Kindern gehabt haben können, und aus diesem Grund hat man bezweifelt, daß die eiszeitliche Venus eine Göttin der menschlichen Fruchtbarkeit gewesen ist.[34] Natürlich können mehr oder weniger nomadisierende Wildbeuter auf Grund ihrer Lebensweise nicht darauf erpicht sein, ihre Kopfzahl wesentlich zu vergrößern. Freilich wird die ›Venus‹ in ihrer Eigenschaft als ›Herrin der menschlichen Fruchtbarkeit‹ auch kaum die Hoffnung auf viele Kinder zum Ausdruck gebracht haben. Vielmehr wird sie das *Mysterium* der Geburt, wohl auch des ewigen Todes und der Wiedergeburt verkörpert haben, und es ist nicht unwahrscheinlich, daß sie die Entstehung des Embryos bewirkte und für erfolgreiche Entbindungen zuständig war.

Ein zweiter Einwand gegen die ›Venus‹ als Fruchtbarkeitsgöttin besagt, daß es keine Darstellungen schwangerer oder Kinder stillender Frauen gebe.[35] Abgesehen davon, daß es einige wenige Gravierungen hochschwangerer Frauen gibt: Wieso muß eine Göttin, die die ewige Wiederkehr des Menschen gewährleistet, unbedingt schwanger dargestellt werden? Genügt es nicht, daß sie mit jenen Attributen ausgestattet ist, die als Indizien der *Disposition* zur Fruchtbarkeit angesehen werden? Und warum sollte dieses Wesen Kinder zur Brust nehmen, die doch von ihren menschlichen Müttern gesäugt werden?

Gegen die Deutung der Venus als Göttin der *tierischen* Fruchtbarkeit hat man eingewendet, es wäre für Menschen, die keinen Mangel an Wild hatten, sinnlos gewesen, Tiervermehrungsrituale durchzuführen und eine Herrin der Vermehrung der Tiere zu verehren.[36] Auch dieser Einwand beruht auf einer falschen Voraussetzung. Es ging in Regenerierungsritualen nicht darum, die Tierherden zu vergrößern, sondern ihre Wiederkehr zu sichern, nachdem sie weggewandert waren. Die regelmäßige Wiederkehr der Tiere war, von wenigen Ausnahmen abgesehen, offenbar nicht *selbstverständlich*, und die Eiszeitjäger befanden es für notwendig, etwas zu unternehmen, damit der Status quo gewahrt blieb.

Wir sprachen vom Doppelaspekt der eiszeitlichen ›Urmutter‹, davon, daß sie offenbar die Mutter der Menschen und die Mutter der Tiere war. Dieser Charakter der Herrin der Tiere wird deutlich an den Fundorten einiger Venusfigurinen. So fand man in Eliseeviči in einem ukrainischen Mammutjägerlager eine ovale Anhäufung von Knochen, zu der ein über einen halben Meter tief in den Lößboden gegrabener, vornehmlich von Mammutschulterblättern gesäumter Gang führte. Der Haufen bestand aus den Knochen von dreißig Mammuts, etwa einem halben Hundert Eisfüchsen und einigen anderen Tieren, Stein- und Knochengeräten sowie Elfenbeinplättchen, die mit stilisierten Fischritzungen versehen waren. Das Ganze war umgeben von 27 Mammutschädeln, die mit den Zahnhöhlen nach unten in den Boden gerammt waren. Unter dieser riesigen Knochensammlung lag eine relativ schlanke, kopf-, arm- und fußlose, aus einem Mammutstoßzahn geschnitzte Venusfigurine mit kleinen Brüsten, breitem Becken und einem weit nach hinten abstehenden Gesäß.

Auch eine ›Schwester‹ der berühmten Willendorferin fand man zusammen mit gestapelten Unterkiefern, Schulterblättern und anderen Großknochen von Mammuts in der Nähe eines Mammutjägerlagers. Zwischen den Knochen lagen die Schnitzsplitter der verhältnismäßig großen Figurine, was zeigt, daß sie offenbar während einer Zeremonie über dem Stapel hergestellt und vermutlich in die Leichenteile oder Knochen gesteckt wurde.[37]

Es scheint, daß hier die Knochen, die ›Lebenssubstanz‹ der Jagdtiere, der Herrin der Tiere zur Regenerierung zurückgegeben worden waren, was anscheinend auch noch in unseren Tagen üblich gewesen war: Auf einem großen Knochenhaufen, den die Jurak-Samojeden errichtet hatten und der sich vor allem aus Rentierknochen, aber auch aus etwa fünfzig Bärenschädeln zusammensetzte, standen zwei aus Treibholz gefertigte anthropomorphe Figuren, deren Augen, Nasen, Münder und Herzen ganz frisch mit Blut bestrichen waren, als die Ethnographen sie fanden.[38]

Es ist anzunehmen, daß während der Eiszeit auch Skeletteile, insbesondere Schädel, der Tierherrin zur Wiedererneuerung des Jagdwildes zurückgegeben wurden, und zwar, indem man sie in Bäume hing oder auf Pfähle steckte, vor allem, um die ›Seelensubstanz‹ davor zu bewahren, von Wölfen, Eisfüchsen und anderen Tieren zernagt zu werden.

So steckte etwa am oberen Ende eines Kultpfahls[39] von Stellmoor der Vorderschädel eines weiblichen Rentiers. Der Ausgräber nimmt an, daß der Hinterschädel mit den Geweihstangen abbrach, als der Pfahl umfiel. Etwa hundert Meter vom Lagerplatz entfernt, in dem diese norddeutschen Magdalénienjäger zur Sommerjagd in tipiartigen Zelten lebten, und auf dem man in Gruben Venusfigurinen fand, hatten die Jäger in einem Teich Jagdgeräte und mehr als dreißig zweijährige Rentierkühe versenkt.[40]

Beide Weisen der Schädel- und Skelettdeponierung findet man auch bei späteren Jägervölkern. So hängten etwa die kanadischen Algonkin die Schädel von Karibus, Hirschen, Elchen und Bären in Bäume oder steckten sie auf Pfähle[41], und in ähnlicher Weise verfuhren auch viele sibirische Völker mit Kopf, Fell und Klauen des Rentieres: Bei den Ostjaken wurde der Fruchtbarkeits- und Schicksalsgöttin Kältaś, die auch »die Kraft der Brüste bewahrende Frau« genannt wurde und die dem Kind die Seele gab, ein Rentier geopfert, und zwar eine Kuh, die man anschließend an einem Baum aufhängte.[42]

Die Montagnais-Naskapi vom Oberen Moisie River versenkten noch vor kurzer Zeit die Knochen der Karibus, damit sie nicht von Raubtieren zerbissen würden[43], und die Samojeden versenkten gar lebende, an den Füßen gefesselte und mit Steinen beschwerte Rentiere im Ob, wozu sie sprachen: »Wassergeist, schicke mir auch in Zukunft Fische!«[44]

Früher, so heißt es, nahmen die Jäger der Cheyenne, wenn sie einen Büffel erlegt hatten, alle Teile des Tieres zur Nutzung mit nach Hause, allerdings mit einer Ausnahme: Den Kopf des Bisons, verbunden mit dem Rückgrat, ließen sie auf der Prärie zurück[45], ganz offenbar, damit sich das Tier wieder erneuern konnte.

31 Knochenplättchen von Raymonden.

Betrachten wir nun das eiszeitliche Knochenscheibchen aus Raymonden in der Dordogne: Vermutlich ist auf ihm ein ähnlicher Brauch ausgedrückt. Wir sehen den Kopf eines Bisons, der mit dem Rückgrat des Tieres verbunden ist, und vor dem Kopf zwei abgeschnittene Läufe. Die sieben anthropomorphen Wesen, von denen eines einen Zweig zu tragen scheint, stellen vielleicht Eiszeitmenschen dar, die an einer Regenerierungszeremonie für den Büffel teilnehmen.

§ 7
Die Venus der Eiszeit

Wir haben gesehen, daß die Herrin der Tiere bei den sibirischen und amerikanischen Völkern als ›Tierfrau‹ häufig in der Gestalt eines weiblichen Tieres, einer Büffel- oder Rentierkuh, als Hindin oder als Wasserschlange erschien, und wir haben überdies die Vermutung geäußert, daß es sich etwa bei den Frauen von Isturitz und Laugerie Basse gleichermaßen um befellte Tierfrauen handelt.

Nun scheint es, daß man auch einige der Venusfigurinen als ›Tierfrauen‹ interpretieren kann. Aus dem oberen Périgordien stammt die fast axialsymmetrische elfenbeinerne Venus von Lespugue, die in einer Herdstelle im hinteren Teil der Höhle von Rideaux gefunden wurde. Neben ihren monströsen Brüsten und ihrem gewaltigen Gesäß fällt dem Betrachter der Figurine ein merkwürdiges Gebilde auf, das von der Unterseite ihrer Hinterbacken bis über die Unterschenkel fällt (Abb. 33). Auf den ersten Blick mag man an einen Schurz denken, aber welchen Sinn hätte ein Schurz, der unterhalb des Afters die Beine bedeckt?

Handelt es sich um einen Tierschwanz?[1] Einen solchen Tierschwanz hat nun zweifellos eine aus einem Mammutstoßzahn geschnitzte Frauenfigurine aus Mal'ta, die offenbar eine ›Höhlenlöwenfrau‹ darstellt. Man hat gesagt, diese Frau sei mit einem Löwenfell *bekleidet*[2] und der am Fell belassene Kopf bedecke das Hinterhaupt der Frau; die deutlich sichtbaren Brüste der weiteren Tierfrauen aus Mal'ta seien keine wirklichen Brüste, vielmehr »symbolische Brustdarstellungen«, denn eine befellte Löwenfrau könne doch wohl keine Brüste haben.[3]

Hier läßt sich fragen: Wieso eigentlich nicht? Schließlich waren unsere mitteleuropäischen Wildweibchen auch befellt, und trotzdem hingen ihnen – wie man auf zahlreichen mittelalterlichen Bildern sehen kann – die nackten Brüste aus dem Pelz.

Aïami-yarga war die Lehrmeisterin des Schamanen der sibirischen Golden; sie bildete ihn aus, gab ihm seine Hilfsgeister,

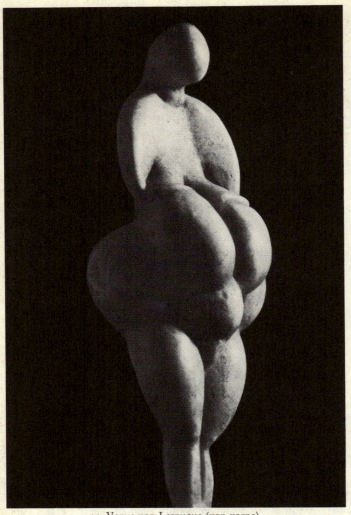

32 Venus von Lespugue (von vorne).

und mit ihr hatte er regelmäßigen Geschlechtsverkehr. Als Holzfigur wurde sie mit einem Leopardenfell[4] dargestellt. Ist es nicht naheliegend, auch in den eiszeitlichen Löwenfrauen von Mal'ta ein solches Wesen zu sehen?[5]

In einer kantabrischen Höhle, deren Boden mit rotem Ocker bedeckt war, fand man eine Kultstätte, über der eine Felsskulptur angebracht war, die den Kopf eines anthropomorphen Wesens darstellt. Das Gesicht dieses Wesens ist – zumindest nach der Interpretation der Prähistoriker – auf der einen Seite das eines Menschen und auf der anderen das eines Raubtieres, wohl eines Höhlenlöwen oder Höhlenpanthers.[6]

33 Venus von Lespugue (von hinten).

Die beiden Ahnmütter der Orotschen, eine Tigerin und eine Bärin, lebten auf der sichtbaren bzw. unsichtbaren Seite des Mondes. Dort säugten sie die Seelen der Menschen und der Tiere und schickten sie dann auf die Erde in die Leiber ihrer Mütter. Nach ihrem Tode kehrten Menschen und Tiere zu ihren tiergestaltigen Ahnmüttern zurück, um aufs neue geboren zu werden.[7]
Nicht nur war die Herrin der Tiere bei vielen Völkern eine Bärin, der Bär selber wurde häufig als eine befellte und sehr libidinöse ›Frau‹ gesehen, und es scheint, daß nicht selten die Jäger mit getöteten Bären einen Geschlechtsakt vollzogen oder

imitierten. So berichtet etwa ein Jakute, der an einer evenkischen Bärenjagd teilnahm, wie die Jäger, nachdem sie einen Bären getötet hatten, mit dem Leichnam einen Geschlechtsakt nachahmten. Als die Evenken ihn aufforderten, das gleiche zu tun, weigerte er sich; da »zerrten ihn die beiden Evenken an den Ohren zu dem Bären und er fügte sich«. Auch nach Auffassung der Dolganen ist der Bär im Grunde eine Frau, und nachdem ihn die Jäger erlegt hatten, imitierten sie mit ihm einen Koitus,

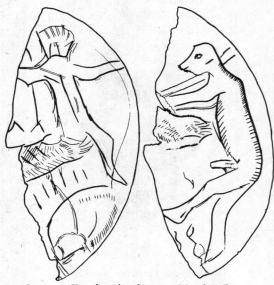

34 Knochenplättchen von Mas d'Azil.

um ihm Vergnügen zu bereiten.[8] Während des finnisch-karelischen Bärenfestes wurden der Bärin ein Jüngling als »Bräutigam«, dem männlichen Bären eine sechzehnjährige Jungfrau als »Braut« zugeführt.[9] Wenn die karelischen Jäger auf Bärenjagd auszogen, dann hieß es, sie machten sich auf den Weg, »um die Waldjungfrau zu freien«[10], und auch der mythische Held Vänäimöinen singt vor der Jagd den Bären mit »mein Liebling« an.[11]

Die Esten meinten, der Bär ähnele einem jungen Mädchen, besonders seine Brüste seien wie die einer Jungfer, und bei den

35 Knochenplättchen von La Magdeleine.

türkischen Völkern Nordsibiriens sagte man: »Er ist wie eine Frau, die Brust, die Beine – alles wie bei einer Frau!«[12]
Betrachten wir nun das zerbrochene Knochenplättchen von Mas d'Azil: Vor einem Bären[13], von dem freilich nur noch die Tatze erhalten ist, scheint eine anthropomorphe Gestalt mit einem ›Stock‹, vielleicht einem Speer, und mit erigiertem Glied zu tanzen[14], und eine ähnliche Szene ist offenbar auch auf der Rückseite zu sehen, auf der der ›Tänzer‹ möglicherweise maskiert ist.[15] Nähert sich hier ein ›Tiermann‹, vielleicht ein Schamane, in sexueller Absicht einem Bären?

Auf einem Knochenstab des oberen Magdalénien aus La Magdeleine scheint ein – möglicherweise von Hoden flankierter – Doppelphallus zur rechten Seite hin einem Bären auf die Schnauze oder ins Maul zu ejakulieren, während er wohl zur linken Seite hin in eine Vagina eindringt.[16] Ist hier ein Beischlaf eines Mannes mit einer Bärin angedeutet und auf der linken Seite gewissermaßen erklärt? Und verbirgt sich hinter dem Bären vielleicht die Herrin der Tiere?

Ähnlich wie die griechische Artemis war die finnische Tierherrin Annikki, d. h. die hl. Anna, die Mutter der Muttergottes, ursprünglich wohl eine Bärin, und es heißt auch von ihr, daß sie einen Bären zur Welt gebracht hatte.[17]

Die aus dem Aurignacien stammende Venus von Hohlenstein-Stadel ist offensichtlich keine reine Menschenfrau. Ihre Ohren sind die eines Bären oder Löwen[18], und so ist es gut möglich, daß wir in der Figurine die Herrin der Tiere als bärisch-menschliches Mischwesen, als ›Bärenfrau‹, vor uns haben.

Es mag vielleicht ein wenig unmotiviert erscheinen, wenn wir in diesem Zusammenhang das wohl berühmteste aller Höhlenbilder der Eiszeit erwähnen, nämlich die ›Szene‹ im »Schacht des toten Mannes« von Lascaux. An einer Wand dieses sieben Meter

36 Der »Schacht des toten Mannes« von Lascaux (gegenüber der Leiter die »Szene«).

tiefen Schachtes, in den sich die Höhlengänger der Eiszeit höchstwahrscheinlich mit Hilfe eines Seiles hinabließen[19], malten sie in einer höchst unbequemen Lage[20] – vermutlich mit den Füßen sich auf einen kleinen Felsvorsprung stützend – ein Nashorn, einen Bison und ein Männchen, das den Eindruck erweckt, als liege es stocksteif da.

Liegt dieses Männchen, das einen Vogelkopf zu haben scheint, »in ekstatischer Starre«[21], und *liegt* es überhaupt? Sein steifes

Glied mag für eine Ekstase sprechen, denn Erektionen und Samenergüsse sind während schamanischer ›Seelenreisen‹ und – wie Beobachter des Voodoo versichern – auch während der Besessenheit[22] nicht selten. So spritzt etwa zu Beginn der Ekstase der *banman* (Schamane) der Unambal seine »Ungud-Kraft« aus dem Penis, die sich in die Lüfte erhebt, um auf einer Schlange – manchmal zwischen zwei miteinander kopulierenden Schlangen – über Berg und Tal zu fliegen.[23] Bei dem Lascaux-Stab mit dem Vogel auf der Spitze könnte es sich um einen ›Schamanenstab‹ handeln[24], also einen Stecken, der sich in der Ekstase in ein Tier verwandelt[25], auf dem der Schamane seine Reise unternimmt. Da es sich in unserem Fall um einen Vogelstab handelt, und auch der Schamane – sollte es einer sein[26] – eine Vogelmaske zu tragen scheint oder sich bereits in einen ›Vogelmenschen‹ verwandelt hat, können wir vielleicht annehmen, daß sich das Magdalénien-Männchen auf dem Flug befindet.

Liegt sein Leib, oder fällt er gerade um?[27] Die Beantwortung dieser Frage setzt voraus, daß es in der paläolithischen Höhlenkunst horizontale Grundlinien gibt. Aber solche Grundlinien sind – wenn es sie überhaupt gibt – äußerst selten. Häufig stehen die Tierabbildungen auf dem Kopf, weisen die Schnauzen nach oben oder nach unten, und Giedion hat mit Recht bemerkt, daß die Höhlen weniger optische, sondern eher akustische, und man mag hinzufügen: taktile Räume sind.[28]

Auch die geschnitzten Meerestiere der Eskimo haben meist keine Standfläche – legt man sie auf eine Unterlage, dann rollen sie umher. Walroßschädel wurden beispielsweise so bearbeitet, daß ›Aggregate‹ von zwar miteinander verbundenen, aber beziehungslosen Figuren entstanden.

Auf einem Elfenbeinplättchen der Aivilik sind zwei Jäger, zwei Seehunde, je ein Karibu und ein Walroß sowie ein Hundegespann zu sehen. Der eine der beiden Jäger scheint auf den anderen zu schießen, aber der Künstler erklärte dem Ethnologen Carpenter, dies sei keineswegs der Fall: es gebe keine Beziehungen der einzelnen Wesen und Gegenstände zueinander, jedes sei ›für sich‹.

So gravierten die Aivilik auch manchmal eine neue Figur auf eine alte, ohne diese vorher zu entfernen – für *uns* überschneiden sich die beiden Darstellungen, aber der Eskimo ›sieht‹ in

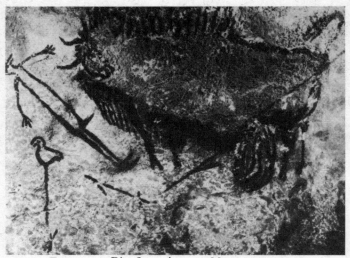

37 Die »Szene des toten Mannes«.

gewisser Weise gar keine Überblendung, und man kann sagen, daß er sich mehr für das *Sein* als für die *Erscheinung* der Figuren interessiert. Deshalb hängten die Eskimo auch Ausschnitte von Illustrierten kreuz und quer an die Wände ihrer Iglus, oder sie ließen häufig Skulpturen, sobald sozusagen die Form aus der Materie befreit war, achtlos liegen oder warfen sie weg, denn sie waren ja, was sie waren, unabhängig davon, daß man sie auf irgendeine Weise betrachtete.[29]

Dies wirft vielleicht nicht nur ein Licht auf die rücksichtslosen Überblendungen in der Eiszeitkunst, sondern auch auf die anscheinende Achtlosigkeit, mit der man häufig gravierte Plättchen oder Venusfigurinen behandelte, sie zerbrach oder in die Abfallgruben warf.[30]

Wir können also mit großer Wahrscheinlichkeit annehmen, daß das Männchen von Lascaux in keinem bestimmten Winkel liegen soll und daß der Neigungswinkel von 37° vermutlich dadurch zustande kam, daß der Eiszeitmaler, der auf dem kleinen Felsvorsprung der gegenüberliegenden Wand des Schachtes balancierte, sich in keiner zum Malen günstigen Lage befand. Der Hinterleib des Büffels war zunächst durch eine Naturgegebenheit des Felses festgelegt, und man kann sich vorstellen, daß der

Künstler dieser folgend das Tier von hinten nach vorne malte. Schon beim Kopf mußte er sich strecken, und da zudem auch hier Auge und Schnauze von Unebenheiten der Felswand suggeriert wurden, blieb ihm nichts anderes übrig, als diesen Kopf so zu plazieren, daß es so aussieht, als senke das Tier angriffsbereit die Hörner, wenn man es – etwa auf dem Photo – von der Waagrechten aus betrachtet.

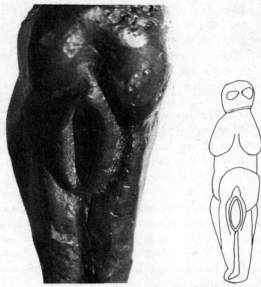

38 Venus von Monpazier, Dordogne.

Beim Kopf des schematisch ausgeführten Männchens mußte sich der Maler noch mehr strecken, und auch dessen Leib zog er notgedrungen auf seinen Standort zu.[31]

Wenn wir also eine Szene vor uns haben[32], dann dürfen wir wohl ihre gängige Interpretation, nach der ein Büffel einen Jäger oder ein ›Geisterbüffel‹ einen Schamanen in dessen Ekstase angreift, verabschieden.[33] Viel wahrscheinlicher steht dann einfach ein Mann – und es mag durchaus ein Vogelmann, ein Schamane sein – mit ausgebreiteten Armen vor einem Büffel.

Was aber bedeutet die Szene? Betrachten wir das merkwürdige Gebilde am Unterleib des Büffels. Vergessen wir die Deutung,

nach der es sich um das aus dem verletzten Tier herausquellende
Gedärm handeln soll, denn das gleiche Gebilde taucht an anderen Stellen *über* Büffeln und unabhängig von Tieren auf.[34]
Das Gebilde ist meines Erachtens eine Vulva[35] – erinnern wir
uns an die Vulva der kleinen Venus von Monpazier –, die den
Büffel als eine Büffelkuh kennzeichnet. Und wenn wir nun
schon einmal so weit gegangen sind, dann hindert uns nichts
mehr daran, in diesem Sinne auch das steife Glied des Männchens zu sehen. Handelt es sich um einen Schamanen, der sich in
sexueller Absicht einer Büffelkuh nähert? Und verbirgt sich
hinter der Büffelkuh eine Büffelfrau, die Herrin der Tiere?
Aus dem »Schacht des toten Mannes« steigen unregelmäßig
Kohlendioxydgase auf, und zwar hundertmal mehr als in der
normalen Atmosphäre, und diese Gase können eine Verlangsamung der Blutzirkulation, Gefäßverengung und visuelle und
auditive Halluzinationen herbeiführen sowie, »en cas de mort,
l'éjaculation comme dans la pendaison«. Deswegen hat man von
diesem Schacht als von einer »anti-chambre de la mort«[36] gesprochen; aber vielleicht handelte es sich um eine Kammer ›de la
petite mort‹, um ein ›Brautgemach‹, in dem der Schamane mit
der Tierherrin schlief.
Bei den Pipil von Salvador hat sich eine alte jägerische Überlieferung erhalten, nach der der »Alte im Berge« die Knochen
seiner Kinder, der Hirsche, aufsammelt und in der Erde als Lebenskeime der Tiere verwahrt. Vor diesen Hirschknochen
schlief nun ein Jäger mit der Tochter des Erdgottes, worauf sie
in Zwillingsgeburten jene zwanzig Hirsche zur Welt brachte,
die der Jäger zuvor getötet hatte.[37]
Hier schläft also der Jäger oder der Schamane mit der Herrin der
Tiere, der Hirschfrau, um das Jagdwild zu regenerieren. Ob im
»Schacht des toten Mannes«, falls unsere Deutung zutreffen
sollte, in ähnlicher Weise ein Schamane die Büffelherrin beschlief[38], um den Tieren zur Wiedergeburt zu verhelfen, läßt
sich natürlich nur vermuten, denn nichts schließt etwa die Möglichkeit aus, daß es sich um einen ›Initiationsschacht‹ handelte,
in dem der künftige Schamane einen Initiationstod starb, um
von der Büffelmutter wiedergeboren zu werden, so wie die tungusische »Tiermutter« *ijä-kyl* die Seele des Schamanen verschlang, um ihm ein anderes Leben zu schenken.[39]

39 Die »Venus mit dem Horn« von Laussel.

Eine Verbindung von Frau und Büffel scheint auf alle Fälle im Jungpaläolithikum nicht selten zu sein. Man denke etwa an die sog. Bisonfrauen aus der Höhle Pech-Merle[40], die Venusreliefs aus dem Abri Angles-sur-l'Anglin, aber auch an die berühmte gesichtslose und ursprünglich rot bemalte Venus von Laussel mit dem Büffelhorn in der Hand, ein Relief auf einem Felsblock innerhalb eines Heiligtums, in dem sich auch Kalksteinplättchen

mit Gravierungen von Vulven und Phallen sowie eines Mannes mit riesigem erigierten Penis und einem Hodensack befanden[41], einem gravierten Jäger, der offenbar versucht, ein Tier zu speeren, und zwei weiteren Frauen, die ebenfalls Gegenstände in der Hand halten, die freilich kaum mehr zu identifizieren sind.[42] Auch sie haben kein Gesicht, oder zumindest ist es verdeckt durch etwas, das wie eine netzartige Frisur aussieht und an das Gebilde erinnert, welches das Gesicht der Willendorferin oder der Venusfigurinen von Kostenki und Gagarino verhüllt.[43]
Was bedeutet das Büffelhorn?
Die Jäger der Kabylen gossen einst das Blut der erlegten Tiere in ein Gazellen- oder Mufflonhorn und schütteten es dann an einer Opferstelle in den Felsen auf eine Opferschale. In dieser Weise baten sie um Vergebung ihrer Blutschuld, aber vor allem sollten sich aus dem Lebenssaft die getöteten Jagdtiere regenerieren, ähnlich wie manche Buschleute das Eland mit dessen Blut und Fett auf Felsen malten, höchstwahrscheinlich um es wieder zum Leben zu erwecken.[44] Auch die /Xam-Buschleute bewahrten das Blut in Hörnern auf, die Kxoe oder Hukwe-Buschleute verwendeten eine Mischung aus zerstampften Holzsplittern und einem roten Pulver, die sie in einem *tçó-//nà* »Medizinhorn« mit sich führten.[45] Die Jäger der Tim in Togo erhielten das Bluthorn von Usse, dem Herrn der Tiere, und den Jägern der Jukun gab es der büffelgestaltige Uidji, damit sie es fortan beim Büffeltanz *aku-koa* als Geräuschhorn verwendeten.[46]
Waren auch die Venus von Laussel, sowohl die mit dem Horn als auch die beiden mit dem mutmaßlichen Büffelmagen und dem nicht deutbaren Gegenstand in der Hand, Büffelfrauen, also Herrinnen der Tiere, von denen die Schamanen oder die Jäger die Behälter zur Aufbewahrung des Lebensstoffes, also Blut und roten Ocker, erhielten, mit Hilfe dessen sie die getöteten Tiere wieder auferstehen lassen konnten? Dann wäre das Horn ein jägerischer Vorläufer des späteren Füllhorns[47], und mit ihm hätte die Herrin der Tiere den Menschen die Kraft geschenkt, mit der sie das Leben erneuern konnten. Vergessen wir nicht, daß die Venus selber über und über mit rotem Ocker bemalt war, das heißt wohl, daß sie das Leben par excellence darstellte, das sich ewig regenerierende Leben von Mensch und Tier.[48]

2. Teil
Das Labyrinth

Ein labyrinthischer Mensch sucht
niemals die Wahrheit,
sondern immer nur seine Ariadne.
Nietzsche

§ 8
Leopardenfrau und Geierweibchen

Die große Einheitlichkeit der jungpaläolithischen Kunst und der Gebrauchsgegenstände über riesige Gebiete hinweg macht es wahrscheinlich, daß die späteiszeitlichen bands – oder Stämme, falls es solche gab – sich selbst dort, wo sie zur Seßhaftigkeit neigten, durch eine geringe ›Territorialität‹ auszeichneten. Man darf annehmen, daß viele Familien sich einmal dieser, einmal jener band angeschlossen haben und daß die verschiedenen bands, die recht groß sein konnten – für die Mammutjägergruppe von Dolní Věstonice hat man eine Zahl von etwa 120 Personen errechnet –, auch untereinander einen regen Gedankenaustausch und Handelskontakte pflegten[1]; und es ist auch anzunehmen, daß sich einmal im Jahr die franko-kantabrischen Gruppen trafen, um Kollektivjagden auf das Großwild und die Tiererneuerungsrituale in den ›Höhlen des Neuen Lebens‹ durchzuführen.[2]

Nach der Eiszeit überzogen dichte Wälder das Land, in denen statt der abgewanderten Herdentiere die ungeselligeren Auerochsen, Wildschweine, Hirsche und Rehe gejagt wurden. Die Menschen waren den nach Norden ziehenden Tundraherden nicht gefolgt, vielmehr hatten sie ihre Lebensform geändert.[3] Die Zeit der großen Kollektivjagden war vorbei, die zerstreut in den Wäldern oder an den fisch- und vogelreichen Küsten lebenden, kleiner gewordenen bands[4] jagten auf individuellere Weise, und da sie viel isolierter voneinander lebten als ihre eiszeitlichen Vorfahren, darf man annehmen, daß sie auch eine viel größere Territorialität[5] und damit verbunden eine Fremdenfeindlichkeit entwickelten. Zum ersten Mal in der Geschichte der Menschheit tauchen in den spätmesolithischen Felsbildern Kriegsszenen auf.

Mit dem Ende der Eiszeit waren auch die Regenerierungsrituale für das wandernde Herdenwild beendet, und wenn bisweilen – wie in Lascaux – noch vereinzelt Mesolithiker in die Tiefen der Höhlen vordrangen, so brachten sie keine Malereien oder Gravierungen mehr an. Trotzdem blieben allem Anschein nach

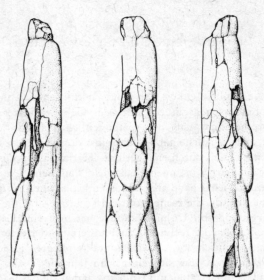

40 Die mesolithische Venus von Riparo Gaban.

gewisse jägerische Grundvorstellungen des Eiszeitalters bestehen, vor allem die der Herrin der Tiere, wie die Entdeckung einer mesolithischen Basrelief-Venus aus Hirschhorn, der Venus von Riparo Gaban, zu beweisen scheint.[6]

Während die Nachfahren der eiszeitlichen Cro-Magnon in Europa noch ein paar Jahrtausende Wildbeuter blieben, vollzog sich im Vorderen Orient eine andere Entwicklung. Hier bedeutete die Klimaveränderung am Ende der Eiszeit vor allem eine Zunahme der Niederschlagsmenge und damit eine Ausbreitung der Wildgräser, der Ausgangsformen von Weizen und Gerste.[7] Wahrscheinlich wird schon während des Magdalénien die zunehmende Seßhaftwerdung der Jäger und Sammlerinnen, bedingt durch die ortsfester werdende Jagd, die Beobachtung vertieft haben, daß Körner, die in die Erde gelangten, in ihr aufgingen und neue Pflanzen daraus entstanden[8], und es ist nicht auszuschließen, daß man diesen Prozeß in Analogie setzte zu der Entstehung neuer Tiere aus den im Ritual in der Erde deponierten Knochen des bei der Jagd getöteten Wildes.

Die Ausbreitung der Wildgräser und die genauere Kenntnis ihrer Entstehung kamen wie gerufen zu einem Zeitpunkt, als die

Bevölkerungszunahme eine Fortsetzung der wildbeuterischen Lebensform unmöglich gemacht hätte.[9] Gleichwohl spielte bei den frühen Pflanzern die Jagd immer noch eine große Rolle, und so ist es nicht verwunderlich, daß die erste profilierte Göttin, die uns im frühen Neolithikum Anatoliens entgegentritt, die ›Große Göttin‹ von Çatal Hüyük, einen jägerisch-pflanzerischen Doppelcharakter hat.

Die ersten Figurinen dieser Göttin aus der riesigen neolithischen Stadt mit mehr als tausend Häusern und einer Bevölkerung von bis zu sechstausend Menschen[10], eine Siedlung, deren älteste Schichten aus dem 8. Jahrtausend stammen, waren Kiesel, denen man lediglich Augen, Mund und manchmal Nasen eingeschnitten hatte, vermutlich auch Tropfsteine, in denen man die Gestalt der Göttin sah.[11] Jedenfalls fand man unter einer Nische eine die Göttin darstellende Kalksteinkonkretion, die offenbar von einem Stalagmiten stammt[12], und eine Figurine zusammen mit Stalaktiten, die nach Ansicht des Ausgräbers wohl teilweise wegen ihrer Ähnlichkeit mit Brüsten ausgewählt und aus den Taurushöhlen nach Çatal Hüyük gebracht worden waren.

Ganz offensichtlich hat sich die Göttin aus einer eiszeitlichen Herrin der Tiere entwickelt, die wir vielleicht auf einem in der Höhle von Öküzini ausgegrabenen Kiesel wiederfinden, auf den die teilweise übereinandergeblendeten Darstellungen eines Boviden und einer paläolithischen ›Venus‹ mit prominentem Hintern graviert sind[13], und in den Kulträumen von Çatal Hüyük wird man wohl Repräsentationen jener Höhlen zu sehen haben, in denen die eiszeitliche Mutter des Lebens verehrt wurde oder deren Schoß sie darstellten.[14]

Wer aber war diese Göttin der künstlichen Höhle?

Die berühmteste Plastik zeigt sie auf einem Thron sitzend, flankiert von zwei Leoparden oder Löwen, die ihre Schwänze um die Schultern der Göttin ringeln. Ihre Arme liegen auf den Köpfen der Tiere, und ihr Fuß ruht auf etwas, was James Mellaart für einen menschlichen Schädel hält. Nach der üblichen Interpretation gebiert die Göttin gerade ein Kind, aber es mag sich auch um einen Stier handeln, denn aus dem Unterleib einer Göttin in einem Heiligtum, das den romantischen Namen VI B 7 trägt, tritt ein riesiger rotbemalter Stierkopf hervor.[15] Ob

41 Die »Große Göttin« von Çatal Hüyük.

Stierkalb oder Kind, die Figur repräsentiert anscheinend den Sohn und Liebhaber, den Paredros der Göttin[16], den wir vielleicht, inzwischen etwas erwachsener, in der Skulptur eines bärtigen Menschen, der auf einem Stier sitzt oder reitet, wiederfinden, die unter den bereits erwähnten ›Bruststalaktiten‹ lag.

Offensichtlich war also die Große Göttin von Çatal Hüyük die Herrin über Tod und Wiedergeburt von Mensch und Tier, repräsentiert durch ihren Liebhabersohn, und überdies der Vegetation, vor allem aber – und dies trennt sie von ihren eiszeitlichen Vorgängerinnen – der Nutzpflanzen, besonders Einkorn, Emmer und Gerste.[17] Wie viele Frauenfigurinen im benachbarten Hacilar wurde auch die Plastik der gebärenden Göttin in einem Kornbehälter aufgefunden, und eine sie darstel-

lende Steinfigur war sogar mit verkohlten Getreidekörnern
überzogen.[18]

Mellaart hält es für bedeutsam, daß die großen Stierdarstellungen an den Nordwänden mit Blick auf das Taurusgebirge angebracht worden sind. Offenbar war der Stier auch in Çatal Hüyük ein chthonisches Tier, das aus der Erde, aus der Höhle kam, und da vieles darauf hindeutet, daß die Gebirgshöhlen des Taurus einst die Gebärmutter der Göttin waren, wird die Ge-

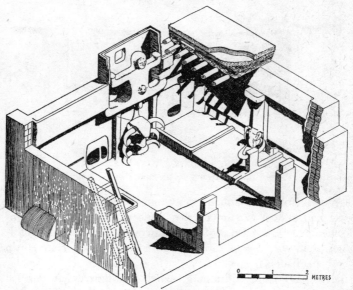

42 Nord- und Westwand des Heiligtums VI A 10 von Çatal Hüyük.

burt des Stieres in zweierlei Weise dargestellt: Wie wir gesehen haben, wird er zum einen von der Göttin *als Frau* geboren; zum anderen aber wird er gezeigt, wie er aus der ›Mutter Erde‹ kommt. So sieht man in einem der Heiligtümer die Göttin mit gespreizten Beinen und Armen – höchstwahrscheinlich in Geburtsstellung – über drei Stierköpfen, wobei der unterste der Stiere aus der Erde auftaucht. An beiden Seiten der Szene öffnen sich an der Wand tiefe Höhlen.

In anderen Schreinen sind derartige Stier- und Widderköpfe von Händen berührt worden, die man anscheinend zuvor in roten

Ocker, die Farbe des Lebens, getaucht hatte, und in der Wand eines Heiligtums fand man die eingewickelten und mit rotem Ocker bemalten Knochen eines ungeborenen oder gerade geborenen Kindchens, das man offenbar der Göttin in den Leib zurückgelegt hatte, damit sie es wiedergebären solle.[19] Aus einer Wand stehen zwei aus Gips modellierte Brüste hervor, die statt Brustwarzen Löcher aufweisen, aus denen Geierschnäbel ragen. In jeder dieser Brüste fand man die vollständigen Schädel des

43 Nord- und Ostwand des Zweiten Geier-Heiligtums.

größten Vogels Anatoliens, des Greifengeiers *(gyps fulvus)*, und da man zudem Wandmalereien freilegte, in denen Geier anscheinend auf kopflose Menschen herabstoßen, hat man gefolgert, daß wir hier die Göttin in ihrem Aspekt als *Todes*göttin vor uns haben.[20]

Diese Auffassung sollte man freilich qualifizieren. In der Tat scheint es sich bei den Darstellungen der kopflosen Menschen um Leichname zu handeln, denn in Çatal Hüyük wurden bisweilen mit Zinnober oder rotem Ocker bemalte, vom Leib abgetrennte Schädel sowie schädellose Skelette beerdigt.[21] Ich sage Skelette und nicht Leichen, denn man darf annehmen, daß die Leiber der Verstorbenen, oder zumindest einige von ihnen, zunächst – ähnlich wie in den parsischen »Türmen des Schweigens« – den Geiern vorgeworfen wurden, die das Fleisch und die Innereien entfernten, wonach man die Skelette in gekrümmter ›Embryonalstellung‹ im Boden der Häuser und Schreine beerdigte.[22]

Zwei Geier wurden in einem Schrein mit menschlichen Beinen

dargestellt, und die Fläche unter den Geiermenschen war zunächst schwarz, also wohl mit der Farbe des Todes, dann aber mit roter Farbe, der des Lebens, übermalt worden. Überhaupt waren häufig die Westwände schwarz, die Ostwände rot ausgemalt – bedeutete dies, daß wie in vielen anderen Kulturen die linke Seite den Tod, die rechte das Leben symbolisierte? Und könnte es sein, daß der Schrein der Geiermenschen, in dem auch zwei menschliche Schädel bestattet lagen, ein Heiligtum des Todes und der Wiedergeburt war, in dem möglicherweise Priesterinnen in Geiermasken als Vertreterinnen der Großen Göttin den Leichen das Fleisch von den Knochen schabten, um die ›Lebenssubstanz‹ zur Wiedergeburt vorzubereiten?

Der Geier wird von den Archäologen fast selbstverständlich stets als ›Todesvogel‹ und als Manifestation der Todesgöttin gesehen. Die Stichhaltigkeit dieser Interpretation kann jedoch in Frage gestellt werden. Die ägyptische Geiergöttin Nechbet von Elkab war zwar auch von kriegerischer Natur, jedoch nur als Schutzgöttin des Pharao. Aber sie wurde auch mit Heket, der Göttin der gebärenden Frauen, und in griechischer Zeit mit der Eileithyia identifiziert. In den *Pyramidentexten* sagt der Pharao beim Jenseitsverhör, er komme »von jenen meinen beiden Müttern, jenen Geiern mit langen Haaren und strotzenden Brüsten oben auf dem Berge Sehseh; daß sie ihre Brüste an meinen Mund geben und mich niemals entwöhnen«.[23] ›Mutter‹ wurde mit der Geier-Hieroglyphe geschrieben, und ›Geier‹ *(mwt)* bedeutet im Ägyptischen ›Mütterlichkeit‹.[24] Bei den Griechen und Römern galten die Geier als ungemein fürsorglich gegenüber ihrem Nachwuchs, und es hieß, sie nährten die Jungen mit ihrem eigenen Herzblut.[25] Nach Aelian gab es nur weibliche Geier[26], und diese Vorstellung scheint eine lange Tradition zu haben, denn bei den Ägyptern öffneten die Geier, um befruchtet zu werden, fünf Tage lang dem Nordwind die Geschlechtsorgane.

Auch in manchen Gegenden Afrikas ist der Geier ein Fruchtbarkeitstier – die Schöpfergottheit der Akan ist die Geiermutter Odomankoma[27] –, und von der ägyptischen Nut, die mit ihren ausgebreiteten Flügeln den Toten beschützt, heißt es: »Nut, der große Geier, sagt: ›Dies ist mein Geliebter, mein Sohn‹.«[28]

Dies wirft nun ein völlig anderes Licht auf die Brüste der Göttin von Çatal Hüyük: Es scheint, als handelte es sich auch hier nicht um eine todbringende, vielmehr um eine mütterliche, das Leben bergende und regenerierende Göttin, aus deren Schoß das Leben – die Menschen, die Tiere und die Vegetation – hervorkam und in den es wieder zurückkehrte.

44 Natufienstatuette aus Aïn Sakhri.

Vermutlich sollen die ausgebreiteten Arme und die gespreizten Beine der Göttin zweierlei zum Ausdruck bringen: Einerseits gebiert sie das Leben, andererseits nimmt sie das Leben in ihren Schoß zurück, wobei vorerst offenbleiben kann, ob man im neolithischen Çatal Hüyük den Tod als ein ›Sterben in die Göttin‹, als einen Beischlaf mit ihr, auffaßte, ihre Haltung an der Wand also auch eine Beischlafstellung ist.[29] Wir werden später sehen, wie bei den Ägyptern der Tote in den Leib der Muttergöttin zurückkehrt und daß diese Rückkehr selbst bei den in dieser Hinsicht recht dezenten Bewohnern des Niltals teilweise mit erotischem Vokabular beschrieben wird.

Wenn man einmal von einer unlängst aufgefundenen eiszeitlichen Gravierung absieht, die man als die Szene eines Koitus von hinten interpretieren kann[30], scheint die früheste Beischlafdarstellung eine Steinfigurine von Aïn Sakhri aus dem epipaläolithischen Natufien zu sein, die ins 9. Jahrtausend datiert wird. Mit dem beginnenden 8. Jahrtausend erscheinen in diesem Kul-

45 Schieferrelief aus Çatal Hüyük.

turkreis auch Figurinen von Frauen, bisweilen die Brüste haltend und mit überdeutlicher Vulva dargestellt.[31]
Während Koitusszenen in Çatal Hüyük – mit Ausnahme eines Reliefs, das sehr an die Aïn Sakhri-Szene erinnert[32] – zu fehlen scheinen, fand man im benachbarten Hacilar die Darstellung einer Göttin, die allem Anschein nach eine kleine männliche Gestalt, möglicherweise ihren jugendlichen Paredros, den Sohn-Geliebten, umarmt. Auch Mellaart neigte zunächst dazu, die Darstellung als eine Liebesszene, einen *hieros gamos*, zu interpretieren, und er meinte, der Partner der Göttin sei wegen seiner geringeren Bedeutung eben kleiner als seine Mutter-Geliebte repräsentiert worden. Später jedoch gab er einer Deutung den Vorzug, nach der hier eine Mutter dargestellt ist, die mit ihrem Sohn spielt. Mellaart begründete diese neue Interpretation damit, daß die Göttin auf ihrem Körper runde Flecken aufweise, die man nur erklären könne mit der Annahme, daß die Frau eine Leopardenkleidung trage.[33]

Nun könnte man natürlich versuchen, Mellaart davon zu überzeugen, daß eine Frau nicht unbedingt splitternackt sein muß, um einen Beischlaf zu vollziehen, und man könnte überdies darauf hinweisen, daß die Ägypter in dynastischer Zeit den *hieros gamos* sogar so züchtig darstellten, daß die Abbildungen jede denkbare Zensur passieren würden: In voller Kleidung sitzen sich die Partner gegenüber, bestenfalls händchenhaltend,

46 Figurine der Leopardengöttin von Hacilar mit männlicher Person.

und man kann nicht einmal behaupten, daß sie sich dabei tief in die Augen schauen.
Ich will hier jedoch anders argumentieren. Es ist zwar richtig, daß die Göttin von Hacilar in manchen Fällen bekleidet ist, aber dieses Kleidungsstück hat eine große Ähnlichkeit mit dem Unterteil eines ›hot bikini‹. Die ›Kleidung‹, von der Mellaart spricht, ist jedoch etwas völlig anderes: Sowohl bei der Hacilar-Göttin als auch bei einer tönernen Statuette der Göttin von

Çatal Hüyük³⁴ kann man lediglich sagen, daß der nackte Leib mit runden Flecken bzw. Punkten bemalt ist.³⁵
Ist es nicht viel wahrscheinlicher, daß man die Göttin *selber* und nicht diejenigen darstellte, die die Göttin *repräsentierten*, in anderen Worten, daß man eine befellte Leopardenfrau – vergleichbar den Höhlenlöwenfrauen von Mal'ta und Buret – und keine Priesterin darstellte, die nur eine Leopardenfell*kleidung* trägt? Jedenfalls sehen wir, daß die Künstler in der Lage waren, Kleidung als solche kenntlich zu machen. So sieht man etwa bei der

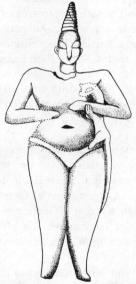

47 Figurine der Hacilar-Göttin mit kleinem Leoparden.

›Bikini-Göttin‹ keine Schamspalte, während die Göttin der mutmaßlichen Beischlafszene einen deutlich sichtbaren Gesäßschlitz und vergleichbare Figurinen einen Nabel aufweisen.
Weiterhin spricht für eine ›Beischlafdeutung‹, daß man in Hacilar eine Reihe von Figurinen fand, in denen die Göttin – wie bereits zweitausend Jahre vorher im Natufien – brüstepressend dargestellt ist, also in der Haltung, die für die Liebesgöttinnen der Bronzezeit charakteristisch werden sollte.
Betrachten wir in diesem Zusammenhang eine weitere Figurine.

Sie stellt die Göttin dar, wie sie krötenartig auf dem Boden kauert und mit angewinkelten Beinen das Gesäß nach hinten streckt.

Mellaart behauptet, daß die Frau sich in einer Geburtshaltung befinde, aber ich kann mir schlecht vorstellen, daß es einer Entbindung dienlich sein sollte, wenn sich die Gebärende dabei auf den Bauch legt.[36] Und da überdies die Frau ihre Brüste preßt – ein ebenso archaisches wie modernes Zeichen der Bereitschaft zur Liebe –, wird man die kleine Figurine wohl eher so deuten dürfen, daß hier eine Frau – vermutlich die Göttin von Hacilar – beischlafbereit ihren Po nach hinten reckt.

Von dieser Interpretation ausgehend mag es vielleicht nicht überzogen sein, wenn wir in diesem Sinne auch jene Figurine deuten, bei der der mutmaßliche Paredros der Großen Göttin auf den Rücken steigt (Abb. 50). In diesem Fall könnte es sich gleichermaßen um die Andeutung eines Beischlafs von hinten handeln, falls man nicht jener Deutung den Vorzug geben will, nach der hier einfach ein auf der Mutter herumtollendes Kind wiedergegeben ist.

Für welche Interpretation man sich nun auch immer entscheiden mag, fest steht wohl, daß die Göttin von Çatal Hüyük wie die von Hacilar – deren Figurinen meist in der Nähe von Herdstellen, häufig auch in Lagerstätten des Getreides und in Getreidebehältern gefunden wurden – Göttinnen der Nutzpflanzen, der Menschen und der Tiere waren, Ur-Mütter, die das Leben regenerierten und die ewige Wiederkehr des Gleichen garantierten.[37]

Man könnte sie also mit der Eiszeitvenus gleichsetzen, mit der Einschränkung, daß die neolithischen Herrinnen des Lebens eben auch die Göttinnen des Getreides waren und daß möglicherweise ihre Rolle als Herrin der Wildtiere nicht mehr so ausgeprägt war wie bei der Mutter des eiszeitlichen Großwilds.

Trotzdem tritt uns in der Großen Göttin als Leopardenfrau die alte Tierherrin entgegen, denn obgleich die neolithische Bevölkerung der Konya-Ebene Landwirtschaft betrieb, Rinder und später Ziegen und Schafe domestizierte, wurden Wildtiere wie Auerochsen, Onager und Wildschafe gejagt, und vermutlich spielte die jägerische *Ideologie* auch dann noch eine große Rolle,

48 »Krötengöttin« von Hacilar.

49 Brüste pressendes Fotomodell.

als sie der tatsächlichen Lebensform kaum mehr angemessen war.

Wir erinnern uns, daß bei den Desana-Indianern des kolumbianischen Tieflandes, also Maniokpflanzern, deren Ideologie noch jägerisch ist, der Schamane die Tiere regenerierte, indem er als ›Phallus‹ in den Höhlenuterus eindrang oder die Herrin der Tiere beschlief, und daß wahrscheinlich dieser Schamane zum Herrn der Tiere ›mythisiert‹ wurde. Wir erinnern uns weiter, daß manche Indizien dafür sprechen, daß der Cro Magnon-Schamane in vergleichbarer Weise sexuelle Beziehungen zur Tierherrin unterhielt und daß in den eiszeitlichen Kulthöhlen der Schamane wohl ähnlich wie jener der Desana die Tiere aus dem Uterus der Erde löste.

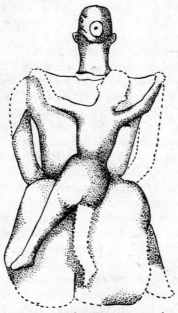

50 Figurine der Göttin von Hacilar.

In der neolithischen Kultur von Çatal Hüyük scheinen – wie wir gesehen haben – die Hausheiligtümer an die Stelle der unterirdischen Höhlen getreten zu sein, und somit waren auch sie die Orte der Regenerierung allen Lebens: An den Wänden beherrschte die Lebensmutter die Szenerie, bereit, Leben zu schenken und das Leben zur Erneuerung wieder in ihren Schoß zurückzunehmen.

Diese Göttin war menschlich und tierisch zugleich, Geierweibchen und Leopardin, und auch ihr Paredros war einerseits ein

Mann, andererseits Auerochse, Widder und Leopard. So wird die Göttin von Hacilar in Figurinen dargestellt, wie sie junge oder verkleinerte Leoparden trägt oder auf ihnen sitzt, und in anderen Fällen, wie sie von vorn oder von hinten von einem Menschen bestiegen wird, der entweder ein Jugendlicher oder ein verkleinerter Mann ist.

Anscheinend verkörperte dieser Paredros das werdende und immer wieder vergehende Leben, das aus dem Schoß der Göttin entsprang und in ihn zurückkehrte, und so wird auch die Göttin von Çatal Hüyük dargestellt, wie sie einem Stier das Leben schenkt.

Vollzog dieser Stiermann mit seiner Mutter den Beischlaf, um sich selber zu zeugen, so wie es – wir werden hierauf zurückkommen – bei den Ägyptern der Fall war? Ist die göttliche Mutter von Çatal Hüyük die steinzeitliche Ahnmutter der kretischen Pasiphaë, die sich von einem Stier bespringen läßt, um den Minotaurus, den ›Stier des Minos‹, zur Welt zu bringen, was nichts anderes bedeutet, als daß der Stier sich ewig in seiner Mutter selber zeugt? Schieben wir die Beantwortung dieser Fragen noch für einige Zeit auf.

Was immer der Stier (oder der Leopard) seiner Mutter im Dunkeln getan haben mag, es ist nicht unwahrscheinlich, daß dieses Geschehen kultisch aktualisiert wurde, und zwar von Priestern und Priesterinnen in den Heiligtümern, die Mellaart ausgegraben hat. In Männergräbern von Çatal Hüyük fand man die verkohlten Reste von Häuten und Fellen, wahrscheinlich von Leopardenfellen, zusammen mit Gürtelhaken und Ösen[38], und man kann vermuten, daß Priester, die den Paredros der Göttin verkörperten, diese Leopardenkleidung getragen haben.

Viele Anzeichen weisen darauf hin, daß die Grundgedanken dieser neolithischen Religion sowohl auf dem anatolischen Festland in vorhethitischer und hethitischer Zeit als auch in der minoischen Epoche Kretas erhalten blieben. Bevor wir uns freilich mit diesen Kulturen beschäftigen, wenden wir uns der Weltanschauung und dem Kult eines Volkes zu, von dem es spätestens seit Herodot heißt, daß bei ihm alles ganz anders sei als bei den übrigen Völkern.

§ 9
Der Stier seiner Mutter

Wir haben davon gesprochen, daß anscheinend der unter anderem stiergestaltige Paredros der Göttin von Çatal Hüyük das vergehende und immer wieder neu entstehende Leben repräsentierte und daß er deshalb wahrscheinlich periodisch in den Schoß der Göttin zurückkehrte. Diese Rückkehr in den Mutterschoß wird vermutlich einen dreifachen Charakter aufgewiesen haben: sie war Sterben, Beischlaf und Zeugung neuen Lebens in einem. Indem der Stiermann mit der Göttin den *hieros gamos* vollzog, starb er in den Leib der Lebensmutter hinein, um sich dadurch selbst zu zeugen. Die Voraussetzung des Lebens war der Tod, und so veranschaulichte wohl ihr Leib an den Wänden der Heiligtümer zweierlei: Ihre Bereitschaft zu empfangen und ihre Bereitschaft zu gebären. Und der Tod war nur eine Zwischenphase des sich stets erneuernden Lebens im dunklen Leib der Mutter und der mütterlichen Höhle.

Sind wir in Çatal Hüyük und in Hacilar weitgehend auf Spekulationen angewiesen, so betreten wir im dynastischen Ägypten festeren Boden. Viele ägyptische Sargböden oder die Innenseiten der Sargdeckel sind mit Darstellungen der empfängnisbereiten Göttin Nut – bisweilen auch der Göttin Neith – versehen, und manchmal heißt der ganze Unterteil des Sarges *mw.t*, »Mutter«.[1] Die Göttin nimmt den toten Sohn in ihren Schoß, und zwar in einem Akt, der zumindest eine sexuelle Färbung aufweist. Dies wird mitunter auch dadurch angedeutet, daß die empfängnisbereite Mutter völlig nackt darauf wartet, daß ihr toter Sohn und Geliebter sich in ihrem Leib aufs neue zeugt, jedoch nicht als Erdenmensch, sondern als Stern. Auf den Särgen Thutmosis I. und der vermännlichten Königin Hatschepsut sagt die Nut: »Ich freue mich über Deine Liebe!«; was mit »Liebe« gemeint ist, wird kurz darauf deutlich, denn es folgt eine Beschreibung der Begattung der Isis durch den toten Osiris.[2] So heißt es auch in einem anderen Sargtext: »Mein ältester Sohn ist Teti, der meinen Leib geöffnet hat. Mein Geliebter ist er, mit dem ich zufrieden bin.« In manchen Texten heißt die

51 Nut in einem Sargdeckel, 26. Dynastie.

Göttin »die große Aufnehmende« *(ḥnmt wrt)*, die niemals entbinden, vielmehr dem Toten Ruhe und Geborgenheit in ihrem Leib geben wird:

»Die Mutter der Götter, in der sie auch zur Ruhe gehen,
die Herrin des Seienden, der das nicht Seiende gehört;
die das Eintreten liebt und das Herauskommen haßt,
das ganze Land sehnt sich danach, dort zu sein.«

Denn die Göttin wird den Toten in ihrem Leib behalten, in dem Leib, der ja der Himmel ist, an dem der Tote als vergöttlichter Stern weiterexistieren wird.[3]

In einem Papyrusfragment wird über die Nut gesagt: »Sie bewahrt Dich im Berg. Sie breitet ihre Schönheit aus über Deinem Leib.«[4] Hier ist anscheinend von Nut als einer Höhlengöttin die Rede, genauer gesagt als einer Göttin, deren Schoß eine Höhle ist, in dem sich jede Nacht die Sonne verjüngt.

Als eine solche Höhlengöttin wurde nicht selten die Hathor angesehen, deren Felstempel offenbar ursprünglich natürliche Höhlen gewesen sind. Diese stellen ihren Leib dar, etwa ihr Felsheiligtum von Deir el-Bahari[5], und vermutlich bedeutete ihr Name, *Ḥt-ḥr*, »Haus des Horus«, anfänglich einen derartigen Höhlenschoß.[6] In einem Sargspruch heißt es: »Der Berg spaltet sich, das Gestein zerfällt, die Höhle der Hathor öffnet sich. Der östliche Horizont wird für Hathor geöffnet, sie tritt in Türkis hervor.«[7]

So wird sie häufig dargestellt, wie sie als Kuh, die Sonnenscheibe zwischen den Hörnern[8], aus dem Gebirge hervortritt oder wie sie als Herrin des Westens die Abendsonne in ihre Arme nimmt, um sie am nächsten Morgen wieder zu gebären.

Mitunter tritt der Sonnengott abends – genau wie der Tote – durch die Vulva in ihren Leib, doch für gewöhnlich ist es umgekehrt. Dann befindet sich der östliche Horizont zwischen den Schenkeln der Göttin, die eine Frau sein kann oder eine Himmelskuh. In diesem Fall kommt der Sonnengott morgens aus ihrer Vulva und wandert tagsüber an ihrem Bauch entlang zum westlichen Horizont, zum Mund der Göttin, durch den er wieder in ihren Leib gelangt.[9] Nachts wandert er durch das Innere der Himmelsgöttin, durch den »Gegenhimmel«, um am nächsten Tag von ihr wiedergeboren zu werden.[10]

Auch über die Sterne heißt es bezüglich der Himmelsgöttin

Nut: »Sie gehen in den Mund ein und kommen wieder aus ihrer Scheide hervor«[11], und in diesem Sinne wird natürlich der Verstorbene, zum Stern geworden, jeden Abend von seiner Mutter wiedergeboren.

Als Verkörperung der Himmelsgöttin vollzog die ägyptische Königin mit ihrem Gatten und ›Sohn‹, dem Pharao, den heiligen Beischlaf, um ihn zu verjüngen und zu kräftigen, so, wie die Himmelskuh den Sonnengott durch ihre Vulva in den Leib nimmt, um ihn wiederzugebären.[12]

Im Tempel der Hatschepsut in Deir el-Bahari und im Tempel Amenophis III. in Luksor, dessen Name traditionellerweise mit »Südlicher Harīm *(jp.t rsjt)* des Amun« übersetzt wird, vielleicht aber auch während der Fahrt auf dem Nil dorthin, vollzog wahrscheinlich[13] der Gott Amun als Nachfolger des Rê-Atum in der leiblichen Form seines Sohnes, des Pharao, im »Schönen Fest von Opet« *(hb nfr n jp.t)* den heiligen Beischlaf mit der die Göttinnen Mut oder Hathor repräsentierenden Königin, dem »Gottesweib«, oder mit einer Priesterin.

In einem Text aus dem Tempel von Deir el-Bahari, der sich auf die Zeugung der Königin Hatschepsut bezieht, wird geschildert, wie Amun mit der Hilfe des ›Grenzgängers‹ Thoth, des altägyptischen Hermes, zu Aḥmes-nebt-ta, der jungfräulichen Gattin Thutmosis I. gelangt und sich ihr in der Gestalt ihres Mannes nähert[14]:

»Dieser herrliche Gott Amun, der Herr der ›Throne beider Länder‹, kam, nachdem er die Gestalt der Majestät ihres Gatten angenommen hatte, nämlich des Königs von Ober- und Unterägypten Aa-Cheper-ka-Rê (= Thutmosis I.). Sie (d. h. die Vereinigung von Gott und König) fanden sie, als sie in der Schönheit ihres Palastes schlief. Sie erwachte vom Geruch des Gottes, und sie lachte in der Gegenwart Seiner Majestät. Er kam zu ihr geradewegs. Er entbrannte für sie. Er schenkte ihr sein Herz. Er ließ sie ihn schauen in seiner Göttergestalt, als er vor sie getreten war. Sie freute sich, als sie seine Schönheit[15] erblickte, seine Liebe durchströmte ihren Körper. Der Palast war durchflutet vom Geruch des Gottes, alle seine Düfte waren wie die von Punt. Dann tat die Majestät dieses Gottes mit ihr alles, wonach es ihn sehnte. Sie ließ ihn sich an ihr erfreuen. Sie küßte ihn.«[16]

52 Vase, Negade II.

Wir haben erwähnt, daß möglicherweise der Beischlaf zwischen Gottkönig und »Gottesweib« während der Schiffahrt zum »Südlichen Heiligtum« des Amun stattfand, und in einem Text sagt Neith auf dem Nil zu Amun: »Hathor hat bereits das Schöne der schönen Dinge getan dem König Haremhab.«[17]

In der Tat findet nun der *hieros gamos* – in einer der ältesten ägyptischen Darstellungen dieses Motivs, einer Negade-Vasenmalerei des 4. Jahrtausends – in einem Zelt auf den Aufbauten eines Schiffes statt (Abb. 52). Während die späteren Gestaltungen der Heiligen Hochzeit äußerst dezent sind – so hält etwa Amun dem »Gottesweib« mit der Geierhaube lediglich mit der

53 Amun und »Gottesweib« während des heiligen Beischlafs.

einen Hand das Lebenszeichen an die Nase, d. h., er gibt ihr das Leben ein, während er ihr mit der anderen Hand Leben und Heil überreicht[18] –, wird in der vordynastischen Zeit der Beischlaf noch direkt dargestellt.

Einander beischlafende Paare auf sichelförmigen Barken sind auch auf Felsbildern der östlichen Wüste abgebildet, die wohl ungefähr zur selben Zeit angefertigt wurden wie die Vasen-

Szene, und gleichermaßen wird der Negade II-Kultur eine Felszeichnung von Nag Marsāb zugerechnet, die allerdings so wenig schematisch ausgeführt ist, daß man sie eher einer späteren Epoche zuordnen möchte. Auf dem Bild liegt ein Mann auf dem Rücken, während eine Frau, ihm den Rücken zukehrend, rittlings auf ihm sitzt und mit der linken Hand sein Glied in ihre Vagina einführt.[19]

Offenbar haben im alten Ägypten häufig die Frauen die sexuelle Initiative ergriffen, und ein Ägyptologe spricht sogar von der oft zu spürenden »Angst des Mannes vor der erotisch initiativen Frau«.[20] So ist es meist auch nicht der Mann, der mit seinem Glied in die Frau eindringt, vielmehr ergreift die Frau das männliche Glied und führt es in ihre Vagina ein.

Der Gott Atum ejakuliert zwar bisweilen die Gottheiten Schu und Tefnet aus sich heraus, aber häufig kann selbst er nicht des weiblichen Beistands entbehren und läßt sein Glied von Mut, Isis, vor allem aber von der Hathor reiben. Diese Göttinnen, wie auch die der Hathor verwandte »Herrin der Vulva«, Nebet-Hetepet, trugen den Namen »Hand des Atum«[21], und die blaublütigen thebanischen Damen, die als »Gottesweiber« die Gemahlinnen des Amun waren, übernahmen das Epitheton von ihnen. »Hoffentlich«, kommentiert ein um die Sittsamkeit der Altägypterinnen besorgter Ägyptologe, »sind die Prinzessinnen, die diesen Titel trugen, sich nicht klar gewesen über die widerliche Vorstellung, auf der er beruhte.«[22]

Wer aber war die Göttin, die auf der Negade-Vase den Beischlaf vollzieht, und wer war ihr Partner?

Auf einem anderen Bild derselben Vase scheint die Göttin, die Arme kuhhörnerartig über den Kopf erhoben, zu tanzen, und dieselbe Haltung nimmt die Göttin nicht nur auf zahlreichen anderen Keramikdarstellungen und Felsbildern ein; auch die berühmte ›Tänzerin‹, eine um 4000 v. Chr. hergestellte Frauenfigurine aus rotem Ton, die aus der ersten Negade-Zeit stammt, scheint einen ›Kuhtanz‹ zu vollführen (Abb. 54).[23]

Bei den Dinka und den Nuer im Sudan werden beim Sprung- *(lir)* und beim Stampftanz *(loor)* die Arme hörnerartig hochgehoben, und bei einem anderen Fruchtbarkeitstanz, dem *gar*, bewegen sich die jungen Männer, die »Stiere«, auf die jungen Mädchen, die »Kühe«, zu und wieder zurück und stampfen und

54 Tonfigurine, Negade I.

brüllen dabei wie brünftige Stiere.²⁴ Negade I-Darstellungen zeigen nun auch Männer in der ›Hörnerpose‹, und so wird man vermuten dürfen, daß die vordynastischen Ägypter ähnlich wie heute die südsudanesischen Rinderhirten Fruchtbarkeitstänze aufführten, in denen das Paarungsverhalten von Kühen und Stieren imitiert wurde.²⁵

In diesem Sinne läßt sich die Göttin auf der Negade II-Vase

55 Pygmäenfrauen imitieren den Rindertanz benachbarter Neger.

interpretieren: Vermutlich stellt sie im Tanz eine brünftige Kuh dar, die den Stier zur Kopulation erwartet, eine Kopulation, die in der anderen Szene der Vase wiedergegeben ist. Der Mann, vielleicht ein Dorfhäuptling oder ein Fürst, repräsentiert die Fruchtbarkeit des Landes, die durch den Vollzug des *hieros gamos* gekräftigt und gewährleistet wird.

Vor allem drei Göttinnen aus späterer Zeit kommen als die Kuhgöttin in Frage. Zum einen könnte es sich um Bat handeln, die seit der 11. Dynastie mit Hathor verschmolzen ist[26] und die höchstwahrscheinlich auf der berühmten Schieferplatte des Narmer am oberen Rand sowie mehrfach auf dem Schurz des Königs dargestellt ist. Zum anderen verweist die Schiffsstandarte mit den vier Hörnern (vgl. Abb. 52), die beinahe einen konzentrischen Kreis bilden, auf die Hathor, die auch »Herrin der Barke« genannt wurde und deren Tänze als fruchtbarkeitsfördernd galten, denn dieses Hörnerzeichen wurde später zum Emblem von Diospolis, wo eine Hathor verehrt wurde.[27]

Schließlich findet man aber auf Schiffsdarstellungen der Negade-Zeit auch Standarten mit dem Zeichen der Göttin Neith, deren Emblem ein von zwei Pfeilen durchbohrter Schild war.[28]

In späterer Zeit galt die Neith als ungeschaffene Urgöttin, die aus sich selbst heraus den Sonnengott Rê, ihren Sohn und Liebhaber, gebiert, die dem Wasser entsteigende Urkuh, die schwimmend den Rê rettet, indem sie ihn zwischen ihre Hörner setzt.[29] Ihr Heiligtum befand sich häufig auf Schiffen[30], und auf

56 Schminkpalette des Königs Narmer, 1. Dynastie.

Sonnenbarken fuhren bekanntlich im Alten Reich ihre Söhne, die den Rê verkörpernden ägyptischen Könige.[31] Wie die Hathor scheint auch Neith eine Göttin der Sexualität und der Erotik gewesen zu sein, und ḫgmws.t, die weibliche Libido, wurde mit den gekreuzten Pfeilen geschrieben.[32]

Dieses Zeichen der Neith verweist nun auf den ursprünglichen Charakter der Göttin. Vieles deutet darauf hin, daß die Jagdgöttin ursprünglich eine Herrin der Tiere war[33], die wohl als śmꜣ.t, als »große Wildkuh«, die Jagdtiere der Ostwüste schützte und regenerierte und mit der vielleicht die prähistorischen Jäger sexuellen Umgang pflegten.

57 Felsbild im Wâdi Hamamât.

Auf einem Felsbild im Wâdi Hamamât ist eine weibliche Gestalt mit enormen Brüsten dargestellt, der offenbar ein – kleiner gezeichneter – Mann beischläft. Umgeben ist das Paar von Antilopen, Steinböcken, Eseln und anderen Wildtieren[34], und es ist verlockend, die Szene als einen Beischlaf zwischen einem Jäger und der Herrin der Tiere zur Förderung der Fruchtbarkeit des Jagdwildes zu deuten.

In der Kupfersteinzeit des 5. Jahrtausends wurde das Klima Ägyptens feuchter[35]; die erhöhten Niederschläge ließen in den östlichen Wüstengebieten eine lichte Parklandschaft mit Sykomoren, Akazien und Tamarisken entstehen, die von Elefanten, Nashörnern, Giraffen und vielen anderen Tieren durchstreift wurde. Insbesondere in der Nähe der Wâdis bot die Savanne eine Fülle pflanzlicher Nahrung, und höchstwahrscheinlich trieben die Viehzüchter der Badari- und Negadekulturen[36] ihre Herden zum Grasen in diese Gebiete, die mit Sicherheit auch von Jagdexpeditionen aufgesucht wurden.

Ebenso wahrscheinlich ist es, daß es Stämme gab, die als Viehzüchter, Pflanzer und Jäger und Sammlerinnen ständig in der Savanne lebten, und für sie muß der Regen – im Gegensatz zu den dynastischen Ägyptern – ein Spender der Fruchtbarkeit gewesen sein.[37]

Es spricht vieles dafür, daß Min, »der das Gewölk öffnet«, der uralte Gebirgs- und Regengott der Ägypter, der Herr der östlichen Wüste, der wichtigste Gott der Hirtennomaden und Pflanzer des 5. und 4. Jahrtausends war. Sein Hauptkultort in historischer Zeit war Koptos, von wo aus die Karawanen zum Roten Meer zogen, und der häufig in Höhlenheiligtümern verehrte Gott war auch der Schutzherr der unsicheren Karawanenwege durch die Wüste und der Arbeiter in den Steinbrüchen des Wâdi Hamamât.

Offenbar ist Min ursprünglich insbesondere ein Gott der Jäger gewesen, der wohl in der Badari- oder der ersten Negadezeit ins Niltal kam, denn noch lange trug er die Jägertracht und die hohen Straußenfedern der Steppenjäger.[38]

War er ein Donnerkeil- und Wettergott[39], der »Herr der Berge«, der wilde Himmelsstier, der in Blitz und Regen die Erde befruchtete? Bedeutet dies, daß es in der ägyptischen Frühzeit entgegen der Lehrmeinung eine *Erd*göttin gab[40], die Mutter der Tier- und Pflanzenwelt, die in einem *hieros gamos* vom Himmelsgott geschwängert wurde?

In einem Sargspruch des Mittleren Reiches heißt es über den pflanzengestaltigen Urgott Nefertem, er sei »erwachsen aus dem Leib jener ehrwürdigen Feld(göttin), die der Leib des Ostlandes ist«, und mit dieser Göttin ist die Isis gemeint.[41] Handelt es sich hier um einen späten Abglanz einer prähistorischen Erdgöttin, einer Wildkuh[42], die vom Wildstier Min besprungen wurde?

Der in frühdynastischer Zeit mit dem Horus identifizierte Min (*Ḥrw-Mnw*) war der »Stier seiner Mutter«, der Kamutef (*k3mwt.f*) par excellence, ein ithyphallischer Wildstier, ein »Herr der Mädchen«, der die »Weiber raubt«. »Heil Dir, Min«, heißt es, »der seine Mutter begattet! Wie geheimnisvoll ist das, was Du ihr in der Dunkelheit getan hast!«

Wie im ›Märchen von den zwei Brüdern‹ der göttliche Wildstier Bata die Königin schwängert, um von ihr wiedergeboren zu

58 Darstellungen auf einer Vase, Negade II.

werden⁴³, so schlief der Kamutef mit seiner Mutter, um sein *Wesen*, das *k↨*, die »Stierkraft«⁴⁴, zu erneuern. Oder anders ausgedrückt: Um sich in jeder Generation erneut zu manifestieren, mußte der Kamutef sich im Leib seiner Mutter regenerieren⁴⁵, und diese Rückkehr in den Mutterleib bedeutete, daß er in einem Liebesakt seine Lebenskraft, das *k↨*, in den Schoß seiner Mutter pflanzte.⁴⁶

Betrachten wir vor diesem Hintergrund eine weitere Vasendarstellung aus der zweiten Negade-Zeit. Über den Aufbauten von zwei Schiffen ist auch hier die Göttin in der Kuhtanzhaltung zu sehen sowie das Männchen – entweder mit erigiertem Glied oder mit einem Penisfutteral –, das einmal einen Stab, das anderemal einen schlangenartigen Gegenstand in der Hand hält. Über dem rechten Schiff berührt ein Männchen die Göttin an der Hüfte, während das andere eine Standarte anfaßt, die auf den ersten Blick einer Sonnenscheibe zwischen zwei Kuhhörnern ähnelt, wahrscheinlich aber das *j↨wt*-Symbol des Gottes Min ist⁴⁷ und als ein spiralig aufgerolltes Band zwischen zwei Rinderhörnern gedeutet wird⁴⁸, das sich in historischer Zeit auf einem Stab vor dem Tor zur heiligen Rundhütte *(śḫn)* des Min befand.⁴⁹

Das Zeichen auf der Standarte des linken Schiffes ist uns von der Schiffsdarstellung bekannt, auf welcher der *hieros gamos* abgebildet ist. Auch dieses bereits sehr früh auftauchende Zeichen⁵⁰ ist offenbar ein Symbol des Min, und es ist als ein mit Widerhaken versehener Doppelpfeil, als Harpune, wie sie von den Fischern benutzt wurde, interpretiert worden. In seiner späteren hieroglyphischen Form besteht es aus zwei Donnerkeilen, die wohl nicht zu Unrecht als Sexualsymbole gesehen worden sind.⁵¹

Es hat also den Anschein, daß es sich bei dem Mann, mit dem

die Kuhgöttin den Beischlaf vollzieht, um niemand anderen handelt als um den Gewittergott Min, der mit seinen Donnerkeilen die Erde befruchtete, und es ist nicht unwahrscheinlich, daß die z-artigen Zeichen über den Antilopen und den Bergen eben diese Besamung der Vegetation und der Tierwelt bedeuten.[52] Noch in historischer Zeit scheint der Pharao mit Min identifiziert worden zu sein[53], und wir können annehmen, daß der Gott in der Negade-Ära von Häuptlingen oder Fürsten repräsentiert wurde, die als wilder Gewitterstier die Kuhgöttin bespranged, um immer aufs neue die Fruchtbarkeit des Landes zu regenerieren.[54]

Während also in der Epoche des ägyptischen ›Feuchtintervalls‹ die vermutlich als weiblich konzipierte *Erde* regenerationsfähig war und vom Regen befruchtet wurde, verlor sie mit dem zunehmenden Vordringen der Wüste diese Eigenschaft. Der alleinige Garant der Fruchtbarkeit war nunmehr der mit seinen Schlammfluten die Felder überschwemmende Nil, der Samen des Osiris, und der Göttin verblieb die Aufgabe, den Gott zur Ejakulation zu bringen. In einer Hymne an Osiris heißt es in den *Pyramidentexten* freilich noch:

> »Deine Schwester Isis kommt zu Dir, jauchzend aus Liebe zu Dir. Du setzt sie auf Dein Glied (nach einer anderen Übersetzung: sie führt für Dich Dein Glied in ihre Scheide ein[55]), und Dein Same strömt in sie aus; die bereit ist (*špd*, eigentlich: die scharf ist) als Sopdet (*špd.t*). Horus-Sopdu geht aus Dir hervor als Horus, der in der Sopdet ist.«[56]

Sopdet (Sothis) ist der Sirius, und »das Herausgehen der Sothis«, d. h. das Erscheinen des Sterns nach längerer Abwesenheit in der Morgendämmerung des 17. Juli bezeichnete den altägyptischen Jahresbeginn. Die Göttin Sopdet, die bereits früh mit der Isis verschmolzen wurde, »ergießt alljährlich die Flut, um den Acker zu überschwemmen«, sie bewirkt die Ejakulation des Gottes, denn mit dem Erscheinen des Sterns beginnt die Überschwemmung des Nils, so wie sich die Isis auf den toten Osiris setzt, sein erigiertes Glied in ihre Vagina einführt, um den Horus zu empfangen.

Offenbar ist die Isis-Sopdet eine Mischgestalt aus Himmelsgöttin, denn sie ist ja der Stern Sirius, der ›von oben‹ die Ejakulation des Nils bewirkt, und Erdgöttin, denn der Same des Osiris, die

Schlammflut des Nils, strömt ja in ihren Leib, der dadurch schwanger wird. Vermutlich hat sich also hier – ähnlich wie in dem erwähnten Sargspruch von der Isis als dem »Leib des Ostlandes« – ein Rest der archaischen Vorstellung der mütterlichen Erde bewahrt.[57]

In den *Pyramidentexten* wird Osiris häufig »der große Wildstier«, »Leittier der Wildrinder« oder der »weiße Stier« genannt[58], und wenn in vorgeschichtlicher Zeit der Gewitterstier den Regen in die Erde ejakulierte, dann wurden in späterer Zeit die Nilfluten mit dem ausgestoßenen Samen eines Stieres oder eines Mannes mit einem Stierkopf gleichgesetzt.[59] Vom Stiergott Apis heißt es, daß er bei seinem »Umlauf« die Felder »überschwemmt«, und zur Förderung der Fruchtbarkeit führte man einen Apisstier über das Land.[60] Vor ihm entblößten die Frauen ihren Unterleib, um den Stier sexuell zu erregen, damit er Menschen, Tiere und die Vegetation befruchte.[61]

§ 10
Das Zerreißen des Geliebten

Das »Geheimnisvolle«, das der ägyptische Kamutef in der Dunkelheit seiner Mutter tat, diente der Zeugung seiner selbst, und wenn er einst die Fruchtbarkeit des Landes verkörperte, dann regenerierte er das Leben der Menschen, der Tiere und der Pflanzenwelt, indem er ewig aufs neue seine Mutter besprang. Jedes Jahr erneut ergriff die Isis-Sopdet das steife Glied des Osiris und führte es in ihre Vulva ein, so daß die Schlammfluten des Nils das Land befruchten konnten.
In ähnlicher Weise ejakulierte der mesopotamische Wassergott Enki in den fruchtbringenden Fluß:
»Er stand stolz wie ein entfesselter Stier auf,
er hebt seinen Penis und verspritzt seinen Samen,
füllt den Tigris mit schäumendem Wasser.«
Und weiter:
»Der Tigris ist ihm wie einem entfesselten Stier zu willen.
Er hob seinen Penis, brachte das Brautgeschenk dar,
brachte Entzücken dem Tigris wie ein großer wilder Stier.«
Der sumerische König erhielt die Legitimation seiner Herrschaft durch einen Beischlaf mit der leidenschaftlichen Göttin Inanna, d. h. mit einer Priesterin, und wenn sein Samen in die Frau geflossen ist, beginnt das Land um sie herum zu grünen und zu blühen. Wenn die Inanna zu ihrem »wilden Stier« Dumuzi die Worte spricht: »Pflüge meine Vulva, Mann meines Herzens!« und wenn das »Wasser seines Herzens« in ihren Schoß spritzt, dann ist sie fast noch das Ackerland, das vom Pflüger befruchtet wird:
»Herrschaftliche Königin, Deine Brust ist Dein Feld,
Inanna, Deine Brust ist Dein Feld,
Dein breites Feld, das die Pflanzen ausschüttet,
Dein breites Feld, welches das Korn ausschüttet.«[1]
Obgleich die Inanna sich von dem König, der ihren Geliebten Dumuzi repräsentiert, »pflügen« läßt, ist sie ähnlich wie die Isis die sexuell Aktive und Dominante[2], die sich den Mann in ihren Schoß holt; sie ergreift die Initiative, und wem die Oberprieste-

rin der Tempelprostituierten ihre Gunst schenkt, der erhält die Königswürde, wie etwa Eannatum von Lagasch, der Herrscher von Kisch wird, »weil die Inanna ihn liebt«.[3]

So scheint also auch Dumuzi – ähnlich wie der ursprüngliche ägyptische Kamutef – die Fruchtbarkeit des Landes repräsentiert zu haben, eine Fruchtbarkeit, die sich im Schoße der Göttin regenerieren mußte[4], nachdem sie während des langen mesopotamischen Sommers von der glühenden Sonne verbrannt worden war, einer Zeit, in der sich der Gott nach dem Mythos in der Unterwelt befand.[5]

Auch der althethitische Vegetationsgott Taru von Nerik, der Sohn der Erdgöttin Wurunschemu, verschwand nach der herbstlichen Ernte in einer Gebirgshöhle und gelangte in die Unterwelt der neun Meere und neun Flüsse, an deren Ufern er sich aufhielt, um sich bei seiner Paredra, der Hure Teschimi, »in deren Schoß er süße Träume träumt«, zu erquicken. Im Frühling kehrte er schließlich als regenspendender, wiedererstarkter Gewittergott[6] zurück, als wilder Stier, dessen Brüllen im Krachen und Dröhnen des Donners zu vernehmen war.

Offensichtlich steht hinter der hethitischen Hure eine vorhethitische Göttin, deren Paredros der die Fruchtbarkeit verkörpernde Stiergott war. Dieser verjüngte sich alljährlich in ihrem Höhlenschoß, was im Falle der Hethiter kaum überrascht, da sie im Rufe stehen, wie kaum ein zweites indoeuropäisches Volk das ›going native‹ geliebt zu haben.

Die deutlichsten Züge dieser alten Göttin trug wohl die Leopardengöttin Inar(a), eine vorindoeuropäische Herrin der Tiere.[7] In einem Mythos des Purulliya-Festes (»Fest der Erde«) vollzog ein gewisser Hupaschiya mit der Leopardenfrau einen Beischlaf, um nach dem Liebesakt von ihr getötet zu werden[8]; und es ist nicht unwahrscheinlich, daß der Mythos auf einen uralten Brauch zurückging, in dem ein Priesterkönig nach einjähriger Regierungszeit im Schoß der Erdgöttin rituell starb, um verjüngt und in seiner fruchtbarkeitsgewährenden Kraft regeneriert zu werden.

Wenn wir uns an die Große Göttin von Çatal Hüyük und Hacilar in ihrem Leopardenaspekt erinnern, deren Paredros aller Wahrscheinlichkeit nach periodisch in ihren Leib zurückkehrte, um von ihr wiedergeboren zu werden, so wird deutlich, daß die

Leopardenfrau Inar(a) vermutlich die direkte Nachfolgerin der neolithischen Mutter des Lebens war und daß wir etwa in dem stiergestaltigen Taru (vgl. griechisch ταῦρος, »Stier«) den fernen Nachfahren des Stiermannes von Çatal Hüyük wiederfinden.

59 Yazilikaya-Relief, 13. Jh. v. Chr.

Wahrscheinlich war der Leopardinnen- oder Löwinnencharakter der asiatischen Göttinnen, der Inanna, Ischtar, Inar(a), Kybele, Mafdet, Durgā usw., Ausdruck ihrer ungezügelten Wildheit.[9] Es handelt sich bei all diesen Tierfrauen um göttliche Wesen, die keinem Manne untertan sind, häufig um hurenhafte Verkörperungen ungebundener Geschlechtslust, brüstepressende Göttinnen, »die nach Männern ausspähen« oder mit gespreizten Beinen am Fenster sitzen, um dem vorübergehenden Mann tiefere Einblicke in das zu gewähren, was ihn erwartet.[10]

Diese Göttinnen waren zwar einerseits immer noch die Fruchtbarkeit regenerierende Wesen wie die nackte Urania, die »Feuchte«, und der Mann, der mit ihrer Tempelhure schlief, vollzog in gewisser Weise einen *hieros gamos*.[11] Und noch immer heißt es von der Inanna, daß sie »aus ihrem Schoß Getreide, Äpfel und Lattich schüttet«. Aber dieser Charakter beginnt sich zu ändern. Denn zugleich ist die Göttin mit dem »Honig-

60 Tempelhure am Fenster, nach Männern ausspähend, Nimrud.

schoß«, deren süße Vulva, Brüste und Haar in glühenden Worten beschrieben werden, andererseits eine ungebändigte Frau, die so »scharf« ist, daß sie sich selbst Pferden hingibt. »Sie ist leidenschaftlich«, heißt es über die phönizische Anat, »und greift ihn fest an seine Hoden«; ihr Name bedeutet Beischlaf, besonders im Sinne von Vergewaltigung[12], und sie zerreißt mit den Händen ihren Paredros, den Vegetationsgott Ba'al ebenso wie die feindlichen Krieger:

»Ihre Leber schwillt vor Lachen,
ihr Herz ist voller Freude,
die Leber der Anat jubelt,
denn sie watet knietief im Blut der Kämpfer,
bis zur Hüfte in den Eingeweiden der Helden.«[13]

Was aber bedeutet es, wenn die Anat ihren Bruder und Liebhaber, den stiergestaltigen Ba'al, tötet? Haben wir hier eine Analogie zum Beischlaf der althethitischen Leopardengöttin und des Hupaschiya, den hinterher der Tod erwartete, freilich nur als einen ›Tod‹, ein rituelles Sterben in den Schoß der Göttin?

61 »Mona Lisa« von Nimrud.

Achtundachtzigmal bestieg der Stiergott Ba'al eine Kuh und siebenundsiebzigmal drang er in sie ein.[14] Es wird zwar nicht ausdrücklich erwähnt, daß Anat diese Kuh war, aber es ist anzunehmen, daß die Episode der Nachhall eines *hieros gamos* der beiden Gottheiten war, zumal die Anat beschrieben wird, wie sie sich mit dem ejakulierten Samen des Wildstieres parfümiert.

Anat ist das ewigwährende Leben, gewissermaßen die *natura naturans*, während Ba'al die *natura naturata*, die immer wieder vergehende und erneut aufblühende Vegetation, darstellt[15], und es hat den Anschein, daß das Zerrissenwerden des Stiergottes ursprünglich nichts anderes war als das Absterben des Lebens, das Verschwinden der Vegetation im Leib der mütterlichen Erde.

So steigt Ba'al in die Unterwelt, wo er »das Nichts erfährt«, aber der Tod ist nur die Bedingung der Regenerierung des Lebens. Durch kultisches Jammern und Weinen, aber auch durch erotisches Lachen und Ausgelassenheit der Menschen wird der tote Gott zum Leben wiedererweckt, und mit dem ersten Grün des Frühlings kehrt er mit neuer Lebenskraft an die Erdoberfläche zurück.[16]

Vieles deutet darauf hin, daß es auch in Kreta einst einen heiligen Beischlaf zwischen der Großen Göttin, vermutlich repräsentiert von ihrer Priesterin in einer Kuhmaske, und ihrem Paredros, der entsprechend als Stier maskiert war[17], gegeben hat. Dieser *hieros gamos* scheint hinter dem Mythos von Pasiphaë zu stehen, der Frau des Minos, die in Liebe zu einem Stier des Poseidon entbrannte, den der Gott als Opfer für sich selber aus dem Meer geschickt hatte. Sie ließ sich bekanntlich ein Gestell bauen, das mit einem Kuhfell überzogen wurde, kletterte hinein und wurde auf diese Weise von dem heiligen Stier besprungen, um dem Minotaurus das Leben zu schenken.[18]

Ich nehme an, daß der Minotaurus, der »Stier des Minos«, niemand anderes ist als der Paredros der Göttin in seinem Sohnaspekt. Gleichzeitig war dieser Paredros der Geliebte der Göttin, der Minos, mit dem sie den Beischlaf vollzog, in dem sich der die Vegetation repräsentierende Stiergott regenerierte. Die Mykener hatten wahrscheinlich die Vorstellung, daß der stiergestaltige Paredros sich gewissermaßen im Leib der kuhgestaltigen Göttin selber zeugte, nicht so recht verstanden, und sie werden auch mit den für sie fremdartigen Tier-Mensch-Beziehungen nicht zu Rande gekommen sein.[19] So haben sie den Paredros dreigeteilt, in einen von Poseidon gesandten Stier, der die »widernatürliche« Geschlechtslust der Königin entflammte, den Minos, ihren Gatten, und den Stiermenschen Minotaurus, die Frucht der anstößigen Verbindung.[20]

In einem Heiligtum von Ayia Triada fand man Stierterrakotten und Figurinen, die halb menschliche, halb stiergestaltige Wesen darstellen und die wahrscheinlich einer Gottheit mit Rinderhör-

62 Pasiphaë steigt in die hölzerne Kuh.
Fresko von Rinaldo Mantovano (?).

nern geweiht waren. Die ›Centauren‹ haben ihre Hände zur Segensgeste erhoben, die für die minoische Göttin charakteristisch ist.[21] Handelt es sich hier um Darstellungen des Stiermenschen, des Paredros der Großen Göttin?

Die früheste griechische Darstellung des Minotaurus, jene auf einem korinthischen Goldplättchen, stammt aus dem 7. Jahrhundert v. Chr.²² Dieses Bild wie die späteren Konterfeis des Sohnes der Pasiphaë haben keine ikonographische Verwandtschaft mit den meist aus spätminoischer Zeit stammenden Menschenstieren²³, was jedoch nur besagt, daß sie nicht in derselben künstlerischen Tradition stehen wie die minoischen ›Centauren‹.

63 ›Minotaurus‹ auf einem Siegel aus der Psychro-Höhle.

Bekanntlich wurde der Minotaurus im Labyrinth von Theseus²⁴ getötet, und es fällt nicht schwer, diese Überlieferung in jene Reihe griechischer Sagen einzuordnen, in denen etwa Herakles den kretischen Stier und wiederum der Held Theseus den Stier von Marathon überwinden.

Freilich läßt sich die Frage aufwerfen, ob es sich bei diesen Heldentaten nicht um eine griechische Interpretation eines alten minoischen Rituals handelt, in dem der stiergestaltige Paredros von seiner Mutter und Geliebten, der kretischen Göttin, zerrissen wurde.

Wir erinnern uns an die Deutung, die wir dem Mythos gegeben haben, in dem die Anat ihren Paredros Ba'al tötet, daß nämlich der Mord an dem die Vegetation verkörpernden Stiergott dem Absterben der Natur in den Schoß der Gebärerin des Lebens entsprach, daß der Beischlaf mit der Göttin todbringend und lebensregenerierend zugleich war.

Vollzog also in ähnlicher Weise im minoischen Kreta der Re-

64 Theseus und Minotaurus auf einer rotfigurigen attischen Vase des 5. Jh. v. Chr.

präsentant des stiergestaltigen Vegetationsgottes einen *hieros gamos* mit der die Mutter des Lebens darstellenden Priesterin? Und wurde an seiner Statt im Labyrinth, in dem der Beischlaf stattfand, ein Stier getötet?
Die kretische Doppelaxt, offenbar so etwas wie ein Herrschaftssymbol der Göttin[25], ist häufig zwischen Kulthörnern[26] oder zwischen den Hörnern der Stierköpfe abgebildet – betäubte mit ihr die Priesterin den Vegetations-Stier? Und wurde der anschließend geschächtet?[27] Mit einer Doppelaxt tötete ein Priester des Zeus Polieus zu dessen Ehren während der Dipolieia einen Ochsen. Nach dem tödlichen Hieb ließ er die Axt fallen und flüchtete, worauf das Gerät verurteilt, verflucht und ins Meer geworfen wurde. Anschließend stopfte man das tote Tier aus, so daß der Eindruck entstand, es sei wiederbelebt worden.[28]

65 Marmorrelief des gehörnten Zeus Olbios. Unten wird ein Stier mit einer Doppelaxt erschlagen.

Offensichtlich repräsentierte der Ochse den Vegetationsstier Zeus Polieus, der getötet wurde, um sich anschließend zu regenerieren.

Auch der Stierhörner tragende Zeus Olbios wurde anscheinend einst mit einer Doppelaxt getötet, wie auch Dionysos auf Tenedos. Hier ließ man eine Kuh kalben und nannte das neugeborene Kälbchen mit dem Namen des Gottes. Daraufhin wurde es geschmückt und anschließend erschlagen.

Der chthonische Dionysos, der eine enge Beziehung zu Plutos aufweist, war wie dieser ein Gott der absterbenden und wiedererwachenden Vegetation, die den Winter über in die Erde zurückgekehrt war.[29] Nach einer allerdings späten Quelle wurde Dionysos von den Bacchen in Stiergestalt zerrissen[30], und von denselben Βάκχαι heißt es, daß sie wie Kühe gebrüllt hätten.[31] Die Priesterinnen des Dionysos Laphystios trugen Kuhhörner[32], die dem Gott geweihten Frauen von Elis und Argos riefen ihn als Stier, und stiergestaltig war auch das Kultbild des Gottes in Kyzikos.

Vieles deutet also darauf hin, daß in griechischer Zeit die Bacchen und Priesterinnen des Dionysos an die Stelle der Göttin getreten sind, deren Paredros später insbesondere in der Gestalt des Dionysos und des Zeus in veränderter Form weiterlebte.[33] Damit zeichnen sich die Umrisse einer Szenerie ab, in der der Beischlaf des stiergestaltigen Sohnes und Geliebten der minoischen Göttin mit ihr gleichzeitig sein Tod war, aber ein Tod als die Quelle neuen Lebens.

Vielleicht kann man davon ausgehen, daß die Lebenskraft des Stieres, der nach dem *hieros gamos* mit der Doppelaxt[34] erschlagen wurde[35], in seinem Blut oder in seinem Samen lag, den er im Augenblick des Sterbens auf die Erde verspritzte.

Die Vorstellung, daß aus dem Samen und dem Blut des getöteten Stieres die Vegetation entstand, war in der Antike weit verbreitet: Als Mithras den Stier, den er zuvor in dessen Höhle geschleift, der sich aber wieder losgerissen hatte, auf freiem Felde mit seinem Jagdmesser tötete, entstanden aus dem Samen, den das sterbende Tier ausspritzte, die Tiere, aus seinem Leib sprossen Kräuter und Pflanzen, und aus seinem Rückenmark wuchs das Getreide.[36] Nach einer anatolischen Überlieferung erlangte der König, wenn er im Blute eines getöteten Stieres badete, die Wiedererneuerung seiner Macht und sogar Unsterblichkeit[37], und der König der Swazi, der als »Unser Stier« angerufen wurde, weil er die Erde befruchtete wie der Stier die Kühe, wurde nackt auf einen schwarzen Ochsen gesetzt und mit heiligem Wasser gewaschen, in das man »medicines«, vor allem eine aphrodisierende Droge, gemischt hatte. Daraufhin schlachtete man den stärksten und schönsten Stier der Herden und verfertigte aus den Geschlechtsteilen des Tieres eine weitere »medicine« für den König.[38] Anstelle des »Stieres« wurde also der Stier getötet, und diese Tötung stärkte und regenerierte die

Lebenskraft dessen, der die Fruchtbarkeit des Landes verkörperte.

Prudentius schildert, wie im Taurobolium der römischen Kybele der Myste, der »renatus in aeternum« werden will, in eine mit durchlöcherten Holzbohlen überdachte Grube steigt. Auf diesen Bohlen wird sodann ein Stier getötet, und »durch die tausend Ritzen des Holzes rinnt der blutige Tau in die Grube. Der Geweihte bietet sein Haupt all den herabfallenden Tropfen dar, er setzt ihnen seine Kleider, seinen ganzen Körper aus, den sie besudeln. Er beugt sich rücklings, damit sie seine Wangen, seine Ohren, seine Lippen, seine Nase treffen, er benetzt seine Augen mit dem Naß, ja er schont nicht einmal seinen Gaumen, sondern fängt gierig das schwarze Blut mit der Zunge auf und schlürft es gierig.«[39]

66 Stieropferszene auf dem Sarkophag von Ayia Triada.

Wurde auch im minoischen Kreta anstelle des den stiergestaltigen Paredros verkörpernden Minos ein »Minotaurus«, ein Stier, getötet – ein Ritual, das sich in griechischer Interpretation zur Tötung des Stiermenschen durch den heldischen Theseus wandelte? Und ›badete‹ der Minos im Blut des Stieres, d. h. regenerierte er sich gewissermaßen in seinem eigenen Blute?

Die Szene auf dem Sarkophag von Ayia Triada, wo man auch die bereits erwähnten ›Minotaurusfigurinen‹ fand, läßt sich dahingehend deuten, daß hier vor dem Altar der Großen Göttin, gekennzeichnet durch Kulthörner, Baum, Doppelaxt und Vogel, ein Stier geopfert wurde, dessen Blut man in einem Gefäß auffing. Man darf sicher annehmen, daß diesem Stierblut eine regenerierende Kraft zukam[40], daß es vergossen wurde, um die

Vegetation, die Tiere und die gestorbenen Menschen zu erneuern, da es der ›Lebenssaft‹ par excellence war.

Beim Frühlingsfest der Göttin Durgā wurden noch im vergangenen Jahrhundert täglich zwanzig Büffel geschlachtet, damit ihr in der Erde vergrabenes Blut die Erdgöttin befruchtete[41]; und in einem Ritual der im Tal von Kathmandu lebenden Newar wird der Göttin Taleju das warme Blut der Tiere, denen man die Halsschlagader durchschnitten hat, direkt in den Mund gespritzt.[42]

Im südlichen Indien ist der Tod des Stieres noch zugleich ein Beischlaf mit der Göttin. Hier wird in manchen Gegenden ein Büffel, der Paredros der Göttin, an dem Tag, an dem man ihn schlachtet, zur Hochzeit geschmückt, und ebenso bereitet man das Ebenbild seiner Braut vor.[43] In einigen Dörfern in Maharaschtra ist dieser Geliebte bereits ›arisiert‹ worden. Dort ist er ein Dämon, mitunter eine Verkörperung des Śiva, dem die Kālī den Kopf abschlägt und dessen Blut sie schlürft. So wird der göttliche Büffel Mhasobā von der Göttin verführt, weil sie ihm auf diese Weise am leichtesten seine Kraft nehmen kann, die sie sich mancherorts dadurch aneignet, daß sie ihm den Phallus abschneidet.[44]

Wenn die Priester der Kybele sich ihre Geschlechtsteile, wohl vor allem die Hoden, vom Leib trennten, um diese im unterirdischen θάπαμος der Großen Göttin niederzulegen, das sog. *vires condere*, dann handelte es sich wahrscheinlich bei diesem Akt um ein Substitut für den tödlichen Beischlaf des Vegetationsgottes Attis mit seiner Mutter und Geliebten.[45] Ursprünglich starben wohl die Attis, Adonis, Aktaion und wie sie alle hießen während der Befruchtung der Mutter des Lebens, und dieser Tod war die Bedingung des Wiederaufsprießens der Vegetation.

Die ›Brüste‹ der Artemis von Ephesos sind in überzeugender Weise als Hoden, und zwar als Stierbeutel, interpretiert worden[46], die man beim Frühlingsfest der Nachfahrin der großen ägäischen Göttin anheftete, um sie auf diese Weise zu befruchten.[47] Anscheinend waren diese Stierbeutel wiederum ein Ersatz für die Hoden der Gallen, die sich diese beim Frühlingsfest der Göttin abschnitten. Vor dem Eingang zum Heiligtum der Göttin standen zwei riesige Phallen, auf denen es sich später die asketischen Säulenheiligen unbequem machen sollten[48], und es hieß, daß Dionysos diese Ständer der Hera dargebracht hatte.[49] Opferte hier der Stiergott der »Kuhgesichtigen«[50] seine Geschlechtsteile?

Vielleicht gab es einst auch eine unblutige Weise, den Beischlaf mit der Erdgöttin oder, genauer gesagt, mit ihrem anikonischen Ebenbild oder dem Felsen, der sie repräsentierte, zu vollziehen: So heißt es von Jupiter, daß er, frustriert darüber, die Magna Mater nicht besitzen zu können, »seine Lust auf dem Stein« verströmte. Nach neun Monaten gebar der Fels unter »vielfachem vorangegangenen Stöhnen« den wilden Agdistis[51], und auch von Zeus sagt man, daß er nach dem vergeblichen Versuch, die Aphrodite von Paphos zu vergewaltigen, nicht mehr an sich halten konnte und seinen Samen auf die Erde spritzte, die daraufhin den Kentauren das Leben schenkte.[52] War der paphische Γῆς ὀμφαλός ein solcher Fels, also das anikonische Bildnis der Liebesgöttin?

Im Vorderen Orient sind solche Geschichten weit verbreitet. So erzählte man vom churritischen Kumarbi, daß er mit einer Felsspitze einen Sohn zeugte: »Seine Lust regte sich und er schlief mit der Felsspitze, und in sie (floß) seine Mannheit. Er nahm sie fünfmal, er nahm sie sechsmal.«[53] Als ein Weib namens Setanej, hinter der sich vielleicht eine Herrin der Tiere verbirgt, an einem kaukasischen Fluß die Wäsche wusch, vergaffte sich ein Hirte in ihre weißen Brüste, und da das Wasser viel zu tief war, sprach er: »Mein Same geht zu Dir, Setanej!« und ejakulierte denselben auf einen Stein, der alsbald schwanger wurde und einen Jungen gebar.[54]

§ 11
Die Herrin des Labyrinths

Vieles scheint also dafür zu sprechen, daß der Mythos von Pasiphaë, die sich von einem göttlichen Stier bespringen läßt, um dem Minotaurus das Leben zu schenken, der wiederum von Theseus getötet wird, der griechische Reflex eines minoischen Rituals ist, in dem der Beischlaf der Großen Göttin mit ihrem stiergestaltigen Sohn und Geliebten zugleich dessen Tod darstellte, aus dem er sich neu regenerierte.

Bekanntlich tötete Theseus den Minotaurus im Labyrinth, und dieses Bauwerk, das einst Daidalos errichtete, damit der Stiermensch in ihm verborgen werden konnte, ist auf eigentümliche Weise mit dem Tod und mit der Liebe verbunden. Zwar entflammt Ariadne in Liebe zu dem griechischen Helden, der den Minotaurus erschlägt, und ihr Stéphanos, ihr Hochzeitsdiadem, leuchtete dem Theseus voraus, so daß er dem Labyrinth nach der Bluttat wieder entrinnen konnte. Doch es scheint, als ob die ganze Theseusgeschichte nichts anderes darstellt als die griechische Interpretation eines archaischen Regenerierungsrituals im Sinne einer heldisch-indogermanischen Initiationsprüfung, nach deren Bestehen der nun vollgültig Erwachsene seine Braut wegführt.

Anscheinend ist es den Griechen schwergefallen, den *hieros gamos* anders zu sehen als einen Raub oder eine Vergewaltigung der Frau, und bekanntlich hat sich in dieser Hinsicht vor allem Zeus hervorgetan, vor dessen Zudringlichkeit sich die Nymphe Diktynna nur durch einen Sprung ins Meer retten kann, während der Vegetationsgöttin Kore der Raub durch einen chthonischen Gott nicht erspart bleibt.

Wir werden freilich später sehen, daß sich trotzdem im kretischen Zeus und vor allem im stiergestaltigen Dionysos die Züge des minoischen Paredros der Großen Göttin in griechischer Zeit erhalten haben, und auch im Theseus-Mythos spielt der archaische Vegetationsgott noch eine Rolle.

So heißt es, daß der leuchtende Kranz der Ariadne ein Brautgeschenk des Dionysos war, und Theseus mußte auch dem Dionysos auf Geheiß der Götter in der Nacht die Ariadne überlassen[1], was wohl bedeutet, daß der eigentliche heilige Beischlaf von Ariadne und Dionysos vollzogen wurde. Ein solcher *hieros gamos* fand noch lange Zeit ebenfalls zu nächtlicher Stunde während der Anthesterien in Athen statt, wo der Basileus seine Frau, die Basilinna, die ›Königin‹, im Bukolion an der Agora dem Dionysos überließ.[2]

In solchen Ritualen hat zwar eine Akzentverschiebung stattgefunden, denn die Frau wird dem Gotte zugeführt, so daß man eher sagen kann, daß sie die Paredra des Dionysos ist, aber immer noch sind die Konturen des minoischen lebenserneuernden Beischlafs zwischen der Göttin und ihrem Geliebten sichtbar.

Wir sagten, daß der minoische *hieros gamos* vermutlich von einer Priesterin der Göttin, vielleicht der ›Königin‹, und einem Repräsentanten ihres Paredros, wahrscheinlich dem Minos, dem kretischen ›Priesterkönig‹, vollzogen wurde.

Bei Plato heißt es, daß der Minos jedes neunte Jahr in der Idahöhle Zwiesprache mit dem Gotte Zeus hielt und daß dieser, je nach dem Grade seiner Befriedigung über diese Unterhaltung, den König in seinem Amt bestätigte, ihn also als Herrscher regenerierte oder ihn von der Bildfläche verschwinden ließ.

Ein Zeuskult läßt sich nun in der idäischen Höhle frühestens seit der geometrischen Zeit, mit Sicherheit erst seit der archaischen Epoche nachweisen. Allem Anschein nach wurde vor dem Ζεύς Κρηταγενής dort eine Göttin verehrt[3], und es läßt sich die Frage aufwerfen, ob das Vorbild der griechischen Legende der Begegnung zwischen Minos und Zeus nicht die regenerierende Zusammenkunft von Minos und der Göttin war.

Derartige Begegnungen findet man auch noch bei indoeuropäischen Völkern. So schläft an einer Quelle Niall, der jüngste Sohn des irischen Königs Eochaid Mugmedón, mit einer alten Vettel *(caillech),* hinter der sich die Göttin Medb verbirgt, und die sich nach dem Geschlechtsverkehr in ein liebliches Mädchen verwandelt. Als er sie fragt, wer sie sei, antwortet sie: »Ich bin die Herrschaft *(missi in flaithus).* Geh nun zu deinen Brüdern und nimm dir Wasser mit, und für immer wirst du und deine Nachkommen die Macht haben!«[4]

Die »Herrscherin von Irland« *(missi bainflaith hérenn)* reicht auch dem künftigen König das »rote Bier« *(derg flaith)* aus einem Trinkhorn, einen Rauschtrank *(mid)*, und so hat man auch angenommen, daß der Name der Göttin Medb »die Berauschende« lautet.[5]

Offenbar war diese Göttin ursprünglich ein kuh-, später ein pferdegestaltiges Wesen, eine Erdgöttin, der die künftigen Könige beischliefen, um dadurch ihre Kraft und die Herrschaft zu erlangen.[6] Noch im Mittelalter wurde Irland als »treue braune Kuh mit weißem seidigen Rücken« angeredet, und in einem berühmten Bericht in der aus dem 12. Jahrhundert stammenden *Topographia Hibernica* des Giraldus Cambrensis heißt es, daß der König eines »barbarischen Stammes« im nördlichen Ulster, Cenél Conaill, sich bei der Thronbesteigung, die das »Hochzeitsfest« genannt wurde, »wie ein Tier« gebärdete und vor den Augen der versammelten Stammesmitglieder mit einer weißen Stute den Beischlaf vollzog. Es ist anzunehmen, daß diese Stute die Göttin repräsentierte, die dem König in dieser Weise die Herrschaft verlieh.[7]

Wie die Vegetation jährlich dahinwelkte, um im Schoß der Göttin regeneriert zu werden, so schwand auch die Macht des die Fruchtbarkeit des Landes verkörpernden ›Königs‹[8], der wohl in Knossos den Titel Minos trug, in Phaistos Rhadamanthys und in Mallia Sarpedon hieß, und es ist nicht unwahrscheinlich, daß auch diese minoischen Fürsten periodisch in den Schoß der Göttin ›starben‹, um ihre Macht, d. h. die Fruchtbarkeit Kretas, zu verjüngen.

Anscheinend fand dieser *hieros gamos* im kretischen Labyrinth statt, und manches deutet darauf hin, daß zumindest in der klassischen minoischen Ära der Palast von Knossos dieses Labyrinth gewesen ist. In Knossos fand man ein Täfelchen mit einer Linear B-Inschrift, in der von einer *da-pu-ri-to-jo po-ti-ni-ja*, einer »Herrin des Labyrinths«, die Rede ist, der eine Amphore Honig geopfert werden sollte.[9] Es ist wahrscheinlich, daß es sich bei diesem λαβύρινθος um den Palast handelt[10], zumal in dessen Ostteil an der Wand eines Korridors das Fresko eines Labyrinthes gefunden wurde.[11]

Das Wort λαβύρινθος wird im allgemeinen mit »Haus der Doppelaxt« übersetzt. Im Lydischen heißt λάβρυς »Doppelaxt«, und die Wurzel *λα-, »Stein«, zeigt[12], daß es sich ursprünglich um eine Steinaxt handelte, wie sie etwa in der neolithischen Fundschicht[13] der Eileithyia-Höhle bei Amnisos gefunden wurde.

Wir erinnern uns, daß die Hausheiligtümer von Çatal Hüyük höchstwahrscheinlich die Kulthöhlen des Taurus-Gebirges ersetzt haben, in gewissem Sinne also als ›künstliche Höhlen‹ bezeichnet werden können, und es scheint, als ob sich die gleiche Entwicklung auch in Kreta nachzeichnen ließe. Bezüglich des Labyrinths hieße dies, daß das ursprüngliche »Haus der Doppelaxt« kein Palastheiligtum, sondern eine Kulthöhle gewesen ist. Bevor wir uns jedoch dieser These zuwenden, sollten wir die Frage stellen, wer denn diese »Herrin des Labyrinths« gewesen ist.

Wir haben gesagt, daß wahrscheinlich die Kuhgöttin Pasiphaë, vertreten durch ihre Priesterin, die vielleicht identisch war mit der ›Königin‹, den heiligen Beischlaf mit ihrem stiergestaltigen Sohn und Geliebten, vertreten durch den ›Priesterkönig‹, vollzog, und es ist wahrscheinlich, daß die Griechen diese ›Kuh‹ mit ihrer eigenen entsprechenden Göttin, der »kuhäugigen« Hera, gleichgesetzt haben[14], zumal sie ja deren Mann, den Gott Zeus, der häufig in Stiergestalt auftrat, mit dem Paredros der Göttin identifizierten.

Diese Hera ist die *e-re-wi-jo po-ti-ni-ja* der Linear B-Täfelchen, und es scheint, als ob sich noch in der *Ilias* eine Andeutung erhalten habe, nach der die Hera den Zeus in ihrem Labyrinth erwartete, das ihr der oft mit Daidalos identifizierte Hephaistos gezimmert hatte:

> »Und sie schritt hin und ging in die Kammer, die ihr der eigene Sohn gefertigt, Hephaistos, und hatte dichte Türen an die Pfosten gefügt mit verborgenem Riegel: den konnte kein anderer Gott öffnen.«

Dort machte sich die Göttin zurecht und ließ sich von Aphrodite »die Liebeskraft und das Verlangen« geben, womit sie »die Unsterblichen und die sterblichen Menschen« bezwingt.

Aufgedonnert machte sie sich alsbald auf den Weg zum Berge Ida, der »Mutter der Tiere«, wo Zeus sich gerade in den Zweigen einer Tanne herumtrieb.

Als er der Göttin gewahr wurde, umhüllte ihm, wie üblich, »Verlangen die dichten Sinne«, doch Hera versuchte, ihn in ihr

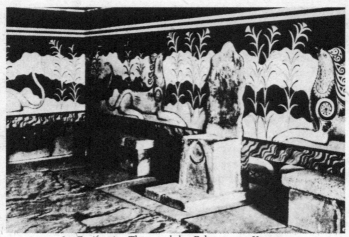
67 Greifen im Thronsaal des Palastes von Knossos.

68 Herrin der Tiere mit Greifen und Doppelaxt. Minoische Gemme aus Knossos.

Gebäude zu locken, da ein Beischlaf auf offener Flur ihr nun doch etwas peinlich war.
So lange konnte der Göttervater, der vor Lust fast aus den Nähten platzte, nicht mehr warten, und anstandshalber in eine Wolke gehüllt, packte er die Hera, um in Liebe mit ihr zu la-

gern, während unter ihnen »ließ wachsen die göttliche Erde frisch sprossendes Gras und Lotos, tauigen, und Krokos und Hyakinthos«.[15]

Hier ist es also noch die Göttin, die die Initiative ergreift[16] und versucht, den Gott zu verführen, und zwar in ihrem eigenen Haus. Und wenn wir bedenken, daß der Hera-Tempel auf Samos »Labyrinth« genannt wurde[17], dann erhärtet sich die Vermutung, daß die von Hephaistos gebaute »Kammer« das Allerheiligste des Labyrinths und Hera dessen *po-ti-ni-ja* war.

Saß ihre menschliche Repräsentantin auf dem Thron des ›Thronsaales‹ im Palast von Knossos? Hinter diesem Thron befinden sich zwei zueinander symmetrische Malereien von Greifen. Nahm ein Mensch auf dem Thron Platz, dann bildete er mit den Greifen genau die Komposition, die wir von den Gemmendarstellungen der minoischen Herrin der Tiere kennen[18], so daß anzunehmen ist, daß hier eine Frau, vermutlich die Priesterin der Großen Göttin, saß.

Wie die Göttinnen von Çatal Hüyük und Hacilar, so scheint auch die minoische Göttin als allgemeine Lebensmutter stets ihren archaischen Charakter als Herrin der Tiere beibehalten zu haben; allerdings läßt sich wohl ohne schriftliche Quellen kaum entscheiden, ob die Minoer, wie später die Griechen, verschiedene Göttinnen oder lediglich *eine* Göttin in ihren verschiedenen Aspekten verehrten.[19]

Diese kretische Herrin der Tiere scheint vornehmlich in Höhlen verehrt worden zu sein. Ein solches Heiligtum befand sich in der Vernopheto-Höhle, in der mit der Flüssigkeit von Tintenfischen eine nackte Tierherrin mit der von den minoischen Göttinnen bekannten Segensgeste[20] dargestellt ist, umgeben von verschiedenen Jagdtieren und Fischen. In der unteren Szene steht unter anderem ein Mensch mit Harpune und Fischreuse auf einem Schiff, so daß zu vermuten ist, daß es sich bei dieser spätminoischen Herrin der Land- und Seetiere um die Göttin Diktynna handelt, deren Name sich höchstwahrscheinlich vom Dikte-Gebirge herleitet und »die vom Dikte« bedeutet[21], in klassischer Zeit jedoch volksetymologisch mit δίκτυον, »Jagd- und Fischernetz«, verbunden wurde.[22] Auch die Skordolakkia-Höhle bei Asphendos, die nur durch einen engen Tunnel zugänglich ist, war aller Wahrscheinlichkeit nach ein Heiligtum, in dem die Herrin der Tiere von Jägern verehrt wurde. Neben den Gravierungen zahlreicher Wildziegen und dreier Cerviden fand man die Darstellungen von Spiralen und einem Labyrinth, die man aus winzigen, in den Fels getriebenen punktartigen Vertiefungen gebildet hatte.[23]

69 Felsbild der Herrin der Tiere, Vernopheto-Höhle, vermutlich spätminoisch.

Die kretischen Labyrinthe sind keine Irrgärten sondern kreuzungsfreie Spiralen[24], und diese Gebilde scheinen seit Urzeiten ein Kreisen und Versinken bedeutet zu haben.[25]
Das vielleicht älteste Beispiel in der Menschheitsgeschichte

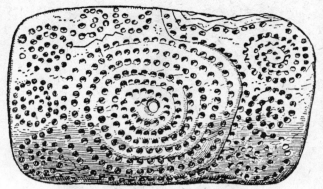
70 Elfenbeinplättchen von Mal'ta, Magdalénien.

hierfür sind die eiszeitlichen Spiraldarstellungen, vor allem jene, die sich auf einem Plättchen aus der magdalénienzeitlichen Rentierjägersiedlung von Mal'ta in der Nähe von Irkutsk befinden. Auf diesem aus einem Mammutstoßzahn gefertigten Plättchen sieht man mehrere aus eingebohrten Grübchen gebildete Doppelspiralen und im Zentrum eine große einfache Spirale, die in ein sich trichterförmig nach unten verbreiterndes Loch führt. Es scheint, als ob der Ort, zu dem man gelangt, wenn man diesem Weg folgt, auf der Rückseite des Elfenbeinplättchens durch die Darstellung dreier Schlangen bezeichnet wird. Setzen wir voraus, daß auch den Menschen der Eiszeit die Schlangen als chthonische Tiere galten, so spiegelt die Spirale offenbar den Weg in die Unterwelt wider, den die sibirischen Schamanen der Eiszeit beschritten haben mögen.[26]

Um 4000 v. Chr. wurde die Skulptur der thrakischen »Dame von Pazardžik« angefertigt, die offenbar eine Maske trägt. Sie wäre also eine »Verhüllte« und damit wohl eine chthonische Todesgöttin wie später die Kalypso oder die Persephone. Auf ihrem Schamdreieck befindet sich über der Vulva eine Doppelspirale (Abb. 71). Ist sie das Symbol des Todes und der Wiedergeburt, des Sterbens in den Leib der Großen Göttin und der anschließenden Regenerierung?[27]

Im Tempel von Tarxien auf der Insel Malta ist ein Dreieck von Spiralen umgeben, und eine kleine Tonplastik, die man dort fand, zeigt ein sich umarmendes Paar.[28] Gab es in diesem Hei-

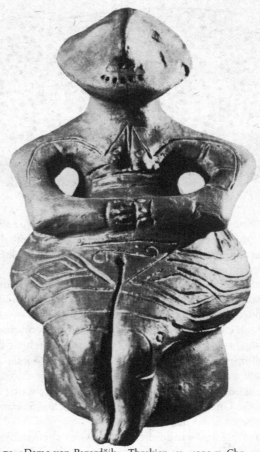

71 »Dame von Pazardžik«, Thrakien, ca. 4000 v. Chr.

ligtum in ähnlicher Weise eine Rückkehr in den Leib der Göttin und eine Wiedergeburt? Gesichert ist jedenfalls, daß in manchen Gegenden Afrikas der Initiand in spiralförmiger Bewegung in den Leib der Erdmutter hineintanzt, in sie ›hineinstirbt‹, um dann wiedergeboren zu werden.[29]

Offenkundig ist die Spirale das Symbol des ewigen Hin und Her, des Todes und der Wiedergeburt, und es scheint bezeichnend, daß sie gerade auf kretischen Doppeläxten dargestellt ist³⁰, denn wenn mit ihnen der minoische Stier getötet wurde, dann war dies – wie wir ausgeführt haben – ein Tod, aus dem das Leben folgte.

Eine solche Vorstellung findet sich auch in einem ganz anderen Teil der Welt, nämlich bei den Wemale in Indonesien, die noch bis in unsere Zeit einen spiralförmigen Maro-Tanz kannten, der auf folgenden Mythos zurückgeht: Einst tanzten neun Familien neun Nächte lang und bildeten dabei eine große neunfache Spirale. In der neunten Nacht drängten sie das Mädchen Hainuwele spiralförmig in die Mitte und stießen sie dort in eine Grube. Daraufhin warfen sie Erde auf das Mädchen, stampften jene tanzend fest und übertönten mit dem dreistimmigen Maro-Gesang die Schreie der Sterbenden. Später grub der Vater des Mädchens ihre Arme aus und überreichte diese der Göttin mulua Satene. Aus dem restlichen Körper der Hainuwele entstanden jedoch die Nutzpflanzen, vor allem die Knollenfrüchte.³¹

Der Weg durch die Spirale ist also ein Weg in den Tod, aber dieser Tod ist die Voraussetzung der Fruchtbarkeit, des neuen Lebens, in diesem Falle der Entstehung der Nutzpflanzen. Hainuwele ist eine Vegetationsgöttin, die im Zentrum der ›Labyrinthspirale‹ stirbt, damit sie in der Form von Knollenfrüchten wiederauferstehen kann, und in derselben Weise scheint der kretische Vegetationsgott, der stiergestaltige Minos oder Minotaurus, im Labyrinth getötet worden zu sein, damit im Frühling die Vegetation wieder aufblühen konnte.

Im Maki-Ritual auf Vao, einer kleinen Insel bei Malekula in den Neuen Hebriden, stellt ein großer Dolmen eine Höhle und gleichzeitig einen weiblichen Schoß dar. Dieser Höhlenschoß ist der Zugang zur Unterwelt, zum Totenreich, in das die Verstorbenen, aber auch diejenigen reisen, die ihre Lebenskraft in der Begegnung mit den Ahnen erneuern wollen. Dies ist indessen nicht ohne weiteres möglich, denn vor der Höhle lauert ein weiblicher Wächtergeist, Le-hev-hev, der jeden Reisenden ins Totenreich auf die Probe stellt. Die Geistfrau zeichnet nämlich eine labyrinthische Figur in den Sand, und wem es nicht gelingt, durch dieses Labyrinth hindurchzukommen, wird von ihr verschlungen.³²

Wir erinnern uns an die Vermutung, daß sich im minoischen

72 Felsspirale auf der Isle of Skye.

Labyrinth der stiergestaltige Minos, der die Vegetation verkörperte, regenerierte und daß er deshalb von der die Göttin des Lebens und des Todes repräsentierenden Priesterin getötet wurde. In dorischer Zeit scheint dann dieses Ritual heldisch überformt worden zu sein. Wie die Arier in Indien aus dem stiergestaltigen Paredros der Göttin einen unheilvollen Büffeldämon machten, so verwandelten die Griechen den Minosstier in ein menschenfressendes Ungeheuer, dessen Stunde schlug, als der Held Theseus ihn im Labyrinth erstach.

Einer etwas anderen Variante dieses Mythos begegnen wir anscheinend in den Ritualen, die mit den nordischen Trojaburgen verbunden waren. Diese Trojaburgen sind mit Steinen ausgelegte Spiralen, sogenannte »Schneckenlabyrinthe«, und in diesem Namen steckt die indogermanische Wurzel *ter-, »drehen«, die sich auch im etruskischen *truia* wiederfindet.

Offenbar befand sich einst im Zentrum dieser Felsspiralen die Göttin des Lebens und der Fruchtbarkeit, vermutlich dargestellt von einer Priesterin, und ein Mann, der möglicherweise die vergehende und wiederaufblühende Vegetation verkörperte, schritt oder tanzte durch die Windungen der Spiralen, um mit der Priesterin einen heiligen Beischlaf zu vollziehen.

Züge eines solchen Vegetationsgottes haben Baldr und Ingunar-Freyr, der »Mann der Eibengöttin«, aber auch Oðr oder Oðinn, der – von Frigg beweint – mit dem Absterben der Vegetation verschwindet, um die Erde dem winterlichen Ullr zu überlassen.[33]

Ingunar-Freyr scheint ursprünglich ein Hirschgott gewesen zu sein, denn bisweilen trägt er das Geweih dieses Tieres[34], dessen Jäger bei der Verfolgung häufig ins Jenseits gelangten; aber auch der in seiner Kindheit von einer Hindin gesäugte Sigurð, der nach dem Kampf zu dem geschlagenen Fafnir sagt: *Gǫfukt dýr ek heiti*, was man mit »Herrlicher Hirsch heiße ich« übersetzt hat.

In der nordischen Saga wird nun der Sigurð Hirsch von dem Berserkr Haki getötet, und man hat vermutet, daß einst dieser »Herrliche Hirsch« in der Mitte der Trojaburg, in der er den *hieros gamos* vollzog, von Hagen von Tronje (= Troja), einem Todesdämon, erschlagen wurde.[35] In der Nibelungensage stiftet bekanntlich Brynhild den grimmen Hagen dazu an, Siegfried, der ihr Lager geteilt hatte, auf der Jagd im Odenwald zu speeren – war sie es einst selber, die den hirschgestaltigen Siegfried, den Vegetationsgott, im oder nach dem Beischlaf ums Leben brachte, damit sich die Pflanzen- und Tierwelt, die der Hirschgott verkörperte, regenerieren konnte?[36]

Zumindest die Erinnerung an den *hieros gamos* scheint sich in der Volkskultur bis in unsere Zeit hinein bewahrt zu haben. Vor kurzem gab es noch auf den Fär-Öern einen Tanz, in dem von der Brynhild gesungen wurde, die auf einem öden Berge auf einem goldenen Stuhl sitzt. Die Sänger bildeten einen Bannkreis um eine die Brynhild darstellende Jungfrau, bis schließlich Sigurð auf seinem Roß Grani diesen Kreis durchbrach und sich im Zentrum mit Brynhild vereinigte.[37]

§ 12
Der Weg zu den Inseln der Seligen

In der Blütezeit der minoischen Kultur scheint also wohl der Palast von Knossos das Labyrinth gewesen zu sein, in dem die Regenerierung des Paredros der Großen Göttin stattfand, und es ist anzunehmen, daß während des heiligen Beischlafs auch Hochzeitstänze getanzt wurden, vielleicht ›Spiraltänze‹, von denen wir später hören werden und an die es noch in homerischer Zeit Erinnerungen gegeben haben mag. So heißt es im 18. Gesang der *Ilias* über den Schild des Achill:

»Und auf ihm bildete einen Reigen der ringsberühmte Hinkende,
Dem gleichend, den einst in der breiten Knosos
Daidalos gefertigt hatte für die flechtenschöne Ariadne.
Da schritten Jünglinge und vielumworbene Jungfrauen
Im Tanz und hielten einander beim Handgelenk an den Armen.«[1]

Wo aber fand ursprünglich der *hieros gamos* statt, was war in archaischen Zeiten das Labyrinth? Wir haben bereits darauf hingewiesen, daß alles dafür spricht, in Kreta eine ähnliche Entwicklung wie in Çatal Hüyük anzunehmen. Stellten die Hausheiligtümer der frühneolithischen Stadt in Anatolien einen Ersatz für die Kulthöhlen des Taurus-Gebirges dar, aus denen wahrscheinlich eine eiszeitliche Tierherrin den Auerochsen entließ, so folgten offenbar die minoischen Palastheiligtümer den kretischen Gebirgshöhlen – meist auch in der Trockenzeit feuchten und tropfenden Grotten, die wohl den Eindruck hinterließen, daß in ihnen der Ursprung der Fruchtbarkeit lag.[2]

Ob Kreta vor der Ankunft der ersten frühneolithischen Siedler aus Anatolien von mesolithischen Wildbeutern bewohnt war[3], ist immer noch ungeklärt; aber wie dem auch sein mag, so scheint es, daß auch die jungsteinzeitlichen Pflanzer, in deren Leben die Jagd keine unbedeutende Rolle spielte, zunächst in den Höhlen eine Göttin verehrten, die ähnlich wie die Mutter des Lebens von Çatal Hüyük in einem ihrer Aspekte eine Herrin der Wildtiere war.

73 Im Inneren der Eileithyia-Grotte bei Amnisos.

Solche Tierherrinnen wurden zwar auch noch – wie etwa die Felsbilder der Vernopheto-Höhle zeigen – in spätminoischer Zeit in Höhlen verehrt[4], aber es scheint, daß bereits in der ersten Hälfte des zweiten Jahrtausends die Höhlen großenteils Zentren der *Volks*religion, von Ritualen der Hirten, Jäger und Bauern und deren Frauen geworden waren, vergleichbar Dorfkapellen auf freier Flur⁵, wohingegen die minoische ›Hochreligion‹ weitgehend in die Palastheiligtümer abgewandert war. Wie in Çatal Hüyük scheinen aber auch diese Heiligtümer ihren Höhlencharakter nicht völlig verloren zu haben, denn man fand in ihnen nicht nur Tropfsteine, vielmehr waren vermutlich die Stützpfeiler der Hauskrypten Nachfolger der großen Stalagmiten, in

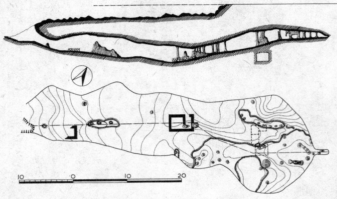

74 Querschnitt und Aufriß der Eileithyia-Grotte.

denen teilweise die mehr oder weniger anikonische Form der Höhlengöttin gesehen wurde.⁶ Außerdem sind in solche Pfeiler häufig Doppeläxte eingeritzt, und Votivdoppeläxte wurden in großer Anzahl gerade in Ritzen und Fugen großer Höhlentropfsteine gepreßt.

Stalagmiten, die in ihrer natürlichen Form an eine Frauengestalt erinnerten, die ein Kind oder einen kleineren Partner trägt oder vor sich hat, und die bearbeitet wurden, damit sich dieser Eindruck noch verstärkte, findet man vor allem in der Höhle der Eileithyia (σπέος Εἰλειθυίης) bei Amnisos an der kretischen Nordküste unweit von Knossos. Seit dem Mittelalter sind über zweihundert kretische Höhlen mit christlichen Kapellen versehen worden, um diese Orte vom Heidentum zu reinigen, und auch in der Amnisos-Höhle hatte man einer der Stalagmitengöttinnen den Kopf abgeschlagen, was an das »Heidenwerfen« in unseren Landen erinnert. Über Jahrtausende hinweg scheinen diese Darstellungen der Göttinnen blankpoliert worden zu sein;

man darf vermuten, daß die Stalagmiten zumindest in den letzten dreitausend Jahren vornehmlich von Bauers- und Hirtenfrauen, die schwanger waren oder es noch werden wollten, aufgesucht wurden, die ihre Hände und vielleicht auch ihren nackten Unterleib an den Tropfsteinen rieben.[7]

Im Boden der Eileithyia-Höhle öffnet sich ein Schlund, der in übereinanderliegende kleine Krypten, gewissermaßen Höhlen in der Höhle, mündet, und es ist nicht auszuschließen, daß die Frauen, die auf eine Schwangerschaft hofften, auf ihrem nackten Hintern in die Krypten rutschten, wie man es ähnlich aus vielen anderen Kulturen her kennt.[8]

75 Siegelabdruck aus Knossos.

Der Name der Eileithyia von Amnisos taucht bereits unter den Linear B-Inschriften auf. Hier ist die Rede von einer *a-mi-ni-so e-re-u-ti-ja*, der auf einem Täfelchen aus Knossos eine Amphore Honig geweiht wird[9], eine Göttin, die vielleicht auf einem Siegelabdruck von Knossos dargestellt ist, wie sie in ihrer Höhle unter Stalaktiten vor Kulthörnern Opfergaben empfängt, und die später, in dorischer Zeit, meist Eleuthyia genannt wurde. Der Name, der wohl identisch ist mit dem der eleusinischen ›Urgöttin‹ Eleutho, ist mit *ἐλευθερ, »befreit werden« oder ἐλευθερόω, »befreien«[10], aber auch mit *ἐλυθ, »kommen« in Zusammenhang gebracht worden, und es mag dahingestellt bleiben, welche Deutung die richtige ist – denn ob sie nun die »Befreiende« oder die »Kommende« war, in jedem Falle ist wohl eine Geburtsgöttin, eine göttliche Hebamme, gemeint.

Freilich könnte der Name auch »die, die befreit *wird*« bedeutet haben, was hieße, daß hinter der Hebammengöttin eine uralte, wohl neolithische Muttergöttin steht, die das Leben aus ihrem Schoß entließ.[11] In der Tat scheint die Eileithyia-Höhle bereits im Neolithikum eine Kulthöhle gewesen zu sein, und die Griechen hielten die Eileithyia für eine Göttin aus grauer Vorzeit, von der sie sagten, sie sei sogar älter als Kronos.[12] Auch die späteren göttlichen Geburtshelferinnen behielten teilweise ihren archaischen Charakter als gebärende Muttergöttinnen bei, wie etwa die Artemis Λοχεία, die auf einem boeotischen Pithos des frühen 7. Jahrhunderts selber kurz vor der Entbindung dargestellt wurde.[13]

Wir sprachen davon, daß die Stalagmiten der Göttin mit einem kleineren menschengestaltigen Tropfstein verbunden sind, und im allgemeinen wird dieses Paar als eine Mutter mit ihrem Kind gedeutet. Nun hat man bisher auf Kreta eine einzige derartige Darstellung gefunden, die aus minoisch-mykenischer Zeit stammt, und zwar die Terrakottafigur einer Frau, die ein Kind hochhält.[14] Dies hat dazu beigetragen, die These zu verwerfen, nach welcher die minoische Muttergöttin ihren Paredros, den Proto-Zeus, als Säugling an ihrer Brust genährt habe.[15]

Geht man jedoch von der Annahme aus, daß die bearbeiteten Stalagmiten mindestens aus minoischer, und nicht erst aus dorischer Zeit stammen – was wahrscheinlich ist, denn um sie herum fand man minoische Keramik[16] –, dann drängt sich die Frage auf, ob das Tropfsteinpaar die Göttin mit ihrem jugendlichen Paredros, dem Minos, Rhadamanthys oder wie immer er auch geheißen haben mag, darstellt.

Oberhalb der Eileithyia-Grotte befand sich einst der Tempel des Zeus Thenatas, der vermutlich in geometrischer Zeit auf mittelminoischen Fundamenten errichtet worden war, als die Höhle dem ständig wachsenden Pilgerandrang nicht mehr genügen konnte.[17] War dies der ›kretische Zeus‹, der Paredros der Eileithyia?

In griechischer Zeit hieß es, daß Zeus Thenatas hier seine Nabelschnur verloren habe, und es mag sein, daß die Dorer den runden, mit einem Nabel versehenen Steinbauch kurz hinter dem Eingang der Grotte mit dieser Geschichte, die von Kallimachos überliefert wurde, in Zusammenhang gebracht haben und in der Göttin die Kurotrophos des Zeus sahen.

Aber was bedeutete der Nabelstein ursprünglich? Γᾶς ὀμφαλός, der »Nabel der Erdmutter«, galt nicht nur als Schoß oder Uterus der Ge, der Erde[18], sondern mancherorts auch als Eingang zur Unterwelt. *Umbilicus Siciliae* heißt der Ort, an dem die Persephone in die Unterwelt verschleppt wurde, ὀμφαλός war eine geläufige Bezeichnung der Hadeseingänge, und Ogygia, der »Nabel des Meeres«, war die Insel, deren Höhlen- und Todesgöttin Kalypso eine Zeitlang den Odysseus entrückte.[19]

Nun hat man vermutet, daß der Name der Eileithyia-Grotte Elysion lautete und daß Rhadamanthys, der Herr von Elysion, ursprünglich der πάρεδρος der Göttin war, wie Pindar ihn auch genannt hat.[20]

War also die Höhle ein Eingang zur minoischen Unterwelt, die später zum »Gefilde der Seligen« wurde? In ähnlicher Weise gelangte man ja auch durch Höhlen oder Brunnenschächte auf die Wiese der Frau Holle, durch die keltischen Feengrotten in eine jenseitige Welt mit Feldern, Dörfern und Schlössern; die Parnaßhöhle war ein von Apollo beschrittener Weg ins Land der Hyperboreer, und »durch den Berg« schritt man in Laurins Rosengarten, also in das Totenreich, oder auf die Asphodeloswiese.[21]

Rhadamanthys, der mythische kretische König, von dem es heißt, daß er vor Minos jedes neunte Jahr die Grotte des Zeus besucht habe, offenbar um dort wie der Minos seine Herrschaft zu erneuern, scheint also ursprünglich in der Eileithyia-Grotte, dem Schoß der Göttin, einen *hieros gamos* vollzogen zu haben.[22] Überdies kann man vermuten, daß er, der den göttlichen Paredros und damit die Vegetation verkörperte, hier rituell ›starb‹[23], so wie sich der Paredros selber in die Unterwelt, ein blühendes jenseitiges Reich, zurückzog, um im Frühling nach Kreta zurückzukehren. Diese Unterwelt, die in so deutlichem Kontrast zum düsteren griechischen Hades steht, lebte auch in späterer Zeit in den »Inseln der Seligen« fort, als deren Herrscher Rhadamanthys immer noch galt, und in die fortan nur noch einige privilegierte Herrschaften entrückt wurden. Zu diesen gehörte bekanntlich Menelaos, und es scheint bezeichnend, daß der König dank seiner Vermählung mit Helena in die jenseitigen Gefilde überwechseln darf. Wie wir später noch sehen werden, war die Helena eine uralte Fruchtbarkeitsgöttin, die in

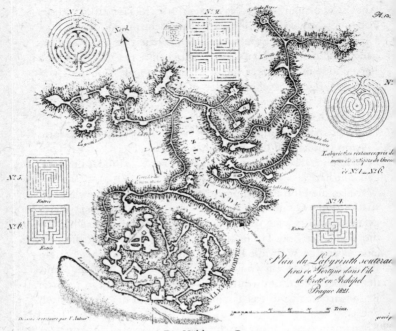

76 Die Höhle von Gortyn.

engster Beziehung zur Eileithyia stand, der sie nach Pausanias in Argos ein Heiligtum gestiftet haben soll. Auch sie galt zuweilen als »Herrin von Elysion«, und es ist anzunehmen, daß die Verbindung zwischen der Göttin und dem König ein ferner Abglanz des minoischen *hieros gamos* ist.

Daß das Labyrinth eine Höhle oder die Unterwelt war, ist seit alters schon behauptet oder vermutet worden. Im Mittelalter und in der frühen Neuzeit hielt man die im Altertum als Steinbruch benutzte Höhle von Gortyn für den Ort, in dem Theseus das Ungeheuer bezwang, und noch Reisende des 18. Jahrhunderts wie Claude-Étienne Savary benutzten bei ihrem Besuch der Höhle ein langes Seil, einen ›Ariadnefaden‹, um wieder sicher aus ihr hinauszufinden.[24]

Paul Faure hält die vierstöckige Höhle von Skotinó unweit von Knossos mit Zickzackgängen und engen Passagen für das ›wahre Labyrinth‹, und er glaubt, in Travertinformen der Höhle

77 Tanz vor der Skotinó-Höhle.

Tiergestalten sowie eine männliche und eine weibliche Figur erkennen zu können, zwischen denen sich ein Altarstein und unzählige Opfergaben aus Bronze, Ton und Knochen befanden. Große Mengen von Schneckenhäusern und Muscheln machen deutlich, daß die Höhle einer Aphrodite-Ariadne geweiht war[25], möglicherweise jener Aphrodite, von der Homer erzählt, sie habe »in den Tälern des Ida« bei Anchises, »dem Sterblichen gelagert«[26], und die so sehr mit der Ariadne identifiziert wurde, daß die Athener behaupteten, es sei Aphrodite gewesen, die dem Theseus aus dem Labyrinth geholfen habe.[27] Am 26. Juli jedes Jahres tanzen vor dem Eingang der Höhle die jungen Mädchen und Männer verschiedenen Alters einen Rundtanz und singen Liebeslieder zu Ehren des Geburtstages des hl. Paraskeví, dem eine Kirche bei der Höhle geweiht ist.[28]

Ich vermute, es ist vertane Liebesmühe, das Labyrinth mit einer *bestimmten* Höhle, sei es nun die Eileithyia-Grotte, die von Gortyn oder die von Skotinó, zu identifizieren. So wie es nicht *den* Geburtsort des kretischen Zeus gegeben hat[29], so höchstwahrscheinlich genausowenig *die* Höhle, in der die Göttin und ihr Paredros den heiligen Beischlaf vollzogen. Bei Himerios heißt es einfach, der *hieros gamos* zwischen Ariadne und Dionysos habe »in kretischen Höhlen« stattgefunden[30], und so wollen wir es auch stehen lassen.

§ 13
Der Tanz der Kraniche

Einen weiteren Hinweis darauf, daß das Labyrinth sowohl der Ort des Beischlafs der Göttin mit dem Paredros als auch der Zugang zur Unterwelt[1], zu den ›Inseln der Seligen‹, war, gibt uns der berühmte Kranichtanz, in dem bekanntlich Theseus auf der Insel Delos – nach einer anderen Version bereits in Kreta – mit den aus dem Labyrinth geretteten Jugendlichen die Windungen dieses Labyrinths dargestellt haben soll.
Dieser Kranichtanz wurde auf Delos um den Altar der Göttin Leto getanzt, der aus linksseitigen Stier- oder Wildziegenhörnern errichtet war, und er wurde wahrscheinlich zunächst nach links und anschließend nach rechts ausgeführt.[2]
Offenbar war der rituelle Kranichtanz eine Nachahmung des Hochzeitstanzes der großen Zugvögel, bei dem die Männchen bis zu zwei Meter hoch springen, in Schleifen und Kreisen umeinander herumlaufen, die Flügel ausbreiten, sich verbeugen und laut trompeten, wobei die sonst so scheuen Tiere in eine solche Ekstase geraten können, daß sie keine Gefahr mehr bemerken. Wie aus der Schilderung eines solchen Balztanzes hervorgeht, laufen die Vögel dabei anscheinend bisweilen links herum.

> »Two stood apart, erect and white, making a strange noise that was part cry and part singing. The rhythm was irregular like the dance. The other birds were in a circle. In the heart of the circle several moved counterclockwise. The outer circle shuffled around and around. The group in the centre attained a slow frenzy.«[3]

In Mitteleuropa war es früher bei Volkstänzen nicht üblich, links herum zu tanzen. Dies tat man erst in unserem Jahrhundert, als die alte, mit dieser Richtung verbundenen Bedeutung verblaßt war.[4] Es handelt sich nämlich um die Todesrichtung.
Sonnenläufige Umkreisungen – etwa in der Hütte des Neuen Lebens bei den Cheyenne oder in der Großhaus-Zeremonie der Lenape – gelten als segenbringend, Umkreisungen nach links als

78 Balztanz der Kraniche.

der Schöpfung entgegenlaufend[5], und so ging bei den Germanen das Trinkhorn in der Halle »mit der Sonne« um, während die Hexe Thurid das Treibholz, mit dem sie töten wird, entgegen dem Sonnenlauf umschreitet.[6]

Wenn man die Windungen der Labyrinthdarstellungen auf den knossischen Münzen oder die auf der erwähnten etruskischen Oinochoe mit dem Finger nachfährt, dann bewegt man sich in die linke Richtung bis zum Zentrum. Dort wechselt man die Richtung und gelangt auf diese Weise wieder aus der Spirale heraus.

Es hat also den Anschein, daß der Kranichtanz durch die Windungen des Labyrinths einerseits ein Hochzeitstanz war – und diese Bedeutung haben Kranichtänze bei vielen Völkern[7] –, an-

79 Kranichtanz der Watussifrauen.

dererseits auch ein Tanz in den Tod; aber im Tod wird die Richtung gewechselt, d. h., es wird zurück ins Leben getanzt.[8]

Der Kranichtanz auf Delos ist anscheinend erst relativ spät mit Theseus verbunden worden, und er war offenbar ursprünglich mit einer Göttin verknüpft, die von den Griechen Leto genannt wurde.[9] Es ist wohl nicht vermessen anzunehmen, daß in minoischer Zeit ein kranichgestaltiger Paredros einer Kranichgöttin – deren Konterfei wir möglicherweise in der Darstellung einer vollbusigen Kranichfrau auf einem Siegel von Kato Zakro betrachten – im Zentrum der Labyrinthspirale begegnete, um nach dem Hochzeitstanz mit ihr einen heiligen Beischlaf zu

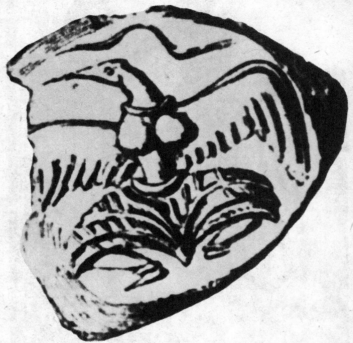

80 Siegel aus Kato Zakro.

vollziehen, der für den Paredros den Tod, gleichzeitig aber das neue Leben bedeutete.

Der Kranichtanz scheint freilich noch ein anderes Moment aufzuweisen. Die auf einer attischen Hydria dargestellten Kranichtänzer – man beachte den Kranich zwischen den Beinen des dritten Tänzers von links – fassen sich gegenseitig an den Händen, und man hat vermutet, daß sie sich während des Tanzes an einem Seil entlang aufreihten, welches sie mit der einen Hand festhielten.

Wenn die Kraniche nun auf ihren großen Flügen im Herbst die Insel Kreta überfliegen, um den Winter insbesondere im Gebiet des Weißen Nils zu verbringen, dann tun sie dies in Keil- oder Linienformationen, und sie folgen sich dabei so dicht aufeinander, daß noch Aelian schreibt, die Kraniche legten ihren Schnabel auf den Rücken desjenigen Vogels, der vor ihnen fliege.[10] Stellt der Kranichtanz durch die Windungen des Labyrinths hindurch auch den Wanderflug der Vögel dar?

81 Kranichtänzer auf einer attischen Hydria.

Wie gesagt fliegen diese Vögel, die im Herbst aus dem Norden kommen, nach Süden in Richtung Afrika weiter, um im Frühling wieder zurückzukehren. In anderen Worten: Mit der Vegetation verlassen die Kraniche Kreta, um im neuen Jahr die Wiederkunft der Vegetation anzukündigen. Wäre es deshalb überraschend, wenn die Minoer einen kranichgestaltigen Vegetationsgott gekannt hätten, der den Winter über im Jenseits verbrachte, in Elysion, wohin man durch die Höhle oder aber – wie die Vögel – über den Himmel gelangen konnte?

Uns mag es widersprüchlich erscheinen, daß man *nach unten*, in die Erde gehen konnte, um am Rande der Welt, in einem in *horizontaler* Richtung gelegenen Gefilde, wieder herauszukommen, und doch widerspiegelt eine solche Anschauung die *Erfahrung* des Höhlengängers, der nach längerer Zeit der Einsamkeit – wir würden heute von ›sensorischer Deprivation‹ reden – auf einer fremden, sonnenbeschienenen Wiese, etwa jener der Frau Holle, ›aufwacht‹.

Obwohl Hel, das Totenreich der gleichnamigen »Verbergerin«, eine Unterwelt ist – nach einer Grímnismál-Beschreibung reichen die Wurzeln der Welteibe ja bis nach Hel –, gelangt man dorthin auch, wenn man nach Norden durchs Land der Riesen

82 Böotische Terrakotta.

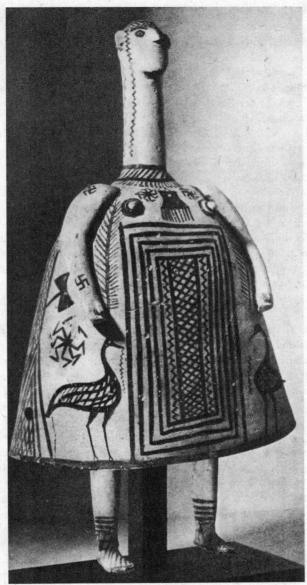

83 Böotische Terrakotta.

reist[11], und die japanischen *marebito*, die fruchtbarkeitsbringenden ›Toten‹, kamen am Ende des Winters aus dem Reich der Urmutter, und zwar aus Gebirgshöhlen, obgleich das Totenland jenseits des Meeres liegt.[12] Und schließlich entstanden anscheinend – wie wir gesehen haben – die eiszeitlichen Jagdtiere in den Höhlen, obgleich die Jäger beobachten konnten, daß die riesigen Herden der Rentiere und Büffel irgendwann am Horizont auftauchten.

Es hat also den Anschein, daß die Kraniche in Elysion, im Jenseits, überwinterten, und ein solcher ›Jenseitsvogel‹ ist der Kranich in vielen Kulturen gewesen. In Polen und in der Ukraine klammern sich die Seelen der Verstorbenen an die Füße der Kraniche, um auf diese Weise ins Jenseits geflogen zu werden[13], und in Spruch 61 der ägyptischen Sargtexte fliegen die Toten in der Gestalt von Kranichen gen Himmel.[14] Niemand kennt die Wege ins Unbekannte so gut wie der Kranich, und so ist es nicht verwunderlich, daß das Schamanen-Kostüm gewisser Samojedengruppen das Gefieder des Kranichs, des Vogels der Schamanen-Mutter, repräsentiert[15] oder daß das Tier der Vogel des griechischen Schamanenabkömmlings Hermes war.[16]

Eine Kranichtänzerin oder die Kranichgöttin werden wahrscheinlich in den böotischen Frauenfigurinen dargestellt sein, deren Beine beweglich sind. Während auf der einen Terrakottafigur eine Tanzszene zu sehen ist, ist der anderen neben zwei Kranichen ein großes Viereck aufgemalt, das man als ein Feld gedeutet hat, welches von einer unter dem Hals der Figurine abgebildeten Regenwolke bewässert wird.[17]

Ich nehme an, daß die Kranichtänze in griechischer Zeit Frühlingstänze gewesen sind, in denen, ähnlich wie im Sonnentanz der Plains-Indianer, die Rückkehr der Vegetation gefeiert und unterstützt wurde.[18] Jan de Vries ist der Meinung, daß die Kranichtänzer hochgesprungen seien und vielleicht sogar Purzelbäume geschlagen hätten, wie es bei zahllosen Fruchtbarkeitstänzen in aller Welt üblich ist. In Mitteleuropa förderte man durch Hochspringen und Sprungtänze das Wachstum von Flachs und Hanf[19], und im Jahre 1538 schreibt Gilg Tschudi aus Glarus über die »Stopfer«, Fastnachtsmasken aus dem Bündner Oberland, sie »thuond hoch sprüng / vnd seltzam abenthür / als sy by warheyt veriehend / das sy soellich sprüng / nach hinthueung jrer harnisch / vnd endung jrs fürnemens / sollicher hoehe vn wyte niendert gethuon moegend«.[20]

Von etwas ähnlichem berichtet offenbar der berühmte Hymnos von Palaiokastro, der zwar aus hellenistischer Zeit stammt, aber ein älteres Ritual wiederzugeben scheint. Der Hymnos, der im Tempel des diktäischen Zeus im Osten Kretas aufgefunden wurde, enthält eine Aufforderung an den »Sohn des Kronos«[21], den »größten Kuros« (μέγιστος κοῦρος), mit seinem Gefolge, den Kureten, zu kommen, um durch »Springen« dem Land die Fruchtbarkeit zu bringen. Dabei handelte es sich offenbar um Frühlingsrituale, in denen der Vegetationsgott, der mit seinen Fruchtbarkeitsgeistern den Winter in der Unterwelt verbracht hatte, um Rückkehr gebeten wurde.

Wer aber waren diese Kureten, und wer war jener Zeus, der sie anführte? Ich habe den Eindruck, daß die Kureten einerseits Vegetations*geister* waren[22], andererseits aber auch junge Männer, die diese Geister im Ritual repräsentierten. Nilsson ist der Auffassung, daß das »Springen« der Kureten sexuell zu verstehen sei, daß es ein »Bespringen« (θόρε ἐς) war.[23] Wenn dies zutrifft, dann ließen sich die Kureten etwa mit den römischen Luperci vergleichen, die »zwischen den Zeiten« aus der Wolfshöhle Lupercal, dem Eingang zur Unterwelt, gelaufen kamen und den Frauen mit Fellriemen auf die entblößte Vulva schlugen, mit ihnen »laszive Späße« trieben, um sie – wie Plutarch und Ovid berichten – auf diese Weise fruchtbar zu machen.[24]

In hellenistischer Zeit mag es sich zwar bei den Kureten um relativ harmlose Burschen gehandelt haben, die singend und auf Lyren und Flöten musizierend um den Altar des Zeus herumstanden[25], aber es ist anzunehmen, daß sie in älterer griechischer Zeit bündisch organisierte junge Männer waren, die in den minoischen Kulthöhlen initiiert wurden, dort eine Zeitlang abgeschieden von der Außenwelt verbrachten, als ›Tote‹ galten und mit den Fruchtbarkeitsgeistern identifiziert wurden.[26] Bekanntlich verbrachte Pythagoras nach dem Zeugnis des Porphyrios von Tyros dreimal neun Tage in der idäischen Zeusgrotte, in schwarze Wolle – vermutlich die eines Widders[27] – gekleidet, um in die daktylischen Mysterien eingeweiht zu werden.[28]

Die Daktylen, die in der Antike für älter gehalten wurden als die Kureten, waren wohl deren Vorläufer.[29] Sie gehörten nicht dem Kult des kretischen Zeus, sondern dem einer Göttin an, und wir erinnern uns, daß wahrscheinlich noch in geometrischer Zeit in der Zeus-Höhle am Ida eine Göttin verehrt wurde. In den Quellen ist meist die Rede von fünf weiblichen und fünf männlichen Daktylen der Rhea[30], und es hat den Anschein, daß sich im daktylischen Kult minoische Elemente erhalten hatten, die im Ritual der Kureten bereits weitgehend männerbündisch überlagert waren.

Trotzdem scheint sich in dem Anführer der Kureten, dem »größten Kuros«, dem bartlosen und jugendlichen Ζεύς Κρηταγενής, der in so auffälligem Gegensatz zum olympischen Göttervater steht, der minoische Paredros der Großen Göttin zu spiegeln, und wie dieser ›starb‹ auch jener ἐνιαυτὸς δαίμων im Herbst, um im Frühling ›wiedergeboren‹ zu werden.

Anscheinend haben manche Griechen, insbesondere die Intellektuellen, diesen ›Tod‹ des Vegetationsgottes nicht so recht verstanden[31], und sie meinten, die Kreter hätten ihnen den Bären aufgebunden, daß ein Gott – und noch dazu Zeus – wirklich sterben könne, weshalb sie die Kreter für Lügner hielten[32], eine Auffassung, die durch die Lügnerantinomie von Epimenides unsterblich werden sollte.

Entsprechend hatten sie auch Schwierigkeiten mit der jährlichen ›Wiedergeburt‹ des Gottes, und wie sie aus dem ›Tod‹ einen Tod machten, so deuteten sie offenbar auch die periodische Wiederkunft des Paredros, des Liebhabers der minoischen Göttin, als die Geburt eines Säuglings, der in einer Gebirgshöhle von Nymphen wie der ziegen- oder kuhgestaltigen Amaltheia[33], die nach einer Überlieferung auch eine Bärin[34] war, der Tierherrin Diktynna oder der »Biene« Melissa[35] genährt wurde. In diesen Wesen lebte zwar in einem gewissen Maße die alte minoische Göttin weiter, aber diese ist aller Wahrscheinlichkeit nach nie eine κουροτρόφος-Gestalt, eine Mutter oder Amme, gewesen, die ihr Kind an der Brust stillt. Im Gegenteil deutet alles darauf hin, daß der Zeus-Säugling ein indoeuropäischer Import ist, also vermutlich von den Dorern nach Kreta gebracht wurde, die ihn zu dem minoischen Paredros der Göttin in Beziehung setzten.

84 Πότνια μελισσῶν (?) auf böotischer Amphore.

Dennoch scheint sich – wie wir anhand des Palaiokastro-Hymnus sahen – auch noch in dorischer Zeit und darüber hinaus – der Kult des Vegetationsgottes erhalten zu haben, der den Winter über in der Unterwelt verschwunden war, um im Frühjahr wieder zurückzukehren, und es ist nicht unwahrscheinlich, daß der ›Tod‹ des μέγιστος κοῦρος und der Kureten, der Fruchtbarkeitsgeister, gleichzeitig den Initiationstod[36] derjenigen bedeutete, die diese göttlichen Wesen repräsentierten, so wie die Korybantionten der phrygischen Göttin die Korybanten verkörperten.[37]

Auf einem Goldring scheint eine Frau sich voller Gram auf einen Pithos zu stützen, während offenbar eine Art Epiphanie eines bogenschwingenden Jünglings stattfindet (Abb. 85). Ist hier die Trauer über den verschwundenen Vegetationsgott dargestellt, gleichzeitig aber dessen Rückkehr im Frühling? Man hat gesagt, daß der Jüngling in der Luft schwebe oder fliege[38], aber mir scheint es eher so zu sein, daß die Siegeldarstellung eine *Vision* zum Ausdruck bringen will.[39] Bei Diodor heißt es, die Höhle, in welcher Dionysos großgezogen wurde, also das Nyseion, sei nicht nur ein Ort für die Freuden des Sehens, sondern auch für die des Hörens gewesen.⁴⁰ Nun ist es schon merkwürdig, wenn man so etwas über eine dunkle Grotte sagt, und man wird annehmen dürfen, daß hier eine ›innere Wahrnehmung‹ gemeint ist, die dem Mysten zuteil wird, wenn er »die Augen

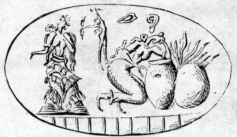

85 Epiphanie des Vegetationsgottes (?).

schließt«, was ja bekanntlich die Bedeutung von μύειν sein soll.⁴¹ Repräsentieren also das Auge und das Ohr auf unserem Goldring das ›mystische‹ Sehen und Hören des wiederkehrenden Gottes?

§ 14
Der Sprung über den Stier

Bei ihren Balztänzen machen – wie wir gesehen haben – die Kraniche hohe Luftsprünge, die anscheinend sowohl zum Repertoire der kretischen und delischen Kranichtänzer wie zu dem der Kureten gehörten, die im Frühling segenbringend der Gebirgshöhle entströmten.
Solche Luftsprünge und Überschläge, ausgeführt von gehörnten Männern mit steifen Penissen, findet man auch unter den bronzezeitlichen Felsbildern von Båhuslen, wo sie offenkundig in Verbindung standen mit der im Frühling über das Meer auf Schiffen zurückkehrenden Fruchtbarkeit.[1]
Ein solches akrobatisches Fruchtbarkeitsspringen gibt es heute noch bei den männerbündischen und waffentragenden *căluşari* in Rumänien, die zur Irodeasa beten[2], oder bei den bulgarischen *rusal'tsy*, vermummten Bauern, die bei ihren wilden Wirbeltänzen bis zur Bewußtlosigkeit hoch in die Luft springen und die die Dörfer umkreisen, wobei alle Stellen des Ackers, die sie überschreiten, besonders fruchtbar werden.[3]
Wir haben auch erwähnt, daß es offenbar einstmals auf Kreta ein Springen über das *agrimi*, die in den Gebirgen lebende Wildziege, oder zumindest über Hausziegen gab.[4] Handelte es sich dabei um eine Vor- oder Nebenform des berühmten Stierspringens? Und was war der Sinn dieser akrobatischen Übungen?
Der Sprung über den Stier scheint sich bis in graue Vorzeit zurückverfolgen zu lassen. Auf mesolithischen Felsmalereien im indischen Narsinghgarh sind Menschen dargestellt, die sich offenbar über den Kopf eines Stieres auf dessen Rücken und von dort über den Hinterleib des Tieres wieder auf den Boden katapultierten[5], und da es, wenn die Datierung des Felsbildes stimmt, zu jener Zeit noch keine domestizierten Rinder gab, muß es sich um einen wilden Auerochsen handeln.
Entsprechende Siegelbilder hat man auch in Mohenjo-daro gefunden. Auf einer Darstellung springt ein Mensch über einen Stier, während ein anderer, von dem nur noch der Arm sichtbar

86 Mesolithische Stiersprungszene in Narsinghgar.

87 Stier- und Büffelsprungszene aus Mohenjo-daro.

ist, weil das Siegel an dieser Stelle abgebrochen ist, anscheinend im Begriff ist, dasselbe zu tun. Auf dem anderen Siegelbild sind offenbar Frauen zu sehen, die über einen Büffel springen, wobei eine der Frauen einen Doppelrock zu tragen scheint.[6] Schließlich läßt sich in diesem Zusammenhang eine Wandmalerei aus Çatal Hüyük anführen, die freilich meines Erachtens sehr schwer zu deuten ist: Ein riesiger Auerochsenbulle ist von einer großen Anzahl von Menschen umringt, die teilweise Jagdbogen in der Hand halten und die in einer seltsamen Weise maskiert zu sein scheinen.[7] Unterhalb des Tieres befindet sich offenbar eine an den Brüsten erkennbare Frau mit ausladenden Hüften – möglicherweise die Große Göttin der frühneolithischen Stadt –, und auf dem Rücken des Stieres scheint ein Mensch zu einem Überschlag anzusetzen (Abb. 88).

Das berühmte minoische Stierspringen, an dem sich wie in der Indus-Kultur auch Frauen beteiligten, fand höchstwahrscheinlich in den Innenhöfen der großen kretischen Paläste statt[8], was vor allem eine Darstellung nahelegt, in der eine Art Altar zu sehen ist, von dem die Springer vermutlich mit ausgestreckten Händen auf den Stier ›hinabtauchten‹, um sich dann von dessen Schultern auf den Boden zu katapultieren (Abb. 89).[9] Die Reste solcher ›Altäre‹ hat man auch in der Tat in den zentralen Innenhöfen der Paläste von Mallia und Kato Zakros gefunden.

Eine andere Weise, über das Tier zu springen, bestand anscheinend darin, daß die Athleten von vorne an den Stier heranliefen, über dessen Kopf auf den Rücken und von dort wieder auf den Boden sprangen. Nun wäre dies so ohne weiteres kaum möglich, denn normalerweise würde ein angreifender Stier den auf ihn zulaufenden Athleten bereits im Sprungansatz aufspießen oder zur Seite schleudern.[10]

Deshalb hat man angenommen, daß sich zwei Frauen oder Män-

88 Stiersprungszene (?) aus Çatal Hüyük.

ner an die beiden Hörner des Stieres hängten und mit ihrem Gewicht den Kopf des Tieres soweit nach unten drückten, daß der Salto der Springerin oder des Springers nicht notwendigerweise zum Salto mortale werden mußte.[11]
Diese Annahme wird zum einen durch ein frühminoisches Gefäß aus Kumasa bestätigt, das einen Stier darstellt, an dessen Hörner sich zwei Menschen klammern, während ein dritter offenbar zwischen den beiden hindurch auf den Rücken des Stieres springt (Abb. 90). Zum anderen scheint diese Technik auf dem berühmten Fresko von Knossos dargestellt zu sein. Man sieht eine Frau, die anscheinend ihren linken Arm über das Horn des Stieres gehakt hat und die wohl ihre Partnerin auf der anderen Seite verdeckt. Eine dritte Frau springt im Salto über das Tier, während eine vierte, die hinter diesem auf dem Boden steht, der Springerin beim Landen Hilfe leisten wird.
Was aber war der Sinn des minoischen Stierspringens?
Wir erinnern uns an die Interpretation des stiergestaltigen Paredros der Großen Göttin als Inbegriff der Fruchtbarkeit, die jedes Jahr vergeht, um im kommenden Jahr wieder aufzuleben. Diese Bedeutung scheint der Vegetationsstier nicht nur im alten Çatal Hüyük, sondern auch im Kult von Nerik besessen zu haben, wo er sich durch die »Tore der schwarzen Nacht«, durch eine Höhle, in die Unterwelt zurückzog, während das Land vertrocknete.[12]
Auch im minoischen Kreta scheint der Stier ein chthonisches, mit Höhlenkulten verbundenes Tier gewesen zu sein[13], und es hat den Anschein, daß der ›Unterweltsstier‹ die gewaltigen Erd-

beben auslöste, die immer wieder die Insel bedrohten, indem er stampfend seinen Kopf hochwarf und mit den Hörnern das Erdreich lockerte.

In einem kleinen Haus im Südosten des Palastes von Knossos fand Evans in zwei einander diagonal gegenüberliegenden Ekken je einen Stierschädel. Das Haus war offenbar durch ein Erdbeben zerstört worden, worauf man den dafür verantwortlichen chthonischen Mächten zwei Stiere darbrachte und anschließend den Ort des Opfers für immer zuschüttete.

89 Achatbild eines minoischen Stiersprungs.

Evans, der selber im Jahre 1926 in Knossos ein kleineres Erdbeben erlebte, beschreibt dies in folgender Weise:

»Ein dumpfer Klang stieg vom Boden auf wie das gedämpfte Brüllen eines wütenden Stieres. Es heißt etwas, mit eigenen Ohren das Gebrüll des Stieres unter der Erde gehört zu haben. Es war zweifellos das stete Bedürfnis nach Schutz vor diesen Zornesausbrüchen der Höllenmächte, welches die minoische Tendenz erklärt, den Kult auf die chthonische Seite der Großen Göttin, der schlangenumhüllten Herrin der Unterwelt zu konzentrieren.«[14]

Wie dem auch sein mag[15], so scheint es, daß der chthonische und stiergestaltige Paredros der minoischen Göttin, dessen Brüllen vielleicht bisweilen aus den Kulthöhlen zu hören war[16], vornehmlich in drei griechischen Göttern weiterlebte. In seinem Vegetationsaspekt vor allem in Dionysos und Zeus Kretagenes und in seinem bisweilen verderbenbringenden Erdbebenaspekt in dem dunkellockigen »Erderschütterer« Poseidon, der zunächst zwar wohl ein pferdegestaltiger indoeuropäischer Gott gewesen sein wird – als Hengst besprang er ja bekanntlich im

90 Tonrhyton aus Kumasa, um 2200 v. Chr.

arkadischen Thelpusa die Stute Demeter Erinys –, der sich freilich im Laufe der Zeit unter altägäischem Einfluß besonders auf Kreta in einen stiergestaltigen Gott verwandelte.[17]

So trifft in der *Odyssee* Telemach in Pylos auf Nestor, der am Strand mit seinen Söhnen dem Poseidon neun schwarze Stiere opfert, und wie aus den Inschriften von Linear B-Täfelchen hervorgeht, scheint Poseidon in der Tat der wichtigste Gott von Pylos gewesen zu sein, der dort vielleicht den *hieros gamos* mit der Potnia von Pakijana vollzog.[18]

Früher neigte man dazu, den Namen des Gottes als *posis das*, »Gatte der Da«, der altägäischen Erdmutter, und einen seiner Beinamen, Gaiaochos, als »der die Gaia begattet« zu deuten[19], während man heute Poseidon eher als **posei-dās-ōn*, »Oh Herr der Erde«, sieht.[20]

War nun das minoische Stierspringen mit einem Stieropfer verbunden, das man im zentralen Innenhof der großen Paläste dem Erderschütterer und Höhlengott Poseidon darbrachte?[21]

In geometrischer Zeit nannte man den zentralen Teil des Palastes Megaron, ein Wort, das mit dem hebräischen Wort für Höhle, *mecara*, verwandt sein soll.[22] Wir erinnern uns daran, daß der Palast, das »Haus der Doppelaxt«, das Labyrinth, wahrscheinlich an die Stelle der Kulthöhle getreten ist. Tötete man einst in diesen Höhlen Stiere, die den Paredros der Göttin ver-

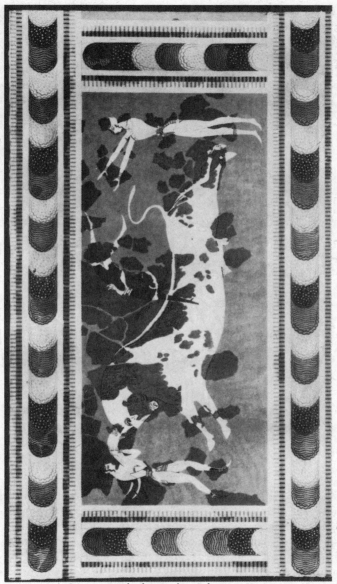

91 Stierspringerfresko aus dem Palast von Knossos.

traten, und tat man später dasselbe im Palast? So wie man in griechischer Zeit im Hadeseingang in der Nähe von Nysa anscheinend einen Stier als Stellvertreter des von den Titanen und Mänaden[23] zerrissenen chthonischen Dionysos opferte?
Daß im Zusammenhang mit dem Stierspringen Stiere geopfert wurden, ist wahrscheinlich – so trägt etwa auf einem spätminoischen Siegelbild die Göttin einen toten Stier[24] –, aber damit ist noch nicht erklärt, warum über diesen Stier *gesprungen* wurde.

92 Spätminoisches Siegelbild.

Picard hat von einer »épreuve initiatique« gesprochen, ohne dies weiter zu erläutern[25], und es mag sein, daß er dachte, die jugendlichen Springerinnen und Springer hätten bei ihrem ›Initiationssprung‹ dem Tod ins Auge geschaut und ihn damit überwunden. Danach wäre dem Stierspringen wohl die Anschauung zugrunde gelegen, daß nur der als Erwachsener, als voll entwickelte Persönlichkeit, anzusehen sei, der das Leben aus dem Tod gewonnen hatte, und der Tod wäre in diesem Fall der Stier gewesen, der mit gesenkten Hörnern den Initianden anging.

Eine solche Deutung hat etwas Verlockendes, aber sie scheint mir eher zur heroischen, männerbündischen Ideologie der Dorer, der Indoeuropäer, zu passen als zur Ideologie der Minoer, die offensichtlich auf eine Regenerierung des Lebens in einem

93 Sprung über das *agrimi* (?). Achatgemme aus Mykenä.

ganz anderen Sinne ausgerichtet war. War der *griechische* Minotaurus derjenige, der die kriegerische Männlichkeit des heldischen Theseus auf die Probe stellte[26], so war der *minoische* Minosstier die sterbende und wiederauflebende Vegetation, der Inbegriff der ewigen Wiederkehr des Gleichen. Starb der Paredros der Göttin, so deshalb, um sich – nachdem er gegen Ende des Jahres seine Kraft eingebüßt hatte – wieder zu erneuern, zu *regenerieren*. ›Starb‹ der Held den ›Initiationstod‹, indem er sich der Begegnung mit dem Tod aussetzte, und kehrte er ins Leben zurück, indem er das Ungeheuer überwand, so war dies die wichtigste Etappe seines *Reifungs*prozesses zu einem erfolgreichen Krieger und Viehdieb. Starb der vorgriechische ›Stiermensch‹ den jährlichen ›Vegetationstod‹, so tat er dies nicht aus Liebe zu Härte und Stärke, sondern aus Liebe zum sich ewig erneuernden Leben.

Was bedeutete also der Sprung über den Stier?

Verkörperte der Stier die Vegetation, so scheint das Stierspringen – und zuvor vermutlich das Ziegenspringen[27] – einen fruchtbarkeitsfördernden Sinn besessen zu haben, und wenn diese Deutung zutrifft, dann handelte es sich um eine Variante des Hochspringens, das wir von den Fruchtbarkeitstänzen, dem Sprung über das Feuer und dem Sprung über das Saatfeld her kennen, und es mag in diesem Zusammenhang von Bedeutung sein, daß in Goldringdarstellungen von Stiersprungszenen das Tier nicht selten ein erigiertes Glied aufweist (Abb. 94).[28]

94 Goldring aus der Nähe von Archanes.

Wurde in Çatal Hüyük der gefährliche Auerochse gejagt[29], so wird man dies für Kreta kaum annehmen dürfen. Wenn auf der Insel überhaupt Rinder heimisch waren, dann handelte es sich um das Kurzhornrind *(Bos creticus)*, das man beim Stierspringen nicht verwendete.[30] Das Tier, das in den Stiersprungdarstellungen abgebildet ist, ist das vom Auerochsen abstammende Langhornrind, das nach Meinung der Fachleute auf Grund der häufigen Schecken höchstwahrscheinlich ein domestiziertes Tier war, das nicht vor 2000 v. Chr. nach Kreta importiert wurde.[31]

Da also die Langhornrinder in Kreta nicht in freier Wildbahn gejagt wurden, scheint auch die Vermutung abwegig, das Stierspringen sei die rituelle Wiederholung des Fangs der Opfertiere gewesen[32], einmal abgesehen davon, daß es sich kaum empfehlen dürfte, einen wilden Stier dadurch einzufangen, daß man über seinen Rücken springt.

§ 15
Die Dame mit den Seerosen

Bisher war immer nur die Rede davon, daß die Vegetation, das werdende und vergehende Leben, von einer männlichen Gottheit, dem stiergestaltigen Paredros der Großen Göttin, verkörpert wurde und daß diese ihrerseits der sich unverändert gleichbleibende *Urgrund* des wechselhaften Lebens war, in deren Schoß die Vegetation zurückging, um wieder aus ihm geboren zu werden.

95 Späthelladischer Siegelabdruck aus Böotien.

Es hat indessen den Anschein, daß es bereits im minoischen Kreta – und vielleicht sogar schon in den neolithischen Stadtkulturen Anatoliens – eine ganz andere mythische und kultische Tradition gab, in der auch die ewig verschwindende und wiedererscheinende Vegetation von einer jungen Frau, der Tochter der Großen Göttin, repräsentiert wurde, und es ist anzunehmen, daß sie die Vorfahrin der späteren griechischen Kore war.

Auf einem späthelladischen Siegelabdruck aus Böotien ist eine nacktbusige Frau zu sehen, die offenbar soeben mit dem Pflanzenwuchs aus der Erde kommt, wobei ihr ein junger Mann behilflich zu sein scheint. In der Hand hält sie drei sogenannte

›Mohnstengel‹, und über ihrer rechten Schulter sind vermutlich Schlangen sichtbar.[1]

Auf späteren Vasendarstellungen hilft häufig Hermes der Kore aus der Unterwelt, und dieser Grenzgänger ist auch mit einer Gestalt auf einem Goldring aus Mykenä identifiziert worden, deren Körper von einem Achtschild[2] verdeckt ist und die einen Stab in der Hand hält, der offenbar – wenn die Deutung zutrifft – als der Kerykeion des Hermes zu sehen ist.[3]

96 Goldring aus Mykenä.

War Hermes ein ferner Nachfahre der Schamanen, die auf ihren Stäben[4], die sich in der Ekstase in Reittiere verwandelten, ›zwischen den Zeiten‹ die Jagdtiere aus der Unterwelt holten[5], während der Gott ein Gleiches für die Ackerbauern unternahm, indem er im Frühling die den Winter über in der Unterwelt verschwundene Vegetationsgöttin ans Tageslicht geleitete?

Auf dem mykenischen Goldring ist unter einer Sonne und einem Mond ein Strom dargestellt, bei dem es sich um den Okeanos handeln könnte, »da sich die Wege von Tag und Nacht begegnen«[6], was die Vermutung, daß das Männchen einen Vorläufer des griechischen Jenseitsreisenden wiedergibt, bestätigen würde.

Betrachten wir die sitzende Dame auf dem Goldring. Wie die aus der Erde kommende Frau auf dem böotischen Siegelabdruck hält sie in der einen Hand drei Stengel, an deren oberen Ende sich freilich keine Mohnkapseln befinden, wie man es für gewöhnlich liest, sondern Samenkapseln der Seerose.[7]

Schon vor langer Zeit hat man geargwöhnt, daß es sich bei den »Mohnköpfen« der Demeter und der Ceres häufig eher um die Kapseln von *Nymphaea lotus* handle[8], einer Pflanze, die in vielen Teilen der Welt einerseits mit der Unterwelt und dem Tod[9], andererseits mit der Fruchtbarkeit, dem sich ewig regenerierenden Leben verbunden ist und die oft ein Symbol der Vulva der Vegetationsgöttin gewesen ist.

97 Fayence-Nachbildungen von Kultkleidern aus Knossos.

Daß auch die Dame auf unserem Ring die Verkörperung der immer wieder aus der Unterwelt zurückkehrenden Vegetation sein könnte, die von Hermes herauf- und hinuntergebracht wurde, wird zudem durch die Haltung ihres anderen Armes nahegelegt: Die Dame hält ihn nämlich unter die Brüste, deren lebensspendende Funktion durch diese Geste unterstrichen wird.[10] Auch das enge Mieder der Kultkleidung der minoischen Priesterinnen, auf der bisweilen die aufsprießende Vegetation dargestellt ist, hatte wohl die Aufgabe, die Brüste nach oben und nach vorne zu pressen, um sie voller und ›fruchtbarer‹ erscheinen zu lassen.

Bekanntlich spielte die Kore-Persephone »mit den Töchtern des

Okeanos« auf einer blumigen Wiese, als sie von Hades entführt wurde, der sie in die Unterwelt verschleppte. Nehmen wir nun an, daß dieser Hades ein griechischer Import ist, der typische indogermanische Frauenräuber, der dem altägäischen Mythos von der verschwindenden Vegetationsgöttin aufgepfropft wurde, so ließe sich die Goldringdarstellung als Wiedergabe der Szene deuten, in der die Proto-Kore, die Pflanzen der Unterwelt in den Händen, entweder ihren jährlichen Abschied nimmt[11] oder aber gerade zu Beginn des Jahres wieder aus dem Jenseits zurückgekehrt ist. Im einen wie im anderen Falle wäre der *emaa*, der Proto-Hermes, entweder erschienen, um die Göttin in die Unterwelt zu geleiten, oder er hätte sie soeben heraufgebracht. Auch auf einer mittelminoischen Schale, die etwa viertausend Jahre alt ist, scheint diese Szene dargestellt zu sein, und zwar – wie auf dem böotischen Siegel – in der Phase, in der die Göttin, diesmal umgeben von ihren erstaunten Gespielinnen, im Erdreich versinkt oder aus diesem auftaucht[12], und zwar wiederum ohne eine Spur des Entführers Hades.

98 Mittelminoisches Schalenbild aus Phaistos.

Hier stellt sich freilich die Frage, ob der Seelengeleiter Hermes ursprünglich wirklich nur eine Art Reisebegleiter gewesen ist oder ob er nicht eine etwas tiefergehende Beziehung zur Vegetationsgöttin hatte, ein Verhältnis, das den ganzen Mythos in ein anderes Licht rücken würde.

Bekanntlich ist Hermes seit alters ein phallischer Gott, und wenn wir einmal von seinem mit einer Dauererektion behafteten Sohn Priapos absehen, dann ist er sogar der Inbegriff der männlichen Zeugungskraft, der besonders in Arkadien bisweilen sogar nur als erigiertes Glied dargestellt wurde.[13]

Ein bißchen oversexed scheint Hermes stets zu sein. Schon beim Anblick der Göttinnen Persephone, Artemis, Brimo oder Hekate wird sein Glied steif[14], und er stellt ihnen, aber auch gewöhnlichen Nymphen, wo immer er kann, nach.[15] Als Hermes αὐξίδημος ist er der Gott der Fruchtbarkeit, und mit Aphrodite bildet er das Götterpaar der Liebe, so daß es meines Erachtens unwahrscheinlich ist, daß sein erigiertes Glied ursprünglich Ausdruck defensiver oder offensiver Aggressivität war, wie viele Gelehrte annehmen.[16]

Auf Samothrake schläft Hermes mit Persephone, am Bobeis-See mit der Brimo, also mit Unterweltsgöttinnen, und man darf wohl annehmen, daß sich hinter diesen Geschichten ein *hieros gamos* verbirgt.

Anscheinend hatte sich auch bei den indogermanischen Völkern die Vorstellung erhalten, nach der das jährliche Verschwinden der Fruchtbarkeit ein Schlaf oder ein Tod der Vegetationsgöttin war, die immer wieder von dem aus dem Süden zurückkehrenden Sonnengott geweckt wurde, und es mag sein, daß diese alte Anschauung in Märchen wie dem von Schneewittchen oder Dornröschen weiterlebt.[17]

War Hermes ursprünglich ein vergleichbarer Fruchtbarkeitsgott, der die minoische Vegetationsgöttin im Frühling in der Unterwelt, in Elysion, aufsuchte, um sie nach Kreta zurückzuführen, der mit ihr einen Beischlaf vollzog, um sie zum ›Blühen‹ zu bringen, und der sie im Herbst wieder in die jenseitigen Gefilde geleitete?

Bekanntlich führte Theseus die Ariadne auf einem Schiff zur Insel Dia, wo sie von Artemis getötet wurde, und man hat vermutet, daß diese Legende die Erinnerung an ein minoisches Ritual bewahrt hat, in dem die Repräsentantin der Vegetationsgöttin auf die Kreta vorgelagerte Insel gebracht wurde, wo sie den unfruchtbaren Teil des Jahres im rituellen ›Tod‹ verbrachte, um im Frühling von ihrem Paredros, dem Dionysos, ›geweckt‹, befruchtet und heimgeführt zu werden.[18] In diesem Ritual hätte dann die Insel Dia das jenseitige Gefilde Elysion repräsentiert[19], jene ›Unterwelt‹, die, wie wir gesehen haben, von den Kranichen im Flug, also in einer waagrechten Reise, von den Kranichtänzern aber durch die senkrecht nach unten führende Labyrinthspirale erreicht werden konnte.

War also die Schiffsreise der Ariadne das horizontale Äquivalent zur Unterweltsreise in die Erde, wie sie wohl auf den oben abgebildeten böotischen, mykenischen und kretischen Darstellungen angedeutet sind, und verbergen sich hinter Theseus, Hermes, Dionysos einerseits und Ariadne, Kore, Persephone andererseits dieselben Verkörperungen der sich regenerierenden Natur?

99 Goldring, vermutlich aus Amnisos.

Auf einem minoischen Goldring, der vermutlich aus dem Ort, in dessen Nähe die Eileithyia-Grotte liegt, nämlich aus Amnisos, dem Hafen von Knossos, stammt[20], ist eine Szene abgebildet, in der ein Mann eine Frau auf ein Schiff führt, unter welchem Delphine zu sehen sind. Geleitet hier der Gott die Vegetationsgöttin von Amnisos nach Elysion oder umgekehrt vom jenseitigen Gefilde zurück nach Kreta?

Eine ähnliche Szene ist auf einem Mischkrug aus Theben zu erkennen, der aus dem 8. Jahrhundert stammt. Auch hier führt ein Mann eine Frau auf ein Schiff. Ganz rechts ist ein Kranich zu sehen – möglicherweise der Führer von und nach Elysion –, und achtern ist ein Achtschild abgebildet, den wir vom Goldring aus Mykenä her kennen. In der Hand hält die Frau einen Kranz, der mit Punkten umgeben ist, was sicher bedeutet, daß es sich um einen leuchtenden Kranz handelt.

Ist dies der Stéphanos der Ariadne, der Brautkranz der Göttin, den Dionysos von Aphrodite erhielt und den er der Ariadne zur Hochzeit überreichte? Bekanntlich leuchtete dieser Kranz dem Theseus voran, so daß er aus den Windungen des Labyrinths wieder herausfand. Er galt als Himmelskrone, und diese Corona war ein uraltes griechisches Sternbild, der »Schifferstern«, der den Seefahrern den Weg wies.[21]

Dies scheint ein weiteres Indiz dafür zu sein, daß der Gang durch das Labyrinth und die Schiffahrt über das Meer nur zwei Varianten derselben Jenseitsreise waren, die jährlich von den Verkörperungen der Fruchtbarkeit unternommen wurden.[22]
Hierbei spielt es keine Rolle, ob auf dem thebanischen Bild nun Ariadne – deren Name anscheinend schon in einer Linear A-Inschrift bezeugt ist[23] – und Theseus-Dionysos zu sehen sind, oder aber Helena und Paris, denn auch Helena scheint eine alte Vegetationsgöttin gewesen zu sein, die nach einer Überlieferung von Theseus vergewaltigt und entführt wurde, als sie im Heiligtum der Artemis Orthia ein Opfer darbrachte und tanzte. Theseus verschleppte die Helena nach Aphidnai, um sie dort dem Heros Aphidnos zu überlassen. Aphidnos, dessen Name »der Schonungslose« bedeutet, ist nun mit dem Unterweltsgott Hades identifiziert worden[24], was wohl bedeutet, daß sich auch hinter dieser Legende das Verschwinden der Vegetationsgöttin in die Unterwelt verbirgt, freilich in gewohnter Weise griechisch uminterpretiert als eine indogermanische Sex-and-Crime-Geschichte.

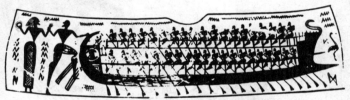

100 Darstellung auf thebanischem Mischkrug, um 750 v. Chr.

Helena, deren Name offenbar Schößling, Sprößling oder Schilf bedeutet, war vielleicht einmal identisch mit der Eileithyia[25], und da Menelaos dank seiner Vermählung mit ihr nach Elysion entrückt wird, dürfen wir in ihr die Herrin der Insel der Seligen vermuten.[26]
Wir haben also gesehen, daß es in Kreta zwei Traditionsstränge gab, in denen dem Kreislauf der Natur in verschiedener Weise Ausdruck gegeben wurde, die aber wohl beide frühneolithischen Ursprungs sind.
Im einen Falle wird die Vegetation repräsentiert vom stiergestaltigen Sohn-Geliebten der Potnia Tauron, die als Pasiphaë, der Mutter und Frau des Minos-Stieres, überliefert ist und die wohl

auch mit »Europa« angerufen wurde, einer Epiklese, die sich später in einen Namen der Göttin verwandelte, jener Frau, die in griechischer Interpretation von Zeus entführt und in der Dikte-Höhle[27] oder unter einer immergrünen Platane bei Gortyn von dem stiergestaltigen Gott beschlafen wurde.

101 Pasiphaë und ihr Sohn.

Diese Göttin war offenbar ursprünglich nicht die Verkörperung der sich wandelnden, sondern der sich ewig gleichbleibenden Urkraft der Natur, der Quelle oder des Grundes des Lebens, wohin das Gewachsene und Entstandene immer wieder zurückkehren mußte, um sich zu erneuern. In Gortyn scheint die Vorgängerin der Europa die alte Göttin Hellotis gewesen zu sein, die man später mit der Demeter identifizierte, die wie-

derum häufig in derselben Weise dargestellt wurde wie die Europa. So steht sie etwa in einer geometrischen Bronzescheibendarstellung aus Tegea nackt auf einem Stier, einen Mohnstengel in der Hand und von großen Vögeln umrahmt.[28]
Diese Demeter oder ihre Tochter Kore-Persephone war nun nicht *natura naturans*, sondern *natura naturata*, die Vegetationsgöttin, die wohl von den einwandernden Indoeuropäern mit ihrer Korngöttin gleichgesetzt wurde. Wir haben dargelegt, wie diese Vegetationsgöttin gegen Ende des Jahres die Erde verließ, zu Schiff oder durch die Höhle, um die Zeit »zwischen den Zeiten« im jenseitigen Elysion zu verbringen.

102 Zeus entführt Europa. Hydria aus Caere, 6. Jh. v. Chr.

Während die Überlieferung von der Großen Göttin und ihrem Paredros in Griechenland keinen fruchtbaren Boden finden konnte, sollte die minoische ›verschwindende‹ Göttin auf dem Festland zu einer der bedeutendsten mythischen und kultischen Erscheinungen werden.

§ 16
Die verschwundene Göttin

Wir haben bereits erwähnt, daß der schwarzgelockte Poseidon einst der Demeter nachstellte, die sich auf ihrer Flucht vor dem Lüstling in eine Stute verwandelte, was ihr freilich nicht von Nutzen war, denn der Gott tat ein Gleiches und besprang die Göttin als Hengst.

Nach der Vergewaltigung, so heißt es, zog sich die Göttin aus Gram in eine Höhle zurück, die inmitten eines Eichenhains in der Nähe des arkadischen Phigalia liegt; dort wurde sie später als die schwarze Demeter von Arkadien oder als Demeter Erinys verehrt, angeblich, weil sie sich auf Grund der ihr widerfahrenen Entwürdigung in Trauerkleidung gehüllt hatte.

Nachdem die Göttin in der Höhle verschwunden war, verdorrte die Vegetation, bis es schließlich den Moiren gelang, sie zu überreden, wieder ans Tageslicht zurückzukehren. Vermutlich zog sich die Demeter – ähnlich wie der mesopotamische Dumuzi – in der Zeit der sengenden Sommerhitze unter die Erde zurück, und wenn die Phigalier ihrem pferdeköpfigen ξόανον, das von Schlangen- und anderen Tierdarstellungen umgeben in der Höhle stand, vor der Höhle Baumfrüchte, Honigwaben, Öl und ungesponnene Baumwolle opferten[1], dann erflehten sie wohl die herbstliche Wiederkehr der Vegetation, d. h. deren Auffrischung durch den Herbstregen.[2]

Wir erkennen in dieser Geschichte unschwer eine Variante des Mythos von der verschwundenen Vegetationsgöttin, den wir bis ins minoische Kreta zurückverfolgt haben und der sich bei vielen Pflanzervölkern in aller Welt findet. So fliehen etwa bei den Zuñi die Maisjungfrauen vor den sexuellen Nachstellungen eines Wüstlings, und erst nachdem man sie in einem entlegenen Ozean aufspürte, wo sie sich unter den Flügeln einer Ente versteckt hatten, fanden sie sich bereit, wieder auf die Erde zurückzukehren.[3] Bei den Jemez Pueblo-Indianern existieren sogar Seite an Seite zwei Rituale, welche die Bedürfnisse eines Jägervolkes nach der Rückkehr der Tiere und die eines Pflanzervolkes nach der Rückkehr der Nutzpflanzen ausdrücken.

In der ersten Zeremonie wird der Jagdhäuptling der Berglöwengesellschaft daran erinnert, daß das Volk hungere. Daraufhin gräbt er mit einem Feuerhaken, der einen Jagdstock vertritt, vor der Feuerstelle ein Loch in den Lehmboden, langt in es hinein und holt nach und nach vier oder fünf Packratten heraus, die er unter die Zuschauer wirft. Diese versuchen die um ihr Leben rennenden Tiere zu grabschen oder zu erschlagen, und ebenso ergeht es fünf, sechs Kaninchen, die der Jagdhäuptling zusammen mit Piñonnüssen aus der Grube holt. Früher, so heißt es, als die Indianer noch oben im Gebirge lebten, seien sogar Bären und Rehkälber aus einer Grube gezerrt worden.

In der zweiten Zeremonie – die man die ›Pueblo-Eleusinien‹ nennen könnte – wird die zuvor verstoßene, weinende Maismutter in die Kiva zurückgebracht, einen kleinen Kolben unreifen Maises in der Hand haltend, der den Anwesenden gezeigt wird. Anschließend drängen sich die Mitglieder der Feuergesellschaft über dem Maiskolben zusammen und summen wie die Bienen, und wenn sie wieder auseinandergehen, steht ein reifer Maiskolben aufrecht in einem Korb. Von diesem Kolben her tönt die weiche und weibliche Stimme der Maismutter – die verstellte Stimme eines Mannes, der in einer Grube unter dem Korb sitzt und in einen kleinen Topf hineinspricht. Die Maismutter erzählt dem Publikum, daß sie die Menschen hierher gebracht habe, wo sie sich heute befinden, und daß sie es sei, die das Leben aufrechterhalte und gewährleiste.

Daraufhin verlassen die Mitglieder der Schlangengesellschaft die Kiva und begeben sich in die Unterwelt Schipapu, woher die Maismutter gekommen war. Nach einiger Zeit kehren sie wieder beladen mit Mais, Wurzeln und anderen Nutzpflanzen zurück.[4]

Bei vielen indianischen Pflanzervölkern wie den Shawnee oder den Taos-Indianern unterscheidet man zwischen der Erdmutter und dem Gelben Maismädchen, der Vegetationsgöttin, und bei den Pawnee wird die Maisgöttin wiederum aufgespalten in die Maismutter – die Verkörperung des reifen Maises – und das Maismädchen – die Verkörperung des reifenden Korns.[5]

Wie schon Porphyrios sagt, bedeutet Kore κόρος, »Trieb« oder »Schößling«, und dieses Wort hat dieselbe Wurzel wie der Name der Ceres.[6] Offenbar ist also die Kore das Kornmädchen

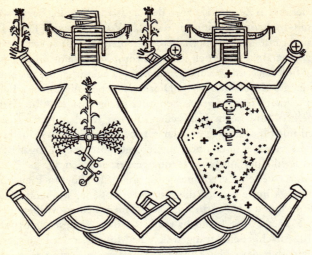

103 Mutter Erde (links) mit Nutzpflanzen und Vater Himmel mit Gestirnen im Leib. Sandmalerei der Navaho.

und ihre Mutter Demeter die Kornfrau, und beide sind zu unterscheiden von der Erdmutter Ge, der *natura naturans*, aus deren fruchtbarem Schoß die Vegetation und damit auch deren Verkörperungen sprießen.[7]

Darstellungen von Zwillingsgöttinnen finden sich schon im frühesten vorderasiatischen Neolithikum, im Natufien von Kültepe, aber auch in Çatal Hüyük. Eine aus braunem Kalkstein im 7. Jahrtausend hergestellte Doppelgottheit ist mit einem auf einem Leoparden reitenden Jugendlichen assoziiert, und man kann die Frage aufwerfen, ob er einen frühen Vorläufer des Plutos darstellt[8], des Sohnes der Demeter.

Doppelköpfige Frauenfigurinen wurden um 5000 v. Chr. in der Vinča-Kultur auf dem Balkan angefertigt, die man mit Mäandern versah[9], und frühkykladische Doppelgöttinnen fand man in Kreta.[10]

Stellten diese Figurinen eine Kombination von Erd- und Vegetationsgöttin dar, oder handelt es sich um die Getreidemutter und das Getreidemädchen? Oder gaben sie eine Schwesterngottheit wieder, vergleichbar den ›siamesischen Zwillingen‹ der Hethiter, Ninattani, auch Ninatta und Kulitta genannt, zwei

104 Elfenbeinplastik aus Mykenä, 15. Jh. v. Chr.

heilige Huren der Ischtar, deren Konterfeis aus Lehm und Teig hergestellt wurden? Die beiden vermählten die Brautpaare und webten und ackerten während der Hochzeit.[11]

Etwas sichereren Boden betreten wir vielleicht, wenn wir die berühmte mykenische Elfenbeinplastik zweier Frauen mit einem Kind – wohl einem Jungen – deuten. Sie wurde in der Nähe eines Schreins gefunden, und es ist nicht unwahrscheinlich, daß sie Demeter und Persephone mit dem Knäblein Plutos oder Brimos darstellt.[12]

Bei den Ausgrabungen zweier Schreine am Fuße der Akropolis von Mykenä fand man ein Fresko, auf dem eine Göttin zwei Ährenbündel hochhält und sie offensichtlich einer zweiten Göttin präsentiert.[13] Da in späterer Zeit Demeter und Persephone häufig in dieser Weise dargestellt wurden, ist es sehr wahrscheinlich, daß es sich auch bei den beiden mykenischen Frauen um die Korngöttinnen handelt.

Die Griechen hielten die Demeter meist für eine kretische Göttin, und bekanntlich sagt ja auch die als Bettlerin verkleidete Mutter der Persephone den Töchtern des Königs Keleos, die am Brunnen Wasser schöpfen, sie sei aus Kreta entführt worden.[14] Diese kretische Demeter wurde in Olympia Chamyne genannt, was eigentlich Chamaieune heißt, »die auf der Erde schläft und sich der Liebe hingibt«[15], ein Name, der sich offenbar darauf bezieht, daß diese Göttin auf einem dreimal gewendeten Saatfeld mit dem Sterblichen Iasion – der, wenn man Theokrit folgt, als Sohn des Minos galt – den Beischlaf vollzog, der zur Geburt von Plutos, dem Getreidereichtum, führte.[16] Offenkundig haben wir hier die Überlieferung der gewissermaßen bäuerlichen Variante des *hieros gamos* zwischen der Großen Göttin und ihrem Paredros, dem Minos, vor uns, der die Regenerierung des Getreides zum Ziel hatte. Bei Diodor heißt es, daß das, was sich in Kreta öffentlich abspielte, in Eleusis im geheimen vollzogen wurde, und in der Tat scheint es, daß es auch in Eleusis einen vermutlich symbolischen Beischlaf zwischen dem Hierophanten und einer Repräsentantin der Göttin gab.

Vielleicht ist der Prototyp der Demeter auf dem Festland in den schwarzgefärbten steinzeitlichen Frauenfiguren zu sehen, die man in Mittelgriechenland fand und die als Darstellungen chthonischer Göttinnen gelten.[17] Neben diesen schwarzgefärbten gibt es auch rotgefärbte Figurinen, und es könnte sein, daß diese die Göttin als Verkörperung des wieder aufblühenden Lebens, jene hingegen die Göttin in der Unterwelt zeigten, was uns wieder zu der Schwarzen Demeter der arkadischen Höhle zurückführt.

In der Höhle von Eleusis[18] wurde wohl bereits in mittelhelladischer Zeit[19] die Geburts- und Unterweltsgöttin Eleutho verehrt, die vermutlich mit einer anderen vorgriechischen Göttin identisch oder verwandt war, nämlich der Eileithyia, deren Höhle bei Amnisos wir als einen Zugang zu den Inseln der Seligen, Elysion, gedeutet haben, den der Vegetationsgott Rhadamanthys und – in der alternativen minoischen Tradition – wahrscheinlich auch die Vegetationsgöttin benutzten, wenn sie jährlich von der Erde verschwanden.[20]

In einer orphischen Hymne wird die Demeter mit den Worten
»die Du wohnst in Eleusis' heiligen Grotten« angeredet[21], und
es mag sein, daß der nicht abgetragene Fels, der in der Mitte des
eleusinischen Heiligtums stand, an jene Anfänge der Mysterien
als eines Höhlenkultes erinnern sollte.

Vermutlich fand hier einst ein Kult der verschwindenden und
wiederkehrenden Vegetationsgöttin statt, im Grunde wohl derselbe Kult wie der einer benachbarten Göttin, der äginetischen
Aphaia, deren Name vielleicht mit ἀφανής, »unsichtbar«, zusammenhängt.

Nach einer von Antonius Liberalis überlieferten Legende war
die Aphaia die kretische Britomartis – nach einer anderen Version die Diktynna – und eine enge Freundin der Artemis. Als
Minos zu ihr in Liebe entbrannte und diese auf griechische
Weise in die Tat umsetzen wollte, stürzte sie sich ins Meer, fiel
jedoch in ein Fischernetz, dessen Eigentümer Andromedes sie
in einem Boot nach Ägina brachte. Als nun aber auch der Fischer seinen Fährlohn in Naturalien verlangte, flüchtete Aphaia
in eine von Dornenhecken verschlossene Höhle.

Diese Höhle liegt unterhalb des Tempelplateaus, und sie war
offenkundig der einstige Kultort der Göttin. Als in mykenischer
Zeit ihr Tempel gebaut wurde, verlor die Höhle nach und nach
ihre Bedeutung, obgleich sie noch im 6. vorchristlichen Jahrhundert als Wohnort der Aphaia bezeichnet wurde.[22]

Wir können also annehmen, daß die phigalische, die eleusinische und die äginetische Höhle einst Wege in die Unterwelt
oder diese selber waren und daß die Vegetationsgöttin jährlich
in ihr verschwand, um schließlich wieder aus ihr aufzutauchen.

In veränderter Form hat sich dieses Thema auch in den klassischen eleusinischen Mysterien erhalten. Freilich ging es jetzt
nicht mehr so sehr um die Regenerierung der Vegetation, waren
die Mysterien nicht länger Ausdruck der Befürchtung, die Vegetationsgöttin könne womöglich in der Unterwelt verbleiben
und der Frühling kehre nicht mehr zurück. Das Lebensgefühl
hatte sich geändert, eine fundamentale Existenzangst und damit
auch eine Todesfurcht hatte die Menschen ergriffen, die ihnen
zuvor fremd gewesen war.[23]

Lag einst der Akzent des Rituals auf der Regenerierung der

105 Die Wiederkehr der Vegetation. »Schleicher« aus Telfs.

Jagdtiere und später der Nutzpflanzen und damit *mittelbar* der Menschen, so steht jetzt der Mensch immer *unmittelbarer* im Zentrum seiner Befürchtungen und Heilsvorstellungen. Immer noch scheint es um die Wiederkehr der Fruchtbarkeit, des Korns, zu gehen, aber immer mehr werden die Nutzpflanzen und ihre Regenerierung zu bloßen *Symbolen* einer Beständigkeit und Sicherheit, die der Mensch vermißt.[24]

Wenn der Hierophant in der »zweiten Begehung« den Initianden schweigend eine Ähre zeigte, und wenn er ihnen verkündete: »Einen heiligen Knaben hat die Hehre geboren, Brimo den Brimos«, dann gab der Priester den Mysten zu verstehen, daß sie nicht verzagen sollten. Denn so wie das Getreide in die Erde zurückkehre, um neu aus ihr zu entstehen, so werde auch der Mensch sterben, um wiedergeboren zu werden.
Gleichzeitig war dies wohl in einer Epoche fortschreitender Individualisierung eine Erinnerung daran, daß die Menschen *im Grunde* keine vereinzelten, verlorenen Splitter im Strudel der Zeit waren. Denn wenn sie auch als Individuen sterben mußten, so verkörperten sie sich doch immer wieder, von Generation zu Generation, aufs neue. War der einzelne Mensch sterblich, so war das Geschlecht unsterblich.[25] Verging auch die einzelne Ähre, unvergänglich war das Getreide *als solches,* das jedes Jahr erneut aus dem Erdreich wuchs. Der Hinweis darauf, daß der einzelne *eigentlich* das Geschlecht sei, sollte seine Vergänglichkeit relativieren und dem Gedanken an sie den Stachel nehmen. Wie wir später sehen werden, hat jede Form der Mystik diese Entlastungsfunktion: Erkennt das Individuelle, daß es im Grunde Allgemeines ist, so ergreift das Schicksal, welches das Individuelle trifft, nicht dessen Substanz.
So scheint es auch kein Zufall zu sein, wenn gerade in dieser klassischen Zeit der Eleusinischen Mysterien Plato seine Ideenlehre formulierte: Ist auch das *Seiende* dem Werden und damit der Vergänglichkeit unterworfen, so wurzelt es doch in Zeitlosem, den Ideen, denen allein *Sein* eignet.
Wer also in die Eleusinien initiiert war, der wußte, daß sein überindividuelles Wesen unsterblich war, und dieses Wissen entschärfte die Angst vor dem Tode und damit die Lebensangst.
So meinte der lesbische Dichter Krinagoras, daß man nach der Initiation in die Mysterien von Eleusis ohne die Sorge um den Tod weiterleben könne[26], und bei Pindar heißt es: »Glücklich, wer, nachdem er solches schaute, unter die Erde ging: Er weiß um des Lebens Ende und weiß um den von Zeus gegebenen Anfang.«[27]
Was aber bedeutet die Verkündigung des Hierophanten, Brimo, »die Hehre«, habe den Brimos geboren?

Brimo war in Thessalien eine Totengöttin, die von Hermes vergewaltigt wurde, und die auf einem Pferd reitende und Fackeln tragende Demeter Pheraia trug bisweilen ihren Namen.[28] Trotzdem scheint bis heute keine Klarheit darüber zu bestehen, ob die eleusinische Brimo nun die Demeter oder ihre Tochter gewesen ist[29], was uns nicht beunruhigen sollte, da die Tatsache genügt, daß die Vegetationsgöttin von einem Kind entbunden wird.[30]

Dieser Brimos, der Junge, den die Göttin zur Welt bringt, ist nun gewiß niemand anderes als Plutos, der Kornjunge, die Personifizierung des Getreidereichtums, jener Ähre also, die der Hierophant den Mysten zeigte.

Wir sagten, daß die Ähre für den eleusinischen Initianden seine eigene Unsterblichkeit symbolisierte, und wir können wohl schließen, daß die Mysten mit der Personifizierung der Ähre, dem Brimos, identifiziert wurden.[31]

Dies bedeutet aber, daß die Eleusinischen Mysterien ein Wiedergeburtsritual im strengen Sinn des Wortes waren, in dem die Mysten in den Schoß der Vegetationsgöttin – oder genauer gesagt, der Unterweltsgöttin – eingingen, um von ihr wiedergeboren zu werden. Und so heißt es auch auf einem orphischen Plättchen aus dem unteritalischen Turii, das wohl aus dem 4. vorchristlichen Jahrhundert stammt, von einem Initianden der Persephone: δεσποίνας ὑπὸ κόλπον ἔδυν χθονίας βασιλείας, »Ich bin in den Schoß der Herrin eingetaucht, der Königin der Unterwelt.«[32]

Bisweilen werden die eleusinischen Mysten dargestellt, wie sie auf dem Kopf oder in den Händen Myrtenkränze tragen. Nun ist die Myrte die Pflanze der Liebesgöttin Aphrodite – das Standbild der Aphrodite von Temnos war aus einem Myrtenstamm hergestellt –, die Myrtenbeeren förderten die Fruchtbarkeit und waren ein Symbol des sich ewig regenerierenden Lebens, während der süßliche, betörende Geruch der Myrtenblätter dem lockenden Sexualgeruch der Göttin glich.[33]

War also das »Eintauchen« des Mysten in den »Schoß der Herrin« ein Beischlaf oder eher eine umgekehrte Geburt, ein *regressus ad uterum*[34], oder eine Mischung aus beidem, wie die Rückkehr der Ägypter in den Leib der himmlischen Mutter Nut?

Jene Gelehrten, die einen *hieros gamos* in den Eleusinien vermuten, einen Beischlaf, von dem Asterios berichtet, nehmen an, daß er – symbolisch oder wirklich – vom Hierophanten und einer Priesterin vollzogen wurde, die Dionysos und Demeter oder – wie ein Plutarchscholion nahelegt – Persephone und den chthonischen Zeus, also Hades, repräsentierten.

Danach hätten also die Mysten nicht die Unterweltsgöttin *beschlafen*, vielmehr hätten sie gewissermaßen ihrer eigenen Zeugung und Geburt beigewohnt. Die Athener nannten die Toten mitunter Δημήτρειοι[35], und da die Demeter nicht die Erdgöttin im Sinne der Ge war, sondern eine Getreidegöttin, so hieß dies wohl, daß sie in den Schoß der Kornmutter zurückkehrten.

Schon in frühminoischer Zeit wurden die Toten häufig in Korn-Pithoi begraben, und es scheint kein Zufall zu sein, daß sich die Göttin auf Abb. 85, die offenbar den Tod des Vegetationsgottes beweint, ausgerechnet auf einen Pithos stützt.

Es gab nun in den Eleusinien ein weiteres Ritual, das in klassischer Zeit freilich nicht mehr im Zentrum der Mysterien stand, welches aber ebenfalls die Wiedergeburt des Mysten zu dokumentieren scheint. Anscheinend wurden dem Mysten die Darstellung oder Nachbildung einer Vulva, die in einer ›Kiste‹ (*cista mystica*, Κίστη) lag, sowie eines Phallus gezeigt, der sich in einem Korb (Κάλαθον) befand. Der Myste berührte wohl diese Vulva[36], was sicher nichts anderes bedeutete als eine symbolische Rückkehr in den Leib der Göttin.

Auf einer Brücke über das Flüßchen, welches das athenische vom eleusinischen Territorium trennt, zeigten Vermummte den Initianden auf obszöne Weise die Scham[37], offenbar in derselben Weise, in der die Baubo (Iambe) der um ihre verschwundene Tochter trauernden Demeter durch Spreizen der Schenkel die Vulva zeigte, um sie wieder aufzuheitern.

Nach einer Überlieferung, die der hl. Gregor von Nazianz mitteilt, hatte die Demeter selber »ihre beiden Schenkel entblößt«, und auch das Symbol der Demeter von Epidauros war eine Vulva.[38] Es hat daher den Anschein, daß die Göttin, repräsentiert durch eine Priesterin, den Mysten ihre Vulva zeigte, was eine genaue Entsprechung zur Vorführung der Vulvadarstellung in der heiligen Kiste wäre.

106 Weibliche Geröllsteinfigur aus Lepenski-Vir, 7. Jhrtsd.

Wie dem auch sei, sowohl nach dem homerischen als auch nach dem orphischen Hymnus lachte die Demeter angesichts der entblößten Vulva der Baubo, was an das »Osterlachen«, das Lachen der Wiedergeburt, erinnert. Anscheinend war auch hierzulande mit diesem Fest ein Vulvazeigen verbunden, denn in einem »Ostermährlein« des gegen Ende des 17. Jahrhunderts erschienenen *Ovum paschale novum* heißt es von einer Frau: »Sie zaigte ihnen durch den Spund die Feigen heraus.«[39]

Wie die Baubo der Demeter wohl durch das Vorzeigen ihrer Vulva einsichtig machen wollte, daß ihre Tochter Persephone nicht für immer in der Unterwelt bleiben müsse, sondern ›wiedergeboren‹ würde[40], so machte man sicher den eleusinischen

107 Sheila-na-gig der St. Mary and St. David Church, Kilpeck, Herefordshire.

Mysten auf analoge Weise klar, daß auf ihren ›Tod‹ ein Leben folge. Überdies ist anzunehmen, daß ursprünglich die Göttin durch das Spreizen ihrer Beine zu verstehen gab, daß sie bereit sei, denjenigen, der in sie käme, zu regenerieren. Wir erinnern uns an die mit gespreizten Beinen dargestellte Große Göttin von Çatal Hüyük (Abb. 42), die entweder ihren Paredros in den Schoß aufzunehmen scheint oder ihn gebiert, und der möglicherweise die ebenfalls aus dem 7. Jahrtausend stammende Geröllsteinfigurine aus Lepenski-Vir entspricht, die bauboartig ihre Vulva zeigt, oder jene vorarische Göttin aus Harappa, die ihre Beine spreizt und aus deren Vagina eine Pflanze sprießt.[41]

Auch die keltischen Sheila-na-gigs scheinen Nachfahren jener Göttinnen wie Medb zu sein, die den künftigen König zum Beischlaf einluden, worauf das vertrocknete Land wieder zu grünen begann[42]; und eine solche Göttin mag auch jene die Beine spreizende und die Vulva exponierende Frau sein, die auf einem vorpalastzeitlichen Gefäß aus dem kretischen Mallia abgebildet ist.[43]

Wir erwähnten, daß den eleusinischen Mysten auf einer Brücke in obszöner Weise von maskierten Frauen die Vulva gezeigt wurde. Ähnliche Enthüllungen, verbunden mit lasterhaften Reden, spielten auch bei dem Frauenfest der Thesmophorien eine Rolle, deren Teilnehmerinnen – wie es heißt – die Nachbildung einer Vulva verehrten.[44]

Die Thesmophorien waren offenkundig ein Regenerierungsritual, das bei weitem nicht so ›intellektualisiert‹ war wie die Eleusinien, ursprünglich ein Höhlenkult, in dem man Ferkel zusammen mit Phallen in eine Kluft, das Megaron, warf[45], wo sie mit neuer Lebenskraft versehen wurden. Nach einiger Zeit – vermutlich bei den Thesmophorien des folgenden Jahres[46] – holte man die verwesten Überreste der Ferkel wieder hervor, vermischte sie mit Getreidesamen und düngte damit die Felder, um deren Fruchtbarkeit zu fördern.[47]

Anscheinend gab es bereits im frühen Neolithikum Palästinas, im Natufien, einen mit einer weiblichen Gottheit verbundenen Vegetationskult, in dem man Schweine in eine Höhle warf[48], und Schweinemasken tragen offenbar die Repräsentantinnen der Vegetationsgöttin in der neolithischen Vinča-Kultur auf dem Balkan.[49]

Während der *feriae sementivae* der Tellus und der Ceres wurde zur Förderung der Saat eine trächtige Sau geopfert[50], und beim schwedischen Toten- und Fruchtbarkeitsfest Yule tötete man in der Provinz Småland ein fettes Schwein, dessen Knochen im kommenden Frühling mit den Samen vermischt aufs Kornfeld gestreut wurden.[51]

In allen diesen Fällen scheint also das Schwein die Verkörperung

der kommenden und gehenden Fruchtbarkeit gewesen zu sein, und es mag kein Zufall sein, daß das Wort χοῖρος sowohl dieses Tier als auch die Vulva bezeichnete.⁵²
Während bei den Thesmophorien die in den Felsspalt geworfe-

108 Kistophore der hl. Demetra aus Eleusis.

nen Ferkel noch die agrarische Vegetation symbolisierten, die sich in die Unterwelt zurückzog, um sich dort zu regenerieren, wurden die Tiere bei den Eleusinischen Mysterien anstelle des Mysten getötet. Am Schicksal der Ferkel – das mit dem der

Vegetationsgöttin gleichgesetzt wurde – erkannte der Myste sein eigenes.

Im Laufe der Zeiten verschwanden die Eleusinien wie die Thesmophorien, aber die Vegetationsgöttin selber blieb. Heute heißt zwar der Schutzheilige der attischen Bauern und Hirten, zu dessen Ehren vor der Aussaat ein Fest gefeiert wird, Demetrios, aber noch im Jahre 1801 fanden englische Reisende in der Nähe von Eleusis, das inzwischen zu einem armseligen Kaff heruntergekommen war, auf einem Misthaufen den Torso einer antiken Kistophore (Abb. 108), deren Aufgabe es war, die Fruchtbarkeit der Äcker zu gewährleisten. Deshalb häuften die Bauern den Dünger vor der Κιστοφόρος – die sie »die hl. Demetra« (ἡ ἄγια Δημητρα) nannten – auf, behängten sie mit Blumengirlanden und zündeten an Festtagen vor ihr Lichter an. Als die Engländer sie mit Erlaubnis der türkischen Besatzer stahlen, befürchteten die Bauern von Eleusis Mißernten.[53]

§ 17
Persephones Schoß

Im zehnten Buch der *Odyssee* gibt Kirke dem Odysseus den Rat, sich in den Hades zu begeben, und der Nordwind treibt sein Schiff an die Küste des Okeanos. Dort stößt er auf eine Höhle, die in die Unterwelt führt. Vor ihrem Eingang gräbt der Held mit seinem Schwert ein Loch und opfert ein schwarzes Schaf und einen Widder, worauf die Seelen der Toten aus den chthonischen Gefilden herbeieilen, um das vergossene Blut der Tiere zu trinken.

Einer der Orte, wo solche Handlungen stattgefunden haben könnten, ist das Acheron Nekromanteion im Epirus, wo sich wohl einst in einer Felsenhöhle das Reich der Herrin der Unterwelt befand. Später wurde hier ein labyrinthisches Heiligtum errichtet. Durch dessen verschlungene Gänge, in denen sich drei eisenbeschlagene Türen befanden (Abb. 109) – die Nägel wurden bei den Ausgrabungen gefunden –, wanderten die Pilger zu einer Zentralkammer. Dort erwartete sie vermutlich die Totengöttin Persephone.[1]

Eine Phersephone[2] war in Cichyros im Epirus des 2. Jahrtausends eine chthonische Fruchtbarkeitsgöttin, die Herrin über Leben und Tod, die das Leben regenerierte, und wir können annehmen, daß auch die Göttin des Acheron Nekromanteion dem Mysten das Leben nahm, um es ihm geben zu können.

Wir haben bereits erwähnt, daß eine geläufige Bezeichnung für das Sterben eines Mannes »mit der Persephone schlafen« lautete, und eben dies tat ja bekanntlich Odysseus mit einer anderen »Verhüllerin«, der vorgriechischen Totengöttin Kalypso, die in einer Höhle auf der Insel Ogygia, dem »Nabel des Meeres«, lebte.[3]

Diese jenseitige Insel ist in der Antike häufig mit Malta identifiziert worden[4], und in der Tat scheint es hier im 3. Jahrtausend den Kult einer Göttin gegeben zu haben, die periodisch das Leben in ihren Schoß zurücknahm, um es wieder zu gebären. Die großen Heiligtümer von Ġgantija, Hagar Qim und Mnajdra

109 Zentrale Innentür des Labyrinths im Acheron Nekromanteion.

sind höhlenartig in die Hügel, das von Tarxien in den Felsenboden eingegraben – offenbar handelt es sich um künstliche, halb unter-, halb überirdische Höhlen, die wahrscheinlich in der Nachfolge der nierenförmig in den weichen Kalkstein gehauenen Felsengräber, etwa denen von Xemxija, stehen.[5]

In einem Dokument aus dem 18. Jahrhundert berichtet ein gozitanischer Antiquar, er habe unter dem Ġgantija-Tempel ein in den Felsen gehauenes Labyrinth erforscht. Bisher konnten die Archäologen den Eingang zu diesem Labyrinth zwar nicht finden, aber wenn es existiert, dann war es vermutlich eine Kulthöhle, deren direkte Nachfolge der Tempel angetreten hat.[6]

Die Felsengräber dienten anscheinend als Regenerierungsorte für die Toten, die man mit rotem Ocker bestreute, aber man fand auch Tierknochen, was vielleicht bedeutet, daß hier zudem ›Knochenrituale‹ durchgeführt wurden, mit denen man die Wiederkunft der getöteten Tiere beeinflussen wollte. In den Tempeln fand man keine Überreste menschlicher Leichen[7], aber es hat den Anschein, daß sie die Orte mystischer Regenerierungen der Menschen waren.

Viele Wände der Tempel waren mit Kalk verputzt und blutrot angemalt, und es kann sein, daß ursprünglich das ganze Tempelinnere in dieser Weise ausgemalt war.[8] Nun waren auch die Statuen der fetten Göttin, die in den Tempeln entdeckt wurden, rot bemalt, ebenso wie eine kopf- und beinlose weibliche Lehmfigurine mit dickem Bauch, riesigen Brüsten und deutlich sichtbarer Schamspalte, die man im Hypogeum von Hal Saflieni fand, einem Massengrab, das wohl auch als Inkubationstempel diente.[9]

Die Ornamentik an den Tempelwänden besteht fast ausschließlich aus Spiralmustern, die gleichermaßen in rotem Ocker ausgeführt waren.[10] Bezeichneten die Spiralen in der Farbe des Lebenssaftes den Weg in die Unterwelt, zur Quelle des Lebens? Was aber war diese Unterwelt?

Vergleichen wir eine Figurine der maltesischen Göttin (Abb. 110) mit den Grundrissen der sog. »Kleeblatt«-Tempel (Abb. 111), so drängt sich der Gedanke auf, daß das Heiligtum vielleicht der Leib der Großen Erdgöttin war, von dem vor allem der Bauch und die Brüste durch die Architektur dargestellt wurden.[11]

Traten die Mysten oder wer auch immer durch das Eingangstor – die Vulva – in den Uterus der Göttin? ›Starben‹ sie in ihren Schoß, um anschließend von der Göttin wiedergeboren zu werden, ähnlich wie die altägyptischen Toten in den Leib der Himmelsgöttin zurückkehrten?[12]

110 Kalksteinfigurine aus dem Tempel von Ħaġar Qim.

Der Gedanke erscheint nicht abwegig – obgleich natürlich die Frage völlig offen ist, ob der Initiand, wie etwa Zuntz meint, im Durchschreiten der göttlichen ›Vulva‹ einen Koitus mit der Göttin ausübte[13], oder ob das Eintreten in den Tempel einfach die Rückkehr des Menschen in den Schoß der Mutter bedeutete, was auch den Frauen die Wiedergeburt im Tempel ermöglicht hätte.

Auch die Felsengräber in benachbarten Kulturen sind als Leib der Totengöttin gedeutet worden, etwa die sizilischen *tombe a forno*, oval oder nierenförmig in den Fels geschnittene Grabkammern, die möglicherweise der Uterus einer Göttin waren, die Hybla geheißen haben kann und deren Nachfolgerin offenbar Persephone war.[14]

Spätneolithisch sind die sardischen *domus de janas*, »Feenhäuser«, in den Fels gehauene Kammergräber, über deren Eingängen bisweilen Rinderköpfe oder -hörner im Relief angebracht wurden (Abb. 112), weshalb man gemutmaßt hat, daß die sardische Totengöttin des 3. Jahrtausends auch als Kuh gedacht

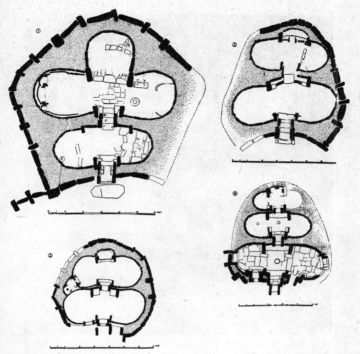

111 Grundrisse der Tempel Ġgantija (oben), Mnajdra (unten links) und Tarxien (unten rechts).

wurde[15], ähnlich wie die minoischen Vorgängerinnen der Pasiphaë und der Europa.

Der Eingang zu einem unterirdischen Grab war einst mit einer Platte verschlossen, auf der sich zwei Brustpaare befinden. War das Grab der Leib der Totengöttin, deren Vulva sich öffnete, wenn die Platte weggeschoben wurde?[16]

In Vădastra im südwestlichen Rumänien fand man das Modell eines Heiligtums aus dem frühen 5. Jahrtausend. Das Gebäude ist gleichzeitig der Leib einer Göttin, der mit labyrinthischen Reliefmäandern bedeckt ist und ein Tor aufweist.[17] Noch die gotischen Kathedralen wurden manchmal als Leib der hl. Jungfrau gesehen, etwa von Suger oder von Durandus, der die Gebäude als »die eigentliche Braut Jesu Christi« bezeichnete[18], und dieselbe Vorstellung haben die katholischen Yaqui-India-

112 Rinderhörner über Grabkammer-Öffnung, Brodu, Sardinien.

ner im nördlichen Mexiko, die das Kirchengebäude als den Leib »Unserer Mutter« verstehen, die eine ungleich wichtigere Rolle spielt als ihr Sohn.[19]

Bei vielen Völkern bedeutet die Initiation eine Rückkehr in den Schoß der Muttergöttin, in dem die alte Persönlichkeit des Initianden aufgelöst und durch eine neue ersetzt wird. Dieser *regressus* ist bisweilen ein unerotischer – wie bei den Tiembara, deren Initianden in der Gebärmutter der Göttin Katieleo zu Föten reduziert werden[20] – oder ein Beischlaf, wie bei den Mitgliedern des Bwiti-Geheimbundes der Fang. Langsam dringen diese Männer in die Geburtsöffnung ihres Heiligtums vor, das die auf dem Rücken liegende und offenbar koitusbereite Urmutter Nyingwan Megebe darstellt, deren Venen, Arterien und Sehnen durch im Inneren des Gebäudes hängende Schnüre angedeutet sind.[21] Dieses vorsichtige, stoßweise Eindringen wird einerseits als Geschlechtsakt, als vaginale Penetration der Frau

113 Modell eines Heiligtums aus Vădastra, untere Donauregion, Neolithikum.

durch den Penis, andererseits als ein ›Sterben‹ in die Welt der Ahnen gesehen.[22]

In einer Variante der Reise des finnischen Schamanen Väinämöinen in die Unterwelt Tuonela schluckt die Tochter des Totenherrschers den Helden. Dieser »singt« (im Sinne von ›zaubern‹, *laulaminen*) ein Boot, in dem er durch die Därme der Göttin rudert, bis sie ihn wieder ausspeit.[23]

Während hier von einem Geschlechtsakt nicht die Rede ist, waren Koitus-Initiationen in Indien verbreitet. Śiva stirbt während der Liebesumarmung im Augenblick des Orgasmus in seine

Partnerin hinein und wird aus ihrem Schoß wiedergeboren, wobei dieser Schoß auch eine Höhle sein kann, der Ausschlupf der Unterwelt, aus der Śiva hervorkommt.[24] Entsprechend schlief der Initiand des buddhistischen Tantrismus mit einer Frau, die eine Ḍākinī repräsentiert.[25]

Die Ḍākinīs waren ursprünglich feenhafte Wesen im nordwestlichen Udyāna, den dardischen *peris* gleichend, die dem Jäger das Wild zuführten und ihn zuweilen mit einem Beischlaf erfreuten. Die höchste Ḍākinī war die Göttin Vajrayoginī (im Lamaismus rDorje rnal- 'byor-ma), die den Yogin initiierte, meist dargestellt als eine nackte Frau, der eine Girlande aus Totenschädeln zwischen den Beinen hängt und die ihren sich selber abgetrennten Kopf als Zeichen des Initiationstodes in der Hand hält.[26]

All diese letztgenannten Beispiele haben eines gemeinsam. Es handelt sich um Initiationen, d. h. um Einweihungs- oder Verwandlungsrituale von Menschen, die nicht länger Repräsentanten der *natura naturata* sind. In diesen Initiationen geht es nicht mehr um die Regenerierung der Vegetation oder der Jagdtiere – die lediglich der Symbolisierung menschlichen Schicksals dienen –, sondern darum, den Menschen zum *Wissen* und dadurch zur Reife zu bringen.

Dieses Wissen besteht nun nicht im Anhäufen von Erkenntnissen, es kann nicht erlangt werden durch das, was die Wissenschaftler lieben und was sie »Erkenntnisfortschritt« nennen. Im Gegenteil ist es ein Wissen, das dem *Nichtwissen* entwächst. Um zunächst aber *nicht* zu wissen, muß man zurückkehren in die uterine Existenz, etwa in den Schoß der Persephone, der Herrin derer, »die nicht sind«.

Nur der konnte also wissen, der *zu(m) Grunde* gegangen war, denn man wußte, daß alles nur ist, was es ist, indem es in diesem Grunde, dem Ursprung, wurzelt.

Immer noch freilich diente dieses Zugrundegehen meist dem *Leben*, wenn auch dem Leben von Menschen, die ihre Welt sehr viel mittelbarer verkörperten als beispielsweise der Paredros der Großen Göttin. Daß sie immer noch in eine Gebärmutter zurückgingen, war die Gewähr für ihre Wiederkehr, und *daß* man wiederkehren wollte, stand außer Frage.

Daß der *regressus ad uterum* bisweilen als Geschlechtsakt gese-

114 Gouache auf Papier, Rajasthan, 18. Jh.

hen wurde, mag zunächst mit der schlichten Tatsache zusammenhängen, daß es eine ›umgekehrte Geburt‹ realiter nicht gibt und daß das einzige Beispiel dafür, daß in gewissem Sinne ein Mensch in einen anderen ›eingeht‹, eben der Beischlaf ist. Wichtiger scheinen zwei andere mit dem Beischlaf (manchmal)

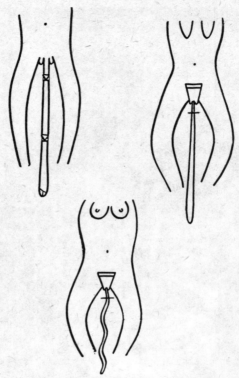

115 Die Genitalien der Djanggawul-Geschwister.

verbundene Eigentümlichkeiten zu sein. Zum einen kann der sexuelle Orgasmus einer Identitätsauflösung, einem Sterben, gleichkommen. »Ich sterbe auf Dir« *(ka i-mut ali-k)*, sagten die Berber kurz vor der Ejakulation.[27] Zum anderen dient natürlich der Beischlaf der Zeugung, der Regenerierung der Menschen, und so ist es denkbar, daß die ägyptische Kamutef-Vorstellung des sich immer wieder selbst zeugenden »Stiers seiner Mutter« auch vielen anderen Regenerierungsritualen zugrunde lag. Dabei ist es von zweitrangiger Bedeutung, ob der aktive Mann sich in der passiven Frau zeugte, oder ob er eher von einer aktiven Frau in den Schoß geholt wurde, um gleichsam selbst ›gezeugt zu *werden*‹.

Manchmal scheint auch der Beischlaf zwischen Frauen und

Männern die Gebärfreudigkeit der Urmutter, die das Leben schenkt, ohne es zuvor empfangen zu haben, anregen zu sollen.

Diese Urmutter trägt bei den Jägern und Sammlerinnen im Northern Territory Australiens den heiligen Namen Kunapipi. Die Erdgöttin existiert als *eine* Frau, aber auch als zwei Schwestern. Während es von Kunapipi der Frau heißt, sie sei einst, in *wonga:r*, der »Traumzeit«[28], aus den Tiefen der Mündung des Roper River aufgetaucht, wird von den Wauwalak-Schwestern erzählt, sie seien mit ihrem Bruder Djanggawul in einem Kanu von der Insel Bralku, dem Totenreich jenseits von Groote Eylandt, aufs Festland gekommen.[29]

Die Schwestern hatten so gewaltige Klitoris, daß diese über den Boden schleiften, wenn sie sich fortbewegten[30], und der Bruder verfügte über einen entsprechend eindrucksvollen Penis[31], mit Hilfe dessen er seine Schwestern ohne Unterlaß beschlief, so daß sie ständig schwanger waren. So reisten die Drei durch das Land, und wenn sie rasteten, schob Djanggawul die Klitoris der Frauen beiseite, griff in ihren Uterus und holte die Kinder heraus, die Vorfahren der heutigen Eingeborenen und der Totemtiere.[32]

Während den Wauwalak-Schwestern häufig[33] ein zeugender Mann zugesellt wurde, ist die Urmutter Kunapipi allein und gebiert ohne vorausgegangene Empfängnis. Die Erdgöttin ist eine ›Allmutter‹, die nicht allein die ›Kinderkeime‹, die Seelen der künftigen Menschen, in den Uterus der Frauen schickt, sondern auch das Land ergrünen läßt und mit Tieren füllt.

Das Kunapipi-Ritual ist nun in erster Linie ein Vegetationsritus, eine Regenerierungszeremonie, mit der die Wiederkunft der Tier- und Pflanzenwelt beeinflußt werden soll, aber auch ein Initiationsritual.

Die mit rotem Ocker – dem Uterusblut der Göttin – bemalten Initianden betreten den Zeremonialplatz, der den Leib der Kunapipi repräsentiert, und werden dann in einen Graben, ihre Gebärmutter, gelegt[34], worauf die umstehenden Männer ihre Venen öffnen und das Blut in den Erduterus tropfen lassen.[35]

Tänzer mit langen Rindenpenissen imitieren gemeinsam mit tanzenden Frauen die Kopulation des Opossums und anderer

Tiere. Sie sind mit rotem Ocker und Wallaby- oder Känguruhfett eingerieben, und wenn diese Paste von den erhitzten Leibern der Tanzenden herabtropft, dann ist dies der Kopulationsschweiß der Tiere. Bei einer anderen Gelegenheit tanzen die Frauen aufreizend vor den Männern, spreizen mit den Fingern die Schamlippen oder lassen einen Stock vor ihrem Unterleib wie einen erigierten Penis auf- und abwippen. Früher fand anschließend ein ritueller Gruppensex, *ka'rangara*, statt, und zwar bevorzugt zwischen Partnern, denen es im Alltag nicht einmal erlaubt war, miteinander zu reden.

Am Roper River wurde der Beischlaf in einer Hütte vollzogen, die die Gebärmutter der Göttin repräsentierte, und manche Frauen bedienten nacheinander die vor der Hütte Schlange stehenden Männer. Entjungferungen fanden nicht statt, denn die teilnehmenden Jungfrauen waren bereits vor der Zeremonie mit einem heiligen Bumerang defloriert worden.

In anderen Gegenden legten sich die Frauen in Beischlafstellung innerhalb des den Leib der Göttin verkörpernden Zeremonialplatzes auf die Erde, und der Geschlechtsverkehr fand meist so statt, daß die Ehemänner nicht unbedingt en detail beobachten konnten, in welcher Weise es ihre Ehefrauen taten.

Diese Orgien[36] fanden nun vor dem erwähnten Gebärmuttergraben der Kunapipi statt, die auf diese Weise nach einer Version hundertfach befruchtet[37], aber nach der wohl älteren Version lediglich dazu angeregt wurde, die Menschen, die Tiere und die Vegetation auszutragen und zu gebären.[38]

Dem Vegetationskult scheint die Initiationszeremonie der jungen Männer beigefügt worden zu sein, und während ansonsten in Australien die Jugendlichen häufig von den Männern – gewissermaßen als *ganze* Männer ohne weibliche Eierschalen – ›wiedergeboren‹ werden[39], nimmt im Kunapipi-Kult die Urmutter die jungen Männer in ihren Uterus, um sie nach einer gewissen Zeit[40] wieder hinauszulassen.

Solche Initiationen werden in anderen Kulturen häufig von Wasserjungfrauen vorgenommen, die den Initianden unter Wasser ziehen und ihn dort – wie etwa die »Water Babies« den künftigen Schamanen der nordamerikanischen Washo – unterrichten.[41]

Die *abantubomlambo* genannten Nymphen der Tembu und

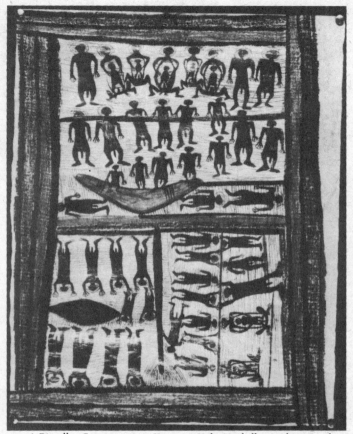

116 Ritueller Gruppensex im Kunapipi-Kult, Yirrkalla, Arnhem-Land.

Fingo, die auf dem Grund von Flüssen und Teichen in Kraals leben, sind die großen Hüterinnen der Weisheit. Oft rufen sie die künftigen Medizinmänner und Wahrsager, die dann einige Zeit bei ihnen bleiben, bis sie schließlich als Eingeweihte zurückkehren. Bisweilen geben sie freilich denjenigen, der bei ihnen weilt, nicht mehr frei, und man betrachtet diesen Mann als ein Opfer an die Nymphen, die im Austausch für den für immer in den Fluten Verschwundenen Gesundheit und eine gute Ernte gewährleisten. Trotzdem versucht man meist einen Mann, der

den Nymphenruf vernommen hat, davon zurückzuhalten, ins Wasser zu gehen. Beispielsweise bindet man ihn in seiner Hütte an einen Balken, doch häufig reißt er sich in einem unbewachten Augenblick los und stürzt sich in die Fluten.
Wenn dies geschieht, versucht man, ihn durch ein Rinderopfer an die Nymphen oder durch Tanzen und Singen, das tagelang dauern kann, zurückzuholen, aber irgendwann schwimmt sein Leichnam auf dem Wasser, und man sagt, daß die *abantubomlambo* ihn getötet haben. Von demjenigen aber, der wieder heimkehrt, heißt es, daß er hinterher »a wiser and greater and better being than before« sei.[42]
Dieser ambivalente Charakter der Wasserfrau, die einerseits Weisheit, Glück und Fruchtbarkeit, andererseits aber den Tod und den Wahnsinn in der Hand hält, ist auch bei zwei göttlichen Frauen im zentralen und westlichen Afrika ausgeprägt, die von den Negersklaven in die Neue Welt mitgenommen wurden.
Die afrobrasilianische Göttin Iemanjá, die mit der hl. Jungfrau identifiziert und häufig als schwangere Frau mit prallen Brüsten dargestellt wird, stammt von der »Mutter der Fische«, Yeye omo-eja ab[43], von der die Yoruba erzählen, daß sie einst auf der Flucht vor ihrem Sohn Orungan, der sie schon einmal vergewaltigt hatte, an der Stelle, wo sich heute Ife befindet, zu Boden stürzte und die Götter gebar. Aus ihren Brüsten sprudelten zwei Flüsse, weshalb die Iemanjá noch heute den Namen »Unsere Mutter von den weinenden Brüsten« trägt.
Im afrokubanischen Santería lebt die Yemajá Ibu Aro auf dem Grund des Meeres, den sie in Vollmondnächten verläßt, um an die Wasseroberfläche zu kommen[44], und in Rio bringt man ihr während des »Festes der dargebrachten Geschenke« *(festa do presente oferecido a Iemanjá)* in der Silvesternacht Gaben ins Meer. Die Mitglieder der *terreiros* des Candomblé oder der Umbanda fahren mit Booten und Schiffen ins Meer hinaus und werfen ihr Geschenke in die Fluten, etwa teure Parfums oder Kämme, mit denen sie ihr langes Haar pflegen kann wie einstens die Loreley.
Die Mitglieder des Iemanjá-Kultes haben sich die Gesichter mit schreienden Farben bemalt, und die Jungfrauen unter ihnen haben alle Unterleibshaare abrasiert, damit die Göttin besser durch die Schamlippen eintreten und von ihnen Besitz ergreifen

kann. Alsbald beginnen unter den Schlägen der *atabaques* und Gesängen an Iemanjá die wilden Tänze, und es dauert nicht lange, bis die Göttin kommt und in den Leib der Kultteilnehmer eindringt.

Zuweilen zieht es die »Töchter der Iemanjá«, aber häufiger noch die Männer, ins Meer hinaus. Irgendwann erfaßt sie ein Strudel, dreht sie eine Weile so herum, wie sie sich beim Tanze drehen, und dann versinken sie in einer Todesspirale im Meer, um in der Liebesumarmung mit der Iemanjá zu sterben.

Auch die Männer, die von ihren Fischzügen nicht mehr zurückkehren, werden als Todesgeliebte der Iemanjá gesehen, die sich in dieser Hinsicht etwa mit dem nordischen Seeweib Rán vergleichen läßt, der Herrscherin des Totenreiches, die ertrinkende Seeleute mit einem Netz auffischt, um sie zu umarmen.

Manchmal verläßt die Iemanjá auch das Meer, um sich einen Todesbräutigam zu holen. Dieser muß ihr dann folgen, um auf dem Meeresgrund die tödliche Hochzeit mit ihr zu vollziehen. Die Göttin zieht den Ertrinkenden an ihren nassen und nackten Leib, befriedigt sich an ihm und läßt dann den Leichnam an Land treiben.

Die sechzehn eine Vulva symbolisierenden Kaurischnecken sind das Zeichen der afrikanischen Yeye omo-eja. Auch die gleichermaßen Wollust und den Tod bringende Vulva der Iemanjá wird mit den Worten »Gegrüßet seist Du silberne Meeresmuschel!« besungen, und als ob sie die Begegnung mit der Göttin gerade dadurch verhindern wollten, indem sie den Beischlaf mit ihr aussprechen, singen die Fischer von Bahia: »Komm, Sirene des Meeres, komm und spiel mit mir!«[45]

In ähnlicher Weise stehen in Westafrika weißgekleidete Frauen – den »Töchtern der Iemanjá« vergleichbar – mit nacktem Oberkörper am Strand, einen Dreizack in der Hand, und sprechen mit der Mami Wata. Sie geraten in Trance, und plötzlich springen sie zu ihr in die Fluten, aus denen sie von Rettungsschwimmern geborgen werden müssen.

Die Mami wird häufig als eine weiße Frau dargestellt[46], eine »kalte, seelenlose Schönheit«[47] mit langen Haaren, hervorstehenden Brüsten, häufig mit Ohrringen und Stöckelabsätzen und manchmal mit Schlangen, die sich um ihren Hals winden.[48] Wie die Iemanjá liebt sie Alkohol, in Togo besonders Cointreau und

117 Mami Wata-Priesterin am Strand. Im Hintergrund wird eine Frau aus dem Meer geborgen.

Whisky der Marke Ballantines sowie französische Parfums, natürlich nicht jedes, sondern Ramage, Fantôme und Rêverie. Sie lebt auf dem Grund des Meeres, der Lagunen, Flüsse und Seen und taucht bisweilen auf den anonymen Marktplätzen größerer Ortschaften auf, um plötzlich wieder spurlos zu verschwinden.[49]

Bei den Ijèbú, Ilàje und den im Nigerdelta lebenden Ijaw gibt es zahllose Geschichten von Männern und Frauen, die einige Tage im Unterwasserreich der Mami zugebracht haben und mit getrocknetem Fisch von ihr zurückkehrten[50], und wem es am

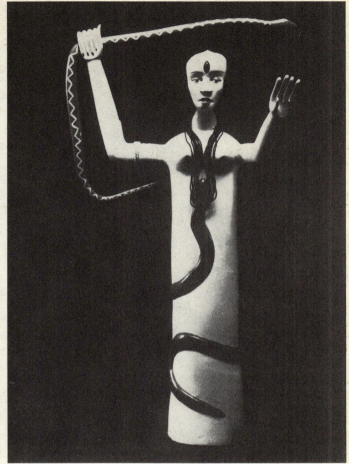
118 Mami Wata-Figurine des togoischen Voodoo-Priesters Agbagli Kossi.

Kongo-Fluß[51] gelingt, der am Ufer ihr Haar kämmenden Sirene eine Locke oder den Kamm zu entwenden, dem ist sie zu einer Gunst verpflichtet.
Doch wie diese Mami, Mamba muntu genannt, eine Gefahr für die Fischer ist, die sie unter Wasser zieht[52], so bringt sie in anderen Gegenden den Männern – wie die altgriechischen Nymphen oder die neugriechischen Nereiden – häufig den

119 »The Kiss of the Enchantress« von Isobel Gloag (um 1890).

Wahnsinn oder treibt sie in den Selbstmord.[53] Manchmal besucht sie, wie die hebräische Lilith, alleine schlafende Männer, verkehrt mit ihnen sexuell und verläßt sie im Morgengrauen, nachdem sie ihnen das Frühstück zubereitet hat.[54]

Auch in Togo werden manche Leute nachts von der Mami besucht, und um diese Besuche unter Kontrolle zu bringen, treten sie meist dem Mami Wata-Kult bei.[55]

Wie die Yeye omo-eja, so kam auch die Mami auf den Sklavenschiffen nach Amerika. Die weißgesichtigen »Herrinnen des Wassers«, denen man vor den großen Fischzügen opfert, wohnen in Haiti gleichermaßen wie in Afrika in Flüssen, Lagunen oder Quellen, und sie heißen meist Madame-la-Sirène oder Maîtresse-la-Sirène.

Einerseits verleihen sie Reichtum und Liebe[56], andererseits aber neigen sie dazu, besonders in Vollmondnächten, undinenhaft junge Männer und Knaben zu sich ins Wasser zu ziehen und bei sich zu behalten, weshalb Eltern selten ihre Söhne zum Wasserholen zu den Quellen oder Flüssen schicken.[57]

In der Nähe von Port-au-Prince entspringt die Source Balan in einer Gebirgsgrotte, in der neben anderen *loas* Maîtresse-la-Sirène lebt. Der Zugang zur Grotte ist nur durch die Quelle möglich, und durch sie rutschen die Voodoo-Pilger unter der Führung eines *hunsi* in einen unterirdischen See, in dem die Sirene sie in Trance versetzt und von ihnen Besitz ergreift.[58]

Man muß wohl kein Psychoanalytiker sein, um dieses Eintauchen der Pilger in das Höhlenwasser als einen *regressus ad uterum* der Mami, der Mutter, zu sehen, die den Initianden in ihrem Fruchtwasser regeneriert. Denn wie Viśnu erfahren mußte, ist es nur sie, die die Fähigkeit hat, das Leben zu schenken. Einst flog der Gott stolz auf seinem Sonnenadler Garuda am Blauberg vorbei, ohne der Großen Māyā, der »Herrin aller Wünsche und Freuden«, seine Reverenz zu erweisen. Da ließ die Göttin Adler und Gott ins Weltmeer stürzen, auf dessen Grund sie das Bewußtsein verloren, und gleiches widerfuhr allen Göttern, die es unternahmen, die beiden zu bergen. Erst als Viśnu und Garuda bereit waren, von der Flut des Schoßes der Großen Göttin zu trinken und darin zu baden, wurden sie aus den Wassern wiedergeboren.[59]

3. Teil
Fluchtversuche

In der Welt habt ihr Angst.
Joh. 16,33

§ 18
Die Liebe zum Leben

In den ersten beiden Teilen dieses Buches haben wir gesehen, daß die periodischen Veränderungen in der Natur bereits für die jungpaläolithischen Jäger und Sammlerinnen und mehr noch für die späteren Pflanzer einen Bruch in der Selbstverständlichkeit des Daseins bedeuteten.

Zwar machte man immer wieder die Erfahrung, daß die abgewanderten Tierherden zurückkamen und daß die Pflanzen aufs neue wuchsen, aber die Unsicherheit ließ sich nicht völlig beseitigen. Bestimmte diese Unsicherheit auch nicht in elementarer Weise das Lebensgefühl, so blieb sie doch als kleine dunkle Wolke am Horizont stets gegenwärtig.

Die zentralen Rituale, die man »zwischen den Zeiten« durchführte, waren wohl einerseits *Mimesis*, d. h. *Einpassung* in die Natur, andererseits aber schon *Eingriff*, wenn auch ein Eingriff ›zur rechten Zeit‹, d. h. in jenem Intervall, in dem die Natur sich ohnehin zurücknahm, um ihre Kräfte zu regenerieren.

So werden etwa die Felsbilder der Wallabies am Sale-River nur zur Paarungszeit dieser Tiere »berührt«, und die Darstellungen der Schirmeidechsen im Mount Agnes-Gebiet nur dann, wenn die Reptilien ihre Eier gelegt haben.[1] Keinem Regenmacher auf der Insel Bukerebe im Victoria-See würde es einfallen, in der Trockenzeit um Regen zu bitten[2], und von dem Regenmacher der Lugbara, der seine Zeremonien in einem Hain, der »die Vagina der Welt« heißt, durchführt, wird gesagt, daß er nicht wirklich Regen *mache*, vielmehr durch genaue Beobachtung der Natur in Erfahrung bringe, wann der Regen zu erwarten sei und welches die günstigsten Pflanzzeiten seien.[3] So achten seine Kollegen auf Bukerebe etwa darauf, ob gewisse Wolkenfelder oder Insektenschwärme erscheinen, ob die Möwen über Land fliegen, der Ruf des *mutuku*-Vogels ertönt oder ob sich um die Sonne und den Mond ein roter Kreis bildet.[4]

Man kann wohl sagen, daß der Grad der Einflußnahme auf das Naturgeschehen mit der Verläßlichkeit ausreichender Nahrungsressourcen variiert. Da die Wildbeuter – im Gegensatz zu

den an die Scholle gebundenen Bauern, die gewissermaßen mit dem Rücken zur Wand stehen – auf Grund der Flexibilität ihrer Lebensweise und der geringen Bevölkerungszahl selten ernsthafte Nahrungsprobleme hatten, waren auch ihre ›rituellen Eingriffe‹ in die Natur verhältnismäßig gering.
So steht auch die kaum getrübte elementare Lebensfreude, die viele Ethnographen bei den meisten Wildbeutern beobachtet haben, die Liebe zum Leben, so wie es *ist*, und nicht, wie es *sein sollte*, in markantem Gegensatz zum Lebensgefühl der Pflanzer, Bauern, Hirtennomaden und der Angehörigen der Industriegesellschaften, die entweder in mühsamer Arbeit im Schatten der drohenden Mißernten die ewige Wiederkehr des Gleichen erhoffen bzw. zu erzwingen versuchen, oder denen lediglich die Perspektive, daß eines Tages alles *ganz anders* sein wird, den Weg durch das Jammertal erträglich sein läßt. Heißt es hier: »Irgendwann kommt der Tag, da nichts mehr vertagt und vertuscht werden kann, sondern wo unerbittlich Bilanz gezogen wird«[5], und zwar von einem Gott, dessen Rachesucht fast so maßlos und anmaßend ist wie seine Liebe, so lebt man dort vergleichsweise in den Tag hinein, *wird* man eher bewegt, als daß man aktiv die Dinge bewegt. Oder in den Worten der Eskimo-Schamanin Uvavnuk:

»Die große See hat mich in Bewegung versetzt,
hat mich treiben lassen,
bewegt mich wie den Tang im Fluß.
Das Gewölbe des Himmels und die Macht des Sturms
haben den Geist in mir bewegt
bis ich weggetragen werde
zitternd vor Glück.«

Immer wieder haben die Ethnologen von »magischen Ritualen« geredet, mit denen diese Menschen angeblich ihr Geschick zu *zwingen* versuchten, und heute noch liest man etwa bei dem Philosophen Hans Blumenberg: »Im Jagdzauber seiner Höhlenbilder greift der Jäger vom Gehäuse auf die Welt über und aus«, ausgeliefert der »Herrschaft des Wunsches, der Magie, der Illusion«.[6]
Wie sieht aber diese »Magie« in Wirklichkeit aus?
Bei den G/wi-Buschleuten wird zwar der Regen besungen, etwa in den Worten »Selbst wenn Du auf eine häßliche Frau fällst,

wirst Du sie schön machen!« Doch wie die Buschleute selber sagen, wollen sie damit weder den Regen noch den Himmelsgott N!adima beeinflussen. Vielmehr zeigen sie mit ihren Gesängen dem Gott, daß sie ihn achten, erweisen sie ihm ihre Reverenz.[7]

Auch die Bambuti-Pygmäen wollen mit ihren Gesängen den Waldgott in keiner Weise ›magisch zwingen‹. Wenn sie singend seinen Namen wiederholen, oder wenn es heißt: »Der Wald ist das Gute«, und sie in das Molimo-Horn, »das Große Tier«, blasen, dann bitten sie den Gott nicht einmal auf direkte Weise.

Als liebenswürdige und höfliche Menschen – die sie etwa nach der Zivilisationstheorie von Norbert Elias mitnichten sein dürften[8] – wollen sie den Gott, der abgelenkt ist oder schläft, lediglich wieder auf sich aufmerksam machen oder auf möglichst unaufdringliche Weise wecken, denn dann wird er ohnehin wissen, was zu tun ist. Wenn eine Jagd mißglückt oder sonst etwas schiefläuft, »dann hat«, wie es ein Mbuti ausdrückt, »der Wald geschlafen und konnte nicht für seine Kinder sorgen. Und dann wecken wir ihn, indem wir zu ihm singen; wir singen, damit er glücklich erwachen soll. Dadurch wird alles wieder gut und richtig werden.«[9]

Ich will mit diesen Beispielen nicht sagen, daß Wildbeuter überall und zu jeder Zeit frei gewesen sind von dem Versuch, den Lauf der Dinge rituell zu manipulieren.[10] Ich meine vielmehr, daß derartige ›Zauberhandlungen‹ oder ›magische Akte‹ nicht charakteristisch für die zentralen Regenerierungsrituale sind. Wenn man glaubt, diese Völker hätten es in ihren Ritualen unternommen, auf ähnliche Weise in die Natur einzugreifen wie wir Heutigen – nur eben auf Grund falscher Anschauungen[11] über die Zusammenhänge und wegen mangelhafter technischer Ausstattung ›imaginär‹ und nicht ›real‹[12] –, mißversteht man das Lebensgefühl dieser Menschen grundlegend.

Ich habe gesagt, daß die Erneuerungsrituale einerseits Einpassung, andererseits aber bereits ein – wenn auch ›weicher‹ – Eingriff waren. Aber diese ›Eingriffe‹ stellten eher Versuche einer sachten Beeinflussung der Rückkehr zum Normalzustand dar denn Anstrengungen, der Natur etwas aufzuzwingen, zu dem sie von sich aus nicht bereit war.

Vielleicht kann man sagen, daß in Erneuerungszeremonien der Natur ein bißchen auf die Sprünge geholfen wurde, nachdem sie das Jahr über ihre Kräfte bis zu einem gewissen Grade verbraucht hatte und im Begriff war, sich zu regenerieren. Und wenn die Bambuti sagen, daß sie im Molimo-Fest tanzen und singen, »um den Wald glücklich zu machen«, dann sind sie nicht so sehr die Säuglinge, die zornig nach der Mutterbrust schreien, sondern eher Kinder, die demjenigen, der sie nährt, über eine momentane Schwäche hinweghelfen, indem sie sein Herz erfreuen.

»Der Wald ist das Gute«, singen die Bambuti. So, wie er normalerweise ist, ist es gut. Und ist er eingenickt, abgelenkt oder geschwächt, dann ist er nicht *böse*, vielmehr schläft dann auch seine Güte, die mithin den Pygmäen in dieser Zeit entzogen ist.

Es macht einen Unterschied, ob Gutes mangelt oder ob Böses da ist. Denn im einen Fall wird man versuchen, das Gute wieder herbeizuholen oder zu stärken, während man im anderen Fall eher dazu neigen wird, das Böse zu bekämpfen. In ähnlicher Weise macht es einen Unterschied, ob das Richtige *nicht* geschieht oder ob das Falsche *geschieht*.

So hat man von den Navaho gesagt, daß sie ihre Rituale nicht so sehr durchführen, um etwas zu beeinflussen oder herzustellen, sondern eher, um sich wieder in etwas einzugliedern, was sie verlassen haben, aus dem sie herausgetreten sind[13]; und deshalb vollziehen sie keine Zeremonien, in denen das Falsche oder Schlechte bekämpft wird, sondern solche, in denen richtig gehandelt wird, oder anders ausgedrückt: in denen man zur paradigmatischen Handlung zurückkehrt.

Hierbei ist es nicht unwichtig, darauf zu achten, daß das Wort »zurückkehren« wörtlich zu verstehen ist. Wenn heute Erwachsene sagen, daß jedes Jahr Weihnachten wiederkehrt, dann verstehen dies meist nur deren Kinder in dem Sinne, daß man sich bis zur Mitte des Jahres von Weihnachten entfernt hat und anschließend dem Fest wieder näherrückt. Für die Kinder gibt es nur *das* Weihnachtsfest, während für die meisten Erwachsenen ein Weihnachten dem anderen folgt.

In diesem Sinne müssen wir auch das ›Regenerieren‹ im Ritual verstehen. Im Ritual wurde weniger etwas geschaffen, hergestellt oder beeinflußt, vielmehr kehrte man in ihm zum Normalzustand zurück, von dem die Natur und damit auch die Menschen sich entfernt hatten, und man kann beinahe sagen, daß die Natur selber das Ritual vollzog, an dem sich die Menschen beteiligten.

Das Leben in seiner Blüte war »das Gute«, so wie der wache, aufmerksame Wald, der seine Kinder, die Bambuti, mit Nahrung versorgt, und wenn das Leben welkte, dann wurde es nicht böse, dann war es nicht »das Schlechte«, sondern es hatte sich nur von dem, was es ist, entfernt.

Aber diese Entfernung stand ›im Dienste des Lebens‹, denn das Leben konnte nur das sein, was es ist, indem es sich ständig erneuerte. Etwas philosophischer ausgedrückt: Die Menschen der Regenerierungsrituale wußten, daß das Leben immer nur das sein konnte, was es ist, indem es zugleich das war, was es nicht ist, daß es seine Kraft aus dem Tode bezog; sie wußten, daß Leben und Tod, Sein und Nichtsein in einem dialektischen Verhältnis zueinander standen, daß der Tod dem Leben nicht entgegengesetzt, sondern ein Moment des Lebens war.

Deshalb erstrebten sie nicht das Paradies. Das Paradies kennt keine Dialektik. Es ist, was es ist, tot vor Unsterblichkeit. Die Sehnsucht nach dem Paradies entstand, als man der regenerierenden Kraft der Natur nicht mehr trauen konnte, und als zudem die ewige Wiederkehr des Gleichen vor allem die ewige Wiederkehr von Plackerei und Mühsal bedeutete.

War für die Wildbeuter der Tod ein Moment des Lebens, so wandelte sich mit der Zeit das Leben zu einem Moment des Todes. Wie wir sehen werden, wurde ein solches Lebensgefühl besonders in Indien ideologisiert. Auch im alten Israel gab es diese Grundstimmung, aber dort war sie verwoben mit dem Lebensgefühl der wandernden Hirtennomaden, die auf den Horizont der neuen Weidegründe und die Zukunft hin lebten.

Hatten die Wildbeuter eine ›Lebensideologie‹, indem sie das Leben liebten, wie es war, und den Tod in den Dienst des Lebens stellten, und entwickelten sich in Südasien aus dem zum Pessimismus neigenden Lebensgefühl der Bauern eine ›Todesideologie‹, die das Leben in den Dienst des Todes stellte, so war Israel die Keimzelle einer Ideologie, die weder das Leben akzeptierte noch den Tod.

Das Surrogat für das Leben, wie es *war*, konnte aber nur ein Leben sein, wie es *sein sollte*, ein Leben jenseits des Horizontes oder ein Leben in der Zukunft.

Etwas überspitzt ausgedrückt kann man vielleicht sagen, daß in Israel die Transzendenz und die Zukunft erfunden wurden, und es ist nicht weiter überraschend, daß eine Zivilisation wie die westliche, die ihr Heil in räumlicher und zeitlicher Expansion suchte, gerade die jüdisch-christliche Weltanschauung zu ihrer tragenden Ideologie machte. Weder eine Lebens- noch eine Todesideologie taugen dem, der zum Horizont und in die Zukunft ›fortschreitet‹, denn beide können nur Sand im Getriebe einer Zivilisationsmaschine sein.

Heute erleben wir indessen, daß diese Maschine ohnehin knirscht, und es scheint, daß nicht nur die Kurzzeit-, sondern auch die Langzeiterwartungen, die sie geweckt hatte, unerfüllt bleiben werden.

Während die religiöse Variante der jüdisch-christlichen Transzendenzideologie schon vor längerer Zeit obsolet geworden war[14], was bedeutete, daß man sie, die ihre historische Schuldigkeit getan hatte, ausrangierte und ihr heute in sonntäglicher Nische ihr Gnadenbrot gibt, scheint inzwischen auch die säkularisierte Variante dieser Ideologie wenn nicht ihre Macht, so doch ihre Legitimität verloren zu haben.

In dieser Situation kann es nicht ausbleiben, daß nicht wenige Menschen auf die Ideologien zurückgreifen, die noch vor kurzem ein für allemal auf dem Dunghaufen der Geschichte gelandet zu sein schienen.

Hören wir auf der einen Seite wieder das uns inzwischen vertraute Bambuti-Lied »Der Wald ist das Gute«, so taucht auf der anderen Seite die ›Todesideologie‹ auf, die heute in dieser Zivilisation eine Plausibilität für sich in Anspruch nehmen kann, die sie nie zuvor hatte.

§ 19
Alles Leben ist Leiden

Wenn es in 1. Mose 3, 17 heißt »Verflucht sei der Acker um deinetwillen, mit Kummer sollst du dich darauf nähren dein Leben lang«, so spüren wir hinter diesen Worten ein völlig anderes Lebensgefühl als hinter den Liedern der Bambuti oder dem Gesang der Eskimo-Schamanin Uvavnuk.
In der *Genesis* ist das Leben ein Fluch, die Strafe für den Sündenfall der Menschheit, ein Bauernleben voll Mühsal und Plage, das man nicht länger lieben kann.
Dabei ist es wichtig zu beachten, daß nicht die Tiefpunkte und Mißgeschicke des Lebens, sondern das Leben überhaupt als Leiden charakterisiert werden. »Was nützen uns«, heißt es etwa in dem heiligen Text einer anderen Bauerngesellschaft, der *Maitrāya Upaniṣad*, »die Vergnügungen und Wonnen in diesem Leib, der nur eine dreckige Ansammlung von Knochen, Haut, Sehnen, Mark, Fleisch, Samen, Blut, Schleim, Tränen ist, eine Masse von Kot, Urin, Fürzen, Galle und anderen Säften, übelriechend und kraftlos? Erfahren wir nicht, daß göttliche und dämonische Wesen sterben, daß Ozeane austrocknen und Berge eingeebnet werden, und daß die Erde eines Tages aufhören wird zu existieren? Was nützen uns die Vergnügen in einem *saṃsāra* dieser Art, in das ein Mensch, der zu ihm Zuflucht nimmt, immer wieder zurückkehren muß? Ich bin in diesem *saṃsāra* wie ein Frosch in einem verschlossenen Brunnen.«
Wer hier nun einwenden wollte, dies alles möge zwar richtig sein, ändere aber nichts an der Tatsache, daß es jene Wonnen und Vergnügungen trotz alledem gebe, der muß sich sagen lassen: »Der Narr zwar meint, es gebe auch Lust, aber alle Lust ist höchstens zeitweilige Ruhe vom Leid, wie das Stillen von Hunger, Durst, Kälte, und ist eigentlich selber nur Leid.«[1]
In ähnlicher Weise meint ein westlicher Bewunderer des Buddhismus, es sei nur »religiösen Geistern« gegeben, die Lehre des Buddha, nämlich »die Hohe Wahrheit vom Leiden«, zu verstehen, da nur solche Menschen an der Vergänglichkeit, der Hinfälligkeit und der Unbeständigkeit alles Irdischen »innerlich

zerbrechen und verzweifeln«[2], und ein anderer stellt fest, daß jede Erkenntnis, »die nicht letzten Endes auf Leiden stößt, Leiden aufdeckt, eben deshalb nicht bis zum tiefsten Grunde geschürft hat, mithin unvollkommen ist«.[3] Denn auch die Lust ist nicht *wirklich* Lust, sondern nur das, was das Leiden erst möglich macht und daher »eigentlich selber nur Leid«.[4]

Und auch das ist Leiden: zu erkennen, daß nichts sein Wesen in sich selber hat, daß nichts über eine »eigene Natur« *(svabhāva)* verfügt, daß es keine »Substanz« gibt, daß, wie Spinoza sagen würde, *omnis determinatio est negatio*, daß also alles nur ist, was es nicht ist, und daß die Dinge deshalb selber *nichts* sind, »leer« *(śūnya)*.[5]

Jetzt erhellt sich auch, was es heißt, daß nichts wirklich und alles nur *māyā*, Schein, sei. Mit dieser Lehre ist nicht gemeint, daß alles nur Halluzination oder illusionäre Verkennung im Sinne der Wahrnehmungspsychologie ist. Oder, wie Woody Allen es formuliert: »Zweifel plagen mich. Was ist, wenn alles bloß Illusion ist und nichts existiert? In dem Fall habe ich entschieden zu viel für meinen Teppich bezahlt.«

Nach Śaṅkara ist *māyā* nichts anderes als *avidyā*, »Nicht-Wissen«[6], und zwar die Unkenntnis der Tatsache, daß die Dinge *im Grunde* nicht das sind, was sie zu sein scheinen, daß sie kein eigenes Wesen haben und damit nichts sind und nichts bedeuten.

Wer dies also nicht weiß, der wird immer wieder enttäuscht werden, weil er dort Beständigkeit erhofft, wo nur Unbeständigkeit herrscht, und weil er dort die Wirklichkeit vermutet, wo alles nur Erscheinung ist.

So ist das Leben selber wesentlich Enttäuschung und Leiden oder, wie es der französische Zeichner Roland Topor ausgedrückt hat: »Existieren selbst ist ein Schock, jeder Atemzug ein Leiden, jeder Gedanke eine Verwundung.«[7]

Während die Kulturen, die an der Regenerierung der Tiere und der Vegetation interessiert waren, den Tod zu einem Moment des Lebens machten, also, wenn man will, eine ›positive Dialektik‹ entwickelten, finden wir hier eine ›negative Dialektik‹, die das Leben als ein Moment des Todes sieht.

»Die Welt des Glücklichen ist eine andere als die des Unglücklichen.«[8] Dies besagt, daß eine Lehre vom Dasein als Leiden nicht auf bestimmten Erfahrungen basiert und deshalb durch Erfahrungen anderer Art auch nicht zu widerlegen wäre. Der Pessimist, der *sieht,* daß das Glas halb leer ist, wird sich kaum von einem Optimisten davon überzeugen lassen, daß das Glas halb voll ist.

Die Leidenslehre basiert also auf einer grundlegenden Disposition[9], die Dinge in einer bestimmten Weise zu sehen, einer Disposition, die sich durch lange ›historische Erfahrungen‹ eines mühseligen Bauerndaseins herausgebildet und einen gleichsam transzendentalen Charakter angenommen hatte.[10]

Nun handelt es sich aber nicht nur um ein Leidens*gefühl*, sondern um eine Leidens*lehre*, eine Ideologie, die es sich zum Ziel gesetzt hat, den Menschen *bewußt* zu machen, daß alles nur Leiden ist.

Eine solche Bewußtmachungstechnik war beispielsweise die buddhistische Todesmeditation. Während etwa die männerbündische Konfrontation mit dem Tode in der Initiation den Zweck verfolgte, dem Tod die Schlagkraft zu nehmen, die er besitzt, solange man ihm nicht ins Auge sieht oder ihn verdrängt, und während in ähnlicher Weise der japanische Samurai den Tod durch seine ständige Vergegenwärtigung entschärfte, damit er ihm im Kampf ohne zu zittern begegnen konnte, standen die buddhistischen und die hinduistischen Todeskonfrontationen nicht im Dienste des Lebens.[11]

Wenn diese Meditierenden auf Friedhöfen beobachteten, wie die Leichen sich allmählich zersetzten und die Maden in den verwesenden Leibern herumkrochen, dann ähnelte diese Beschäftigung eher der aus dem mittelalterlichen *contemptus mundi* geborenen Nekrophilie als der Begegnung des dorischen Theseus mit dem Minotaurus oder der Skelettierung des sibirischen Schamanen. Ihr Sinn lag nämlich darin, dem Betreffenden vor Augen zu führen, daß der Mensch nur ein Haufen Dreck und Unrat und das Leben im Grunde wertlos ist. Gewiß wurde der Hindu durch die Kontemplation des Todes auch zu Śiva, dem Sieger über den Tod, d. h., er wurde vom Tod befreit.[12] Doch dies befreite ihn nicht für das Leben, denn er wurde auf diese Weise auch zu einem *kālasaṁhāra*, zu einem Zerstörer der Zeit, die das Auf und Ab des Lebens bedeutet. Denn der Tod, von dem der Meditierende befreit wurde, war ja gerade nicht

120 Totenschädel, Gewölbekonsole im Südschiff des Rottweiler Heilig-Kreuz-Münsters, 15. Jh.

der, der dem Leben ein Ende setzt, sondern ein Tod, der die Keimzelle der Wiedergeburt war. So befreite die Meditation im Grunde vom Leben, vom endlosen Zyklus der Wiedergeburten, von der ewigen Wiederkehr des Gleichen.

Das Wort *saṃsāra* scheint sich von der Wurzel *sar-* abzuleiten, die ein Strömen oder Fließen bedeutet. *Saṃsāra* ist also das endlose Sich-Fortbewegen, der unermeßliche Ozean der Zeit, auf dem die Menschen wie Schiffbrüchige auf einer Planke treiben, ohne Herkunft und ohne Ziel.[13]

Hätten die Inder nicht an die Wiedergeburt geglaubt, dann wäre der Tod das rettende Gestade dieses Ozeans, das Verlöschen, die Befreiung gewesen.[14] Müssen die Menschen freilich gewärtig sein, immer wieder in den endlosen Strom des Lebens hineingerissen zu werden, dann kann der Tod keine Lösung sein, denn er wird auf ewig als »Wiedertod« zurückkehren.[15]

§ 20
Time Must Have a Stop

Nicht nur das Leiden ist also Leiden, sondern auch die Lust, die Freude und das Glück sind Leiden, weil sie es sind, die das Leiden erst möglich machen. So kann man etwa beobachten, daß viele *bhikkus* es ablehnen, Verdienste zu erwerben, weil es sonst geschehen könnte, daß sie als Götter wiedergeboren würden. Wer aber die himmlischen Freuden genießt, der beginnt, das Leben zu lieben, und wer das Leben liebt, ist von der Befreiung viel weiter entfernt als jene, die mit vollem Bewußtsein leiden.[1] Denn wer die Lust *als Lust* erlebt und nicht als das, was sie in Wirklichkeit ist, nämlich Leiden, der mag, so kann man sagen, sein Leben im Glück verbringen, ohne zu wissen, daß er im Grunde unglücklich ist.[2]

Aber auch wem eine solche Auffassung zu extrem erschien, der konnte sich dennoch nicht damit abfinden, für ewige Zeiten den Zyklen des *saṃsāra* ausgeliefert zu sein, die Spannungen des Lebens ertragen zu müssen, immer nur mit Vorübergehendem und nie mit Bleibendem konfrontiert zu sein, was ständig bedeutet: Abschiednehmen, Trennung, Schmerz, Tod.

Eine solche Perspektive erlaubte keine ›halbe Lösung‹, wie es die Hoffnung auf ein Paradies gewesen wäre. Denn mochten auch die Götter zunächst ein besseres Los gezogen haben, so blieb auch ihnen irgendwann der Sturz in die Leiden des *saṃsāra* nicht erspart; und was sind schon ein paar tausend Jahre himmlischer Freuden im Schatten einer endlosen Wiederkehr des Leidens?

Wenn der ewige Wechsel das *saṃsāra* ausmachte[3], so konnte Befreiung nur darin liegen, diesem Wechsel vom Leben zum Tod, von Bewußtsein zu Bewußtlosigkeit, von Glück zu Leid, von heiß zu kalt, ein Ende zu bereiten. Die Wege, die zu diesem Ziel beschritten wurden, waren zwar verschieden, aber das Ziel war dasselbe.

Der künftige Saṃnyāsin etwa verschenkte, nachdem er alt geworden war und die Dinge des Lebens getan hatte, seinen Besitz und vollzog die eigenen Begräbniszeremonien *(śrāddhas)*. Mit

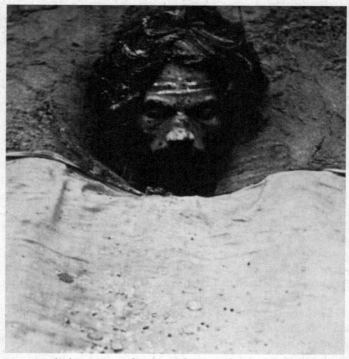

121 Indischer Entsager, bis zum Hals im Sand eingegraben, vor ihm Opfermünzen auf einem Tuch.

den Worten »Mir gehört nichts und ich gehöre niemandem« verließ er für immer seine Familie und zog sich aus dem Bereich der Kultur in die Wildnis zurück. Das Feuer meidend, aß er nur noch Wurzeln, Blüten und Schößlinge, was von einem gepflügten Feld stammte, rührte er nicht an. »Luftgewandet« *(digambara)* und heimatlos streifte er umher, gleichgültig, ob man ihm Almosen zusteckte oder nicht.[4]

Noch ein letztes Mal mochten die Götter und Dämonen ihn versuchen, indem sie die Reize des Lebens vor sein inneres Auge führten. Und wie Māra es unternahm, den Buddha mit seinen drei liebreizenden Töchtern zum Leben zu verführen, werden sie auch zu ihm gesprochen haben:

»Komm und erfreue Dich hier, im Himmel. Diese Freuden sind begehrenswert, dieses Mädchen ist bewundernswert, dieses Elixier zerstört Alter und Tod!«[5]

Doch der Saṃnyāsin möchte kein Gott werden, denn die Götter stehen unendlich weit unter dem, was er erstrebt. Auch sie haben keine *mokṣa*, keine Befreiung erlangt. Irgendwann begibt er sich, den Blick nach Nordosten gewandt, auf die letzte Wanderschaft, *mahāprasthāna*, »die Große Reise«. Nun ißt und trinkt er nichts mehr, verlöschen sein Denken und Wahrnehmen, bis er schließlich zusammenbricht und stirbt.[6]

Während der Saṃnyāsin die Fesseln des Kreatürlichen und des Kulturellen gegen Ende seines Lebens abseits der Menschen von sich wirft, und zwar – im Gegensatz zum buddhistischen Arahat, der seine eigene Befreiung bis zu dem Zeitpunkt verschiebt, an dem die letzte Ameise befreit ist[7] – ungetrübt von jeglichem Altruismus, weshalb er auch nie in die Rolle eines Gurus schlüpft – haben andere Richtungen häufig auf den Gang in den Dschungel verzichtet.

Diese Richtungen sind meist ›philosophischerer‹ Natur und ihre Träger nicht selten Intellektuelle, die allemal der Überzeugung sind, daß der Geist weht, wo er will. In unserem Falle *verweht* freilich der Geist eher, als daß er weht.

Das Wort *nirvāṇa*, das soviel wie »erlöscht« oder »ausgegangen« heißt, hängt mit »Wind« zusammen und kann mit »Windstille« übersetzt werden.[8] Wie im Zentrum des Zyklons absolute Windstille herrscht, so erlöscht nach buddhistischer Auffassung auch der nach Befreiung Strebende inmitten der Geschäftigkeit und Unruhe des Lebens.

Zwar wird bisweilen der Begriff *nirvāṇa* so gebraucht, als ob er einen Zustand beschreibe, und der Vollendete wird manchmal als »kühl wie der See trotz Sommerglut« charakterisiert, aber es handelt sich bei dem Wort – wie etwa bei dem Kantschen »Ding an sich« – um einen »Grenzbegriff«, der eine andere Funktion in der Sprache hat als die Worte, die sich auf irgend etwas Erfahrbares oder Nichterfahrbares beziehen.

Als der Buddha seinen letzten Seufzer getan hatte, sprach Ananda zu Anuruddha: »Nun ist der Erhabene ins *parinirvāṇa*[9] eingegangen.« Doch Anuruddha belehrte ihn: »Nein, Freund Ananda, der Erhabene ist nicht ins *parinirvāṇa* eingegangen. Er hat nur die Zerstörung von Bewußtsein und Empfindung erlangt.«[10]

Denn wenn, wie einige Gelehrte behaupten[11], das *nirvāṇa* ein Zustand der Kühle und Ruhe wäre, vergleichbar einer tiefen Trance, dann wäre es nur ein weiterer Zustand im Strudel des *saṃsāra*.

So sagt auch Nāgārjuna, *nirvāṇa* sei keine »Leere«, sondern »jenseits von ›leer‹ und ›nicht-leer‹«, denn als »Leere« stünde es ja *im Gegensatz* zu *māyā*, wäre also durch *māyā* bedingt und mithin selber *māyā*.

Nirvāṇa bezeichnet also kein »ozeanisches Gefühl«[12], kein »protoplasmic awareness«[13], keine »intrauterine Urlust«[14] und dergleichen mehr – Zustände, die Äonen von der Befreiung entfernt sind.

»Ein *satori*-Erlebnis«, sagt Shizuteru Ueda, »das noch Erlebnischarakter hat, ist kein *satori*-Erlebnis. Wenn jemand noch glücklich ist, hat er kein *satori*-Erlebnis.«[15] Und als Sāriputta, der das *nirvāṇa* als »Glück« bezeichnet hatte, von einem *bhikku* zur Rede gestellt wurde, erläuterte er dies dahingehend, daß das Glück eben darin bestehe, daß es im *nirvāṇa* keine Empfindung mehr gebe.[16]

Wer sich also glücklich fühlt oder befreit, wer die Wahrheit erkennt oder Visionen hat, wer spürt, daß Ruhe und Frieden in ihn einziehen, der hat nicht nur das *nirvāṇa* verfehlt, sondern hat sich auch von ihm weiter entfernt, statt ihm näherzukommen, denn er ist in die Falle des *Pseudo-nirvāṇa*[17] gelaufen.

Māra, der das Leben und damit den Tod verkörpert, hat in diesem Falle den nach Befreiung Suchenden überlistet, diesmal nicht mit den runden Brüsten seiner Töchter, sondern mit dem Frieden, der Ruhe oder der Erkenntnis der Wahrheit! Denn solange es noch *jemanden* gibt, der die Wahrheit *erkennt*, solange noch einer der Meinung ist, daß es jemals einen Buddha gegeben habe, der sagte: »Nur eines verkünde ich heute, wie früher, das Leiden und seine Vernichtung«[18], so lange treibt dieser hilflos auf einer Planke, die er für das *nirvāṇa* hält, auf den Wogen des *saṃsāra*.

Diese Einsicht gehört zum Gemeingut der Mystik. War für Plotin das Einswerden mit Gott keine Leidenschaft, kein Denken, kein Verstehen, kein Bewußtsein seiner selbst[19], und lehrte Meister Eckhart, daß der, welcher Gott erkenne, von Gott getrennt sei, so sagte Nangaku Ejō zu Basho: »Wenn du den Buddha hinsetzt, dann tötest du ihn«, worauf dieser erleuchtet wurde.[20]

Solange noch *amor* und *afición* im Spiele sind, ist auch für Johannes vom Kreuz Gott abwesend. So vertreibt die Gewißheit des Glaubens Gott, statt zu ihm hinzuführen, weshalb der Glaube an Gott zerstört werden muß, was geschieht, wenn der Mensch in die »dunkle Nacht der Seele« eintritt, wenn er den »lebendigen Kreuzestod« *(viva muerte de cruz)* erleidet. Dieser ins Nichts eingegangene Mensch ist dadurch ausgezeichnet, *que en este no gustar nada ni entender nada en particular, morando en su vacío, oscuridad y tinieblas,* »daß er im einzelnen nichts schmeckt noch wahrnimmt, verweilend in seiner Leere und Finsternis«.[21]

In ähnlicher Weise heißt es in der buddhistischen und hinduistischen Tradition, daß der Befreite fühlt, ohne zu fühlen, denkt, ohne zu denken, sieht, ohne zu sehen.

Wie ist das zu verstehen?

Der Befreite, der ja nicht tot ist, sondern weiterlebt und dies und jenes unternimmt, tut dies alles *beziehungslos*. Alle seine Tätigkeiten, Erlebnisse, Willensakte usw. sind *nirahaṃkāra*, »ohne Ich« oder *nirmama*, »ohne mein«[22], sie haben *im Grunde* nichts mehr mit ihm zu tun, oder genauer gesagt: Es gibt da gar kein Ich mehr, das noch irgend etwas tun oder lassen könnte, nur noch einen Leib, der wie eine Töpferscheibe, die nicht mehr gedreht wird, ausläuft, bis sie stehenbleibt.

Während in der negativen Theologie des Buddhismus eine Erkenntnis des *nirvāṇa* unmöglich ist, oder, besser ausgedrückt, das Wort *nirvāṇa* sich auf nichts bezieht, das erkennbar oder unerkennbar ist, gibt es in der ›ozeanischen‹ Mystik des Hinduismus meist eine Erkenntnis der Identität von *ātman* und dem empirischen Ich.

Aber auch diese befreiende Erkenntnis, die den Menschen gewissermaßen im ›kosmischen Ozean‹ auf- und erlöst, kann den karmischen Gesetzen nicht mehr unterworfen sein, da ja sonst diese letzte und tiefste Erkenntnis die verhängnisvolle Konsequenz hätte, den Erkennenden im Augenblick der Befreiung doch noch in den Strudel des *saṃsāra* zurückzureißen.

So heißt es, daß diese Erkenntnis ein »lauteres« Wissen sei, gleich dem »lauteren« Sinneseindruck, *śuddha-vāsanā*, den man mit geröstetem Getreide verglichen hat, das nicht mehr ausgesät werden kann. »Lauter« in diesem Sinne war auch der Fluch des lebenderlösten Yājñavalkya, mit dem dieser den Śākalya tötete, denn der Zorn, der den Fluch auslöste, war kein *wirklicher* Zorn Yājñavalkyas, sondern nur mehr ein »Zorn«.²³

»Nicht ich frühstückte«, sagt der Zen-Meister Yasutani Rōshi, »sondern *mu* (= Nichts). Nicht ich fegte und wischte die Fußböden nach dem Frühstück, sondern *mu*.«²⁴

Der Befreite bewegt sich also in der Welt, ohne sich von irgend etwas abstoßen oder anziehen zu lassen, ohne sie einzuordnen – ein Wissenschaftstheoretiker würde sagen: ohne sie »theoretisch« zu belasten –, ohne etwas *als* etwas zu sehen.²⁵ Für den Befreiten sind die Dinge *animitto*, »zeichenlos«, und ein deutscher Philosoph würde sagen: Er sieht die Dinge an sich.

Nur haben es die ›Dinge an sich‹ an sich, unerkennbar zu sein, was heißt, daß der Befreite eben überhaupt nichts erkennt; da er aber selber ein Ding an sich ›ist‹, ist auch er selber für sich und andere ›unerkennbar‹.

Was es gibt, ist ein Leib, in dem sich einmal ein Mensch befand, der nach Befreiung strebte. Und auf die Frage, wohin denn der Befreite gegangen sei, antwortet der Buddhist mit der Gegenfrage: »Wohin geht die Flamme, wenn sie erlischt?«²⁶

Ich denke, daß man den Lebenderlösten – und ich meine jetzt nicht den Lebenderlösten, wie er nach der Theorie zu sein hat, sondern eher den, wie er in der Wirklichkeit meist ist – mit gewissen Menschen vergleichen kann, die von den für sie zuständigen Wissenschaftlern als »Depersonalisierte« oder »Derealisierte« bezeichnet werden, wobei uns in diesem Zusammenhang die ontologischen Implikationen dieser psychiatrischen Begriffe nicht weiter zu kümmern brauchen.²⁷

Wir sagten, daß die *mokṣa*- und *nirvāṇa*-Lehren extreme Entlastungsideologien darstellen, die den Menschen, die nicht mehr in der Lage sind, die Spannungen des Lebens auszuhalten, den Weg weisen, diese Spannungen aufzulösen, und zwar nicht, indem sie in die Welt eingreifen, sondern eher dadurch, daß sie sich als denkende, fühlende und handelnde Personen aus der Welt zurückziehen.

Wenn nun beispielsweise eine Frau, die von der Vorstellung besessen ist, daß Sexualität etwas Sündhaftes oder Schmutziges ist, ihre Vagina aus ihrem »Körperschema« ausschaltet, so daß sie nichts mehr fühlt oder empfindet, wenn ein Mann in dieselbe eindringt[28], dann hat diese Frau in ähnlicher Weise, freilich unbewußt, einen Rückzug angetreten, natürlich nicht aus der Welt, sondern lediglich aus dem Bereich der Sexualität.

Wie diese Frau sich partiell ›depersonalisiert‹ hat, so tun dies andere Menschen in umfassenderer Weise. »Obwohl ich sehe, ist es als ob ich blind wäre«, sagt etwa ein Patient; eine Frau meint, sie höre die Leute sprechen und höre doch nichts, eine andere: »Ich bin da und bin doch nicht da.«[29] Manche stehen als Steinwesen in einer erstarrten Mondlandschaft[30] – man denke an das Wort »stoned« in der Drogensprache oder an den Yogin, den »Holzblock« *(kāshṭhavat),* von dem es heißt: »Er bleibt regungslos, wie ein Felsen« –, andere beschreiben sich als Wesen, die Lichtjahre von der Erde entfernt sind, verlassen in einer Polarwüste stehen oder in einer Eisscholle eingeschlossen sind.[31]

Wenn nun die Depersonalisierten etwa sagen: »Die Welt sieht vollkommen bewegungslos aus, wie eine Postkarte«[32], dann ist es nicht so, daß sie keine Bewegung mehr *sehen;* vielmehr *fühlen* sie die Bewegung nicht mehr, sie haben keine Beziehung mehr zu den Abläufen um sie herum, alles ist sinn- und zwecklos, »leer« geworden: »Solange ich die Leere anschauen kann, solange ich mir vorsage: das ist sie, das ist die Leere, so lange existiere ich noch, wenn man das existieren nennen kann.« Aber »dann dringt die Leere heran und verschlingt einen, dann gibt es kein Dasein mehr«.[33] »Statt das Leben zu fühlen, ist alles leer«, sagt eine Frau. »Nicht ist es so, als empfinde ich die Leere, nein, ich bin die Leere.«[34] Und weil die Leere sie verschluckt hat, sind manche Patienten auch keine Subjekte mehr, und sie reden von sich als »der ich« oder gebrauchen einen Eigennamen.

»Der Begriff ›Selbst‹«, sagt ein Schizophrener, »ist ein Widerspruch in sich selbst. Niemandes Selbst ist wirklich sein eigenes Selbst. Das Ich als das Selbst ist von außen eingeführt – alles ist von außerhalb der Haut genommen.«[35]

Das Ich ist eine contradictio in adiecto – und folglich gibt es gar kein Ich und damit auch kein Nicht-Ich, kein Bewußtsein und kein Sein. Im 12. Jahrhundert sagt der Mystiker Ferid-ed-din Attar:

>»Als die Sonne der Auflösung über mich leuchtete, verbrannte sie beide Welten so leichtlich wie ein Hirsekorn. Als ich die Strahlen dieser Sonne sah, bin ich nicht gesondert geblieben: Der Wassertropfen ist ins Meer zurückgekehrt. Ob ich auch in meinem Spiel zuweilen gewonnen und zuweilen verloren habe, zuletzt warf ich alles in das schwarze Wasser. Ich bin ausgewischt worden, ich bin verschwunden; nichts ist von mir geblieben. Ich war nur noch ein Schatten, kein kleinstes Stäubchen war von mir da. Ich war ein Tropfen, im Ozean des Geheimnisses verloren, und jetzt finde ich auch diesen Tropfen nicht mehr.«[36]

Wir erinnern uns an den Zen-Meister, der sagte, nicht er habe gefrühstückt, sondern nichts, *das Nichts* habe gefrühstückt. So sagt ein ›Derealisierter‹, er sehe alles »wie durch eine Nebelwand«, er sei gefühllos wie ein Automat, er könne die Dinge nur »berühren«, nicht wirklich berühren: »Wenn ich durch die Stadt gehe, ist es, als ob ein anderer dahergeht«, und: »Ich habe nicht das Gefühl, daß ich selbst denke, sondern etwas denkt in mir.«[37]

Man vergleiche hiermit beispielsweise die Aussage der Mystikerin Katharina von Genua:

»Ich fühle mich ganz den irdischen Dingen entfremdet, und den meinen am meisten; so daß ich, bei ihrem bloßen Anblick, sie nicht mehr ertragen kann. Und ich sage zu jedem Ding: Lasse mich gehen, denn ich kann dein nicht mehr Sorge noch Gedächtnis haben, sondern es ist so, als ob du für mich nicht da wärest. Ich kann nicht arbeiten, nicht sehen, nicht stehen, nicht reden, sondern all dies scheint mir ein unnützes und der Welt überflüssiges Ding.«[38]

»Ich wohne mit Dir in der Wüste«, schreibt die hl. Mechthild von Magdeburg an Magdalena, »weil mir alle Dinge fremd sind.« Und ein anderes Mal sagt sie über sich, nachdem ihr Gott beigewohnt hat: »Der Hammer des starken Minnegelübdes nagelt ans Kreuz sie an, daß die ganze Schöpfung sie nicht mehr zurückrufen kann.«[39]

Zurückrufen lassen wollen sich bisweilen auch Depersonalisierte nicht[40], und Psychiater stellen nicht selten fest, daß »eine stille Apathie ihrer ›Abgeschiedenheit von der Welt‹« entspricht.[41] »So vehement erfährt man die Leere, daß es keine Sehnsucht gibt nach etwas anderem. Dazu ist kein Raum, den sie frei ließe, vorhanden.«[42] Wenn für andere hingegen ein Moment lang die Nebelwand aufreißt, wird das Leben wieder sichtbar, und die Totenstille wird als solche und damit als das Entsetzliche bewußt. Dann sagt etwa eine Frau: »Ich möchte gerne Kummer haben können. So vollkommen ruhig zu sein, das ist das Entsetzliche.«[43]

Vom Hammer eines starken Minnegelübdes ans Kreuz genagelt, und zwar an das Kreuz einer affekt- und emotionslosen, glasklaren Welt, scheinen auch einige Positivisten zu sein. So vollzieht sich etwa für Ernst Topitsch nach und nach der Prozeß der »Entzauberung der Welt«, und er meint (oder hofft), daß sich die Menschen mit der Zeit so sehr an diesen Prozeß gewöhnen, daß »sie den ganzen Vorgang nicht mehr als solchen empfinden: Die Anpassung des Gefühlslebens an die Erkenntnis ist vollzogen. Auf diese Weise erledigen sich weltanschauliche Probleme von selbst, nicht indem sie eine Antwort finden, sondern indem sie gegenstandslos werden.«[44]

§ 21
Vögel ohne bestimmte Farbe

Hat der Befreite *nirvātam sthānam*, den »sturmlosen Ort«, erreicht, was nur eine Metapher dafür ist, daß er aus der Welt verschwunden ist, was wiederum heißt, daß für ihn die Dinge der Welt *gleichgültig* geworden sind, dann läßt sich über ihn sagen:
»Wie zu sich selbst, so zum Feind
Wie zum Weib, so zur Tochter
Wie zur Mutter, so zur Dienerin
Wie zur *ḍombī*, so zur zweimalgeborenen Frau
Kleider wie Haut
Edelstein wie Spreu
Urin wie Exkremente
Reis wie Dung
Süßduftender Kampfer wie Gestank von Kot
Lobpreis singende Stimme wie abstoßende Stimme
Dämon wie Vajrahalter
Nacht wie Tag
Traum wie Sichtbares
Zerstört werdendes wie Bleibendes
Seligkeit wie Schmerz
Schurke wie Sohn
Hölle wie Himmel
Böse wie gut.«[1]

Oder, wie es im *Vivekacūḍāmaṇi* Śaṅkaras über ihn heißt:
»Manchmal ein Narr, manchmal ein Weiser, manchmal angetan mit königlichem Glanz, manchmal umherschweifend, manchmal bewegungslos wie eine Pythonschlange, manchmal mit gütigem Gesicht, manchmal verehrt, manchmal geschmäht, manchmal unbekannt – so lebt der Mann der Gott-Verwirklichung.«[2]

Der *bla-ma smyon-pa*, der »heilige Narr« in Tibet, betrank sich, schlief mit Frauen, stahl und tat alles, was einem Tibeter verboten war; er durfte dies, weil er ein Buddha war, jenseits von Gut und Böse[3], dessen Taten kein *karma* mehr anhäuften.

So heißt es etwa über den hl. Brug-smyon, er sei eines Abends im Hause eines reichen Bauern angelangt und habe diesen um ein Nachtquartier gebeten, was ihm auch bereitwilligst gewährt wurde. Vor dem Schlafengehen schaute der Bauer noch einmal nach den Tieren im Stall, aber als er zurückkam, sah er, wie Brug-smyon auf seiner Frau lag und beide der Liebe frönten. Ergrimmt zog der Bauer sein Schwert, aber Brug-smyon zauberte einen Knoten in die Klinge. Da erkannte der Bauer, daß er einen Heiligen vor sich hatte, fiel auf die Knie und gelobte, ein Heiligtum zu erbauen. Brug-smyon stimmte zu und sprach:

»So ist's recht. Du stehst auf Religion, und ich stehe auf Mösen. Mögen beide von uns glücklich werden.«[4]

Der indische Entsager, die »schweifende Wildgans«, sucht »nach Kuhart« *(govṛttyā)* seine Nahrung, spielt wie ein Kind herum und führt sich wie ein Betrunkener auf, und nach der *Nāradaparivrājaka-Upaniṣad* soll »der Bhikṣu umherpilgern wie ein Kind, ein Trunkener, ein Kobold. Weder nach dem Sterben noch nach dem Leben soll er verlangen.«[5]

Der Befreite ist *nichts* geworden, er hat keine Identität mehr, und so fragt im 13. Jahrhundert Dschelal-ed-din Rūmī:

»Was ist zu tun, o Moslems? Denn ich erkenne mich selber nicht. Ich bin nicht Christ, nicht Jude, nicht Parse, nicht Muselmann. Ich bin nicht vom Osten, nicht vom Westen, nicht vom Land, nicht von der See. Ich bin nicht von der Werkstatt der Natur, nicht von den kreisenden Himmeln. Ich bin nicht von der Erde, nicht von Wasser, nicht von Luft, nicht von Feuer. Ich bin nicht von der Gottesstadt, nicht von dem Staube, nicht von Sein und nicht von Wesen. Ich bin nicht von dieser Welt, nicht von der andern, nicht vom Paradies, nicht von der Hölle. Ich bin nicht von Adam, nicht von Eva, nicht von Eden und Edens Engel. Mein Ort ist das Ortslose, meine Spur ist das Spurlose.«[6]

Und weil er keine Identität mehr hat, kann er alles tun, was er will. Aber warum tut er dann überhaupt noch etwas?

Er tut es ohne warum. »Der mensche«, sagt Meister Eckhart, »der sich selben und alliu dinc gelâzen hât, der des sînen niht ensuochet an deheinen dingen und würket alliu sîniu werk âne warumbe und von minne, der mensche ist tôt aller der werlt und lebet in gote und got in im.«[7]

122 Indischer Entsager auf einem Baum.

»I am doing it because I'm doing it because I'm doing it«, sagt Baba Ram Dass[8], und ein kalifornischer Hippie, der einem Soziologieprofessor darlegt, daß jeder »Trip«, auf dem einer ist, so viel wert sei wie jeder andere auch, antwortet auf dessen Frage, was er denn dann gegen den »Trip« haben könne, auf dem sich der Polizist befinde, der ihm mit dem Holzknüppel eines über die Rübe ziehe:

»I'm totally accepting his behaviour, man. I'm also accepting my reaction and my feelings on it and I'm expressing them.

Now he can say, ›Fuck off, man, this is my trip. You take yours.‹ And I'll say, ›Righteous, man, take whatever trip you want.‹ But part of my trip is running my mouth.«[9]

In der *Nirvāṇa-Upaniṣad* heißt es, daß »der Haṃsa in allen Wesen weilt«, und auch Bhagwan Shree Rajneesh gibt zu verstehen, daß niemand vor ihm fortzulaufen brauche, denn er sei alles, und deshalb schließe er auch nichts aus: »Ich bin gegen gar nichts; ich bin für alles. Ich bin entschieden für *alles*.« Und an anderer Stelle: »Ich gehöre zu keiner Tradition – alle Traditionen gehören mir.«[10] Aber dies bedeutet nur, daß es den Bhagwan und seine Lehren gar nicht gibt, daß das, was in Poona und jetzt in Oregon frühstückte, lehrte und lächelte, *mu* war – *nichts*.

Nichts sagt: Es gibt *nichts*. Nie hat es einen Buddha gegeben, welcher verkündete, es gebe nichts, der das *nirvāṇa*, die Befreiung von ›diesem da‹ und ›jenem da‹ lehrte.

So kann der Guru Maharaji Jī sagen, seine Lehre sei die gleiche für alle Menschen: »My knowledge is like a river. Let a lame man come, it is the same water; let a rich man come, it is the same water; let a poor man come, it is the same water; let an enemy come, it is the same water, let a friend come, it is the same water.«[11] Denn für alle besagt sie dasselbe, nämlich nichts. »Einer, der sagt, Sannyas heißt, zu Gott zu gelangen, redet Unsinn. Sannyas bedeutet, nichts zu erreichen«, meint Bhagwan, dem es wie Johannes vom Kreuz um nichts anderes geht als *tener gusto en nada*.[12] »Ein Gesegneter«, so sagt er, »ist einer, der nicht mehr ist.« Und: »Ich lehre keinen Glauben. Im Gegenteil, ich lehre Freiheit von jedem Glauben. Ich lehre, wie ihr aus dem Gefängnis allen Wissens ausbrechen könnt. Ich gebe euch kein Wissen, sondern nehme es euch. Was ich euch geben will, ist – Leere.«

Dieselbe Lehre von der »Leere« kündet auch der peruanische Philosoph Carlos Castañeda, wenngleich er keine hinduistisch-buddhistischen Begriffe verwendet, sondern solche, die er aus der mesoamerikanischen Tradition genommen und umgedeutet hat.

Wenn wir die Dinge der Welt wahrnehmen, etwas als etwas erkennen, befinden wir uns nach Castañeda im Bereich des *tonal*: »Anything we have a word for is the *tonal*.«[13] Wie dem *saṃsāra* das *nirvāṇa*, so ist dem *tonal* das *nagual* gegenübergestellt, die »Leere« oder das »Nichts«, ›wohin‹ der Guru Castañedas, Don Juan, entschwindet.

Ein solcher ›Zauberer‹ oder ›Wissender‹ ist »outside of everything« und »dispassionate«[14], »ungefärbt von dem, was immer auch kommt und geht«, wie Bhagwan den Wissenden nennt, ein »einsamer Vogel«, der »keine bestimmte Farbe hat«.[15] Er weiß, daß »the countless paths one traverses in one's life are all equal«.

> »A man of knowledge chooses a path with heart and follows it; and then he looks and rejoices and laughs; and then he *sees* and knows. He knows that his life will be over altogether too soon; he knows that he as well as everybody else, is not going anywhere, he knows, because he *sees,* that nothing is more important than anything else. In other words, a man of knowledge has no honor, no dignity, no family, no name, no country, but only life to be lived, and under these circumstances his only tie to his fellow men is his controlled folly. Thus a man of knowledge endeavors, and sweats and puffs, and if one looks at him he is just like any ordinary man, except that the folly of his life is under control. Nothing being more important than anything else, a man of knowledge chooses any act, and acts it out as if it mattered to him. His controlled folly makes him say that what he does matters and makes him act as if it did, and yet he knows that it doesn't; so when he fulfills his acts he retreats in peace, and whether his acts were good or bad, or worked or didn't, is in no way part of his concern.«[16]

Heißt es in der *Brahmana-Upaniṣad* über den, der weiß:
»Er geht, wohin er will, der Unsterbliche,
der goldene Puruṣa, der einzige Vogel.
Man sieht seinen Ruheort,
aber ihn selbst sieht niemand«[17],
so sagt Castañeda über ihn:

> »Upon learning to *see* he no longer needs to live like a warrior, nor be a sorcerer. Upon learning to *see* a man becomes everything by becoming nothing. He so to speak vanishes and yet he's there. I would say that this is the time when a man can be or can get anything he desires. But he desires nothing, and

instead of playing with his fellow men like they were toys, he meets them in the midst of their folly. A man who *sees* has no longer an active interest in his fellow men. *Seeing* has already detached him from absolutely everything he knew before.«[18]

Indem der »einzige Vogel« *sieht,* sieht er, daß er alles ist und damit nichts. Der Augenblick der Erkenntnis ist der Augenblick der Auflösung aller Erkenntnis. Zurück bleibt *nichts*. Wenn der Entsager von seinem Guru im Ganges getauft wird, spricht er die Worte:

OM! *aham brahmāsmi!*	OM! Ich bin Brahman!
OM! *aham asmi!*	OM! Ich bin!
OM! *aham!*	OM! Ich!
OM.	OM.

Das heißt: Der Mensch wird zwar befreit, aber nur in dem Sinne, daß er verschwindet. Es ist nur ein Spiel mit dem Wort »Freiheit«, wenn man sagt, jetzt sei der Mensch frei zu tun, was ihm beliebe. Denn wie kann *ihm* etwas belieben, wenn es ihn gar nicht mehr gibt. Mit seiner Farbe hat der »einsame Vogel« nicht nur den Zwang verloren, unter dem er sein Leben lang gelitten haben mag, sondern auch seine Freiheit. Und sagt man, er sei jetzt »absolut frei« geworden, dann läßt sich mit gleichem Recht sagen, daß er sich in die »absolute Knechtschaft« begeben hat.

»You don't know where you are going«, sagt Bhagwan, »or why you are going. The wind blows to the north, you go to the north; and the wind then drifts towards the south, you drift towards the south. You float with the wind. Wherever you go, it is the same.«[19]

Der Befreite ist also genau so frei wie ein Herbstblatt, das vom Wind bald in die eine, bald in die andere Richtung geweht wird, und er ist so weise wie eine verbeulte Bierdose, die dieser Wind über den Asphalt rollen läßt.

In einer Unterhaltung deutete Castañeda einmal auf seine Pupillen und fragte mich, was ich da sehe.

»Deine Pupillen«, antwortete ich.

»Nein«, entgegnete Castañeda, »Stein!«[20]

»Der Weise hat kein menschliches Herz«, sagt Lao-tse, »er behandelt die Menschen wie strohene Opferhunde.«[21]

§ 22
Der Pfad endet mitten in Petersilie

Wenn Weisheit bedeutet, die Dinge im Schatten der Ewigkeit zu sehen, dann erkennt der Weise, daß nichts die geringste Bedeutung hat, und da folglich auch diese Erkenntnis keine Bedeutung hat, kürzt sie sich weg und läßt alles, wie es ist.

Besonders deutlich wird dies am Beispiel der pyrrhonischen Skeptiker, die im ewigen Widerstreit der Meinungen, der Hektik des Geistes, man kann sagen: dem *saṃsāra* der Ideologien, den »sturmlosen Ort« vermißten, an dem man zur Ruhe kommen konnte.

Wenn man freilich die »gleich starke Gegensätzlichkeit« (ἰσοσθένεια) der Dinge realisiert, wird man gewahr, daß all die gegensätzlichen Meinungen sich letzten Endes gegenseitig aufheben, verschwinden, um dem »Ungestörtsein« (ἀταραξία), der Seelenruhe, Platz zu machen.[1] Das »Stillstehen des Verstandes« (στάσις διανοίας) folgt also nicht aus der Unerkennbarkeit der Wirklichkeit, sondern aus der ›Widersprüchlichkeit‹ der Dinge.[2] »Jedem Logos steht ein ebensolcher Logos entgegen«, und da es nichts zu wählen *gibt*, verflüchtigt sich der urteilende Verstand von selber. »Ohne alle Wertung« (ἀδοξάστως), ohne innere Anteilnahme, ohne ›Anhaften‹ folgt der Skeptiker »den väterlichen Sitten und Gesetzen«, aber nicht, weil diese etwa in irgendeiner Weise einer anderen Lebensform überlegen wären, sondern weil der Skeptiker nun einmal an sie gewöhnt ist.

Nun wird man sagen, daß die »skeptische These« sich gewissermaßen selber im Wege steht und damit die ἀταραξία nicht verwirklicht werden kann. Denn die Behauptung, es gebe nichts zu behaupten, weil jede Behauptung durch eine gegensätzliche, die man mit gleichem Recht vertreten könne, neutralisiert würde, ist ja schließlich auch eine Behauptung.[3]

Die Skeptiker haben deshalb behauptet, daß die »skeptische These« selber keine Behauptung sei, vielmehr eine φονύ, eine reine »Äußerung«[4] wie ein Sich-Räuspern oder irgendein Geräusch, das man von sich gibt. Der Kritiker wird einwenden, daß der Skeptiker auf diese Weise das Problem nur verschiebt

und in einen unendlichen Regreß stürzt, daß er sich eine solche »Äußerung« auch sparen könne, da sie ja *nichts* besagt.
In der Tat gelangt der Skeptiker in eine paradoxe Situation – in eine Antinomie. Er hat dann recht, wenn er unrecht hat. Da jedoch, wie Wittgenstein einmal gesagt hat, eine Antinomie ein Rad ist, das nichts dreht, also keine Funktion in der Sprache hat und damit bedeutungslos ist, hat der Skeptiker sein Ziel erreicht. Die ›skeptische These‹ hat sich den Boden unter den eigenen Füßen weggezogen und verschwindet von der Bildfläche.
Der Skeptizismus, so läßt sich folglich sagen, ist wie die Lehre des Buddha eine Praxis der Selbsteliminierung, des »spirituellen Selbstmordes«, wie Bhagwan es ausdrückt.[5]
Wer aber *nichts* mehr behaupten kann, kann auch *alles* behaupten.
In der *Chāndogya-Upaniṣad*[6] heißt es von dem Weisen, er sei »ein unabhängiger Fürst«, der in allen Welten Bewegungsfreiheit habe. Alle anderen jedoch seien »Untergebene eines anderen Fürsten: Ihre Seinsweisen sind vergänglich, und in keiner der Welten haben sie Bewegungsfreiheit«.
Das Ideal eines derartigen »unabhängigen Fürsten« findet man auch bei europäischen Ideologen der Gegenwart, etwa bei Ernst Jünger, nach dem ein Anarch (im Gegensatz zum tölpelhaften Anarchisten, der sich für eine *bestimmte* Ideologie entschieden hat) »alles sein« kann, »z. B. der größte Spießbürger, der an seinem Schreibtisch sitzt und sagt: Ich mache alle diese Sachen mit, weil es für mich am bequemsten ist. Oder einer, der sich über alles mokiert«, der alles auf sich beruhen läßt, weil keine Sache seine ist.[7]
Sein' Sach' auf nichts gestellt hat auch Paul Feyerabend, für den – wie es scheint – die Welt eine Vanity Fair ist, durch die der »freie Mensch« schlendert, ohne daß er in Versuchung gerät, die Vorstellungen in den Schaubuden mit dem wirklichen Leben zu verwechseln.
Er amüsiert sich zwar hier und dort, und er spielt auch mit, aber er weiß, daß alles nur Spiel ist, *deva-līlā*, das ewige Spiel der Götter, eine Abfolge von Maskeraden des *Nichts*.
Und weil er weiß, daß alles nichts ist, ist er »frei«, ein »unabhängiger Fürst«, der sich durch die Welten bewegt, niemandem untertan, weder der Wahrheit noch der Lüge, der Rationalist

sein mag oder Irrationalist, freilich, »weil es ihm beliebt und nicht, weil es so richtig wäre«.[8]

Mir scheint, daß all diese Ideologien extreme Entlastungsversuche darstellen, die zur Selbsteliminierung tendieren, weil dies offenbar die einzige Möglichkeit ist, die übermächtig gewordenen Spannungen und Widersprüche des Lebens zu lösen, nachdem wir die paläolithische Tundra der Unschuld verlassen haben und nachdem es so aussieht, als ob wir – historisch gesehen – daran gescheitert sind, durch Eingreifen, Herstellen, Entwickeln, Denken usw. zu einem Zustand zurückzukehren, in dem das Leben, so wie es *ist*, noch weitgehend den Charakter einer natürlichen Selbstverständlichkeit hat.[9]

Philosophen und Schizophrene sind es häufig, die heute den Verlust dieser Selbstverständlichkeit am deutlichsten ausdrücken. »Wenn wir im Leben vom Tod umgeben sind«, schreibt etwa Wittgenstein, »so auch in der Gesundheit des Verstandes vom Wahnsinn«.[10] Und seine gesamte Philosophie war nichts anderes als der verzweifelte Versuch, das, was die Inder »die Drehungen des Geistes« nannten, zum Stillstand zu bringen. »Friede in den Gedanken. Das ist das ersehnte Ziel dessen, der philosophiert.«[11]

Immer wieder ist sein Denken um das »Unaussprechliche« oder »das Mystische« gekreist, ist er gegen die Grenzen der Sprache angerannt[12], um dann doch wieder das Nichts zu verdrängen, es ›sprachanalytisch‹ zu eliminieren[13], um zur Ruhe zu kommen, die nur eine scheinbare sein konnte, weil er im Gegensatz zu den Positivisten ein Gefühl für das hatte, was die Kabbalisten und später Heidegger den »Abgrund« nannten.[14]

»Zum Staunen«, schrieb Wittgenstein später, »muß der Mensch aufwachen. Die Wissenschaft ist ein Mittel, um ihn wieder einzuschläfern.«[15] Daß die Wissenschaft das Opium der Intellektuellen war, ist Wittgenstein zeitlebens klar gewesen. Freilich hat ihn diese Einsicht nicht daran gehindert, stets aufs neue einen anderen Traum zu träumen, nämlich den, in welchem das einfache Leben und sein »gesunder Menschenverstand« den Wahnsinn besiegen und die Selbstverständlichkeit des Daseins restituieren.[16]

»Das ist die natürliche Selbstverständlichkeit, die mir fehlt«, sagt eine schizophrene Frau, die später Selbstmord begeht, und sie beschreibt dies so, daß sie stets an all dem, was andere Menschen einfach voraussetzen, »hängen« bleibe. Dabei handelt es sich nicht um ein *Wissen* – »Ich weiß ja, wie ich handeln muß; das hilft mir nicht« –, sondern um etwas, das jedem Wissen vorausgeht: »Um überhaupt mit anderen Leuten Kontakt zu haben, muß ich gewisse Dinge verstanden *haben*. Ich bräuchte gar nicht alles zu wissen, ich bräuchte nur das *Grundsätzliche* verstanden zu haben.« Und: »Die andern sehen nur die richtigen Fragen, die natürlichen Probleme.«[17]

Die »unrichtigen« Fragen, die sich immer wieder aufdrängen und die keine Antwort finden, das sind die »metaphysischen« Fragen[18] im Gegensatz zu den »empirischen« Fragen der Wissenschaftler, und weil es Fragen sind, die ins Nichts, in die »Leere« (*niḥsvabhāvaśūnyata*, kurz *śūnyata*) führen, werden sie von einer Gesellschaft, die es verlernt hat, die Erkenntnis der »Leere« in den Dienst des Lebens zu stellen, verdrängt.[19]

Wir sagten, daß die ›Erkenntnis‹ des *śūnyata* bedeutet, daß der ›Erkennende‹ sich im Augenblick der Einsicht, daß es keinen wesenhaften Unterschied zwischen den Dingen gibt, auflöst, denn wenn alles nichts ist, ist auch diese Erkenntnis nichts. Die »Buddha-Natur« ist nichts – oder, was dasselbe bedeutet: dies da oder jenes.

Ein Zen-Schüler fragt seinen Meister: »Ich habe gehört, es gebe etwas, das keinen Namen hat. Es ist noch nicht geboren; es wird nicht sterben, wenn der Körper stirbt. Wenn das Weltall verbrennt, wird es davon nicht berührt sein. Was ist dies für ein Ding?« Darauf der Meister: »Ein Sesambrötchen«.[20]

Jesus zeigt der Mystikerin Julian of Norwich eine Haselnuß, und sie erkennt, daß dies alles ist, was jemals geschaffen wurde.[21]

Ist freilich auch das Nichts nichts, dann löst sich auch die Gleichgültigkeit auf, weshalb sich etwa der Samurai Suzuki Shōsan über die Zen-Mönche lustig machte, die mit teilnahmslosen Gesichtern herumsaßen, weil sie »die ursprüngliche Leere« erfahren hatten.[22]

»Whenever Buddha was to be represented«, sagt Bhagwan, »people just drew the Bodhi Tree. That was beautiful, because he was just like a tree. Can you say this tree is silent? You cannot, because this tree is never noisy so how can it be silent?

Can you say this tree is meditative? How can it meditate? It never thought, there has been no thinking, so how can it meditate?«[23]

Das Haften an der Befreiung, heißt es im Zen, ist die Fessel der Bodhisattvas. Man kann diesen Satz so verstehen, daß es dem, der nach der Befreiung sucht, so ergeht wie jenem Mann, dem eine alte Zigeunerin sagte, in seinem Garten sei ein Schatz vergraben, den er aber nur dann finden könne, wenn er beim Suchen nicht an Vico Torriani denken würde.

Man kann ihn aber auch so verstehen, daß derjenige, welcher an der Befreiung festhält und nicht sieht, daß es gar keine Befreiung gibt, nur die Gefängniszelle gewechselt hat, ohne dies zu wissen.

Es gibt einen bekannten Zen-Spruch, in dem es heißt, daß jemand, bevor er sich mit Zen beschäftigt hat, die Berge als Berge und die Gewässer als Gewässer sieht. Hat er eine gewisse innere Schau der Wahrheit des Zen erlangt, sieht er, daß die Berge nicht länger Berge und die Gewässer nicht länger Gewässer sind. Wird er aber erleuchtet, dann sieht er die Berge wieder als Berge und die Gewässer wieder als Gewässer.[24]

123 Gurke, unsagbar vor sich hin gurkend.

Bhagwan, der, wie wir gesehen haben, den Erleuchteten mit einem Baum vergleicht, der weder still noch laut ist, interpretiert den eben zitierten Zen-Spruch so, daß der wirklich Erleuchtete »neither attached nor detached« und das Leben deshalb für ihn ein Traum, ein Spiel sei.[25]

Ein Zen-Buddhist würde indessen aus dieser Interpretation folgern, daß Bhagwan ein wilder Affe ist, der an einen Pflock gebunden ist – an den Pflock der Erleuchtung.

»Das gewöhnliche Volk«, sagt Dōgen, »hält es für übernatürlich, wenn man aus dem Körper Wasser und Feuer ausstößt oder durch die Poren Meerwasser einsaugt. Das ist keine wahre Übernatürlichkeit. Echte Übernatürlichkeit, Daijinzū genannt, das ist: Tee trinken, Reis essen, Wasser und Brennholz tragen.«[26]

Eines Tages zeigte der Zen-Meister Yün-men einer Versammlung von Mönchen seinen Stock und sprach:

»Das gewöhnliche Volk hält ihn naiv für Wirklichkeit. Die beiden Fahrzeuge analysieren ihn und erklären ihn für nichtexistierend. Die Pratyekabuddha halten ihn für eine *māyā*-artige Existenz. Die Bodhisattva nehmen ihn für das, was er ist, nämlich sie erklären ihn für leer. Wenn Zen-Jünger freilich einen Stock sehen, so nennen sie ihn einfach ›Stock‹. Wenn sie gehen, dann gehen sie, wenn sie sitzen, dann sitzen sie.«[27]

Und so ist es ja auch, oder? Wenn die Chinesen kommen, kommen die Chinesen. Wenn die Tartaren kommen, kommen die Tartaren.

Ja, wenn das so ist, wird jetzt vielleicht der Leser fragen, ist es dann der Weisheit letzter Schluß, daß alles in Wirklichkeit so sein soll, wie das gewöhnliche Volk es glaubt?

Endet der Pfad mitten in Petersilie?

Nein.

Aber wo endet er dann?

Wenn Sie das wissen wollen, lieber Leser, dann beginnen Sie einfach noch einmal auf Seite 17.

Anhang

* Danken möchte ich an dieser Stelle Raimund Fellinger und Christoph Groffy vom Suhrkamp Verlag sowie Karl Schlesier, der mich nicht nur vor ein paar Jahren bei den Cheyenne in Oklahoma eingeführt hat, sondern der mir auch – als einziger der Cheyenne-Experten – briefliche Fragen beantwortete.

Anmerkungen zu § 1

1 Einige Sutaío haben diesen Berg mit einem Hügel in den Timber Mountains identifiziert, andere wiederum mit dem Black Mountain, der sich ebenfalls in Minnesota befindet. Nachdem die Sutaío und die Tsistsistas, die eigentlichen Cheyenne, den Missouri überschritten hatten und sich im Bereich der Black Hills aufhielten, sah man den Berg in Nowah'wus (»Der Berg, in dem Menschen unterrichtet werden«) in Süd-Dakota, dem heiligen Berg der heutigen Cheyenne, von den Weißen Bear Butte genannt, von den Dakota Mato Paha, »Grizzlybär-Hütte« (cf. J. O. Dorsey, 1894, S. 448), offenbar weil er, von Süden her gesehen, an einen schlafenden Bären erinnert. An der Nordseite von Nowah'wus befindet sich eine tiefe Höhle, die noch nicht erforscht ist, da der Weg in ihrem Innern durch einen riesigen Felsen blockiert ist. Cf. J. Stands in Timber/M. Liberty, 1967, S. 89, und die Abb. in D. S. Hedburg, 1976, S. 96. Dem Obersten Gerichtshof der Vereinigten Staaten liegt gegenwärtig eine Klage der Tsistsistas und der Lakota vor *(Petition for a Writ of Certiorari to the U.S. Court of Appeals for the 8th Circuit,* Omaha 1983), deren Ziel es ist, den Staat von Süd-Dakota daran zu hindern, den heiligen Berg in ein Vergnügungszentrum für Touristen zu verwandeln. Schon heute wird er jährlich von 100 000 Touristen besucht und teilweise verschandelt; im April 1982 sollten die visionssuchenden Indianer eine Gebühr für das Betreten ihres eigenen Berges entrichten, was sie freilich nicht taten. Der Staat von Süd-Dakota beabsichtigt, Touristen mit einem besonderen Leckerbissen anzulocken, nämlich dem Besichtigen und Photographieren betender und fastender Indianer (*Petition*, S. 6). Cf. auch F. Seithel, 1982, S. 276 ff.
2 Offenbar ist also der Grund dafür, daß der Schamane den Berg aufgesucht hat, nicht eine zufällige Hungersnot. Vielmehr handelt es sich um eine Krisis des Kosmos, in der dessen Bewegung zum Stillstand gekommen ist, also eine »Zeit zwischen den Zeiten« im Winter, zu deren Bewältigung der Schamane beizutragen hat.
3 Cf. auch R. C. Petter, 1915, S. 209. Eine alte Sac-Frau bemerkte einst, Is'siwun sei ein archaischer Name der Fox- und Sac-Indianer

und bedeute »aus der Erde kommend«. Auf alle Fälle scheint in dem Wort eine alte Wurzel der Algonkin-Sprache zu stecken, die sich auf Regeneration bezieht. Cf. P. J. Powell, 1969, S. XXIII. Heute deuten die Cheyenne das Wort meist als »Büffelkuh«, aber dies mag damit zusammenhängen, daß die Kappe aus dem Skalp einer Büffelkuh bestehen soll, nach M. Liberty, 1967, S. 379, freilich eher aus Otter- oder Nerzfell. Die Büffelkappe wurde auch bei größeren Kriegszügen getragen. Wer sie trug, war die Speerspitze beim Angriff und tanzte mit ihr vor dem Feind. Cf. G. B. Grinnell, 1910, S. 563, 572 f.

4 Der Ausdruck »Sonnentanz« ist früher von den Cheyenne nie verwendet worden, und er scheint sich von dem Siouxwort *wi wanyang watcipi*, »in die Sonnen schauend tanzen sie«, herzuleiten. Cf. J. O. Dorsey, 1894, S. 451, D. Vazeilles, 1982, S. 117. Wenn Tsistsistas heute englisch sprechen, reden sie nicht von der »Medicine Lodge« oder der »New Life Lodge«, sondern vom »Sun Dance«. Cf. auch R. Anderson, 1972, S. 163. Wir werden freilich sehen, daß es eine gewisse sachliche Rechtfertigung für diese Bezeichnung gibt.

5 Cf. G. Dorsey, 1905, S. 186, sowie G. B. Grinnell, 1914, S. 247.

6 Die Vorstellung, daß der Kosmos jedes Jahr seine Energie verbraucht und daß die Menschen etwas *tun* müssen, um die Welt zu erhalten, haben auch die Pflanzer- und Ackerbaukulturen beibehalten. Bezüglich der vorderasiatischen und altmediterranen Kulturen spricht T. H. Gaster, 1961, S. 17, von der »conception that life is vouchsafed in a series of leases which have annually to be renewed«.

7 Cf. G. Dorsey, 1905, S. 57, 186, W. Müller, 1956, S. 308, Å. Hultkrantz, 1973, S. 9 f.

8 Während des Sonnentanzes der südlichen Cheyenne in Oklahoma im Jahre 1981 sagte mir der Hüter der heiligen Pfeile, Edward Red Hat, der heilige Berg sei selber ein »steinernes Tipi«. Auch die Hütten des Hoodonnistz, der Zeremonie der heiligen Pfeile, sowie die Wolfshütte des Tierrituals Massaum entsprechen Erdhütten. Bei den Pawnee spiegelten nicht nur die Zeremonial-, sondern auch die gewöhnlichen Erdhütten das Weltall wider. Cf. W. Müller, 1970, S. 427.

9 Cf. G. Dorsey, 1905, S. 47.

10 Aus der Tatsache, daß Aufrechte Hörner seiner Begleiterin sagt, er werde nicht vor der gemeinsamen Rückkehr mit ihr schlafen, folgert W. Schmidt, 1929, S. 772, daß der *hieros gamos* nicht während des Sonnentanzes stattfand. Schmidt scheint hierbei zu verges-

sen, daß der »heilige Beischlaf« ja nicht von Aufrechte Hörner und seiner Begleiterin, sondern von dieser und dem Großen Geist ausgeführt wurde.

11 In einem Brief vom 4. Mai 1926 schreibt der Schweizer Mennonitenmissionar Rudolf Petter, einer der intimsten Kenner der Cheyenne und insbesondere ihrer Sprache, an den Commissioner of Indian Affairs: »A great wave of relief and rejoicing is now going through the circles of Shamans and all improgressive Indians. The Indians tell me Mr. Grinnell is helping them and declared he had attended the Crazy Ceremony (gemeint ist die Tierzeremonie Massaum) or Buffalo Dance and saw nothing wrong in it. However, he like some ethnologists excuse such immoral doings on the ground that they are part of the religious worship which should not be judged with our moral standards. This rests only on fallacy for the Cheyenne tell me that long before any school or Church teaching came to them, the immoral parts of these ceremonies were not approved by all, only the fear of the Shamans kept many from remonstrating and a few individuals opposed the obscene rites, even in the long ago.« (P. J. Powell, 1969, S. 351 f.) Richtig an der Aussage mag sein, daß sich vielleicht manche Cheyenne, deren repressive Sexualmoral von Hoebel und Liberty beschrieben wurde, stets an dieser Sutaío-Tradition gerieben haben. Ein zentrales und schwierig zu lösendes Problem ergibt sich hieraus für die Action Anthropology, wie sie beispielsweise von Karl Schlesier vertreten wird: Mit *welchem* Traditionsstrang wird sich der Action Anthropologist identifizieren, und *wie* wird er seine Wahl legitimieren? Es scheint mir nichts zu nützen, von *der* geheiligten Tradition zu sprechen, wie Schlesier dies tut, wenn es einerseits inkompatible Traditionen gibt und überdies innerhalb der jeweiligen Traditionen Uneinigkeiten der Traditionsträger darüber, wie die Überlieferungen zu interpretieren sind. Ein weiteres Problem für die Action Anthropologists wird mit der Frage auftauchen, die sie sich stellen müssen: Werden sie zu richtigen Erkenntnissen gelangen, wenn sie von vornherein den Interpretationen der Vertreter der Führungsschichten (der »great tradition«) mehr Wahrheitsgehalt zubilligen als den Ansichten jener Indianer, die nicht diesen Kreisen angehören (der »little tradition«)? Vergessen sie im Falle der indianischen Kulturen nicht eine Einsicht, die ihnen im Falle ihrer eigenen Kultur stets gegenwärtig ist, daß nämlich hinter allen Interpretationen *Interessen* stehen? Cf. hierzu auch M. Münzel, 1980, S. 63 f.

12 Dies geht aus einer Schilderung von Mary Little Bear Inkanish hervor. Cf. A. Marriott/C. K. Rachlin, 1977, S. 3.

13 Cf. A. S. Straus, 1978, S. 1.

14 Cf. A. W. Bowers, 1950, S. 317 f.
15 Cf. R. H. Lowie, 1913, S. 228 f.
16 Der Brauch wirft wohl auch ein Licht auf jene Sitte der Cheyenne, die *noha'sewestan,* »Jedermanns Frau«, genannt wurde, nämlich die Vergewaltigung einer Frau durch die »soldier band« ihres Ehemannes. Frauen wurden nämlich nicht nur vergewaltigt, wenn sie ihrem Mann wiederholt untreu wurden (als Maßnahme der Demütigung und Entwürdigung der Frau), sondern auch in Fällen, in denen ein Krieger sich auf ein besonders riskantes Kriegsabenteuer einlassen wollte. Cf. K. N. Llewellyn/E. A. Hoebel, 1941, S. 209. Er ließ bei solcher Gelegenheit seine Frau von mehreren Männern vergewaltigen, um sich anschließend deren ›gebündelte‹ Kraft anzueignen.
17 Cf. J. C. Ewers, 1967, S. 6 ff.
18 M. Prinz zu Wied, 1841, S. 181.
19 Cf. A. B. Kehoe, 1970, S. 100. Aus der Tatsache, daß bei den Algonkin (etwa den Cheyenne oder den Arapaho) der rituelle Beischlaf eine kitzligere Angelegenheit war als bei den Mandan oder den Hidatsa, schließt die Autorin, daß er bei den letzteren seinen Ursprung hatte und von diesen Erdhausbewohnern auf die anderen Plainsstämme ausgestrahlt habe. Ich möchte später diese These in Frage stellen; aber unabhängig davon ist zu bedenken, daß auch bei den Cheyenne bei dieser Gelegenheit neben dem eigentlichen *hieros gamos* des Sonnentanzes Ehepaare vor aller Augen den Beischlaf ausführten. Selbst der Indianerfreund Dorsey, dem nicht daran gelegen sein konnte, derartige Gewohnheiten in der amerikanischen Öffentlichkeit breitzutreten, veröffentlichte ein allerdings recht diskretes Photo mit dem Begleittext »Old Chief and Wife Making Love«. Cf. G. Dorsey, 1905, Plate LII, Fig. C. Auch beim Fällen der Bäume zum Bau der Sonnentanzhütte der Kiowa herrschte allgemeine Promiskuität, und wer daran teilhatte, wurde in keiner Weise stigmatisiert. Jeder Mann durfte jede Frau um ein Schäferstündchen bitten. Cf. H. L. Scott, 1911, S. 352 f., M. P. Mayhall, 1962, S. 132. Sexuelle Ausgelassenheit ist auf der ganzen Welt ein verbreitetes Charakteristikum von ›Neujahrsfeiern‹. Während der Neujahrszeremonie der Tiefland-Maya war angeblich sogar die Inzestschranke aufgehoben (cf. D. de Landa, 1941, S. 91), und in einem Lied des Sonnenwendfestes der alten Letten heißt es: »In der Johannisnacht erkenne ich nicht, wer Frau ist, wer Mädchen: ob es eine Frau war, ob ein Mädchen, alle haben Kräuterkränzchen (= Schamhaare).« Cf. H. Biezais, 1972, S. 397.
20 Cf. A. B. Kehoe, 1970, S. 102, ferner W. McClintock, 1910, S. 76 ff. Bei den Gros Ventre (Atsina) diente eine analoge Zeremo-

nie eher einer Demonstration der Selbstdisziplin des »Großvaters«, was an gewisse tantrische Beischlafrituale erinnert, die wir später behandeln werden. Nachdem der »Großvater« die vor ihm liegende nackte Frau bemalt hatte, gab er ihr lediglich eine Wurzel, ohne sein Glied in sie einzuführen. Cf. R. Flannery, 1957, S. 214 f.

21 Cf. G. Dorsey, 1905, S. 130 f.

22 Cf. R. Anderson, 1956, S. 101.

23 In einer etwas hitzigen Diskussion hat Karl Schlesier bestritten, daß der heilige Beischlaf der Cheyenne tatsächlich durchgeführt wurde. Nach Schlesier wurde die Frau des Gelübdemachers vom Sonnentanzpriester nur »symbolisch« berührt. Natürlich kennt die Religionsgeschichte Beispiele für einen solchen symbolischen *hieros gamos* (cf. z. B. K. Rudolph, 1980, S. 254 f.); bei den Cheyenne kann indessen hiervon keine Rede sein. So sagte etwa im Jahre 1963 Mary Little Bear Inkanish zu Pater Powell, der Priester habe den Samen seiner »Manneskraft« in die Frau gepflanzt, um damit die Wiedergeburt des Volkes und der Erde zu garantieren. Die Sprößlinge dieser Verbindungen galten als besonders heilig und trugen einen speziellen Namen, der nur selten erwähnt wurde: »Such children are respected as sacred children.« Auch der Ethnologin Renate Schukies, die über ein Jahr bei den Cheyenne in Oklahoma verbrachte, und mir selbst gegenüber äußerten sich Cheyenne-Priester in dieser Weise. Im Jahre 1922 gab die Cheyenne-Frau Esevona in der Wiedergabe Bertha Petters folgende Erklärung ab: »After I had thus prayed, both of us now being absolutely naked, he (= Nakat) had sexual intercourse with me as part of the ceremony. I do not know what more he did for my eyes were closed. After he had thus used me, we came back to the tent.« In einem Kommentar schreibt der Missionar Petter: »The ›beast‹ (gemeint ist der Priester in seiner Büffelverkleidung) then goes over the body of the woman with ceremonial motions, then after she is in a recumbent or supine position, he directs further motions on her face and breasts *cum pene suo* and then after more motions *insertat eum vase mulieris.*« Cf. J. H. Moore, 1978, S. 318, 321. Nach B. Peyer, 1979, S. 85, wird der heilige Beischlaf auch heute noch ausgeübt, freilich »for obvious reasons« im geheimen. Dies mag für die Cheyenne in Montana zutreffen, ist aber für die südlichen Cheyenne unwahrscheinlich, denn kurz vor der Pfeilzeremonie des Jahres 1982 sagten mir einige Tsistsistas in Oklahoma, daß sie mit dem Gedanken spielten, den Ritus wieder einzuführen.

24 Cf. P. J. Powell, 1969, S. 438, 448 f.

25 Cf. P. J. Powell, 1969, S. 450. Danach schritt die Frau zum Gelübdemacher, ließ ihn an einer kleinen Muschel saugen und sagte:

»Du sollst die Kraft haben, die ich Dir gebracht habe.« Offensichtlich war *dies* ein *symbolischer* Beischlaf und die Muschel ein Symbol für die Vulva der heiligen Frau.

26 Nach der Version eines Informanten der nördlichen Arapaho verkörpert der Große Geist Büffel und *Mond*. Freilich sagte er im gleichen Atemzug, der »Großvater« sei die Sonne. Cf. G. A. Dorsey, 1903, S. 176 f.

27 Vielleicht ist es nicht unnütz, wenn ich hier betone, daß es im Vorhergehenden um den *klassischen* Sonnentanz ging. Heute ist das Motiv der Welterneuerung weitgehend verdrängt durch die Suche der Teilnehmer, insbesondere der Tänzer, nach individuellem Heil, häufig der Heilung von Krankheit, Alkoholismus usw. Cf. J. G. Jorgensen, 1972, S. 17. Längst sind die Bande zwischen den Wesen des Universums zerschnitten, so daß bei den Teilnehmern des Sonnentanzes die Tendenz besteht, *sich selbst* zu retten und eine *persönlich* bedeutsame Vision zu erlangen. Und selbst dann, wenn individuelle Motive zugunsten von sozialen zurücktreten, geht es nicht so sehr um die Regenerierung des gesamten Kosmos, sondern eher um das Überleben des Volkes oder, wie ein Schoschone es formulierte: »We dance the Sun Dance so that we may live during the winter, survive it and manage to live until next summer.« Cf. Å. Hultkrantz, 1979, S. 80, sowie auch R. Clemmer, 1984.

28 Cf. Å. Hultkrantz, 1952, S. 26, W. Müller, 1981, S. 229, L. Spier, 1921, S. 494 f.

29 Cf. Å. Hultkrantz, 1980, S. 236.

30 Cf. P. J. Powell, 1980, S. XII f., G. F. Will, 1913, S. 68.

31 Cf. K. Schlesier, 1968, S. 41, 45.

32 Da nomadisierende jägerische bands notorisch individualistisch sind, wurde die ›Stammeseinheit‹ bisweilen recht gewalttätig erzwungen. Weigerten sich Gruppen, aus diesen oder jenen Gründen am Sonnentanz oder an der Pfeilzeremonie teilzunehmen, wurden ihre Tipis eingerissen, die Büffelhäute zerschlitzt und die Pferde und Hunde erschossen. In indianischen Bauerngesellschaften wird die ›Harmonie‹ des Kosmos häufig erkauft durch einen *verinnerlichten* Zwang. Man denke etwa an die Pueblo-Indianer des Südwestens, bei denen jeder Dorfbewohner irgendwann einmal von irgend jemandem als Hexe verdächtigt wird und die Vorstellung beherrschend geworden ist, hinter jedem Medizinmann, hinter jedem Kachina, hinter jedem, der ein abweichendes Verhalten an den Tag legt, lauere möglicherweise das Böse, verstanden als Störung der kosmischen Harmonie. Cf. J. R. Fox, 1964, S. 182 f. Auch die eigenen üblen Gedanken bringen hier Krankheit und Verderben für die Menschen oder führen zum Ausbleiben von Regenfällen, so daß

die Saat verdorrt. Cf. B. Aitken, 1930, S. 372, 376, E. A. Kennard, 1937, S. 492, L. B. Boyer/R. M. Boyer/H. W. Basehart, 1973, S. 56, 61. Wer dazu neigt, die Lebensideologie dieser Gesellschaften aus zivilisationskritischen Motiven zu romantisieren, sollte lesen, was der indianische Ethnologe E. P. Dozier, 1961, S. 122, über den Totalitarismus der Pueblo-Indianer zu sagen hat.

Anmerkungen zu § 2

1 Das Treffen der beiden jungen Männer spiegelt vielleicht die erste Begegnung der Sutaío und der Tsistsistas wider und deren Verwunderung über die großen kulturellen Ähnlichkeiten, die sie miteinander verbanden. Früher hieß es, die Sutaío seien eine vor langer Zeit von den Tsistsistas oder von den Arapaho abgespaltene band gewesen, und ihre Sprache wurde als ein Tsistsistas-Dialekt angesehen (R. Petter, 1907, S. 476); diese These wurde mittlerweile angezweifelt. Cf. I. Goddard, 1978, S. 68 ff. Auch die Tsistsistas selber sagten, die Sprache der Sutaío sei »entirely different from our language«. Cf. B. Bonnerjea, 1935, S. 141. Den Sutaío, die vermutlich *vor* den Tsistsistas Büffeljäger waren (cf. J. Mooney, 1907, S. 369), und den Tsistsistas fiel wohl vor allem die Ähnlichkeit zwischen der Geschichte von Aufrechte Hörner und der entsprechenden Tsistsistas-Überlieferung von Mutsiuiv, Süße Stehende Wurzel, auf (womit *Actaea arguta* gemeint ist, eine Pflanze, die das Fließen der Muttermilch verstärkt, cf. G. B. Grinnell, 1902, S. 16), eines Schamanen, der (nach einer Version mit einer Begleiterin) in der Höhle eines heiligen Berges von den Geistern *(maiyun)* der belebten und unbelebten Dinge unterrichtet wurde, vor allem aber von den *astuno maiyun tsia stomuni*, den »Horchern unter der Erde«, denen nach Grinnell, 1923, Bd. II, S. 345, eine größere Bedeutung zukam als den »Horchern von oben«. Dort erhielt er vor allem die heiligen Pfeile *(mahuts)*, deren Funktion der der Sutaío-Büffelkappe entspricht. Süße Stehende Wurzel gilt zwar im Gegensatz zu den ›Kulturheroen‹ der meisten anderen Algonkinstämme (cf. A. van Deursen, 1931, S. 125) als Mensch, und sein Schamanencharakter tritt vielleicht noch deutlicher zutage als der von Aufrechte Hörner, denn es heißt, daß er fliegen und Büffelknochen in Pemmikan verwandeln konnte. Doch es gibt auch Überlieferungen, in denen er als ein typischer ›Vegetationsgeist‹ erscheint: Im Sommer, so heißt es, war er ein Jüngling. Wenn das Gras gelb wurde, war er ein reifer Mann und in der Mitte des Winters ein gebeugter Greis, der sich im Frühling wieder verjüngte. Cf. Powell, 1969, S. 466. In der Höhle

hatte er nämlich auf die Frage, was er sei, nicht den Felsen gewählt, der sich ohne Veränderung immer gleich bleibt, sondern die Pflanze, die unsterblich nur ist im Kreislauf des Werdens und Vergehens.

2 Cf. J. Mooney, 1910, S. 251.

3 In verschiedenen Versionen findet sich diese Geschichte bei Powell, 1969, S. 25 f., der sich auf eine Schilderung der 1877 geborenen Mary Little Bear Inkanish stützt, bei Dorsey, 1905, S. 40, E. S. Curtis, 1911, S. 110, und Grinnell, 1923, Bd. II, S. 340 f. In der Version, die J. H. Seger, 1956, S. 139 f., erzählt wurde, sagt Großmutter Erde den jungen Männern, daß die Cheyenne jetzt, da sie so zahlreich geworden seien, nicht mehr von der Jagd auf Kleintiere leben sollten, sondern vom Büffel und vom Mais.

4 Sie ist wie die europäische Kornmutter eine Personifikation des Mais. Cf. J. R. Murie, 1981, S. 187.

5 Möglicherweise handelt es sich um einen Mandan und um einen Hidatsa.

6 Cf. zu Wied, 1841, S. 184, Bowers, 1950, S. 197 f.

7 Cf. J. O. Dorsey, 1888, S. 379, W. Whitman, 1938, S. 194 f.

8 Cf. W. Müller, 1970, S. 244. Bei den Huichol ist der Mais aufs engste mit dem Hirsch verbunden. Paríkata, der Herr der Tiere und Gemahl der Maismutter Keamukame, ließ aus dem Blut des ersten getöteten Hirschs den Mais wachsen, und noch heute wird ein Hirsch getötet, bevor der Mais gepflanzt werden kann. Cf. F. Benítez, 1975, S. 122, B. G. Myerhoff, 1974, S. 199, 221. Für den *hikuritámete*, den Peyote-Pilger zum Ort des Ursprungs, Wirikuta, sind Hirsch und Mais sogar in mystischer Weise identisch. Cf. B. Myerhoff, 1978, S. 226, P. T. Furst, 1972, S. 141 f.

9 Cf. A. L. Kroeber, 1900, S. 183.

10 Cf. G. Dorsey, 1906, S. 62 ff., 109 f.

11 Cf. die Abb. bei J. H. Moore, S. 26 f.

12 In den alten Tagen bestand der Kriegskopfputz der Cheyenne aus einem Federschmuck mit zwei Büffelhörnern. Cf. Curtis, 1911, S. 156.

13 »Before going to war«, schreibt Moore, 1978, S. 180, »Cheyenne men did not expend their energies sexually, saving it for combat.« Über die sexuelle Komponente des Tötens bei der Jagd werden wir später hören. Hier genügt der Hinweis, daß auf nordamerikanischen Felsbildern häufig Jäger mit erigiertem Glied dargestellt sind. Cf. z. B. P. Schaafsma, 1980, S. 142.

14 Cf. G. Hatt, 1951, S. 857.

15 Der Einfluß, den die Missouristämme auf die Ideologie der nach Westen ziehenden Algonkinstämme ausübten, darf sicher nicht zu

gering veranschlagt werden. Auch die Pfeilzeremonie der Tsistsistas ist auf Anregungen, die von den Mandan, Hidatsa usw. ausgegangen seien, zurückgeführt worden. Cf. S. Askin-Edgar, 1971, S. 210.

16 Cf. G. Catlin, 1967, S. 61, 69 f.

17 Cf. J. van Baal, 1966, S. 479, 493.

18 Im Jahre 1680 trafen im Fort Crèvecoeur Weiße auf Angehörige der Chaa – die höchstwahrscheinlich Cheyenne waren. Cf. P. Margry, 1877, Bd. II, S. 54. Auf Teton heißt *sha'ia* »eine fremde Sprache sprechen«, und Shaiela, »Volk mit fremder Sprache«, war die Bezeichnung dieses Sioux-Stammes für die Tsistsistas, woraus sich der Name Cheyenne entwickelte.

19 Cf. G. B. Grinnell, 1907, S. 174 ff., ders., 1926, S. 244 ff., A. L. Kroeber, 1900, S. 180 f.

20 Noch bis weit in die Büffeljägerzeit behielten die Cheyenne-Frauen gelegentliches Pflanzen bei. Cf. P. R. Sanday, 1981, S. 152. Auch die Maismutter selber wird sich aus der Herrin der Tiere entwickelt haben, deren Züge sie teilweise übernahm. Alte Frau, die niemals stirbt, herrschte auch über die Wasservögel, die sie jeden Frühling zu den Mandan schickte, um sie im Herbst wieder zurückzurufen (cf. zu Wied, S. 182), und sie erinnert an die Vogelherrin Tomam der Keten, die weit im Süden in einem steinernen Haus lebt. Jeden Frühling begibt sie sich auf einen Felsen am Jenissei und schüttelt ihre Ärmel aus, aus denen unzählige Flaumfedern fallen, die sich in Gänse, Schwäne, Enten und andere Wasservögel verwandeln, um nach Norden zu den Keten zu fliegen. Im Herbst kehren die Vögel zu Tomam zurück und schlüpfen wieder als Flaumfedern in die Ärmel der Vogelherrin. Cf. I. Paulson, 1960, S. 106 f. Die Maismutter der Mandan und Hidatsa lebte anscheinend genau wie die der Cheyenne in einer Höhle unter dem Wasser, denn sie soll den Vorfahren der Hidatsa Töpfe für eine Regenzeremonie gegeben haben, um jene an das Gewässer zu erinnern, »aus welchem alle Thiere munter tanzend hervor gegangen seyen« (zu Wied, S. 222). Wie ihr Name sagt, ist sie unsterblich; sie altert zwar, verjüngt sich aber wieder durch ein Bad im Missouri. A. W. Bowers, 1965, S. 338, scheint es, »that the native view of Old-Woman-Who-Never-Dies as ›goddess‹ of vegetation was an early belief that preceded agriculture«. Auch die andine Pachamama war einst eine Herrin der Tiere (cf. E. Nordenskiöld, 1924, S. 88), vielleicht vergleichbar der Eschetewuarha der Chamokoko im nördlichen Gran Chaco oder der Kuma der Yaruro, die über die Tiere, aber auch über die Pflanzen gebot. Cf. O. Zerries, 1962, S. 102, J.-P. Chaumeil, 1982, S. 81. Entsprechend der Veränderung der Lebensform geben die Feen der

Darden, einst lediglich Herrinnen der Tiere und der Fruchtbarkeit, den späteren Schamanen die ersten Gerstenhalme und Weintrauben mit. Cf. I. Müller-Stellrecht, 1973, S. 173. Herrin der Tiere *und* Erdgöttin ist Tüwapongtsumi, Sand-Altar Frau, insbesondere Herrin der Bergschafe, die die jungen Hopi-Männer initiiert, während Tihküyi, Kind-Fruchtwasser Frau, zudem Geburtsgöttin ist, genauso wie Pahpobi Kwiyo, die Feuerblumenfrau der Tewa. Cf. R. Freise, 1969, S. 42, 48.

21 K. Schlesier, 1982, S. 122, meint offenbar, daß auch die heutigen Cheyenne-Priester *(maheonhetaneo)* als Schamanen *(tsemaheonevsts)* anzusehen seien, weil sie sich »neben ihrer fachlichen Ausbildung auch um die Erlaubnis und den Beistand der spirituellen Mächte ihrer Welt bemühen«. Diesem Argument liegt meines Erachtens eine in Amerika weithin übliche Verwässerung des Begriffs ›Schamane‹ zugrunde (cf. hierzu Å. Hultkrantz, 1973, S. 25 f.), denn schließlich wäre nach Schlesiers Kriterium auch ein Odenwaldpfarrer ein Schamane. M. Liberty, 1970, S. 78, macht in diesem Zusammenhang geltend, daß sich »the role of priest as a specialist trained by the establishment and cut off from personal spiritual communication« bei den Plains-Indianern nie entwickelt habe. Dies *mag* der Fall sein, aber selbst dann sind Plains-Priester keine Schamanen, denn wer wollte unserem Odenwaldpfarrer eine »personal spiritual communication« absprechen, wenn er zu seinem Gott betet? Auch Visionen und Auditionen, die während des Fastens auf Nowah'wus sich einstellen (cf. K. Schlesier, 1980, S. 55), sind kein hinreichendes Kriterium, es sei denn, man ist bereit, jemanden, der Za-Zen übt und dabei einen Buddha sieht, einen Schamanen zu nennen. Bereits R. B. Dixon, 1908, S. 9, bemerkte, daß die Plains-Priester längst keine Schamanen mehr seien, und dieselbe Meinung vertrat auch der Pfeilhüter Medicine Elk, der zwischen Priestern und Medizinmännern unterschied, wobei er von den letzteren sagte, sie hätten teilweise noch bis ins 20. Jahrhundert hinein »spirits« gehabt. Cf. S. S. Edelmann, 1970, S. 48. Auch die Medizinmänner der Navaho sind keine Schamanen mehr. Natürlich gibt es noch Rituale wie Plumeway, Eagle Catchingway oder Beautiway, die eine schamanische Reise zu den Hütern der Tiere in die Unterwelt zum Gegenstand haben, aber schon seit langer Zeit gibt es niemanden mehr, der diese Reise selber durchführen könnte (cf. K. W. Luckert, 1975, S. 191 ff.), so wie es auch bei den Cheyenne längst niemanden mehr gibt, der etwa in der Lage wäre, die Alte Frau unter dem Wasserfall zu besuchen. Cf. auch R. Ridington, 1971, S. 288, R. L. Jones, 1976, S. 29. Denn wie könnte ein heutiger Cheyenne-

Schamane eine Büffelmutter besuchen, wo es doch keine Büffel mehr gibt?
22 Cf. K. Schlesier, 1983, S. 241 f., ders., 1984, Kap. VI.
23 Bei den Slowenen heiratet beispielsweise die »wilde Frau«, *divja žena*, in deren Namen die Diana weiterlebt, die spätere Anführerin der nachtfahrenden Weiber (cf. C. Ginzburg, 1980, S. 13 f., 62 ff., G. Henningsen, 1984, S. 164 f.), einen Bauern. Cf. J. Schmidt, 1889, S. 417. Der Alpenbauer, der die Salige als Frau heimführt, verliert sie wieder, weil sie eben doch kein Mensch ist. Cf. W.-E. Peuckert, 1949, S. 111, C. Lecouteux, 1982, S. 187 ff.
24 Å. Hultkrantz, 1983, S. 170, hat meine Auffassung kritisiert, die ›jenseitige Welt‹ der Indianer sei nicht ›das ganz Andere‹, also eine im strengen, metaphysischen Sinne *andere* Wirklichkeit, wie wir sie von unseren ›Transzendenzreligionen‹ kennen, vielmehr nur die andere Seite *der* Wirklichkeit, und er ist der Auffassung, daß ich meine eigenen philosophischen Lieblingsvorstellungen mit denen der Indianer verwechsle. Er selber meint dagegen, der Indianer lebe in zwei Welten, »both equally real and essentially coexistent in space but totally different in kind« (Hultkrantz, 1983b, S. 239), ja er spricht sogar davon, daß die beiden Welten in einem »dichotomischen« Verhältnis zueinander stehen. Ich finde diese Kritik nicht überzeugend. Allein in unserer Geschichte sehen wir, daß von einer ›Dichotomie‹ der Welten keine Rede sein kann, denn Ehyoph'sta ist eine Büffel-Frau, ein Tiermensch, und sie ist es ja, die teilhat an beiden Welten, der anderen Welt, also der Tierwelt, und der Welt der Menschen, wenn sie auch aufgrund ihres Wesens in dieser Welt nicht bleiben kann. Ich meine, daß Hultkrantz die Weltauffassung der Indianer *grundlegend* mißversteht, wenn er Transzendenzvorstellungen jüdisch-christlicher Prägung mit den ›Jenseitsvorstellungen‹ der Indianer verwechselt. Schon das griechische ›Heilige‹ ist so nicht verstehbar, denn ἱερόν stimmt in seiner Grundbedeutung »zu der griechischen Vorstellung, die die Götter gern als die ›Stärkeren‹, κρείττονες, bezeichnet« (K. Latte, 1974, S. 176), und man hat sogar gesagt, die Anwendung des Wortes ›übernatürlich‹ auf homerische Göttervorstellungen sei ein Anachronismus. Cf. W. Kaufmann, 1979, S. 168, auch B. Saler, 1977, S. 49 f. So waren die ersten Gewehre, die die Dakota sahen, *wakan*, aber auch die Pferde nannten sie *shun-ka-wah-kon*, was man mit »wunderbare Hunde« übersetzt hat. Cf. J. O. Dorsey, 1894, S. 433. Manche Kriechtiere waren *wakan*, weil ihr Biß tödlich ist, und manche Pflanzen waren es, weil sie giftig sind. Cf. J. R. Walker, 1978, S. 184. Für die Algonkin waren manche Dinge *manitu*, weil man keinen Namen für sie hatte; und das gleiche gilt für das *maheo* der Cheyenne. Als eine Frau von

einem Salamander sagte, er sei *manitu*, machte man sich über sie lustig, indem man seinen Namen nannte. Cf. C. Lévi-Strauss, 1950, S. XLIII, F. V. Hayden, 1863, S. 309, ferner L. P. Kellogg, 1917, S. 111, C. Vecsey, 1983, S. 136. Wenn also G. Schmid, 1971, S. 191 f., meint, daß die Kategorien des Heiligen und des Interessanten sich überschneiden, so kann man beinahe sagen, daß für die Indianer diese Kategorien bisweilen identisch waren. Cf. auch A. Bharati, 1983, S. 41 f. Damit hängt auch zusammen, daß solche Völker sich normalerweise kaum vor dem Heiligen mit dem Gesicht nach unten in den Staub werfen. M. Oppitz, 1981, S. 269, beschreibt etwa, wie im Verlauf einer schamanischen Séance der nördlichen Magar »gelärmt, gelacht, geschäkert, gegessen, geraucht, gerülpst und reichlich Alkohol genossen« wird, so »wie bei jeder anderen geselligen Zusammenkunft auch«, und ähnliches habe ich bei religiösen Zeremonien der Cheyenne erlebt. Cf. H. P. Duerr, 1982, S. 79. Cf. auch R. Greve, 1982, S. 264.

25 Nach dieser ›historischen Pause‹ in der Großwildjagd wird den Cheyenne das Töten der großen Huftiere nicht leichtgefallen sein. In Minnesota waren sie zeitweise mit einem anderen Algonkinstamm, den Móiseo, alliiert, die zunächst gemeinsam mit den Cheyenne in die Prärie vorstießen. Doch bald kehrten die Móiseo wieder in ihre alte Heimat zurück. Wie sie sagten, sehnten sie sich nach den Enten auf den Seen. Überdies kamen nachts die Geister der getöteten Büffel in ihre Tipis und starrten sie mit großen Augen an, so daß die Jäger es nicht mehr über sich brachten, weitere Tiere zu erlegen. Cf. J. Mooney, 1907, S. 368.

26 Cf. Moore, 1978, S. 164 f., Schlesier, 1982 (Ms.), S. 2. Ob in solchen Höhlen Tiermalereien oder -gravierungen angebracht wurden, konnte ich nicht ermitteln. Fest steht, daß früher viele Cheyenne nach der Visionssuche das Erlebte in Felsbildern festhielten. Cf. Stands in Timber/Liberty, S. 104 f. Es heißt auch, daß während des Sonnentanzes in der die Höhle repräsentierenden Hütte kleine Lehmfiguren von Büffeln, Elchen, Hirschen, Antilopen, Vögeln und anderen Tieren am Sonnentanzpfahl, der Weltenachse, niedergelegt wurden. Am Pfahl selber hingen die Figuren eines Büffels und eines Mannes mit erigiertem Glied, wie übrigens auch am Sonnentanzpfahl der Oglala. Cf. J. R. Walker, 1917, S. 109 f., L. Dräger, 1961, S. 83, T. H. Lewis, 1972, S. 45, T. E. Mails, 1978, S. 201. Natürlich kann man dieses erigierte Glied als ein Fruchtbarkeitssymbol verstehen, aber es gibt noch eine zweite Interpretationsmöglichkeit. Bekanntlich trieben sich die Cheyenne Adlerklauen oder kleine Spieße durch die Brustmuskulatur, an denen Seile befestigt waren, die man mit dem Sonnentanzpfahl verband. Zuweilen

wurden die Betreffenden, die zu diesem Selbstopfer bereit waren, richtiggehend aufgehängt, und die Prozedur hieß »hanging from the center pole« (E. A. Hoebel, 1960, S. 16). Vielleicht kam der Brauch, durch den man auch Visionen zu erlangen hoffte, aus dem Süden; in Mexiko bohrte sich ja Ce Acatl Quetzalcoatl nach den *Annalen von Cuauhtitlan* Türkis-, Jade- und Muschel»dorne« durch das Fleisch, um zu einem Gesicht zu gelangen. Früher, so heißt es nun, hängten die Cheyenne einen Kriegsgefangenen an den Sonnentanzpfahl und opferten ihn, und es könnte sein, daß das Männchen mit dem erigierten Glied ein Substitut war für den Geopferten mit dem typisch steifen Glied eines Erhängten! Junge Polareskimo hängen sich noch heute, um sich sexuell zu erregen, mit Lederriemen an den Abhang einer Klippe, was bisweilen zu Todesfällen führt. Außerdem soll diese Prozedur manchmal das Zweite Gesicht verleihen. Cf. J. Malaurie, 1979, S. 177.

27 Cf. J. Moore, 1978, S. 168. Bei den Hidatsa galt die Schwitzhütte als eine Gebärmutter (cf. R. L. Hall, 1983, S. 97), und vielleicht waren auch die Schwitzhütten der Cheyenne, von denen Curtis, 1911, S. 116 f., meint, sie seien symbolische Büffelleiber, Uteri, eventuell der Leib der Büffelmutter, was den Glauben erklären würde, man könne in ihnen Toten zur Wiedergeburt verhelfen. Am ausgeprägtesten scheint diese Symbolik in Mexiko zu sein. Einer der Namen der aztekischen Erdmutter lautete Temazcalteci, »Großmutter des Schwitzhauses«, und offenkundig wurde der Aufenthalt in der Schwitzhütte als ›Tod‹ und das Wiederherauskommen als ›Wiedergeburt‹ aus dem feurigen Leib der Muttergöttin erachtet, deren Konterfei unter dem Boden der *temazcal* vergraben lag. Die Indianer krabbelten auf Händen und Knien durch den engen Eingang hinaus und wurden dabei mit einem Dutzend Krügen kalten Wassers überschüttet, ähnlich wie die Neugeborenen kalt gewaschen wurden. Cf. P. Furst, 1977, S. 78. Im *Codex Magliabechiano* sind Kopf und Oberkörper der Göttin in der Weise über dem Eingang zum Schwitzhaus angebracht, daß man beim Eintreten gewissermaßen in ihre Vagina kriecht. Die Göttin war auch die Schutzheilige der Geburt, was besonders im *Codex Nuttall* deutlich wird, in dem die Geburt des Gottes Yei Tecpatl, »Drei Feuerstein«, gezeigt wird, der bereits den Leib seiner Mutter verlassen hat, aber noch an der Nabelschnur hängt. Dem Bild gegenüber ist ein Schwitzbad zu sehen. Durch einen omegaförmigen Eingang, der von den Amerikanisten als Vulva interpretiert wird, kriecht ein Mensch in den Uterus, offenbar um daraus wiedergeboren zu werden. In einem anderen Eingang dieses Schwitzhauses ist eine Schnecke abgebildet, das Symbol der Vulva.

Cf. H. Krumbach, 1982, S. 109 f., 114 f. Bei den Navaho war die mythische Schwitzhütte eine Felsenhöhle, die von den vormenschlichen Jägern wie Wolf und Puma mit einem Feuer erhitzt wurde. Cf. K. W. Luckert, 1979, S. 126.
28 Cf. K. F. Wellmann, 1979, S. 165, 171, C. Grant, 1983, S. 54 f., J. Vastokas/R. K. Vastokas, 1973. Bei vielen indianischen Völkern holen sich die Schamanen ihre ›Macht‹ in meist weiblich gedachten Höhlen, so die der wildbeuterischen Seri (cf. D. Coolidge/M. R. Coolidge, 1939, S. 94) oder die Apache-Schamanen, insbesondere die *gahe* oder *jajadeh*, die als Repräsentanten gleichnamiger Höhlengeister angesehen werden. Ein uralter Chiricahua-Apache berichtet, wie sein Vater in der Wildnis auf einen Geist traf, der ihn in einen engen Höhlenschlund führte, vorbei an zermalmenden Felsen und einer riesigen Schlange, die er mit einem ›Scht!‹ zur Ruhe brachte. Nachdem er einen langen Tunnel durchquert hatte, gelangte er in ein wunderbares Land, in dem ihm Alte Frau und Alter Mann *diyee*, ›Macht‹, gaben sowie Lieder, Tänze, Bemalungen und Gebete. Cf. L. B. Boyer, 1979, S. 217 f., ferner ders., 1982, S. 64 f.
29 Cf. K. W. Luckert, 1975, S. 140, 193 f. Freilich scheint die *Herrin* der Tiere insbesondere bei den Algonkin verbreitet gewesen zu sein. Cf. Å. Hultkrantz, 1961, S. 57. Eine Hirsch-Frau, vergleichbar der der Navaho, und eine Herrin der Tiere war ursprünglich auch die Suhuy Dzip der Maya, die das Rotwild vor dem Jäger schützte. Cf. de Landa, S. 155. Mit ihr wohl identisch ist die spätere *x-tabai*, eine berückende, langhaarige Waldfrau, allerdings mit knöchernem Rücken, den der Jäger meist erst spürt, wenn er sie während des Beischlafs umarmt. Cf. D. E. Thompson, 1954, S. 28, V. Perera/R. D. Bruce, 1982, S. 160. Gelegentlich entführt sie Menschen in die Unterwelt. Cf. R. Redfield/A. Villa Rojas, 1934, S. 122. Auch die nach dem Jäger lüsterne nordische Tierherrin, die *skogsfru* (cf. Å. Hultkrantz, 1961, S. 83 f.), hat häufig einen hohlen (cf. S. Erixon, 1961, S. 34) oder einen verknorpelten Rücken. Sie ähnelt etwa den steirischen Strigholden, die noch bis vor kurzem den Wanderer in ihre Netze lockten, um ihn zu beschlafen. Cf. V. Waschnitius, 1914, S. 21 f.
30 Cf. L. J. Sternberg, 1935, S. 236 ff., 266. Von diesem Weltenbaum holt der Schamane auch die kleinen Enten gleichenden Kinderseelen, um sie den Müttern zu geben.
31 Cf. Bowers, 1950, S. 177 ff., W. Müller, 1970, S. 306, 308, 315.
32 Bei den Cheyenne-Zeremonien wie Sonnentanz oder Massaum repräsentierte der Büffelschädel die Erdmutter und damit die Fort-

pflanzungskraft und die Nahrung. Cf. G. B. Grinnell, 1919, S. 363 f. Auf dem Medicine Mountain etwas oberhalb der Baumgrenze befindet sich das steinerne »Medizinrad«, das wie die Sonnentanzhütte – und auch die normalen Cheyenne-Tipis (cf. S. Campbell, 1915, S. 688) – nach Osten hin offen ist. Bei den aufgeschichteten Steinen in der Mitte des Medizinrades verblich um die Jahrhundertwende, als S. C. Simms (1903, S. 108) den Ort besuchte, ein Büffelschädel, der offenbar in die Richtung der aufgehenden Sonne gelegt war, ähnlich wie der Büffelschädel am Zentralpfeiler der Sonnentanzhütte. Als der Ethnograph Grinnell dem um 1810 geborenen Cheyenne Elk River die Zeichnung zeigte, die Simms von der Anlage angefertigt hatte, meinte der alte Mann, dies sei »the plan of an old time Cheyenne Medicine Lodge. The outer circle of stones represented the wall of the Medicine Lodge, the lines leading toward the center, the rafters, and the small circle in the center, the center pole.« Das Medizinrad hat 28 Speichen, und dies ist auch die Anzahl der Sparren der Sonnentanzhütte. Cf. Grinnell, 1922, S. 307, 310, F. Miller, 1980, S. 100. Es ist vermutet worden, daß das Medizinrad eine ›Geländeuhr‹ darstellt (cf. P. L. Brown, 1976, S. 308 ff., W. Müller, Brief vom 5. 8. 1983). Ich will dies nicht bestreiten, aber mir scheint, daß es überdies eine religiöse Bedeutung hatte: War das Medizinrad ein ›Stonehenge‹ und die Sonnentanzhütte ein ›Woodhenge‹, wie es sie auch in Europa gab (cf. R. A. Maier, 1962, S. 5 ff., H. Behrens, 1981, S. 172 ff.)? Und wenn wir beim Spekulieren sind: Fiel der Strahl der bei der Sommersonnenwende aufgehenden Sonne auf den Büffelschädel, der die Erdmutter repräsentierte, d. h., befruchtete die Sonne die Erde, so wie der Sonnentanzpriester die heilige Frau befruchtete? *Wenn* diese Spekulation zutreffen sollte, dann hätten wir hier vielleicht ein Analogon zu dem mutmaßlichen *hieros gamos,* der in New Grange, das um 2500 v. Chr. erbaut wurde, stattgefunden haben mag. Dort fällt während der Wintersonnenwende vier Minuten nach Sonnenaufgang der Strahl der Sonne durch einen eigens dafür angebrachten Schlitz über dem Eingang des Megalithgrabes und erleuchtet siebzehn Minuten lang die Zentral- und die Endkammer, und zwar insbesondere drei Spiralen an der rechten Wand. Cf. E. S. Twohig, 1981, S. 133, C. O'Kelly, 1971, S. 93 ff., W. Müller, 1982, S. 63, J. N. G. Ritchie, 1982, S. 28, H. A. W. Burl, 1982, S. 143. Ähnliches hat man auch für das Megalithgrab von Dissignac und vor allem für das berühmte Stonehenge angenommen und gemeint, daß einmal im Jahr der Altarstein als Repräsentant der Erdgöttin durch die Sonne ›befruchtet‹ worden sei, ein Motiv, das man noch in vielen Märchen und Sagen finden

könne. Cf. F. A. van Scheltema, 1962, S. 531, A. T. Hatto, 1953, S. 103, C. von Korvin Krasinski, 1974, S. 76, kritisch J. D. Bu'lock, 1953, S. 164.
33 Cf. Bowers, 1965, S. 437 f. Auch bei den Dakota, Assiniboin, Cherokee usw. kamen die Wildtiere, insbesondere die Büffel, aus Gebirgshöhlen oder Quellen. Cf. J. O. Dorsey, 1894, S. 477, R. H. Lowie, 1909, S. 187, J. Mooney, 1900, S. 243 f., 249. Bei den Pawnee traf ein junger »weiser« Mann vor einer Höhle »Mutter Mond«, die abwechselnd Jungfrau, reife Frau und Greisin war. Sie gab ihm eine Adlerfeder, mit der er künftig die Büffel aus der Höhle holen konnte. Cf. G. A. Dorsey, 1906, S. 21 ff., 473 f., J. R. Murie, 1981, S. 395 f. Derartige Mythen findet man fast überall auf der Welt: Wie die Cheyenne, so kamen auch die Buschleute einst aus einer Erdhöhle, und aus dieser Höhle strömten auch riesige Tierherden. Cf. J. D. Lewis-Williams, 1975, S. 418. In einer Geschichte der südsudanesischen Bongo speerte eines Tages ein Jäger einen Büffel, der mit der Waffe in der Flanke in eine Höhle flüchtete. Der Jäger folgte ihm und gelangte in das Dorf von Ioma gubu, des Herrn der Tiere, wo zahlreiche Büffel grasten. Cf. W. Kronenberg/A. Kronenberg, 1981, S. 97 f., 205 f.
34 Ehyoph'sta ähnelt in gewisser Weise der aus Mato Paha (dem Nowah'wus der Cheyenne) gekommenen Weiße Büffelkuh Jungfrau der Siouxstämme. Cf. R. J. de Mallie/R. H. Lavenda, 1977, S. 155. Die Lakota erzählen, daß in einer Hungersnot zwei Jäger ausgesandt wurden, Wild aufzuspüren. Da sahen sie am Horizont eine geheimnisvolle Frau auftauchen. Die Frau kam näher, und sie war so schön, daß die Geschlechtslust des einen Jägers aufflammte, was ihm freilich nicht gut bekam, denn die Jungfrau verwandelte ihn augenblicklich in ein Skelett. Den Züchtigeren der beiden schickte sie dagegen zu seinem Volk zurück mit dem Auftrag, dieses auf ihr Kommen vorzubereiten. Am folgenden Tag brachte sie dem Volk die heilige Pfeife, unterwies es in den heiligen Zeremonien, verwandelte sich daraufhin zunächst in ein Büffelkalb, dann in einen weißen und in einen schwarzen Büffel und verschwand. Cf. Schwarzer Hirsch, 1982, S. 13 ff., P. B. Steinmetz, 1980, S. 52.
35 Künftige Schamanen erhielten ihre Macht meist, wenn sie sich auf Jagdzügen verirrten und längere Zeit in der Einsamkeit verbringen mußten. Cf. J. Rousseau, 1953, S. 153.
36 Das »Geisterhaus« *(kooshapashiken)* der Montagnais-Naskapischamanen, in denen die Hilfsgeister *(mistapéo)* die Tiere und Pflanzen, aber auch die Sonne, den Mond und die Steine riefen (cf. J. E. Lips, 1947, S. 479 f.), wird wohl als die ›Urform‹ des Sonnentanzes anzusehen sein. In ihm sind schon die kosmischen Bezüge

sichtbar, die für den klassischen Sonnentanz der Algonkin charakteristisch sind.
37 Cf. F. G. Speck, 1935, S. 58, 84 ff., 90, 171, L. M. Turner, 1984, S. 329.
38 Offenbar hatte bei den Naskapi und den Montagnais jede Spezies der Tiere ihren Herrn oder ihre Herrin. Von besonderer Bedeutung scheint der Biber gewesen zu sein. Der »Herr der Biber« besuchte die Jäger der Mistassini und sagte ihnen, wo und unter welchen Bedingungen sie Jagdwild finden würden. Solche Tierherren und -herrinnen wurden bisweilen persönliche Schutzgeister der Jäger. Cf. Speck, 1917, S. 16 f. Bei den Naskapi gab es eine Überlieferung, nach der ein Jäger eine Liebesbeziehung zu einer Biberfrau anknüpfte, die ihm zwei Kinder schenkte. Cf. L. M. Turner, 1894, S. 339 f. Der Riesenbiber Micta'mack der Naskapi-Montagnais (cf. Speck, 1935, S. 110 f.) erinnert an eine sehr frühe Quelle, in der davon die Rede ist, daß die »Chaguyennes« einen riesigen weißen Biber, »père de tous les castors«, verehrt hätten, der in der Mitte eines Sees lebte. Cf. M. Perrin du Lac, 1805, S. 275.

Anmerkungen zu § 3

1 Cf. E. W. Hawkes, 1916, S. 124 ff., 154, L. M. Turner, 1894, S. 200 f., E. Holtved, 1967, S. 29. Bei den Iglulik-Eskimo heißt sie Tugtut Igfianut, und die Jäger opferten ihr früher vor jeder Karibujagd. Cf. K. Rasmussen, 1929, S. 195. Die Karibu-Eskimo nennen die Herrin der Jagdtiere Pinga, und die Seelen der verstorbenen Tiere und Menschen fliegen zu ihr, um wiedergeboren zu werden. Cf. Rasmussen, 1930, S. 56. Der Herr der Tiere der Labrador-Eskimo, die noch bis ins 17. Jahrhundert hinein am St. Lorenz-Golf, also ziemlich weit südlich, siedelten, bis sie von den Algonkin nach Norden gedrängt wurden (cf. K. Birket-Smith, 1930, S. 4), lebt in Gestalt eines riesigen Karibubullen in einem Haus aus Torf und Fels oder in einer tiefen Höhle.
2 Cf. J. F. Fisher, 1975, S. 28, W. Thalbitzer, 1928, S. 378, ders., 1928b, S. 401.
3 Cf. F. Boas, 1901, S. 145, K. Rasmussen, 1931, S. 213, J. G. Oosten, 1977, S. 28 f., 76. Auch die Chugach-Eskimo im südlichen Alaska haben eine Mutter der Landtiere, aber eine besondere Mutter der Seetiere. Cf. K. Birket-Smith, 1953, S. 121. In Alaska ist die Tierherrin indessen nicht allgemein verbreitet. Cf. R. F. Spencer, 1959, S. 265. So reist beispielsweise bei den Eskimo der Insel Nunivak der Schamane meist auf den Mond, um dort um die Tiere zu

bitten. Es gibt zwar auch eine Seefrau Immantschoa, doch sie steht etwas im Hintergrund. Cf. H. Himmelheber, 1980, S. 30, ferner M. Lantis, 1947, S. 89.
4 Cf. H. N. Wardle, 1900, S. 569 f.
5 Auf Baffinland herrschte während solcher schamanischer Exkursionen häufig sexuelle Promiskuität, die »Auslöschen der Lampen« genannt wurde. Ihr Ziel war es, den Jagderfolg und die Fruchtbarkeit zu fördern (cf. R. Kjellström, 1973, S. 152 f.) oder, wie es hieß, um die Meeresgöttin zu erfreuen. Cf. E. M. Weyer, 1962, S. 358 f.
6 Cf. F. Boas, 1888, S. 196.
7 Cf. D. Jenness, 1922, S. 188. Auf Baffinland wurde die Tierherrin harpuniert, und wenn sie in die Tiefe tauchte, folgte ihr die ›Seele‹ des *angakut*, um ihr ein Messer in den Leib zu rammen. Darüber freute sich die Sedna, was vielleicht bedeutete, daß ursprünglich der Schamane ihr mit einem Messer die Sünden und Übertretungen der Menschen, die in Form von Schmutz ihren Leib verkleisterten, abschabte. Cf. F. Boas, 1901, S. 139. Vielleicht schnitt auch der Schamane die Jagdtiere aus ihrem Fell und ihren Haaren, denn einst waren ja auch die Meerestiere aus den Fingergliedern der Sedna entstanden. Der allem Anschein nach sehr alte Sedna-Mythos (cf. W. E. Taylor, 1975, S. 479), auf den ich hier nicht eingehen will (cf. hierzu E. Haase, 1980, S. 8 ff.), ist sehr komplex und weitverbreitet und fügt verschiedene mythische Elemente zusammen. Cf. R. Savard, 1970, S. 1332 f., W. Thalbitzer, 1930, S. 77. Bei den Tschuktschen wurde die Mutter der Walrosse offenbar noch theriomorpher gedacht als bei den Eskimo. Cf. W. Bogoras, 1907, S. 315 f., I. Paulson, 1962, S. 77. Im allgemeinen ist sie nicht nur, wie G. Róheim, 1924, S. 160, meint, ein den Menschen freundlich gesonnenes Wesen, sondern durchaus ambivalent. Das Christentum hat mittlerweile aus ihr eine Teufelin gemacht, so, wie es bereits vor langer Zeit die vorderasiatische Kybele in des Teufels Großmutter verwandelt hatte.
8 Cf. A. Balikci, 1967, S. 205. Auf den mikronesischen Gilbert-Inseln reiste die ›Seele‹ des Schamanen nach Mone, dem Land unter dem Wasser, um dort die Tümmler zu bitten, zum »Tanzen« an Land zu kommen. Der König der Tümmler gab seine Einwilligung, und die Tiere schwammen zur Insel, an deren Strand das ganze Dorf die Herde in Festkleidung erwartete. Dann sprachen die Leute mit den Tümmlern und spielten mit ihnen, doch schließlich brachte »jedermann einen ›Bruder‹ mit an Land, nur zu dem Zweck, um ihn brutal zu schlachten«. Cf. C. Derrick, 1974, S. 165.
9 D. Cranz, 1765, S. 264 f.

10 Cf. K. Rasmussen, 1922, S. 43 f., ders., 1927, S. 28 ff. Bei den Netsilingmiut lauerten die Hilfsgeister des Schamanen meist der Nuliajuk auf dem Meeresgrund auf, rammten ihr einen Haken ins Fleisch und ließen sie erst wieder frei, wenn sie dem Schamanen versprach, die Tiere nicht länger zurückzuhalten. Cf. Rasmussen, 1931, S. 226. Auf der Reise zu Takánakapsâluk glitt der Schamane wie in einer engen Röhre auf den Meeresboden hinunter, und je nachdem, mit welcher Kraft er sich gegen die Wandung preßte, konnte er die Fallgeschwindigkeit bestimmen. Die Tierherrin saß in ihrer Hütte, und in einer Wasserstelle neben ihrer Lampe tummelten sich Walrosse, Robben, Bartrobben und Wale. In wirren Strähnen hing der Frau das Haar übers Gesicht, so daß sie nichts sehen konnte. Ihr Leib war über und über bedeckt von den Verfehlungen der Eskimo. Der Schamane kämmte ihre Haare, beschwichtigte ihren Zorn und griff sich unterdessen die Tiere, damit sie sich ins Meer zerstreuen konnten. Dann ging es in rasender Fahrt wieder die Röhre aufwärts, wobei der Schamane ein Geräusch ausstieß wie eine große Robbe, die in ein Atemloch hochschießt, um nach Luft zu schnappen. A. E. Jensen, 1978, S. 285, meint, solche schamanischen Fahrten seien »nur« dramatische Vorführungen gewesen, vergleichbar der Ermordung des Macbeth auf der Bühne. Niemand habe daran geglaubt, daß der Schamane wirklich auf den Meeresgrund gefahren sei – es habe sich lediglich um die »bekräftigende Darstellung des geistigen Vorgangs« gehandelt, und dies sei jedem klar gewesen. Ich halte diese These Jensens für verfehlt, für eine Schutzbehauptung, mit der die ›Wilden‹ davor gerettet werden sollen, vom modernen Wissenschaftler für leichtgläubig gehalten zu werden. Vor der Pfeilzeremonie des Jahres 1982 unterhielten Renate Schukies und ich uns mit einigen Cheyenne über ›spirits‹ und was man sich unter ihnen vorzustellen habe. Ich vertrat die Auffassung, daß man ›spirits‹ wie den Donnervogel nicht in der Weise durch die Luft fliegen sehen könne wie einen gewöhnlichen Vogel, und führte an, daß die Sioux diesbezüglich von den »Augen der Seele« gesprochen hätten. Daraufhin zeigte uns ein Enkel des ein paar Monate zuvor verstorbenen Pfeilhüters eine Reihe von Photos, die er während des Begräbnisses seines Großvaters gemacht hatte. Auf den Photos, die kurz hintereinander geschossen worden waren, konnte man einen Adler sehen, der von links her in Richtung Sonne flog, im Sonnenball verschwand, aber auf den folgenden Photos nicht mehr zu sehen war. Der Enkel meinte, dies zeige doch wohl, daß man ›spirits‹ sogar photographieren könne. Nach Auffassung der Cheyenne fliegt nämlich bisweilen – ähnlich wie bei den alten Römern – die Seele des Verstorbenen zur Sonne.

124 Madonna von Okvik.

125 Bär beschläft Frau, Dorset-Kultur.

11 Cf. J. Malaurie, 1979, S. 74. Auch bei den Samojeden in der Nähe der Ob-Mündung ist die Herrin der Tiere Geburts- und Todesgöttin zugleich. Cf. W. Thalbitzer, 1941, S. 582 f.
12 Cf. E. S. Carpenter, 1955, S. 71.
13 Cf. E. S. Carpenter, 1973, S. 152 f.
14 Cf. J. Meldgaard, 1960, S. 14, 20 f., 42, F. G. Rainey, 1941. Von der berühmten Madonna von Okvik hieß es früher, sie trage ein kleines Kind. H. B. Collins, 1969, S. 126, sieht in dem ›Kind‹ einen kleinen Bären, und diese Interpretation ist überzeugend. Anschließend bringt er die Figurine in Zusammenhang mit einem Mythos, in dem eine Frau einen Bären heiratete, dem sie ein Bärenkind gebar, das freilich beim Säugen die Brust der Frau auffraß. Collins meint, die Figurine stelle diese Situation dar – das Bärenkind knabbere an der Brust der Frau, deren Gesichtszüge vom Schmerz verzerrt seien. Dies ist wenig überzeugend, denn die Madonna von Okvik hält ganz offenkundig das Bärenkind von sich weg. Außerdem ist es sehr fraglich, ob man sagen kann, die Züge der Frau seien schmerzverzerrt. Mit gleichem Recht konnte noch Meldgaard, der das kleine Wesen für ein Menschenkindchen hielt, behaupten, die Madonna lächle. Halten wir aber fest, daß es sich bei der ›Madonna‹ wohl um eine Bärenmutter handelt. Der Beischlaf einer Frau mit einem Bären ist bei den Eskimo ein bekanntes Thema, und so hat Carpenter auch die oben abgebildete Skulptur als eine Szene interpretiert, in der ein Bär mit einem enormen Phallus eine Frau beschläft. Auch von der Sedna heißt es, daß sie mit Tieren geschla-

fen habe, was wohl ihrer Eigenschaft als Mutter der Tiere Ausdruck geben sollte, ungeachtet der Tatsache, daß sie andererseits alles Leben ohne vorherigen Beischlaf mit einem männlichen Wesen geboren haben soll. Ist also auch die Madonna von Okvik eine Herrin der Tiere? Schamanen, die zu ihr gereist sein können, hat es nachweislich bereits bei den ›Paläo-Eskimo‹ gegeben. Carpenter schreibt mir hierzu in einem Brief vom 7. 1. 1984: »You may recall that graves were found at Ipiutak containing shamans' gear, but the excavations on St. Lawrence Island and in the Punuk Islands were largely limited to middens, including one 26' high. In the last few years, Eskimo diggers in both areas have discovered and opened graves, and found shaman's gear.«

Anmerkungen zu § 4

1 Cf. A. Sieveking, 1979, S. 71.
2 Cf. J. Ozols, 1970, S. 22 f.
3 Cf. R. R. Schmidt, 1934, S. 127 f., S. Giedion, 1964, S. 29, K. J. Narr, 1974, S. 108, H. Breuil, 1952, Planche IV, A. Laming, 1962, S. 17, J. Murphy, 1940, S. 120, G. R. Levy, 1948, S. 21 f., J. Vézian, 1956, S. 79 ff. Auch der Bison der berühmten ›Schachtszene‹ von Lascaux – sein Auge, Maul und Hinterleib – waren durch Naturgegebenheiten suggeriert worden (cf. D. Vialou, 1979, S. 291), und dies scheint auch bei vielen anderen Höhlenbildern der Fall gewesen zu sein, z. B. in Altamira, El Castillo, Font-de-Gaume, Niaux, Mas d'Azil, Le Portel, Pech-Merle und anderen. Cf. P. Graziosi, 1956, S. 23. Cf. auch H. Biedermann, 1976, S. 9, A. Marshack, 1976, S. 123.
4 Zit. n. J. Halifax, 1981, S. 224.
5 Cf. G. Catlin, 1924, S. 74. Allerdings argwöhnten die Mandan, Catlin habe den Indianern einen Teil ihres Lebens weggenommen, um ihn seinen Geschöpfen einzugeben. Die Frauen der Mandan rannten deshalb schreiend und wehklagend durch ihr Dorf, denn sie waren davon überzeugt, daß der »weiße Medizinmaler«, wenn er Leben *schaffen* könne, auch fähig sei, es zu *nehmen*.
6 P. J. Ucko/A. Rosenfeld, 1967, S. 40, haben gegen eine solche Vermutung geltend gemacht, daß ja auch gelegentlich Bilder retuschiert worden seien, und sie führen als Beispiel einen auf einen Stalagmiten der Trois Frères-Höhle gravierten Löwen an. Aber was heißt ›Retusche‹? Dies muß nicht bedeuten, daß der Originallöwe *verbessert* werden sollte, es kann auch sein, daß der Löwe ›aufgefrischt‹ wurde, wie das die australischen Eingeborenen mit ihren

Felsbildern tun, und daß durch dieses ›Nachgravieren‹ ein neuer Löwe aus dem Tropfstein ›geholt‹ wurde! In Australien besorgt mancherorts der Monsun das ›Auffrischen‹: Die steigende Luftfeuchtigkeit legt sich auf die Bilder und läßt sie farbiger und lebendiger werden. Cf. I. M. Crawford, 1968, S. 33.

7 Cf. Ucko/Rosenfeld, S. 235.

8 Cf. H. Petri, 1952, S. 194, A. Capell, 1960, S. 3. Das ›Auffrischen‹ der Wondschinabilder am Ende der Trockenzeit sollte nicht nur die Fruchtbarkeit der Tier- und Pflanzenwelt, sondern auch die der Frauen gewährleisten. Cf. V. J. Blundell, 1974, S. 222.

9 Cf. E. S. Carpenter 1959, S. 37, ferner H. Himmelheber, 1953, S. 12 f., C. Lucier, 1958, S. 91, K. Rasmussen, 1932, S. 198 f.

10 Cf. I. W. Cornwall, 1968, S. 53 f. Zu den Kalendern cf. A. Marshack, 1972, S. 827. Anstelle des Mammuts lebte in Kantabrien *Palaeoloxodon antiquus,* ein archaischer Elefant, der in El Pindal und El Castillo dargestellt ist.

11 Cf. K. Rasmussen, 1929, S. 113.

12 Cf. C. Jarman, 1974, S. 58.

13 Nach H. Müller-Karpe, 1974, S. 65, stellt im Magdalénien das Ren bis zu 80% des in Lagerstätten aufgefundenen Knochenmaterials. Freilich sollte man beachten, worauf J. Ozols, 1975, S. 25, hingewiesen hat, daß aus den in Lagerplätzen gefundenen Knochen der wirkliche Speisezettel kaum rekonstruiert werden kann, da dort im allgemeinen nur die Knochen lagen, die man nicht dem ›Knochenritual‹ unterzog. Zu den Höhlenbildern von Fischen cf. D. Vialou, 1983, S. 84.

14 Cf. M. A. Jochim, 1983, S. 216 f.

15 Cf. E. Weismann, 1978, S. 98 f.

16 Auch die Netsilingmiut-Eskimo halten die Lachse für die sicherste Nahrungsressource. Zudem gilt der Fang der Tiere als »easy work, in which both women and children can help« (Rasmussen, 1931, S. 67).

17 Cf. H. Pohlhausen, 1954, S. 34. Bei dem weniger wanderungswilligen Ren wird es sich um das ›Waldlandren‹ im Gegensatz zum ›Tundraren‹ gehandelt haben. Cf. F. E. Zeuner, 1963, S. 124. Daß die Magdalénien-Jäger den Rentierherden bei ihren Wanderungen nach Norden und Nordosten gefolgt sind, wird schon lange nicht mehr angenommen. Cf. L. Vajda, 1968, S. 127. Die ›Territorien‹, innerhalb deren sich nomadische bands bewegten, werden nicht allzu groß gewesen sein. Cf. K. J. Narr, 1964, S. 11. Deshalb ist es auch verständlich, daß die Jäger am Ende der Eiszeit nicht den nach Norden abziehenden Herden gefolgt sind, vielmehr ihre Lebensform änderten. Cf. J.-G. Rozoy, 1978, S. 1183.

18 Cf. P. Albers/S. Parker, 1971, S. 220 f., W. F. Whyte, 1944, S. 69. Die ›Stammesorganisation‹ der Cheyenne geht wohl zumindest teilweise auf die Notwendigkeit zurück, den ›Individualismus‹ der das Jahr über autonomen bands zur Zeit der großen Frühsommertreffen einzuschränken. Cf. F. Eggan, 1966, S. 53 f. In Kantabrien kamen wohl im Winter die einzelnen bands aus dem Landesinneren an die wärmere Küste, wo das Jagdwild zahlreicher war, und es ist anzunehmen, daß sie sich beispielsweise in Altamira zu den großen Regenerierungsritualen trafen (cf. L. G. Straus, 1977, S. 145 f., dazu M. W. Conkey, 1980, S. 619 f.), ähnlich wie die Cheyenne-bands zur Hütte des Neuen Lebens. Vielleicht läßt sich hieraus die These ableiten, daß auch die bands der späten Eiszeit zumindest zeitweise ›stammesartig‹ organisiert waren. Eine gewisse Seßhaftigkeit, insbesondere während der langen, kalten Winter, wird auch – vor allem angesichts der recht aufwendigen Wohnbauten – für die Wildbeuter Mittel- und Osteuropas angenommen. Cf. R. Struwe, 1980, S. 196, P. Rowley-Conwy, 1983, S. 126. Einiges spricht dafür, daß manche Wohnbauten, wie eine Hütte von Kostenki I am Don, 35 m lang waren und daß in ihnen 50 bis 60 Menschen gewohnt haben. Cf. K. J. Narr, 1983, S. 16. (100 bis 200 Menschen, die L. Banesz, 1976, S. 32, annimmt, scheint wohl etwas übertrieben zu sein.) Nach K. J. Narr, 1982, S. 12, spricht die Reihung der elf Herdstellen gegen die, etwa von R. G. Klejn, 1969, S. 121, vorgebrachte Annahme, es habe sich um mehrere kleine Hütten gehandelt. Zu Spekulationen über die band-Größen im Jungpaläolithikum cf. H. M. Wobst, 1974, S. 173. Wie man aus dem Vorkommen von Muscheln und Bernstein im Landesinneren erschließen kann, wurden freilich Handelsbeziehungen über große Entfernungen hinweg unterhalten, denn die Rohstoffquellen liegen 300 bis 500 km entfernt. Cf. G. Clark, 1979, S. 12.
19 Cf. P. G. Bahn, 1978, S. 185 f., 188 f., sowie F. Cornelius, 1941, S. 88 f., S. Vajnštein, 1975, S. 61 f.
20 Cf. M. E. P. König, 1980, S. 106. Nach A. Leroi-Gourhan, 1971, S. 47, waren Höhlenböden häufig mit rotviolettem Ocker bedeckt, manchmal bis zu einer Dicke von fünf Zentimetern. Cf. auch R. Drößler, 1980, S. 30.
21 Die etwa vierzigjährige Frau, die in einer der Hütten von Dolní Veštonice in ›Embryonalstellung‹ begraben lag, war über und über mit rotem Ocker bedeckt. Ocker verwendeten nicht erst die Neandertaler – etwa bei Bestattungen in der Höhle La Chapelle-aux-Saints (cf. J. Maringer, 1976, S. 228) –, sondern bereits der Homo erectus von Terra Amata vor 300 bis 400 000 Jahren (cf. A. Marshack, 1981, S. 188, B. Sala, 1979, S. 56), und auch der Homo

erectus von Olduvai scheint sich für den Farbstoff interessiert zu haben. Cf. E. E. Weschner, 1980, S. 631. Auch die Regenerierung der Jagdtiere scheint bereits ein Anliegen der Neandertaler gewesen zu sein. In einer Höhle im Libanon hatten sie das Fleisch eines Damhirsches auf eine Art Steinbett gelegt und mit rotem Ocker bestreut. Cf. M. Shackley, 1980, S. 109. Der Farbstoff, der im Jungpaläolithikum bisweilen mit Lehm und Erde verknetet auf die Leichname gestrichen (cf. A. F. May, 1962, S. 78) und offenbar – wie ein Renknochen aus Les Cottés beweist, in dem man pulverisierten Ocker fand (cf. H. Obermaier, 1912, S. 226) – in Tierknochen aufbewahrt wurde, ist auch in späteren Zeiten nicht nur von Wildbeutern (cf. T. Arbousset, 1842, S. 503, nach I. Schapera, 1930, S. 162), sondern auch in Ackerbaukulturen als Mittel zur Lebensregenerierung mit ins Grab gegeben worden. Die alten Ägypter legten ein Amulett aus rotem Jaspis oder Karneol auf die Mumien; es bedeutete das Blut der Isis und galt als Ersatz für den fehlenden Lebenssaft. Cf. W. R. Dawson, 1929, S. 8. Die homerischen Toten wurden in rote Leichentücher gehüllt (cf. A. C. Blanc, 1961, S. 123), und noch in unserer Zeit malte man im Mittelmeerraum häufig die Särge zinnober- und mennigrot aus. Rot war die Farbe der fruchtbaren Erde, und purpurrot waren deshalb die ξόανα der chthonischen Götter, etwas des Dionysos (cf. P. Stengel, 1895, S. 424) oder der neolithischen ›Göttinnen‹ von Vinča. Auch der etruskische Feldherr, der als Triumphator den Gott Tin verkörperte, hatte sein Gesicht rot gefärbt. Cf. A. J. Pfiffig, 1975, S. 33.

22 Cf. R. A. Dart, 1968, S. 20 f., A. Boshier, 1981, S. 17, 19 f.

23 Einige Stellen, von denen Ocker bezogen wird, sind aus dem Blut entstanden, das den Känguruhfrauen aus der Vagina getropft ist. Wurde bei den Aranda ein Mann krank, dann bestrich man ihn mit dem Blut aus den Schamlippen einer Frau sowie mit Fett und rotem Ocker. Cf. B. Spencer/F. J. Gillen, 1899, S. 442, 464. Auch die Yimar in Neuguinea bemalen Kranke, aber auch neugeborene Kinder und Initianden, mit Blut oder rotem Ocker. Cf. E. Haberland/S. Seyfarth, 1974, S. 189, 291 f., 301 f., 378. In Borneo aßen die Frauen, die schwanger werden wollten, roten Lehm (cf. W. Münsterberger, 1939, S. 177 f.), und in vielen Teilen der Welt malen sich bei Schwangerschaftsfeiern, wie auf Tikopia (cf. R. Firth, 1956, S. 16) oder bei den griechischen Thesmophorien, die Frauen rot an.

24 L. Lalanne, 1912, S. 138, K. D. Adam/R. Kurz, 1980, S. 56. Auch eine relativ große Frauenskulptur aus Mergel, die von Kostenki I stammt, war rot bemalt. Man sollte freilich beachten, daß

nicht jeder Verwendung roten Ockers notwendigerweise eine religiöse Bedeutung zukommen *muß*. Offenbar war bisweilen auch der Boden von Wohnstätten mit rotem Ocker gefärbt, etwa der des Wohnbereichs am Eingang der Rentiergrotte in Arcy-sur-Cure aus dem Châtelperronien. Cf. F. Hours, 1982, S. 101.

25 Im Oktober 1972 machte mich R. Gailli in Bédeilhac auf eine in den Fels geritzte Vulva mit einer Tropfsteinklitoris aufmerksam. An der Felswand unmittelbar gegenüber befindet sich die Gravierung eines Mannes mit einem Phallus, der aus einer natürlichen Formation besteht. Aus Lehm modellierte, an der Felswand haftende Vulven sind mir aus Bédeilhac (cf. A. Beltrán, 1972, S. 122) und aus Montespan bekannt. In der Höhle David in Cabrerets befindet sich am Fels eine vulvaartige Protuberanz, »complètement polie par le frottement des mains ou peut-être même des lèvres de nombreuses générations« (J. de la Roche, 1937, S. 541).

26 Cf. A. Marshack, 1976, S. 751. Vielleicht waren auch die Kaurischnecken und Muscheln, die man häufig und manchmal in Verbindung mit Venusfigurinen in Gräbern fand, Vulvasymbole. Cf. E. O. James, 1959, S. 15 f., C. Zervos, 1959, S. 37, M. Eliade, 1939, S. 142 f.

27 Auf einer Gravierung von Gönnersdorf ist offensichtlich eine Vulva mit eingeführtem Phallus zu sehen (cf. G. Bosinski, 1982, Tafel 69.3), und vielleicht bedeuten die Striche in den gravierten Kreisen und Dreiecken dasselbe. Tief im Innern der meisten Höhlen im Wald von Fontainebleau finden sind ebenfalls Vulvengravierungen, in die häufig Linien eingeritzt sind. Cf. M. E. P. König, 1979, S. 119.

28 Cf. A. Marshack, 1972, S. 329 f.: »Each set seems to have been made by a different hand and at a different time.«

29 H. Wendel, 1975, S. 297.

30 Cf. S. Giedion, 1964, S. 168. P. J. Ucko/A. Rosenfeld, 1967, S. 216, haben diese Stalaktiten ebenfalls als Brüste bezeichnet. An einer anderen Stelle (S. 50) wollen sie freilich von dieser Deutung nichts wissen und nennen sie »highly subjective«.

31 Cf. C. P. Mountford, 1965, S. 50, 74.

32 Cf. D. W. Ritter/E. W. Ritter, 1978, S. 103 f., 111, 115 f., R. F. Heizer/C. W. Clewlow, 1973, S. 30. Auf anderen Felsdarstellungen hatte man in den Genitalbereich der eingravierten Frauen gebohrt, offensichtlich eine ›symbolische Kopulation‹, was möglicherweise Licht auf die periodisch vorgenommenen Markierungen der Eiszeit-Vulven wirft.

33 Cf. H. Bégouën/H. Breuil, 1958, S. 107 f.

34 In Niaux fand man auch Fußspuren aus dem frühen Mesolithi-

kum. Wiederum hatten Kinder, vielleicht in Begleitung eines Erwachsenen, die Höhle betreten. Cf. J. Clottes/R. Simonnet, 1972, S. 316, 319, 322, G. Malvesin-Fabre/L.-R. Nougier/R. Robert, 1952, S. 38, L.-R. Nougier/R. Robert, 1954, S. 14, F. Trombe/ G. Dubuc, 1947, S. 48, H. Duday/M. Garcia, 1983, S. 214. Bisweilen hatten die Kinder ihre Füße offenbar bewußt in den Lehm eingedrückt (cf. L. Pales, 1976, s. 93) – in Tuc d'Audoubert wurden Fersenabdrücke gefunden, und H. Kühn, 1971, S. 35, meint, die Kinder seien »wie Einhufer« gegangen – und man hat daraus geschlossen, daß hier ›magische Tänze‹ stattgefunden hätten. Cf. hierzu J. Maringer, 1982, S. 10 f. P. J. Ucko/A. Rosenfeld, 1967, S. 178, vertreten die prosaische Auffassung, daß die Kinder vielleicht lediglich nicht voll in den Matsch treten wollten. Aus der Tatsache, daß Fußspuren selten gefunden wurden, sollte man keine allzu weitreichenden Schlußfolgerungen ableiten, denn solche Spuren erhalten sich nur unter besonders günstigen Bedingungen. Cf. Ucko/Rosenfeld, S. 176. Außerdem scheint diese Tatsache für einen Seitengang von Montespan nicht zuzutreffen, denn H. V. Vallois, 1931, S. 84, hatte den Eindruck, daß es sich um einen richtigen Trampelpfad handelte.

35 Cf. L. Frobenius, 1954, S. 71. P. Vinnicombe, 1975, S. 394, meint, daß die Felsbilder der Buschleute vielleicht das Unrecht kompensieren sollten, das der Jäger mit dem Töten der Tiere begangen hatte. Danach wäre etwa das Eland mit Elandblut und -fett an der Felswand ›erneuert‹ worden.

36 Solche Gottheiten der Tiere wurden auch in ganz anderen Kulturen als in Höhlen lebend gedacht. In einer Höhle am McCluer-Golf in Neuguinea war wohl ein Tropfsteinpfeiler der Herr der Tiere, der in einer anderen Höhle mit roter Farbe auf einen Stalagmiten gemalt war. Vor diesem Tropfstein lag noch bis in unsere Zeit eine runde Steinplatte, auf die Fischgräten gelegt wurden, »damit die Tiere nicht weniger werden und die Leute immer einen guten Fischfang haben«. Die ›Lebenssubstanz‹ der Fische wurde also deren Herrn zurückgegeben, damit er sie wieder als Fische ins Meer entließ. Dieselbe Funktion hatten offenbar die vielen Malereien von Fischen und anderen Seetieren, die an den Felswänden angebracht waren. Auch hier hat es den Anschein, daß ›symbolische Kopulationen‹ vollzogen wurden. Eine Vertiefung in einer Felsbildwand war durch Ummalung als Vulva gekennzeichnet, und daneben befand sich »die Figur eines phantastisch aufgeputzten Mannes mit übertrieben großem Geschlechtsteil«. Cf. J. Röder, 1938, S. 82 f.

37 Cf. L.-R.- Nougier, 1974, S. 42 (»sans doute féminin«), A. Le-

roi-Gourhan, 1971, S. 183. Insbesondere aus dem Aurignacien/Périgordien haben sich im Höhlenlehm Handabdrücke erhalten, aus denen ersichtlich ist, daß einzelne Finger amputiert worden waren. Cf. C. Barrière/A. Sahly, 1964, S. 179. Positive und negative Handabdrücke an Felswänden, bei denen gleichermaßen bisweilen Fingerglieder fehlen, stammen in der Überzahl von linken Händen. Wenn linke und rechte Handabdrücke benachbart sind, finden sich meist die linken Abdrücke links, die rechten rechts, und zwar en bloc. Wenn die Hände sich mit Tierdarstellungen überschneiden oder mit ihnen assoziiert erscheinen, dann sind die Handabdrücke *vor* den Tierbildern angebracht worden (cf. A. R. Verbrugge, 1958, S. 186), so daß von einer »magischen Tötung« der Tiere keine Rede sein kann. Prähistoriker haben behauptet, für Jäger sei es undenkbar gewesen, Fingerglieder – auch solche linker Hände – zu amputieren. Dies entspricht nicht den Tatsachen. Der Ethnograph Lowie berichtet beispielsweise, er habe zu Beginn unseres Jahrhunderts unter den alten Bisonjägern der Crow kaum einen Mann gefunden, der sich nicht mindestens einen Finger amputiert hatte. Sie alle hatten die betreffenden Finger der Morgensterngottheit geopfert, und in vielen Fällen hatte der anschließende Blutverlust zu Visionen geführt. Cf. R. H. Lowie, 1924, S. 4, ders., 1935, S. 240. Während des Sonnentanzes der Dakota schnitten sich einst die Frauen Fingerglieder ab, hielten sie der Sonne entgegen und warfen das Opfer anschließend auf die Stelle, an welcher der Zentralpfeiler im Boden steckte. Daß bei den eiszeitlichen Handabdrücken die Finger wirklich fehlten, sieht man überdies auch daran, daß *abgeknickte* Finger nie dermaßen reine Silhouetten ermöglicht hätten, wie man sie in Gargas, Cabrerets, Bédeilhac und anderen Höhlen findet. Cf. Verbrugge, S. 179.

38 A. Leroi-Gourhan, 1971, S. 209, hat gleichermaßen die Vermutung ausgesprochen, daß die Eiszeithöhlen ›weiblich‹ waren. Neuerdings hat er dies dahingehend präzisiert, daß zumindest einzelne Teile der Höhlen als Schoß der Erde betrachtet wurden, und er denkt dabei an Spalten (Niaux), ovale Nischen (Font-de-Gaume), die Stalaktiten-›Brüste‹ von Le Combel usw. Cf. Leroi-Gourhan, 1981, S. 58, sowie bereits D. A. MacKenzie, 1926, S. 67 f., B. Bettelheim, 1962, S. 84. L.-R. Nougier, 1975, S. 62, spricht von einer »Terre-Mère«, und C. Barrière, 1982, S. 195, meint, daß auch die ›Fötalstellung‹ vieler Leichname zeige, daß der jungpaläolithische Mensch »a fait la liaison entre le ventre de la femelle ou de la femme et le ventre de la Terre. La grotte est plus ou moins sans doute assimilée aux organes génitaux (vagin-utérus)«.

39 Cf. z. B. B. O. Pettersson, 1967, S. 32 ff. in seiner Kritik an Dieterich.
40 Zit. n. M. Erdheim, 1982, S. 245.
41 Cf. J. Mooney, 1896, S. 721. Cf. auch J. K. McNeley, 1981, S. 15, 27. Natürlich stellt sich hier die Frage, *in welchem Maße* derartige Aussagen metaphorisch gemeint waren. Wenn wir freilich hören, daß die Pueblo-Indianer im Frühling den Pferden die Eisen abnahmen, damit die noch zarte Haut der Erdmutter nicht Schaden leide (cf. auch W. Müller, 1976, S. 15 f.), wird man nicht allzuviel poetische Ausschmückung vermuten dürfen.

Anmerkungen zu § 5

1 Zum folgenden cf. vor allem G. Reichel-Dolmatoff, 1971, S. 65 ff., 80 ff., 128 ff., ders., 1975, S. 83 ff. Nur die Seelen der musterhaften Desana gehen nach Ahpikondiá, wo sie sich in Kolibris verwandeln.
2 *Viho* ist *Virola theiodora* und *Virola calophylla*. Cf. R. E. Schultes/A. Hofmann, 1980, S. 164, P. T. Furst, 1976, S. 147 ff., W. Emboden, 1980, S. 111 ff. Das inzwischen berühmt gewordene *epena* der Yanomamö wird in erster Linie aus *Virola calophylloidea Markgraf* gewonnen. Cf. G. J. Seitz, 1965, S. 119. Eine andere Droge, die der Desana-Schamane benutzt, ist *yajé (gahpí soró)*. Der *yajé*-Topf, auf dem eine Vulva dargestellt ist, wird als Uterus konzipiert, und wenn der Schamane die Droge zu sich nimmt, stirbt er in diesen Schoß, um aus ihm wiedergeboren zu werden, wenn die Wirkung abklingt. Gleichzeitig ist dieser Tod ein Geschlechtsakt. Ein von Missionaren erzogener Tukano erläuterte: »*Yajé* nehmen ist ein geistiger Beischlaf.« Cf. Reichel-Dolmatoff, 1972, S. 99, S. 102 ff.
3 Cf. Reichel-Dolmatoff, 1981, S. 79.
4 Wenn der Herr der Tiere dem Jäger folgt, um zu überprüfen, ob die Jagdregeln eingehalten werden, dann wird dieser seinen Kontrolleur am besten dadurch los, daß er irgendwo eine Vulva in einen Baum ritzt. Denn der Herr der Tiere bleibt meist vor diesem Baum stehen, um sich angesichts der eingeritzten Vulven sexuell zu erregen. In den Unterwasser-Malocas paart er sich mit den »Fischfrauen« *(vaí-nomé)*, aber er stellt auch badenden Indianerinnen nach, die er, als phallischer Fisch, zu penetrieren versucht.
5 Reichel-Dolmatoff, Brief vom 29. Mai 1983. Für die These bin ich selber verantwortlich, nicht Reichel-Dolmatoff.
6 In den Stromschnellen lebt Vaí-bogó, die Herrin der Fische, mit

ihren Töchtern, den »Fischfrauen«. Häufig erscheint sie in Gestalt einer großen Wasserschlange, und auch sie nähert sich gerne den Männern in deren erotischen Träumen oder wenn sie Drogen genommen haben. Cf. Reichel-Dolmatoff, Brief, a.a.O.
7 Cf. Reichel-Dolmatoff, 1971, S. 132. Zur roten Farbe cf. ders., 1978, S. 259.
8 Cf. C. Wagley, 1977, S. 182, 194. Die Jäger der Kaingang schliefen mit Mi-g-tau-fi, der Tochter des Jaguarherrn, in dessen Hütte. Cf. A. Métraux, 1947, S. 151, C. Nimuendajú Unkel, 1914, S. 371, P. T. Furst, 1968, S. 153. Die Herrin der Fische der Tacana, eine Anakonda, zwingt den Jäger zu einem Doppelleben: Tagsüber lebt und liebt er bei ihr, auf dem Grund eines Sees, des Nachts bei seiner Menschenfrau. Sollte er es versäumen, vor dem Morgengrauen zu ihr zu eilen, würde die Anakonda den See versiegen lassen, so daß es keine Fische mehr gäbe. Cf. K. Hissink/A. Hahn, 1961, S. 202. Bei den Siona am oberen Rio Putumayo erschien früher die Jaguarmutter dem künftigen Schamanen, nachdem er *yajé* getrunken hatte, und sagte zu ihm: »Du wirst für immer sterben, Enkel! Warum hast du *yajé* getrunken? Du verdienst Tadel, und Du wirst für immer sterben. Du wirst Deine Mutter, Deine älteren Schwestern und Deine älteren Brüder nicht wiedersehen. Was für ein Mensch bist Du, armes Kind, daß du *yajé* trinkst und stirbst?« Dann weinte sie, nahm den Initianden in die Arme und wickelte ihn in ein Tuch, was nach Aussage eines Schamanen »auf dieser Seite«, also von denen, die keine Droge genommen hatten, so gesehen wurde, daß der Initiand aus der Hängematte fiel und sich ein paarmal überschlug. Schließlich nahm ihn die Jaguarmutter an die Brust und säugte ihn. Sie wurde auch »Mutter des *yajé*« genannt und war die Mutter des »auf der anderen Seite« als Jaguar wiedergeborenen Schamanen. Cf. E. J. Langdon, 1979, S. 69 f. Offenbar war sie gleichzeitig seine Geliebte, denn er mußte, bevor er *yajé* trank und zu ihr kam, allen Frauen fernbleiben, weil die Jaguarmutter sonst eifersüchtig geworden wäre. Cf. U. Bödiger, 1965, S. 48 f. Die Schamanen der Munduruku hatten in der Unterwelt Geistfrauen *(kokeriwat)*, mit denen sie geschlechtlich verkehrten, freilich nicht in der normalen Beischlafposition, sondern im Stehen. In Felsenhöhlen im Urwald suchten die Schamanen auch *mambat ši*, die Regenmutter, und *putcha ši*, die Herrin der Tiere, auf. Cf. R. F. Murphy, 1958, S. 13 ff., 20 f., 31, 40, 59 f.
10 Bei zeremoniellen Tiertänzen dürfen sich die Haupttänzer irgendwelche Frauen, auch unter den verheirateten, aussuchen. Diese »Gottesmütter« *(gohadégo)* werden von Kopf bis Fuß rot angemalt und *diádu*, »Rote«, genannt. Die Tänzer schlafen dann mit den

Frauen, was die Fruchtbarkeit von Mensch und Tier fördert. Sind die »Roten« Repräsentantinnen der Herrin der Tiere?
11 Zu allen Zeiten scheint das Eindringen von Männern in Höhlen mit einem Geschlechtsakt verglichen worden zu sein. Ein bekannter Höhlenforscher hatte einmal diesbezüglich gegenüber Freud bemerkt: »Je tiefer man kommt, desto schöner ist es.« Cf. T. Hauschild, 1981, S. 153.
12 Cf. C. Lévi-Strauss, 1958, S. 207, F. Kramer, 1970, S. 83.
13 Der Jaguar gilt als phallisches, befruchtendes Tier, das gerne Frauen überfällt und vergewaltigt. Das Eintauchen der Schamanen-Initianden in den Fluß, nachdem diese *yajé* eingenommen haben, wird ebenfalls als sexueller Akt gedeutet wie umgekehrt der Orgasmus als Ertrinken.
14 Cf. H. Breuil, 1954, S. 49. Die Höhle La Magdeleine wird in der Literatur ständig verwechselt mit dem Abri de la Madeleine in der Dordogne. Cf. F. B. Naber/D. J. Berenger/C. Zalles-Flossbach, 1976, S. 122 f.
15 M. Berenguer, 1973, S. 72, meint, daß Bilder und Gravierungen im Eingangsbereich der Höhlen möglicherweise signalisieren sollten, daß es sich um *Kult*höhlen, also heilige Bereiche, handle. Vielleicht lassen sich mit den beiden Frauen von La Magdeleine die Leiber der Frauen von Angles-sur-l'Anglin vergleichen, bei denen Schamdreieck und Schamspalte überdeutlich dargestellt sind. Bei den La Magdeleine-Frauen muß man an die Eingänge vieler Megalithgräber denken, deren flankierende Stützsteine Brüste tragen. Cf. J. Röder, 1949, S. 16.
16 Cf. A. Lemozi, 1929, S. 52. Von »Vogelkopf-Masken« der Pech-Merle-Frauen zu sprechen, wie dies M. Gimbutas, 1981, S. 23, tut, halte ich für abwegig. Wie die Venus von Laussel keinen Vogelschnabel hat (cf. J. G. Lalanne/C. J. Bouyssonie, 1946, S. 127), so haben auch die Frauen in Pech-Merle keinen Vogelkopf – was Gimbutas dafür hält, ist höchstwahrscheinlich ihre Frisur.
17 Die Gönnersdorfer Gravierungen aus dem mittleren Magdalénien zeigen kopf-, unterschenkel- und fußlose Frauen mit betontem Gesäß, oft rücksichtslos übereinandergeblendet. Die Schieferplatten wurden offenbar teilweise absichtlich zerbrochen und liegengelassen oder weggeworfen. Sie wurden ausschließlich innerhalb des Wohnbereichs gefunden, vor allem nahe den Hütteneingängen oder um die Feuerstellen herum, also an Stellen, an denen es besonders hell ist. Das deutet darauf hin, daß man die Gravierungen dort liegenließ, wo sie hergestellt wurden. Allem Anschein nach war das Gönnersdorfer Lager das Winterlager einer aus ein paar Familien

bestehenden band. In Sommerlagern wurden bisher keine derartigen Gravierungen gefunden. Cf. G. Bosinski, 1970, S. 82 f., 92, G. Bosinski/G. Fischer, 1974, S. 11, 14, 76, 95, 116 f., 119. Handelt es sich um die Darstellung winterlicher ›Fruchtbarkeitstänze‹? Cf. auch E. Schmid, 1973, S. 179, L. F. Zotz, 1949, S. 122 f., J.-F. Alaux, 1972, S. 110, zu den ›Tanzhaltungen‹ anderer Frauendarstellungen.

18 Bei den Buschleuten – wie auch bei vielen Negervölkern (cf. z. B. M. b. M. Bakari, 1981, S. 116, 287) – ist der Koitus von hinten die normale Stellung, und die Frauen zeigen ihre Beischlafbereitschaft, indem sie ihr Gesäß anbieten. Cf. H.-J. Heinz/M. Lee, 1978, S. 43, I. Eibl-Eibesfeldt, 1973, S. 137. Auch auf Felsmalereien, etwa denen von Mtoko, nähern sich Männer mit erigiertem Penis den Frauen von hinten. Cf. H. C. Woodhouse, 1979, S. 62. Um Frauen beschlafen zu können, verwandelte sich der !Kung-Trickster Kauha in einen toten Springbock. Als eine Sammlerin sich die willkommene Beute auflud, so daß der Unterleib des Springbocks hinter dem Gesäß der Frau zu hängen kam, machte sich der Trickster an die Arbeit. »›Hey!‹ she wondered, ›What kind of meat is this?‹« (M. Biesele, 1976, S. 318). Auf einem Plättchen aus der Höhle Enlène ist möglicherweise die Gravierung eines Koitus von hinten zu sehen. Cf. R. Bégouën/J. Clottes/J.-P. Giraud/F. Rouzaud, 1982, S. 105.

19 Cf. P. V. Tobias, 1957, S. 35. Im allgemeinen beginnen die Buschjungfrauen während der Pubertät mit dem ständigen Ziehen der Schamlippen, die auf diese Weise bis zu 10 cm lang werden. Cf. R. Singer, 1978, S. 181. Während des Beischlafs sollen diese *Macronymphia*, auch »Hottentottenschürze« genannt, ein sehr angenehmes Gefühl vermitteln. Cf. A. de Almeida, 1965, S. 4, G. T. Nurse/T. Jenkins, 1977, S. 15, u. M. Erlich, 1984, S. 226. Die Schamlippen göttlicher weiblicher Wesen sind extrem lang, oder, wie es der Schamane K//xau gegenüber der Ethnologin ausdrückte: »›Gottes Frau‹, K//xau schlenkert mit hängenden Fingern, ... ›Sooo lang sind sie, meine Freundin, schreckliche Dinger, wirklich!‹ K//xau bedeutet, daß ihre Schamlippen so lang sind wie seine Arme.« (M. Biesele, 1981, S. 76). Nach R. Feustel, 1970, S. 22, sollen die Schamlippen der berühmten Venus von Willendorf verlängert sein. Mit »Gottes Frau« kann sie es freilich bei weitem nicht aufnehmen.

20 Cf. H. Sbrzesny, 1976, S. 68 ff., S. Passarge, 1907, S. 102 f., L. Marshall, 1969, S. 365, R. Maack, 1966, S. 45. Bei Spieltänzen, an denen sich Männer und Frauen beteiligen, springen bisweilen die Frauen hoch, heben ihre Schamschürzchen, zeigen die Vulva und

machen unter dem Gelächter der anderen Frauen Beischlafbewegungen. Cf. Eibl-Eibesfeldt, 1972, S. 138 f.
21 Da der Unterleib dieses Menschen fehlt sowie seine Brust verdeckt ist, kann natürlich strenggenommen nicht von einem Mann gesprochen werden. Trotzdem ist diese Interpretation naheliegend, denn es besteht wohl ein Zusammenhang zwischen dieser Szene und der auf der anderen Seite des Plättchens, und dort handelt es sich bei dem folgenden Tier um einen *männlichen* Bison. Cf. auch C. Züchner, 1972, S. 116. Leroi-Gourhan will in einer Linie unterhalb des Oberarms einen Brustansatz sehen, was mir freilich sehr gewollt erscheint.
22 H. Delporte, 1979, S. 45, meint, die Brust der Frau müsse im Falle des Kriechens nach unten hängen.
23 Cf. R. de Saint-Perier, 1932, S. 22, sowie E. Saccasyn della Santa, 1947, S. 29 f. Bei der Girkumki-Zeremonie der Evenken, die von der ganzen Sippe an einem heiligen Felsen vollzogen wurde und die der Vermehrung des Wildes diente, fertigte man aus Laub und Rinde Elch- und Renfiguren und stellte sie in Paarungsposen neben das Zelt des Schamanen. Dann führte der Schamane mit seinem Gehilfen einen erotischen Tanz auf, in dem er als Renbulle eine Renkuh verfolgte. W. Rätzel, 1964, S. 295, hat darauf hingewiesen, daß eine Reihe eiszeitlicher Steinbockgravierungen das Aufspüren des weiblichen durch das männliche Tier darstellen.
24 Rätselhaft bleiben wohl vorerst die ›Harpunen‹-Zeichen auf dem Oberschenkel der Frau und auf dem Leib des Bisonstiers. Harpunen sind aus dem Fundmaterial erst seit dem Magdalénien V bekannt. Cf. Leroi-Gourhan, 1971, S. 164. Wenn die ›Harpune‹ ein phallisches Zeichen auf dem Schenkel der Frau sein sollte – was hat sie dann in der Flanke des Stiers zu suchen?
25 Cf. z. B. R. Merz, 1978, S. 84.
26 Oder auf einer Zauberflöte. Cf. H. Kühn, 1954, S. 162. Freilich könnten die zusammenlaufenden Linien auch ein Zeichen sein, das überblendet ist und mit dem Bisonmann gar nichts zu tun hat. So wurden auch die angeblichen Arme des Mannes als überblendete Hinterläufe eines Tieres gedeutet. Cf. P. Kuhlemann, 1979, S. 74.
27 Cf. H. Breuil/R. Lantier, 1951, S. 323.
28 Cf. K. J. Narr, 1955, S. 537. J. Ozols, 1978, S. 23 f., meint, das Wesen trage eine Bisonmaske und deshalb könne es nur ein Schamane sein. Auf der Wiedergabe von Breuil, die auch hier abgebildet ist, scheint es in der Tat so, als habe der ›Mann‹ eine Maske auf. Cf. H. Breuil, 1952, S. 164. Die Abbildung bei Giedion, 1964, S. 379, legt eine Maskendeutung indessen viel weniger nahe. Ein eindeuti-

geres Mischwesen ist vielleicht der etwa einen Meter von dem ›Büffelschamanen‹ entfernt abgebildete ›Minotaurus‹ mit erigiertem, offenbar menschlichem Glied.

29 Auch die !Kung und benachbarte Buschleute kennen eine Herrin der Tiere, die bei den Initiationszeremonien als ein wildes Weib auftritt und deren Stimme von einem Schwirrholz erzeugt wird. Cf. Zuesse, 1979, S. 62. Die Herrin der Tiere bei den Buschleuten am oberen Oranje ist ein artemisartiges Wesen, das unter der Erde lebt und manchmal zu sehen ist, wie es mit seinen ›Nymphen‹ im Busch tanzt. Es ernährt sich ausschließlich von Feldzwiebeln und führt den Jägern, bei deren Tänzen es mitunter gegenwärtig ist, das Wild zu. Cf. H. Baumann, 1938, S. 212. In einer Felsenkluft in den Ber-

126 Minotaurusartiges Wesen von Les Trois Frères.

gen gebiert die Antilopen-Herrin und Frau des Tierherrn /Kaggen das Eland (cf. J. D. Lewis-Williams/M. Biesele, 1978, S. 121, M. G. Guenther, 1979, S. 109), und auch die Tierherrin N!adisa der G/wi schenkt den Säugetieren der Kalahari das Leben. Cf. G. B. Silberbauer, 1981, S. 52 f. Als einst der zukünftige Hain//om-Schamane /Garugu//khumob allein bei Nieselwetter durch den Busch streifte, hörte er gegen Mittag krächzende Vogellaute, die wie »au-au-au-au« klangen, und plötzlich stand die Frau des Himmelsgottes //Gamab, Khaendaos, vor ihm. Sie bot ihm ihre Liebesdienste an, doch er lehnte mit dem Hinweis ab, daß er keine Kinder von ihr, sondern von einer Menschenfrau wolle. Dies erzürnte Khaendaos so sehr, daß sie ihn verprügelte, bis er ohnmächtig niedersank. Vier Tage blieb er in diesem Zustand, und die ganze Zeit über »spielte« die Göttin mit seinem »Innersten«, zerstückelte ihn und nahm sein »Innerstes« über den Welten- und Lebensbaum mit sich in den Himmel. Am fünften Tag kehrte sie schließlich zurück und gab dem Leib des Mannes, der wie tot im Busch lag, wieder die ›Seele‹ ein. Außerdem legte sie ihm ein Stirnband um und setzte ihm vier »Kinder« auf Brust und Rücken, die sie ihm geboren hatte, woraus hervorgeht, in welcher Weise sie mit ihm »gespielt« hatte. Da erwachte /Garugu//khumob und taumelte zitternd nach Hause. Dort steckte sein Mutterbruder die vier »Kinder« in einen Behälter, den er fortan an einer Perlenschnur auf der Brust trug. An diese Frau bleibt der Schamane sein Leben lang gebunden, und sie ist es, die ihm die Himmelsreise ermöglicht, die Voraussetzung für das Herbeiholen des Regens und die Heilung der Kranken. Die Hain//om kennen noch eine zweite Göttin, die »Uralte«, die in einer Höhle am Fuße des erwähnten riesigen Baumes lebt, der die Erde mit dem Himmel verbindet. Sie ist völlig nackt, nicht einmal einen Riemen trägt sie um die Hüften, und sie hat auch keinen Mann. Wenn der Schamane stirbt, dann fliegt sein »Innerstes« zur »Uralten«. Sie ist nämlich die Totengöttin, aber auch die Göttin des Lebens, die über die Seelen der Kinder verfügt und diese periodisch aus ihrer Baumhöhle entläßt, damit sie geboren werden können. Cf. D. Wagner-Robertz, 1975, S. 536 ff., dies., 1977, S. 7 ff., dies., 1981, S. 150 f. Zum Schamanenbaum cf. auch R. Katz, 1976, S. 287 f., M. Biesele, 1977, S. 162, 168.

30 Cf. O. Köhler, 1973, S. 228 ff. Von Kalahari-Buschleuten wird berichtet, daß sie bisweilen kurz vor dem Schuß auf das Jagdtier bei voller Spannung des Bogens die Sehne zupften. Dadurch erzeugten sie einen Ton mit einer Reihe von Obertönen, den sie durch Resonanz der Mundhöhle verstärkten. Cf. H.-H. Wängler, 1954, S. 51, auch H. Vedder, 1923, S. 41 f. Andere Buschleute imitieren mit dem Musikbogen nahende Tiere, z. B. angreifende Strauße (cf. M. H. How, 1962, S. 49), ähnlich wie bei nordamerikanischen Indianern das Geräusch des Schwirrholzes, eines Gerätes, das ebenfalls aus dem Magdalénien bekannt ist, das näherkommender Tiere wiedergibt. Cf. H. Field, 1954, S. 109, dazu freilich Leroi-Gourhan, 1982, S. 75 f. Nach S. Passarge, 1907, S. 96, versetzt sich der Spieler mit dieser Musik, die von den anderen nicht gehört werden kann – selbst ein unmittelbarer Nachbar vernimmt nur ein leises Summen – geradezu in Trance. Im allgemeinen ist der Musikbogen der Buschleute, der auch bei den Negern Afrikas verbreitet ist (cf.

J. Blacking, 1974, S. 48), mit dem Jagdbogen identisch (cf. D. F. Bleek, 1928, S. 120 f., C. M. Camp/B. Nettl, 1955, S. 66 f.), aber das muß nicht unbedingt bedeuten, daß der Bogen *zuerst* als Jagd- und dann erst als Musikinstrument verwendet wurde. Wie, wenn es umgekehrt gewesen wäre? Ob es im Magdalénien schon Jagdbögen gegeben hat, ist bislang offenbar ungeklärt. Wenn man einmal von den Pfeilen absieht, die im ägyptischen Dschebel Sahaba gefunden wurden und die zwischen 12 000 und 10 000 v. Chr. angefertigt wurden (cf. M. A. Hoffman, 1980, S. 66 f.), scheinen die ersten nachweisbaren Pfeile mit Silex-Köpfen von den endpaläolithischen Rentierjägern aus Ahrensberg zu stammen, die diese Pfeile in ihren Opferteich geworfen hatten. Cf. K. J. Narr, 1963, S. 106, D. W. Frayer, 1981, S. 60. Die Tatsache, daß gegen Ende der Eiszeit immer mehr Vögel gejagt wurden, hat man dahingehend interpretiert, daß die Jäger Federn für ihre Pfeile brauchten. Cf. P. G. Bahn, 1983, S. 183.

31 Cf. R. B. Hassrick, 1964, S. 174, 239, 253.

32 Cheyenne-Informanten während des Sonnentanzes 1981 bei Watonga, Okla.

33 Ähnlich auch in indogermanischen Sprachen. Cf. H. v. Sicard, 1970, S. 117.

34 Cf. Frobenius, 1954, S. 72, D. F. McCall, 1970, S. 4, 7, 10, L. Marshall, 1959, S. 354. ›Ein Tier töten‹ und ›eine Frau beschlafen‹ werden bei den Umeda am westlichen Sepik mit dem gleichen Wort, *tadv*, bezeichnet. Cf. A. Gell, 1977, S. 32, auch M. Münzel, 1971, S. 77. Für ›beischlafen‹ und ›essen‹ wird auch oft dasselbe Wort benutzt, etwa bei den Yanomamö (cf. N. Chagnon, 1968, S. 47) oder bei den Tapirapé, die mit *amuchino*, »gemeinsam essen«, ihre häufig ausgeübten Gruppenvergewaltigungen zum Ausdruck bringen. Cf. Wagley, 1977, S. 255.

35 Als Waffe wurde der Penis offenbar auch von den Frauen des Mevungu-Geheimbundes der Fang gesehen. Wenn sie bei ihren Zeremonien durch das Dorf stürmten, versteckten sich die Männer schleunigst vor den macheteschwingenden Frauen, um nicht ernsthaft verstümmelt zu werden. Diese hämmerten auf die Hütten und riefen den Männern zu: »Ausgeleierte Lanze von einem Penis, komm und begrab dich selber. Ich werde den wurzellosen Baum steif werden lassen!« Cf. J. W. Fernandez, 1982, S. 165. Cf. auch G. Róheim, 1933, S. 234. Priapos, Sohn der Aphrodite und des Hermes, stand einst aus Feigenholz geschnitzt mit erigiertem Glied in den Obstgärten, und ein Text läßt ihn warnen: »Untersteh dich, hier Früchte oder Lattich zu stehlen: Wenn ich dich beim Feigenstehlen erwische, werde ich meine Waffe in deine Feige stecken!«

Cf. G. Grigson, 1978, S. 65. Cf. auch H. A. Winkler, 1936, S. 46 f. »Ich stoße Dir das Brandeisen (mit dem die Stiere kastriert werden) in die Vagina!« sagen die singhalesischen Männer auf Ceylon zu unbotmäßigen Frauen, denen sie in der Tat bisweilen Chili-Pulver in die Vaginalschleimhäute reiben. Cf. G. Obeyesekere, 1974, S. 210. Sadisten erleben häufig ihren in die Partnerin eindringenden Penis als eine Waffe, die die Frau innerlich verletzt, und nur dieses Erlebnis gewährleistet die anhaltende Erektion. Cf. W. Schubart, 1966, S. 187. Viele Psychoanalytiker, Surrealisten, Feministinnen, Schriftsteller wie Bataille oder Sartre, haben die ›genitale Penetration‹ der Frau sozusagen *wesensmäßig* als einen aggressiven Akt charakterisiert. Ich bin freilich der Meinung, daß alle diese Interpreten des Geschlechtsaktes die Art und Weise, wie *sie* ihn sehen mögen, unzulässig verallgemeinern. Vermutlich hat es zu allen Zeiten Menschen gegeben, die eine Vergewaltigung von einem normalen Geschlechtsverkehr unterscheiden konnten. Cf. R. Huber, 1977, S. 105. G. Devereux, 1978, S. 186, scheint dies allerdings nicht zu können. Er meint überdies, daß die Frauen diese Aggressivität sogar *wünschten:* »So seltsam es klingen mag, sie (= die Frau) fühlt sich im Grunde nicht einmal durch eine Vergewaltigung gedemütigt.« Diese Meinung *klingt* nicht nur seltsam, sie *ist* seltsam. Damit will ich natürlich nicht bestreiten, daß es Frauen gibt, die eine masochistische Lust dabei empfinden, auf diese Weise von einem Mann ›gespeert‹ zu werden. Aber wie kann man auf die Idee kommen, daß alle Frauen so empfinden? Nach einer Allensbach-Umfrage im Jahre 1976 wollten lediglich 6% der befragten Frauen beim Geschlechtsverkehr gerne »überwältigt werden«, während sich 57% nach mehr Zärtlichkeit sehnten. Cf. H. Wiesendanger, 1984, S. 66.

36 Cf. G. Konrad, 1977, S. 309 f.

37 Cf. Te Rangi Hiroa, 1962, S. 510. Indem man dem besiegten Feind die Genitalien abschneidet, entwaffnet man ihn gewissermaßen. In Moçambique schnitt man den Kriegsgefangenen die Penisse ab, um sie zutiefst zu demütigen: »Die Gefangenen aber lassen sie alsdann, nach geschehener mutilation, wieder hinlauffen.« (Zit. n. R. Quanter, 1925, S. 181) Seth hatte sich dem Horus genähert, um ihn durch einen homosexuellen Akt zu entehren. Freilich wiederfuhr ihm dies – durch Vermittlung der Isis – selber, als er, Lattichsalat essend, den Samen des Horus schluckte. Cf. G. D. Hornblower, 1927, S. 151. Nachdem er ihn im Kampf besiegt hatte, schnitt Horus dem Seth zudem die Hoden, also den Sitz der Lebenskraft, ab. Seth wird ḥm.t, »Weib«, im Sinne von »weibischer Mann«, genannt, und vermutlich hat ihn Horus ›als Weib gebraucht‹. Cf.

E. Reiser, 1972, S. 114, J. Spiegel, 1937, S. 59. Zur Beute der Armee König Merneptahs gehörten 6 359 unbeschnitte Penisse, nicht mitgerechnet die der »Söhne der Häuptlinge, der Brüder der Priester und andere«. Cf. V. L. Bullough, 1976, S. 66. Als David zweihundert Philister getötet hatte, brachte er »ihre Vorhäute dem König in voller Zahl« (1. Samuel 18, 27). Cf. auch D. Freeman, 1979, S. 238 (Land-Dayak von Borneo). Bei der Bombardierung Vietnams meinte Präsident Johnson: »I didn't just screw HCM; I cut his pecker off.« (Ich habe Ho Chi Minh nicht bloß gevögelt; ich habe ihm den Schwanz abgeschnitten). Cf. L. DeMause, 1984, S. 63. (Den Hinweis verdanke ich Heiko Ernst.)
Auch Frauen sind in dieser Weise von Männern bestialisch verstümmelt worden. Nach dem Sand Creek-Massaker der U.S.-Kavallerie an den Cheyenne schnitten nach Aussage des Lt. James Connor einige der amerikanischen Helden den Frauen, die sie zuvor vergewaltigt hatten, die Vulva aus dem Leib und paradierten mit den blutigen Fleischfetzen an ihren Hüten und Sattelbögen. Cf. D. Brown, 1972, S. 98, S. Brownmiller, 1975, S. 152.
Die Krieger der Danakil tragen noch heute die Genitalien der von ihnen Besiegten um den Hals oder schmücken mit ihnen das Zelt. Cf. I. M. Lewis, 1974, S. 24. Auch das traditionelle *lukano*-Armband des Chokwe-Häuptlings bestand aus getrockneten männlichen Genitalien. Cf. R. K. Skipton, 1974, S. 230. Nachdem Simon de Montford bei der Schlacht von Evesham im Jahre 1265 gefallen war, schnitten ihm gegnerische Ritter die Hoden ab und schickten diese der Frau seines Feindes. Cf. R. C. Finncane, 1981, S. 50.
38 Cf. K. Dover, 1978, S. 105. Die muslimischen Krieger des frühen Mittelalters ließen offenbar mitunter in der Schlacht ihren Phallus aus dem Kettenpanzer heraustehen. Cf. J. A. Bellamy, 1979, S. 29. Bekannt ist, daß Aggressionen Erektionen hervorrufen können. Cf. T. Vanggaard, 1979, S. 99.
39 Cf. J. H. Field, 1975, S. 37.
40 Den Hinweis verdanke ich Wulf Rehder, der gerade eine größere Rezension (»Der deutsche Professor«) schreibt.
41 Nach Leroi-Gourhan, 1971a, S. 101, sind es sogar nur 3%. Schon deshalb scheint die klassische, von Breuil, Kühn und vielen anderen vertretene ›Jagdmagie‹-These, die sich auch kaum auf Parallelen bei rezenten Wildbeutern berufen kann, abwegig zu sein. Ihren festesten Halt hatte diese These bislang in der Bärenskulptur von Montespan, von der es im allgemeinen heißt, sie habe an ihrem Leib Löcher aufgewiesen – vermutlich die Einstichlöcher von Speeren – sowie einen Einschnitt am Hals, in dem der Bärenschädel

befestigt gewesen sein soll, der auf dem Höhlenboden lag. Cf. z. B. G. Riek, 1934, S. 298. Nach Ucko/Rosenfeld, S. 188, ist dieser Einschnitt indessen viel zu klein, um einen Bärenschädel tragen zu können, und die Löcher, die angeblich durch jagdmagisches Einstoßen hervorgerufen wurden, »appear to be due to natural causes – the sort of small cavities in the clay that can be seen all over the cave«. Wie dem auch sein mag, selbst wenn auf die Skulptur mit übergehängtem Bärenfell und angestecktem Bärenkopf mit Speeren eingestochen wurde, muß man dies keineswegs ›jagdmagisch‹ interpretieren, also in der Weise, daß durch eine ›symbolische Jagd‹ die reale Jagd beeinflußt werden sollte. Auch was z. B. H. Kühn, 1971, S. 27, sonst noch an ›Belegen‹ für eine solche Interpretation anführt, etwa daß die meisten Darstellungen sich tief im Innern der Höhlen befinden oder daß man Tanzspuren gefunden habe, ließen sich auf ganz andere Weise erklären. Damit soll natürlich nicht bezweifelt werden, daß das gemalte oder gravierte Wild in erster Linie als *Jagd*wild gesehen wurde. Dies wird bereits daran deutlich, daß bei Tierdarstellungen häufig Kopf und Extremitäten zu klein geraten sind – oder manchmal ganz fehlen (cf. Jordà Cerdà, 1975, S. 76 f.) –, im Gegensatz zum oft übergroßen Leib. Man sieht also eine »betont übermäßige Fleischfülle«, offenbar aus der Perspektive des Jägers. Cf. H. Flucher, 1977, S. 292.

42 »Wunde« ist auch heute noch eine deutsche Dialektbezeichnung für die Vulva. Cf. E. Borneman, 1979, S. 63. Dies ist auch in Afrika sehr häufig der Fall. Cf. H. Baumann, 1936, S. 369. Zu Freuds Sicht der Vagina als »Kastrationswunde« cf. R. Schlesier, 1980, S. 113.

43 Cf. R. M. Berndt, 1974, S. 44.

44 Cf. A. F. Anisimov, 1963, S. 163.

45 Cf. R. Drößler, 1976, S. 23.

46 Cf. H. Straube, 1955, S. 63, 95, E. E. Evans-Pritchard, 1950, S. 134. Bei den indischen Munda schießt der Bräutigam auf dem Wege vom Dorf seiner Zukünftigen zu dem eigenen einen Pfeil über den Kopf der Braut hinweg. Cf. E. Rebling, 1982, S. 60. W. Westendorf, 1967, S. 142 f., meint, daß auch die Szenen, in denen der Pharao während der Jagd im Papyrusdickicht einen Pfeil über seine Frau schießt oder ein Wurfholz über sie hinwegschleudert, Beischlafsymbole seien. Die nördlichen Buschleute kennen einen Liebeszauber, in dem der Busch-Amor seinem Schwarm einen Miniatur-Liebespfeil aus einem Gemsbok-Knochen in die Flanke schießt. Cf. E. M. Zuesse, 1979, S. 62. Am Kap Prince of Wales und auf Little Diomede Island legte sich die Frau des Besitzers des Walfangbootes an den Strand, und zwar

mit dem Gesicht zum Land. Vom Boot aus tat dann der Harpunier so, als wolle er die Frau harpunieren. Cf. R. M. Søby, 1969, S. 47.
47 Cf. J. Loewenthal, 1918, S. 57, M. Graulich, 1981, S. 49.

Anmerkungen zu § 6

1 Cf. A. F. Anisimov, 1963, S. 185 ff.
2 Ob man wirklich, wie W. Rätzel, 1974, S. 16, meint, von einem »Renhirsch in Brunftstarre« reden kann, lasse ich dahingestellt. Bei den Kola-Lappen suchte sich der wilde Rentierbulle Mjandaš eine Menschenjungfrau und schwängerte sie. Cf. S. Fischer-Liebmann, 1969, S. 79. Zu behaupten, daß auf dem Plättchen eine derartige Beziehung zum Ausdruck gebracht werden sollte, ist natürlich rein spekulativ.
3 Cf. F. Wiegers, 1914, S. 848. Die Frau trägt auch einen ähnlichen Schmuck wie jene von Isturitz. Die Haltung der beiden ist ebenfalls fast identisch, mit dem Unterschied, daß die Frau von Laugerie Basse zu liegen scheint. Aber liegt sie wirklich? Vielleicht steht sie, oder sie kriecht gar. Oder sie befindet sich in gar keiner spezifischen Stellung.
4 Hieraus zu schließen, die späteiszeitlichen Menschen hätten über die normale Zeugung nichts gewußt, und die weibliche Fruchtbarkeit »était donc considérée comme totalement indépendente du mâle« (A. de Smet, 1983, S. 12, ähnlich G. Rubin, 1977, S. 95, oder R. Fester, 1981, S. 148, 181 f.) – eine These, die heute wieder von Feministinnen aufgewärmt wird (cf. z. B. S. Bovenschen, 1977, S. 282, H. Göttner-Abendroth, 1983, S. 174) – halte ich für geradezu absurd. (Völlig rätselhaft ist mir, wie W. I. Thompson, 1982, S. 36, die Entdeckung der »physiologischen Vaterschaft« ausgerechnet im Mesolithikum ansiedeln kann.) Von den Tasaday, die nicht einmal als Jäger zu bezeichnen sind, weil sie keine größeren Tiere, sondern lediglich Kaulquappen, Frösche und Krebse töteten (cf. R. B. Fox, 1976, S. 4) und nicht einmal eine Arbeitsteilung kannten (cf. L. G. Hill, 1974, S. 46), denen gegenüber also die Eiszeitjäger hoch zivilisiert waren, heißt es: »»Dann fragten wir, woher die Kinder kämen. Balayam sah konfus drein und hob amüsiert den Kopf. Er versuchte das Lachen zu unterdrücken, aber es kam stoßweise hervor, und mehrere Tasaday kicherten. Balayam schüttelte den Kopf und sah uns an, als wolle er fragen: ›Ihr wißt das nicht?‹ Es war nicht klar, ob er meinte, wir wüßten es nicht, oder ob er es für eine Hänselei hielt. Schließlich antwortete Balayam, und Mai

übersetzte: ›Er sagt, Kinder kommen, wenn ein Mann und eine Frau miteinander gespielt haben!‹« Cf. J. Nance, 1977, S. 163; hierzu auch I. Seger, 1982, S. 81 ff.

5 Cf. A. Vilkuna, 1961, S. 162.

6 Cf. T. Lehtisalo, 1932, S. 163. Nach dem Tode des Schamanen fertigte sein Sohn ein Bildnis des Vaters in Form eines hölzernen Renbullen an. Auch bei den Lappen scheint der Renbulle der mächtigste Hilfsgeist des Schamanen *(noaidi)* gewesen zu sein. Cf. L. Bäckman/Å. Hultkrantz, 1978, S. 35.

7 Cf. vor allem K. J. Narr, 1983, S. 127. F. Herrmann, 1951, S. 103, hält die »menschlichen Hinterbeine« für den Beweis, daß das Wesen ein maskierter Mensch sei. Å. Hultkrantz, 1975, S. 521, sieht in ihm eher einen Herrn der Tiere, und zwar vornehmlich wegen der Position des Bildes hoch über den Tierdarstellungen. Cf. auch J. Campbell, 1959, S. 446 und H. Biedermann, 1984, S. 92. Tierherren werden bei den Piaroa von Maskentänzern dargestellt. Cf. L. Boglár, 1971, S. 334. Mutmaßliche Reste einer »Tanzmaske« mit Rengeweih finden sich wohl zuerst in Norddeutschland. Sie werden auf ca. 11 000 v. Chr. datiert. Cf. A. Rust, 1974, S. 115. Allerdings wurde in der Höhle von Baoussès-Roussés das Skelett eines Mannes ausgegraben, an dessen Schädel sich noch die Reste eines Netzes aus Schweifhaaren befanden, in die kleine durchbohrte Muschelschalen geknüpft waren. An der Stirn trug dieser Mann das Ende eines zugespitzten Hirschgeweihs. Cf. H. Miyakawa/A. Kollautz, 1966, S. 163. Aus dem Mesolithikum stammt eine aus dem Stirnbein eines Rothirsches gefertigte Schädelmaske. Cf. U. Schoknecht, 1961, cf. auch E. Reinbacher, 1956, S. 148 f., J. G. D. Clark, 1954, S. 168 ff.; zu neolithischen Darstellungen von Menschen mit Hirschgeweihen cf. L. Dams/M. Dams, 1981, S. 479. In einer neusteinzeitlichen Siedlung am Lača-See fand man in der vorkeramischen Schicht einen Knochendolch, dessen Griffende aus einem Menschenkopf mit Hörnern besteht, in einer späteren Schicht eine menschliche Figurine mit rippenähnlichen Einschnitten in der Brust, weshalb sie J. Ozols, 1983, S. 138, für eine Schamanendarstellung hält.

Die dunklen Flächen in Leib und Gliedern des ›Zauberers von Les Trois Frères‹ sind als Wirbelsäule, Schulterblatt, Brust-, Bein- und Armknochen bezeichnet worden (cf. J. Ozols, 1975, S. 15 f.). Bei den sibirischen Schamanen wurden häufig Skelett- oder zumindest Rippenteile auf der Schamanentracht abgebildet, wie wir etwa auf unserer Abbildung einer Tofa-Schamanin sehen. Mittels dieser Knochen flog der Schamane der Jenisej-Ostjaken, während sein Fleisch zurückblieb (cf. K. Donner, 1933, S. 80); auf alle Fälle ver-

127 Schamanin der Tofa.

bürgte diese ›Seelensubstanz‹ als beständigster Teil des Menschen seine Identität durch alle Verwandlungen hindurch. Cf. A. Friedrich, 1943, S. 201, 217. Ein Geweih aus Eisen trug nicht nur der

Tungusen-Schamane, sondern mitunter auch der der östlicheren sibirischen Stämme. Cf. U. Johansen, 1967, S. 225. Als Erbteil des ungarischen Schamanen *(táltos)* fand sich der Hirschgeweihkopfputz noch bei den ungarischen Hexen (cf. M. de Ferdinandy, 1973, S. 249), und auch Merlin soll eine Hirschhaut und ein Geweih getragen haben. Cf. J. Darrah, 1981, S. 134. Man mag auch an den Abbots Bromley Horn Dance denken, einen sehr altertümlichen Fruchtbarkeitstanz, in dem sich zwei Reihen von Tänzern, von denen sechs riesige Rentiergeweihe tragen, einander gegenüber aufstellen und weibliche und männliche Rentiere in ihrem Brunftverhalten imitieren. Cf. K. H. Bouman, 1949, S. 68, 72. Im isländischen Hindaleikur-Tanz werden die »Hirsche« mit verbundenen Augen von der hindarmoðir zu den »Hindinnen« geführt, unter denen sie ›blind‹ eine auswählen, sie küssen und ›heiraten‹. Cf. R. Stumpfl, 1936, S. 186. Nach E. Lot-Falck, 1953, S. 76, nahm der tungusische Schamane bisweilen die Gestalt einer Renkuh an, um wilde Rentierbullen anzulocken. Der ›Zauberer von Les Trois Frères‹ hat in den letzten siebzig Jahren wie selten eine Eiszeitdarstellung die Gemüter bewegt, und es ist ihm keine Interpretation erspart geblieben. So räumte ihm M. A. Murray, 1922, S. 3, einen prominenten Platz in ihrer ›Hexen-Religion‹ ein, und von hier wanderte der »gehörnte Gott« in den modernen englischen Wicca-Kult. Cf. J. B. Russell, 1980, S. 158 f., 169 f., E. Maple, 1978, S. 128.

8 Cf. J. Maringer, 1977, S. 104.

9 Diesen – eigentlich so naheliegenden – Gedanken habe ich in der Fachliteratur nirgends gefunden. Ich verdanke ihn meiner Frau, die ihn äußerte, weil sie es nicht mehr mit ansehen konnte, wie ich wochenlang Photographien und Nachzeichnungen mutmaßlicher Eiszeitschamanenbilder hin und her wendete, um Maskenspuren zu entdecken.

10 Cf. J. Ozols, 1983, S. 139 f. Ozols hat auch die Y- und T-förmigen Lochstäbe, die es bereits im Aurignacien gab, als schamanische Trommelschlegel gedeutet, wie sie von sibirischen Schamanen verwendet wurden. Alle diese Indizien lassen es völlig abwegig erscheinen, die Entstehung des Schamanismus in die Bronzezeit zu verlegen, wie es L. Vajda, 1964, S. 295, tut.

11 Es ist interessant, daß insbesondere weibliche Gelehrte die Eiszeithöhlen als die ›Seelen‹ der Tiere bergende Unterwelt interpretiert haben. Cf. z. B. G. R. Levy, 1948, S. 21 f., M. König, 1954, S. 35 f., dies., 1976, S. 113 f. J. Ozols, 1974, S. 15, meint, daß die schamanischen Beschreibungen von Unterweltfahrten in höhlenlosen Gebieten, Erzählungen, in denen die Rede ist von engen

Tunneln, schwierigen Passagen, Wegen über gefährliche Hindernisse hinweg usw., nicht verständlich seien ohne die Überlieferungen tatsächlicher Höhlenwanderungen. Ich glaube nicht, daß dies zutrifft, denn ein typisches Erlebnis ›außerkörperlicher Erfahrungen‹ ist ja das ›Tunnelerlebnis‹, in dem sich die Betreffenden durch eine Art Höhle, Röhre oder Tunnel bewegen. Cf. K. Ring, 1980, S. 102. Solche Erlebnisse sind bekanntlich von Psychoanalytikern als Erinnerungen an die Geburt interpretiert worden. So berichteten etwa Patienten davon, daß sie mit schweren Angstgefühlen durch eine Höhle fielen oder durch ein ganz enges, weiches, warmes Rohr gestoßen wurden. Freilich sind solche Erfahrungen meist so differenziert, daß sie kaum Rückerinnerungen an die eventuellen primitiven Erfahrungen sein können, die das Kindchen während des Geburtsvorganges macht. Cf. W. Schmeling, 1966, S. 29, 43. So erscheint es auch mehr als fraglich, ob man, wie Rank, von einem »Geburtstrauma« sprechen kann, oder gar, wie S. Grof, 1978, S. 123, 180 (cf. auch T. Verny/J. Kelly, 1981, S. 35 ff.), von einem »Gedankenaustausch« zwischen Mutter und Fötus. Wahrscheinlich hatten die Autoren der *Genesis* viel eher recht, wenn sie meinten, daß der Aufenthalt im Paradies nicht ›gewußt‹ werden konnte, und daß Bewußtsein erst *nach* dem Sündenfall möglich war. Cf. M. Jacoby, 1980, S. 32 f.

12 Im Schamanenzelt lag ein Floß mit den hölzernen Abbildern von Lachsen, Hechten und Forellen, den Hilfsgeistern des Schamanen, die ihn auf seiner Flußfahrt begleiteten. In der Nähe standen auch anthropomorphe Holzfigürchen, die der Schamane mit »Großmütter« ansprach. Sie stellten die Geister dar, die an den Ufern des Flusses lebten und den Eingang zu einer Art unterirdischem Speicher bewachten, der *omiruk* hieß und in dem die *omi*, die Seelen der Jakuten, lebten (das Wort ist verwandt mit *ome*, ›Gebärmutter‹). Zu den Hilfsgeistern gehörte auch der ebenfalls als Holzfigürchen gestaltete *kalir*, ein riesiger, kämpferischer Rentierbulle, das Leittier aller anderen Schamanengeister.

13 Cf. A. F. Anisimov, 1963b, S. 86 ff. Bei den Keten verschlang die Tiermutter Khosadam, eine Frau, die aber in der Taiga Tierspuren hinterließ, die menschlichen Seelen *(uyvey)*, die dann eine Zeitlang in ihrem Uterus lebten, bis sie wiedergeboren, d. h. in die Gebärmutter einer Frau weitergereicht wurden. Cf. Anisimov, 1963a, S. 169, ferner M. Novak/S. Durrant, 1977, S. 75 ff.

14 K. J. Narr, 1960, S. 134, meint zu Recht, daß man die fußlosen Figurinen besser nicht als ›Statuetten‹ bezeichnen sollte. Freilich besteht die Möglichkeit, daß einige von ihnen aufgesteckt wurden.

15 Ins Aurignacien gehört anscheinend lediglich die im Lonetal entdeckte und zunächst fälschlich für männlich gehaltene Figurine (cf. C. Züchner, 1972, S. 98 f.), so daß die ältere Bezeichnung »Vénus aurignaciennes« für die Figurinen irreführend ist. Cf. Leroi-Gourhan, 1976, S. 32. Um 31 000 v. Chr. tauchen freilich die Gravierungen von Vulven an Höhlen und Abri-Wänden auf, etwa die von La Ferrassie oder vom Abri Cellier, und zwar meist in Verbindung mit Tiergravierungen. Solche Darstellungen waren bereits denjenigen aufgefallen, die in der frühen Neuzeit Höhlen besuchten. So schreibt etwa im Jahre 1575 ein François de Belle-Forest über die Rouffignac-Höhle: »Ich glaube, daß unsere götzenanbetenden Vorväter an diesem unterirdischen Ort entweder die Venus oder die heidnischen Götter anbeteten. Sie liebten diese Höhlen, einmal weil sie für den Götzendienst geeignet waren, zum anderen weil man für Liebeskünste die Finsternis vorzieht. Das sage ich nicht ohne Grund: Wenn man in unserer Comminge gewesen ist und nicht weit von dort in den Pyrenäenbergen, so weiß man, daß sich auch da solch ein Ort unter der Erde befindet, allerdings nicht so groß und nicht so dunkel wie hier. Aber auch dort gibt es Venusidole, unzählige Priap-Figuren und andere anstößige Dinge.« (Zit. n. P. M. Grand-Chastel, 1968, S. 14)
16 Cf. A. Marshack, 1972, S. 282.
17 Von einer krankhaften Hypertrophie der Brüste zu reden, wie dies J. R. Harding, 1976, S. 271 f., tut, oder von Fettsucht (cf. W. G. Haensch, 1982, S. 15 ff.), halte ich für völlig abwegig, denn zweifellos sollte in den Figurinen der *Idee* einer von Fruchtbarkeit strotzenden Frau Ausdruck verliehen werden.
18 Cf. z. B. H. L. Movius, 1960, S. 381 f.
19 Cf. L. F. Zotz, 1968, S. 12, J. Clottes, 1971, S. 82, J. Clottes/E. Cérou, 1970, S. 441. Noch winziger ist die kaum 3 cm große Venus von Enval. Cf. Y. Bourdelle/H. Delporte/J. Virmont, 1971, S. 126. Daß die Venusfigurinen aus dem Périgordien nicht wirklich steatopyg sind, ist schon frühzeitig bemerkt worden. Cf. L. Passemard, 1938, S. 132, ferner L. Pales, 1972, S. 220 f. Hier von einer »Steinzeit-Pornographie« zu reden, wie es K. Absolon, 1949, S. 208, tut, wirft vermutlich mehr Licht auf den Autor als auf die Figurinen. Anscheinend wurden die meisten Figurinen, insbesondere in Mittel- und Osteuropa, mit geringen Abweichungen nach bestimmten Mustern geradezu in Serienproduktion hergestellt. Cf. G. Freund, 1957, S. 61, M. Otte, 1981, S. 69, B. Klíma, 1983, S. 178.
20 Ebensolche konzentrischen Dreiecke wurden auch unter europäischen Felsbildern gefunden. Das sogenannte »Siebendreieck« im

Bluntautal und im Saalachtal bei Lofer stellt offenbar eine Vulva dar, die von einem Phallus penetriert wird. Cf. D. Evers, 1982, S. 55 f.

21 Cf. J. M. Kenoyer/J. D. Clark/J. N. Pal/G. R. Sharma, 1983, S. 92. Auch manche Venusfigurinen scheinen durch Bearbeitung von Konkretionen entstanden zu sein, die in ihrem natürlichen Zustand an Frauenleiber erinnerten, etwa die Venus von Monpazier (cf. H. Delporte, 1979, S. 77) und andere. Cf. H. Delporte/L. Mons/B. Schmider, 1982, S. 276. Der Thron der Lakṣmī, der vorindoeuropäischen Muttergöttin, ist ein Lotos. Jeden Abend schließt sich der Lotos und zieht sich ins Wasser zurück, um auf die ersten Strahlen der Morgensonne hin wieder hervorzukommen und seine Blüte zu öffnen (cf. E. M. Gupta, 1983, S. 99) – kein Wunder, daß er das Symbol der weiblichen Regeneration und der immerwährenden Schöpfung (cf. G. Tucci, 1953, S. 327 f., 346), des Todes und der Wiedergeburt wurde, und daß man ihn häufig mit der *yoni,* der Vulva, identifizierte. Cf. G. Eichinger Ferro-Luzzi, 1980, S. 48, H. Zimmer, 1980, S. 28. Kālī und Gaṅgā, die Herrin des Ganges, halten oft eine geöffnete Lotosblüte, den »Schoß des Lebens«, in den Händen, und seit der Kupfersteinzeit (cf. H. D. Sankalia, 1975, S. 458 f.) zeigen Skulpturen die Muttergöttin – bisweilen mit einem Lotos statt eines Kopfes – mit runden Brüsten, gespreizten Beinen und deutlich sichtbarer *yoni,* die häufig gleichermaßen als Lotos dargestellt ist. Cf. T. S. Maxwell, 1982, S. 108 f., G. Parrinder, 1980, S. 33. Diese die Vulva exponierende Fruchtbarkeitsgöttin, die auf einer Abbildung aus Mohenjo-daro als nackte Frau zwischen zwei Ästen der *Ficus religiosa* steht (cf. K. W. Bolle, 1961, S. 264 f.), geht letzten Endes zweifellos auf eine jägerische Herrin der Tiere und der Fruchtbarkeit zurück, deren späte Nachfahrin die Durgā als Bana-Devī (»Göttin des Waldes«) ist, die einen Tiger oder einen Löwen als Reittier *(vāhana)* benutzt. Cf. W. W. Beane, 1977, S. 47 f., 52.

22 Cf. H. Grünert, 1982, S. 125. Noch in unserem Jahrhundert konnten weder die Pygmäen (cf. M. Gusinde, 1942, S. 263) noch die Andamaner (cf. P. Schebesta, 1954, S. 147, L. Cipriani, 1963, S. 99, W. Nippold, 1963, S. 123) Feuer entfachen und legten natürlich deshalb größten Wert auf dessen Erhaltung. Wahrscheinlich wäre es in nassen Regenwäldern auch äußerst schwierig, Zunder trocken zu halten. Aber auch in nichttropischen Gegenden maß man der ununterbrochenen Kontinuität des Feuers größten Wert bei. Noch vor nicht allzu langer Zeit rühmte sich eine northumbrische Familie, daß in ihrem Cottage das Feuer seit 200 Jahren nicht ausgegangen war. Cf. K. P. Oakley, 1961, S. 181.

23 Cf. R. Feustel, 1970, S. 25. Die Figurine aus weißem Mammutelfenbein ist sehr stilisiert. Neben ihr steckten auch spitze Stäbe aus Geweih und Elfenbein, die vielleicht Jagdspeerspitzen nachgebildet waren. Man hat vermutet, daß auf sie Leichenteile von Jagdtieren gesteckt wurden, die man der Herrin der Tiere in der Höhle zur Erneuerung zurückgegeben hatte. Cf. R. Feustel/K. Kerkmann/E. Schmid/R. Musil/H. Jacob, 1971, S. 127 f. Offenbar wurden nicht selten Figurinen in Sockel gesteckt. In einer Wohnanlage in Mal'ta war eine Venus in den Kanal eines Renwirbels geklemmt, der wiederum auf dem Schulterblatt eines Rindes stand, das als eine Art Regal diente. Cf. K. J. Narr, 1983a, S. 14.
24 Cf. J. Maringer, 1974, S. 75. Abseits des Lagers wurde eine teilweise in einen Hang hinein gebaute Hütte mit einem backofenartigen Herd ausgegraben, in dem sich etwa 2300 Teile feuergebrannter Tierfiguren fanden. Auch in der Höhle Les Trois Frères wurde ein Tierfigürchen aus gebranntem Ton entdeckt, und von einem bewußten Brennen von Venusfigurinen und Tierplastiken wird auch aus Pavlov berichtet. Diese Tradition ist freilich verlorengegangen und erst nach Jahrtausenden wiederentdeckt worden. Cf. B. Klíma, 1962, S. 202, G. Smolla, 1960, S. 21 f.
25 Nach den Durchlochungen mancher Venusfigurinen zu urteilen, wurden die betreffenden Skulpturen mit dem Kopf nach unten getragen (cf. P. J. Ucko/A. Rosenfeld, 1972, S. 191), und es mag durchaus sein, daß sie am Leib getragen wurden, wie es die Jäger der Golden taten. Cf. U. Harva, 1938, S. 403. F. Hančar, 1939, S. 149, gibt hingegen zu bedenken, daß die Figürchen vielleicht doch mittels eines Stiftes aufrecht an den Hüttenwänden aufgesteckt wurden. Auch die Eskimo stellten Figürchen nackter Frauen her, die sie höchstwahrscheinlich mit dem Kopf nach unten hängen ließen. Cf. E. Carpenter, 1973, S. 146 ff. Ob ein Zusammenhang besteht zwischen solchen eiszeitlichen ›Kopfunter-Figurinen‹ und der Tatsache, daß recht viele gravierte Plättchen, etwa in Limeuil oder in einer Seitengalerie von Labastide, offenbar absichtlich mit der gravierten Seite nach unten gelegt wurden? Cf. H. Danthine, 1972, S. 84. Gab es zu jener Zeit bereits den ›Mythos der verkehrten Welt‹, nach dem sich im Jenseits, etwa in der Unterwelt, alles relativ zu unserer Welt umgekehrt verhält, daß also eine Venus, die in der Unterwelt steht, im Diesseits hängen muß? Oder zeigt das mit dem Kopf nach unten Hängen lediglich das oft zu beobachtende Desinteresse der Eiszeitkünstler an irgendeiner Perspektive?
26 Cf. G. Behm-Blancke, 1970, S. 361.
27 Cf. J. M. de Barandarián, 1973, S. 523, 538, 544 ff.
28 Cf. O. Nahodil, 1963, S. 502 ff. Die alten Frauen der Altaier

stellten Stoffpuppen, *ämägändär*, »Großmütter« her, die sie mit eigens für sie zubereiteten Speisen fütterten. Offenbar stellten die Puppen die Herrinnen der Berge und der Tiere in ihrem ›Hausgeist‹- und ›Herdgeistaspekt‹ dar. Sie beschützten in dieser Funktion insbesondere die Frauen bei der Entbindung. Jeden Tag schütteten vor dem Essen die Familienmutter oder der -vater ein wenig Tee oder ein bißchen Speise für die »Mutter Feuer« in die in der Mitte der Hütte lodernde Flamme. Dasselbe taten die Jäger draußen in der Wildnis: Indem sie die Herrin des Feuers mit Speise und Trank versorgten, baten sie gleichzeitig um die Überlassung von Jagdtieren. Cf. Nahodil, S. 497, 499. Bei den altaischen Kishis hieß die Feuerherrin *kyz änä*, »Jungfrau-Mutter«, weil sie ohne den männlichen Samen empfing. Sie war nicht nur die Fruchtbarkeitsgöttin der Familie und des Viehs, sie leuchtete auch den Verstorbenen mit heller Flamme ins Jenseits. Die heilige Feuerstelle war der Zugang zum Jenseits, und keiner der Schamanen hätte es gewagt, die Reise dorthin ohne die Erlaubnis der Feuerherrin anzutreten. Auch bei den Ainu im südlichen Sachalin war »Großmutter Herd« als Mittlerin zwischen den Menschen und den Göttern eines der wichtigsten numinosen Wesen und eng mit den Schamanen verbunden. Cf. E. Ohnuki-Tiernay, 1976, S. 178 ff., dies., 1980, S. 208. Cf. auch T. M. Taksami, 1963, S. 443, U. Holmberg, 1926, S. 54 f., A. M. Zolotarev, 1937, S. 128 f. Im Possjo, der Lappenkote, war eine Figur der unter der Erde lebenden »Possjo-Frau«, *possjo-akka*, aufgestellt, und die gesamte Jagdbeute, die durch die hintere Zeltöffnung hereingeschoben wurde, mußte an dieser Figur vorbeigezogen werden. Zu ihren Füßen vergrub man als »Sühneopfer für das vergossene Blut« die Knochen der getöteten Tiere. Cf. G. Ränk, 1949, S. 104. Der Platz hinter der Feuerstelle war bei den nordasiatischen Jägervölkern häufig der Sitz der Jagdgottheit, und die Figurinen dieser Wesen, wie etwa die *sjaadai* der Samojeden, wurden oft auch draußen bei den Fanggründen aufgestellt. Cf. Ränk, S. 129, 159, 165.

29 Nach einer erfolgreichen Jagd zeichnete der Jäger die Gottheit auf ein Stück Fischhaut. Cf. A. P. Okladnikov, 1974, S. 154 f. Im Nambe-Pueblo werden der Erd- und Geburtsgöttin »Feuerblumenfrau«, bei den Cochiti »Alte Feuerfrau«, Opfergaben ins Feuer geworfen, damit die Jagd gelingt. Cf. E. C. Parsons, 1929, S. 132 ff., E. S. Goldfrank, 1927, S. 86 f.

30 Cf. M. A. Castrén, 1853, S. 142 f. Eine Art ›Familienschamanismus‹ wurde bei den Korjaken von Frauen ausgeübt und war mit dem Kult der Feuerstätte verbunden. Cf. V. V. Antropova, 1964, S. 867.

31 Cf. M. M. Gerasimov, 1964, S. 17, A. Leroi-Gourhan, 1965, S. 152.
32 Die *djouli*-Lekane aus Lärchen- oder Espenholz standen dort immer zu zweit. Sie wurden zwar »Mann und Frau« genannt, aber diese Bezeichnung mußte neueren Datums sein, denn auch der »Mann« trug Brüste. Cf. D. Zelenin, 1952, S. 29 f., 176. Sie waren sicher auch Darstellungen der Tierherrin, denn man dankte ihnen vor und nach der Jagd. An die Stelle solcher Figuren traten später meist die Heiligenbilder der orthodoxen Kirche (cf. I. Paulson, 1963, S. 134), die bei den getauften Samojeden an der alten Kultstelle hinter der Feuerstätte aufbewahrt wurden, ähnlich wie die Russen die Ikone der hl. Jungfrau im »Gotteswinkel« stehen hatten. Die Einteilung von Wohnstätten in eine Frauen- und in eine Männerseite findet sich in vielen Teilen der Welt, vom finnisch-karelischen Kulturbereich bis zu den !Kung-Buschleuten. Cf. E. M. Thomas, 1959, S. 41.
33 Cf. G. Behm-Blancke, 1960, S. 206. Nicht selten waren bei den Wildbeutern Frauen in irgendeiner Weise an der Jagd beteiligt. Bei den Konjagen etwa blieb die Frau des Walfängers während der Jagd eingenäht in ein Bärenfell bewegungslos in der Hütte (cf. H. J. Holmberg, 1856, S. 392), offenbar damit der Wal ebenso ruhig bliebe und sich leicht harpunieren ließe. Bei den Mbuti-Pygmäen, bei den Birhor (cf. B. J. Williams, 1974, S. 85) und bei den Agta-Negritos (cf. A. Estioko-Griffin/P. B. Griffin, 1981, S. 128 ff.) beteiligten sich Frauen aktiv an der Jagd, und bei den Podkamennaja-Tungusen hieß es sogar, daß die Frauen bisweilen tüchtigere Jäger gewesen seien als die Männer. Cf. H. Findeisen, 1954, S. 226. Es gibt keinen Grund anzunehmen, daß im Jungpaläolithikum die Verhältnisse wesentlich anders gewesen sind und daß Frauen nicht auch an Regenerierungsritualen für Tiere teilgenommen haben (cf. Z. A. Abramova, 1967, S. 122), was auch, wie die Hand- und Fußabdrücke deutlich gemacht haben, die Anwesenheit von Frauen in den Kulthöhlen plausibel machen würde. Bei den Jakuten gab es nach einer glücklichen Entbindung ein Fest zu Ehren der Herrin des Feuers, Aisyt, an dem nur Frauen teilnehmen durften. Dabei schoß eine Jungfrau einen Pfeil auf die Abbildung eines Elchs oder Hirschs, bisweilen auch direkt in ein eigens zu diesem Zweck entfachtes Feuer, was die Vermehrung der Tiere und die Fruchtbarkeit der Frauen fördern sollte. Cf. H. v. Sicard, 1967, S. 941.
34 So vor allem P. J. Ucko, 1962, S. 39, und E.-G. Gobert, 1968, S. 213.
35 So P. C. Rice, 1981, S. 402.
36 So G. H. R. v. Koenigswald, 1964, S. 481.

37 Cf. J. Maringer, 1979, S. 755. Die Mammutjagd muß sehr schwierig und gefährlich gewesen sein. Die Mammuts von Kostenki I waren sehr junge Tiere. R. Klejn, 1976, S. 70 f., ders., 1980, S. 93, berichtet, die chemische Analyse der Mammutskelette von Mezin habe ergeben, daß die Knochen von Tieren stammten, die zu verschiedenen Zeiten – manchmal in Abständen von Jahrtausenden – verendet waren. Noch um 4000 v. Chr. wurden in der Ukraine Hütten aus Mammutknochen gebaut. Cf. G. Taube, 1977, S. 58. Bei sibirischen Völkern wie den Dolganen oder Jakuten waren die Mammuts bis in unsere Zeit schamanische Hilfsgeister, von denen man hölzerne Figürchen herstellte. Cf. E. Lot-Falck, 1963, S. 115 f., Anisimov, 1963a, S. 166. Bei den Eskimo gelten sie als unter der Erde lebende Wesen, die man ›jagte‹, indem man – wie bei den Nunamiut – einen Pfeil in den Boden schoß. Ein Jahr später lag an dieser Stelle ein totes Mammut. Cf. H. Ingstad, 1952, S. 325, E. W. Nelson, 1899, S. 443.
38 Cf. A. Gahs, 1928, S. 232. Ganz nahe bei diesem Knochenhaufen befand sich eine Feuerstelle.
39 Ob der dreieinhalb Meter lange Weidenstamm, der in einer Schlammschicht nahe dem Rastplatz der spätpaläolithischen Rentierjäger von Ahrensburg-Hopfenbach steckte und dessen oberes Ende auf rohe Weise zu einem Menschenkopf zugerichtet war (cf. J. Maringer, 1973, S. 711), die Herrin der Tiere darstellte, ist nicht zu sagen. Jedenfalls bearbeiteten die Kemilappen in Finnland auf diese Weise die oberen Enden von Stämmen zum Antlitz der Herrin der Tiere, Vires-akka (»Schlingen-Alte«), die auch eine Frauen- und Geburtsgöttin war. Cf. I. Paulson, 1961, S. 171.
40 Cf. A. Rust, 1974, S. 59, 66, 68, 98. Daß es sich ausschließlich um weibliche Tiere handelt, kann schlicht damit zusammenhängen, daß Rentiere häufig nach Geschlechtern getrennt wandern (cf. T. Irimoto, 1981, S. 39) und daß die getöteten und versenkten Renkühe von *einem* Jagdzug stammten.
41 Cf. A. Skinner, 1911, S. 69 ff., I. Paulson, 1959, S. 183 f.
42 Cf. K. F. Karjalainen, 1922, S. 127, 177 f. Der Brauch findet sich auch bei reinen Wildbeutern: So hängten die philippinischen Negritos die Köpfe von Jagdtieren auf Pfosten und Bäume, damit die Tiere erneuert würden. Cf. H. Krüger, 1975, S. 103 f. Der Herrin der Tiere und Erdmutter der Enzen und Nganasanen opferte man Rentiere, deren Schädel und Geweih wie in Stellmoor auf eine in die Erde gerammte Stange gesteckt wurden. Dann sagten die Jäger: »Mutter der wilden Rentiere, dies ist Dein Anteil!« Die Erdherrin war auch zugleich die Fruchtbarkeitsgöttin und Geburtshelferin der Menschen. Cf. S. Fischer-Liebmann, 1969, S. 80 f. Der in die-

sem Zusammenhang wichtige Aufsatz von B. O. Dolgich, 1968, war mir sprachlich nicht zugänglich. Cf. auch für weitere Beispiele K. Donner, 1933, S. 86, T. Lehtisalo, 1932, S. 171.
43 Cf. F. G. Speck, 1935, S. 92. Cf. auch A. B. Rooth, 1971, S. 50, J. F. Downs, 1966, S. 30. In Amitsoq, einer Fischfangstelle auf King William Island, opferten die Eskimo der Herrin der Meerestiere, Nuliajuk, Rentierschädel, indem sie diese in einem kleinen Fluß versenkten. Cf. R. M. Søby, 1969, S. 69, ferner I. Paulson, 1963, S. 484.
44 Cf. T. Lehtisalo, 1932, S. 175.
45 Cf. G. A. Dorsey, 1905, Bd. I, S. 2. Der erste von den Kwakiutl in der Jagdsaison gefangene Silberlachs wurde von des Fischers Frau so aufgeschnitten, daß der Kopf mit der Gräte verbunden blieb, und bei den Wishram verfuhr der Schamane in derselben Weise mit dem Tier. Cf. E. Gunther, 1926, S. 606 f., 610.

Anmerkungen zu § 7

1 Eine andere Interpretationsmöglichkeit besteht darin, daß das Gebilde eine Frisur darstellt, die über den ›Rücken‹ der Venus fällt, wenn man sie um 180° dreht und die Unterschenkel als Hinterkopf sieht.
2 Cf. F. Hančar, 1953, S. 3. Allerdings sollte man beachten, daß in Sibirien das Fell eines Tieres nicht selten als ein *Fellmantel* gesehen wird, der dem Tier beim Enthäuten ›ausgezogen‹ wird. Der riesige Höhlenlöwe stand anatomisch zwischen Löwe und Tiger und gilt als direkter Vorfahre des heutigen Amurtigers. Viele Prähistoriker reden deshalb von einem ›Tigerfell‹ der Figurine. Bis Mitte der sechziger Jahre wurden in der Eiszeitkunst etwa 110 Felidendarstellungen dokumentiert. Cf. L.-R. Nougier/R. Romain, 1971, S. 46.
3 So J. Ozols, 1971, S. 37. Es ist auch nicht gesagt, daß es sich bei den ›Geschlechtsdreiecken‹ der Figurinen, wie Ozols meint, um Schurze handelt, denn wie seine eigenen Abbildungen belegen, wären diese ›Schurze‹ sehr klein gewesen. Vor allem aber fehlt die *Grundlinie* des Dreiecks, die man bei einem Schurz wohl erwarten dürfte.
4 Cf. D. Zelenin, 1952, S. 175, 181.
5 J. Hahn, 1983, S. 308, hat den Gedanken geäußert, daß sich möglicherweise auch im eiszeitlichen Westeuropa die Herrin der Tiere in der Gestalt des Höhlenpanthers und Höhlenlöwen manifestiert habe. Auf einem Stein aus La Magdeleine in der Dordogne fand

man Gravierungen, die als ein Mann und eine Frau mit Löwenmasken interpretiert worden sind. Cf. H. Kühn, 1936, S. 236. In der wohl ältesten außereuropäischen Höhlenkunst, die bisher aufgefunden wurde, in Südwestafrika, gibt es die etwa 30 000 Jahre alte Darstellung eines Tieres, offenbar eines Feliden, dem menschliche Beine übergezeichnet wurden. Cf. W. E. Wendt, 1974, S. 25.

6 Cf. J. G. Echegaray/L. G. Freeman, 1981, S. 260 f., L. G. Freeman/J. G. Echegaray, 1981, S. 16 f. Man wird erinnert an die afrikanischen Initianden, von denen Frobenius, 1954, S. 76 f., erzählt, sie hätten eine Höhle durchschreiten müssen, in der sie von einer Leopardenmaske erschreckt wurden. Dem Blick des Leopardenmenschen, d. h. dem Tode, mußten sie standhalten, um zu Erwachsenen zu werden.

Anscheinend gibt es menschlich-tierische Mischskulpturen, die lange Zeit vor der Magdalénienskulptur von El Juyo angefertigt wurden, etwa die ›Vogelfrau‹ von Wittenbergen aus dem Moustérien, in der nach Aussage der Prähistoriker einerseits ein Vogel, nach einer Drehung des Steines um 90° jedoch die stilisierte Gestalt einer Frau gesehen werden kann. Cf. W. Matthes, 1970, S. 359, ders., 1964, S. 264, P. Héléna, 1963, S. 189 f. Über Kunst und Religion der Neandertaler ist praktisch nichts bekannt, wenn wir einmal von dem ebenso berühmten wie umstrittenen ›Bärenkult‹ absehen. In einer Neandertalersiedlung bei Tata in Ungarn wurde ein kleiner versteinerter Wurzelfüßler mit einem eingravierten linearen gleicharmigen Kreuz und ringsum angebrachten Einkerbungen gefunden (cf. J. Maringer, 1980, S. 19), und in einer Höhle bei Savona wurde offenbar ein längere Zeit an der Wand stehender Mensch mit Lehmkügelchen beworfen. Cf. A. C. Blanc, 1957, S. 112 ff. Über die Bedeutung dieses Vorgangs läßt sich wohl nicht einmal spekulieren.

Eine geradezu unglaublich klingende Entdeckung machte Dart, als er in Makapansgat die Knochen von Australopithecinen ausgrub. Dabei fand er einen dunklen Stein mit eingehauenen Löchern, der anscheinend vom Anfassen durch Generationen hindurch poliert war. »When the stone is held in certain positions, with the light source from the side, there appear on its side not one, but four, apelike faces – all with the low brow of this early hominid.« Cf. J. M. Cordwell, 1979, S. 49. Hatten vor zweieinhalb Millionen Jahren (!) Australopithecinen in diesem Stein ihre Ebenbilder wiedergefunden, so daß er für sie eine numinose Bedeutung erhielt und über Generationen hinweg als ›heiliger Stein‹ aufbewahrt und immer wieder hin und her gewendet wurde?

7 Cf. Anisimov, 1963a, S. 180, ferner C. Hentze, 1938, S. 58 f.,

V. Diószegi, 1963, S. 425, K. U. Köhalmi, 1981, S. 135 f., V. N. Tschenjetzow, 1974, S. 289.

8 Cf. H.-J. Paproth, 1976, S. 121 ff.

9 Cf. L. Honko, 1973, S. 286, 288. Die Frauen wurden immer wieder davor gewarnt, daß der Bär sie befruchten könne. In der Herzegowina galt der Bär als oversexed und zudringlich. Es hieß, die Bären raubten mit Vorliebe junge Frauen und Mädchen und schleppten sie in ihre Höhle, um sie dort zu vergewaltigen. Cf. N. W. Thomas, 1904, S. 134. Im Mittelalter symbolisierte der Bär Unzucht und ungezügelte Sinneslust. Cf. B. Rowland, 1973, S. 33.

10 In Schweden gab es den Brauch, im Frühling, in dem einst geheiratet wurde, »den Hochzeitsbären zu schießen«. Cf. W. Liungman, 1961, S. 81.

11 Cf. C. Suffern, 1938, S. 118.

12 Cf. H.-J. Paproth, 1977, S. 1197. Bei den Cheyenne sind die Bären der weiblichen Sphäre zugeordnet – *nako*, »Bär«, ist die informelle Bezeichnung für Mütter. Im Griechischen ist das Wort für »Bär« weiblichen Geschlechts (ἡ ἄρκτος), und das Tier ist stets mit Göttinnen verbunden, vor allem mit der Herrin der Tiere, Artemis. Cf. G. Devereux, 1982, S. 99 f. Die Cree sagen, ein enthäuteter Bär sehe aus wie ein Mensch (cf. C. Biegert, 1981, S. 73), und bei vielen Jägervölkern heißt es, beim Enthäuten käme eine nackte Frau zum Vorschein.

13 Es wird sich um einen Braunbären handeln, denn der Höhlenbär, den es noch im Aurignacien gab, war im Magdalénien wohl schon ausgestorben. Cf. C. Matheson, 1942, S. 153, L. Vértes, 1959, S. 164.

14 Cf. K. J. Narr, 1959, S. 238.

15 Cf. A. Marshack, 1972, S. 274.

16 Cf. H. Breuil/L.-R. Nougier/R. Robert, 1956, S. 50 f., L. Zotz, 1965, S. 174 f., der auf eine ähnliche Darstellung von Longueroche hinweist, O. Abel/W. Koppers, 1933, S. 32.

17 Cf. K. Krohn, 1924, S. 234 f. Beim Bärenfest der Ainu wurde der getötete Bär zurückgeschickt zur »Mutter«, der Herrin der Tiere im Reich der aufgehenden Sonne, und von ihr erwartete man auch, daß sie wieder einen Bären entließ. Cf. K. Kindaichi/M. Yoshida, 1949, S. 345.

18 Cf. J. Hahn, 1971, S. 20. Sicher ist bereits den Neandertalern aufgefallen, daß der Höhlenbär beim Herannahen des Winters in der Höhle verschwand, um im Frühling verjüngt wieder aus ihr hervorzukommen, die Bärinnen bisweilen mit Jungtieren, die sie in der Höhle geworfen hatten. Diese Beobachtung mag mit dazu bei-

getragen haben, in den Höhlen den Ort der Regenerierung des Lebens, von Tod und Wiedergeburt zu sehen. M. König, 1954, S. 14, hat sogar gemutmaßt, daß die ersten ›Fingermalereien‹ des Aurignacien Nachahmungen der Kratzspuren von Höhlenbären gewesen sein könnten.

19 Der Abbé Glory fand in Lascaux die Reste eines im Lehm eingebetteten Seils. Cf. A. Glory, 1956, S. 263 f.

20 Häufig wurden Wandmalereien in sehr tiefen, schwierig zu erreichenden Teilen der Höhlen angebracht. So heißt es etwa bei Leroi-Gourhan, 1971, S. 195, über die baskische Höhle Etxeberri'ko-karbia: »Um den Kultplatz zu erreichen, braucht man neben einer speläologischen Ausrüstung über eine Stunde Zeit, in der man kleine Seen überqueren, einen Sims entlangklettern und einen Hang von mehreren Metern am Schaft von Stalagmiten hinaufklimmen muß, bis man zu einem schmalen Loch gelangt, das sich auf einen sehr engen Gang öffnet, an dessen Ende es senkrecht zwei Meter in die Tiefe geht, ohne daß man einen Halt findet. Nach der ersten Bildkomposition muß man an einem fünf Meter hohen Stalagmiten hinabklettern, einen Abgrund umgehen und wieder einen Kamin von acht Metern hinaufsteigen; dann gelangt man in einen Felsspalt, wo man Fortsetzung und Ende der Komposition findet, die auf den Fond des Spalts gemalt sind. Das letzte Pferd ist so nahe am Rand des Abgrunds angebracht, daß man sich den Künstler nur vorstellen kann, wie er beim Malen von einem Kollegen am Wamszipfel gehalten wurde.« Während einige Höhlen wie Lascaux, Montespan, Labastide oder Le Portel offenbar recht häufig besucht wurden, hat man im übrigen den Eindruck, daß während der Eiszeit – und dies gilt schon für die Neandertaler (cf. E. Wagner, 1979, S. 53) – recht selten Menschen in die Tiefen vordrangen, ja, Leroi-Gourhan, 1981, S. 58, meint sogar, daß die entlegeneren Höhlenteile wohl nur ein einziges Mal betreten wurden, nämlich als die betreffenden Bilder geschaffen wurden. Wenn man annimmt, daß bisher etwa die Hälfte der bemalten Höhlen entdeckt worden ist, und wenn man weiterhin von etwa dreißigtausend Einzeldarstellungen ausgeht (cf. A. Rust, 1974, S. 112), dann bedeutet dies, daß von den Anfängen der Höhlenkunst im Aurignacien bis zum Ende der Eiszeit etwa *ein* Tier pro Jahr gemalt oder graviert wurde. Freilich mag dies in gewisser Weise eine Milchmädchenrechnung sein, wenn man nun folgert, daß äußerst selten im Zusammenhang mit den Bildern Rituale ausgeführt wurden, denn es ist keinesfalls ausgeschlossen, daß die Eiszeitmenschen ähnlich wie die Australier die einmal hergestellten Bilder immer wieder ›auffrischten‹ oder in irgendeiner Weise ›berührten‹ oder mit

einer Lichtquelle ›animierten‹. So fand man in der Höhle La Marche Frauengravierungen, die insbesondere an Rücken und Brüsten mehrfach nachgeritzt wurden (cf. H. Delporte, 1979, S. 278). Vier Magdalénien-Frauen in Petersfeld wurden nach der Gravierung zunächst rot eingefärbt, dann aber wieder abgeschabt, freilich nicht ganz, so daß man diese Handlung rekonstruieren konnte. Cf. G. Albrecht, 1983, S. 342. Zuweilen wurden gewisse Umrisse von Tieren benutzt, um eine andere Spezies darzustellen, und was störte, wurde weggekratzt.
21 Cf. K. J. Narr, 1966, S. 317.
22 Cf. E. M. Zuesse, 1975, S. 171.
23 Cf. A. Lommel, 1952, S. 51 f. Zu den Gemeinsamkeiten von Orgasmus und Ekstase cf. auch J. H. Henney, 1980, S. 168 ff. Daß erigierte Penisse, wie etwa der Stalaktitenpenis von Le Portel, Abwehrfunktionen hatten, wie J. Maury, 1977, S. 90 f., meint, scheint mir nicht sehr naheliegend zu sein. Ob solche Penisse, die mitunter stattliche Größen erreichen, wie etwa der des »Zauberers von Saint-Cirq« (cf. L. Dams, 1980, S. 62 f., 105, 107), eine Ekstase anzeigen oder nicht, wird von Fall zu Fall verschieden sein.
24 Cf. H. Kirchner, 1952, S. 256 f. J. Ozols, 1974, S. 10 f., hat nicht unplausibel die sog. »Kommandostäbe« des Jungpaläolithikums – man denke etwa an den berühmten Wildpferdstab aus dem Abri Montastruc – als Schamanenstäbe gedeutet, mit denen die nordeurasischen Schamanen auf Himmels- und Unterweltfahrt gingen. Solche Stäbe sind heute noch bei den nördlichen Magar im Himalaya üblich, wo sie den Schamanen in der Trance zu den Orten leiten, wo die Hexen geraubte Seelen versteckt haben. Cf. M. Oppitz, 1981b, S. 40.
25 Einige Prähistoriker wie A. Laming, 1962, S. 133 f., A. Leroi-Gourhan, 1977, S. 22 und bereits G. H. Luquet, 1931, S. 409, meinen, es wäre doch seltsam, wenn ein Schamane in einem Felsbild dargestellt sei, das selber eine Rolle in einem schamanischen Ritual gespielt habe, oder, wie G. Charrière, 1968, S. 16, es formuliert: »Si une église reflète les thèmes de la messe, son iconographie ne représente pas autant la messe elle-même, ni ses protagonistes.« Das ist freilich nicht richtig. Einmal abgesehen davon, daß es sich um Darstellungen ›mythischer‹ großer Schamanen, wie etwa Aufrechte Hörner der Cheyenne, handeln könnte, gibt es z. B. in Sibirien Darstellungen, auf denen Schamanen und ihre ganze Reisestrecke samt Hindernissen und Jenseitswesen gezeigt werden (cf. z. B. A. L. Siikala, 1982, S. 383); gibt es Felsbilder oder Skulpturen, die höchstwahrscheinlich die Konterfeis von Schamanen sind (cf. etwa D. J. Ray, 1981, S. 107). Die Schamanen und Schamaninnen der

Maluti- und /Xam-Buschleute trugen Gems- und Springbockmützen mit den Ohren und den Hörnern dieser Tiere, und wenn sie in der Ekstase »starben«, d. h. in die Wasserlöcher eindrangen, um die Tiere aus der Unterwelt zu holen, taten sie dies als ›Mischwesen‹. Auf zahlreichen Felsbildern sind auch sie mit Tiermasken oder als theriomorphe Wesen abgebildet. Cf. J. D. Lewis-Williams, 1980, S. 475, 477 f., ders., 1983, S. 20, 46, 50, 53, 58, 60. Häufig malten sich auch die Schamanen der Lappen auf ihre Trommeln. Cf. E. Manker, 1963, S. 36.

26 Man stelle neben den ›Vogelmenschen‹ von Lascaux die Skulptur von Roc de Marcamps, Gironde, bei der es sich um den Kopf eines Vogel-Mensch-Mischwesens handeln könnte. Cf. A. Roussot/J. Ferrier, 1970, S. 299, fig. 5.

27 F. D. Goodman, Ms. (1983), S. 15, hat in einer Fernsehsendung Adolf Holls, die am 24. Januar 1982 ausgestrahlt wurde, den 37°-Winkel des Männchens von Versuchspersonen auf einer großen Holzscheibe einnehmen lassen und sie mit einer Klapper in Trance versetzt. Cf. auch A. Holl, 1981, S. 149, 155.

28 Cf. S. Giedion, 1964, S. 394 ff., ferner G. Swinton, 1978, S. 86.

29 Cf. E. Carpenter, 1959, S. 37 f., ders. 1961, S. 361.

30 »It is surely vital for us«, schreibt P. J. Ucko, 1970, S. 501, »to assess the significance of the fact that in several societies these figurines were found in rubbish pits.« Eine ganze Reihe von kleinen Reliefs, aber auch Tierskulpturen aus Rengeweih, Sand- und Bernstein, die man in der Isturitz-Höhle fand, sind anscheinend bewußt zerbrochen worden (cf. Drößler, 1980, S. 102), aber auch die Frauenfiguren von Kostenki I (cf. Hančar, 1939, S. 96, und die Abb. bei P. P. Efimenko, 1958, S. 351). Jahrtausende später verfuhren die Bandkeramiker mit vielen ihrer tönernen Frauenfigurinen (cf. H. P. Uenze, 1982, S. 30 ff.) ähnlich, und offenbar wurden auch manche kykladischen Frauenidole zerbrochen, bevor man sie in die Gräber legte. Cf. P. J. Ucko, 1968, S. 419. Während in den letzteren Fällen vielleicht andere Motive mit ins Spiel kommen, etwa die Vorstellung, daß im Jenseits das ganz ist, was im Diesseits zerbrochen ist, mag beim Wegwerfen und Zerbrechen eiszeitlicher Figurinen auch bedeutsam gewesen sein, daß diese eventuell ihre ›Kraft‹ verloren hatten. Wenn die Tier-Ongone der Ostjaken ihre Wirkfähigkeit verloren hatten, zerbrach man sie oder warf sie ins Feuer (cf. A. Glory, 1966). Falls die Hausgeister kein Jagdglück mehr gewährleisteten, züchtigte man zunächst ihre Abbilder, und wenn dies nichts nützte, verstieß man sie. Cf. Karjalainen, 1922, S. 20 f. Noch heute stellt man in Sizilien eine Heiligenfigur, die ihren

Pflichten nicht nachkommt, fürs erste ›in die Ecke‹. Bessert sie sich nicht, wird sie beschimpft oder mit Stockschlägen traktiert. Hilft auch das nichts, wird sie aus der Gemeinde entfernt und durch eine andere ersetzt. Cf. E. Zimmermann, 1982, S. 123.
31 Ähnlich auch M. König, 1980, S. 107.
32 Aus der Szene ausklammern dürfen wir mit Bestimmtheit auch das stilistisch anders ausgeführte Nashorn, das von einer anderen Position her gemalt sein muß. Cf. auch L.-R. Nougier/R. Robert, 1957, S. 32, C. A. Burland, 1952, S. 111.
33 Cf. auch G. Camps, 1972, S. 142. A. Leroi-Gourhan, 1975, S. 52, und N. K. Sandars, 1968, S. 71, sehen hingegen eine Ähnlichkeit zwischen der Lascaux-Szene und jenen von Villars, Le Roc de Sers und La Mouthe, in denen ein Büffel einen Mann anzugreifen scheint.
34 Cf. G. Lechler, 1951, S. 166.
35 Cf. auch R. Drößler, 1976, S. 23.
36 Cf. G. Charrière, 1968, S. 21, 24. Unter der ›Szene‹ fand man muldenförmige Steinplatten mit Brandspuren, die möglicherweise eine kultische Bedeutung haben.
37 Weiterhin sieht man, daß die Geschichte eine ›pflanzerische Pointe‹ hat, denn der Jäger wird von dem Alten ernsthaft verwarnt, nie wieder Tiere zu jagen. Statt dessen erhält er vom Erdgott den Kakao. Cf. J. Haekel, 1959, S. 63. In vielen Fällen, in denen Jäger oder Schamanen Tierherrinnen beischlafen, gibt sie ihnen als Entgelt für den erwiesenen Liebesdienst das Jagdwild. Im westlichen Transkaukasien tut dies die *tqaši map'a*, die Waldkönigin, die splitternackt mit langen, losen Haaren durch die Wälder läuft (cf. A. Dirr, 1925, S. 144 f.), bei den Selkupen *machin lozyt nälya*, die Tochter des »Herrn des Waldes«. Cf. E. D. Prokofyeva/G. N. Prokofyev, 1964, S. 601. Unter den karelischen Felsbildern des Neolithikums findet sich eine Darstellung, auf der ein Mann mit einer Hörnermaske von hinten eine Frau beschläft (cf. G. Gjessing, 1977, S. 59 f., ders., 1978, S. 17); auf einem neolithischen Felsbild von Nämforsen in Ångermanland scheint ein Mann eine Elchkuh zu begatten, und vor einem Elch findet ein Beischlaf zwischen einer Frau und einem Mann statt (cf. G. Hallström, 1960, S. 309 und Pl. XIV); noch auf einem bronzezeitlichen Felsbild von Båhuslen bespringt ein Mann eine Hirschkuh. Cf. auch G. Charrière, 1970, S. 83. Mir scheint es gerechtfertigt, all diese Felsgravierungen im Sinne von Regenerierungsritualen auszulegen. Bei den Darden im Karakorum leben in den Gletschern und auf den hohen Schneebergen, etwa dem Nanga Parbat, die Feen und ihre Königin, die Herrin der Wildziegen Ibex *(Capra sibirica)* und Markhor *(Capra falco-*

neri), deren Gestalt sie bisweilen annehmen. Oft schlafen die Jäger mit ihnen und erhalten dafür das stattlichste und schönste Wild, das die Feen aus der Haut und den Knochen der erlegten Tiere regeneriert haben. Die bezaubernden Frauen, zu denen die Schamanen mitunter ins Gebirge fliegen, gehen häufig mit ihren Auserwählten schon frühzeitig eine intime Bindung ein, holen den Säugling in ihre Eiswelt, wo sie ihn stillen, und besuchen nachts den Heranwachsenden in seinem Bett und küssen ihn auf den Mund. Murkum ist nicht nur die Herrin der Tiere, sondern auch die Fruchtbarkeitsgöttin der Frauen und Helferin der Gebärenden. Im Haramoshtal befindet sich in 3000 Meter Höhe ein aus unbehauenen Steinen aufgeschichteter Altar, in den die Frauen Wacholderzweige steckten und die Murkum um die Fruchtbarkeit ihres Leibes baten. Dort feierten sie auch ein Fruchtbarkeitsfest, und der Zhabán, der Priester der Murkum, führte dabei völlig nackt wilde Tänze auf. Es war ihm gestattet, sich den Frauen gegenüber »sexuelle Freiheiten« herauszunehmen, weshalb man ihn »Bock der Frauenherde« nannte. Vielleicht vermittelte er einst den Frauen auf sehr direkte Weise die Fruchtbarkeit der Murkum – möglicherweise sogar die Kinderseelen –, ähnlich wie jene jungen Burschen der nichtislamisierten Kalash im Tal von Birir, die ein Jahr bei den Ziegenherden auf den Hochweiden zubrachten und danach mit jeder Frau den Beischlaf ausüben durften, ohne daß deren Ehemann etwas dagegen einwenden konnte. Ebensolche Fruchtbarkeit brachten früher im Dorfe Bubur in Punyal zwei ausgesuchte Burschen, deren Genitalien mit Henna gefärbt und mit Butter gesalbt waren. Im Dezember, »wenn die Ibexe sich paaren«, fand ein Wintersonnwendfest statt, währenddessen diese Burschen in die Häuser kamen, um den Frauen beizuschlafen, was als große Ehre erachtet wurde. Cf. P. Snoy, 1975, S. 115, 174 f., 178 f., 216, I. Müller-Stellrecht, 1973, S. 177, 195, dies., 1980, S. 191 f., K. Jettmar, 1965, S. 110 f. Wie die einst rein jägerischen Feen heute auch für die pflanzerische Fruchtbarkeit zuständig sind, so geht inzwischen auch bei den Lepchas von der Urmutter der Menschen und ihrem Gemahl, die auf halber Höhe bzw. auf dem Gipfel des Kandschindschunga leben, das Gedeihen von Reis, Mais, Weizen, Yams, Kürbis, Chili und Maniok aus, während *pong rûm* und *shing rûm*, der Herr und die Herrin der Tiere, kleine behaarte Schneemenschen, noch immer von den Jägern verehrt werden. Cf. H. Siiger, 1978, S. 424 f., 426.
38 Analogien aufzustellen zwischen der paläolithischen Tierherrin und Gestalten wie der indianischen Büffelmutter oder der Sedna hält Leroi-Gourhan, 1977, S. 23, für ein »pêle-mêle«, für Wirrwarr. Aber mit einer solchen Haltung erreicht er nur den Verzicht darauf,

Phänomene einer Kultur durch Phänomene einer anderen, deren Bedeutung bekannter ist, zu erhellen. Natürlich hat der ›Komparatismus‹ mitunter seltsame Blüten getrieben, aber dies kann man auch bei Wissenschaftlern beobachten, die versuchen, etwa funktionalistisch eine Kultur ›aus sich selbst heraus‹ zu verstehen. Der Spruch ›Wer nur eine Kultur kennt, kennt keine‹ besagt, daß wir etwas nur auf dem Hintergrund von etwas anderem verstehen können, oder, etwas philosophischer ausgedrückt, daß etwas immer nur das ist, was es *nicht* ist. Diese einfache Tatsache haben die Positivisten nie begriffen. Aber auch Leroi-Gourhan ist natürlich ein Komparatist, freilich ein *verschwiegener* (cf. z. B. B. Orme, 1974, S. 204): Wenn man seine Zuordnungen Büffel – weiblich, Pferd – männlich (bei A. Laming ist es gerade umgekehrt, was sie dazu führte, solche Zuordnungen zu unterlassen, cf. Laming, 1972, S. 66 f.), seine Deutungen gewisser Kreise, Ovale, Dreiecke, Vierecke als Vulven, Punkte, Striche und sogar offensichtlicher Pflanzen und Zweige als »männliche Zeichen« verfolgt, dann sieht man sehr schnell, daß Leroi-Gourhan *implicite* das tut, was er den Komparatisten vorwirft, daß er nämlich in einem Dreieck an einer Höhlenwand nur deshalb ein Vulvasymbol sieht, weil in anderen Kulturen eben Vulven auf diese oder ähnliche Weise symbolisiert worden sind. Leroi-Gourhan ist anti-spekulativ eingestellt. Ist es freilich nicht höchst spekulativ, wenn er beispielsweise von der ›Szene‹ im ›Schacht des toten Mannes‹ sagt, dort liege ein Mann ausgestreckt vor einem verwundeten Wisent? (Cf. Leroi-Gourhan, 1971, S. 156) Fast alles an diesem Satz ist spekulativ, sowohl daß es sich um einen Mann handle, daß er ausgestreckt vor einem Wisent liege als auch daß das Tier ein verwundeter Wisent sei. An einer anderen Stelle (S. 359) schreibt er sogar, der Bison habe den Mann offensichtlich zu Boden gestoßen, das Tier sei »von einem langen Speer durchbohrt, die Eingeweide treten aus dem Körper«. Wenn (mit dem üblichen Körnchen Salz) das Sein das Bewußtsein bestimmt, dann ist es auch statthaft, Grundzüge der Weltanschauungen rezenter Jäger und Sammlerinnen oder der Pflanzervölker, die noch stark von jägerischen Vorstellungen geprägt sind, mit denen der jungpaläolithischen Menschen zu vergleichen. Daß man dabei gewisse Faktoren berücksichtigen muß, etwa daß die heutigen Wildbeuter in marginale Gegenden abgedrängt wurden (cf. J. Tanaka, 1976, S. 114, J. Woodburn, 1980, S. 113) oder daß sie fast alle von Pflanzern, Bauern oder Hirtennomaden beeinflußt worden sind, bedeutet nicht, daß Vergleiche unmöglich sind, sondern eher, daß man sie mit Vorsicht anstellen sollte. Cf. auch J. D. Clark, 1968, S. 276 ff.

39 Cf. A. Friedrich/G. Buddruss, 1955, S. 46, H. Findeisen, 1957, S. 29 ff. In Australien, wo Höhlen häufig als Vagina bezeichnet wurden (cf. G. Róheim, 1975, S. 211 f.), spielen sie in vielen Gegenden eine wichtige Rolle während der Initiation des künftigen Schamanen. Bei den Aranda lebten in der Okalparra-Höhle die *iruntarinia*, die ›Doppel‹ der Traumzeitheroen und damit auch der Lebenden, die ja die Reinkarnation jener mythischen Wesen sind. Die Höhle war ein Elysion mit strömenden Wasserläufen und ewigem, milden Sonnenschein. Der Initiand – meist ein Mann – legte sich vor den Eingang der Höhle, und bald kamen die *iruntarinia* und durchbohrten mit Geisterlanzen seine Zunge und seinen Kopf von einem Ohr bis zum anderen, so daß er ›tot‹ zu Boden fiel. Dann zerrten sie den leblosen Körper in die Höhle, weideten ihn dort aus und ersetzten seine inneren Organe durch ›schamanische‹ Organe. Cf. Spencer/Gillen, 1899, S. 523 f. In ähnlicher Weise geht auch die Initiation des zukünftigen Heilers bei den nahuatl-sprachigen Indianern in San Francisco Tecospa vor sich. Die *enanitos*, auch *los aires* genannt, sind zwerghafte Regengeister, die in Höhlen leben, wo sie große Fässer lagern, in denen sich Wolken, Regen, Donner und Blitz befinden. Sie entführen den Geist des zum Heiler ausersehenen Mannes in die Höhlen, aus denen auch Mais, Squash und anderes Gemüse stammt, und dort prügeln sie ihn so lange durch, bis er seinen neuen Beruf akzeptiert. Weigert er sich, schlagen ihn die Geister tot. In der Höhle erhält er einen unsichtbaren Stab, magische Steine zum Heilen und vor allem eine *enanita*, eine Geistfrau, die ihm Kinder zur Welt bringt, die bei der Mutter in der Höhle leben; diese wacht darüber, daß er fortan keine menschliche Frau mehr liebt. Zweimal im Jahr muß der *curandero de aire* nun immer wieder ›sterben‹, um in der Höhle von der fruchtbarkeitsbringenden Riesenschlange Yecacoatl unterrichtet zu werden. Der erste ›Tod‹ findet am Ende der Regenzeit (Oktober/November), der zweite im März kurz vor den ersten Regenfällen statt. Cf. W. Madsen, 1955, S. 49 ff., ferner J. Nash, 1970, S. 24 f. Offenbar ist diese Höhle eine Nachfolgerin des aztekischen Tlalocan, wo sich Schalen befanden, aus denen der Regen floß. Um die Regengötter zu bewegen, tötete man kleine Kinder, zog ihnen die Haut ab und warf sie in Grotten. Auch die Maya ertränkten in Höhlenseen zu diesem Zweck kleine Kinder, und noch J. L. Stephens hörte im vergangenen Jahrhundert von einer Höhle, in der eine alte Frau unter einem Baum Wasser verkaufte, freilich nicht gegen Geld, sondern gegen einen Säugling. Cf. M. Pohl/J. Pohl, 1983, S. 32, 51, F. Termer, 1930, S. 416 f., J. E. S. Thompson, 1959, S. 123. Auch die künftigen Schamanen der Smith Sound-Eskimo im nordwestli-

chen Grönland wurden in bestimmten Höhlen *(angakussarfiks),* die am Rande der ewigen Eiskappe liegen, von Torngaxssung initiiert, und dort erhielten sie die Hilfsgeister, mit deren Hilfe sie später zur Tier- und Totenherrin Nerivik reisten, die auf dem Meeresgrund in Adlirqpat (»am weitesten drunten«) lebt. Cf. A. L. Kroeber, 1899, S. 303 f., 306, 317.

40 Cf. A. Lemozi/P. Renault/A. David, 1969, Pl. 53 ff., A. Rosenfeld, 1977, S. 100. Die Venus von Tursac wurde zusammen mit dem Vorderarm eines Bisons aufgefunden. Cf. Delporte, 1979, S. 296.

41 Cf. J. G. Lalanne/C. J. Bouysonnie, 1946, S. 134 f., 139 ff. Man denke auch an die bekannte Lausselgravierung, die als Darstellung eines Koitus, einer Geburt und einer Doppelfrau analog einer Spielkartendarstellung gedeutet wurde. Cf. G. Lalanne, 1911, S. 258, P. Schiefferdecker, 1919, S. 182.

42 Der Gegenstand, den die eine Venus in der Hand hält, ist als ein Wiederkäuermagen gedeutet worden, der als Trinkschlauch diente. Cf. Delporte, 1979, S. 64. Ich selber habe das Büffelhorn der berühmten Laussel-Venus als ein Trinkhorn interpretiert (cf. Duerr, 1978, S. 32) und anschließend Schlüsse gezogen, die mir heute recht abenteuerlich vorkommen.

43 Festzuhalten ist, daß bei allen drei Frauen das Gesicht verborgen ist oder einfach nicht existiert. Dies gilt auch für alle westeuropäischen Venusfigurinen, wenn man einmal von dem Frauenkopf aus der Höhle Brassempouy absieht, der vielleicht einst von einer Elfenbeinfigurine abbrach, während einige osteuropäische Figurinen angedeutete Gesichtszüge haben, die, wie bei der Venus von Dolní Věstonice (ca. 27 000 v. Chr.), grotesk wirken. Bei den Venusfigurinen des Magdalénien, bei denen meist Venushügel, Schamspalte und Brüste vernachlässigt sind, der Hintern aber stets betont ist und die vielleicht mit denen des Périgordien unmittelbar nichts zu tun haben, fehlen die Köpfe meist völlig. P. F. Mauser, 1982, S. 112, denkt bei dem Gebilde über dem Gesicht der Venus von Willendorf an eine Haube, wie sie aus Gräberfunden rekonstruiert wurde: An den Verknotungsstellen des Netzwerks aus Bast oder den Schweifhaaren von Wildpferden waren durchbohrte Meeresschnecken und -muscheln eingeknüpft. Auch die Venus von Parabita aus der Grotte delle Veneri hat Rillen über dem Gesicht, was nahelegt, daß es sich keinesfalls um eine Frisur handelt. Cf. P. Graziosi, 1973, S. 18. Nehmen wir also an, daß eine Haube das Gesicht verdeckt, so stellt sich natürlich die Frage, warum das so ist. Soll damit die Anonymität, gewissermaßen die ›reine Naturhaftigkeit‹ der fruchtbaren Frau, zum Ausdruck gebracht werden (cf.

128 Skulptur eines Frauenkopfes aus Brassempouy, Landes.

H. Kirchhoff, 1975, S. 430), eine Abwesenheit von Physiognomik, die uns später in der ›Wesenlosigkeit‹ der Ge wiederbegegnen wird? Cf. C. J. Bleeker, 1963, S. 89. Auch die ›Ledermaskenfrau‹ der zeitgenössischen Pornographie oder der ›gesichtslose Mann‹ weiblicher Vergewaltigungsphantasien sind ein Ausdruck der ›Frau im allgemeinen‹ bzw. der nicht-personifizierten aggressiven männlichen Sexualität. Cf. M. Leiris, 1978, S. 260.
44 Cf. Frobenius, 1954, S. 74, P. Vinnicombe, 1976, S. 180.
45 Cf. P. Vinnicombe, 1975, S. 394, O. Köhler, 1973, S. 232 f. Auf diesem Horn flöteten die alten Männer in Richtung auf den westlichen Abendhimmel, wenn sich die dünne Sichel des Neumondes zeigte. Ihn baten sie um Jagderfolg und wilden Honig. Auch das Horn der Venus von Laussel ist häufig mit dem Mond in Verbindung gebracht worden.
46 Cf. H. Baumann, 1938, S. 223 f.
47 N. K. Sandars, 1968, S. 30, meint: »Hunters and farmers must have known that the growth of horns and antlers is connected with

the sexual cycle of animals. From this set of ideas we have the horn of plenty, the cornucopia, a source of all newborn creatures and of fruits, and itself an embodiment of procreative power and the fertilizing rain.« Cf. auch J. G. D. Clark, 1954, S. 171, und Duerr, 1978, S. 32.
48 Die Bewohner von Bagrot im Himalaya halten die Herrin der Tiere und ihre Feen auch für die Urheber der Felsbilder. In manchen Gegenden ist es heute auch ein Herr der Tiere, der die alten Darstellungen abwischt und für jede Wildziege, die im Vorjahr erlegt wurde, eine neue einritzt, um dadurch zu gewährleisten, daß auch im kommenden Jahr die Zahl der Tiere nicht abnimmt. Bei den Hunza bringt er die Bilder während des Winterfestes, und zwar nachts, an. Die Darden sehen im Anbringen von Darstellungen der Wildziegen an Felswänden, aber auch an den Balken und Wänden von Wohnhäusern, ein Äquivalent des Knochenrituals, in dem Knochen und Blut der erlegten Tiere unter einem Baum vergraben wurden. Cf. Snoy, 1975, S. 225 f., Müller-Stellrecht, 1973, S. 197, 200 f., K. Wutt, 1983, S. 117 f. Vielleicht hatten die paläolithischen Tiergravierungen auf Stein- und Knochenplättchen dieselbe Bedeutung. Das hieße dann, daß sie sozusagen mobile Höhlenwände en miniature gewesen sind.

Anmerkungen zu § 8

1 Cf. C. Gamble, 1983, S. 209, A. Sieveking, 1979, S. 206.
2 Ucko/Rosenfeld, 1967, S. 231 f., fragen, warum die Vegetation und vor allem das, was die Frauen sammelten, an den Höhlenwänden nicht dargestellt wurde. Zum einen: Wenn die Deutungen, die Marshack gewissen Strichen, »Harpunen«, »Pfeilen« usw. gegeben hat (cf. z. B. A. Marshack, 1970, S. 332, ders., 1972, S. 318 f.), stimmen, dann *wurden* Pflanzen mit Jagdtieren assoziiert dargestellt. Und vielleicht hat er auch recht, daß zu der Zeit, als eine bestimmte Tierspezies von ihrer Wanderung wiederkehrte oder als die Weibchen Jungtiere warfen, die Darstellungen dieser Spezies mit den Darstellungen der Pflanzen ›markiert‹ wurden, die zum selben Zeitpunkt wieder erschienen oder blühten. Zum anderen: Zwar ist es sicher richtig, daß die ökonomische Wichtigkeit der eiszeitlichen Sammlerinnen häufig unterschätzt wird. So meint etwa M. Lantis, 1946, S. 245 (cf. auch L. P. Ager, 1980, S. 310), daß das von den Frauen der Nunivak-Eskimo gesammelte Wildgemüse, die Beeren, Eier und der von ihnen gefangene Fisch etwa knapp die Hälfte der gesamten Nahrungsmenge ausmachen (cf. dagegen S. Milisauskas,

1978, S. 22), während die Frauen der !Kung-Buschleute nach bestimmten Schätzungen gar bis zu 80% der Gesamtnahrung beschaffen (cf. P. Draper, 1975, S. 82), was sicher mit dazu beiträgt, daß man über die Frauen der Buschleute sagen kann, sie seien Lebensgefährtinnen, und über die der Bantuneger, sie seien Lasttiere. Cf. G. Fritsch, 1872, S. 444, nach R. Schott, 1964, S. 134. Aber einerseits wird das, was die Frauen sammelten, eine *sehr sichere* Nahrungsressource gewesen sein, um die man sich nicht ängstigen mußte, was gewiß zur Folge hatte, daß die Pflanzen bei Regenerierungszeremonien vernachlässigt wurden, wie es ja auch bei rezenten Welterneuerungsritualen, etwa dem Sonnentanz der Plains-Indianer, zu beobachten ist; andererseits wurden die Pflanzen vielleicht auch deshalb relativ wenig in Höhlen abgebildet, weil sie im Gegensatz zu den großen Jagdtieren nicht aus der Tiefe, sondern aus der Kruste der Erde kamen. Diesen Unterschied beachten viele Völker. So trennten die Cheyenne auch im kultischen Bereich *nsthoaman,* die »tiefe Erde«, von *votostoom,* dem Bereich der Pflanzen und Gräser, und wenn E. Leach, 1982, S. 214, meint, daß für die alten Griechen, »the Underworld was no more distant than the bottom of a plough furrow«, so ist dies unrichtig, denn die Griechen unterschieden sehr wohl zwischen dem Bereich der Demeter und dem der Gaia. Gehörten also während der späten Eiszeit, deren Tundra wir uns viel pflanzenreicher vorstellen müssen als die heutige nordasiatische (cf. I. W. Cornwall, 1968, S. 51 f.), die Pflanzen zu einem anderen kultischen Sektor als die Tiere, so würde auch plausibel, warum Pflanzendarstellungen in der ›mobilen Kunst‹ häufiger anzutreffen sind als an Höhlenwänden.

3 Die Mesolithiker waren direkte Nachfahren der Cro-Magnon des Magdalénien. Cf. D. Ferembach, 1979, S. 185.

4 Cf. P. Phillips, 1980, S. 132. Die Bevölkerungszunahme intensivierte sich freilich. Man nimmt an, daß sich die Bevölkerung vom frühen Aurignacien bis zum Ende der Eiszeit etwa verzehnfachte. J.-G. Rozoy, 1978, S. 1107, schätzt die Anzahl der Bevölkerung Frankreichs im Magdalénien auf zehn- bis fünfzehntausend, die des Epipaläolithikums auf fünfzig- bis fünfundsiebzigtausend und die des mittleren Neolithikums auf etwa eine halbe Million. Cf. auch A. P. Okladnikov, 1964, S. 21 f.

5 Da die Wälder sehr wildreich waren und die Jagd mit Pfeil und Bogen, die bei der individuellen Jagd voll zur Geltung kam, keine weitläufigen Jagdexpeditionen erforderlich machte, ist eigentlich nicht ganz einzusehen, wieso die mesolithischen bands nomadisierten. Rozoy, S. 1104, meint, man könne dies nur mit Langeweile erklären. Wenn die Mbuti-Pygmäen sich eine Zeitlang an einer be-

stimmten Stelle im Regenwald aufgehalten hatten, sagten sie, sie hätten inzwischen von der Gegend die Nase voll und wollten weiterziehen.

6 Cf. P. Graziosi, 1975, S. 239 f., A. Vigliardi, 1976, S. 57 f., R. Fasolo, 1978, S. 78. Offenbar sind auch die Darstellungen auf den epipaläolithischen Mas d'Azil-Kieseln teilweise stilisierte Malereien der Venus in verschiedenen Abstraktionsgraden. Cf. B. Goldmann, 1963, Tafel 5. Unter den in roter Farbe ausgeführten mesolithischen Felsmalereien von Peña Escrita de Fuencaliente finden sich sogar mehr oder weniger stilisierte Darstellungen der ›Baubo‹ mit gespreizten Beinen. Cf. H. Breuil/H. Obermaier, 1912, S. 22 ff. Insbesondere die Venus von Riparo Gaban beweist, daß es die ›Lücke‹ zwischen der Eiszeit-Venus und der neolithischen Herrin der Tiere, die N. K. Sandars, 1979, S. 108 f., und die meisten Prähistoriker behaupten, nicht gibt und daß es sich empfiehlt, nicht nur das Azilien (cf. M. Camps-Fabrer, 1976, S. 74, 77 f.), sondern auch das Meso- und das Neolithikum unter dem Aspekt zu erforschen, inwieweit eiszeitliche Traditionen unter veränderten Bedingungen weitergeführt wurden. Auch in Griechenland lassen sich offenbar die paläolithischen Venusfigurinen aus Knochen, Elfenbein und Stein über protoneolithisch-präkeramische Figurinen, wie sie in einer Höhle auf dem Pelion gefunden wurden, bis zu den brüstepressenden neusteinzeitlichen Lehmfigurinen verfolgen. Cf. D. R. Theocharis, 1974, S. 49 f., 66, 73, G. Papathanassopoulos, 1981, S. 82. Eine direkte Kontinuität zwischen den ukrainischen eiszeitlichen Frauenfigurinen und denen des präkeramischen Neolithikums Anatoliens und Vorderasiens hält C. Züchner, 1979, S. 99, 135, für möglich. Cf. bereits O. Menghin, 1931, S. 148.

7 Cf. H. E. Wright, 1977, S. 282, H. P. Uerpmann, 1983, S. 412.

8 Cf. H. Grünert, 1982, S. 170 f. In Oberägypten fand man Mahlsteine, die nach C-14-Untersuchungen fünfzehn- bis sechzehntausend Jahre alt, also jungpaläolithisch sind. Cf. P. Huard, 1970, S. 543. Der systematische Anbau von Nutzpflanzen erfolgte in Ägypten freilich nach K. W. Butzer, 1976, S. 6, 9, erst kurz vor 5000 v. Chr., nach M. Atzler, 1981, S. 26 f., gar erst tausend Jahre später.

9 M. N. Cohen, 1977a, S. 12, 85, ders., 1977b, S. 137 ff., weist darauf hin, daß das Ende der territorialen Expansion mit der Entstehung des frühesten Pflanzertums zusammenfällt. Offenbar konnte die Bevölkerungszunahme nicht mehr durch Spaltungen der Gruppen und Auswanderung abgefangen werden, zumal sich ja durch das Abschmelzen der großen Eismassen und dem damit verbunde-

nen Anheben des Meeresspiegels der Lebensraum erheblich verkleinert hatte. Cf. C. Gorman, 1977, S. 349.

10 Cf. J. Mellaart, 1975, S. 99 f., der meint, die Bevölkerung könne noch größer gewesen sein. Bislang ist nur ein winziger Teil (3–4%) der Stadt ausgegraben.

11 Vielleicht haben wir in ihr den Prototyp der minoischen ›Stalagmitengöttin‹ der kretischen Kulthöhlen zu sehen, etwa der Eileithyia-Höhle bei Amnisos, aber auch der Psychro-Höhle (cf. A. Evans, 1901, S. 112), die eventuell mit der berühmten Diktäischen Höhle identisch ist.

12 Cf. J. Mellaart, 1963, S. 79 f., 82. Auch im kleinen Palast von Knossos und in einem Tholosgrab in Apesokari fand man aus Höhlen stammende Kalksteinkonkretionen. Bearbeitete Stalaktiten lagen auch im maltesischen Tarxientempel.

13 In derselben Höhle fand sich auch die Gravierung eines Boviden und eines ebenfalls paläolithischen menschlichen Wesens. Cf. E. Anati, 1968, S. 22, 25 f. In der Höhle von Karain, die seit dem Acheuléen von Menschen aufgesucht wurde (cf. C. Vita-Finzi, 1969, S. 607), entdeckte man das Fragment eines Steinplättchens, auf dessen einer Seite ein kaum noch sichtbares Tier und ein dreieckiges Symbol, nach Anati, S. 24, wohl eine Vulva, graviert sind, und in der Höhle von Palanli schließlich die epipaläolithische Gravierung zweier Frauen mit herabhängenden Brüsten. Nach Ausgrabungen in den Höhlen von Çarkini, Öküzini und Karain ist offenbar gesichert, daß sie bereits in paläolithischer, aber auch in meso- und neolithischer Zeit als zumindest vorübergehende Aufenthaltsstätten dienten, und aus Funden in Karain geht hervor, daß sie auch noch zur Çatal-Hüyükzeit von Wildbeutern besucht wurde. Cf. I. A. Acaroglu, 1983, S. 48 ff., ferner U. B. Alkim, 1968, S. 48. Ibexe, die in Wandmalereien von Çatal Hüyük vertreten sind, finden sich auch in der Taurushöhle von Kürtün Ini bei Suberde, etwa 80 km westlich von Çatal Hüyük (cf. R. S. Solecki, 1964, S. 88), sowie in der Felskammer von Beldibi. Während I. A. Todd, 1976, S. 48, die Gravierungen für jungpaläolithisch hält, meint Mellaart, 1966, S. 177: »Whereas they could of course be earlier in date, it is not impossible that they are more or less contemporary with those of Çatal Hüyük VII, which is dated by C–14 to c. 6200 B. C.« Einige südostanatolische Felsbilder sind wohl epipaläolithisch. Zumindest sind teilweise Tiere dargestellt, die es bereits im Neolithikum in dieser Gegend nicht mehr gab. Cf. M. Uyanik, 1974, S. 62.

14 Mit dem Ende der Großwildjagd verschwinden in Çatal Hüyük die großen Wandmalereien, die wohl den Tierdarstellungen an den

Wänden der Taurushöhlen entsprachen. Cf. Mellaart, 1978, S. 24. Eine ähnliche Entwicklung wie im frühen Neolithikum scheint sich später in Kreta abgespielt zu haben, wo höchstwahrscheinlich die Säulenkrypten Nachfolgerinnen der natürlichen Kulthöhlen oder zu diesen parallele künstliche Höhlen darstellten. Wie man Doppeläxte zwischen die Tropfsteine der Höhlen klemmte, so ritzte man die Abbilder dieser Äxte in die Säulen der Hauskrypten. Cf. E. L. Tyree, 1978, S. 115, B. Rutkowski, 1972, S. 129.

15 Cf. Mellaart, 1967, deutsche Ausgabe, S. 140, 146, 148. Wie später in Kreta Wildziege und Stier, so sind in Çatal Hüyük offenbar Widder und Stier austauschbar, denn in einem anderen Heiligtum gebiert die Göttin einen Widder.

16 Cf. Mellaart, 1976, S. 149.

17 Cf. H. Helbaek, 1964, S. 121.

18 In der Frühtripoljesiedlung von Luka-Vrubleveckaja fand man in den Herdgruben der Wohnstätten und in den Abfallgruben, in die man die Herdasche schüttete, 250 Tonfigurinen, von denen der allergrößte Teil meist zerbrochene Frauendarstellungen waren. Den Ausgräbern fiel die merkwürdige, unregelmäßig verteilte Oberflächennarbung der Figürchen in Form länglicher Grübchen auf. Eine Röntgenuntersuchung zeigte, daß dem Ton-Mehlgemisch, aus dem die Figurinen hergestellt waren, Getreidekörner beigemengt worden waren. Cf. F. Hančar, 1955, S. 54 f.

19 M. Raphael, 1979, S. 19, hält bereits die jungpaläolithischen Höhlen für Gräber und die dortigen Tierdarstellungen für Tiere, die den Toten zur Ernährung mitgegeben worden seien. Nun ist zwar nicht zu bestreiten, daß bisweilen Tote in Höhlen bestattet wurden; daß indessen die Tierbilder deren Fleischvorrat und die in Höhlen aufgefundenen Venusfigurinen Substitute für geopferte Frauen darstellten, halte ich, höflich formuliert, für schlechte Science-fiction.

20 Cf. Mellaart, 1964, S. 64.

21 Cf. J. L. Angel, 1971, S. 94, ferner K. J. Narr, 1968, S. 414. In manchen Gegenden Mitteleuropas haben mesolithische Jäger zur selben Zeit, als das frühe Çatal Hüyük blühte, die Schädel Verstorbener von den Skeletten getrennt und – mit Schnecken und Hirschzähnen geschmückt – die Schädel in einer Höhle bei Nördlingen bestattet. Cf. A. Closs, 1979, S. 30. Bei den Hausbestattungen der Schnurkeramiker wurden – vielleicht aus Platzgründen – als pars pro toto nur die Schädel der Toten beerdigt, während der übrige Körper den Vögeln preisgegeben wurde. Cf. J. Maringer, 1974, S. 81. Reine Wildbeuter wie die Ongi auf Klein-Andaman kannten ebenfalls eine Zweitbestattung unter den Schlafstellen der Gemein-

schafthütten. Das Skelett wurde mit Ocker bemalt und in Hockerstellung begraben. Den Schädel trennte man häufig ab und trug ihn fortan um den Hals (cf. L. Cipriani, 1963, S. 99 f., Radcliffe-Brown, 1922, S. 112 f.), ähnlich wie bei den Asmat in Neuguinea. Cf. J. Guiart, 1963, S. 20. Indizien für solche Sekundärbestattungen gibt es auch im minoischen Kreta. Cf. P. Warren, 1981, S. 159.
22 Die Haltung der Skelette entspricht der Haltung der mutmaßlichen Leichen der Malereien. Zur selben Zeit wurden auch im zyprischen Khirokitia die Toten in ›Embryonalstellung‹ unter den Fußböden der Wohnstätten (cf. V. Karageorghis, 1978, S. 42, 140), auf dem griechischen Festland in meso- und neolithischen Kulthöhlen (cf. T. W. Jacobsen, 1969, S. 373 f.) beerdigt. Sekundärbestattungen von Schädeln und Skeletten in Hockerhaltung findet man bereits im 8. Jahrtausend in Jericho und in Mureybet. Cf. J. Cauvin, 1978, S. 127 f. Man hat bestritten, daß es sich bei den prähistorischen Hockerstellungen um Embryonalhaltungen handle, und es für wahrscheinlicher gehalten, daß die Toten sich in Schlafstellung befänden. Freilich wird etwa aus den Hockerbestattungen der Zulu klar, daß in ihnen die Wiedergeburt vorbereitet wird. Cf. T. Sundermeier, 1980, S. 252 f.
23 Die Nechbet erscheint auch als Wildkuh. In den *Pyramidentexten* heißt es ebenfalls vom toten König: »Denn Du hast keine Mutter unter den Menschen, die Dich geboren hat, denn Du hast keinen Vater unter den Menschen, der Dich gezeugt hat. Deine Mutter ist die große Wildkuh *(śmɜ.t)*, die in Elkab wohnt, die weiße Krone, das Königskopftuch, die mit dem langen Federpaar, die mit den beiden strotzenden Brüsten.« Cf. H. Jacobsohn, 1939, S. 21.
24 Die Geierhaube, die zunächst von Nechbet und Mut, die ohne männlichen Samen gebären (cf. L. Durdin-Robertson, 1975, S. 243), getragen wurde, war seit der 4. Dynastie Kopfbedeckung der Königinnen, die als Gemahlinnen des Gottes angesehen wurden und insbesondere mit der Mut identifiziert wurden.
25 Geierfedern galten als geburtsfördernd. Cf. G. Rühlmann, 1965, S. 456 ff.
26 Cf. J. Pollard, 1977, S. 80.
27 Cf. H. Baumann, 1963, S. 318 f., 326.
28 Cf. A. Rusch, 1922, S. 13, 28, 57. Die häufig als Geierweibchen auftretende Ischtar hat sich wohl bis ins 2. Jahrtausend ihre Rolle als Herrin der Tiere bewahrt. Zumindest läßt sich so eine Siegel-Szene deuten, in der ein Mann einen Hirschschädel auf einen Tisch gelegt hat, der von der Göttin berührt wird. W. Dostal, 1962, S. 86, vermutet, daß die Ischtar hier das erlegte Tier wiederbelebt.

29 Cf. J. Thimme, 1968, S. 37 f., W. Helck, 1971, S. 90. M. Franz, 1983, S. 94, meint, daß sich die Hypothese, der Tote sei in den Schoß der Göttin zurückgekehrt, nicht mit der Tatsache vertrage, daß die Leichen den Geiern vorgeworfen wurden. Freilich scheint es mir – wie oben ausgeführt –, daß die Geier die Leichname lediglich von ihren ›Akzidenzien‹, dem Fleisch, reinigten, damit die Lebenssubstanz, die Knochen, der mütterlichen Erde zur Regenerierung zurückgegeben werden konnte. Nach Franz, S. 95 f., steht der ›Rückkehr in den Mutterleib‹ auch der Leopardencharakter der Göttin, der bei ihrer Kollegin aus Hacilar noch deutlicher hervortritt, entgegen: »Rückkehr in den Bauch der Leopardin?« (Franz, S. 96). Aber was sollte einen davon abhalten, einer Göttin beizuschlafen oder in ihren Leib zurückzukehren, die sich unter anderem in einer Leopardin, einem Geierweibchen oder einer Kröte *manifestieren* kann? Zudem ist es ja wohl auch so, daß man sich die Göttin als ein Mischwesen von einer Frau und den genannten Tieren vorstellte. Eine Kröte ist etwa die Herrin der Tiere bei den brasilianischen Karajá, und Jagderfolg ist dem Jäger nur beschieden, wenn er mit ihr schläft. Allzu attraktiv muß das zugegebenermaßen nicht gewesen sein, denn ein Jäger täuschte die göttliche Kröte, indem er sie mit seinem Penis am Fuß streichelte. Cf. O. Zerries, 1954, S. 273. In vielen Kulturen aller Zeiten ist die Kröte übrigens sowohl mit Sexualität als auch mit Fruchtbarkeit verbunden worden. Die krötenartige Hacilar-Göttin aus dem 6. Jahrtausend ähnelt etwa der »Krötenherrin« von Maissau, einer Terrakottakröte aus der niederösterreichischen bronzezeitlichen Urnenfelderkultur mit menschlichem Gesicht, Brüsten und einer weit geöffneten Vulva. Votivkröten mit eingeritzter Vulva findet man noch heute im bayerischen und österreichischen Marienkult. Cf. M. Gimbutas, 1974, S. 176 f. Eine indische Terrakotta aus dem 2. Jahrhundert stellt offenbar eine Kālī dar – vorne eine Frau mit erhobenen Händen und exponierter Vulva, hinten eine Kröte. Cf. K. de B. Codrington, 1935, S. 65 f. Die andine Erdgöttin Pachamama war eine Kröte und die aztekische Herrin der Erde, Tlaltecuhtli, das »Herz der Erde« *(tlalli iyollo)*, ein Mischwesen aus Kröte und Jaguar mit einer V-förmigen Spalte, die die Kröten im Gesicht haben und die in Mesoamerika als »cosmic vaginal passage« galt, durch die die Vorfahren und die Nutzpflanzen aus der Unterwelt kamen. Cf. P. T. Furst, 1981, S. 151 f., J. L. Furst, 1977, S. 194. Bei vielen südamerikanischen Indianern, aber auch bei den Hochland-Maya, wird die Vagina als Kröte bezeichnet (cf. R. G. Wasson, 1980, S. 185 f.), und auch in der europäischen Volkskultur wurden Vulva und Gebärmutter als Kröte gesehen. Die Hebammen freuten sich, wenn solche Tierchen

sich im Gemäuer ihrer Hütten niederließen. Cf. S. Golowin, 1982, S. 198 f.
30 Cf. R. Bégouën et al., 1982, S. 105.
31 Cf. J. Cauvin, 1978, S. 110, 115 f., 118 ff., R. Neuville, 1933, S. 538 f.
32 Rechts neben dem einander beischlafenden Paar – offenbar die Göttin und ihr Paredros – hält eine Frau ein Kind. Anscheinend ist es dieselbe Göttin, die wiederum den Paredros, diesmal als ihr Kind, in den Armen hält.
33 Cf. Mellaart, 1970, Bd. I, S. 170.
34 Cf. Mellaart, 1967, S. 183.
35 Auch wenn Tonfigurinen der Göttin mit geometrischen Mustern bemalt sind (cf. z. B. Mellaart, 1967, S. 182), handelt es sich aller Wahrscheinlichkeit nach um eine bemalte und nicht um eine bekleidete Frau, da Brustwarzen und Nabel deutlich sichtbar sind.
36 Wie sollte die – im übrigen keineswegs schwanger dargestellte – Frau in einer solchen Lage pressen? Eine vergleichbare Gebärhaltung scheint auch unbekannt zu sein. Cf. L. Kuntner, 1983, S. 81 ff. Auch um eine Entspannungshaltung während der Eröffnungsphase dürfte es sich kaum handeln, da die Frau den Kopf in den Nacken wirft.
37 Figurinen dieses Typs gibt es in Anatolien bis in die Bronzezeit hinein. Cf. M. Korfmann, 1979, S. 187 ff. Cf. Mellaart, 1967, S. 79 (deutsche Ausgabe, S. 98).

Anmerkungen zu § 9

1 Cf. S. Schott, 1966, S. 81. Von den Sarkophagen der Maya, die in Palenque gefunden wurden, hat man gesagt, sie hätten die Form einer Gebärmutter. Cf. F. Termer, 1959, S. 197.
2 Cf. A. Rusch, 1922, S. 59. Vielleicht hängt hiermit auch die Einbindung des ›erigierten‹ Penis bei der Mumifizierung zusammen, Cf. H. Brunner, 1977, S. 342.
3 Cf. J. Assmann, 1972, S. 118, ders., 1981, S. 268, ders., 1983. S. 341.
4 Cf. S. Schott, 1966, S. 84. Dies bedeutet *nicht,* daß die Nut als eine Erdgöttin anzusehen ist (J. Assmann, Brief vom 16. März 1983).
5 Cf. D. Wildung, 1977, S. 162, 166, H. Brunner, 1983, S. 22, M. Bietak/E. Reiser-Haslauer, 1978, S. 19.
6 Cf. C. J. Bleeker, 1969, S. 70, J. Vandier, 1949, S. 69. Man kann

wohl sagen, daß in gewisser Weise Sarg, Grab und Pyramide einen Mutterleib repräsentieren. Cf. E. Hermsen, 1981, S. 113.

7 Cf. S. Allam, 1963, S. 112. Hathor war die Herrin der Türkisstollen. Auch in Tempeln besaß sie zuweilen höhlenartige Kapellen. Das Allerheiligste der Tempel hieß im allgemeinen »Höhle«. Anscheinend wurden die Tempel selber mitunter als weiblich konzipiert. Jedenfalls heißt es in einem thebanischen Lied: »Wie glücklich ist der Tempel des Amun-Rê, selbst sie (= der Tempel), die ihre Tage in Festen verschwendet mit dem König der Götter in ihr, sie ist wie eine trunkene Frau, die sich außerhalb des Zimmers hingesetzt hat mit offenen Haaren.« Cf. A. M. Blackman, 1926, S. 62.

8 Die Kuh mit der Sonnenscheibe zwischen den Hörnern findet sich bereits in der frühen Felskunst, nicht nur in Ägypten, sondern überall in Nordafrika (cf. W. F. E. Resch, 1967, S. 57), vor allem in den neolithischen Felsbildern des Fezzan in der Zentral-Sahara. In der Sprache der Ful von Futa Djalon heißen Stier und Sonne *nange*, was an das ägyptische *ng∃w*, »Kuh«, erinnert. Cf. H. Baumann, 1955, S. 259 f.

9 Cf. J. Assmann, 1983a, S. 86.

10 Cf. W. Westendorf, 1966, S. 10. Nach einer anderen Konzeption liegt der Gegenhimmel in der Unterwelt. Die Sonne wird dort geboren, wo die Himmelsfrau mit den Fußspitzen die Erde berührt, wandert dann den Leib der Göttin entlang und versinkt an der Stelle in der Erde, wo diese von den Fingerspitzen der Göttin berührt wird. Cf. Westendorf, S. 63, ferner E. Hornung, 1972, S. 29. Die volkstümliche Unterwelt wird immer unter der Erde gelegen haben, und sie ist sicherlich, wie H. Kees, 1926, S. 97, meint, »absichtlich himmlisch retuschiert« worden. Auch bei den Polynesiern wandert die Sonne durch den Leib einer Göttin. Allerdings handelt es sich hier nicht um eine Himmels-, sondern um eine Unterwelts-, d. h. Erdgöttin. So betritt Maui als Abendsonne durch die Vulva den Leib der Hine-nui-te-po und reist als Nachtsonne durch ihren Leib. Cf. T. Achelis, 1896, S. 545 f.

11 Cf. J. Bergman, 1979, S. 57.

12 Auch derjenige, der in der Fremde war und damit für die Heimat ›gestorben‹, wie Sinuhe, wird von der die Hathor repräsentierenden Königin ›verjüngt‹ und gewissermaßen als Ägypter ›wiedergeboren‹. Cf. W. Westendorf, 1977, S. 298. Im 19. Jahrhundert mußte noch ein indischer Gesandter, nachdem er aus England zurückgekehrt war, durch eine goldene *yoni* hindurchkriechen, um seine Kastenzugehörigkeit wiederzuerlangen. Cf. C. Hentze, 1955, S. 140. Dieses Ritual geht auf die altindische Zeremonie *hiranya-*

garbha (= »goldener Schoß«), meist »durch die Kuh hindurchgehen« genannt, zurück, die ›Wiedergeburt‹ eines Menschen durch eine – häufig vergoldete – Kuh oder eine Vulva. Im 17. Jahrhundert machte sich auf diese Weise ein Hindufürst zum Brahmanen. Er schlüpfte durch eine goldene Kuh, die er hatte anfertigen lassen, und beim Herauskommen brüllte er wie ein Kälbchen. Jeder seiner Nachfolger unterzog sich künftig bei Regierungsantritt dieser Zeremonie. Durch eine aus Bronze gegossene Kuh kletterte ein Tanjorefürst, der sich wieder rein machen wollte, weil er im Kampf gegen die eindringenden Moslems einen Alliierten verraten hatte. Im Anschluß nahm ihn die Frau seines Gurus an die Brust, säugte und herzte ihn, wobei der Fürst wie ein Neugeborenes wimmerte und schrie. Cf. F. J. Simoons/D. O. Lodrick, 1981, S. 131 f., ferner C. R. Bawden, 1963, S. 491. Die ägyptische »Gebärerin der Götter«, *mst ntrw*, ob Neith, Nut oder Hathor, war durchweg als Kuh gedacht. Herodot, II, 129, sah in Saïs die Statue einer knienden Kuh mit der Sonnenscheibe zwischen den Hörnern, also höchstwahrscheinlich eine Statue der Neith, und er hörte die Überlieferung, der Pharao Mykerinos habe in ihr einst seine Tochter beigesetzt.

13 Früher galt dies als gesichert. So behauptet etwa W. Wolf, 1931, S. 73, der häufig als ithyphallischer Fruchtbarkeitsgott dargestellte Amun Ameapet von Luksor, der oft *k3n ḥmw.t*, »Herdenstier«, genannt wurde – womit der Stier bezeichnet wurde, den man sich als Befruchter der Herde hielt (cf. M. I. Bakr, 1972, S. 4) –, habe jährlich seinen Harem in Opet besucht. Nun bezeichnet freilich *jp.t* allgemein einen abgeschlossenen Raum und nicht nur einen Harem, so daß die Übersetzung »Südliches Heiligtum« vorgeschlagen wurde. Zudem war der Tempel von Luksor nicht der Tempel der Mut, deren Heiligtum vielmehr der Ascheru-Tempel in Karnak war. Cf. H. Brunner, 1977a, S. 10 ff. W. J. Murnane, 1981, S. 576, meint, der Beischlaf *könnte* stattgefunden haben, sei aber nicht beweisbar. Auch der *hieros gamos* der Hathor mit dem Horus in Edfu am Neumond des dritten Sommermonats ist angezweifelt worden (cf. C. J. Bleeker, 1983, S. 368), und I. M. Wheatley, 1966, S. 123, meint unschuldig, Hathor und Horus hätten lediglich im Tempel die Nacht miteinander verbracht. Das ist richtig, aber was wird die Göttin der Liebe wohl in dieser Zeit mit dem Horus getan haben? Wie wir bereits bemerkten, bedeutet *Ḥt-ḥr*, »Haus des Horus«, vielleicht »Schoß des Horus« (cf. C. J. Bleeker, 1973, S. 25), und es heißt: »Es fährt die Herrin von Dendera stromaufwärts, um die schöne Umarmung mit ihrem Horus zu feiern.« Cf. H. Junker, 1917, S. 118, H. W. Fairman, 1954, S. 196 f., M. Alliot, 1954, S. 557 ff.

14 Cf. J. Assmann, 1982, S. 26 f.
15 H. Brunner, 1964, S. 43, meint, die konventionelle Übersetzung von *nfrw* mit »Schönheit« ergebe »keinen prägnanten Sinn«. Ich nehme an, daß mit dem Wort das erigierte Glied des Gottkönigs gemeint ist, denn anläßlich des Auszugs Mins aus Koptos im zweiten Wintermonat ist die Rede vom »Lattich in seiner (=Mins) Schönheit«, die von der Isis gesehen wird, womit sein Phallus gemeint ist. Cf. H. Gauthier, 1931, S. 8.
16 Cf. K. Sethe, 1906, Bd. I, IV, 219 ff. Ich folge hier teilweise der englischen Übersetzung von A. M. Blackman, 1921, S. 17. Der göttliche Charakter der »Gottesweiber« tritt so weit zurück, daß man von einem Beischlaf des Gottes mit einer Sterblichen reden kann. Cf. C. E. Sander-Hansen, 1940, S. 19, 22 f.
17 Cf. W. Wolf, 1931, S. 57.
18 Cf. E. Brunner-Traut, 1981, S. 39. In ihren bildlichen Darstellungen waren die Ägypter, wenn man einmal von den Pornos absieht, sehr viel zurückhaltender als in ihren Texten. So gießt etwa der König seiner Gattin wohlriechendes Öl in die Hand oder er überreicht ihr eine Mandragora. Beliebt war auch das Überreichen der *mnj.t*-Halskette aus Perlenschnüren, wobei wohl die Wortähnlichkeit mit *mn.t*, »Schenkel, Schoß«, eine Rolle spielte. Auf dem Tutenchamun-Schrein hält die Königin zudem in der anderen Hand das Sistrum der Hathor *(sḫm),* das offenbar die Kraft der männlichen Lenden symbolisierte (cf. W. Westendorf, 1967, S. 141, 145 f.) und wenn es geschüttelt wurde, die Fruchtbarkeit förderte. In älterer Zeit hatte es einen phallusförmigen Griff und ein Flagellum, dessen Name vermutlich »Hoden des Seth« bedeutete. Das Flagellum symbolisierte also Phallus und Hoden, und so sagt ein Toter in einem Sargspruch: »Meine Hände sind ihr Sistrum, das sich meine Mutter Hathor gibt, um sich dadurch zu beruhigen.« Cf. S. Allam, 1963, S. 127. Ahmose-Nofretete heißt »die, die das Sistrum in ihren wunderbaren Händen hält, um ihren Vater Amun zu erfreuen«. Cf. C. J. Bleeker, 1959, S. 267. Auch der den Rücken hinabhängende Teil der *mnj.t*-Kette, der angefaßt wurde, wenn man sie überreichte, hat die Form eines Penis mit Hoden, und die Sängerin beim »Schönen Fest im Wüstentale« umfaßte den ›Penis‹ direkt oberhalb der ›Hoden‹. Cf. S. Schott, 1953, S. 43 und Abb. 12. Eine andere Weise, die Göttin zu »beruhigen«, bestand darin, ihr einen Trank zu reichen. Während des »Schönen Festes im Wüstentale« wurde die wilde Himmelskuh von Amun mit einem berauschenden Getränk »befriedigt« (cf. Allam, S. 69 f.), das bisweilen, wie bei den Kelten, »das rote Bier« genannt wurde und das auch der König der nubischen Satet vom ersten Katarakt, jener, »die die Männer be-

zwingt«, zu trinken gab, um ihr Herz zu erfreuen. Cf. G. Roeder, 1952, S. 195.
19 Unter der Beischlafszene sind Jagdhunde abgebildet. Aus dem Wâdi Menîh in der Ostwüste stammt die Kopulationsszene eines stehenden Paares neben einem Esel, vermutlich auch aus der Negade II-Zeit. Cf. M. Verner, 1973, S. 103, 114.
20 Cf. L. Störk, 1977, S. 6. K. Müller schreibt mir in einem Brief vom 19. März 1983, sein Lehrer H. Baumann habe einmal die vermutlich nicht ganz ernst gemeinte These vertreten, daß bei den Ägyptern deshalb der Himmel weiblich und die Erde männlich gewesen seien, weil die Ägypterinnen beim Beischlaf oben lagen. Nun gibt es zwar in den pornographischen Bilderhandschriften alle möglichen Stellungen (cf. z. B. J. A. Omlin, 1973, S. 32 ff.), aber normalerweise befleißigten sich die alten Ägypter wie wir der »Missionarsstellung«. Cf. Störk, S. 7. Auch die Araber Ägyptens scheinen die oben sitzende oder liegende Frau nicht sehr zu schätzen, denn bei ihnen gibt es den Spruch »Verflucht sei, wer das Weib zum Himmel macht und den Mann zur Erde!« Die hebräische Lilith, die erste Frau Adams, wurde wegen dieser Angewohnheit gar vom lieben Gott aus dem Paradies vertrieben und durch die sittsamere Eva ersetzt. Als Lilitû war sie eine Tempelhure der Inanna-Ischtar (cf. S. Hurwitz, 1980, S. 41, 93 f.), und in diesen Kreisen pflegte man natürlich eine große Bandbreite von Stellungen. Dies gefiel verständlicherweise auch den Christen nicht. In den frühneuzeitlichen Fastnachtsspielen machte man sie deshalb zu »Teufels Großmutter«. Cf. W. Krebs, 1975, S. 150.
21 Cf. G. Pinch, 1982, S. 146, ferner G. D. Hornblower, 1926, S. 81.
22 Cf. A. Erman, 1916, S. 1146.
23 Auch W. Westendorf, 1968, S. 13, hat die Frage aufgeworfen, ob die ›Tänzerin‹ das Rindergehörn der Himmelsgöttin nachahme. Ähnlich Jan Assmann in einem Gespräch. Daß die Frauen auf den Vasendarstellungen tanzen, wird dadurch wahrscheinlich, daß bisweilen Männer mit Klapperinstrumenten neben ihnen stehen. Cf. B. George, 1975, S. 97.
24 Cf. E. E. Evans-Pritchard, 1940, S. 38, G. Lienhardt, 1961, S. 16 f., F. M. Deng, 1972, S. 17 f., B. Streck, 1982, S. 262, S. Fuchs, 1977, S. 136. Bei den Dinka ist die ›Hörnerhaltung‹ sehr beliebt; sie gilt als hübsch und graziös *(dheng)*, und häufig kann man junge Viehhirten beobachten, die in dieser Haltung bei ihrer Herde stehen.
25 Natürlich muß man bedenken, daß eine solche Haltung, die sich auch auf Felsbildern in anderen Weltgegenden findet (cf. z. B.

G. I. Georgiev, 1978, S. 71), einfach nur eine Tanzhaltung unspezifischer Art, vielleicht aber auch die eines Bauchtanzes, sein könnte.
26 Cf. H. G. Fischer, 1975, S. 631. Ihr Name ist wohl die Femininform von b∃, »Seele«. Cf. ders., 1962, S. 7. Nach J. Assmann, Brief vom 11. November 1983, verhält er sich zu B∃, »Widder, Virilität« wie K∃.t, »Vagina«, zu K∃, »Stier«. Was für die Bat spricht, ist die Tatsache, daß sie im Gegensatz zur Hathor (cf. z. B. E. M. Burgess/A. J. Arkell, 1958, Tafel IX, 3) eingebogene Hörner hat. Cf. E. Staehelin, 1966, S. 128. Bat ist offenbar auch auf der bekannten vordynastischen Palette von Gerzeh zusammen mit Sternen, also als Himmelsgöttin, dargestellt. Cf. M. A. Murray, 1956, Tafel VI, 2, oder E. Hornung, 1971, S. 94. Einerseits kann man die Darstellung als den Kopf einer Kuh sehen, andererseits als eine menschliche Göttin: Die Hörner sind dann ihre erhobenen Arme, die Ohren ihre Brüste. Cf. W. S. Arnett, 1982, S. 32. Die Hathor, die Kuhgöttin, die auch als Sykomore aus ihren Brüsten den Pharao stillt (cf. J. Leclant, 1951, S. 127, M.-L. Buhl, 1947, S. 95, R. Moftah, 1966, S. 43, 46, G. Klameth, 1928, S. 338), um ihn wie den Osiris zu verjüngen, cf. H. Junker, 1913, S. 14 f., kommt natürlich auch in Frage. In Äthiopien wohnt heute in der Sykomore die fruchtbarkeitsbringende Maria. Cf. M. Höfner, 1965, S. 563.
27 Cf. L. Lamy, 1981, S. 66.
28 Cf. hierzu J. Vandier, 1952, S. 350, G. Jéquier, 1908, S. 27 f., W. M. F. Petrie, 1901, S. 21, ders., 1939, S. 53, P. Červíček, 1974, S. 105, J. de Morgan, 1897, S. 93, L. Keimer, 1931, S. 151 f., J. Capart, 1905, S. 210, J. H. Breasted, 1954, S. 32, S. Schott, 1969, S. 125. Auf einer Negade-Vase fand man auch die Darstellung der roten Krone der Neith. Cf. G. A. Wainwright, 1923, S. 28.
29 Die aus Saïs stammende Neith war die Schutzgöttin des Deltas, und bei ihrem Fest in Esna setzte man ihre Statue der Sonne aus, vermutlich, damit der Sonnengott ihr mit seinen Strahlen beiwohne. Vom Beischlaf zwischen der Göttin und ihrem Sohn ist auch ansonsten die Rede. Cf. C. J. Bleeker, 1975, S. 131, 134, 136, 138, G. Michailidis, 1954, S. 435, R. Schlichting, 1980, S. 392 f., G. Ashe, 1976, S. 60. Zu der dem Wasser entsteigenden Urkuh und ihrem »schönen Kalb« cf. E. Hornung, 1982, S. 96.
30 Cf. K. A. Kitchen, 1975, S. 620, M. A. Hoffman, 1980, S. 296. Wie die Isis-Sopdet in späterer Zeit war sie einst für die Nilüberschwemmungen zuständig.
31 Cf. R. Anthes, 1957, S. 85. In den Esna-Texten heißt es, die Neith nehme sich den, der ihr gefiele, auf daß er König werde. Cf. Bleeker, 1975, S. 142.

32 Cf. W. Helck, 1971, S. 139 f. Auch eine Geburtshelferin scheint sie gewesen zu sein, worauf vielleicht ihr Epitheton »die die Wege öffnet« *(wp wɜw.t)* hindeutet.
33 Cf. S. Morenz, 1954, S. 86. Noch in dynastischer Zeit erscheint sie in magischen Jagdtexten als Jagdhelferin des Horus in den Papyrussümpfen, und auch sonst segnet sie die Waffen des Jägers, zu denen offenbar in alter Zeit der Schild gehörte. Cf. R. El-Sayed, 1982, S. 192 f. Nach H. Bonnet, 1952, S. 512 f., muß die Neith in der Vorzeit in Unterägypten ein ungewöhnliches Ansehen besessen haben, und man nimmt an, daß die thinitischen Könige der 1. Dynastie unterägyptische Prinzessinnen mit Neith-Namen heirateten, um ihre Herrschaft über den Norden zu legitimieren. Cf. W. B. Emery, 1961, S. 126.
34 Das Felsbild ist später retuschiert worden, so daß es heute eher scheint, als kopulierte ein Paar unter den Brüsten der großen weiblichen Gestalt. An einer schwarzpatinierten Felswand im Wâdi Menîh sieht man, umgeben von allerlei Wildtieren, Giraffen, Kühen, die zwischen den Hörnern die Sonnenscheibe tragen, und einem Bogenschützen, eine Frau, die im Stehen soeben ein Kind geboren hat, das noch an der Nabelschnur hängt. Cf. H. A. Winkler, 1937, S. 13, 18.
35 Diese Subpluvialzeit, das »Feuchtintervall«, dauerte von ca. 5000 v. Chr. bis zur 6. Dynastie. Cf. K. W. Butzer, 1959, S. 87, 93, ders., 1976, S. 13 f.
36 Man hat vermutet, daß es keine kulturelle Kontinuität von Paläolithikum zu Neolithikum gibt, da die Ostwüste wohl vor 5000 v. Chr. keine Lebensbedingungen für Wildbeuter bot. Cf. W. Resch, 1967, S. 45. Allerdings existieren Anzeichen, daß Hirtenstämme der östlichen Wüste von der bevölkerungsreichen spätpaläolithischen Kom Ombo-Kultur in Oberägypten abstammen. Cf. P. E. L. Smith, 1966, S. 326 ff.
37 Die untersten Baumwurzeln reichten in eine Tiefe, die etwa zwölf Meter über dem Niveau der Niltalfelder liegt, so daß sie kein Nilgrundwasser aufnehmen konnten und auf den Regen angewiesen waren. Cf. Butzer, 1959, S. 86. Im dynastischen Ägypten wird der Regen zwar noch mitunter von Min verursacht, aber er ist nicht länger fruchtbarkeitsbringend. Cf. A.-P. Zivie, 1983, S. 203.
38 Cf. Junker, 1961, S. 81, 82 f., A. Erman, 1934, S. 35. Die ältesten ägyptischen Götterstatuen aus vordynastischer Zeit sind die Kolossalstatuen des Min von Koptos.
39 Cf. G. A. Wainwright, 1935, S. 161.
40 E. J. Baumgartel, 1960, S. 71, meint, daß die ›Große Göttin‹ der Badari-Kultur, »in some of her aspects« chthonisch gewesen sein

müsse, doch der einzige Grund ihrer Vermutung scheint zu sein, daß die weiblichen Grabfigurinen in der Erde gefunden worden sind. Als »ursprünglich tellurisch« bezeichnet J. Evola, 1961, S. 286 f., die Nut, freilich ohne dies zu begründen. J. Yoyotte, 1960, S. 292, vermutet eine »kuhgestaltige Himmelsgöttin«. C. D. Hornblower, 1929, S. 31, 35 f., hält die vordynastischen Frauenfigurinen, die häufig aus einer Mischung von Pflanzenpaste und Nilschlamm hergestellt sind (cf. W. M. F. Petrie, 1920, S. 7) und bei denen oft Brüste und Schamdreieck betont wurden (cf. É. Massoulard, 1949, S. 492), für Darstellungen von Muttergottheiten, die den Toten nährten und beschützten. Aus der Badari-Zeit und auch aus der ersten Negade-Zeit sind teilweise pseudosteatopyge Figurinen bekannt (cf. A. Scharff, 1942, S. 168, J. H. Breasted, 1948, S. 93 ff.), die manchmal die Brüste nach vorne pressen und rot angestrichen sind. Cf. A. Scharff, 1927, S. 61. Handelt es sich hier um Vorläuferinnen der Muttergottheit, die in einem Liebesakt den Toten in ihren Leib nahmen und die später durch die Sarggöttin Nut ersetzt wurden? Eine solche Hypothese scheint jedenfalls plausibler zu sein als die, nach der es sich um Konkubinen handelte, die man dem Toten mit ins Grab gab, denn in einem vordynastischen Grab in El Mahāsna lag eine rot bemalte Lehmfigurine auf dem Skelett einer Frau. Cf. Baumgartel, S. 67. Der *regressus ad uterum* wird im Falle einer toten Frau natürlich kein *sexueller* Liebesakt gewesen sein. Auch bei den späteren sog. »Beischläferinnen«, also den Plastiken nackter Frauen, die man in den dynastischen Gräbern fand, wird es sich kaum durchweg um solche Gespielinnen gehandelt haben, denn wie aus der Frisur einiger dieser Frauen hervorgeht, bei der das Haar in zwei Strängen seitlich vom Kopf absteht und ein Zierband aufweist, waren es höchstwahrscheinlich Darstellungen von Wöchnerinnen. Cf. S. Morenz, 1958, S. 139 f.
41 Zit. n. M. Münster, 1968, S. 82, 198. Cf. auch ferner H. Kees, 1922, S. 101, G. D. Hornblower, 1937, S. 155. Erst bei Autoren wie Plutarch begegnet die Isis wieder als Erdgöttin, aber dies ist eine andere Tradition. Doch auch in dieser späten Zeit hatte die Isis noch die Attribute einer Himmelsgöttin. Als »neue Isis« trug die Kleopatra bei festlichen Anlässen einen sternenbestickten Mantel. Cf. E. Norden, 1924, S. 142.
42 Von Hathor heißt es, daß sie, die Wildkuh, schon war, »als es noch keine Felder gab«. Cf. F. Daumas, 1977, S. 1025. Bereits zu Beginn des Alten Reiches galt sie als eine in den Papyrusdickichten lebende Wildkuh, und das Klappern ihres Sistrums bedeutete wohl das Rascheln der Papyrusstengel, durch die sich die Hathorkuh ihren Weg bahnte. Cf. M. Galvin, 1981, S. 224 f. Die Hathor läßt

sich zwanglos mit dem Min verbinden. Bei der Neith ist das sehr viel schwieriger, und einige Ägyptologen, mit denen ich über eine solche Verbindung sprach, haben vor Schmerz aufgestöhnt. Allerdings gab es ein »Fest des Min, des Herrn von Saïs im Monat Paophi« (cf. H. Gauthier, 1931, S. 31), in dem der Min zusammen mit der Neith genannt wird. Cf. L. Speleers, 1923, S. 88.

43 Cf. H. Jacobsohn, 1939, S. 13 ff.

44 Das Wort bezog sich wohl auf den Phallus des Stiers; vgl. $k\exists.t$, »Vulva«. Cf. K. Lang, 1925, S. 60. Beinamen des Min waren *mnmn mwt.f*, »seine Mutter deckend«, und *nfrw.f*, »seine Schönheit« (gemeint ist sein steifes Glied). Cf. A. Badawy, 1959, S. 165.

45 Cf. J. Assmann, 1976, S. 47 f., C. D. Noblecourt, 1953, S. 40 f.

46 In späterer Zeit hat Min offenbar auch Männer geschwängert. Im Tempel von Edfu wurde ihm mit folgenden Worten ein Aphrodisiakum verabreicht: »Empfange das schöne grüne Kraut, damit Du Deinen Samen und was in ihm verborgen ist ausstoßest, daß der Feind ihn verschlucke und er schwanger werde von Deinem Samen, daß er Dir einen Sohn gebäre und er hervorkomme aus seinem Scheitel als der Richter, damit Du obsiegest beim Gerichte.« Anscheinend handelt es sich hier um den Horus-Min, der den Seth schwängert und den Thot zeugt. Cf. Erman, 1916, S. 1142 f.

47 Cf. A. Gardiner, 1957, S. 497, W. M. F. Petrie, 1896, Tafel 1.10.3.

48 Cf. R. Gundlach, 1980, S. 136. Nach G. A. Wainwright, 1935, S. 166, sollte dieses Band eine »mystical union« darstellen, aber leider sagt er nicht zwischen wem.

49 Diese Hütte des Min ist als Häuptlingshütte bezeichnet worden. Cf. G. Jéquier, 1908, S. 36. Andere Standartenzeichen sind Krummstäbe, $hk\exists$. Sie waren ursprünglich Hirtenstäbe, mit denen man Ziegen und Schafe an den Hinterbeinen packte, dann wohl Häuptlingszeichen und schließlich die Herrschaftsstäbe des Pharao. Cf. H. Junker, 1961, S. 78.

50 Wohl schon um 3700 v. Chr. Cf. Wainwright, 1938, S. 12.

51 Cf. E. A. W. Budge, 1934, S. 62 f.

52 Vielleicht sind auch die Doppelaxtdarstellungen (cf. W. M. F. Petrie/J. E. Quibell, 1896, S. 49) Donnersymbole des Berggottes. Die schlangenartigen Gegenstände, die die Männchen zuweilen in den Händen halten, sind wahrscheinlich Wurfhölzer, die in historischer Zeit häufig Schlangenform und -kopf hatten, wie etwa aus den bekannten Malereien der Vogeljagden im Papyrusdikkicht an den Wänden der Gräber des Nacht oder des Nebamun ersichtlich ist. Auch auf Felsbildern sind Jäger dargestellt, die in

einer Hand einen Bogen, in der anderen ein schlangenförmiges Wurfholz halten (cf. H. A. Winkler, 1938, S. 28), und man kann die Frage aufwerfen, ob auf unserer Vasendarstellung der möglicherweise ithyphallische Mann mit dem Wurfholz vor der sich in Kuhtanzpose befindenden Göttin seine Beischlafbereitschaft kundtut. Wir erinnern uns, daß Westendorf die Jagdszenen, in denen der Herrscher im Papyrusdickicht ein Wurfholz über den Kopf seiner Frau hinwegwirft (cf. § 5, Anm. 43), als Beischlafsymbolik gedeutet hat. In dynastischer Zeit qualifizierte eine rituelle Jagd den künftigen Pharao für das Königsamt. Sie symbolisierte offenbar den Sieg des Königs über die Wildnis. In einem alten Jagdritual scheint überdies der Jäger mit dem Horus-Min gleichgesetzt worden zu sein. Cf. H. Altenmüller, 1980, S. 232, S. Smith, 1958, S. 43.

53 So wie später mit dem Amun, der in vielerlei Hinsicht eine Art Nachfolgegott des Min war. Cf. auch Wheatley, S. 125 f.

54 Die Geißel des Min, ein Herrschaftsattribut, bestand aus einem Stock, an dem ein Bündel aus Fuchshäuten befestigt war, dem Vorbild der Hieroglyphe für »gebären, hervorbringen, schöpfen *(msj)*«. Cf. Bleeker, 1956, S. 46, G. Thausing, 1963, S. 314. Es mag sein, daß einst mit diesem Gegenstand die Frauen gegeißelt wurden, damit sie fruchtbar würden, ähnlich wie die Luperci mit Ziegenfellriemen den Frauen Roms auf den Unterleib schlugen. Ob es beim Minfest im Neuen Reich einen *hieros gamos* gab, ist umstritten. Bekannt ist, daß dabei die Königin ihren Gemahl umschritt, vermutlich um seine Kraft zu stärken. H. W. Fairman, 1958, S. 85, hält einen rituellen Beischlaf der beiden für möglich.

55 Cf. J. G. Griffiths, 1980, S. 12.

56 Zit. n. G. Roeder, 1923, S. 195 f. Cf. auch R. Merkelbach, 1963, S. 19.

57 Cf. J. Hani, 1976, S. 146.

58 Cf. M. Weyersberg, 1942, S. 235. Die im Süden mit rotem Okker in Höhlenbildern dargestellten Rinder waren vermutlich keine wilden Auerochsen mehr, sondern domestizierte Langhornrinder. Cf. M. Bietak/R. Engelmayer, 1963, S. 32 f. und Tafeln XX ff., W. F. E. Resch, 1963, S. 92. In der Negade-Zeit wurden freilich noch Auerochsen gejagt, die sich im Delta bis ins Neue Reich hinein hielten. Cf. L. Krzyżaniak, 1983, S. 5.

59 In einem Text heißt es: »Der große Nun in Edfu, der die beiden Länder mit seinen Ausflüssen überschwemmt.« Cf. E. Otto, 1938, S. 2.

60 Cf. Otto, S. 12.

61 Cf. J. R. Conrad, 1957, S. 78 f. War dies ein Überbleibsel eines rituellen Beischlafs zwischen Stier und Frau? Im Hathorkult in Ku-

sae gab es einen Stierkampf, und es hat den Anschein, daß der siegreiche Stier zum Bräutigam der Göttin auserkoren wurde. Cf. S. Allam, 1963, S. 31 f.

Anmerkungen zu § 10

Cf. S. N. Kramer, 1969, S. 52 f., 59, 81, ders., 1972, S. 123. Bei vielen Ackerbauern wurde die Pflugschar als Phallus gesehen, der den Schoß der Erdmutter aufriß. Cf. E. Hahn, 1896, S. 49, J. C. Notebaart, 1955, S. 72. Eine ägyptische Bezeichnung für den Phallus war hnn, »Hacke«. Cf. P. Behrens, 1982, S. 1018. In den Gesetzen des Manu heißt es: »Wessen Samen auf einem von dem Ehemann abgetretenen Saatfeld ausgegossen wird, dessen Nachkommenschaft gilt als herrührend von zwei erzeugenden Ehemännern.« Betätigt sich der Mann bei der Ehefrau, so pflügt er im »eigenen Saatfeld«, ansonsten »im Fremdacker«. Cf. L. Sütterlin, 1906, S. 536, ferner auch L. Fruzzetti/A. Östör, 1976, S. 120. Bei den Kurumba darf ein Mann keinesfalls gemeinsam mit seiner Mutter die Saat ins Saatloch werfen, weil dies einem Inzest gleichkäme. Cf. A. Schweeger-Hefel, 1980, S. 63. Noch bei den Schefflenzer Bauern hieß es in einem Lied:
»Fahr m'r net über mei Äckerle,
fahrt m'r net über mei Wies,
leg di net zu mei'm Schätzele,
oder i prügel di g'wies.«
Cf. E. Fehrle, 1924, S. 64.
2 Cf. J. Ochshorn, 1981, S. 124.
3 Cf. W. Fauth, 1966, S. 423, 425. Vermutlich fand der *hieros gamos* in einem Innenraum der Ziqqurats statt, die wohl die heiligen Berge der Urheimat der Sumerer ersetzten. Cf. E. Klengel-Brandt, 1982, S. 152 f. Jedenfalls entdeckte man in einem solchen Raum ein Podest, das diesem Zwecke hätte dienen können. Cf. K.-H. Golzio, 1983, S. 54. Es ist anzunehmen, daß die Göttin des Zweistromlandes sich häufig als Kuh von ihrem Stier bespringen ließ. »Ich bin die heilige Kuh, die wie ein Weib gebiert«, sagt jedenfalls die sumerische Göttin, die den künftigen König aus ihrem Euter trinken ließ. Den König Assurbanipal spricht Ischtar mit »Jungstier« an, und »ihre vier Brüste lagen an seinem Munde«. Cf. H.-G. Buchholz, 1980, S. 71. Der Beiname Nintur der Ninhursag bedeutete »Herrin Geburtshütte«, wobei *tur* ein Wort für die Hütte war, in der die Kühe kalbten. Auch diese ›Kuh‹ stillte die Könige. Cf. T. Jacobsen, 1976, S. 105 ff.

4 Gegenüber Dumuzi-Tammuz, der sich und damit das Wohlergehen des Landes im Schoß der ›Großen Mutter‹ erneuert, hat Gilgamesch ein völlig anderes Verhältnis zur Inanna-Ischtar. Für ihn ist sie entweder die *femme fatale*, und der Beischlaf mit ihr ist tödlich – dieser Göttin droht sein Gefährte Enkidu, er würde ihr das Herz herausreißen, wenn er ihrer habhaft werden könne –, oder sie begegnet ihm in der Gestalt der verschleierten Schenkin Siduri, die am »Meer des Todes« wohnt, und rät ihm davon ab, nach der Unsterblichkeit zu suchen:
»Wohin läufst Du, Gilgamesch?
Das Leben, das Du suchst, wirst Du nicht finden!
Als die Götter die Menschen erschufen,
Teilten den Tod sie der Menschheit zu,
Nahmen das Leben für sich in die Hand.«
(Zit. n. H. Schützinger, 1978, S. 57.) Zwar lädt ihn die Siduri auch zum Beischlaf ein, aber eher zum reinen Vergnügen nach dem Motto *carpe diem.* Cf. A. Moortgat, 1949, S. 82 f. Daß Gilgamesch die Liebe der Inanna-Ischtar verschmäht, hatte möglicherweise den historischen Hintergrund, daß der König von Uruk sich weigerte, den *hieros gamos* mit der Priesterin der Inanna zu vollziehen, um sich der Bevormundung durch die Tempeltheokratie zu entziehen. Cf. D. F. McCall, 1973, S. 136 ff, B. Thorbjørnsrud, 1983, S. 118. Im Verlauf der Zeit wurden die vorderasiatischen *Fruchtbarkeits*göttinnen immer mehr zu *Liebes*göttinnen, und die heiligen Huren vertreten die »großen Herrinnen, die empfangen, aber nicht gebären« (Fauth, S. 403), weshalb wahrscheinlich der Analverkehr bevorzugt wurde, der häufig in babylonischen Terrakotten und auf Siegeln dargestellt wird. Cf. B. Buchanan, 1971, S. 4 f. Bei den Indoeuropäern schließlich wird die Göttin mit ähnlichem Argwohn betrachtet, wie ihn Gilgamesch hegt. Cú Chullain schlägt das Liebesangebot der »meergeborenen« Morrígain ebenso ab (cf. A. Varin, 1979, S. 173), wie Odysseus sich nicht von der Kalypso unsterblich machen läßt, denn ›Unsterblichkeit‹ bedeutet jetzt weniger die ewige Regenerierung als die Entrückung durch die ›gefährliche Frau‹. Auch bei den Hebräern gelingt es ja bekanntlich dem Adam nicht, wie der liebe Gott es in Genesis 3,22 befürchtet, nach dem Genuß der Frucht vom Baum des Lebens ewig zu leben.
5 Der Beischlaf, der während des babylonischen Akîtu-Festes zwischen Zarpanitum und Marduk, dem sterbenden und wieder auferstehenden Gott, vollzogen wurde, hatte gleichermaßen die Regenerierung des Kosmos zum Ziel. Cf. S. A. Pallis, 1926, S. 197 ff.

6 Nach H. J. Deighton, 1982, S. 31, 63, 85, ist dieser hethitische ›Wettergott‹ kein Himmels-, sondern ein Erdgott gewesen, eine Verkörperung des fruchtbarkeitsbringenden Grundwassers. Wenn Taru in der von ihm »geliebten Quelle Nerik« verschwunden war, warf ein Priester Opfergaben in eine Quelle *(ḫateššar)* und sprach die Worte *ui ui purušael purušael,* »Komm, komm, Erdgeist!« Cf. auch V. Haas, 1970, S. 101 ff. Meines Erachtens müssen sich jedoch die Aspekte eines Höhlen- und eines Regengottes nicht ausschließen; man denke etwa daran, daß bei den Maya, Azteken und zahllosen anderen Völkern gerade Regenrituale in unterirdischen Höhlen vollzogen wurden oder daß man mit den Regengeistern durch natürliche Brunnen *(cenotes)* hindurch Kontakt aufnahm.

7 Auf den aus dem 2. vorchristlichen Jahrtausend stammenden Yazilikaya-Reliefs steht die hethitische Göttin Hepatu auf einem Leoparden oder einer Löwin. Auf einer gleichartigen Raubkatze steht hinter ihr ein bartloser Jüngling und vor ihr ein Mann mit Bart auf dem Rücken zweier Männer, offenbar ihr Paredros, der Wettergott, einmal als Jüngling, das anderemal als Mann. Vgl. Abb. 59.

8 Cf. V. Haas, 1982, S. 28 f., 45, 73. In Jütland wurde einst eine Jungfrau mit »dem Alten«, dem Korngeist, verheiratet, der in einem Bündel von Getreidehalmen, den letzten, die geschnitten worden waren, residierte. Diese Heirat konnte darin bestehen, daß das Mädchen getötet wurde. Die ›Todeshochzeit‹ gewährleistete die Rückkehr des Korns. Cf. J. de Vries, 1931, S. 17 f.

9 Inanna wird häufig auf einem Löwen stehend dargestellt, den sie zügelt, und sie beherrscht auch den löwenköpfigen Donnervogel Imdugud. Auch von der Ischtar heißt es oft, sie sei eine Löwin. Cf. E. Cassin, 1981, S. 358. Als »Löwin der Weiber« galt bekanntlich die Artemis. Pantherfelle trugen bisweilen die Amazonen, ihre Verehrerinnen, und noch die Sandalen oder Jagdstiefel der römischen Diana sind mit Pantherköpfen verziert (cf. H. Cancik, 1982, S. 60), während die minoische ›Schlangengöttin‹ einen Miniaturleoparden als Kopfschmuck trägt. Cf. M. G. Houston, 1947, S. 10 f. Die häufig mit der Artemis identifizierte Allât war ebenso eine Raubkatzengöttin (cf. H. J. W. Drijvers, 1978, S. 332 f., 340 f.) wie die von Leoparden genährte ›Höhlengöttin‹ Kybele (cf. J. Fontenrose, 1981, S. 216). Nach W. Westendorf, 1966, S. 133 f., war die Panthergöttin Mafdet (»die große Jungfrau«) eine Schutzgöttin des Pharao, und die Pantherkopfdarstellungen, die die ägyptischen Könige des Neuen Reiches am Gürtel trugen, schützten deren Sexualkraft. Auf einem Siegel von Mohenjo-daro ist eine Göttin mit

Tigerleib und Hörnern abgebildet, und man vermutet, daß sie ein vorindoeuropäischer Prototyp der Durgā Siṃhavāhinī, der »den Löwen reitenden« Durgā, ist. Cf. A. Hiltebeitel, 1978, S. 777, R. S. Freed/S. A. Freed, 1962, S. 254. Die Muttergöttin Devī oder Mātā der Punjabis, ein ambivalentes, kapriziöses und blutgieriges Wesen, reitet als Jungfrau mit offenen Haaren auf einem Tiger oder auf einem Löwen und hält Waffen und andere Geräte in den acht Händen. Cf. P. Hershman, 1977, S. 276 f. Dbyiṅs-kyi yum č'en-mo, die »Große Mutter des Raumes« im Bon, sitzt goldfarben auf einem von zwei Löwen flankierten Thron (cf. H. Hoffman, 1967, S. 80). Im christlichen Bereich galt der Löwe zwar als Symbol des Antichristen und wird von der hl. Jungfrau niedergetreten. Aber andererseits hatte sich auch in ihr etwas vom Wesen der alten Raubtierfrau erhalten, und so wurde der Löwe auch zu ihrem Machtsymbol. Cf. P. Bloch, 1970, S. 264 f. Besonders eindrucksvoll dokumentiert dies die venezolanische María Lionza. Cf. A. Pollack-Eltz, 1972, S. 17 ff. (Den Hinweis auf diese Schrift verdanke ich Felicitas Goodman.) In einer Höhle lebte Hsia wang mu, die chinesische »Königin-Mutter des Westens«, die das *tao* erlangt hatte und unsterblich war. Sie verlieh die vom Mondhasen hergestellte Droge der Unsterblichkeit. Nach einer Überlieferung hat sie einen Leopardenschwanz und Tigerzähne und lebt in den Jadebergen. In Darstellungen sitzt sie meist auf einem Mischwesen von Drache und Tiger, in dem sich *yin* und *yang* vereinigen. Nach einer anderen Tradition hält sich die Göttin in den »Höhen von K'un-lun« südlich des westlichen Sees, am Strand des fließenden Sandes, hinter dem Roten Fluß und vor dem Schwarzen Fluß auf, und dort wurde sie von den Schamanen aufgesucht. Nach einem Mythos hing das Wohlergehen der Welt von zwei jährlichen Treffen des Kaisers und der Göttin ab. Cf. M. Loewe, 1979, S. 89 ff., ferner E. Ishida, 1955, S. 64 f., ders., 1956, S. 414.

10 Zu den Parakyptusa-Gottheiten cf. Fauth, a.a.O. In ›Baubohaltung‹ sitzt eine nackte Göttin am Fenster eines tönernen Miniaturgebäudes aus dem 13. vorchristlichen Jahrhundert, das vermutlich den Astarte-Tempel von Beth Schan darstellt.

11 Cf. Fauth, S. 368. Von den indischen Tempelhuren, den *devadāsī*, hieß es, daß ihre Hingabe der allgemeinen Fruchtbarkeit des Lebens dienlich sei.

12 Cf. P. Friedrich, 1978, S. 13 ff.

13 Zit. n. W. Helck, 1971, S. 152.

14 Cf. I. M. Wheatley, 1966, S. 168 f., Helck, a.a.O., S. 151, A. S. Kapelrud, 1952, S. 20 f.

15 Cf. C. Virolleaud, 1938, S. 158 f. W. Helck, 1971, S. 76 ff., sieht

in solchen Überlieferungen, in denen die Göttinnen oder legendären Frauen wie Inanna, Anat oder Semiramis, die sich zum Teil auf eine Göttin des Zagros-Gebirges zurückführen läßt (cf. W. Eilers, 1971, S. 30 f.), ihren Liebhabern »die Flügel gebrochen«, sie »gezähmt«, getötet oder zerrissen haben, den Reflex eines Brauches, »bei dem die Frauen nach der Vereinigung den Mann töteten«, Mythisierungen eines »Urerlebnis(ses) von der Frau, die die jungen Männer für sich wegfängt und dann umbringt«. Diese Frau als Vegetationsgöttin hält Helck, S. 78, für »spät und nicht ursprünglich«. Ich meine hingegen, daß Helcks Vorstellung der *femme fatale*, des männermordenden Vamps, sehr spät auftaucht und vielleicht ein Reflex auf die Enttäuschung des Ackernbauern darstellt, dem die früher lebensspendende Erde nach einigen Mißernten das Leben zu nehmen droht. Ebenso ist anzunehmen, daß in Gesellschaften, in denen Frauen in hohem Maße unterdrückt und ›domestiziert‹ werden, eine ständige, mehr oder weniger unterschwellige Angst unter den Männern herrscht, die vermutete ›eigentliche Wildheit‹ der Frauen könne jederzeit entfesselt werden. Die Munduruku-Indianer betrachten beispielsweise ihren Penis als Waffe, die sie etwa bei den üblichen Bandenvergewaltigungen einsetzen. »Wir zähmen unsere Frauen mit der Banane«, gab ein Indianer dem Ethnographen zu verstehen. Cf. R. F. Murphy, S. 95. Ist es da ein Wunder, daß die Munduruku entsprechend die Vagina als »Krokodilsmaul«, als *vagina dentata*, betrachten, die den Penis bedroht? Die Maori nannten die Vagina *te whare o aitua*, »Ort des Unglücks« und »Haus des Todes« (cf. E. Best, 1914, S. 132 f., eigentlich »an Geistern reicher Ort«, wie mir Horst Cain mitteilt), offenbar eingedenk des Schicksals Mauis, der von der Vulva der »All-Gebärerin« Hine-nui-te-po verschluckt worden war (cf. G. Grey, 1855, S. 56 ff.); und bei den Beaver-Indianern zerquetschte die Urfrau namens »Tötet-Menschen-zwischen-den-Beinen« die Männer, die sie in ihre riesenhafte Vagina lockte. Cf. R. Ridington/T. Ridington, 1978, S. 174. In ihrem gefährlichen, destruktiven Aspekt besingen beim Efe/Gelede-Fest, das im Frühling kurz vor dem ersten Regen, wenn der neue Ackerbauzyklus beginnt, stattfindet, die Yoruba ihre Große Mutter Iyanla, deren Maskengesicht ständig verschleiert ist, weil es nicht gesehen werden darf:

»Mutter, deren Vagina bei allen Furcht erregt,
Mutter, deren Schamhaar in Knoten geflochten ist,
Mutter, die eine Falle stellt, eine Falle stellt.«
Cf. H. J. Drewal, 1974, S. 60, ders., 1979, S. 204.
16 Cf. F. F. Hvidberg, 1962, S. 55 f., 62 f. Gewisse sexuelle Züge des Ba'al, des »Goldenen Kalbes«, und sogar der Anat-Ascherah

gingen offenbar auf Jahwe, das »Horn des Heiles«, über (cf. S. H. Hooke, 1958, S. 20, W. E. Mühlmann, 1932, S. 178). Unlängst fand man bei Kuntillet 'Ajrud auf dem Sinai eine Inschrift, die sich an »YHWH und seine Ascherah« wendet und aus dem 9. oder 8. vorchristlichen Jahrhundert stammt. Diese Ascherah war eine eng mit der Anat verbundene Fruchtbarkeitsgöttin mit üppigen Brüsten – in Ugarit ist immer wieder die Rede von »den Warzen von Ascherahs Brüsten« –, und sie war wohl in diesem Fall die Paredra Jahwes. Zunächst ist sie offenbar die Geliebte des kanaanitischen Stiergottes El gewesen, denn zur Neumondzeit sagte man zu ihr: »Die Liebe des Stieres wird Dich entkleiden.« Als Jahwe Züge Els annahm, übernahm er auch dessen Gespielin, die er später absorbierte, um zu einer androgynen Gottheit mit Brüsten zu werden, bis er im 7. Jahrhundert wieder zu der rein maskulinen Gestalt verwandelt wurde, die wir kennen und fürchten gelernt haben. Cf. D. Biale, 1982, S. 253 f. Auch Allah, »der Gott«, war ursprünglich Paredros der Allât, der Gebärerin alles Lebenden, und noch im Koran muß er gegen die Göttin polemisieren, bis sie endlich aus der Szenerie verschwindet. Cf. D. Nielsen, 1938, S. 520 f. Dennoch kehrte sie in gewisser Weise zurück, etwa im schiitischen Kult der Fâtima, der Lieblingstochter des Propheten, die al-Batûl, »die Jungfrau«, genannt wird. Im 14. Jahrhundert heißt es über sie: »Sie ist es, die alles Geschöpfliche an ihren Brüsten nährt, ohne die Kinder jemals zu entwöhnen, ohne daß die Fülle ihrer Brüste abnähme.« Cf. L. Massignon, 1938, S. 169.

17 Cf. A. Furumark, 1959, S. 370, E. A. Armstrong, 1943, S. 72. In der neolithischen Vinčakultur fand man Figurinen, die man als Darstellungen von Männern mit Stiermasken oder zumindest Stierhörnern deuten kann und die mit einer Hand oder beiden Händen ihren Phallus halten. M. Gimbutas, 1974, S. 220 f., fragt, ob es sich um die Wiedergabe eines »archetypischen Dionysos« handle, den Paredros der Großen Mutter des 5. Jahrtausends. Wie das Tonmodell eines frühbronzezeitlichen Temenos zeigt, das aus einem Grab von Vounous auf Zypern stammt, verwendete man dort offenbar Stierkopfmasken bei Ritualhandlungen. Cf. V. Karageorghis, 1978, S. 150.

18 In einem wohl in vorindoeuropäische Zeiten zurückreichenden Mythos aus Estremadura verlangt eine Prinzessin nach einem Stier. Daraufhin bringt man ihr eine hohle Stierstatue in den Palast. Die Prinzessin schlüpft in die Statue, klettert nach einer gewissen Zeit schwanger aus ihr heraus und gebiert einen Buben. Im iberischen Stierkult, der schon im 2. vorchristlichen Jahrtausend belegt ist, wurde ein Stiergott als Verkörperung der menschlichen und tieri-

schen Fruchtbarkeit verehrt. In diesem Kult wurden Stiere geopfert, Tänze und wohl auch *ludi taurini*, »Stierspiele«, aufgeführt. In den Bergen von León kämpften am 1. Mai in Stierhäute gehüllte junge Männer, die auch Stierhörner auf dem Kopf trugen, miteinander um die jungen Mädchen, mit denen die Sieger dann ins Heu gingen. Ein halbes Jahr blieben die Paare zusammen und trennten sich dann wieder. Während die archaischen *ludi taurini* offenbar in Zusammenhang mit einem *hieros gamos* standen, entwickelten sie sich später zu den bekannten Reiterspielen. Auf dem Lande, etwa im Norden Estremaduras, blieb indessen ein Brauch erhalten, in dem zwei Tage vor der Hochzeit ein Stier vor das Haus der Braut getrieben wurde. Dort durchbohrte der Bräutigam den Stier mit Banderillas, die zuvor die Braut geziert hatten. Im Anschluß wurde das Tier getötet, und der Bräutigam nahm die Zeugungskraft des Stieres in sich auf. Dies bewerkstelligte er mit seinen Kleidern, aus denen sich das ›rote Tuch‹ des Stierkämpfers entwickelte. Cf. J.-M. Blázquez, 1973, S. 801 ff.

19 Im Gegensatz zu anderen Indoeuropäern wie den Kelten oder den Indern war für die Griechen anscheinend der Beischlaf zwischen Tier und Mensch keine so klare Sache, und so ist es wohl zu verstehen, daß sich auch der stiergestaltige Zeus zum Koitus selber in einen Menschen zurückverwandelt. Cf. W. Bühler, 1968, S. 16. Daß die Mykener häufig nicht allzuviel von der minoischen Religion verstanden, läßt sich auch an ihren Darstellungen der kretischen Tierherrin ablesen. Cf. A. Tamvaki, 1974, S. 286.

20 Nach Clemens von Alexandrien gebiert auch die Kore einen Stier, nachdem sich ihr der Zeus, allerdings als Schlange, genähert hatte. Einen *hieros gamos* zwischen einer Großen Göttin und ihrem stiergestaltigen Paredros hat man ebenfalls für das Heiligtum auf dem Monte Accoddi im Hinterland des sardinischen Sassari angenommen, wo auf einem großen Steinaltar zahllose Stiere geopfert wurden. Cf. K. Gutbrod, 1978, S. 97 f.

21 Cf. V. Karageorghis, 1965, S. 53 f.

22 Auf einer schwarzfigurigen Hydria aus Caere (6. Jh. v. Chr.) heißt der Minotaurus ταῦρος μινώιος, und in der klassischen Zeit wurde er meist μίνως ταῦρος genannt. Die Bezeichnung Minotaurus taucht erstmals bei römischen Schriftstellern unter griechischem Einfluß wie Catull, Cicero oder Vergil auf. Cf. M. Faust, 1969, S. 100 f.

23 Cf. E. R. Young, 1980, S. 79.

24 Der Name Theseus wird auf einem Linear B-Täfelchen aus dem 13. Jahrhundert erwähnt. Damals lebte in der Gegend von Pylos ein *te-se-u*.

25 »Hierin liegt also wirklich etwas von einem Matri-Archat, das wörtlich genommen zu werden verdient«, meint F. Schachermeyr, 1979, S. 161. Auf einer Zeremonial-Doppelaxt, die man in der Arkalochori-Höhle fand, ist in Linear A-Schrift der Name *i-da-ma-te* eingeritzt, was von den Griechen vermutlich als »Mutter des Ida« verstanden wurde, im Minoischen aber sicher etwas anderes bedeutete. Cf. J. Chadwick, 1983, S. 365. Solche Doppeläxte stammen vor allem aus Kulthöhlen, insbesondere aus Psychro und Arkalochori, aber auch in der Höhle von Amnisos wurde eine neolithische Steinaxt entdeckt. Manchmal wurden bis zu zehn Doppeläxte in Schlitze und Fugen der Tropfsteine gezwängt. Da Doppeläxte nie in Höhenheiligtümern gefunden wurden, also auf Bergspitzen, sind sie eindeutig der chthonischen Sphäre zuzuordnen. Bekanntlich trugen auch die Amazonen die Doppelaxt, und es ist nicht auszuschließen, daß sich in ihnen verblaßte Erinnerungen der Griechen an die ägäische Göttin spiegeln, was sich vielleicht in Diodors Behauptung wiederfindet, die Amazonen seien matriarchalische Frauen gewesen, die ihre Männer beherrschten. Cf. F. M. Bennett, 1912, S. 28, 75, A. Klügmann, 1875, S. 71, H. C. Krause, 1893, S. 18, P. du Bois, 1982, S. 34. Wenn man einmal von den doppelaxtähnlichen Wandmalereien in Çatal Hüyük absieht, scheinen die ersten Doppeläxte in Verbindung mit den Figurinen fetter Göttinnen, Stierköpfen und Schlangen um 4000 v. Chr. in Tell Arpachiya in der Nähe von Niniveh aufzutreten. Doppelaxtähnliche Symbole fanden sich auf den Figurinen mutmaßlicher Muttergöttinnen, die man in einem Dorf aus dem 5. Jahrtausend auf dem Tavogliere della Puglia ausgrub. Cf. S. Tiné, 1975, S. 31. In den Megalithkulturen wie in Garvr'inis, aber auch in der Bretagne und im Marnebereich ist ebenfalls häufig die Axt mit der Frau assoziiert. Cf. J. Déchelette, 1912, S. 47, C. Clemen, 1926, S. 43 f. Als Axtzeichen ist auch das ›T‹ gedeutet worden, das wohl mit einem glühenden Feuerstein in die Schädeldecke von Frauen eingebrannt wurde, deren Skelette man in Dolmengräbern der Seine- und Oise-Täler fand. Cf. H. Kirchner, 1955, S. 680 f.

26 Die sog. Kulthörner (»horns of consecration«) scheinen in Kreta zum erstenmal in der subneolithischen, spätestens in der frühminoischen Zeit aufzutreten. Handelt es sich um stilisierte Stierhörner, um Bukranien? Die frühesten Bukranien von *Bos primigenius* fand man bislang in einer Lehmbank der frühen Natufienkultur Mureybet I (ca. 8200 v. Chr.), also einer der ersten Pflanzerkulturen der Weltgeschichte (cf. B. Bender, 1978, S. 215, Cauvin, 1978, S. 110), wenig später in Çatal Hüyük und in den neolithischen Balkankulturen und sehr viel später in der 1. ägyp-

tischen Dynastie, wo sie Mastaben in Saqqara umgaben. Cf. W. Helck, 1975, S. 882. Mellaart, 1963, S. 52, meint, die Hörner auf den Altären von Çatal Hüyük hätten einen abwehrenden Charakter besessen, seien aber gleichzeitig ein Symbol des Paredros der Großen Göttin gewesen. Zur Abwehr von Übel werden derartige Hörner noch heute im Mittelmeerraum verwendet, aber auch beispielsweise in Frankreich, wo sie häufig auf Dachfirsten von Bauernhäusern zu sehen sind. Cf. H. Filipetti/J. Trotereau, 1979, S. 73, 113. Waren die Bukranien und Stierhörner Mureybets und Çatal Hüyüks Vorläufer der minoischen Kulthörner – die sich auch im bronzezeitlichen Beycesultan finden – und hier wie dort Symbole

129 Siegelbild aus Pylos.

des stiergestaltigen Paredros? V. Scully, 1979, S. 11, hat darauf aufmerksam gemacht, daß sich alle großen kretischen Paläste in der Nähe doppelgipfliger Berge befinden, in denen man riesige Bukranien sehen könne. Schon W. Gaerte, 1922, S. 81 f., hat in den Kulthörnern gleichermaßen stilisierte Berge gesehen, weil aus ihnen manchmal Pflanzen und Zweige sprießen, etwa aus dem Doppelhornaltar auf einem Siegelbild von Pylos, vor dem sich eine barbrüstige Dame befindet, und nach ihm hat B. B. Powell, 1977, S. 72 f., die Kulthörner mit dem ägyptischen Zeichen für »Horizont«, ꜣḫt zusammengebracht, das eine Sonne inmitten zweier Berge zeigt, die in der Tat große Ähnlichkeit mit einem etwas stumpferen minoischen Kulthorn besitzen. Mit dieser Hieroglyphe wurde der Ort bezeichnet, an dem der Sonnengott aus seinem nächtlichen Reich trat, und in den *Pyramidentexten* heißt es: »Die beiden Berge teilen sich und ein Gott erscheint.« Hier läßt sich freilich fragen, warum die Berge nicht zugleich die Hörner des chthonischen stiergestaltigen Paredros gewesen sein können. Powell, S. 77 f., führt selber ein Bild vom Sarg des Chonsu an, in dem die nacktbusige Nut die Sonnenscheibe zwischen die Hörner der Hathorkuh legt, »here tantamount to the western horizon«, was zeigt, daß offenbar auch die Ägypter gelegentlich Berge als Rinderhörner sahen. Analog zur Doppelaxt zwischen den Hörnern des kretischen Stiers findet man unter den bronzezeitlichen Felsbildern des Mont Bego, auf dem wohl ein tauromorpher Gewittergott verehrt wurde, Darstellungen eines Dolches zwischen Stierhörnern. Axttragende Menschen mit Stierhörnern auf dem Kopf stellen vielleicht den Donnergott oder seine Priester dar. Cf. J. Ozols, 1978, S. 46 f.

27 Nach H.-G. Buchholz, 1959, S. 16, taucht die Verbindung Doppelaxt – Stier erst in mittelminoischer Zeit auf, und er meint, daß die kretischen Stiere geschächtet und nicht mit einer Doppelaxt erschlagen wurden.

28 Cf. J. E. Harrison, 1963, S. 141 ff., E. Simon, 1983, S. 8 f., nach Porphyrios. Athen war einer der Orte, in denen die Nachkommen der Mykener auch durch das ›Dunkle Zeitalter‹ hindurch weiterlebten, so daß sich hier – wie man ebenfalls an den Anthesterien erkennt – durchaus mykenisch modifiziertes minoisches Ritualgut gehalten haben mag.

29 Cf. H. Metzger, 1945, S. 296 f. Diesen Charakter hatte Dionysos insbesondere in Delphi, wo er niemand anderes gewesen zu sein scheint als Python. Cf. Fontenrose, 1959, S. 378 ff. In späterer Zeit war Dionysos ein ausgesprochener Höhlengott. Cf. D. M. Pippidi, 1964, S. 156 f.

30 Cf. K. Meuli, 1975, S. 1020. M. C. Astour, 1963, S. 3 f., hat das Zerrissenwerden des Pentheus, der ja Dionysos selber ist, durch die Bacchantinnen oder des Dionysos durch die Titanen mit der Tötung des Ba'al zusammengebracht. Wie wir gesehen haben, zerreißt ja auch die Anat mit den Händen ihren Paredros. Das Töten des Aktaion durch die Artemis, der er sich genähert hatte, gehört ebenfalls hierher. Sowohl Dionysos als auch Zeus tragen den Beinamen Aktaios. Cf. F. Brein, 1969, S. 46. Nach Firmicus Maternus zerriß man auf Kreta im Kult des Zagreus einen lebenden Stier. Cf. W. F. Otto, 1933, S. 151, 174.

31 Man denke auch an die vom Wahnsinn geschlagenen Proïtiden von Argos, die wie Kühe brüllend durch die Landschaft liefen.

Iacchos und Bacchos sind beide Stiergötter, deren Namen wohl auf dieselbe Wurzel zurückgehen. Man hat sie zu lat. *vacca*, Sanskrit *vaçā* gestellt, doch H. Grégoire, 1949, S. 403 f., lehnt diese Verbindung ab.
32 Cf. R. Briffault, 1927, Bd. III, S. 193.
33 Nach einer Überlieferung ist Dionysos die Frucht der Verbindung zwischen Zeus und der alten thrakisch-phrygischen Erdgöttin Semele, die bisweilen mit der Ge identifiziert wurde. Vielleicht heißt – νῦσος »Sohn« oder »Junge«, so daß Dionysos der »Sohn des Zeus« wäre. Cf. M. S. Ruipérez, 1983, S. 408. Pindar nennt Dionysos den Paredros der Demeter, und im chthonischen Kult von Delphi ist Semele mit Kore verschmolzen worden. Cf. Y. Vernière, 1964, S. 23. Nach Pausanias war der grundlose Alkyonische See der Ort, an dem Dionysos seine Mutter Semele aus der Unterwelt holte, während nach Plutarch der Gott selbst diesen Tiefen entstieg – offenbar ein weiterer Hinweis auf die Rückkehr des Vegetationsgottes aus der Unterwelt. Von dem Gott als Paredros der kretischen Ariadne (cf. G. van Hoorn, 1959, S. 193 f.) werden wir später hören.
34 Im Norden war die Axt die Waffe des die Erde befruchtenden Blitzgottes, aber deshalb auch das Symbol des Beischlafs und der Ehe. So ist anzunehmen, daß die Äxte, die man in Gruben der Erdgöttin weihte, diese schwängern sollten. Cf. F. R. Schröder, 1941, S. 55 f. Ein berühmtes Felsbild von Hvitlycke (Tanum, Båhuslen) zeigt ein einander beischlafendes Paar neben einem Mann, der eine Axt hebt, einmal vorausgesetzt, daß es sich um eine Komposition handelt. Bisweilen findet man solche Beischlafszenen auf Schiffsdarstellungen, und auch dort sind die Paare von Äxten und Schwertern schwingenden Menschen umgeben. Auf Felsbildern von Östergötland sind auf den Schiffen sogar Gruppensex-Szenen dargestellt. P. Gelling/H. E. Davidson, 1969, S. 49, sind der Auffassung, man habe in der nordischen Bronzezeit geglaubt, die Sonne reise nicht nur nachts auf einem Schiff, sondern auch im Winter und kehre im Frühling als neue, starke Sonne über das Meer zurück, und diese Rückkehr sei mit einem *hieros gamos* gefeiert worden. Sie, S. 68, meinen weiterhin, der oben erwähnte Mann mit der Axt wehre die bösen Geister ab und schütze auf diese Weise das Paar. Mir scheint freilich eher, daß der Mann, der ein erigiertes Glied hat, mit seiner befruchtenden Axt den Beischlaf segnet. In Schweden und Norwegen trug bis in unsere Zeit der Bräutigam am Hochzeitstage eine Axt (cf. H. R. E. Davidson, 1965, S. 11 f.), in Estland pflegte man eine fruchtbarkeitsfördernde Axt unter das Brautbett zu legen (cf. J. Bing-Bergen, 1934, S. 16), und der einst bocksgestal-

tige Fruchtbarkeitsgott Thor legte beim Hochzeitsschmaus der Jungfrau seinen Hammer in den Schoß. In der Gylfaginning der Jüngeren Edda weiht Thor mit seinem Hammer Mjölnir in Bocksfelle eingewickelte Bocksknochen, worauf die Tiere regeneriert werden, und möglicherweise ist der Hammergott mit der Ziege auf dem Horn von Gallehus ein solcher Proto-Thor. Cf. L. Schmidt, 1952, S. 523, 535.

35 Auf einem Felsbild von Båhuslen zielt ein Mann mit Pfeil und Bogen auf ein einander beischlafendes Paar. Vertreten hier Pfeil und Bogen die Axt oder den Hammer des Fruchtbarkeitsgottes, oder handelt es sich um die Darstellung eines *hieros gamos*, während dessen der männliche Partner, der Vegetationsgott, getötet wurde? Jedenfalls erinnert die Abbildung an die Szene im *Tod von Fergus mac Roig*, in der Fergus im See mit der Medb, die ihre Beine um ihn geschlungen hat, sein Spiel treibt, jener Medb, die im heiligen Beischlaf dem König die Herrschaft bestätigte (cf. J. Weisweiler, 1941, S. 11). Bei dieser Gelegenheit wird der »Hirsch« Fergus, von der »Hirschkuh« Medb umklammert, von Lugaid Dallēces, der wie der den Baldr tötende Högr blind ist, zu Tode gespeert. Fergus war ein alter Fruchtbarkeitsgott, und noch im 19. Jahrhundert hat man den »Stein von Tara« als »Phallus des Fergus« bezeichnet. Wurde einst der Vegetationsgott Fergus während des *hieros gamos* mit der Erdgöttin getötet, damit sich das Leben erneuern konnte?

36 Cf. F. Cumont, 1903, S. 98 f. Im Hintergrund dieser Geschichte steht wohl der zarathustrische Schöpfungsmythos, in dem der Stier Ohrmazd im Sterben seinen Samen ausstößt, aus dem Menschen, Tiere und Pflanzen entstehen. Cf. J. R. Hinnells, 1975, S. 290, 310, W. Koppers, 1936, S. 378. Auch das Soma ist ja der Same des Himmelsstiers. Cf. C. Colpe, 1975, S. 391. Auf mithraischen Reliefs wird mitunter eine Weizenähre – das Symbol des Lebens– auf dem Schwanz des Stieres dargestellt, und eine Skulptur des Mithras zeigt den Felsgeborenen(Θεὸς ἐκ πέτρας, »Gott aus dem Felsen«), wie er bei seiner Geburt Ähre und Messer in den Händen hält. Cf. E. Schwertheim, 1979, S. 31. In einem Brief vom 20. Oktober 1983 teilt mir G. Seiterle mit, daß er die sog. phrygische Mütze, die Mithras trägt, auf eine Mütze aus dem Fell der Bauchpartie des Stieres mit dazugehörigem Stierbeutel zurückführt. Danach hätte der Mithras den ›Samenträger‹ des Stieres getragen, ähnlich wie viele Völker die abgeschnittenen Penisse und Hodensäcke ihrer Feinde.

37 Cf. G. M. A. Hanfmann, 1958, S. 66.

38 Cf. E. W. Smith, 1952, S. 32.

39 Zit. n. Schwertheim, a.a.O., S. 40. Cf. ferner R. K. Yerkes, 1953,

S. 43. Hier ist die Stiertötung bereits zu einer geistigen Wiedergeburtszeremonie des Menschen geworden. Cf. R. Duthoy, 1969, S. 114 f.
40 Oder daß es – wie später bei den Griechen – die Totenseelen nährte oder anlockte. Auch der Zweck der ursprünglichen italienischen Gladiatorenkämpfe sowie das Zerfleischen der Gesichter der Klageweiber bei Begräbnissen soll darin bestanden haben, den Toten Blut zuzuführen, »ut sanguine ostenso inferis satisficiant«, wie Varro schreibt. Cf. F. Altheim, 1931, S. 57. Aus einer merkwürdigen Stelle bei Porphyrios, *De antro nympharum*, 18, geht hervor, daß Bienen von Stieren erzeugt werden und daß Bienen Seelen seien. Da ich keine Übersetzung finden kann, erlaube ich mir, den griechischen Text zu zitieren: καὶ τὰς Δήμητρος ἱερείας ὡς τῆς χθονίας θεᾶς μύστιδας μελίσσας οἱ παλαιοὶ ἐκάλουν αὐτήν τε τήν Κόρην μελιτώδη, σελήνην τε οὖσαν γενέσεως προστάτισα

130 Malerei auf einem mykenischen Krater.

μέλισσαν ἐκάλουν ἄλλως τε (καὶ) ἐπεὶ ταῦρος μὲν σελήνη καὶ ὕψωμα σελήνης ὁ ταῦρος, βουγενεῖς δ' αἱ μέλισσαι. καὶ ψυχαὶ δ' εἰς γένεσιν ἰοῦσαι βουγενεῖς, καὶ βουκλόπος θεὸς ὁ τὴν γένεσιν λεληθότως ἀκούων. Nach Antigonus Karystios wurden an gewissen Orten Ochsen so vergraben, daß nur die Hörner aus der Erde ragten. Wenn man nach einiger Zeit die Hörner absägte, schwärmten Bienen aus den Löchern, die aus dem verwesten Leichnam der Tiere entstanden waren. Möglicherweise ist die Darstellung auf einem mykenischen Krater aus Zypern, in der Bienen über zwei Bukranien und einem Kulthorn fliegen, in diesem Sinne zu verstehen. Im Grab des im Jahre 481 verstorbenen Merowingerkönigs Childerich fand man inmitten von goldenen Bienen, in deren Flügel Granate eingelassen waren, einen goldenen Stierkopf. Cf. G. Esterle, 1974, S. 50. Seit alten Zeiten hieß es, daß die Bienen ohne Begattung entstünden, und da es offenbar nichts Fruchtbareres gab als einen toten Stierleib, ließ man die Bienen aus diesen Tieren entstehen.

41 Cf. H. Zimmer, 1938, S. 179 f. Den Göttinnen Māriyamman und Aṅkālamman wurden gleichermaßen Stiere geopfert. Wenn man den Tieren die Kehle durchschnitt, ließ man das Blut auf Hirse spritzen. Cf. K. W. Bolle, 1983, S. 45, K. G. Izikowitz, 1964, S. 141, 146. Die Vorstellung, daß aus dem in die Erde geschütteten Blut die Vegetation sprießt, findet sich in allen Teilen der Welt. So wurden etwa bei den Inkas der Erdmutter Pachamama zur Zeit der Aussaat Kinder geopfert, weil man glaubte, ihr Blut stärke die Erde. Noch heute werden mancherorts beim Säen Wettkämpfe mit Schleuder und Bola durchgeführt, und das Blut der Toten und Verwundeten tränkt den Acker, »damit es ein gutes Jahr wird und es viel zu essen gibt«. Cf. A. M. Mariscotti de Görlitz, 1978, S. 87, 92. Bei den Indianern des nordamerikanischen Südostens (Cherokee, Natchez usw.) wurde im Mythos die Maismutter getötet, und man schleifte ihren Leichnam durch die Felder. Wo ihr Blut auf den Boden fiel, wuchs neuer Mais. Im April 1838 raubten die Pawnee ein Siouxmädchen, töteten es und brachten seinen Leichnam auf ein Maisfeld. Dort preßten sie sein Blut auf die eben gesetzten Maispflanzen. Das Blut des Mädchens, das die Skidi dem Morgenstern opferten, ließen sie auf Kopf und Zunge eines getöteten Büffels tropfen, um die Fruchtbarkeit des Tieres zu gewährleisten. Cf. Hatt, a.a.O., S. 854 f., 865. An der Stelle, an der Oswald, der König von Northumberland, in einer Schlacht im 7. Jahrhundert tödlich verletzt darniedersank und sein Blut vergoß, wuchs – so heißt es – besonders hohes und saftiges Gras. Cf. M. A. Murray, 1959, S. 599. Derartige Vorstellungen sind nicht erst mit dem Pflanzertum entstanden, wie man annehmen sollte. So opfern etwa Wildbeuter wie die Semang ihr Blut, damit es in die Blüten der Fruchtbäume verwandelt wird (cf. G. Benjamin, 1979, S. 18, K. Endicott, 1979, S. 32, 35, R. Needham, 1964, S. 138 ff.), und die Kordofan-Jäger sühnten ihre Blutschuld an den Beutetieren, indem sie ihnen ihr eigenes Blut zur Regenerierung zurückgaben. Cf. H. Baumann, 1950, S. 81.
42 Cf. M. R. Allen, 1976, S. 313.
43 Cf. A. Hiltebeitel, 1979, S. 190 f.
44 Cf. D. Shulman, 1976, S. 121 ff.
45 Cf. A. Persson, 1942, S. 106 f., R. Eisler, 1910, S. 465 f., M. J. Vermaseren, 1977, S. 117. Es mag sein, daß dies als *Motiv* nicht mehr gegenwärtig war und daß die Priester sich durch das Abschneiden der Hoden eher völlig der Göttin weihen wollten: »Der Phallus, der nach seiner Lostrennung vom Körper mit keinem ›fremden‹ Weibe mehr die Verbindung eingehen kann, wird durch seine Opferung der ›Mutter‹ zurückgegeben.« (E. Roellenbleck, 1949, S. 77)

46 Cf. G. Seiterle, 1979, S. 9. Bereits vor langer Zeit wunderte sich M. Meurer, 1914, S. 200 f., daß die ›Brüste‹ der Ephesia keine Warzen hatten, die ja sonst bei den Darstellungen nackter und manchmal selbst bekleideter Frauen nicht fehlen. Meurer, der von »beutelartigen Brüsten« sprach, deutete diese freilich als einen über der Kleidung getragenen Schmuck, der aus flachen Blattformen hervorgegangen sei, und noch vor kurzem stellte J. Godwin, 1981, S. 158, die Frage, ob es sich bei den ›Brüsten‹ nicht um Eier oder Trauben handeln könne. Offenbar stammt die ›Brüste-Interpretation‹ von den frühen Christen, die in der Ephesia gerne eine Art Muttersau sahen. Cf. R. Oster, 1976, S. 28. Ob die zahlreichen Brüste der Urmutter Eva, die sich beispielsweise auf einem normannischen Säulenkapitell des 11. Jahrhunderts in Apulien befinden (cf. C. Hentze, 1960, S. 81 ff.), auf die Ephesia zurückgehen, ist mir unbekannt. Von den »tausend Brüsten« Marias ist in finnischen Zauberliedern die Rede. Cf. U. Homberg, 1923, S. 84. Auf Darstellungen des Cinquecento ist die milchspendende Natura mit den zahlreichen Brüsten der Ephesia – nunmehr freilich mit Brustwarzen – versehen. Auf dem Holzschnitt ›Die Höhle der Ewigkeit‹ von Hendrik Goltzius spritzt sie mit einem riesigen Klistier Rehe, Hasen, Frösche und andere Lebewesen aus einer Höhle heraus. Cf. W. Kemp, 1969, S. 134.

47 Das Kultbild der Ephesia, das nach einer Überlieferung vom Himmel gefallen ist (cf. K. P. Oakley, 1971, S. 209 f.), war spätestens seit dem 7. vorchristlichen Jahrtausend anthropomorph. Im 4. vorchristlichen Jahrtausend trägt der Zeus Labraundos die ›Brüste‹ auf einem Relief (cf. R. Fleischer, 1973, S. 74 f., I. B. Romano, 1983, S. 244), und dasselbe Gehänge findet sich auch bei der lydischen Artemis, der Athena Nikephoros von Pergamon sowie beim Zeus Osogoa von Mylasa. Bei den ephesischen Taurokathapsien wurden vermutlich Stiere getötet, aber nach R. Fleischer, 1983, S. 85, handelte es sich zumindest in klassischer Zeit um einen gewöhnlichen Zirkussport, der wohl keine Verbindung zur Artemis hatte. C. Picard, 1922, S. 344, hält sie freilich für Nachfolgespiele des minoischen Stierspringens. Im ›Schmuck-Depot‹ des ephesischen Heiligtums fand man kleine Votiv-Doppeläxte aus Elfenbein, die vielleicht Modell der Äxte sind, mit denen man die Stiere tötete oder betäubte, nachdem man ihnen die Hoden abgeschnitten hatte. Stierbeutel weihte man auch der Megale Metèr bei den Taurobolien, und als Metèr verehrte man die Ephesia in künstlichen Bergnischen. Offenbar waren die Stierhoden Substitute der Priesterhoden, deren Anheften an das Kultbild der Großen Göttin in der *Passio Sancti Symphoriani* bezeugt ist. Cf. Seiterle, S. 11 ff.

48 Cf. B. Lohse, 1969, S. 35.
49 Cf. Lukian, *De Syria Dea*, 27 ff.
50 Auf einem Bronzediskus von Cumae (frühes 6. vorchristliches Jahrhundert) wird Hera als Orakelgöttin genannt, was bedeutet, daß sie höchstwahrscheinlich einen chthonischen Charakter hatte. Cf. R. Renehan, 1974, S. 195 f. Ihr Name soll sich vom indogermanischen *iēr-*, »die jährige«, herleiten (cf. F. R. Schröder, 1956, S. 67 f., W. Müller, 1974, S. 405) und »einjährige Kuh« bedeuten. Cf. A. J. van Windekens, 1958, S. 309 f. Ihr bekanntestes Epitheton ist ja βοῶπις, »kuhäugig« oder »kuhgesichtig«, und es mag sein, daß die Priesterinnen der Hera ebenso »Kühe« genannt wurden wie die der (griechischen) Artemis von Brauron »Bärinnen«. Cf. H.-G. Buchholz, 1980, S. 71. Auch eine andere berühmte indoeuropäische Göttin war eine Kuh. Von der kriegerischen Morrígain heißt es, daß sie »in Gestalt einer weißen Färse mit roten Ohren« zum Angriff überging, und in irischen Legenden wird der Held *tarb*, »Stier«, genannt. Cf. van Windekens, 1958b, S. 158.
51 Cf. Arnobius 5.5. In der silbernen Statue der Magna Mater, die auf dem Palatin verehrt wurde, war ein Baetyl eingefügt, und es ist fast sicher, daß er den Felsen Agdos repräsentierte, den Jupiter schwängerte. Cf. M. Meslin, 1979, S. 381.
52 Zeus selber wurde ja der Erde, der Ge, in Obhut gegeben, die in klassischer Zeit Kurotrophos par excellence war, d. h., er war in gewisser Weise ›erdgeboren‹. Wie Zeus und Jupiter verströmte auch Hephaistos, der die Athene zu beschlafen gedachte, seinen Samen auf die Erde und zeugte Erichthonios, den »sehr Erdhaften«, der später von Athene genährt wurde. Cf. H. Licht, 1929, S. 117 f.
53 Cf. W. Burkert, 1979, S. 255.
54 Cf. A. Löwis of Menar, 1910, S. 510. In einer Fassung heißt es, der Same sei in einen Spalt des Steins geflossen, der sich daraufhin geschlossen habe; in einer anderen fühlt Setanej die Schwangerschaft und die Niederkunft des Steines am eigenen Leibe. Cf. K. E. Müller, 1965, S. 488 f. Kybele wurde in Pessinus in Form eines schwarzen Meteoriten in einer Höhle verehrt. Man hat vermutet, daß auch der schwarze Stein der Ka'aba in Mekka eine *petra genetrix*, ein Stein mit der Vulva der alten gleichnamigen Göttin, gewesen ist. Ka'aba bedeutet »entwickelte Brüste haben«, ähnlich wie der Name der Göttin Anahita auf *nahada*, »vollbrüstig sein«, zurückgeht. Cf. R. Eisler, 1909, S. 127 f., 136 f.

Anmerkungen zu § 11

1 Cf. W. Burkert, 1977, S. 177 f.
2 Der Basileus war kein König mehr, sondern ein Beamter, der diesen Titel trug. Cf. H. J. Rose, 1959, S. 372. Man hat vermutet, daß der *hieros gamos* zwischen der Basilinna und einer Herme des Dionysos stattfand (cf. H. Goldman, 1942, S. 66 f.). Wahrscheinlicher ist wohl, daß der ἄρχων βασιλεύς selber den Gott repräsentierte. Cf. G. H. Macurdy, 1928, S. 276 f. Vielleicht gab es bei den Mykenern eine Theogamie zwischen der Wanassa, der Frau des Königs, und dem Gott, der möglicherweise durch ihren Mann, den Wanax, dargestellt wurde. P. Walcot, 1979, S. 338, meint, daß ein Relikt dieses Brauchs eventuell in der Sage zu finden sei, in der sich Zeus verkleidet, um den Herakles zu zeugen. Auf Zypern war Wanassa eine Göttin, und als ihr Priester wird zweimal der Basileus, der König, genannt. Cf. L. R. Palmer, 1983, S. 343.
3 Cf. H. Verbruggen, 1981, S. 75.
4 Nach A. Rees/B. Rees, 1961, S. 73, sagt sie: »King of Tara, I am Sovereignty«, sowie »and your seed shall be over every clan«.
5 Cf. T. Ó Máille, 1928, S. 143, T. F. O'Rahilly, 1946, S. 15. Vgl. walisisch *meddw*, »betrunken«. Als Medb dem Niall das Wasser gibt, sagt sie: »Smooth shall be thy draught from the royal horn 'twill be mead, 'twill be honey, 'twill be strong ale.« Cf. Rees/Rees, S. 75. Noch der goldene Kelch der Gwenhwyfar, der promiskuitiven Gemahlin König Artus', war sicher dieses Trinkhorn und die Königin die Nachfahrin der Medb. Ähnlich reicht die indische Śrī-Lakṣmī, ebenfalls eine Personifizierung der Herrschaft, Indra aus ihrem Mund den Somatrank. Vermutlich ist dies ein Euphemismus dafür, daß ihm beim »Genuß ihrer Schenkel« der Samen des Himmelsstieres übermittelt wird. Odin begibt sich in Schlangengestalt zu Gunnlǫð und schläft der Herrin des »Wuterregers« *oðrǫrir* drei Nächte lang bei, um sich dann in Adlergestalt mit dem Rauschtrank aus dem Staube zu machen. Cf. R. Doht, 1974, S. 39 ff.
6 Wenn der König freilich ungerecht, schwach oder zur Herrschaftsausübung unfähig war, dann holt ihn die Göttin in einem Todesbeischlaf. Cf. M. Bhreathnach, 1982, S. 244 f. Die der Kālī entsprechende keltische Todesgöttin Cailb lädt den zögernden Helden ein, sie zu seiner letzten Braut zu machen, und wie wir gesehen haben, trifft auch Fergus der tödliche Speer, als er sich zwischen den Schenkeln der Medb tummelt. In der nordischen Gísla-Saga lädt die trankspendende Walküre Gísli ein, mit ihr auf einem grauen Pferde nach Hause zu reiten, und über den Tod König Dyggvis heißt es, daß die Pferdegöttin, womit wohl die Todesgöttin Hel

gemeint ist, seinen Leichnam zu ihrem Vergnügen erhält. Cf. Bhreathnach, S. 253, G. Behm-Blancke, 1979, S. 189. Bei Saxo wird über den tödlich verletzten Baldr gesagt, »daß ihm in der letzten Nacht Proserpina (= Hel) erschienen sei, und daß ihm am folgenden Tage ihre Umarmung zuteil werde«. Cf. Doht, S. 95 f. Im klassischen Griechenland traten verstorbene Männer häufig in den Thalamos der Persephone ein (cf. H. Güntert, 1919, S. 83), und eine viel verwendete Metapher für den Tod junger Mädchen lautete »Hochzeit mit Hades feiern« (cf. Burkert, 1977, S. 251). Eine Inschrift auf einer hellenistischen Grabstele lautet: »Ihr Eltern, höret auf mit Klagen: Theophile hielt mit einem Unsterblichen Beilager.« Cf. J. Thimme, 1968, S. 39, ders., 1967, S. 199 f. Noch heute werden in vielen Teilen Griechenlands auf dem Lande die unverheiratet verstorbenen Frauen in weiße Brautkleider gehüllt und als Braut des Nymphios, des Himmlischen Bräutigams Jesus Christus, bezeichnet. Cf. D. A. Richardson, 1983, S. 214. Die Profeß der Benediktinerinnen besteht aus einem ›Begräbnis‹: Über die Professin wird ein Leichentuch gebreitet, und an jeder Ecke zündet man eine Kerze an, wobei das *Dies Irae* gesungen wird. Dieser rituelle Tod ist aber zugleich ein ›Beischlaf‹ der Professin mit dem Herrn. Der Same seines göttlichen Wortes macht den Geist der künftigen Nonne fruchtbar, und es wird gesagt: »Es verlangt der König sehr nach deiner Schönheit.« Cf. M. Bernstein, 1977, S. 103, 118, ferner auch B. Klockars, 1970, S. 112. Der Tod der Gräfin Christiana wurde von Bischof Thietmar von Merseburg mit den Worten beschrieben: »Freudigen Herzens beschritt sie das Lager ihres langersehnten himmlischen Bräutigams«; während es über den Tod eines Ritters heißt: »Er ging ein in das himmlische Brautgemach, um die versprochene Ehe zu feiern.« Die Dame, der er die Ehe versprochen hatte, war die hl. Jungfrau. Cf. H. v. Eckardt, 1949, S. 228 f.

7 Cf. J. Weisweiler, 1943, S. 96 f., 113 f., 118 f., J. de Vries, 1961, S. 244, G. Lehmacher, 1931, S. 438, J. Markale, 1977, S. 114 f. Stutengöttinnen waren die irische Rhiannun oder die gallische Epona, die bekanntlich die Frucht der Vereinigung ihres Vaters mit einer Stute war. Oft wird sie halbnackt auf einem Pferd liegend dargestellt. Am Eingang der Höhle Boissy-aux-Cailles stand in verwitterten Buchstaben »Epona Intersaxa«. In der Höhle befindet sich die Gravierung einer großen Vulva mit zwei halbrunden Schamlippen. Cf. M. König, 1980, S. 255, 258. Das fruchtbarkeitsbringende Pferd der keltischen Überlieferung ist für gewöhnlich eine weiße Stute (*lwyd*). Ein Hengst ist das »Old Hoss« von Padstoo, eine Maske, die ›zwischen den Zeiten‹ die jungen Mädchen jagte, sie an die Wand drückte und sie unter ihrem Mantel ›befruchtete‹. Cf. V.

Alford, 1978, S. 5, 40. Im indischen Aśvamedha-Ritual schlief zwar die Königin mit einem toten Hengst, d. h., sie berührte vermutlich seinen Phallus mit ihrer Vulva, während heilige Narren zur allgemeinen Erheiterung obszöne Lieder sangen (cf. M. Stutley, 1969, S. 259, F. R. Schröder, 1927, S. 310 f.), aber auch hier ist es im Grunde der König, dem die Potenz des Hengstes durch seine Gattin übertragen wird. Cf. W. O'Flaherty, 1980, S. 156. Noch heute gilt bei vielen indischen Stämmen das Pferd als fruchtbarkeitsfördernd. Cf. V. Elwin, 1944, S. 211, S. Fuchs, 1960, S. 505.

8 Solange Irland keinen König hat, liegt es öd und vertrocknet da und besitzt keine Lebenskraft. Ähnlich ist oder war es bei vielen afrikanischen Völkern, etwa bei den Tallensi. Cf. M. Fortes, 1962, S. 69. Offenbar ist in der Geschichte von Niall und Medb die Göttin weniger diejenige, die dem künftigen König die Fruchtbarkeit verleiht; vielmehr wird sie selber von Niall zum Blühen gebracht. Nicht der König ist also hier die Vegetation, sondern die Medb. Sie ist es aber wiederum, die ihm gleichzeitig seine Macht und seine Stärke gibt. Es scheint, daß auch in Mexiko der Machtantritt des Königs vom *hieros gamos* mit der Großen Göttin abhängig war. Cf. D. Dütting, 1976, S. 60, 133.

9 Cf. A. Heubeck, 1966, S. 98. Die Inschrift ist zwar in Linear B, »aber mit Sicherheit auf Linear A zurückgehend« (Schachermeyr, 1979, S. 260).

10 Cf. J. L. Heller, 1961, S. 61.

11 Cf. C. F. Lehmann-Haupt, 1932, S. 172.

12 Cf. H. Güntert, 1932, S. 3, 5 f. Freilich wird die Doppelaxt auf Linear B-Täfelchen von Pylos und Mykenä *pe-re-ku* genannt. Cf. P. Faure, 1960, S. 214. Der karische Ζεὺς Λάβραυνδος ist nicht der Zeus mit der Doppelaxt, sondern der Zeus von Labraunda.

13 Knossos und Umgebung scheint sehr früh besiedelt worden zu sein. Nach M. K. Devitt, 1983, S. 36, ist Knossos seit ca. 8000 v. Chr. ohne Unterbrechung bis zum Untergang der minoischen Kultur besiedelt gewesen. Sichere C 14-Datierungen bezeugen die Besiedlung von Knossos im akeramischen Neolithikum um 6000 v. Chr. Eine neolithische Einwanderungswelle aus Anatolien traf in der zweiten Häfte des 5. Jahrtausends in Kreta ein. Ob die Insel im Paläolithikum von Menschen bewohnt wurde, ist umstritten. Cf. S. Hiller, 1977, S. 49 f.

14 Cf. J. C. van Leuven, 1979, S. 113.

15 Cf. *Ilias*, 14, 166 ff., 198 f., 283, 294, 347 f.

16 Bei den Indoeuropäern ist es meist umgekehrt. Cf. A. Nehring, 1936, S. 193 f.

17 Cf. van Leuven, S. 144.

18 Cf. H. Reusch, 1958, S. 356 f., E. Spartz, 1962, S. 14.
19 M. P. Nilsson, 1950, S. 393, meint, daß »the general religious development« vom Vielen zum Einen gehe und daß deshalb die Existenz einer »Great Minoan Goddess« unwahrscheinlich sei. Diese Behauptung ist freilich – *pace* Paul Feyerabend – völlig spekulativ, aber selbst wenn man sie akzeptierte, setzt sie voraus, daß etwa die minoische Kultur im zivilisatorischen Sinne ›früher‹ sei als beispielsweise die der dorischen Stämme, was wohl kaum zutrifft.
20 Cf. S. Alexiou, 1958, S. 179 ff.
21 Cf. C. Davaras, 1976, S. 69.
22 Cf. P. Faure, 1969, S. 197 f.
23 Cf. P. Faure, 1972, S. 410, 412 f., ferner S. Hiller, 1977, S. 49. Die Datierung der Gravierungen der Skordolakkia-Höhle ist noch umstrittener als die der Vernopheto-Höhle und reicht von paläolithisch (!) bis frühdorisch.
24 Cf. H. Kern, 1982, S. 11. Irrgarten-Labyrinthe gibt es in Beschreibungen anscheinend erst seit dem 4. Jahrhundert und in Darstellungen nicht vor dem Manierismus.
25 Dieses Erlebnis des Versinkens wird insbesondere durch das Kreisen und Wirbeln bei Ringtänzen hervorgerufen worden sein. Cf. H. Biedermann, 1979, S. 258 f. Auf der berühmten Oinochoe von Tragliatella aus dem späten 7. vorchristlichen Jahrhundert galoppieren offenbar zwei bewaffnete Reiter aus einem Labyrinth, das die Inschrift *truia* trägt, ein Wort, das mit *amptruare* oder *redamptruare* zusammenhängen könnte. Mit diesen Wörtern bezeichnete man die Dreh- und Springbewegungen des Waffentanzes der Salii. Cf. S. U. Wisseman, 1983, S. 246 f. Dasselbe Labyrinth befindet sich – offenbar verbunden mit einem mythischen Wesen – als Felsbild in Val Camonica. Cf. E. Hadingham, 1974, S. 103, F. Behn, 1962, Tafel 41 f.
26 Cf. J. Ozols, 1971, S. 28 f. B. Mundkur, 1983, S. 17, meint, daß durch das Loch eine Schnur gezogen worden sei, an der man das Plättchen als Talisman getragen habe. Wenn dies der Fall gewesen wäre, hätte man jedoch wohl sinnvollerweise das Loch am Rand angebracht. Ozols weist darauf hin, daß das Loch des Mal'ta-Plättchens dem »Geisterloch« des Altai-Schamanen entspricht, durch das dieser sich mit seinen Hilfsgeistern in die Unterwelt begab. Ob es einen direkten historischen Zusammenhang zwischen paläo- und neolithischen Spiraldarstellungen gibt, ist unsicher. Cf. V. Milojčič, 1964, S. 58.
27 Cf. E. Neumann, 1956, S. 110. W. F. J. Knight, 1970, S. 104 f., meint, daß das Labyrinthmuster unter anderem die Eingeweide der

Erdmutter wiedergeben könnte, und verweist auf ein »strange clay object, made in Asia Minor about 1000 B. C., on which is the maze-form apparently constituting an architectural edifice, with the legible words in cuneiform, ›the Palace of the Entrails‹.« Ich nehme an, daß Knight das mesopotamische ›Eingeweide-Labyrinth‹ meint, das bei J. Purce, 1974, Tafel 2, abgebildet ist. Humbaba, das Ungeheuer der Unterwelt, gegen welches Gilgamesch kämpft, hat ein aus Eingeweiden bestehendes Gesicht und ein riesiges Labyrinth als Leib. Cf. Purce, S. 88, J. L. Koerner, 1983, S. 48.
28 Cf. G. Lilliu, 1968, S. 112, 124. Auch auf vorkolumbianischen Felsbildern Patagoniens sind Labyrinthe häufig mit Vulven assoziiert. Cf. O. F. A. Menghin, 1969, S. 3 ff.
29 Cf. D. Zahan, 1979, S. 25.
30 Cf. H.-G. Buchholz, 1983, S. 33.
31 Dies alles fand zu einer Zeit statt, als es noch keinen Unterschied zwischen Mensch und Tier und auch noch keinen Tod gab. Nachdem sie Hainuwele getötet hatten, sprach die Göttin Satene zu den Urwesen: »Ich will nicht mehr hier leben, weil ihr getötet habt. Ich werde heute von euch gehen. Jetzt müßt ihr alle durch das Tor hindurch zu mir kommen. Wer durch das Tor kommt, der bleibt Mensch, wer nicht durchgeht, mit dem wird es anders geschehen.« Sie hatte nämlich ein Labyrinth gebaut, und diejenigen, die durch das Tor schritten, wurden von der Göttin mit den abgetrennten Armen der Hainuwele geschlagen. Jene aber, die dies nicht taten, wurden zu Geistern und Tieren, zu Wesen also, die den Tod nicht kennen. Dann verließ Satene die Menschen und verwandelte sich in die Totengöttin, die seither in den Totenbergen des Südwestens der Insel Ceram lebt und die nur von den Verstorbenen gesehen werden kann. Cf. A. E. Jensen, 1939, S. 32 f., 61 ff., ders., 1939b, S. 215 f., ders., 1966, S. 49 f., 93.
32 Cf. J. Layard, 1937, S. 247 f., 249, 263, 275, 281. Im Seniang-Distrikt von Malekula stoßen die Verstorbenen auf ihrem Weg nach Wies, dem Totenreich, auf einen Felsen namens Lembwil Song, der sich aus dem Meer erhebt. Dort sitzt die Geistfrau Temes Savsap hinter einer labyrinthischen Figur, *nahal*, »der Pfad«, genannt. Wenn der Tote das Labyrinth betreten hat, wischt die Frau die Hälfte der Figur weg und der Tote muß sie wieder vervollständigen. Gelingt ihm dies nicht, wird er verschlungen. Einem berühmten Krieger namens Airong soll dies einst mißlungen sein, aber bevor Temes Savsap ihn auffressen konnte, rannte er ins Leben zurück. Die Leute, die seine aufgebahrte Leiche umstanden, sahen, wie der Tote wieder zu sich kam, sich Pfeil und Bogen griff und wieder starb. Mit dieser Waffe tötete Airong die Geistfrau, und seitdem

haben die Toten freien Zugang zum Totenreich. Cf. A. B. Deacon, 1934, S. 130 f. In einem spanischen Manuskript des 18. Jahrhunderts ist die Rede von einer Sandzeichnung der Pima-Indianer, deren Form genau den Labyrinthdarstellungen auf den Knossos-Münzen entspricht. Dieses Labyrinth stellte dar, in welcher Weise die Vorfahren der Pima aus der Unterwelt gekommen waren. Cf. J. de Vries, 1957, S. 70, sowie S. D. Gill, 1982, S. 83 f. Wie schon aus der Geschichte von Malekula ersichtlich, scheinen Labyrinthe bisweilen auch apotropäische Funktionen erfüllt zu haben. So ritzten etwa die Kota der südindischen Nilgiriberge Irrganglabyrinthe in die Steinmauern vor den Türen ihrer Häuser, um die Geister abzuwehren (cf. J. Layard, 1937, S. 175), und aus gleichem Grunde malten noch vor kurzem die Bauern in Lancashire Spiralmuster auf ihre Türschwellen. Cf. Knight, a.a.O., S. 102, H. Ladendorf, 1963, S. 763, 766.

33 Cf. J. de Vries, 1931, S. 39 ff., ferner R. L. M. Derolez, 1976, S. 181 f.

34 Cf. F. R. Schröder, 1941, S. 32, 51, 68 f.

35 Cf. O. Höfler, 1961, S. 41 f., 52, 77, 89 f., 115. Der Name Hagens hängt mit ahd. *hagebart* zusammen. Vgl. *larva, schaeme vel hagebart*. Es gibt auch die Versionen, in denen der Todesdämon die Jungfrau gefangenhält, die dann vom Helden befreit wird, der das Ungeheuer erschlägt. Cf. F. Hirsch, 1965, S. 78 f.

36 In einem Atemzug mit derartigen Vegetationsgöttern wie den ägäisch-orientalischen (Attis, Adonis, Zeus Kretagenes usw.) und den nordischen (Óðinn-Yggr, Baldr, Ingunar-Freyr) wird für gewöhnlich auch Osiris genannt. J. Assmann, 1983, S. 208 f., hat freilich betont, daß Osiris kein sterbender und wieder auferstehender, sondern ein *toter* Gott ist. Das einzige, was bei Osiris aufersteht – möchte ich hinzufügen –, ist sein Penis, aus dem die lebenbringenden Fluten des Nils strömen. Osiris ist »der Urgrund des Lebens«, nicht das Leben selber, und in dieser Eigenschaft entspricht er der altägäischen und vorderasiatischen Großen Göttin und nicht deren Paredros. Assmann weist darauf hin, daß als Vegetationsgott im klassischen Sinn unter den ägyptischen Göttern eher Neprê, der Getreidegott, anzusehen ist, von dem es heißt: »er lebt, nachdem er gestorben ist«.

37 In der schwäbischen Rückelreih bildeten die Jungfrauen einen inneren, die Burschen einen äußeren Kreis um die Braut. Um diesen Doppelkreis hoppelte der Bräutigam auf einer hölzernen Gabel und versuchte, eine Lücke zu finden, um seine künftige Frau »auszutanzen«. Auch die slawischen Todes- und Dornröschentänze gehören hierher. Cf. F. Adama v. Scheltema, 1938, S. 52 ff.

Anmerkungen zu § 12

1 Cf. *Ilias*, 18, 590 ff. Ich folge hier zwar der Übersetzung W. Schadewaldts, der von »Reigen« statt »Tanzplatz« spricht, aber man mag sich fragen, wie Hephaistos-Daidalos einen Reigen »fertigen« konnte. Gegen die Übersetzung von Χορός mit »Tanzplatz« wird für gewöhnlich eingewendet, daß man einen derartigen Platz kaum auf einem Schild darstellen könne, was sicher richtig ist. Aber vielleicht zierte die geometrische Figur eines Labyrinths den Schild! Von den vielumworbenen Jungfrauen, die in Knossos tanzten, heißt es bei Homer weiter, sie hätten »schöne Kränze« getragen. Handelte es sich um Hochzeitskränze?
2 Auf Grund ihrer Feuchtigkeit (z. B. die Eileithyia-Grotte bei Amnisos) oder wegen der Tatsache, daß sie große Teile des Jahres durch Eis und Schnee unzugänglich sind (z. B. die Kamares-Höhle oder Idaion antron), konnte ein Großteil der kretischen Kulthöhlen nicht – wie häufig angenommen wird – als ständige Wohnstätte der neolithischen Kreter dienen. Cf. R. Coulborn, 1962, S. 102.
3 Wie C. Davaras, 1976, S. 207, annimmt.
4 In der Agiaspatsi-Höhle, der »Höhle des Heiligen Wassers«, fand man zahlreiche aus Lehm gefertigte Hörner von Rindern und Phalloi von Ziegen oder Widdern. Die Höhle war einer Nymphe, vermutlich der Diktynna geweiht (cf. P. Faure, 1967, S. 137), von der man wohl die Regenerierung dieser Tiere erwartete.
5 Cf. S. Marinatos, 1941, S. 129 f. Wenn man ausgesprochene Tierherrinnen-Höhlen mit Metallwaffen- oder Geburtsgöttinnenhöhlen vergleicht, wird man W. Burkert, 1977, S. 57 f., recht geben müssen, der meint, daß man bereits in minoischer Zeit nicht von *dem* kretischen Höhlenkult, sondern von Kult*en* reden muß.
6 An den Säulen in den Räumen über den Krypten hingen Doppeläxte, wie man von Darstellungen der Krypten her weiß, und bisweilen waren Säulen in derselben Weise wie die Herrin der Tiere von Löwen flankiert. Cf. S. Alexiou, 1976, S. 96 f.
7 R. Hutchinson, 1962, S. 220, meint, daß die »poor quality« der Töpferei es wahrscheinlich mache, daß hier ein Kult armer und einfacher Leute stattfand.
8 In der Marathospilio, die vermutlich der Diktynna geweiht war, rutschten Frauen durch zwei Felsen, aber auch im minoischen Heiligtum der Eileithyia auf Paros, im Plutonion von Eleusis oder in einer Grotte im Felsen der athenischen Akropolis, die der mit der unteritalischen Madonna della Grotta vergleichbaren Panagia Spilaiotissa geweiht ist. Cf. P. Faure, 1972, S. 423 f., ders., 1976, S. 365, R. Kriss/H. Kriss-Heinrich, 1955, S. 139, 197, M. Broëns, 1976,

S. 45 f. »Pierre chaude« heißt in Carnac der Tisch eines verfallenen Dolmens, auf dem wenigstens bis vor kurzem bei Vollmond die jungen Mädchen mit nacktem Unterleib saßen, und ein deutscher Kinderreim lautet:
»Ich steh auf einem heißen Stein,
Wer mich lieb hat, holt mich heim.«
Cf. J. Meier, 1944, S. 11, 73. Im Wiener Waldviertel befindet sich ein riesiger Granitblock, der einst »Haus der Beth« hieß und aus dem sich die Menschheit stets erneuert haben soll. Neunmal mußten die Frauen diesen Felsen umwandern, dann tat er sich auf, und die drei Bethen legten ihnen ein Neugeborenes in den Arm. Auf dem Weg dorthin mußten die Frauen allerdings über gewisse Steine rutschen. Cf. M. E. P. König, 1980, S. 245, B. Nyberg, 1931, S. 67 f. Noch gegen Ende des vorigen Jahrhunderts rutschten in der Bretagne die Frauen *à cul nu* Felsbahnen hinunter, und dasselbe tun heute noch Haussafrauen vor der Heirat. Cf. B. Fagg, 1957, S. 31, 112. Bei den nördlichen Yoruba gibt es eine Felsenrutschbahn der Iya Mapo, der Muttergöttin (»Mutter Mapo« ist ein gängiger Euphemismus für die Vagina). Heutzutage rutschen dort nur noch die Kinder, aber aus dem Lied, das sie dabei singen, geht hervor, daß in einer Höhle des Felsens die Göttin wohnt, die aus ihr die Kinderseelen entläßt. Cf. P. Morton-Williams, 1957, S. 170, O. Davies, 1959, S. 86. Vergleichbare Rutschbahnen findet man in Valcamonica, bei Brixen, St. Hippolyt und Castelfeder. Cf. E. Ebers/F. Wollenik, 1980, S. 54. In einem Steinbett in Finisterre schliefen bis ins 18. Jahrhundert Paare, um den Kindersegen zu fördern. Cf. L. Araquistáin, 1945, S. 35. Noch um 1880 huschten in der Nähe von Carnac in Vollmondnächten kinderlose Ehepaare um die Menhire, wobei die Männer (auf einen Menhir?) ejakulierten. Cf. G. Charrière, 1970, S. 174. Bekanntlich sind die häufig bronzezeitlichen »Feenschüsselchen« oder »Elfenmühlen«, die sich auch in kretischen Kulthöhlen und Palästen finden, also die schalenförmigen Aushöhlungen auf Felsen, als die Resultate rituellen Feuerbohrens, das einen Geschlechtsakt symbolisierte, gedeutet worden. Auf zyprischen Schalensteinen der archaischen Zeit fand man Weihinschriften an die »Mutter der Götter«. Cf. H.-G. Buchholz, 1981, S. 63, 72 ff. Aus Tiroler Schalensteinen, etwa dem Dialknott in Stilfs, kommen die kleinen Kinder (cf. H. Fink, 1973, S. 235), und im Elsässischen gossen die Frauen, die schwanger werden wollten, nächtlich Wasser aus der Mineralquelle von Niederbronn in die Vertiefungen der Schalensteine auf den umliegenden Bergen. Cf. L. Rütimeyer, 1924, S. 382. Im westlichen Nordamerika befinden sich solche »cupules« häufig im Genitalbereich von Frauenfelsbildern.

Hier wurde also in die Vagina »gebohrt«. Cf. D. W. Ritter/E. W. Ritter, 1978, S. 115 f. Bei der Neuentzündung des hl. Feuers an der latinischen Jahreswende drehte der Pontifex das männliche Bohrholz zwischen seinen Handflächen, während eine Vestalin das weibliche Feuerholz festhielt. Wahrscheinlich war dies ein symbolischer *hieros gamos*. Vermutlich war der Pontifex der Nachfolger des römischen Königs, der möglicherweise einst mit der die Vesta verkörpernden Priesterin schlief. Vesta war ja auch die Göttin der Fruchtbarkeit und der Geschlechtsliebe, und im Tempel der Vestalinnen befand sich ein Phallus. Cf. E. M. Loeb, 1962, S. 10, O. Huth, 1943, S. 68 f.

9 Bisher scheint man vier Täfelchen mit dem Linear B-Namen der Göttin gefunden zu haben. Cf. S. Hiller, 1982, S. 53.

10 Cf. M. Gérard-Rousseau, 1968, S. 102.

11 Offenbar waren die neolithischen kretischen Figurinen, die fette Frauen mit teilweise voluminösen Glutäen darstellten, Wiedergaben dieser frühen Eileithyia. R. W. Hutchinson, 1938, S. 56 f., hat die bisweilen hockende Stellung dieser Frauen als Geburtshaltung gedeutet. In minoischer Zeit verschwanden die riesigen Fleischberge und wurden durch normale Frauenleiber ersetzt. Trotzdem glaubt etwa V. Müller, 1929, S. 8, an eine Kontinuität zwischen neolithischen und bronzezeitlichen Frauenfigurinen, während der skeptischere J. D. Marry, 1982, S. 117, meint: »I am more inclined to Nilsson's view that the Neolithic ›idols‹ left no progeny, ironically enough.« Cf. auch M. P. Nilsson, 1950, S. 293, M. I. Finley, 1971, S. 171. P. J. Ucko, 1968, S. 417, hat unter anderem gegen die ›Muttergöttinnen-Interpretation‹ eingewendet, daß man eine solche allumfassende Göttin bestimmt nicht in einem so billigen Material wie Lehm wiedergegeben hätte. Dieser Einwand ist kaum überzeugend. Zum einen gibt es nicht nur in den Mittelmeerländern die billigsten Darstellungen der hl. Jungfrau. Zum anderen könnte das Material unter anderem deshalb gewählt worden sein, weil es sich eben um eine *Erd*göttin handelte. Im Atramḫasīs-Mythos wird beispielsweise erzählt, wie in einer Schwangerschaftszeit von neun Monaten die Muttergöttin Mami aus vierzehn Tonklumpen Männer und Frauen entstehen läßt, und die Göttin Aruru des Gilgamesch-Epos schafft die Helden aus Lehm, den sie sich abkneift, was zeigt, daß sie, zumindest teilweise, aus diesem Material besteht. Cf. G. Pettinato, 1971, S. 42, 61. In Çatal Hüyük wurden weibliche Figurinen gleichen Stils aus Stein und aus Ton gefunden (cf. Mellaart, 1963, S. 82) – sollte man annehmen, daß zwar die steinernen, nicht aber die tönernen Figurinen die Göttin darstellten? Man denke auch an die aztekischen Lehmfigürchen, die in den Häusern

des gemeinen Volks standen und die mit Sicherheit Mais- und Erdgöttinnen repräsentierten. Cf. H. B. Nicholson, 1963, S. 9. Damit erledigt sich auch der Einwand von J. Oates, 1978, S. 121, daß etwa die Lehmfigurinen hockender Frauen mit schmalen Köpfen, die Arme um die riesigen Brüste gelegt, wie man sie in Chagar Bazar fand, kaum Darstellungen von Göttinnen sein könnten, weil man sie in normalen Wohnstätten gefunden habe. Freilich wird ein künftiger Archäologe auch die oben genannten Marien- und Heiligenfigürchen »in ordinary settlement debris« finden. Auch die in frühminoischen Gräbern entdeckten marmornen Kykladenidole – die sich auch gemeinsam mit gebrannten Tonidolen in Bestattungsgruben auf dem Balkan befanden (cf. V. Milojčič, 1965, S. 264) – waren nicht speziell für den Totenkult hergestellt worden, denn sie waren teilweise geflickt und ausgebessert, was auf eine vorherige Verwendung hinweist. Cf. I. Pini, 1968, S. 23. Auf den Kykladen selber waren sie ebenfalls häufig mit Bleidraht oder Bronzedraht geflickt und wiesen Beschädigungen auf (cf. E.-M. Bossert, 1952, S. 91), so daß die gängige These, die Figurinen seien Totenbegleiterinnen gewesen (so z. B. C. Zervos, 1957, S. 45), fraglich erscheint, zumal einige der Frauenidole auch in Siedlungen gefunden wurden.

12 Cf. T. H. Price, 1978, S. 7.

13 Zwei Eileithyien, die sie massieren, bereiten sie auf die Geburt vor. Cf. M. W. Stoop, 1960, S. 28 f. Auch die hl. Jungfrau wird bisweilen hochschwanger dargestellt, und zwar gerade als Geburtshelferin, wie etwa die »Vierge de la Maternité«, die Mater Expectationis in der Chapelle des Pénitents Rouges in Nizza (cf. J. de la Roche, 1937, S. 536) oder die Statue der Nuestra Señora Santa Maria de las Arenas aus polychromem Granit, eine Patronin der Fischer und Bauern, die in ihrem Inneren einen Phallus (*viril*) beherbergt. Cf. L. Armstrong, 1971, S. 306. Der offizielle kretische Geburtshelfer der Frauen ist heute der heilige Eleutherios (cf. B. Schmidt, 1871, S. 38, J. C. Lawson, 1910, S. 56), aber in Wirklichkeit wendet man sich bei Geburt und Heirat an die Moiren (Fates), denen die jungen Frauen zumindest noch im 19. Jahrhundert Schalen mit Honig in die Grotten legten, genau wie einst der Eileithyia. Dabei bevorzugte man feuchte Höhlen mit tropfendem Wasser wie die von Amnisos (cf. M. Gérard-Rousseau, 1967, S. 32), um das Tropfen als Omen zu interpretieren. Cf. Lawson, S. 121 f. Am Ende einer Höhle im Sāwa-Berg, in der die Anahita verehrt wurde, tropfte aus vier Stalaktitenbrüsten der Göttin Wasser, d. h. die ›Milch‹ der »Großen Gebärerin«, und dieser ›Milchfluß‹ wurde durch das Schlagen von Pauken, Singen und Flötenspiel verstärkt.

Cf. U. Holmberg, 1923, S. 80 f. Vermutlich galt auch das tropfende Wasser der Amnisos-Höhle als fruchtbarkeitsfördernd. Die Fates, die man in gewisser Hinsicht mit den Wildweibern (cf. R. Hünnerkopf, 1932, S. 179) oder den nordischen Disen vergleichen kann, waren offenbar nicht einmal dem lieben Gott unterstellt, und wenn sie das Schicksal des Kindes festlegten, dann war dies endgültig: ὅτι γράφουν ἡ Μοίραις, αέν ξεγράφουν, »was die Moiren schreiben, machen sie nicht ungeschrieben«. Auch die Walküren, die dem Helden in der Unterwelt den Trank reichen, waren ursprünglich Wesen, die das Schicksal webten, vor allem dem Krieger, denn *valkyrja* (ae. *wælcyrge*) heißt »Wählerin der Erschlagenen«. Cf. C. Donahue, 1941, S. 3 f. Ihnen entsprachen die irische Morrígan, die mit dem Gotte Dagda am Ufer eines Flusses in Connacht schlief, sowie Bodb. Weniger martialisch, aber ebenfalls Schicksalsweberin, deren Symbol die Spindel ist (cf. W. Laiblin, 1969, S. 107), war die Holle, von der wir noch hören werden.

14 Cf. E. J. Forsdyke, 1927, S. 290 und Pl. XXI. Die Figurine stammt aus einem Grab im Friedhof von Mavro Spelio.

15 Cf. L. R. Farnell, 1927, S. 14, H. Verbruggen, 1981, passim. Soweit ich weiß, gibt es auch unter den neolithischen Frauenfigurinen Kretas nicht den Festlandtypus der Kurotrophos (Mutter mit Kind).

16 Cf. B. Rutkowski, 1972, S. 130.

17 Cf. C. Davaras/O. Masson, 1983, S. 384 f., H. Verbruggen, 1981, S. 138 f.

18 Cf. E. Maaß, 1908, S. 10, cf. auch J. de Vries, 1959, S. 77.

19 Cf. H. Güntert, a.a.O., S. 166.

20 Cf. L. Malten, 1913, S. 42 f., P. Capelle, 1927, S. 21.

21 Nach Saxo Grammaticus führte eine alte Frau König Hadding durch einen Berg auf die grünen Wiesen des Totenreiches. Sie hatte in ihrem Schoß frischen Schierling, also eine todbringende Pflanze, und sagte zu dem König, er solle ihr folgen, wenn er wissen wolle, wo im Winter diese Pflanzen wachsen. Cf. O. Höfler, 1952, S. 113, R. Bleichsteiner, 1936, S. 429. Der Frau-Hollen-Teich am Meißner, der unendlich tief sein soll, galt als Eingang zum Reich der Holle, und in dem Teich badeten kinderlose Frauen, die schwanger werden wollten. Cf. K. Paetow, 1952, S. 129, F. Mößinger, 1940, S. 81. Auch die Kitzkammer, eine Basaltgrotte an der Westseite des Berges, war ein Zugang zum Garten der Holle. Cf. A. Häger, 1940, S. 16, 18 f. Nach Plutarch gelangte die Seele des Timarchus durch die Trophonius-Höhle in himmlische Sphären. Cf. R. J. Clark, 1968, S. 65.

22 In der Eileithyiahöhle von Inatos an der Südküste Kretas fand

man Figurinen einander beischlafender Paare aus geometrischer Zeit. Cf. C. Davaras, 1976, S. 86, J. Boardman, 1961, S. 78. Hierbei handelt es sich bestimmt um Votivfiguren, die man hier niederlegte, damit die Frauen schwanger würden. Ähnliche Figurinen entdeckte man auch in der Eileithyia-Höhle von Tsutsuros (cf. B. Rutkowski, a.a.O., S. 142, T. H. Price, a.a.O., S. 86 f.), in deren Kultkammer man nur mit Mühe gelangen kann (cf. P. Faure, 1964, S. 86, 90), was an die Kultkammern der Amnisos-Höhle erinnert. Daß noch die minoischen Paläste den Leib der Großen Göttin repräsentierten, hat V. Scully, a.a.O., S. 12, gemutmaßt.

23 Auch später noch hatte die Eileithyia, ähnlich wie die Artemis, mit der sie verschmolzen wurde, neben ihrem lebenbringenden einen Todesaspekt. »Die Eileithyia sendet nicht nur das Leben, sondern auch den bittren Tod«, sagt Pausanias über die moirenartige Göttin. Cf. H. Güntert, a.a.O., S. 251.

24 Cf. E. K. Platakis, 1973, S. 239. Vermutlich bezieht sich die bisweilen in diesem Zusammenhang zitierte Mitteilung des *Etymologicum Magnum* 554, 26, in Kreta gebe es eine weitverzweigte Gebirgshöhle (σπήλαιον ἀντρῶδες), in die man nur mit Schwierigkeiten hinabsteigen und auch nur unter großen Anstrengungen herauskommen könne und deren Gänge λαβυρίνθοι genannt werden, nicht auf den Steinbruch von Gortyn, weil dieser später gesondert genannt wird. Cf. J. de Vries, 1957, S. 52. War die Höhle von Skotinó gemeint? ›Schwierige‹ Höhlen gibt es unter den kretischen Höhlen kaum. Freilich kann man auch in ›leichten‹ Höhlen sein Schicksal finden. Eine solche Höhle ist etwa die steirische Frauenmauerhöhle, in der sich drei Studenten, denen die Fackeln erloschen waren, an einer Felswand entlangtasteten, um den Ausgang zu finden. Offenbar verloren sie frühzeitig den Kopf, denn es fiel ihnen nicht auf, daß die Wand nichts anderes war als eine Felssäule von fünfzig Metern Umfang, und diese Säule umwanderten die drei, bis sie schließlich zusammenbrachen und starben. Cf. A. Bögli/H. W. Franke, 1965, S. 65 f. Als ich vor längerer Zeit mit Freunden durch die Kamares-Höhle (Mavrospēlaion) ging, sahen wir plötzlich eine große Öffnung und dachten für eine Sekunde, daß wir uns in einer Durchgangshöhle befanden. Wir hatten nicht bemerkt, daß wir im Kreis gegangen waren.

25 Cf. P. Faure, 1963, S. 223 ff., ders., 1978, S. 49. Die Opfergaben scheinen bis zu 4000 Jahre alt zu sein. Vielleicht handelte es sich um eine der Aphrodite Melainis ähnliche Göttin der Liebe und des Todes, wie sie auch in der Psychro-Höhle im Hochland von Lassithi verehrt wurde. In dorischer Zeit war die Aphrodite Skotio, die »Dunkle«, in Phaistos Schutzherrin der *skotioi*, der »Geheimen«,

die zwei Monate in die Wildnis gingen, um mannbar zu werden. Cf. R. F. Willetts, 1955, S. 121 f. Eine weitere Höhlen-Aphrodite, Zerynthia von Samothrake, wurde bisweilen mit Rhea oder Kybele identifiziert. Cf. P. Hemberg, 1950, S. 82 f. Ist der Kalkabsatz in Frauengestalt, von dem Faure berichtet, das anikonische Bildnis der Aphrodite? Bekanntlich war das Kultbild der paphischen Aphrodite ein konischer weißer Stein, und auf Naxos, wo Ariadne als sterbende und wieder auferstehende Vegetationsgöttin gefeiert wurde, gab es ein Xoanon Aphrodites mit anikonischem Leib. Cf. H. Herter, 1939, S. 261.
26 *Ilias* 2, 821.
27 Cf. K. Kerényi, 1976, S. 97.
28 Cf. H. Fink/H. Guanella/O. Raverdin/K. D. Francke, 1982, S. 104.
29 Cf. J. Laager, 1957, S. 166.
30 Cf. K. Kerényi, a.a.O., S. 99. Auf einem Vasenbild in Palermo überreicht Hermes den neugeborenen Dionysos einer Frau, die Ariagne heißt; bekanntlich war eine Quellnymphe namens Hagno eine Amme des Zeus. Offenbar wurde also Ariadne auch als Kurotrophos, vermutlich als Mutter-Geliebte des Dionysos, gesehen. Cf. W. F. Otto, 1933, S. 169 f.

ANMERKUNGEN ZU § 13

1 Bereits O. Wulff, 1892, S. 153, meinte, daß »die Unterwelt als das eigentliche Lokal des Minotauruskampfes« anzusehen sei, und wies darauf hin, daß Minos bei den Orphikern als Totenrichter bezeichnet wurde. Bei Vergil ist auf dem Tor des Tempels von Cumae beim Eingang zu der Höhle, die in die Unterwelt führt, das kretische Labyrinth abgebildet. Cf. W. F. J. Knight, 1935, S. 262 f., J. Layard, 1938, S. 118, ferner D. C. Fox, 1940, S. 394.
2 Cf. J. J. Bachofen, 1954, S. 207, L. Spence, 1947, S. 100.
3 Zit. n. R. W. Hutchinson, 1962, S. 263, der auch den neugriechischen Volkstanz *khaniotikós* als einen Geranostanz deutet.
4 Cf. R. Wolfram, 1951, S. 148.
5 Cf. C. v. Korvin Krasinski, 1983, S. 53 ff.
6 Cf. B. Kummer, 1935, S. 273. Zur linken Seite als Todesseite cf. R. Hertz, 1973, S. 12, 15, T. Sundermeier, 1980, S. 252, L. C. Faron, 1973, S. 192, R. Needham, 1973, S. 328, K. F. Wellmann, 1982, S. 206. Interessant ist in diesem Zusammenhang, daß bei den archaischen Griechen links mit unten, der Erde, und rechts mit oben, dem Himmel, verbunden ist (cf. G. Lloyd, 1973, S. 171), so daß

anzunehmen ist, daß die linksspiralige Bewegung ein Hineingehen in die Erde bedeutet – ein weiteres Indiz dafür, daß das Labyrinth in die Unterwelt führte.
7 Cf. z. B. K. Bulat, 1918, S. 112, C. Sachs, 1933, S. 162, H. Lucas, 1971, S. 50, 66. Der delische Geranostanz wurde zu Ehren der Liebesgöttin Aphrodite ausgeführt – war dies eine Aphrodite-Ariadne wie die von Skotinó?
8 Cf. K. Kerényi, 1950, S. 38, J. de Vries, 1957, S. 74, C. Calame, 1977, S. 230 f. »Tod« oder »Hölle« heißt heute noch zuweilen die Mitte der Labyrinthspiralen bei Kinderhüpfspielen. Cf. de Vries, S. 83. Auch die mittelalterlichen Labyrinthdarstellungen waren häufig mit Tod und Wiederauferstehung verknüpft. Das Labyrinth in der Abtei von Toussaint in Châlon sur Marne wurde von den Gläubigen mit den Fingern nachgefahren, wobei sie durch »diese Welt« zum Tode, in die Unterwelt, gelangten, aus der sie nur Christus erretten konnte. Christus wurde meist mit Theseus identifiziert, etwa im hochmittelalterlichen Labyrinth von San Michele Maggiore in Pavia, wo er im Zentrum mit dem Minotaurus kämpft. »Theseus intravit, monstrumque biforme necavit«, lautet eine Inschrift. Cf. M. Lurker, 1981, S. 119 f. An Ostern kehrte Jesus-Theseus aus der Hölle zurück, in der ihm der Teufel-Minotaurus nichts anhaben konnte. Cf. M.-G. Wosien, 1974, S. 27, 122. Es gibt auch Zeichnungen von Schizophrenen, auf denen hinter einem Labyrinth »der Tod« in Form eines Totenschädels lauert. Cf. L. Navratil, 1965, S. 101.
9 Cf. K. Friis Johansen, 1945, S. 11 f.
10 Cf. J. Pollard, 1977, S. 83 f.
11 Cf. H. A. Molenaar, 1982, S. 35 f.
12 Cf. A. Slawik, 1936, S. 679 f., 684, 687, I. Hori, 1969, S. 306 f. Gewisse *marebito* hatten »Bräute der Nacht« *(ichiu-tsuma)*, also Frauen, die von den Masken beschlafen und befruchtet wurden. Cf. M. Eliade, 1977, S. 164.
13 Cf. S. Czarnowski, 1925, S. 43 f.
14 Cf. R. O. Faulkner, 1973, S. 57.
15 Cf. Y. D. Prokofyeva, 1963, S. 129, 152.
16 Cf. C. F. Herberger, 1979, S. 103.
17 Cf. H. Kühn, 1978, S. 143. Einige Interpreten sehen in dem Viereck ein Labyrinth, was ich nicht nachvollziehen kann.
18 Von den Herbst-Tänzen der Hidatsa am Ende der »summer garden period« heißt es, daß man sie durchführte, um die Wasservögel, die Kraniche, Wildgänse und Wildenten, zu erfreuen, denn diese waren die Botschafter der »Alten Frau, die niemals stirbt«. Zusammen mit den Maisgeistern flogen die Vögel zu ihrer Herrin in

den Süden zurück, um bei ihr den Winter zu verbringen, und wenn die Indianer sie in ihren Tänzen geehrt hatten, dann berichteten dies die Vögel der Göttin, die daraufhin aus Dankbarkeit den Hidatsa den Winterbüffel zuführte. Cf. A. W. Bowers, 1965, S. 346 f.
19 Cf. C. Clemen, 1914, S. 154.
20 Zit. n. K. Meuli, 1943, S. 17. Cf. auch C. Sachs, 1933, S. 83 f.
21 Nach J. E. Harrison, 1963, S. 11 f., bedeutet das Wort κοῦρος freilich nicht »Sohn«, sondern »junger Mann« oder »Bursche«.
22 Für Vegetationsgeister hält sie M. J. Mellink, 1943, S. 95.
23 Cf. M. P. Nilsson, 1950, S. 550.
24 Cf. C. Ulf, 1982, S. 132.
25 Cf. J. Fontenrose, 1966, S. 31 f.
26 Höhlen galten bei den Griechen allgemein als Orte der Erziehung und Initiation künftiger Helden – man denke etwa an die Höhle des Cheiron im ostthessalischen Peliongebirge, in der Achilles unterwiesen wurde. Cf. W. Hausmann, 1983, S. 59 f. Felsgrotten wurden von den griechischen Frauen gerne als Aussetzungsorte ungewünschter neugeborener Kinder benutzt, da sie einerseits damit rechneten, daß wasserholende Frauen sie dort auffinden würden (cf. K. Boetticher, 1874, S. 415 f.); andererseits hofften sie vielleicht auch, daß eine Nymphe sich ihrer erbarmte. Der von Rhea geborene kretische Zeus wurde ja bekanntlich in einer Gebirgshöhle ausgesetzt – also Ge, der Erde, übergeben – und von Nymphen gestillt, die je nach Version Bienen- (Panakris, Melissa) oder Ziegennymphen (Amaltheia) waren, aber auch die Tierherrin Diktynna gilt als Kurotrophos des Zeus.
27 Nach Porphyrios legte sich Pythagoras nämlich in der Morgendämmerung mit dem Gesicht zur Erde am Meeresstrand nieder, und nachts tat er dasselbe an einem Flußufer, wobei er den Kopf mit einem schwarzen Widderfell bedeckte. Dies war häufig bei Initiationen üblich. In der Höhle des Kentauren Cheiron umhüllten sich die Initianden aus Magnesia mit den Häuten frisch geschlachteter Widder, wie es offenbar bereits Achilles getan hatte. Cf. P. Faure, 1976, S. 321 f. Thetis hatte ihren Sohn Achilles von dem Kentauren – der wie Silen ein halbtierischer Initiationsmeister war – in der Höhle erziehen lassen, in der sie sich dem Peleus hingegeben hatte. Cf. R. Carpenter, 1956, S. 74 f. Auch die Mutter Sigurðs hatte dem im tiefen Wald lebenden Schmied Regin die Erziehung ihres Sohnes überlassen.
28 Offenbar wurde die Initiation in der Zeushöhle als ›Tod‹ mit anschließender ›Wiedergeburt‹ gesehen. So galt auch Epimenides während der Zeit, in der er in der Höhle schlief, als tot. Cf. W.

Burkert, 1962, S. 128. Noch die islamischen Mystiker zogen sich nach der türkischen Eroberung Kretas zum ›mystischen Tod‹ in die Höhlen zurück. Cf. P. Hidirouglou, 1969, S. 46.
29 Die Daktylen galten als Erfinder der Musik – Orpheus war einer ihrer Schüler – und der Eisenbearbeitung. Vielleicht handelte es sich um eine Gilde von Schmieden und Metallarbeitern, die ihre Kulte in Höhlen durchführten. Cf. S. Marinatos, 1962, S. 93. Auch die Kureten kannten das Geheimnis der Behandlung von Kupfererzen. Cf. P. Faure, 1976, S. 201 f. Schon in neolithischer Zeit waren die Arbeiter unter Tage der Erdmutter verpflichtet. So fand man im Feuersteinbergwerk von Grimes Graves im östlichen England an einem Stolleneingang die kleine Skulptur einer extrem fetten Frau sowie einen Phallus aus Kreide. Gegenüber war aus sieben Hirschgeweihstangen ein Altar geschichtet. Cf. R. Wernick, 1974, S. 83. Die Daktylen waren γόητες – der γόης war ein Schamanenabkömmling, der wie Hermes die Seelen geleitete (cf. W. Burkert, 1962b, S. 39 f.) – und dies bedeutet wohl, daß sie, die das Erz aus der Erde holten, Zugang zur Unterwelt hatten. Vielleicht geht das Schlagen der Kureten auf ihre Schilde, womit sie bekanntlich im Mythos das Schreien des Zeus-Säuglings übertönen wollten, auf die Daktylen zurück. In manchen kretischen Kulthöhlen, besonders in Psychro und in Arkalochori, wurden riesige Mengen von Verteidigungs- und Angriffswaffen, vor allem Doppeläxte und Langschwerter aus den verschiedensten Metallen, auch aus Gold und Silber, gefunden. Die teilweise noch nicht fertigen Stücke waren ganz offenbar Kultwaffen, die vermutlich im Kult der Daktylen und Kureten verwendet wurden. Was war die Bedeutung des Schildschlagens? Zwar *schützten* Eisen und Erz in der Tat vor bösen Geistern und Dämonen (cf. G. Graber, 1938, S. 133), aber ich glaube nicht, daß das Schlagen auf die Metallschilde diesen Sinn hatte, wie etwa K. Lehmann-Hartleben, 1926, S. 25, meint. D. Metzler, 1982, S. 76 f., rückt die von den Korybanten der Hekate in der Morgendämmerung geschlagenen Schilde in die Nähe der Schamanentrommeln, zumal ja diese Hekate aus Kolchis oder aus Baktrien stammen soll. Die vom Schamanen oder von seinem Gehilfen geschlagene Trommel galt meist als Reittier des Jenseitsreisenden, und mir scheint es denkbar, daß die Korybanten und Kureten den ἐνιαυτὸς δαίμων durch rhythmisches Schlagen der Schilde aus der Unterwelt holten. So schlug der Hierophant der eleusinischen Mysterien ein ehernes Schallbecken (ἤχετον), wie Apollodor berichtet, und zwar in dem Augenblick, als die Kore aus der Unterwelt gerufen wurde, wie es überhaupt bei den Griechen hieß, daß tönendes Metall die Geister rufe. Wir haben bereits er-

wähnt, daß Orpheus von den Daktylen initiiert worden sein soll, die nach dem Zeugnis des Ephoros Goeten waren, die die Seelen aus der Unterwelt heraufholten. R. Böhme, 1970, S. 222, 296, hält nun Orpheus für eine hermesartige, goetische Gestalt, da er bekanntlich Eurydike – die wohl im Grunde Persephone ist – aus der Unterwelt heraufholt. ὀρφεύς scheint später die appellativische Bezeichnung eines Dichter-Sängers gewesen zu sein (cf. Böhme, 1981, S. 131), der von solchen Taten berichtete. Cf. auch ferner M. Eliade, 1977, S. 17. Wir werden auf dieses Thema zurückkommen.

30 Cf. R. J. Forbes, 1964, S. 79.

31 Die berühmte Geschichte vom Tod des Pan beruht auf einem ähnlichen Mißverständnis. Die Römer verstanden die Stimme, die von der Insel Paxi ertönte, nicht als »Tammuz, der ›Allgroße‹ ist tot«, also im Sinne einer Verkündigung des jährlichen ›Todes‹ des Vegetationsgottes, sondern als »Oh Tamus, der große Pan ist tot«. Cf. P. Merivale, 1969, S. 15.

32 Cf. H. J. Rose, 1925, S. 55.

33 Ibex und Stier scheinen im minoischen Kreta – ähnlich wie Widder und Stier in Çatal Hüyük – in rituellen Zusammenhängen austauschbar gewesen zu sein, und so gab es offenbar auch analog zum berühmten Sprung über den Stier das Springen über das *agrimi*, die kretische Wildziege. Das *cornu copiae* der Amaltheia, das ihr Herakles abbricht (cf. F. W. Hamdorf, 1964, S. 10 f.), ist oft kein Ziegen-, sondern ein Rinderhorn (cf. A. B. Cook, 1914, S. 501 f.), und es mag sein, daß in der Nymphe Elemente der kuhgestaltigen minoischen Göttin, die sich hinter der Pasiphaë verbirgt, weiterlebten. Rinder sind freilich auf Kreta nicht heimisch, und es ist anzunehmen, daß die im eigentlichen Sinne ›minoischen‹ Zuwanderer sie im frühen dritten Jahrtausend aus Anatolien mitbrachten. Falls also die neolithische Bevölkerung Kretas keine Erinnerung mehr an anatolische Rindergottheiten hatte, mag es sein, daß sowohl die Proto-Amaltheia als auch die Proto-Pasiphaë Ziegengöttinnen waren und daß sich diese göttliche *agrimi*-Frau besonders unter den Jägern bis in die dorische Epoche gehalten hat. Solche Ziegenfrauen gab es bei indoeuropäischen, aber auch bei anderen Völkern. So verehrten offenbar die alten Kanarier eine ›Herrin der Ziegen‹, die wohl in den Figurinen nackter Frauen dargestellt wurde, die teilweise in Gebirgsgrotten wie der bei Fortaleza de Santa Lucia de Tirajana auf Gran Canaria gefunden wurden. Im 14. Jahrhundert berichtet Andres Bernaldes von dem hölzernen Kultbild einer nackten Frau in einem Heiligtum auf dieser Insel, vor der die Skulpturen begattungsbereiter Ziegen standen. Galindo erzählt von der Insel Ferro, dort sei eine ähnliche Göttin verehrt

worden, die Moneyba hieß, deren Name anscheinend dem der »Mutter des Beischlafs« der Tuareg, *ma anabai*, entspricht. Cf. J. Abercromby, 1915, S. 113 f., 115. Offenbar spielte bei den Kanariern die Ziege als Milchlieferantin eine ähnlich große Rolle wie heute bei den Tuareg. Cf. J. Nicolaisen, 1963, S. 63 ff. Attis, der Paredros der Kybele, wurde auf dem τίτϑυον ὄρος, dem »Zitzenberg«, von einer Wildziege genährt, und vielleicht war auch Dionysos Μελανιγίς, »der im schwarzen Ziegenfell«, ursprünglich ein Bocksgott. Ἄρτεμις Ἀιγιναία in Sparta war eine Ziegen-Artemis, und es gibt auch Spuren einer ziegengestaltigen Hera. Juno war eine ziegenartige Erdgöttin, weshalb die Ziegenfellriemen, mit denen die Luperci die Frauen auf die Vulva schlugen, *amiculum Junonis* genannt wurden, und schließlich war auch Heiðrun, die ältere Erscheinungsform der ›nordischen Artemis‹ Skadi, eine Ziege, von der es heißt:

> »Heiðrun heißt die Geiß,
> die auf der Halle steht
> und von Lärads Laube frißt;
> mit klarem Met soll sie die Kanne füllen,
> nie vertrocknet der Trank.«

Cf. F. R. Schröder, 1941, S. 36, 38, 46 f.
34 Cf. A. Alföldi, 1974, S. 48. Ein Name der Zeushöhle am Ida war »Bärenhöhle«, weil Zeus dort von Bärinnen genährt worden sein soll. Cf. R. Carpenter, 1956, S. 128. In der Arkoudia-Höhle, die schon im Neolithikum Kultort gewesen zu sein scheint, befindet sich ein bärenförmiger Stalagmit, der retuschiert worden ist, damit er noch mehr einem Bären ähnelt. Offenbar wurde in dieser Höhle eine Artemis Kurotrophos verehrt, und in christlicher Zeit erzählte man in der Umgegend die Legende, daß die hl. Jungfrau dort jemanden, der sie beim Wassertrinken störte, in einen steinernen Bären verwandelt habe. Cf. R. Pococke, 1743, S. 263, S. Marinatos, 1928, S. 4. Häufig ist die Artemis Bärin und Kurotrophos zugleich, etwa die brauronische – auf Vasendarstellungen aus Brauron findet man Geburtsszenen – oder die von Munichia. Cf. A. Antoniou, 1981, S. 296, W. Sale, 1975, S. 276. Der safranfarbene Chiton der brauronischen »Bärinnen«, der die Farbe des syrischen Bären wiedergeben soll, findet sich auf den brauronischen Vasenfragmenten nicht; manche der auf ihnen dargestellten Frauen sind nackt, was freilich auf einen sehr alten Kult hinweist. Cf. L. G. Kahil, 1965, S. 26, 31 f. Offenbar handelte es sich um ein Initiationsritual der Frauen. Cf. Jeanmaire, 1951, S. 209, A. Brelich, 1969, S. 203 f., 206. Ob der Name der Artemis, der sich wohl als *atemito* und *atimite* auf Linear B-Täfelchen findet, mit dem Wort für Bär, ἄρκτος, zu-

sammenhängt, ist fraglich. Die von einer Bärin der Wildnis großgezogene Atalanta ist wahrscheinlich eine Form der Artemis. Ebenso ist die von Zeus vergewaltigte Begleiterin der Artemis, Callisto, die nach der Tat von der Göttin in eine Bärin verwandelt wurde, ursprünglich die Artemis selber, und zwar die bärengestaltete Artemis Kalliste. Cf. W. Sale, 1965, S. 12. H. Verbruggen, 1981, S. 43, meint, daß der kretische Kult der Bärin Artemis wie auch der Mythos von Kynosura, einer Nährerin des Zeus, die in das Sternbild des Kleinen Bären verwandelt wurde (cf. R. Pashley, 1837, S. 24), vermutlich arkadischen Ursprungs sei, da es auf Kreta offenbar nie Bären gegeben habe. In der kretisch-mykenischen Kunst gibt es keine Bärendarstellungen (cf. H.-G. Buchholz/G. Jöhrens/I. Maull, 1973, S. 44), und die einzige geometrische Darstellung ist auf einem Schild gefunden worden (cf. H.-G. Buchholz, 1975, S. 185, Abb. in P. Blome, 1982, S. 20), aber auch sie besagt nichts, weil es sich ohne weiteres um ein griechisches oder phönizisches Motiv handeln könnte. In klassischer Zeit hieß es, Zeus und Herakles hätten die Insel von »Bären, Wölfen, Schlangen und ähnlichem« befreit, aber aus dieser Aussage läßt sich nicht viel folgern, denn Schlangen gibt es in Kreta bis zum heutigen Tage. Im Sommer 1971 erzählte mir ein Schafhirte unweit von Kamares, es gebe vereinzelt Bären in abgelegenen Gegenden, aber ich hatte schon damals den Eindruck, daß er mir mit dieser Mitteilung eher eine Freude machen wollte, als daß sie auf Tatsachen beruhte. Nach S. Marinatos, 1959, S. 9, lebten zwar im Jungpaläolithikum Höhlenbären auf der Insel, aber Braunbären scheinen später nicht nachgewiesen worden zu sein. Wie mir H.-J. Paproth, der wohl kenntnisreichste Bärenkultforscher der Gegenwart, in einem Brief vom 22. Dezember 1983 mitteilt, hält er die Existenz des Syrischen Bären im Kreta des Altertums zwar für möglich, aber auch er kennt keine Quellen, die dies bestätigen. So müssen wir also die Bärennymphe, die den Zeus nährte, für indoeuropäischen Import halten.

35 Die Πότνια μελισσῶν ist offenbar eine alte Erscheinungsform der kretischen Erdgöttin (cf. M. Marconi, 1940, S. 173), und es mag sein, daß der Zeus Melissaios auf den von Bienen genährten idäischen Zeus zurückgeht. Die bekannteste kretische Bienengöttin ist die »süße Jungfrau« Britomartis. Nach G. W. Elderkin, 1939, S. 203 f., ist βριτο- gleichbedeutend mit μέλισσα, so daß βριτόμαρτις »Bienenmaid« bedeutete. Nach K. F. Kitchell, 1981, S. 14 f., ist das Wort vermutlich verwandt mit dem vorgriechischen Zeitwort *blittein*, »Honig aus dem Bienenstock holen«. Die Bienenzucht soll von den Korybanten auf Kreta eingeführt worden sein, und zwar hätten diese die Tierchen dadurch angelockt, daß sie ihre Metall-

waffen und Zimbeln aufeinander schlugen. Wenn die Bienen Seelen waren, wie es bei Porphyrios heißt – eine Auffassung, die weit verbreitet ist (cf. B. Kummer, 1932, 1355 f.) –, dann wäre dies ein Beleg für die goetischen Funktionen der Korybanten (cf. Anm. 29), und es wäre naheliegend, in diesen Korybanten die Daktylen oder die Kureten zu sehen. Wie dem auch sei, offenbar waren auch in Kreta die Bienen mit Fruchtbarkeit und Geburt verbunden, wobei vielleicht eine Rolle spielte, daß man glaubte, die Bienen pflanzten sich ohne Begattung fort. Darstellungen von Bienen und Honigwaben befinden sich bereits an den Wänden von Heiligtümern in Çatal Hüyük, und sie sind umrahmt von abwechselnd roten und schwarzen Händen, was wohl bedeutet, daß sie mit Tod und Wiedergeburt assoziiert waren (cf. J. Mellaart, 1963, S. 69, 80 f.), ein Thema, das noch im populären kretischen Glaukosmythos mit dem Honig der Bienen verbunden ist. Cf. A. W. Persson, 1942, S. 9 ff. Cf. auch M. Canney, 1939, S. 105. Nach K. Kerényi, 1962, S. 205, 212, ders., 1976, S. 45 f., bedeutet die Linear B-Inschrift *me-tu-vo-ne-wo* eines Täfelchens aus Pylos »das neue Rauschgetränk«, womit ein vielleicht metähnlicher Trank gemeint sein kann, der in kretischen Höhlen in einer Art Ledersack (κωρυκὸς) aus Honig bereitet wurde. Möglicherweise wurde diesem Honiggetränk auch Opium beigemengt. Wie die Einschnitte in den Mohnkapseln des Kopfschmucks der Göttin von Gazi zeigen, war jedenfalls die Droge im spätminoischen Kreta mit der Großen Göttin und damit sicher auch mit dem Thema Tod und Wiedergeburt verknüpft. Auf einer böotischen Amphore (um 700 v. Chr.) ist eine Herrin der Tiere abgebildet, die von M. Gimbutas, 1974, S. 183, als »bee goddess« interpretiert wird (vgl. Abb. 84). Wenn wir dieser etwas gewagten Deutung folgen, dann läßt sich fragen, ob es sich um eine Darstellung jener Höhlenbienennymphe handeln könnte, die mit ihrem Honig – der Götterspeise – den jungen Zeus nährte. In der Tat hatte die Britomartis Tierherrinnenzüge, und auch bei anderen Völkern ist die Herrin der Tiere häufig eine bienengestaltige Kurotrophos, so bei den Darden im Karakorum (cf. P. Snoy, a.a.O., S. 178) oder bei den Mordwinen und Ersänen, wo sie freilich meist als sehr schöne Frau mit großen Brüsten erschien, die sie über die Schultern warf, wenn sie es etwas eiliger hatte. Kinderlose Frauen opferten ihr Met und Honig auf den Bienenständen. Cf. U. Harva, 1952, S. 220, 222, 227. Zu diesen Frauen gehört wohl auch die kleinasiatische »Ahnin« und »Bienenmutter« Hannahanna, die eine Biene ausschickt, um den verschwundenen Vegetationsgott Telipinu wiederzufinden. Cf. V. Haas, 1982, S. 216.

36 Nach Strabo gab es auf Kreta orgiastische Kulte des Dionysos

wie des Zeus, und die Teilnehmer an beiden Ritualen, die den Satyrn ähnelten, seien die Kureten (κώρητες) gewesen. Cf. Nilsson, 1950, S. 577. Ist der Vergleich der Kureten mit den Satyrn ein weiterer Hinweis auf ihren sexuellen Charakter? Daß es bereits in minoischer Zeit einen männlichen Thiasos der Großen Göttin gegeben hat, ist recht unwahrscheinlich, da sich unter den zahlreichen kultischen Tanzdarstellungen kein einziges Bild befindet, auf dem Männer die Göttin umtanzen. Offenbar lebten diese Frauenthiasoi in den Mänaden des Dionysos weiter, die ursprünglich den Gott am Nysaberg nährten (cf. A. Henrichs, 1969, S. 232) und vielleicht auch initiierten, wie manche Nymphen der Artemis, die ähnlich wie die Titanen ihre Gesichter mit Schlamm beschmierten. Cf. J. H. Croon, 1955, S. 15. Nach einigen alten Quellen wurde Zeus nicht in einer Höhle, sondern »in den idäischen Bergen« erzogen, also in der Wildnis (cf. K. Kerényi, 1972, S. 26), was zu den dorischen Knabeninitiationen passen würde, in denen die Initianden eine Zeitlang in den Bergtälern der Insel ›vertierten‹, um mannbar zu werden. Cf. R. F. Willetts, 1962, S. 215, G. Thomson, 1957, S. 114 f., A. E. Crawley, 1893, S. 243. Bei den attischen Mysterien von Phlya wurde in einem Zelt, bei denen von Andania noch im »Dickicht des Lykos« (Λύκου δρυμός) initiiert. Anscheinend lebten hier die Initianden wie die Wölfe in der Wildnis, wo sie von einem Priester, der »Wolf« hieß, geweiht wurden. Cf. K. Kerényi, 1950, S. 55. Vielleicht war der Trojaner Dolon, der sich – in einem grauen Wolfsfell – ins griechische Lager schlich, um den Kopf des Odysseus zu erbeuten (cf. *Ilias* 10, 334), ein solcher Wolfsinitiand, der als Kopfjäger draußen im Busch lebte (cf. L. Gernet, 1936, S. 196 f.), und der dem Dionysos nachstellende Lykurgos, der das Rhombos, das Schwirrholz, summen ließ (cf. H. Jeanmaire, 1939, S. 579), war vielleicht ein dem »Wolf« von Andania vergleichbarer Initiationsmeister, ähnlich wie die mit Gips beschmierten Titanen, die das Kälbchen Dionysos von den Brüsten seiner ›Mütter‹ rissen, um es zu zerreißen. All das scheint dorisch, also indoeuropäisch zu sein: Rhea gibt ihren Sohn den Kureten, Thetis den ihren dem Kentauren, während das Dionysos-Kindchen seinen Ammen gar gewaltsam entwendet wird. In all diesen Fällen wird der Junge dem Frauenbereich entfremdet, damit er ein Mann werden kann, und dies ist nur möglich, wenn er von Männern in die Mangel genommen wird, die aus ihm z. B. einen reißenden Wolf, einen Krieger machen. So heißt es in einer Schilderung des Ägypters Nonnos, der eine orphische Tradition wiedergibt, über das Schicksal des Dionysos: »Als die Titanen ihm mit dem Eisen die Glieder zerteilten, wurde sein Lebensende der Anfang neuer Entstehung« (*Dionysiaka*

6, 174 f.). Seine Identität als Junge, die von den Frauen geprägt worden war, wurde zerstört, um der Entwicklung einer männlichen Erwachsenenidentität Raum zu geben. Bei Plutarch hingegen hat sich die altägäische Tradition des jährlichen ›Todes‹ des Vegetationsgottes erhalten, die etwas ganz anderes ist als der männerbündische ›Initiationstod‹ der dorischen Wolfskrieger: »Die Paphlagonier berichten, daß er (= Dionysos) im Winter gebunden und gefangen ist, im Frühling aber regt er sich und befreit sich.« Und weiter: »Die Phrygier, in dem Glauben, der Gott schlafe im Winter und erwache für den Sommer, singen ihm im Winter Wiegenlieder und im Sommer Erweckungslieder.« (Zit. n. M. Haavio, 1963, S. 55 f.) Wolfsinitianden wie Dolon findet man bei fast allen indoeuropäischen Völkern, vom keltischen Cú Chulainn, dem ekstatischen »Kampfhund von Culann« (Cf. P. L. Henry, 1982, S. 241 f.), bis zu den nordischen *úlfheðnar* und *berserkir*, von denen es in der *Vatnsdæla saga* heißt: *peir berserkir, er úlfheðnar varu kallðir, peir höfðu vargstakka fyrir brynjur* (»dazu Berserker, die Wolfspelze genannt werden; sie trugen Wolfspelze statt der Brünnen«), (zit. n. M. Paul, 1981, S. 86), was heißt, daß sie keine Bären-, sondern von einer Brünne ›bare‹ Krieger mit Wolfsfellen, also Wolfskrieger, waren. Cf. H. P. Duerr, 1978, S. 80, 267 ff. In enger Beziehung zu den Kureten und Daktylen wurden auch die Kuroi aristoi, die Argonauten, gesehen, die gleichermaßen einen Waffentanz aufführten, bei dem sie ihre Schilde und Schwerter aufeinanderschlugen, worauf sich die Blumen öffneten und die Früchte reif wurden – ein weiteres Indiz dafür, daß die kuretischen Waffentänze keine apotropäische Bedeutung hatten. Ihre Fahrt mit dem beseelten Schiff Argo, die die halbtierischen Männer nach Kolchis unternahmen, ein Schiff, das sie nach Apollonius wie eine Mutter verehrten (cf. R. Roux, 1949, S. 81) und in dem offenbar ihre Nährerin, die seherische Nymphe Argo, wohnte, war aller Wahrscheinlichkeit nach eine Initiationsreise. Eine Nymphe Arge war die Geliebte des Zeus und die Mutter des Dionysos, offenbar eine Hirschkuh (cf. Roux, S. 107 f.) mit Kurotrophos-Funktionen. Nach einer alten Version der *Argonautika* trug Medea dem Jason vierzehn Kinder – sieben Jungen und sieben Mädchen – aus, die sie im Tempel der Hera Akraia einschloß, um sie unsterblich zu machen. Cf. C. Picard, 1932, S. 218. Wir haben bereits erwähnt, daß Hera wahrscheinlich die »Herrin des Labyrinths« war, und so mag es sein, daß die Kinder Jasons und Medeas auf ähnliche Weise im Labyrinth initiiert wurden wie die von Theseus befreiten jungen Athener und Athenerinnen. C. Bérard, 1974, S. 25, hat darauf hingewiesen, daß die männerbündischen Initiationen sich im allgemeinen auf der *horizontalen* Ebene abspielten, während die vorindogermanischen Regenerierungsrituale die *Vertikale* vorzogen. Bei den Griechen begegnen uns meist Mischformen, wenn wir von den ausgesprochenen Höhlenkulten absehen: Häufig geht der Held (Initiand) auf einer horizontalen Reise irgendwann in die Tiefe, also eine Höhle, oder er betritt die Unterwelt.

37 Cf. H. Jeanmaire, 1951, S. 132, W. Burkert, 1980, S. 175.
38 So etwa Schachermeyr und wohl auch Burkert.
39 Fast wie bei den Denkblasen der Comic-Hefte.
40 Cf. P. Saintyves, 1918, S. 84.
41 Für unwahrscheinlich halte ich die These von C.-M. Edsman, 1970, S. 7 f., daß »die Augen schließen« und »den Mund schließen« bedeute, daß es dem Mysten verboten sei, das Mysteriengeheimnis auszuplaudern.

Anmerkungen zu § 14

1 Auch mit diesem Springen war anscheinend ein Bespringen verbunden. Jedenfalls besteigt auf einem der Felsbilder von Båhuslen ein Mann eine Hirschkuh. Cf. P. Gelling/H. E. Davidson, 1969, S. 43 f., 68. Kopulationen mit größeren Haustieren gehören zwar zum sexuellen Normalverhalten junger Hirten und Bauern (cf. z. B. V. Crapanzano, 1977, S. 154), aber bei den bronzezeitlichen und neolithischen Darstellungen des Nordens scheint es sich – wenn man den Kontext betrachtet, in dem sie stehen – um ein rituelles Bespringen zu handeln, zumal die Partnerinnen der Männer stets *Wild*tierweibchen sind.

2 *Căluşari* steht etymologisch mit lat. *caballus*, »Pferd«, in Zusammenhang. Irodeasa ist die Herodias, wie die Diana die Anführerin der fruchtbarkeitsbringenden »Nachtfahrenden«. Cf. M. Eliade, 1980, S. 17 f., H. P. Duerr, 1978, S. 27, 43 f., 177, 191 f.

3 Diesen vermummten Männern entsprechen in gewisser Weise die *rusalki*, wunderschöne weibliche Wesen mit langen Zöpfen, die im Frühling die Fruchtbarkeit brachten. Cf. B. A. Rybakov, 1968, S. 41 ff. Auch hier finden wir wie bei den Kureten, den Kachinas der Hopi (cf. L. A. White, 1962, S. 236, R. Bunzel, 1965, S. 443) oder den *seh t'a*-Leuten der Tewa (cf. A. Ortiz, 1969, S. 18) die Unterteilung in Fruchtbarkeitsgeister und jene, die sie verkörpern. Gleiches gilt auch für die Perchten oder die japanischen *marebito*. Von den Maskenperchten werden unheimliche Begegnungen mit den wirklichen Perchten berichtet oder von dem »Überzähligen«, der dreizehnten Percht, die sich plötzlich unter den Masken befindet und Entsetzen auslöst.

4 Cf. § 13, Anm. 33.
5 Cf. R. R. R. Brooks/V. S. Wakankar, 1976, S. 70, 79 f., 82, 88. Außerdem finden sich dort Felsbilder von Stieropfern und von Männern, die mit Stierhörnern auf dem Kopf tanzen, was auch heute noch bei indischen Stammesgesellschaften verbreitet ist. Ein freilich ungefährliches ›Laufen über die Rinder‹ (*ukuli*) gibt es als Initiationsritus bei den Hamar in Äthiopien. Cf. J. Lydall/I. Strekker, 1979, S. 8, 85 f.
6 Cf. C. L. Fábri, 1937, S. 95 f. Die Interpretation der beiden Figuren als Frauen setzt voraus, daß die Erhebungen unterhalb des Kopfes der beiden oberen Menschen wirklich Brüste sind.
7 B. Brentjes, 1965, S. 13, und W. Helck, 1968, S. 18, meinen, daß es sich um tanzende Menschen handle, und Brentjes ist überdies der Auffassung, daß die Jäger Leopardenfellkleidung tragen.
8 Der zentrale Innenhof von Knossos mißt 52 × 24 Meter. Cf. J. W. Graham, 1957, S. 255 f., A. Ward, 1968, S. 117, 119.
9 Cf. J. G. Younger, 1976, S. 128 f., ferner I. Weiler, 1981, S. 75 f.
10 J. Chadwick, 1979, S. 20, meint, die Stierspringer seien in die Luft gesprungen, und der angreifende Stier sei unter ihnen durchgerast. Die Vermutung halte ich für ziemlich abwegig, weil kaum ein Mensch so hoch springen könnte, daß ein kretischer Langhornstier ihn nicht mit den Hörnern in der Luft erwischen würde. F. Schachermeyr, 1979, S. 138, berichtet allerdings von einem äußerst seltenen Kunststück des spanischen Stierkampfes, in dem der Torero dem mit gesenktem Haupt heranstürmenden Stier auf den Nacken springt, der Stier den Kopf hochreißt und den Mann über seinen Leib nach hinten schleudert. Offenbar wußten die Stierkampfexperten, die Arthur Evans diesbezüglich fragte und die den minoischen Stiersprung für undurchführbar hielten, nichts von diesem lebensgefährlichen Bravourstück. Im südwestfranzösischen Les Landes überspringt bisweilen der Toreador im freien Salto ein Rind – allerdings eine Kuh, die zudem mit einem Seil behindert wird, das freilich auf photographischen Darstellungen wegretuschiert wird. Cf. G. Schlocker, 1963, S. 617.
11 Cf. O. Lendle, 1965, S. 30 f. H. G. Wunderlich, 1972, S. 261, meint, das Stierspringen sei ein Menschenopfer gewesen, was man daran sehe, daß auf dem Fresko von Knossos die eine Frau von einem Stierhorn durchbohrt werde. Nun mag es zwar durchaus der Fall sein, daß es bei den Minoern Menschenopfer gegeben hat, und es ist auch wahrscheinlich, daß beim Stierspringen tödliche Unfälle vorkamen. Dennoch halte ich nicht viel von Wunderlichs These, denn sie scheint auf der Evansschen Rekonstruktion des Freskos zu

beruhen, während die genauere des Archäologischen Museums in Iraklion diese Interpretation kaum mehr zuläßt.
12 Cf. J. G. Macqueen, 1959, S. 172 f.
13 Cf. B. C. Dietrich, 1967, S. 407. Stierköpfe aus Lehm und ganze Bronzestiere fand man häufig in kretischen Kulthöhlen. Cf. P. Faure, 1963, S. 500, bzw. A. Evans, 1928, Bd. II, S. 651.
14 Zit. n. G. Karo, 1959, S. 86. Cf. auch L. Cottrell, 1953, S. 172 f.
15 Ob die Schlange im minoischen Kreta wirklich dem chthonischen Bereich zugeordnet war, sei dahingestellt. Vielleicht war sie eher ein segen- und fruchtbarkeitsverleihendes Haustier wie heute noch z. B. in Schweden (cf. A. Sandklef, 1949, S. 62), im Epirus (cf. N. K. Papacostas, 1904, S. 119) oder gestern noch in Preußen (cf. H. Egli, 1982, S. 115). In Kalabrien hält man sich in manchen Häusern kleine, ungiftige Schlangen, die von den Bewohnern ernährt und *fata*, »Feen«, genannt werden (cf. Nilsson, 1950, S. 325), und in vielen anderen mediterranen Landstrichen ist der Glaube verbreitet, daß die Hausschlange die Seele des Ahnherrn in sich trage. Auf manchen altgriechischen Grabsteinen ist eine Schlange abgebildet, die zur Milchschale kriecht, und auch hier ist sie wohl der Verstorbene, der gefüttert wird. Cf. M. Lurker, 1983, S. 97 f. Schließlich hielt man in manchen Gegenden Mitteleuropas die Hausschlange für ein alter ego der Hausbewohner, deren Schicksal an das des Tieres geknüpft war. Cf. E. Rudolph, 1980, S. 45 f. M. Gimbutas, 1974, S. 99, deutet eine neolithische Terrakottafigurine aus Kato Ierapetra, deren Beine schlangenähnlich geformt sind, als eine Schlangenfrau, und sollte diese Interpretation zutreffen, dann ließe sich fragen, ob es sich um die Darstellung einer steinzeitlichen Vorläuferin der bronzezeitlichen Schlangengöttin von Knossos handelt. Die Nachfahrin letzterer war offenbar eine der Athene-Göttinnen, die auf der Akropolis in Athen verehrt wurden. Im Süden residierte im Parthenon die amazonenhafte ›griechische‹ Pallas Athene, im Norden eine unkriegerische vorgriechische Fruchtbarkeitsgöttin, deren Heiligtum das aus Olivenholz hergestellte und in Wolle gehüllte Erechtheion war. Cf. C. J. Herington, 1955, S. 44 ff. Dort huldigte man einer »haushütenden Schlange« (οἰκουγὸς ὄφις), die nach K. Kerényi, 1952, S. 23, der Paredros der Göttin war. Vermutlich gab es eine »mythische Schlangenhochzeit« zwischen Athene und dem von Nymphen großgezogenen »Erdgeborenen« Erichthonios, einem Vegetationsgott, aber auch zwischen der Persephone, die von ihrer Mutter in einer Höhle bei der Quelle Kyane versteckt worden war, und Zeus, der sie dort in Gestalt einer Schlange schwängerte, so daß sie den Dionysos (Zagreus) austrug.

16 Auch in unseren Breiten wird das »Gebrüll« der Höhlen, das dadurch verursacht wird, daß bei Gewitter oder Schneeschmelze das Wasser in der Höhle anschwillt und mit lautem Geräusch aus dem Höhleneingang gepreßt wird, häufig als das Brüllen eines Untieres, meist eines Drachen wie z. B. des Tazzelwurms, bezeichnet. Viele Höhlen haben deshalb ›Brüllernamen‹ wie z. B. die Koppenbrüllerhöhle bei Obertraun in Österreich oder die Bröller auf der Schwäbischen Alb. Cf. E. W. Bauer, 1971, S. 48. Im frühen Mesopotamien galt das Gebirge als Leib eines Stieres, und wenn die Erdgase mit lautem Getöse aus den Höhlen und Felsspalten der Zagrosberge entwichen, brüllte der chthonische Stier. Cf. J. V. K. Wilson, 1979, S. 70.

17 Cf. Pausanias VIII, 25 f. Im klassischen Griechenland war Poseidon meist ein Pferdegott, aber stiergestaltig (ταύρεος) wurde er noch in Theben verehrt, und in manchen Gegenden opferte man ihm Stiere, vor allem in Kreta. Cf. F. Schachermeyr, 1950, S. 39, 41, 43, L. Bodson, 1978, S. 148, U. Pestalozza, 1965, S. 35. Auch das Pferd galt als chthonisches Tier. Cf. U.-M. Lux, 1962, S. 68.

18 Cf. W. Taylour, 1983, S. 46, S. Hiller/O. Panagl, 1976, S. 294, E. T. Vermeule, 1974, S. 68.

19 Cf. Schachermeyr, 1950, S. 13, 15, kritisch W. Burkert, 1977, S. 214 f.

20 Cf. Palmer, 1983, S. 354. Ein weiterer Stiergott und Sohn der Gaia (Ge) war der Flußgott Acheloos, der häufig in Grotten verehrt wurde. Cf. z. B. E. Atalay, 1978, S. 40. Ihm entspricht vielleicht der Wasserstier der gälischen Volkssage, Tarb Uisge, der in Seen und Teichen wohnt, die er zuweilen verläßt, um die Kühe auf der Weide zu bespringen. Cf. S. Czarnowski, 1925, S. 51, G. Lehmacher, 1951, S. 272. Geryon war der Herr der Rinderherden auf der Insel des Sonnenaufgangs, Erytheia, wo sich auch die Rinder des Helios befanden. Cf. P. Sarasin, 1924, S. 95. Erytheia war auch der Name der Göttin, die dem Herakles bei der Überwindung des Geryon half wie Ariadne dem Theseus, sowie der Name einer der Hesperiden, für deren Äpfel Herakles sich gleichermaßen interessierte. Die Rinderinsel muß nicht vorgriechischer Tradition entstammen, denn auch die Indoeuropäer kannten ein Jenseits als Rinderweide. Cf. J. Puhvel, 1969, S. 64 f. Verkörperte Plutos den Getreidereichtum des Bauern, so Geryon offenbar den Rinderreichtum des Hirtennomaden, und es mag sein, daß Herakles' Raub der Rinder aus der Unterwelt nichts anderes war als die Mythisierung der Viehdiebstähle der einfallenden Griechen an der Urbevölkerung (cf. H. J. Rose, 1954, S. 217, 225), ähnlich wie die Bezwingung des kretischen Stiers durch Herakles und Theseus das Brechen der minoischen

Herrschaft auf dem Festland bedeuten könnte. Cf. Schachermeyr, 1979, S. 307, ders., 1983, S. 125. Andererseits könnte die Tat des Herakles genausogut den Viehdiebstahl griechischer Burschenschaften oder Initianden bei fremden Stämmen widerspiegeln, wie er bis in die Neuzeit üblich war. Ein solcher Viehdieb war ja bekanntlich Hermes, der bereits einige Stunden nach seiner Geburt die Rinder des Apollo raubte. Cf. P. Walcot, 1979, S. 334 f., B. Lincoln, 1981, S. 170, H. P. Hasenfratz, 1982, S. 151 f. Wir erinnern uns an die Höhle nahe der Quelle Kyane bei Syrakus, in der Persephone vom schlangengestaltigen Zeus begattet wurde. Offenbar galt dieser Hadeseingang auch als Zugang zur Rinderweide des Geryon, denn in der Quelle ertränkten die Bürger von Syrakus periodisch Stiere, und zwar zur Erinnerung daran, daß Herakles hier zur Ehre Kores den schönsten Stier Geryons ins Wasser geworfen hatte. Von Strabo, XIII.4.14, erfahren wir über das Plutonium (Charonion) bei Hierapolis, in dessen Nähe man Münzen fand, auf denen die Entführung Persephones dargestellt ist, daß man in die Höhle, aus der in der Antike giftige Gase strömten und wohl auch ein Bach floß, Stiere führte, die dort zusammenbrachen und anschließend wieder herausgezogen wurden. Die Galli der Kybele stießen jedoch bis zu einer gewissen Tiefe vor, indem sie den Atem anhielten. Nach Damascius befand sich dieser Eingang zur Unterwelt unter dem Tempel des Apollo Lairbenos, der oft mit einer Doppelaxt auf einem Stier ritt. Cf. J. H. Croon, 1952, S. 76, 82. Anscheinend haben sich in diesen Höhlenkulten, in denen man Stiere opferte, vorgriechische Regenerierungskulte der Tier- und Pflanzenwelt mit indoeuropäischen Mythisierungen von Initiationsritualen verschmolzen, wie wir es ähnlich im kretischen Kuretenritual beobachten konnten. Ähnliches mag auch für das jährlich wiederkehrende Fest im Charonion von Acharaca bei Nysa gelten, in dem ein Stier in den Hadeseingang getrieben wurde, wo er dem chthonischen Dionysos geopfert wurde. »Derselbe aber ist Hades und Dionysos, dem sie da toben« (Heraklit, fr. 15, nach H. Diels, 1957, S. 25). Wie bereits erwähnt, wurde ja das Dionysoskind in der »Maske« des Stieres von den Titanen überwältigt – offenbar in der Unterwelt, aus deren Tiefen Athene sein Herz rettete, um es dem Zeus auf dem Olymp zu bringen. Cf. M. Pischelt, 1949, S. 12.

21 F. Schachermeyr, 1962, S. 46, 48, meint, das minoische Stierspringen sei eine Art magische Bannung der seismischen Bedrohungen gewesen, wohl ein Opfer an den Gaiéchos (Gaiaochos), um den Unterweltsgott zu versöhnen.

22 Cf. B. C. Dietrich, 1973, S. 4 f.

23 Cf. M. Daraki, 1980, S. 151. Die Tiere, die von den Mänaden zerrissen wurden, teilen im Grunde das Schicksal des Dionysos. Bei Clemenz von Alexandrien heißt es expressis verbis, der Diasparagmos und die Omophagie wiederholten die Zerstückelung des Gottes *durch die Mänaden*.
24 Cf. C. F. Herberger, 1972, Fig. 26.
25 Cf. C. Picard, 1948, S. 144.
26 Hierher gehört sicher auch der rituelle Kampf, den in einem Intervall von acht Jahren in Delphi Jünglinge bei Fackelschein durchführten, um der Tötung des Python durch Apollo zu gedenken. Cf. Jeanmaire, 1939, S. 393 f.
27 Cf. R. Dussaud, 1910, S. 255; G. Perrot/C. Chipiez, 1894, S. 852, sind der Meinung, daß es sich bei dem Tier um eine Antilope handle, zumal es eine weitere Darstellung eines Tieres gibt, das in

131 Sprung über die Antilope (?)

der Tat einer Antilope ähnelt. Ob nun *agrimi* oder Antilope – beide Tiere dürften sich kaum als Symbol des Todes empfehlen, was ebenfalls gegen eine ›heldische‹ Interpretation des Tierspringens spricht.
28 Cf. A. W. Persson, 1942, S. 65, 93 f.
29 J. Mellaart, 1976, S. 150, meint, daß der rote Stier von Çatal Hüyük das Leben, der schwarze den Tod repräsentierte, nach der *hier* vorgetragenen Deutung also den wiederkehrenden und den sterbenden Vegetationsstier. In der baskischen Landschaft Tardets wohnt in der Höhle von Otsibarre ein roter Stier, der mit gesenkten Hörnern jeden angreift, der die Höhle betreten will. Offenbar war er einst der Paredros der Vegetationsgöttin Marī, die häufig als rote Kuh in Höhlen lebt. Cf. J. M. de Barandiarán, 1941, S. 69 ff. Ein

fruchtbarkeitsbringender Stier, der mit einem weiblichen Kalb in einer Höhle lebt, und von dem mit Ausnahme des Löwen alle Tiere abstammen, ist der kabylische Izerzer. Cf. W. Vyzichl, 1973, S. 639 f.
30 Cf. J. D. Evans, 1963, S. 140.
31 Cf. F. E. Zeuner, 1967, S. 198.
32 So F. Matz, 1962, S. 219 f., A. Reichel, 1909, S. 96. Matz orientiert sich an einer Szene auf einem der Goldbecher von Vaphio. Cf. auch W. Schiering, 1971, S. 9 f. Über einen Stierfang der Stadtkönige von Atlantis berichtet Plato (*Kritias* 119d): »Nachdem die zehn Könige alle Begleitung entlassen hatten, jagten sie den im Weihbezirk Poseidons freigelassenen Stieren mit Knüppeln und Schlingen, ohne eine Eisenwaffe, nach, den Gott anflehend, sie das ihm wohlgefällige Opfer einfangen zu lassen; den eingefangenen Stier aber führten sie zur Säule und opferten ihn über jener Schrift auf dem Knaufe derselben.« Hiermit war eine Gesetzesschrift auf einer Säule aus Bergerz im Tempel Poseidons gemeint. Handelt es sich in dem Bericht um ein ähnliches Opfer wie das, von dem Homer in der *Odyssee* berichtet?

ANMERKUNGEN ZU § 15

1 Cf. A. Evans, 1925, S. 15 f.
2 Der ursprünglich mit Stierfell bespannte Achtschild (8-Schild) hatte im minoischen Kreta eine rituelle Bedeutung, bis er in mykenischer Zeit zur Schutzwaffe wurde. Cf. B. Rutkowski, 1981, S. 106.
3 Der Stab des Hermes und des Merkur bringt den Schlaf und die Träume (cf. B. Combet-Farnoux, 1980, S. 353), wobei das »bringen« wörtlich aufzufassen ist, denn Hermes Hegetor Oneiron ist der »Traumführer«, der die Träume aus der Unterwelt zu den Schlafenden geleitet. Cf. K. Kerényi, 1944, S. 53, J. Fontenrose, 1960, S. 233. Später winden sich um den Stab des Hermes eine männliche und eine weibliche Schlange, die miteinander kopulieren. Solche Schlangen winden sich auch um den Stab des sumerischen chthonischen Fruchtbarkeitsgottes Ningiszida, und in beiden Fällen symbolisierten sie wohl den Tod und die Wiedergeburt. Cf. E. Mitropoulou, 1977, S. 178. Es ist interessant, daß die sich kreuzenden Schlangen bei den Desana-Indianern das Zeichen der Schamanen sind. Cf. G. Reichel-Dolmatoff, 1982, S. 171.
4 D. Metzler, 1982, S. 78, hält den Prototyp des Kerykeion für einen Schamanenstab. Er ist bisweilen für ein Äquivalent des Wel-

tenbaumes gehalten worden (cf. G. Charrière, 1966, S. 160, J. Gonda, 1965, S. 265 f.), was meines Erachtens höchstens in dem Sinne zutreffen könnte, daß auch die Schamanentrommeln – ebenfalls schamanische Reittiere – mitunter aus dem Holz der *axis mundi* hergestellt wurden. Hermes – dessen Name bereits als *emaa areja*, was wohl »Hermes von Areja« bedeutet (cf. S. Hiller/O. Panagl, 1976, S. 293), auf pylischen Linear B-Täfelchen auftaucht – ist bekanntlich der Herr der »trügerischen« Wege und teilweise hiervon abgeleitet der Gott der Diebe. »Trügerisch« sind die Wege, weil es sich um die verborgenen, unsichtbaren Wege des Jenseitsreisenden handelt (cf. U. Bianchi, 1961, S. 432). Manchmal wird sein Gesicht zur Hälfte hell, zur Hälfte dunkel dargestellt, denn er hat teil an der Unterwelt wie an der Welt des Tageslichtes (cf. G. Charrière, 1977, S. 48 f.). Der Diebescharakter des Gottes – ein seltenes Beispiel für Säuglingskriminalität – wird deutlich in der berühmten Geschichte, in der er ein paar Stunden nach seiner Geburt die Rinder des Apollo stiehlt. Offenbar war er der Gott der außerhalb der Ordnung stehenden frühgriechischen Initianden, der Burschenschaften, worauf noch das Stehlrecht während des Festes des Hermes Charidotes auf Samos hindeutet. Cf. O. Höfler, 1934, S. 259, K. Meuli, 1975, S. 1069.

5 Als Unterweltsreisender war Hermes vornehmlich ein Gott der Zugangswege zur Unterwelt, und zahllose Grotten waren ihm geweiht. Als Höhlengott wurde er häufig Hermes Nymphagetes genannt, insbesondere auf Kreta und in Arkadien. Cf. P. Raingeard, 1934, S. 341 f., B. C. Dietrich, 1974, S. 87.

6 Cf. R. Böhme, 1980, S. 69.

7 Cf. E. A. S. Butterworth, 1966, S. 175. Um Mohnkapseln, deren ›Opiumeinschnitte‹ noch besonders bemalt sind, handelt es sich eindeutig bei der Skulptur der Göttin von Gazi sowie bei den Anhängern, die man im Heiligtum der Demeter von Knossos fand und die vermutlich von Priesterinnen der Göttin getragen wurden. Cf. J. N. Coldstream, 1973, S. 163.

8 Cf. J. H. Dierbach, 1833, S. 74.

9 Bei den Pipil von Salvador ist die Rede von einer Wasserblume in einem mythischen Sumpfsee, die Macht hat über Leben und Tod und aus der ein Trank bereitet wird, der Tote wieder zum Leben erweckt. Cf. J. Haekel, 1952, S. 163 f. Die *Nymphaeaceae* enthalten die psychoaktiven (»halluzinogenen«) Alkaloide Apomorphin, Nuciferin und Nornuciferin. *Nymphaea ampla*, die Blaue Wasserlilie, hierzulande häufig »Nixenblume« genannt, ist bei vielen Völkern eine Unterweltspflanze (cf. M. Dobkin de Rios, 1976, S. 45), die oft als Ersatz für Opium verwendet (cf. W. Emboden, 1979,

S. 12) und auch in altägyptischen Grabkammern zusammen mit Mohnkapseln abgebildet wurde. Cf. M. Dobkin de Rios/W. Emboden, 1980, W. Emboden, 1981. Herodot berichtet, daß man die Seerosen an der Sonne trocknete, die Samen mahlte und daraus ein besonders gesundes Brot buk, und bekanntlich hat man seit neolithischer Zeit Öl aus dem Mohn gewonnen, so daß man daran denken könnte, daß Seerose und/oder Mohn in der Hand der Vegetationsgöttin *auch* ein Symbol der Nahrung gewesen sein kann, vor allem wenn man die große Bedeutung des Speiseöls in den Mittelmeerländern berücksichtigt.

10 Cf. B. Rutkowski, 1981, S. 110.
11 So R. Böhme, 1980, S. 69.
12 Cf. K. Kerényi, 1967, S. 29 f., ferner B. Lincoln, 1981b, S. 75.
13 Cf. L. Deubner, 1937, S. 203.
14 Cf. Kerényi, 1944, S. 73.
15 Diese Neigungen wie auch seine Androgynität teilt er mit dem afrikanischen ›Hermes‹ Eshu-Elegba, der bisweilen als Mann und als Frau dargestellt wird. (»Weder Mann noch Frau« waren auch die, welche im Zweistromland von der Totenherrin Ereschkigal die Fruchtbarkeit zurückholten. Cf. W. Burkert, 1982, S. 68.) Wie viele Trickster ist dieser Lüstling pansexuell bis zum Inzest und zur Nekrophilie (cf. L. Makarius, 1969, S. 35, P. Radin, 1956, S. 168, U. Bianchi, 1971, S. 119). Sein phallischer Kopfputz – manchmal wird er wie Hermes nur als Phallus dargestellt – ist nicht so sehr ein Zeichen seiner Fruchtbarkeit als vielmehr seiner virilen Geschlechtslust. Cf. J. Wescott/P. Morton-Williams, 1962, S. 31, M. H. Houlberg, 1979, S. 385 f. Er ist für die erotischen Träume, Ehebruch und sexuelle Perversionen verantwortlich (cf. J. Wescott, 1962, S. 343), und diese Zuständigkeiten hat er auch in der Neuen Welt nicht verloren. Im brasilianischen Umbanda ist er ein Gott, dessen Laszivität freilich bösartige Züge hat (cf. E. Pressel, 1980, S. 108 f.); und als weiblicher Exu ergreift er Besitz von Frauen, die sich daraufhin knallig schminken und wie Huren hergerichtet auf der Straße paradieren. Cf. P. B. Lerch, 1980, S. 140. Papa Legba ist im haitianischen Voodoo der Eröffner der Wege und somit sowohl der Ekstase der Menschen (cf. E. Marcelin, 1947, S. 57) als auch der Epiphanie der Götter: Kein *loa* erscheint ohne seine Erlaubnis. Er hat den ›Schlüssel zur Geisterwelt‹ und ist deshalb auch mit Petrus identifiziert worden. Cf. A. Métraux, 1959, S. 101, M. J. Herskovits, 1965, S. 543.
16 Man hat den Namen des Gottes von den ἕρμα, also Steinhaufen, abgeleitet, auf die jeder Vorübergehende einen weiteren Stein warf.

N. O. Brown, 1947, S. 32, meint, sie seien einfach Grenzmarkierungen gewesen. In Zentralasien waren freilich derartige Steinhaufen Muttergöttinnen geweiht, und auf die der Tierherrin und Erdmutter Pachamama in den Anden legte man Steine, um z. B. die Viehherden zu vermehren. Cf. A. M. Mariscotti de Görlitz, 1978, S. 86. Wie sein ziegenbespringender Sohn Pan wurde Hermes besonders von den Hirten verehrt, und er galt als Hüter und Vermehrer der domestizierten wie der wilden Tiere, deren Zeugungskraft er förderte. Cf. F. Muthmann, 1975, S. 109. Warfen die Hirten Steine auf die ἕρμα, um ihre Herden zu regenerieren?
17 Cf. F. A. van Scheltema, 1962, S. 525 f.
18 Cf. R. E. Eisner, 1971, S. 41 f., 144 f.
19 Cf. C. F. Herberger, 1972, S. 101.
20 Cf. A. W. Persson, 1942, S. 81.
21 Cf. M. Blech, 1982, S. 78, 260 f., 265. Nachdem Theseus vom Schiff aus ins Meer gesprungen und von Delphinen in den Unterwasserpalast seines Vaters Poseidon gebracht worden war, erhielt er auch von Amphitrite einen Hochzeitsrosenkranz. Der Sprung ins Meer scheint eine weitere Variante der Jenseitsreise gewesen zu sein. Göttliche Jungfrauen wie Diktynna oder Leukothea springen ins Meer und werden für gewöhnlich von Fischern, Göttern oder Delphinen gerettet; Dionysos tut dies, um zur Thetis zu gelangen, und der vom Genuß einer Pflanze wahnsinnig gewordene Glaukos macht es ihm nach und wird auf diese Weise unsterblich. Cf. R. F. Willetts, 1959, S. 25. Fontenrose, 1959, S. 298, hat eine Parallele zwischen Kronos gesehen, der seinen Sohn Zeus bedroht, so daß ihn Rhea in die Höhle bringt, und dem Großvater des Perseus, der den Säugling nach der Geburt mit seiner Mutter ins Meer wirft. Später erscheinen Meeresspringer bisweilen auf Särgen. Die bekannteste Darstellung ist die des »Tauchers« auf dem Sarkophag von Paestum, aber auch die des Todessprungs der Sappho in einer unterirdischen Basilika in Rom. J. Thimme, 1968, S. 54, weist in diesem Zusammenhang darauf hin, daß in spätminoischer Zeit die Toten häufig in Wasserwannen beigesetzt wurden, deren Wände mit Meerespflanzen, Fischen, Wasservögeln und Spiralen bemalt waren.
22 Die kretische Version des Namens der Ariadne, Aridela, bedeutet »die sehr Sichtbare«, während Pasiphaë mit »die, die allen sichtbar ist« übersetzt wurde. Nach M. Riemschneider, 1953, S. 276, meint Europa »die Weitäugige«, nach Persson, 1942, S. 135, »die dunkel Leuchtende«. Auf Grund der Bedeutung dieser Namen hat man die Göttinnen als Mondgöttinnen angesehen (cf. A. D. Nock, 1925, S. 174, Persson, a.a.O.), und auch der Minotaurus, der

bisweilen wie der Zeus von Gortyn den Beinamen Asterios oder auch Asterion, »Stern«, trug (cf. L. Malten, 1928, S. 126), ist häufig mit Sternen auf dem Leib dargestellt. Was kann es heißen, wenn chthonische Wesen mit Gestirnsnamen bedacht werden? Auf akkadischen Zylindern sind die Berge, aus denen jeden Morgen der Sonnengott tritt, menschenköpfige Stiere. Auf Zylindern aus Ur tragen diese chthonischen Tiere wie der Minotaurus Sterne auf dem Leib (cf. P. Amiet, 1956, S. 116 f.), was offenbar so zu verstehen ist, daß hier die nächtlichen Gestirne auf ihrer täglichen Unterweltsreise dargestellt sind. Gab es ähnliche kosmologische Vorstellungen in Kreta? Von der Mondgöttin Selene heißt es, sie verschwinde täglich hinter dem Latmos-Gebirge, um sich in einer Höhle mit ihrem Geliebten Endymion zu vereinigen. Cf. W. Schmied-Kowarzik, 1974, S. 64 f. Auch bei den Maya wurden häufig chthonische Wesen mit Himmelssymbolen und Himmelswesen mit Erdsymbolen ausgestattet. Einem alligatorenartigen Erdungeheuer in Palenque sind Sternsymbole eingezeichnet (cf. F. Anders, 1963, S. 138, J. E. S. Thompson, 1939, S. 156), und aus dem Kopf der langnasigen Himmelsschlange Itzam Na wächst eine Wasserrose, das Symbol der Unterwelt. Cf. Thompson, 1974, S. 160. Die Lakandonen glauben, daß die Sonne nachts durch die Unterwelt wandere, und Thompson, 1939, S. 156, meint, daß die Maya einst der Meinung waren, daß die Sterne dasselbe tun.

23 Nach Eisner, S. 112, der sich auf Marinatos bezieht.
24 Cf. M. Becker, 1939, S. 148 f., A. Klinz, 1933, S. 19 f., G. Devereux, 1982, S. 37 f.
25 Cf. L. L. Clader, 1976, S. 71, 74, 76.
26 Cf. J. D. Marry, 1982, S. 232 f.
27 Für gewöhnlich wird die Dikte-Höhle mit der Psychro-Grotte im Lassithi-Hochland identifiziert (cf. J. L. Myers, 1901, S. 6 f.), was freilich sehr strittig ist.
28 Cf. W. Technau, 1937, S. 86, 89, 93 f., 95.

Anmerkungen zu § 16

1 Cf. B. C. Dietrich, 1962, S. 129.
2 Cf. R. Stiglitz, 1967, S. 129. B. Lincoln, 1981b, S. 77, meint, daß jene, die im Persephone-Mythos ein Verschwinden der Vegetation sehen, nicht erklären könnten, wie die Göttin und ihre Gespielinnen im Winter in der Lage waren, auf der Wiese, auf welcher Persephone entführt wurde, Blumen zu pflücken. Nun ist zwar die Vegetationsgöttin wohl den Winter über in der Unterwelt, aber die

Entführung fand ja nicht im Winter, sondern im Herbst statt, so daß die Jungfrauen vermutlich Herbstblumen pflückten. Eine andere Deutungsmöglichkeit ist, daß auch die Persephone – wie die Demeter Melaina – im Sommer verschwand. Cf. W. Burkert, 1972, S. 288. Dann handelte es sich um Sommerblumen. Außerdem waren diese Mythen Erzählungen von der *Entstehung* der Jahreszeiten, was bedeutet, daß *vor* dem Verschwinden der Göttin, also vor der Entstehung des kalten Winters bzw. des sengenden Sommers, stets Blumen zum Pflücken vorhanden waren. Daß es solche Vegetationsgöttinnen auch bei nicht-pflanzerischen Völkern gab, sieht man etwa an dem Frühlingsmädchen der Lappen, Rananeita. Cf. E. Manker, 1969, S. 238.

3 Cf. G. Hatt, 1951, S. 860. In einer anderen Geschichte streiten sich der Sommer- und der Wintermann um Gelbe Maisfrau, bis sie sich schließlich darauf einigen, daß jeder sie für die Hälfte des Jahres bei sich behalten darf.

4 Cf. F. H. Ellis, 1952, S. 151 ff.

5 Cf. Å. Hultkrantz, 1957, S. 264. Die Göttermutter der Azteken, Tlazolteotl, das »Herz der Erde«, gab es als junge weiße Mondgöttin – die Herrin der weiblichen monatlichen Periode – und als alte rote Muttergöttin der langen Periode der Jahreszeiten. Cf. T. S. Barthel, 1977, S. 95.

6 Cf. R. Foerster, 1874, S. 276.

7 Auf vielen Darstellungen ist die Fruchtbarkeit und Kindersegen bringende Ge zu sehen, wie sie gerade aus der Erde oder aus einer Höhle auftaucht, bisweilen ein Füllhorn in den Händen, auf dem das Plutos-Kindchen sitzt. Cf. F. W. Hamdorf, 1964, S. 3 f., 5. Ob die Göttin, die offenbar auf einem minoischen Siegel aus der Erde kommt (cf. V. E. G. Kenna, 1960, Pl. 21, Nr. 1117), sozusagen eine ›Proto-Ge‹ oder eine ›Proto-Demeter/Kore‹ ist, wird wohl schwer zu entscheiden sein. Um letztere mag es sich bei der Darstellung dreier tanzender Frauen auf einer Fußschale aus der ersten Palastzeit von Phaistos handeln, die ebenfalls aus der Erde zu kommen scheinen. Cf. K. Kerényi, 1976, Abb. 5.

8 Cf. Mellaart, 1963, S. 83. Eine weitere Figurine der ›Zwillingsgottheit‹ aus weißem Marmor besteht aus zwei Körpern, zwei Köpfen, aber nur einem Paar Armen und Beinen. In einem Schrein fand man ein ähnliches Stuckrelief. Cf. Mellaart, S. 90.

9 Cf. Gimbutas, 1974, S. 121 f., 127.

10 Cf. S. Marinatos, 1959, S. 23.

11 Cf. V. Haas, 1979, S. 400, ders., 1981, S. 16 ff.

12 Cf. A. J. B. Wace, 1949, S. 83 f. G. E. Mylonas, 1966, S. 156, meint, daß nichts den religiösen Charakter der Plastik beweise, aber

der Fundort scheint dies doch nahezulegen. Natürlich *muß* die Demeter nicht mit einer Tochter verbunden sein, wie man an der phigalischen Stuten-Demeter sieht. Nilsson, 1950, S. 523, meint, daß auch die Demeter Euleusinia zunächst alleinstehend war und erst später mit der Kore assoziiert wurde.

13 In einem Raum in der Nähe fand man die Statuette einer Göttin mit erhobenen Armen und im weiteren Bezirk des Heiligtums eine die Brüste haltende Frauenfigur. Cf. F. Schachermeyr, 1976, S. 111 ff., W. Taylour, 1983, S. 56 ff.

14 Cf. C. Picard, 1938, S. 92. Dies erinnert an die Entführung Europas durch den Zeusstier, zumal Demeter ja – wie wir gesehen haben – häufig auf einem Stier reitend oder stehend abgebildet wurde.

15 Cf. Picard, a.a.O., S. 95.

16 Cf. Hesiod, *Theogonie* V, 971.

17 Cf. O. Höckmann, 1968, S. 140. Cf. auch J. Makkay, 1962, S. 18 ff.

18 Cf. F. Noack, 1927, S. 13 f.

19 Cf. K. Kuruniotis, 1935, S. 54 f.

20 Möglicherweise entspricht der Monat Boedromion, an dem die Eleusinischen Mysterien stattfanden, dem kretischen Monat Eleusinios. Cf. R. F. Willetts, 1958, S. 222, ders., 1962, S. 170.

21 Cf. M. Lurker, 1974, S. 254.

22 Cf. H. Thiersch, 1928, S. 159 f. Die Umgebung des Tempels ist seit dem Neolithikum besiedelt, und die Steinidole aus dieser Zeit, die Frauen mit ausladendem Gesäß darstellen, sind möglicherweise die Ebenbilder einer Vorgängerin der Aphaia. Aus späthelladischer Zeit stammen zahlreiche Terrakottafigurinen von Frauen mit Kindern an der Brust sowie Tierdarstellungen, die offenbar mit dem Höhlenkult der eileithyiaartigen Frauen- und Fruchtbarkeitsgöttin in Verbindung standen. Cf. G. Welter, 1938, S. 70. Eine kleine frühachaische Statuette zeigt eine Aphaia, die mit der linken Hand eine ihrer Brüste, mit der rechten die Gürtung ihres Peplos hält (cf. Abb. in *Frankfurter Allgemeine Zeitung* 153, 5. Juli 1980), also in der Haltung der Fruchtbarkeitsgöttin, die auf Brust und Schoß weist. Cf. L. Franz, 1937, S. 12. J. P. Harland, 1925, S. 95, meint, daß die Identifikation der Aphaia mit den kretischen Göttinnen erst in späthelladischer Zeit, also nach dem Bau des Tempels, stattgefunden haben mag.

23 Cf. B. Gladigow, 1974, S. 295 f.

24 Schon im klassischen Griechenland, aber mehr noch im Hellenismus hatten die Eleusinien weitgehend ihren agrarischen Charakter abgestreift und sich zu einem Mysterienkult von Intellektuellen

entwickelt. Cf. O. Gigon, 1969, S. 63, ferner A. W. H. Adkins, 1969, S. 385, C. A. P. Ruck, 1980, S. 297, I. P. Culianu, 1982, S. 283. Zu einer ähnlichen Entwicklung in japanischen Ritualen cf. W. Davis, 1984, S. 218.

25 Cf. M. P. Nilsson, 1935, S. 118, G. E. Mylonas, 1961, S. 282.

26 Cf. K. Kerényi, 1940, S. 372 f., ferner U. Bianchi, 1976, S. 6.

27 Pindar, Fr. 137a. Cf. auch L. J. Alderink, 1982, S. 13. »Dreimal selig sind die Sterblichen, die diese Weihen geschaut haben und so in den Hades kommen; für sie allein gibt es dort Leben; für die anderen bietet er nur Unheil.« (Sophokles, Fr. 719).

28 Cf. K. Kerényi, 1940, S. 371.

29 Persephone erscheint des öfteren als Kurotrophos. Cf. z. B. C. Sourvinou-Inwood, 1978, S. 117. In der kretischen Kydoniashöhle wurde wohl ein Prototyp einer solchen Persephone, die Nymphe Akakallis, in Form eines menschenähnlichen Stalagmiten verehrt. Cf. P. Faure, 1962, S. 196, 199.

30 Vor nicht allzu langer Zeit gab es in Polen folgenden Brauch: Dem Mann, der bei der Ernte die letzten Ähren gemäht hatte, rief man zu: »Du hast die Nabelschnur durchschnitten!« Die Frau, die die letzte Garbe band und die als Kornmutter galt, kam daraufhin ins »Wochenbett« und schrie wie bei einer Geburt auf. Daraufhin wurde ein in die Garbe gebundener Junge, der wie ein Säugling wimmerte, mit Hilfe einer alten Frau, der »Hebamme«, ›geboren‹. Cf. F. Wehrli, 1934, S. 90.

31 Cf. O. Alvarez, 1978, S. 71, 73.

32 Cf. W. K. C. Guthrie, 1952, S. 173, A. Dieterich, 1905, S. 55.

33 ›Myrtenbeere‹ war ein gebräuchlicher Euphemismus für Vulva und Penis. Cf. P. G. Maxwell-Stuart, 1972, S. 145 f., 151, 161. Allerdings scheint die Myrte auch generell mit dem Totenreich verbunden gewesen zu sein. So bastelt etwa der frühreife Säugling Hermes die Prototypen seiner geflügelten Sandalen, die ihn in die Unterwelt tragen, aus Myrtenzweigen. Cf. K. Kerényi, 1944, S. 44. Als Dionysos die Semele aus dem Totenreich führt, gibt er dem Hades als Ersatz eine Myrte. Cf. W. F. Otto, 1933, S. 144.

34 Gab es einst im Umkreis von Delphi, etwa in der korykischen Höhle, eine ähnliche Rückkehr in die Gebärmutter einer Erdgöttin? Das Wort δελφύς bedeutet »Gebärmutter« – nicht »Vagina«, wie ich behauptet habe (cf. H. P. Duerr, 1978, S. 42), worauf mich G. Devereux in einem Brief vom 23. November 1979 und W. Burkert in einem Brief vom 16. August 1980 aufmerksam gemacht

haben. Cf. auch K. Kerényi, 1939, S. 264. In der korykischen Höhle gab es bereits im 5. und 4. Jahrtausend den neolithischen Kult einer weiblichen Gottheit (cf. G. Touchais, 1981, S. 171), vermutlich einer Erdgöttin, an den möglicherweise der mykenische Kult einer Göttin anschloß, die später Ge genannt wurde und die wahrscheinlich von den Hunderten von Terrakottafigurinen dargestellt wurde – darunter die einer nackten Frau auf einem Thron –, die man in Delphi fand. Cf. Nilsson, 1950, S. 467 f. 300 Jahre lang blieb anscheinend der Ort verlassen, bis um 800 v. Chr. der Apollo-Kult offenbar damit begann, daß der Gott hier einen weiblichen Drachen mit einem Pfeil tötete. Cf. J. N. Coldstream, 1977, S. 178 f. Diese Drachin oder weibliche Schlange war die Vorläuferin des Pytho, dessen Name offenbar ebenfalls auf eine Bezeichnung für »Schoß« oder »Gebärmutter« zurückgeht: *puth* bedeutet in einer westsemitischen Sprache »klaffen«, und das Nomen *poth* »Vulva«. Cf. Kerényi, 1976, S. 171. W. Burkert sagt mir freilich, daß die Bedeutung des Wortes umstritten sei. Der Name dieses anscheinend sphinx- oder lamienhaften Wesens war Δελφύνη oder Δελφύνης, und eine gleichnamige »halbtierische Jungfrau«, von der Apollodor berichtet, lebte in der korykischen Höhle von Kilikien. Cf. W. Aly, 1908, S. 38 f. Auch die Nymphe Telphusa, deren Gegenspieler ebenfalls Apollo war und deren Name in früher Zeit mit Δ geschrieben wurde, wird wohl dieselbe Drachin gewesen sein. Cf. Fontenrose, 1959, S. 372 f. Bei all diesen göttlichen Frauen mit dem Uterus-Namen handelt es sich vermutlich um schlangengestaltige Erd- und Vegetationsgottheiten. Pytho, der Nachfolger der Delphyne, galt gleichzeitig als ihr Paredros, und es ist wohl anzunehmen, daß die beiden in der korykischen Höhle einen heiligen Beischlaf vollzogen. Dieser Pytho ist nun offenbar identisch mit Dionysos (cf. J. Fontenrose, 1978, S. 411), der in der »Höhle des Ledersacks« nach K. Kerényi, 1976, S. 52, von den dort lebenden Nymphen mit einem Honigrauschtrank genährt wurde; diese sind wohl im Grunde identisch mit den Thyiaden (Mänaden), deren menschliche Repräsentantinnen in der Gegend tobten und angeblich mitten im Winter in wilder Trance den vereisten Gipfel des Parnaß erklommen, aber auch mit den drei prophetischen korykischen Bienen-Nymphen, die den Apollo unterrichteten und nach Philochoros auch nährten. »Biene« war später eine Bezeichnung für die Pythia. Noch heute treiben in der korykischen Höhle die Nereiden ihr Wesen. Cf. P. Amandry, 1981, S. 51 f. In der korykischen Höhle soll der Kampf zwischen Apollo und dem Pytho stattgefunden haben. Wurde der Gott ursprünglich von dem Drachen verschluckt? Man erinnert sich an Jason, der sich von dem Drachen, der das Goldene Vlies hütete, verschlucken ließ, um das Untier von innen zu töten, oder an Perseus, der dasselbe mit sich geschehen ließ und im Leib des Ungeheuers Ketos gegen dessen Leber trat, um anschließend Andromeda zu befreien. Harrison, 1963, S. 435, meint, daß die Göttin auf unserer Abbildung eigentlich die ›Labyrinthgöttin‹ Hera sein müßte, daß jedoch der Vasenmaler, »a good Athenian patriot«, statt ihrer die Pallas Athene als Schutzgöttin des Vorgangs dargestellt habe. Die Griechen sahen dieses Verschlucktwerden vermutlich als eine Initiation des Helden – man denke daran, daß der dem Pytho entsprechende Typhon dem Zeus die Sehnen aus dem Körper nahm, was an die Zerstückelungen der Schamanen-Initationen erinnert. Cf. K.-P. Koepping, 1983, S. 93.

132 »Die Rückkehr Jasons«, Vasenbild.

Auch in sumerischen Mythen wird der Held von einem Ungeheuer verschluckt, etwa von der Tiamat, »for the monster's belly was itself identified with the underworld« (Fontenrose, 1959, S. 162). Wir haben freilich gesehen, daß Pytho-Dionysos der Paredros der Drachin war, und man kann vermuten, daß er einst als Vegetationsgott in der Unterwelt, im ›Bauch‹ der Delphyne, verschwand, um hernach wiedergeboren zu werden und daß dieser Regenerierungsritus später von den Griechen als heldische Initiation, als Tötung des Ungeheuers durch den Helden, interpretiert worden ist.

35 Cf. A. W. Persson, 1922, S. 306 f.
36 Cf. O. Kern, 1919, S. 434, P. Roussel, 1930, S. 69 f.
37 Cf. W. Burkert, 1977, S. 429.
38 Cf. R. Böhme, 1970, S. 110.
39 Auch die Priester hatten die Aufgabe, am Fest der Auferstehung des Herrn das Volk zum Lachen zu bringen, aus verständlichen Gründen freilich nicht in der Weise der Baubo. So heißt es über einen geistlichen Herrn, er habe anno 1399 von der Kanzel herab wie folgt gesprochen: »›Nun, liebe Leutlein, muß ich mich noch

nach der Gewohnheit richten und Euch zur Lust ein Ostermärlein erzählen. Da mir aber nicht sogleich eines einfallen will, so beachtet dies: Welcher Mann Herr ist über sein Weib, der hebe jetzo beide Arme in die Höhe und rufe Juch!‹ Da sich nichts regte, streckte der Geistliche seine Arme in die Höhe und rief Juch. Ein allgemeines Gelächter erscholl, und man ging vergnügt von dannen.« Cf. H. Fluck, 1934, S. 189, 199, sowie M. Bachtin, 1968, S. 78.
40 Cf. G. Devereux, 1981, S. 26 f., 32. Eine sardische Legende erzählt, daß die Muttergottes nach dem Tod des Heilands untröstlich war. Ein Frosch fand, sie übertreibe es ein bißchen mit ihrer Trauer, und sprach zu ihr: »Maria, wenn Du so sehr klagst um den Tod *eines* Sohnes, was hätte ich dann tun sollen, als mir das Rad eines Karrens in einer Umdrehung sieben Kinder tötete?« Dies fand die hl. Jungfrau so lustig, daß sie lachen mußte, und seither haben die Sarden bei Todesfällen die sog. *buffona* zur Stelle, damit es keine Trauer gebe, bei der nicht auch das Lachen seinen Anteil hätte. Cf. F. R. Schröder, 1941, S. 12 f. Nach einer rumänischen Version erzählt eine Fröschin der Muttergottes von ihrem jüngsten Kind, was bei Maria einen Lachanfall auslöst. Cf. Devereux, S. 66. Frosch und Kröte stehen bekanntlich in aller Welt für die Vulva.
41 Siẹ wird als Vorgängerin der arischen Erdmutter Pṛthivī gesehen. Cf. C. C. Dasgupta, 1935, S. 95. In Indien wird die ihre Yoni zur Schau stellende Göttin, die »Schöpferin aller Dinge«, zuweilen auch als Gebärende dargestellt. Cf. P. Rawson, 1972, S. 20, 22. Bei agrarischen Ritualen zeigen auch heute noch Frauen auf dem Land ihre Vulva, verbunden mit obszönen Reden. Dies soll die Fruchtbarkeit von Acker und Mensch fördern. Cf. J. Gonda, 1961, S. 80 f.
42 Cf. J. Sharkey, 1975, S. 8. Von der in den zwanziger Jahren vom Turm der St. Michael's Church in Oxford entfernten Sheila-na-gig hieß es, daß alle Bräute dazu angehalten wurden, sie anzublicken, wenn sie zum Traualtar schritten. Cf. M. A. Murray, 1934, S. 99. Häufig befanden sich auch Sheilas an Brunnen, von deren Wasser die Frauen angeblich schwanger wurden. Cf. E. Ettlinger, 1979, S. 247, cf. auch V. C. C. Collum, 1935, S. 63. Seit dem Hochmittelalter brachte man Sheilas mit Vorliebe an kirchlichen Gebäuden an, einerseits, um Dämonen abzuschrecken, andererseits, um schamloses und teuflisches Verhalten exemplarisch darzustellen und anzuprangern. Cf. J. Andersen, 1977, S. 65. Soll die Schere, die Sheilas in seltenen Fällen in der Hand halten, dem männlichen Dämon signalisieren, was ihm blüht, wenn er den Verlockungen ihrer Vulva folgt? Cf. R. N. Bailey, 1983, S. 114. Der Name der Sheila ist als »Sheila von den Brüsten« oder »Sheila von den Brustwarzen« (ei-

gentlich eher »Titten-Sheila«) gedeutet worden. Cf. M. M. Banks, 1935, S. 63, Collum, S. 63. T. C. Lethbridge, 1968, S. 88, hält diese Deutung für unwahrscheinlich, weil bei den Sheila-Darstellungen offensichtlich mehr Wert auf die Vulva als auf die Brüste gelegt wird. Das Wort für »Brust«, *cioche*, das etwa wie ›kiisch‹ ausgesprochen wird, scheint im Namen der Muttergöttin Ma Gog zu stecken, deren Brüste mit gewissen Hügeln identifiziert wurden. Zwei Hügel in der Grafschaft Kerry heißen Dá Chich Anann, was für gewöhnlich mit »die zwei Titten der Anu« übersetzt wird. Die Muttergöttin Anu wurde mit der hl. Anna, der Mutter Marias, identifiziert, die beispielsweise bei den Bretonen eine größere Rolle spielt als die Muttergottes. Anu war eine Göttin des Todes und der Wiedergeburt (cf. J. Doan, 1980, S. 31, 34 f.), und vielleicht war sie es, die durch die Sheilas dargestellt wurde.

43 Cf. S. Alexiou, 1976, S. 99. Picard, 1938, S. 100, stuft die Oinochoe als mittelminoisch ein. Auch in anderen Kulturen wird die Baubohaltung häufig mit Tod und Wiedergeburt verbunden. Beleidigt sitzt etwa die japanische Sonnengöttin Amaterasu in einer Höhle, aus der sie durch das Lachen der Götter herausgelockt wird, die sich amüsieren, weil die Ama-no-Uzume-no-Mikoto ihre Vulva und ihre nackten Brüste zeigt, eine Geschichte, in der sich gewiß ein alter Regenerierungskult der Vegetation spiegelt (cf. K. Singer, 1940, S. 52). G. Devereux, 1981, S. 63, führt in diesem Zusammenhang an, daß japanische Schamaninnen sich in ähnlicher Weise wie die Uzume entblößten, um »die periodisch geschwächten Lebenskräfte der Menschen (und der Natur) zu stärken«. Auch die Göttin Hathor erheiterte durch das Exponieren ihrer Vulva den grollenden Sonnengott Rê und holte ihn auf diese Weise in die Götterneunheit zurück. Der Schurz der Hathortänzerinnen war vorne offen. Cf. E. Brunner-Traut, 1974, S. 25. Am »Tag der Trunkenheit« in Denderah hat Hathor dem Pharao »das Schönste der schönen Dinge« getan, ihm ihre Vulva also wohl nicht nur gezeigt. Ich will damit nicht sagen, daß sich jedes Vulvazeigen auf Regenerierung bezieht. Durch Entblößen der Scham vertrieben beispielsweise während eines Tanzes die Tasmanierinnen den Buschgeist, der sie beim Sammeln zu vergewaltigen und schwängern drohte (cf. G. A. Robinson, 1966, S. 249); die Traumzeitfrau der Pintubi sprang mit gespreizten Beinen unter die Initianden, bevor sie diese verspeiste (cf. B. Scrobogna, 1980, S. 55), und die französischen Bäuerinnen vertrieben durch das Hochheben ihrer Röcke das Gewitter. Cf. Y. Verdier, 1979, S. 64. Bei gewissen Tieren scheint das Exponieren der weiblichen Genitalien dem phallischen Drohen zu entsprechen. So spreizen etwa die Weibchen der Totenkopfaffen die Hinterschenkel

und zeigen ihre große, erigierte Klitoris, um ihre Überlegenheit gegenüber Artgenossen zu demonstrieren. Cf. E. Neumann, 1980, S. 31. Vulvaförmig zugeschliffene Muscheln schützen im südlichen Italien gegen den Bösen Blick. Cf. T. Hauschild, 1980, S. 90.
44 Cf. W. Burkert, 1977, S. 368. Auch bei den Floralien, dem italischen Fest der Toten- und Fruchtbarkeitsgöttin Flora, die der Demeter entsprach, traten *meretrices* auf, die Vulva und Brüste präsentierten, und zwar in obszönen Stellungen *(pudendi motus)*, untermalt mit lasziven Reden *(verborum licentia)*. Wie die Ischtar galt auch Flora als *meretrix*. Cf. Altheim, 1931, S. 138, 140, 143. Bei den Argia-Tänzen der Sarden zeigen sich die Frauen, wenn sie unter sich sind, ebenfalls die Vulva und die Brüste, wobei sie obszöne Lieder singen. Dies mag bedeuten, daß der von der *argia*, einem giftigen Insekt, gebissene Kranke einer ›Wiedergeburt‹ als Gesundem zugeführt werden soll. Cf. C. Gallini, 1978, S. 90.
45 Wir erwähnten, daß μέγαρον, ein Wort, das wohl semitischer Herkunft ist, »Höhle« bedeutet. Cf. W. R. Smith, 1899, S. 152. Zu den Phallen aus Backwerk cf. G. E. Skov, 1975, S. 141 f.
46 Cf. E. Gjerstad, 1929, S. 233.
47 Es ist ziemlich sicher, daß die Thesmophorien ins Neolithikum zurückreichen, in dem die Schweinezucht und der Getreideanbau Frauenarbeit waren. Cf. E. Simon, 1983, S. 17. Darauf deutet auch die angestrebte Primitivität der Lebensweise während des Festes. Die Frauen lebten in einfachen Hütten oder Zelten, in denen es keine Betten gab, trugen ›steinzeitliche‹ Kleidung, und in Eritrea erhitzten sie das Fleisch gar auf von der Sonne heiß gewordenen Felsen. Cf. J. P. Johansen, 1975, S. 85 f. Freilich deuten die Lygoszweige, die man zum Bau der Hütten verwendete, darauf hin, daß es sich um Imitationen archaischer Seklusionshütten handelte, in denen man die Jungfrauen bei der Menarche absonderte, denn vom Lygos hieß es nicht nur, daß er die Geschlechtslust hemme, sondern auch, daß er die Menstruation fördere. Cf. B. Wagner, 1982, S. 228. Bei vielen Völkern galt die Zeit der Menstruation – die Dokumentation der Fruchtbarkeit – als Periode der weiblichen Machtfülle, als Zeit »when we are powerful and the men are afraid«, wie die Papago-Frauen sagen. Cf. R. M. Underhill, 1965, S. 52. Gleichzeitig fördert die Menstruation auch häufig das Wachstum der Vegetation, wie etwa bei den Bambara (cf. Zahan, 1979, S. 165). Anscheinend waren also die Thesmophorien einst ein Fruchtbarkeitsfest der Frauen im weitesten Sinne. Solche Feste sind häufig verbunden mit einer Aggressivität der Frauen gegen die Männer. Als z. B. ein gewisser Battos während der kyrenischen Thesmophorien die

Frauen belauschen wollte und er entdeckt wurde, riß man ihm die Genitalien ab. Wenn bei solchen Festen den Männern die Vulva gezeigt wird, dann ist dies meist kein ›Versprechen der Wiedergeburt‹, sondern ein aggressiver Akt. Beim Fest der Klitoridektomie *(chin-yangi)* bei den Nyansongo ahmten die Frauen nicht nur unter sich den Koitus nach. Wenn Männer auf Lastwagen, die sie zur Teeplantage brachten, vorüberfuhren, hoben die Frauen ihre Röcke und exponierten ihre Vulva, was bei den Männern zu einer großen Verlegenheit führte. Cf. B. B. LeVine, 1969, S. 51 f., 56. Für weitere Beispiele cf. H. P. Duerr, 1978, § 4. Bekanntlich aßen die Frauen (θεσμοφοριά ξουσαι) während der Thesmophorien Granatapfelkerne. Der Granatapfel war ein Fruchtbarkeits- und Todessymbol und wurde – man denke an das Urteil des Paris – bei der Liebeswerbung verwendet (cf. J. Trumpf, 1960, S. 15), in klassischer Zeit freilich nur gegenüber Hetären. Cf. M. K. Brazda, 1977, S. 39. In Mesopotamien galt er als Frucht der Ischtar und als Aphrodisiakum (cf. S. Smith, 1925, S. 142), und bei den alten Hebräern symbolisierte er einen schwangeren Bauch. Cf. H. M. Westrop/C. S. Wake, 1875, S. 44. In Indien war er offenbar mit Erd- und Unterweltsgottheiten verbunden (cf. B. Mundkur, 1980, S. 677 f.), und auch in Griechenland war er mit Tod und Unterwelt assoziiert. Der Granatapfelbaum entstand aus dem Blut, das Agdistis bei seiner Entmannung vergoß (cf. H. Lugauer, 1967, S. 149). Persephone bleibt an die Unterwelt gebunden, weil sie in diese Frucht gebissen hatte, so wie Schneewittchen ›tot‹ umfiel, als sie von dem Apfel kostete. Einen Apfel reicht die Feenkönigin dem Sterblichen, um ihn an sich zu fesseln (cf. W. Y. E. Wentz, 1909, S. 167); und auch Isanami kann nicht mehr aus dem Totenreich zurück, weil sie von einer ›Elbenspeise‹ aß. Cf. A. Aarne, 1930, S. 6. Ich vermute, daß die Granatapfelkerne bei den Thesmophorien die Fruchtbarkeit der Teilnehmerinnen fördern sollten.
48 Cf. P. W. F. Brown, 1965, S. 288.
49 Cf. Gimbutas, 1974, S. 213 f. Der thrakischen Bendis wurde während ihres Frühlingsfestes ein Schwein geopfert. Cf. Z. Gočeva, 1978, S. 400. In der eisenzeitlichen Hallstattkultur warf man Schweine und andere Tiere, aber anscheinend auch Menschen in Felsspalten und Höhlen, und derartige Regenerierungsrituale sind nicht nur aus der spätbronzezeitlichen Urnenfelderkultur, sondern auch aus dem Neolithikum bekannt, was die Jungfernhöhle in der Fränkischen Alb bezeugt. Dort stieß man vor allem Jungfrauen und Kinder in einen tiefen Höhlenschacht. Cf. W. Menghin, 1980, S. 35 f., 71 f., 100. In der Kamareshöhle fand man die Reste von in minoischer Zeit niedergelegten Tieren und von Getreide. Bekannt-

lich ist die Höhle im Winter und im Frühling wegen des Schnees unzugänglich. Sollten sich in dieser Zeit dort die Tiere und Pflanzen regenerieren? In den sog. Höhenheiligtümern auf den kretischen Berggipfeln fand man verbrannte Tierfiguren und tönerne menschliche Gliedmaßen. Dienten diese Feuerrituale, die man wohl vermuten darf, der Regenerierung von Mensch und Tier? Die Gallier verbrannten die Erstlinge von Tieren, aber auch die Erstgeborenen von Menschen, um die Fruchtbarkeit zu steigern. Auch unsere Frühlings- und Mittsommerfeuer, durch die Paare sprangen sowie Tiere getrieben und Pflanzen gezogen wurden, dienten dem Wachsen und Gedeihen. Cf. W. Mannhardt, 1905, S. 521, 528. Nach Pausanias, IV, 31, 9, gab es in Messenien ein Heiligtum der Eileithyia und eine Höhle der Kureten, in der man Tiere in die Glut

133 Die Große Göttin auf dem Berg. Siegelringabdruck aus Knossos.

warf. Zu Ehren der Artemis verbrannte man auf Berghöhen lebende Tiere. Cf. W. K. Guthrie, 1961, S. 10. War sie die Nachfolgerin der minoischen Tierherrin, die auf dem berühmten knossischen Siegel auf einer Bergspitze steht?

50 Cf. S. Weinstock, 1934, S. 142.
51 Cf. J. de Vries, 1931, S. 21 f.
52 Cf. Devereux, 1981, S. 36. Der Ausdruck war freilich – für die Vulva verwendet – vulgär. Cf. W. Burkert, 1972, S. 286.
53 Cf. J. C. Lawson, 1910, S. 79 f., nach E. D. Clarke, 1818, S. 601, und F. Lenormant, 1864, S. 398. Cf. ferner A. B. Cook, 1914,

S. 173 f., und M. P. Nilsson, 1942, S. 231. Auf Lesbos wird noch heute aus den ersten Ähren eine weibliche Gestalt gebunden, die ψάθα oder σιτάρι heißt und das Kornmädchen darstellt. Cf. H.-G. Buchholz, 1975, S. 219, cf. auch H. Biezais, 1981, S. 570. Vor etwa zwanzig Jahren habe ich auf einer griechischen Insel ein solches Kornmädchen erstanden.

Anmerkungen zu § 17

1 Cf. S. I. Dakaris, 1973, S. 14. Wahrscheinlich wurden die eleusinischen Mysten durch ähnliche labyrinthische Gänge geführt. Cf. W. F. J. Knight, 1932, S. 449.
2 Der Name dieser Persephone scheint etymologisch mit dem etruskischen φersu (vgl. φersipnei) zusammenzuhängen. Auch der Name der Totengöttin Anna Perenna gehört hierher. φersu war ursprünglich wohl eine Art Hermes Psychopompos, der die Toten in die Unterwelt geleitete, und er wurde bei Gladiatorenspielen von einem maskierten Mann dargestellt, der prüfte, ob die Erschlagenen wirklich tot waren. Von dieser Maske leitet sich bekanntlich das Wort *persona* ab. Cf. Altheim, 1931, S. 101, 57 f. *Involuti*, die »Verhüllten«, nannten die Etrusker ihre chthonischen Gottheiten, und das Maskentragen war in Griechenland wie in Etrurien und Campanien den Erd- und Totengöttern eigentümlich. Cf. O. Neeracher, 1981, S. 28, 208. Auch das μύειν, das »Schließen der Augen und des Mundes«, wurde durch eine Verhüllung des Kopfes dargestellt. Cf. K. Kerényi, 1945, S. 51. Persephone besitzt auf manchen Büsten kein Gesicht. Die altiberische Unterweltsgöttin Ataecina, in der Interpretatio romana die Proserpina – einerseits noch eine Herrin der Tiere, der Ziegen geopfert wurden, andererseits schon Göttin der agrarischen Fruchtbarkeit (cf. H. v. Sicard, 1971, S. 235) –, wurde insbesondere in den Landschaften zwischen Tajo und Guadalquivir verehrt. In einer Grotte nahe der Meerenge von Gibraltar stand ihr Kultbild mit nackten Brüsten und verhülltem Haupt. Der Tod ist nicht nur, wie es im *Siebenten Siegel* von Ingmar Bergman heißt, »unwissend«, er hat auch kein Gesicht.
3 Wenn man von Odysseus absieht, ist der einzige, der zu ihrem Totenreich Zugang hat, der Grenzgänger Hermes. Im Namen der Kalypso steckt die idg. Wurzel *kel-*, »verhüllen«, »verbergen«. Cf. H. Güntert, 1919, S. 63 f., H. P. Duerr, 1978, S. 197 f., A. Meillet, 1919, S. 384, E. Meyer, 1895, S. 266, C. P. Segal, 1962, S. 20 f. Diesen ›*kel*-Charakter‹ haben auch die germanischen tierherrinnenartigen Riesinnen, die oft Mütter von Göttern wie Oðinn sind, die

ohne vorangegangene Zeugung gebären, Vorfahrinnen der Walküren, die weitab von der Welt der Menschen in Felsgrotten, Gletschern oder im Meer wohnen, z. B. Hel (Hála, Huld), Fála oder Gríma (Grímhildr). Cf. L. Motz, 1981, S. 496 f., 500.

4 Cf. V. Scully, 1979, S. 18 f.

5 Cf. J. D. Evans, 1959, S. 89 ff. Nach T. Zammit, 1930, S. 58, weist die später offenbar als Grab verwendete natürliche Ghar Dalam-Höhle (»Höhle der Dunkelheit«) Indizien eines zeitweiligen menschlichen Aufenthalts von paläolithischer Zeit bis zu den späten punischen Tagen auf. Ob Malta bereits im Jungpaläolithikum besiedelt war, ist freilich umstritten. G. Lilliu, 1968, S. 90, spricht vom frühen Neolithikum.

6 Cf. J. D. Evans, S. 155 f. Im Tarxien-Heiligtum gibt es eine Felskammer, die durch einen Schacht zu erreichen ist. Möglicherweise ist sie eine Miniaturausgabe des mutmaßlichen Labyrinths von Ġgantija.

7 Freilich fand man hier die Überreste von domestizierten Tieren wie Rindern, Ziegen und Schweinen, aber auch von Wildtieren. In Tarxien gibt es die Abbildung eines ithyphallischen Stiers sowie die einer Sau mit vierzehn Frischlingen (cf. D. Trump, 1981, S. 135). All dies macht es wahrscheinlich, daß hier Tiere regeneriert wurden.

8 Cf. J. D. Evans, 1971, S. 175, E. Mackie, 1977, S. 28, 30.

9 Die dort gefundene berühmte »Schlafende Dame« mit nacktem Oberkörper und üppigen Brüsten, aber auch andere Figurinen schlafender Frauen legen diesen Gedanken nahe. Cf. S. v. Reeden, 1978, S. 102.

10 Cf. M. Ridley, 1976, S. 56 f.

11 Cf. G. Zuntz, 1971, S. 7 f. Als erster Gelehrter hat wohl G. v. Kaschnitz-Weinberg, 1944, S. 42, gefolgt von R. Levy, die Vermutung geäußert, daß die maltesischen Tempel den Leib der Erdmutter darstellten, in dem ein *hieros gamos* stattfand. Cf. ferner J. Mühlberger, 1961, S. 69, und M. Eliade, 1978, S. 117 f.

12 Die Analogie endet beim *regressus ad uterum*, denn die ägyptischen Toten kamen im Leib der Göttin – im Himmel – zur ewigen Ruhe. Sie wurden also nicht wiedergeboren.

13 Zuntz, 1971, S. 51 f., schreibt über denjenigen, der den Tempel betreten hatte: »Having passed through the divine vulva, he had, in a realistic symbolism, become the mate of the goddess.« Und: »He that so entered died and begat – himself.« Dies wäre die ägyptische Kamutefkonzeption in maltesischer Variante.

14 Cf. Zuntz, S. 61 f., 68 f. Auch in diesen Gräbern wie in ligurischen fand man häufig roten Ocker, der anscheinend zuweilen in

festen Stücken so ins Grab gelegt wurde, daß er von den daneben liegenden Toten leicht aus seinem Behälter genommen werden konnte. Cf. F. v. Duhn, 1906, S. 8 f.
15 Cf. J. Thimme, 1983, S. 15, ders., 1980, S. 102. E. Atzeni, 1980, S. 27 f., vermutet anhand von Figurinen einen stiergestaltigen Paredros der Göttin.
16 Cf. Thimme 1983, S. 14 f. Auch die pommerschen Gesichtsurnen aus der frühen Eisenzeit, Behälter zur Aufbewahrung der Totenasche, wurden als Darstellungen der chthonischen Göttin gedeutet, die den Toten in ihren Leib zurücknimmt. Cf. F. Adama v. Scheltema, 1950, S. 94 f. Thimme 1980, S. 104, meint, daß das sardische Schimpfwort »torranci in su cunnu de mamma tua!« ein Survival der megalithzeitlichen Vorstellung vom Sterben als ›Rückgeburt‹ in den Schoß der Großen Mutter sein könne. Das scheint mir nun doch zu weit hergeholt. In Niederbayern habe ich einmal den analogen Ausdruck »Fick dich zurück« gehört, doch es fällt mir schwer, in der Passauer Dame, die dies sagte, die Trägerin einer ähnlichen Volksüberlieferung zu sehen.
17 Cf. Gimbutas, 1974, S. 131.
18 »Das spitzbogige Rippengewölbe erinnert an den Thorax einer gigantischen Mutter. Der Innenbau einer gotischen Kathedrale ist eine architektonische Super-Vierge-Ouvrante, die den Gekreuzigten in ihrem Mutterleib trägt. Kathedralen wuchsen in ihren Ausmaßen so an, daß sie sich aufwölbten wie eine Frau, die hochschwanger ist. Die Türen, nunmehr Symbole ihres jungfräulichen Organs, führten in das Innere, das einem sezierten weiblichen Körper ähnelte.« So etwas imaginativ P. Fingesten, 1964, S. 102 f. Cf. auch H. Jantzen, 1957, S. 151 f. Nach Honorius Augustodunensis repräsentierte dagegen die Apsis des Münsters den Kopf Christi, das Querschiff seine ausgebreiteten Arme, das Langschiff den Rumpf und die Beine, der Altar sein Herz. Cf. T. Burckhardt, 1955, S. 61. In der spätmittelalterlichen Mystik wurde Christus bisweilen als Mutter, seine Wunde als fruchtbarer Leib gesehen. Cf. R. N. Watkins, 1983, S. 179 ff., K. E. Børresen, 1983, S.23, C. W. Bynum, 1982, S. 110 ff.
19 Cf. E. H. Spicer, 1954, S. 115, 118. *Garbhagṛha*, »Gebärmutterraum«, heißt in südindischen Tempeln häufig das Allerheiligste, in dem bisweilen derjenige symbolisch beerdigt wird, der den Bau des Tempels finanziert hat. Cf. B. E. F. Beck, 1976, S. 237 f.
20 Cf. D. Zahan, 1979, S. 61, 63. Cf. auch M. Wilson, 1957, S. 205, und R. Thurnwald, 1940.
21 Weiße und rote Bänder im Kōtakuji-Tempel auf dem »Herbstgipfel« Aki no Mine, dem Leib der Allgebärerin, repräsentieren

Knochen, Arterien und Venen der japanischen Göttin. Cf. H. B. Earhart, 1970, S. 143. In ihrem Schoß wurden die Gebirgsasketen (*yamabushi*, auch *fug yōsha* und *fushimi no okina*, »Asketen, die im Gebirge schlafen« genannt) wiedergeboren. Cf. I. Hori, 1975, S. 265 ff.
22 Offenbar unter Einfluß des Christentums hat sich heute die auf dem Rücken liegende Göttin in Gott verwandelt, obgleich die Tür zu dem Heiligtum immer noch »Geburtsöffnung« heißt und gesagt wird, daß der Initiand wie der Sterbende dem Erlöser Jesus gleichen, der aus dem Schoß der Mutter in die Welt hinausging und wieder in jenen zurückkehrte. Cf. R. Bureau, 1972, S. 44 ff., 53. Möglicherweise ebenfalls christlich beeinflußt ist folgende Konzeption: In die uterine Existenzweise bringt einen auch die ›psychoaktive‹ Droge *Tabernanthe eboga* zurück. Diese Daseinsweise haben die Menschen vergessen, weil sie als Fötus und als Säugling zwei elementare Sünden begangen haben. Sie haben nämlich die Vagina ihrer Mutter durch den Geburtsakt geschändet, und sie haben deren Brüste entweiht, weil sie an ihnen gesaugt haben. Durch *eboga* verläßt der Mensch diese sündhafte Welt. Cf. J. W. Fernandez, 1982, S. 387, 389 f., 491. Initiationen können auch durch den Leib einer männlichen Gottheit hindurch erfolgen. Bei den Kwakiutl wurde beispielsweise der künftige Schamane von einem Geheimbundgott verschlungen, d. h., jener kletterte durch den Mund des Gottes – die Öffnung in einer Bretterwand, auf die der Gott gemalt war –, kroch durch seine Eingeweide und wurde durch den After wieder ausgeschieden. Cf. W. Müller, 1982, S. 135, ders., 1980, S. 345.
23 Cf. M. Haavio, 1952, S. 17.
24 Cf. D. Shulman, 1978, S. 135, 136 f.
25 Cf. P. Rawson, 1972, S. 34, ferner P. Aalto, 1970, S. 200.
26 Cf. H. Hoffmann, 1967, S. 22 f.
27 Cf. P. G. Hesse/H. Grimm, 1976, S. 131. Der »Tod der Lucretia« von Guido Cagnacci ist bekanntlich immer wieder als Darstellung einer Frau im Augenblick des sexuellen Höhepunktes gesehen worden. Den »kleinen Tod«, die ›Ichauflösung‹ im Orgasmus als eine *masochistische* Tendenz des normalen Geschlechtslebens zu sehen – wie dies neuerdings manche Feministinnen tun (cf. z. B. B. Sichtermann, 1983, S. 38) – halte ich für verfehlt, da es sich nicht um das Erleiden eines Schmerzes, um eine »Verwundung« handelt, wie diese Autorinnen annehmen, sondern um eine extreme Spannungslösung.
28 Wenn man von einem Mythos sagt, daß er »immer ist« (Sallust: ταυτὰ δὲ ἐγένετο μὲν οὐδέποτε, ἔστι δὲ ἀεί), und damit meint, daß

in ihm Grundkonstellationen des Daseins abgebildet werden, die zwar in verschiedener Weise zum Ausdruck kommen, sich aber dadurch nicht ändern – so wenig wie sich die Wahrheit im Gegensatz zur Erkenntnis ändern kann –, dann ist das traumzeitliche Geschehen nichts anderes als ein mythisches Geschehen. Etwas mythisch, in mythischer Perspektive, sehen heißt dann schlicht: etwas erkennen als das, was es *ist*, und die Traumzeit bricht dann an, wenn wir einer Sache auf den *Grund* gehen, wenn wir nach der Wahrheit fragen. Traumzeit ist also keine *andere* Zeit, auch nicht eine solche, die, wie F. Kramer, 1978, S. 15, meint, »mit der immer repetitiven Zeit des Alltagslebens gleichsam gleichzeitig da« ist; es sei denn, Kramer will damit sagen, daß wir eben normalerweise im Alltag den Dingen nicht auf den Grund gehen. Cf. hierzu auch H. Petri, 1983, S. 301 f., C. v. Korvin Krasinski, 1960, S. 92, K. Hübner, 1979, S. 92, P. Weidkuhn, 1977, S. 171, H. P. Duerr, 1983, S. 385 f.

29 In diesem Kanu führten sie eine die Gebärmutter symbolisierende Fasermatte *(ngainmara)* und die einen Penis symbolisierenden *rangga*-Stäbe mit sich, die, in die Erde gestoßen, den Pflanzenwuchs förderten.

30 Eine lange Klitoris gilt im Arnhem Land – entsprechend den langen Schamlippen der Buschfrauen im südlichen Afrika – als sehr attraktiv, und es wird beständig an ihnen herumgefingert, damit sie noch länger werden.

31 Der Bruder der Djanggawul-Schwestern, Bildjiwuraroiju, hatte einen Penis von so beachtlicher Länge, daß er ihn über der Schulter tragen mußte, um beim Gehen nicht zu sehr behindert zu werden. Cf. R. M. Berndt, 1952, S. 42 f.

32 A. Lommel, 1980, S. 124, nennt die Schwestern »Herrinnen der Tiere«, aber dies scheint – wie bei der paläolithischen Venus – nur *einer* ihrer Aspekte gewesen zu sein.

33 Nach einer Version kommen die Schwestern ohne Bruder, d. h. ohne Mann übers Meer (»no father«). Cf. C. H. Berndt, 1970, S. 1320. Nach einer anderen Überlieferung waren die Schwestern androgyn – ihre Klitoris waren Penisse, mit denen sie sich selbst beschliefen. Cf. R. M. Berndt, 1952, S. 11. Cf. auch W. E. H. Stanner, 1961, S. 98 f.

34 Im entsprechenden ›Schwestern-Kult‹ ist ein halbmondförmiger Graben *(ba'uma)* der Uterus der älteren Schwester, ein kleinerer, »das jüngere Loch« genannt, der Uterus der jüngeren. Cf. auch A. P. Elkin, 1949, S. 94 f., ders., 1979, S. 254 ff.

35 Als ich in einem früheren Buch die These vertrat, daß die jungpaläolithische Venus eine Herrin der Tiere *und* eine Erdmutter

gewesen sei, haben eine Reihe von Ethnologen und Prähistorikern eingewandt, eine solche Vermutung sei abwegig, da nur Pflanzer sinnvollerweise die Konzeption einer fruchtbaren Erdgöttin entwickeln könnten. Ich denke, daß dieser Einwand sich durch die Existenz des Kunapipi-Kultes erledigt. Warum sollten Jäger und Sammlerinnen die Erde, aus deren Schoß jedes Jahr die Vegetation – und nach Meinung vieler Wildbeuter auch die Tiere – geboren werden, nicht vergöttlichen? Auch die Bambuti-Pygmäen kennen eine Urmutter, die in einer Felsenhöhle lebt, einer Grotte, die P. Schebesta, 1950, Bd. II.3, S. 189, als Uterus deutet. Cf. auch ders., 1965, S. 228, 232. Ihr Name ist Matú – eine Personifizierung des Wortes *otú*, »Menstruationsblut«. Das Blut einer menstruierenden Frau hat bei den Bambuti keinerlei negative Bedeutung und gilt nicht als furchterregend, so daß der Beischlaf mit einer Menstruierenden nicht tabuisiert ist. Cf. Schebesta, 1948, S. 391 f., 400, C. Turnbull, 1963, S. 208 f. Matú ist die Mutter der Menschen und Tiere, die sie aus ihrer Höhle – die offensichtlich nichts anderes ist als ihr Leib – entließ (cf. E. M. Zuesse, 1979, S. 35), und die auch heute noch den Embryo im Leib der Mutter formt. Cf. J. de Leeuwe, 1962, S. 103, ders., 1966, S. 756, 760. Nach Zuesse, S. 36, sehen die Bambuti den Urwald als weiblich an und die Jagd als einen Beischlaf, den der Jäger dort ausübt, eine Vorstellung, die wir auch bei den Desana angetroffen haben. Schebesta, 1965, S. 231, meint, daß die Pygmäen die Matú möglicherweise von den Negern übernommen hätten, da die Urmutter Hexenzüge trage. Viel wahrscheinlicher ist jedoch, daß lediglich die Hexen*züge* der Matú von den Negern stammen, denn die Göttin hat in ihrem Wesen nichts mit einer Hexe gemein, und auch Schebesta, S. 228, selber schreibt, sie sei »eine nicht unsympathische Gestalt«. Hexen sind für Wildbeuter völlig untypisch, da deren Konfliktlösungsstrategien – unter anderem auf Grund der flexiblen Lebensweise – derartige Projektionen nicht nötig machen. Matú ist nicht nur die Mutter des Lebens im biologischen Sinn, sondern auch die Hüterin des Feuers, die den mythischen Jäger verprügelt, als dieser ihr das Feuer stehlen will, und damit auch die Mutter der Zivilisation. Gegen Ende der Molimo-Zeremonie, wenn die Mädchen wild tanzen und die alten Frauen in scharfem Rhythmus die Banjahölzer schlagen, springt plötzlich eine alte Frau in das heilige Feuer, zerstreut es mit den Füßen in alle Richtungen und wirft heiße Asche und glühende Holzscheite auf die Männer. Dann versucht sie, das Feuer gänzlich zum Erlöschen zu bringen, doch die Männer fachen es mit erotischen Beckenstößen immer wieder an. (Die Feuerstelle heißt »Vagina« und die Männer »zeugen« das Feuer immer wieder neu.) Schließlich bindet die Frau – gewiß eine Verkörperung der Matú – den Männern mit einer Lianenschlinge die Hälse zusammen, und die Männer müssen sich freikaufen, d. h., die rechtmäßige Besitzerin des Feuers muß für den mythischen Raub entschädigt werden. Cf. C. Turnbull, 1963, S. 172 ff., ders., 1981, S. 218, P. Weidkuhn, 1973, S. 451 f., P. Schebesta, 1963, S. 220 f.

36 Angesichts derartiger Gebräuche äußern sich Ethnologen, die noch nicht von des Gedankens Blässe angekränkelt sind – etwa K. Jettmar, 1978, S. 97, der sich »noch durchaus die naive Empörung der nicht wissenschaftlich verbildeten europäischen Besucher bewahrt« hat – wie folgt: »Er (damit meint Jettmar sich selber) nennt die Australier ein ›nach dem Zeugnis seiner eigenen sakralen Dokumente mit allen Lastern und ganz besonders mit dem Laster excessiver Sexualität vergiftetes Volk‹.« Jettmar muß sich indessen nicht mehr um das Heil der australischen Seele ängstigen, denn schließlich hat sich unsere giftfreie Zivilisation der Kultur der Australier angenommen, und jene Hochkultur hat ja, wie uns W. E. Mühlmann, 1982, S. 89, erinnert, »barbarische Kulturen überlagert und durchsetzt, deren Träger zuchtvoll gebändigt« und ihnen, sofern sie es nicht vorzogen, in Wellblechbaracken über ihr geläutertes Dasein zu sinnieren, sogar die Gelegenheit gegeben, an unserer »höheren und erfüllteren Daseinsform« teilzuhaben.

37 Cf. A. P. Elkin, 1951, S. XVII ff.

38 Cf. R. M. Berndt, 1951, S. 6 ff., 31 ff., 146 ff.

39 Cf. z. B. L. R. Hiatt, 1979, S. 257 ff.

40 Als Regenbogenschlange nahm die Urmutter früher die Initianden für eine Zeitspanne zwischen zwei Wochen und zwei Monaten in ihren Bauch, bevor sie die jungen Männer wieder ausspie. Etwas kompliziert wird die Sache dadurch, daß der mythische Wasserpython Julunggul – der nicht-mythische lebt im Salzwasser-Mangrovendickicht oder in Flußläufen und verschlingt seine Opfer in einem Happen (cf. I. R. Buchler, 1978, S. 128) – einerseits die Göttin ist, andererseits jedoch derjenige, welcher die Göttin in ihrer Schwesternform verschluckt oder aber die Kunapipi beschläft. So sagten einige alte Eingeborene dem Ethnographen: »You know, when the Julunggul went into the hut, we mean that a penis is entering a woman's vagina, and this hut (die Zeremonialhütte *murlk* oder *bambu:la*) is a uterus too: that is why we have it on the sacred ground, for it reminds us that everything must come from the Mother's uterus. That ist how we came in the Dreaming (Traumzeit); and people still continue to come in that way, don't they? And why do we have that Julunggul? Well, don't we have to have a penis to open and inseminate the woman, so that she can give birth to chil-

dren? And when the Julunggul swallows the Wauwalak, that is like a penis being swallowed by a vagina, *only we put it the other way around*. Now, when we hold our big rituals, we do the very same things, because we want the seasons to come, and things to grow, and people to be born: that is the real meaning of what we do.« (R. M. Berndt, 1951, S. 39. Hervorh. v. mir). Offenbar sind hier zwei verschiedene Traditionen miteinander kombiniert worden. Nach der einen ist die Schlange die Göttin, nach der anderen der Penis, der die Göttin befruchtet. Im Guwinggu-Mythos kam die »Alte Frau« Waramulngundji als Regenbogenschlange übers Meer, den Bauch voller Kinder. Sie brauchte keinen Penis, denn sie befruchtete sich selber. Cf. K.-P. Koepping, 1981, S. 381, ders., 1983, S. 125. Die Regenbogenschlangenmutter Jingana gab das Leben erst aus sich heraus, als sie in den After gespeert wurde. »Jingana is mother for white men, for black men, for everything. She made us black, she made other men differently. She carried everything at first, snakes, kangaroos, matrilineal dreamings, dogs, birds. She put some in water, others in the desert. Everything was in her, but she spewed it all out.« (K. Maddock, 1978, S. 11 f., 103 f.) Sie profilierte auch einst das Land (cf. C. P. Mountford, 1978, S. 78 f.) und brachte den Regen mit sich, der künftig das Land befruchtete. Cf. E. A. Worms, 1955, S. 548.
41 Cf. J. F. Downs, 1966, S. 58. Diesen indianischen Wasserjungfrauen entsprechen in gewisser Weise die griechischen Kurotrophos-Nymphen und auch unsere Waldweiber, bei denen etwa Wate in der *Kudrun* seine Heilkunst erlernt. Cf. W.-E. Peuckert, 1942, S. 72.
42 Cf. B. J. F. Laubscher, 1937, S. 1 ff. Diejenigen, die erfolgreich von dem Gang zu den Nymphen zurückgehalten werden, werden meist wahnsinnig, und man findet sie zuweilen unter den Insassen der Heilanstalten. Die Ewe haben eine »Geistermutter«, Nolimeno, und bisweilen auch noch eine »Geistertante« Nolimetasi, die in der jenseitigen Welt *amedzowe* leben, einem Reich, aus dem nicht nur die Menschen stammen, sondern auch die Tiere sowie Yams, Mais und Baumwolle. Die beiden gebären die Kinder und verteilen sie an die Mütter im Diesseits. Freilich tun sie letzteres nur sehr ungern, und sie verpassen auch keine Gelegenheit, die Kinder wieder zurückzuholen. Deswegen bietet man ihnen nach der Geburt Lehmfiguren als Äquivalent mit den Worten dar: »Du Gebärerin und Mutter der Kinder! Für das Kind, das von Dir weggegangen ist, bringen wir Dir hier als Tausch diese Erdmenschen, *ko*. Nimm diese an und ziehe Deine Hand von dem Kind im Sichtbaren wieder zurück!« Ist die »Geistermutter« mehr die Gebärerin, so ist die

»Geistertante« diejenige, die den Menschen zurückholt, ihn sterben läßt, was als ein Akt der Liebe gesehen wird. So sagen die Ewe: »Wer der starken Geistertante ungehorsam ist und im Trotz von ihr weg ins Diesseits flieht, der wird sie bald wieder lieben.« Cf. J. Spieth, 1906, S. 502 f., 512 f.

43 Cf. J. O. Lucas, 1948, S. 97.

44 Cf. M. Dornbach, 1977, S. 296 f. Im nordbrasilianischen Candomblé und in der Umbanda wird sie als Sirene dargestellt und mit der Muttergottes als *stella maris* identifiziert. Cf. E. Benz, 1976, S. 43, 47.

45 Cf. H. Unterste, 1978, S. 259 ff. E. Fromm, 1980, S. 329, berichtet von Patienten, die sich danach sehnten, im Meer zu ertrinken, eine Sehnsucht, die er mit einer »bösartigen inzestuösen Bindung an die Mutter« erklären will. Tödlich wie die Begegnung mit der afroamerikanischen Sirene ist bekanntlich auch die mit den das Vergessen bringenden nymphenhaften Sirenen der *Odyssee* (cf. C. P. Segal, 1983, S. 38 ff.) oder auch die mit der Kirke, die ja ebenfalls mit Hilfe ihres Gesangs die Männer des Helden in ihre Behausung zieht. Cf. G. Schönbeck, 1979, S. 43. νυμφόληπτος war eine griechische Bezeichnung für Wahnsinnige.

46 Ich nehme an, daß die Mami Wata (Mammy Water) deshalb als *weiße* Frau dargestellt wird, weil die Wassergeister im allgemeinen eine weiße Haut haben, d. h., sie wäre dann *im Grunde* keine Kopie der europäischen Frauen oder der weißen Seejungfrauen, die den Bug der Segelschiffe zierten, wie viele Autoren meinen. Nach Auffassung der Senufo waren auch die Weißen einst Schwarze gewesen, die sich lange Zeit am Meeresgrund aufgehalten hatten und dort gebleicht wurden. Daß die Weißen vom Grund des Meeres kamen, sah man ja auch, wenn man beobachtete, wie die Mastspitzen ihrer Schiffe am Horizont auf- und nach der Abfahrt wieder untertauchten. Cf. A. Duchâteau, 1980, S. 56 f.

47 F. Kramer, 1983b, S. 381, ders., 1984.

48 Die Schlangen scheinen von billigen indischen Farbdrucken mit Schlangentänzerinnen zu stammen, die den afrikanischen Künstlern als Vorlage dienten. Cf. H. Himmelheber, 1965, S. 116 f. u. Taf. VII, 1. Auch ein in Hamburg gedrucktes Schaustellerplakat, auf dem eine Schlangenbändigerin zu sehen ist, hat man als Vorlage angesehen. Cf. W. Till, 1983, S. 238.

49 Cf. Kramer, 1983b, S. 382. Dies tun auch die Erdgöttin der Bulsa, eine rothaarige und rotäugige Frau (cf. R. Schott, 1980, S. 290), oder die ›Große Göttin‹ der Ogoni in Calabar, Gbenebeka, die solche Gelegenheiten zu einem flüchtigen Abenteuer mit Männern nutzt. Cf. M. D. W. Jeffreys, 1970, S. 112.

50 Cf. J. O. Awolalu, 1979, S. 47.
51 Hier ist die Mami eine alte mythische Gestalt, und einst war die Sirene Symbol des Königreichs Kongo. Cf. G. Dupré, 1977, S. 99. Den Hinweis auf diesen Aufsatz verdanke ich Fritz Kramer.
52 Cf. J. Fabian, 1978, S. 319.
53 Auch die in gewisser Hinsicht mit der Mami Wata vergleichbare Dämonin 'Aiša Qandīša, ein elfenartiges Wesen, das in Flüssen, Quellen und Grotten des nördlichen Marokko lebt, junge Männer betört und verführt, raubt bisweilen den Verstand und bringt das Verderben. Cf. W. Vycichl, 1973, S. 660 f. So erscheint sie oft als verführerischer Vamp und pflegt als ǧinn-Braut mit sich in Trance befindlichen Männern den Beischlaf oder sie schweift kamelfüßig, mit dem Leib einer Ziege, wirrem Haar, Hängebrüsten und langen Brustwarzen umher. Cf. V. Crapanzano, 1981, S. 69, 174 ff., ders., 1983, S. 34 f., ferner B. Kilborne, 1978, S. 196. Frauen werden von 'Aišas Mann besessen, und der Koitus mit ihm bereitet ihnen oft Vergnügen, denn im Gegensatz zu den Ehemännern beschläft er sie nach ausreichendem Vorspiel, und vor allem bleibt er lange in ihnen, während die Männer ihre Frauen mechanisch besteigen und hastig ejakulieren. Cf. Crapanzano, 1977, S. 163 f.
54 Cf. B. Holas, 1976, S. 376.
55 Cf. G. Chesi, 1979, S. 135, 141, 157, ferner ders., 1983, S. 259 ff.
56 Cf. R. F. Thompson, 1979, S. 97.
57 Cf. E. Marcelin, 1947, S. 83.
58 Cf. A. Métraux, 1959, S. 154 f., 226 ff.
59 Cf. H. Zimmer, 1938, S. 199 ff.

Anmerkungen zu § 18

1 Cf. H. Petri, 1952, S. 193, ders., 1954, S. 156, 200, A. P. Elkin, 1967, S. 175, T. G. H. Strehlow, 1963, S. 250. Das Wort »Vermehrungszeremonie« (»increase ritual«), das für solche Riten gemeinhin verwendet wird, ist irreführend, denn keine Spezies soll ›vermehrt‹ im Sinne von ›vergrößert‹ werden. Vielmehr geht es darum, durch Auffrischen der Felsbilder den Status quo zu wahren. Cf. P. M. Kaberry, 1936, S. 398.
2 Die Regenmacher weisen selber darauf hin, daß sie aus eigener Kraft nicht in der Lage seien, die Regenfälle zu verursachen. »Man könnte deshalb sagen, er sei eigentlich kein Regenmacher, sondern in erster Linie ein Regenbitter« (H. Zimón, 1974, S. 77). Cf. ferner P. Parin, 1981, S. 523. Auch die Mitglieder des Regenmacher-Clans

der Nuer *machen* keinen Regen, sondern *beten* um ihn (cf. E. E. Evans-Pritchard, 1967, S. 299), und mit den Rauchriten der Tswana will man lediglich bewirken, daß der Rauch die Bitten um Regen zu den Göttern hochträgt. Cf. J. P. Feddema, 1966, S. 190.
3 Cf. J. Middleton, 1977, S. 86.
4 Cf. Zimón, S. 28 ff.
5 Cf. R. Wendorff, 1980, S. 32.
6 Cf. H. Blumenberg, 1979, S. 14.
7 Auch der Himmelsgott selber kann den Regen nicht verursachen, sondern bestenfalls verhindern, daß er in einem bestimmten Landstrich fällt. Cf. G. B. Silberbauer, 1981, S. 52, 102 f. Natürlich bittet man die Götter bisweilen um etwas. So klettert etwa bei den !Kung der Schamane an einem dünnen Faden zum Himmelsgott hinauf und macht ihm klar, daß kein Regen mehr gefallen ist. Cf. V. Lebzelter, 1929, S. 15, ders., 1934, S. 54.
8 Das bahnbrechende Buch Elias' über den Prozeß der Zivilisation müßte heute neu geschrieben werden, weil die Grundthese, die in ihm zum Ausdruck kommt, meines Erachtens falsch ist. Daß die Verinnerlichung von Zwang, hohe Schamschranken usw. nicht *wesentlich* mit der Zentralisierung des Staates verbunden sind, zeigen sämtliche neueren ethnographischen Untersuchungen des Sozialverhaltens von Wildbeutern oder anderen ›vorneuzeitlichen‹ Gesellschaften. Elias' Theorie wurzelt noch in der Gedankenwelt des vergangenen Jahrhunderts, für das die Wilden, etwa die des früheren Mittelalters, eben wilder waren als wir.
9 Cf. C. Turnbull, 1963, S. 101 f., ders., 1965, S. 257. Der Ethnograph hebt hervor, daß in den Liedern keine einzige Bitte vorkommt. In einer Hinsicht scheinen die Bambuti-Rituale sich von jenen vieler anderer Wildbeuter und fast aller Pflanzer zu unterscheiden. Da die Bambuti ein »immediate return system« haben (cf. J. Woodburn, 1982, S. 205 f.), also eine Wirtschaftsweise, in der sich die investierte Arbeit unmittelbar ›auszahlt‹ und zudem in relativ geringem Maße an jahreszeitliche Rhythmen gebunden ist, beziehen sich die Rituale eher auf Unglücksfälle und Mißerfolge, die jederzeit eintreten können.
10 Es ist zwar z. B. richtig, daß die Aranda ihre Intichiuma-Zeremonien im allgemeinen während der Zeit durchführten, in der die Tiere brüteten oder austrugen und die Pflanzen blühten. »While this is so, it sometimes happens that the members of a totem, such as, for example, the rain or water totem, will hold their Intichiuma when there has been a long draught and water is badly wanted.« (B. Spencer/F. J. Gillen, 1899, S. 169 f.) Cf. hierzu auch F. G. G. Rose, 1968, S. 204, K. J. Narr, 1955, S. 527 f., H. Biezais, 1978, S. 25.

Wenn man von solchen akuten Notsituationen absieht, wird, wie C. H. Berndt, 1950, S. 70, meint, die Betonung des ›Magischen‹ in Zeremonien, die unter normalen Bedingungen durchgeführt werden, als Indiz dafür zu werten sein, daß der eigentliche Sinn des Ritus verlorengegangen ist.

11 H. K. Schneider, 1981, S. 196 f., spricht von einer »falschen Theorie« und meint, daß die Tiere und Pflanzen ja schließlich auch ohne Rituale wiederkämen. Das ist natürlich in gewisser Hinsicht richtig, denn in den Zeiten, in denen noch keine Regenerierungsrituale durchgeführt wurden, verödete die Welt bekanntlich keineswegs. Wenn freilich *heute* der Huichol Matsúwa den Amerikanern sagt, der Grund ihrer ökologischen Misere liege darin, daß sie keine Zeremonien abgehalten, der Erde, den Göttern, der Sonne und dem See nicht für ihr Leben gedankt hätten, dann ließe sich der zunächst naiv klingende Satz des Indianers auch so verstehen: Das Abhalten von Zeremonien bedeutet nicht, daß durch ein magisches Ritual irgendeinem Unheil abgeholfen wird. Vielmehr drückt sich in den Zeremonien eine bestimmte Haltung gegenüber der Natur aus. Hätten also die Amerikaner solche Rituale vollzogen, dann hätte dies *bedeutet*, daß sie niemals ihre Außen- und Innenwelt in der Weise zerstört hätten, wie sie es getan haben.

12 Solche magischen ›Zwingrituale‹ finden sich bereits im alten China. Dabei gab es drei Stufen der Nötigung. Der Kaiser konnte eine Gottheit, die sich unwillig zeigte, Regenfälle herbeizuführen, degradieren, ihren Tempel schließen oder sie verbannen. Die nächste Stufe bestand darin, das Kultbild der Gottheit in die glühende Sonne zu stellen, und die letzte war, das Kultbild so lange zu peitschen, bis es anfing zu regnen. Cf. A. P. Cohen, 1978, S. 248 f., 252. Daß manche magischen Beeinflussungen offenbar weniger ›magisch‹ zu sein scheinen, als man zunächst anzunehmen geneigt sein mag, geht aus einem Bericht in der *Hessisch/Niedersächsischen Allgemeinen* vom 24. Februar 1981, auf den mich Ulrich Erckenbrecht aufmerksam gemacht hat, hervor. Darin heißt es, die Schanghaier Tageszeitung *Befreiung* habe gemeldet, in einer Bergregion in Sinnan gebe es mehrere Teiche, die von der Bevölkerung »geheimnisvolle Seen« genannt werden. »Immer, wenn jemand mit lauter Stimme am Ufer eines Sees zu reden beginnt, fällt kurz darauf heftiger Regen, der um so länger anhält, je länger diese Person spricht.« Der zunächst ungläubige Vorsitzende der örtlichen kommunistischen Parteiorganisation habe sich von der Richtigkeit dieser Behauptung überzeugt und mit lauter Stimme einen heftigen Platzregen verursacht. Rotchinesische Wissenschaftler erklärten das Phänomen mit der sehr hohen Luftfeuchtigkeit der Region. Ge-

ringste Erschütterungen reichten aus, um Regenschauer zu bewirken. Cf. auch G. Witherspoon, 1981, S. 113 f. Während einer langanhaltenden Trockenperiode in Kalifornien versammelten sich etwa 400 Studenten der San Jose State University in der Großen Aula ihrer Universität und skandierten unter der Leitung einiger Professoren indianische Regengebete, um mit diesen »geballten Energien Regen zu erzeugen«. Dem Reporter der *Palo Alto Times* versicherten die Wortführer, daß ihr Ritual nur dann scheitern könne, wenn einige der Beteiligten dabei »negative Einstellungen« hätten. Cf. P. Watzlawick, 1981, S. 209. Cf. auch § 1, Anm. 32.
13 Cf. H. Hoijer, 1954, S. 100 f.
14 Verlegt man den »Tag, da nichts mehr vertagt werden kann«, in die Transzendenz, dann hat dies natürlich den Vorteil, daß nie bestritten werden kann, daß es ihn gibt, weil wir uns immer diesseits und nicht jenseits befinden, und weil es immer heute ist und nicht morgen. Andererseits verdünnt sich auf diese Weise eine *Erfahrungs*-Religion zu einer *Glaubens*-Religion, und der religiöse Glaube wird immer Gefahr laufen, daß er ›sich wegkürzt‹, weil er nicht mehr eingreifen kann in das Leben.

ANMERKUNGEN ZU § 19

1 *Viṣṇu-Nārāyaṇa*, 45. Cf. K. Hutten, 1929, S. 2 f.
2 M. Hoppe, 1976, S. XVIII f.
3 G. Grimm, 1976, S. 13. Cf. hierzu auch J. F. Sprockhoff, 1962, S. 209, ders., 1976, S. 3, A. Bharati, 1976, S. 156, L. Dumont, 1975, S. 32, P. Strasser, 1981, S. 653, C. H. Ratschow, 1980, S. 52, P. de Silva, 1981, S. 277 f.
4 »Alles insgesamt ist Leiden« (*issai kaiku*) heißt es im japanischen Buddhismus. Cf. H. Dumoulin, 1982, S. 35.
5 Cf. T. Izutsu, 1980, S. 370 f., M. Sprung, 1979, S. 9 ff., M. Mehta, 1979, S. 27.
6 Cf. P. S. Sharma, 1975, S. 94, A. Coomaraswamy, 1947, S. 6 f., 17.
7 Zit. n. J. Ebert, 1980, S. 285.
8 L. Wittgenstein, 1922, 6.43.
9 Cf. J. G. Arapura, 1972, S. 62.
10 Damit will ich natürlich nicht sagen, daß es in Indien keine Gegenströmungen gab. So heißt es etwa in den ›materialistischen‹ Bewegungen der Carvaka oder Lokāyata: »Aber können Betteln, Fasten, Buße leisten, sich der Hitze der Sonne aussetzen, die den Körper abzehren, verglichen werden mit den entrückenden Umar-

mungen von Frauen mit großen Augen, deren üppige Brüste zwischen unseren Armen zusammengepreßt werden? So sind die Torheiten dieser unaufgeklärten Männer. Sie machen Dir weis, Du solltest die Freuden des Lebens wegwerfen, weil sie durchwoben sind mit Schmerz; aber welche klugen Menschen werden den ungeschälten Reis, der das Korn enthält, wegwerfen, nur weil er eine Hülse hat?« (Zit. n. J. Macy, 1975, S. 155 f.). Auf dem Lande sind häufig die radikalen buddhistischen oder hinduistischen Leidens- und Weltfluchtideologien unbekannt oder spielen keine Rolle. So hatten die Bewohner eines Unberührbaren-Dorfes in Uttar Pradesh noch nie etwas von *karma* oder der Wiedergeburt gehört (cf. M. Pfeiffer, 1974, S. 55, dagegen M. Kaushik, 1976, S. 290 f., cf. auch C. F. Keyes, 1983, S. 20 f., L. A. Babb, 1983, S. 165), und oft gibt es auch noch einen Ahnenkult, obgleich er mit der später eingeführten Wiedergeburtslehre unvereinbar ist. Cf. D. M. Knipe, 1977, S. 112. Die Dorfoberhäupter der Khond in Orissa haben sich Hindu-Gurus als »geistige Berater« zugelegt, aber nicht, wie die Gurus wähnen, um Befreiung zu erlangen, sondern um diesen abzugukken, wie sich Hindus benehmen, also um »feine Manieren« (*jāti*) zu lernen, damit sie in der Lage sind, effizienter mit den Verwaltungsbehörden umgehen zu können. Cf. J. D. Mlecko, 1982, S. 55. Für die meisten Buddhisten ist das *nirvāṇa* ein so erhabenes Ideal, daß es faktisch keine Rolle spielt oder als ein Paradies gesehen wird (cf. S. B. Ortner, 1978, S. 267), und es geht ihnen nicht um die Auflösung ihres Ichs, sondern um eine optimale Wiedergeburt. Cf. M. E. Spiro, 1979, S. 332. Auch ist der Buddhismus des Volkes entgegen der landläufigen Meinung eine Religion mit Göttern. Cf. z. B. ders., 1978, S. 347 f., G. Obeyesekere, 1980, S. 185 ff., L. C. Radha, 1981, S. 26.

11 Die Meinung von G. D. Bond, 1979, S. 254: »The results of the confrontations with death in Buddhism and in primitive religions are phenomenologically identical: transforming religious experience, attainment of wisdom and liberation«, ist falsch. Denn für den »Primitiven« bedeutet die Begegnung mit dem Tod eine Stärkung des Lebens, während sie für den Buddhisten ein Schritt zur Befreiung vom Leben ist. Cf. auch R. H. Prince/F. Tcheng-Laroche, 1980, S. 176. Wenn M. Eliade, 1953, S. 24, von dem »Durst des Primitiven nach dem *Sein*« spricht, dann ist es gleichermaßen wichtig, diesen »Durst« von dem der Inder abzugrenzen. Denn was die »Primitiven« erstreben, ist die ewige Wiederkehr des Gleichen, und gerade danach gelüstet es die Hindus und Buddhisten nicht, denn diese Wiederkehr ist ja *saṃsāra*, aus dem sie die Befreiung suchen. Mir scheint, daß Eliade zeitlebens die Tendenz hatte, die Naturvöl-

ker durch eine indische Brille zu sehen. Oder, wie Eliade selber es etwas freundlicher formuliert: »My understanding of religious symbolism was greatly enhanced by my stay in India.« (M. Eliade, 1978, S. IX). Auch der *hieros gamos* im Tantra und ähnlichen Richtungen hat eine völlig andere Funktion als der, den wir etwa bei den vorderasiatischen und altägäischen Kulturen kennengelernt haben. In der Sekte der Aghoris beispielsweise vollzieht der den Śiva repräsentierende Mann den Beischlaf (*maithuna*) mit einer Frau, die idealiter eine menstruierende Hure aus den niedersten Kreisen ist, wobei es wichtig ist, daß sein Same nicht ejakuliert. Cf. J. Parry, 1982, S. 91 f. »Wenn er den Donnerkeil in den Lotos eingeführt hat, soll er sein *bodhi*-Bewußtsein nicht gehen lassen«, heißt es im *Jñānagiddhi*, d. h., der Tantrist soll das Äußerste an Selbstdisziplin aufbringen, damit sein Same sich nicht in die Vagina der *śakti* oder *mudrā* ergießt. Cf. A. Bharati, 1976, S. 96 ff., W. D. O'Flaherty, 1973, S. 261 f. Javanische śivaitische Asketen dürfen sogar mehrere Konkubinen haben, solange sie das, was sie mit ihnen tun, lust- und leidenschaftslos vollziehen. Cf. J. Gonda, 1970, S. 3. Solche Tendenzen gab es anscheinend auch im mittelalterlichen Europa, etwa bei Robert von Arbrissel. Cf. D. Iogna-Prat, 1977, S. 61.
12 Cf. D. R. Kinsley, 1977, S. 100 f., A. Daniélou, 1964, S. 207.
13 Cf. J. Gonda, 1948, S. 42. Im späten Mittelalter, einer Zeit chronischer Existenzangst, sah man das Leben gern als einen endlosen »Tanz der Narren«. Cf. W. Mezger, 1980, S. 46 f.
14 Cf. R. C. Zaehner, 1980, S. 85 f.
15 Cf. M. Weber, 1920, S. 133.

Anmerkungen zu § 20

1 Cf. C. v. Fürer-Haimendorf, 1964, S. 149.
2 Ein Psychoanalytiker würde vielleicht sagen, daß Menschen, die so fühlen und das Leben als eine einzige narzißtische Kränkung empfinden, versuchen, der Libido selber gewissermaßen die Libido zu entziehen.
3 »Der Wechsel von Freude und Zorn«, sagt ein Zen-Mönch, »das ist der Zyklus der Wiedergeburten.« Cf. G. Schüttler, 1974, S. 60.
4 Cf. J. F. Sprockhoff, 1980, S. 276, H. v. Stietencron, 1979, S. 66 f. Wenn der Saṃnyāsin wie ein wildes Tier ohne Feuer sein Dasein fristet – er wurde *anagni*, der »Feuerlose«, genannt –, muß man sich

vergegenwärtigen, daß das Feuer der arische Inbegriff des Lebens war. Cf. P. Olivelle, 1975, S. 80 f.

5 Zit. n. M. Eliade, 1979, S. 66.

6 Indem man das *saṃnyāsa*, »das von sich Werfen«, als viertes *āśramá*, d. h. als letzte Lebensstufe, einrichtete (cf. G. S. Ghurye, 1953, S. 2), entschärfte man gewissermaßen die Weltentsagung und nahm ihr den gesellschaftsbedrohenden Charakter. Cf. L. Dumont, 1976, S. 320, W. O. Kaelber, 1981, S. 92 f. Sprockhoff, 1976, S. 289 f., spricht von einem »Kompromiß«. Als außerhalb der menschlichen Kultur stehend – was bedeutet, daß er identisch ist mit *brahman* (cf. R. Burghart, 1983, S. 638 f.) – gilt der Saṃnyāsin theoretisch als jenseits von rein und unrein. Praktisch wird er freilich von dem Brahmanen, der sich weigert, mit ihm gemeinsam zu essen, als unrein betrachtet. Cf. G. M. Carstairs, 1963, S. 134, 218. A. Cantlie, 1977, S. 262 f., meint, daß man im Hinduismus nicht von Reinheit und Befleckung reden sollte, denn Reinheit sei nichts anderes als die *Abwesenheit* von Unreinheit. So wird der Angehörige einer niederen Kaste durch den Kontakt mit einem Brahmanen nicht reiner, aber letzterer wird dadurch befleckt. »Purity, being non-existent, cannot be transmitted.« Letzten Endes ist in Indien das organische Leben an sich unrein, und Reinheit ist das Nicht-Animalische, weshalb auch Männer reiner sind als Frauen, die mit Menstruationsblut, Muttermilch und Vaginalsekreten befleckt sind. Das Punjabi-Wort für die Unberührbaren ist *chūt*, das verwandt ist mit *cūt*, »Vagina«. Cf. P. Hershman, 1977, S. 271 f.

7 Cf. S. Ratnayaka, 1980, S. 225.

8 Cf. G. Parrinder, 1973, S. 96 f. *Vana* bedeutet wörtlich »sich hin- und herwenden« und übertragen »weben«. Cf. L. A. de Silva, 1979, S. 63. Von den jüdischen Mystikern heißt es, daß »ihre Seele verlöschte« *(napsham yaza')*. Cf. I. Chernus, 1982, S. 41.

9 *Parinirvāṇa* ist keine ›höhere Stufe‹ des *nirvāṇa*. Das Wort bedeutet lediglich, daß auch der physische Leib dessen, der *nirvāṇa* ›erlangt‹ hat, aufgelöst worden ist.

10 Zit. n. F. Heiler, 1918, S. 27. Cf. auch A. J. Bahm, 1968, S. 141. In den Pāli-Texten gibt es freilich auch Stellen, in denen das Wort *nirvāṇa* so gebraucht wird, als ob es einen »Bereich« *(āyātana)* bezeichne, in dem der Befreite sich befindet. Cf. H. W. Schumann, 1982, S. 175 f.

11 Cf. z B. G. R. Welbon, 1966, S. 321 ff.

12 Cf. M. Balint, 1970, S. 90 f., hierzu auch R. Prince/F. Tcheng-Laroche, 1981, S. 559.

13 Cf. A. Koestler, 1977, S. 104.

14 Wie etwa O. Rank, 1924, S. 20, 115 f., meint, und was eher für

tantristische Vorstellungen zutreffen mag, wo vom *brahman* gesagt wird, er sei der Schoß oder die Gebärmutter des Weibes. Cf. A. Coomaraswamy, 1977, S. 232. Vom *brahmacārin* heißt es im *Atharva Veda*, er sei ein »Embryo im Schoß der Unsterblichkeit«. Freilich ist auch hier stets die Frage, wie wörtlich man solche Metaphern verstehen darf.
15 Cf. G. Schüttler, 1974, S. 69.
16 Cf. Schumann, 1982, S. 175, de Silva, 1979, S. 66.
17 »By pruning away at the distractions, says one paper, one could arrive at a stage with: a brilliant white light, rapturous feelings, goose flesh, the feeling of levitating, tranquillity of mind and body, devotional feelings, energy, happiness, quick and clear perception, equanimity. That stage ist called Pseudo-Nirvana.
›*Pseudo*-Nirvana?‹ I said. ›It sure sounds like the real thing.‹ ›That's only halfway there‹, said my friends. They were not only into the *Visuddhimagga*, the summary of Buddha's discourses leading to purification, but, being scholars, they went into all the commentaries on the *Visuddhimagga*.
›What comes after Pseudo-Nirvana?‹ I asked.
›Then there are some of the darker sides of the mind, pain, dread, and so on.‹
›I might stop at Pseudo-Nirvana. What's beyond pain, dread, and so on?‹
›Cessation of pain, dread, and finally, the cessation of everything, total consciousness, consciousness with no object. Beyond time and space.‹ I am so little advanced that Pseudo-Nirvana still sounded better.« (A. Smith, 1975, S. 322)
18 *Majjhima Nikāya* I, 26.
19 Plotin, *Enneaden* VI, 9, 11.
20 Cf. H. Nakamura, 1982, S. 28.
21 Cf. E. Meier, 1982, S. 64, 94. »Sich selben und allez niht wizzen«, wie Meister Eckhart es formuliert. Nach Johannes Tauler hat der Mystiker auf der höchsten Stufe keine Visionen. Dort »vallent alle bilde und forme und glichnisse ab«, die für den niederländischen Mystiker Hendrik Herp ein gefährliches Hindernis darstellen: »phantasmata corporalium imaginum, quae se imprimunt cordi et difficillime possunt repelli.« (Zit. n. S. Ringbom, 1970, S. 173 f.) In der Zen-Meditation werden die Mönche angehalten, Visionen, Glücksgefühlen, »kosmischem Bewußtsein« und dergleichen keine Beachtung zu schenken. Während die Upaniṣaden eine ›positive Mystik‹ propagierten, indem sie etwa der Meinung Ausdruck gaben, das *wahre* Selbst sei nicht das empirische, sondern das ›kosmische‹ *(ātmān)* (cf. J. B. Long, 1977, S. 91), ist der Buddhismus eine

›negative Mystik‹. Deshalb erklärte der Buddha auch nicht, ob der Mensch nach dem Tode weiterlebe oder nicht, ob die Welt ewig sei usw., weil die Beschäftigung mit solchen Fragen bestenfalls zu einem Lehrstuhl für Philosophie, nicht aber zur Befreiung führt. Die Lösung solcher Probleme resultiert nur in einem »Gestrüpp, einer Schlucht der Ansichten« (*Majjhima Nikāya* I, 2).
22 Cf. J. Dahlmann, 1896, S. 65, und auch T. Burckhardt, 1953, S. 93.
23 Sprockhoff, 1964, S. 243 f., meint, Yājñavalkya könne per definitionem kein Lebenderlöster gewesen sein, weil diesem auch der *Schein* eines unreinen Sinneseindruckes nicht gestattet sei. Damit scheint sich freilich die Konzeption des Lebenderlösten ab absurdum zu führen, denn wie wäre es auch nur denkbar, daß der Lebenderlöste existieren könnte, ohne einen solchen Schein hervorzurufen? Ein »schlafgleiches Verhalten« ließe sich etwa so interpretieren, daß der Lebenderlöste wirklich ermüdet sei, oder seine »Gleichgültigkeit dem Weibe und seinen Verlockungen« gegenüber könnten den Eindruck erwecken, er verdränge seine sündige Lust oder er ekle sich im Grunde vor dem unreinen Weibe.
24 Cf. Schüttler, S. 111. Nach Plotin sind es nicht der Mensch oder die Seele, die denken, sondern der νούς. Es ist nicht so, daß Es werden soll, wo Ich war, denn im Grunde gibt es nur Es. Rein intellektuell führen natürlich alle zu Ende gedachten ›holistischen‹ Perspektiven dazu, daß die Subjekte sich wegkürzen. Das ist im ontologischen wie im sozialwissenschaftlichen Funktionalismus so, aber auch im Strukturalismus, wo nicht mehr die Menschen die Mythen denken, sondern wo »sich die Mythen gewissermaßen *untereinander* denken« (C. Lévi-Strauss, 1964, S. 20).
25 Im Buddhismus *papañca* genannt. Cf. M. Palihawadana, 1982, S.189, D. W. Boyd, 1980, S. 33, R. Ray, 1983, S. 446, 448.
26 Carlos Castañeda sagte mir einmal über seinen Guru Don Juan: »He has gone.« »Wohin?« fragte ich. Daraufhin schaute mich Castañeda sehr mitleidig an. Inzwischen scheint Castañeda seinem Lehrer gefolgt zu sein. Jedenfalls schreibt mir seine Freundin Florinda Donner in einem Brief vom 4. August 1984: »Carlos is in Mexico, totally lost! to the world!«
27 Unter Wissenschaftlern gehört es zum guten Ton, in den eigenen Abhandlungen zu betonen, daß man sich der Wertungen oder ontologischen Vorentscheidungen enthalte und daß Fragen, wie etwa »Gibt es die Geister wirklich?« oder »Können Hexen fliegen?« den Ethnologen oder Religionswissenschaftler nicht zu berühren brauchten. Es ist indessen Bestandteil des wissenssoziologischen Themas »Die Rolle der Naivität unter Wissenschaftlern«, daß

spätestens die Wortwahl dieser Wissenschaftler zeigt, wie der Hase schon längst gelaufen ist. So schreibt etwa Schüttler, 1974, S. 139, der ängstlich betont, daß er sich jeglicher metaphysischer Äußerungen enthalten wolle: »Während die Zen-Leute Sinnestäuschungen bei der Meditation als eine scheinbare Wahrnehmung ohne Realitätscharakter ansehen, messen sie den ebenfalls psychopathologischen Erscheinungen zugehörenden Veränderungen des Ich-Erlebens absoluten Realitätscharakter bei. Sie unterscheiden nicht mehr zwischen Bewußtsein und Schein.« Ein anderes Beispiel ist W. E. Mühlmann, 1982, S. XII, der zwar einerseits häufig von der »phänomenologischen Reduktion« spricht (cf. z. B. Mühlmann, 1981, S. 16 f.) – so heißt ein frommer Wunsch Husserls, nach dem der Wissenschaftler bei seiner Arbeit alle Wertungen »einklammern« soll –, andererseits aber hurtig die »kryptoerotischen« Formen der Mystik als »Entartungserscheinungen« bezeichnet, nur weil diese »entartete Mystik« nicht in sein Konzept einer deodorierten Gottesliebe zu passen scheint.

28 Cf. G. Devereux, 1973, S. 60 f.
29 Cf. P. Schilder, 1968, S. 61, 63, V. E. v. Gebsattel, 1968, S. 222.
30 Cf. V. E. v. Gebsattel, 1963, S. 364.
31 In einem indischen Märchen weilt der Leib einer Jungfrau zwar auf Erden, sie selber aber, ihre Seele, befindet sich in einer goldenen Zauberstadt auf dem Meeresgrund, und nur der kann sie erlösen, dem es gelingt, in diese Stadt vorzudringen. Cf. F. v. d. Leyen, 1973, S. 21 f.
32 Cf. W. Mayer-Gross, 1968, S. 198. Cf. auch H. Nunberg, 1968, S. 143, H. Heimann, 1983, S. 65, P. Haerlin, 1981, S. 99.
33 Cf. Gebsattel, 1968, S. 220 f., O. Hannibal, 1955, S. 609.
34 Cf. J. Zutt, 1963, S. 389 f.
35 Cf. W. Bonime, 1977, S. 162, K. Jaspers, 1946, S. 101 ff. Auch eine als Zombie, als »Untote«, angesehene haitianische Frau sprach von sich häufig in der dritten Person. Cf. L. P. Mars, 1945, S. 39. Bei sozialistischen Ideologen tauchte bisweilen der Gedanke auf, im Zuge der Ausrottung des Individualismus das Wort »ich« aus der Sprache zu tilgen und durch »wir« zu ersetzen, etwa bei Carl Einstein oder in Bogdanovs *Der rote Stern*.
36 Zit. n. M. Buber, 1923, S. 45.
37 Cf. W. T. Winkler, 1976, S. 44.
38 Zit. n. Buber, S. 141.
39 Cf. F. Rotter/R. Weier, 1980, S. 20, 87. Die Welt ist ihr ein »fremdes Land«, in das sie verbannt ist. Freilich ist dafür der Heiland um so sinnlicher. So gießt der Herr seine überfließende

Süßigkeit in die Begine, auf daß sie »wie tot in Gottes Genusse lag«. »O Du fließender Gott in Deiner Minne!« Sie selber wird zum »Bach seiner Hitze«, doch andererseits muß Gott sie mahnen, sich ein bißchen zurückzuhalten: »Du stürmst gar hitzig in der Minne.« Der Herr nähert sich ihr, bewundert ihren wohlgeformten Mund und umarmt sie im »Baumgarten der Minne«, aber Mechthild selber will keine Lust, zumindest nicht im direkten Sinne, vielmehr will sie *ihm* Lust bereiten. Deshalb bittet sie ihn, er soll es »maßvoll« tun, »daß allein Dir, Herr, damit wohl sei und nicht mir!« Was die Heilige freilich will, ist der Liebestod. Sie will Gott »tödlich lieben«, um in ihm ihr »Minnegrab« zu finden. Cf. Rotter/Weier, S. 43, 45, 54 f., 59 f., 62 f. Solche Schäferstündchen mit dem Herrn waren nicht ganz ungefährlich. Die Mystikerin Hadewich berichtet, daß im 13. Jahrhundert eine Begine wegen ihrer Gottesminne hingerichtet wurde. Cf. R. E. Lerner, 1972, S. 64. Die mystische Poesie des Islam hat häufig einen homoerotischen Tenor. Cf. H. Halm, 1978, S. 50.
40 Cf. A. Storch, 1965, S. 64.
41 Cf. J. E. Meyer, 1979, S. 66: »Das Leben ist eigentlich schon versiegt, so daß es keinen Grund gibt, daran festzuhalten und den Tod zu fürchten.«
42 Cf. Gebsattel, 1968, S. 222.
43 Cf. Schilder, 1968, S. 49. Deshalb sehen die Psychiater im Auftauchen von Angst, Entsetzen usw. häufig Anzeichen der Gesundung.
44 Cf. E. Topitsch, 1958, S. 313. »Das bedeutet die Verabschiedung einer menschheitsgeschichtlichen Illusion.« Cf. ders., 1979, S. 8, oder das Wissenschaftscredo von G. Radnitzky, 1981, S. 48 f., der offenbar inzwischen erfahren hat, auf welcher Seite das Brot bebuttert wird. O. Marquard, 1979, scheint mir übrigens Topitsch Unrecht zu tun, wenn er sagt, Topitsch erzähle Mythen. Die Welt, die Topitsch beschreibt, ist nicht die eines Mythologen, sondern die eines Heroin-Fixers.

Anmerkungen zu § 21

1 *Pañcakrama* 30–4, zit. n. P. Kvaerne, 1975, S. 132 f.
2 Cf. M. Kämpchen, 1983, S. 201. Cf. auch G. Parrinder, 1983, S. 430.
3 B. K. Matilal, 1977, S. 25 f., meint, »jenseits von gut und böse« bedeute nicht, daß der Weise »amoralisch« sei, denn für ihn verliere lediglich das Gute der *saṃsāra*-Welt seinen Sinn und »good$_2$ then

makes its presence felt«. Das scheint mir eine reine Wortspielerei zu sein, denn was sollte ein solches »höheres Gutes«, Matilals »good$_2$«, für den Erloschenen bedeuten?

4 Cf. J. Ardussi/L. Epstein, 1978, S. 333 f. Im Tantra wird man von der Moral, die einen an das *saṃsāra* kettet, frei, indem man die Moral bricht: »Wer sein Glied in die Scheide seiner Mutter einführt, wer seiner Schwester an die Brüste faßt, wer mit dem Fuß auf den Kopf seines Lehrers tritt, der wird nicht wiedergeboren.« Cf. Bharati, 1976, S. 93.

5 Cf. Sprockhoff, 1976, S. 127, 225. Nachdem Symeon, der »Narr um Christum willen«, sich in der Wildnis von Gras und Wurzeln ernährt und ἀπάθεια erreicht hatte, kehrte er in die Welt zurück und führte sich dort wie ein Verrückter auf, lief nackt herum, verrichtete seine Notdurft vor aller Augen, tanzte mit Huren herum, ging ins Frauenbad, bewarf in der Kirche die Betenden mit Nüssen und so fort. Cf. A. Y. Syrkin, 1983, S. 152 f. Dies erinnert an die »Natürlichkeit« des Kynikers Diogenes, der nach Diogenes Laertius VI, 69, alles in der Öffentlichkeit zu tun pflegte, »sowohl was die Demeter betrifft, wie auch die Aphrodite«, wobei sich allerdings der Aphroditedienst weitgehend darauf beschränkte, daß er sich »an etwas Rauhem rieb« oder »mit seinen Händen hurte«, wie es in einer *Historie der Heydnischen Morale* aus dem Jahre 1714 heißt. Cf. H. Niehues-Pröbsting, 1979, S. 163. Wenn die Rolle des spätmittelalterlichen Hofnarren, und zwar des »Schalksnarren«, nicht des »natürlichen« Narren, darin lag, dem Herrscher stets die Wahrheit über die Vergänglichkeit der Welt vor Augen zu halten, auf daß er demütig bleibe, so wird die *soziale Funktion* der hinduistischen weisen Narren darin bestanden haben, den Menschen deutlich zu machen, daß das *saṃsāra* und seine Erscheinungen, etwa das starre Kastensystem, ein Gefängnis darstellte, das eine offene Tür hatte. In ähnlicher Weise machte der indianische Trickster anschaulich, daß der Kosmos nur die andere Seite des Chaos war, und die indianischen heiligen Narren erinnern daran, daß alles Heilige *so* heilig nun auch wieder nicht ist.

6 Cf. Buber, S. 46 f., cf. auch P. Kapleau, 1969, S. 315.

7 Zit. n. A. M. Haas, 1979, S. 451. Man hat gesagt, ein solcher Befreiter sei kein Weltflüchtiger, denn er stehe ja – unberührt von den Dingen – inmitten der Welt. Cf. P. Schalk, 1977, S. 212, R. Weber, 1981, S. 137, J. W. Boyd, 1980, S. 31. Doch das ist falsch – denn *wer* sollte da noch inmitten der Welt stehen? Natürlich ist es denkbar – und sicher auch häufig der Fall –, daß jemand den Weg der Befreiung zu dem Ort, »von dem es kein Zurück gibt« (*Chāndogya Upaniṣad* 8.15), *halbherzig* beschreitet. Diese Halb-

herzigkeit würde bedeuten, daß man das *nirvāṇa* in den Dienst des Lebens stellt; d. h., das Wissen darum, daß alles im Grunde nichts ist, wäre für den, der aus dem Nichts zurückkehrte, wie eine Flamme, die nicht flackerte und das Leben in einer bestimmten Weise erhellte. Ein solcher Mensch wäre seinem Geschick weniger ohnmächtig ausgeliefert. Cf. H. Fingarette, 1960, S. 568.

8 Und dasselbe ›meint‹ Werner Erhart, der Begründer von EST: »I do it because I do it, because that's what I do.« Cf. A. Smith, 1975, S. 283, 318.

9 Cf. L. Yablonsky, 1968, S. 70.

10 Cf. Bhagwan Shree Rajneesh, 1979, S. 48. »Da alles nur eine Erscheinung ist, und vollendet indem es ist, was es ist, jenseits von gut und böse, Annahme und Ablehnung«, sagt kLong-chen rab-'byams-pa, »ist es verständlich, daß man in Lachen ausbricht.« (Zit. n. H. Guenther, 1981, S. 203). Wenn Bhagwan äußert, er sei »entschieden für *alles*«, dann schließt dies natürlich Maharishi Mahesh Yogi, Swami Muktananda und all die anderen »unechten Mönche und Scheinheiligen Indiens« (194) aus. Aber auch die Heiligkeit Bhagwans scheint dahinzustehen. Als ich in einem Aufsatz (Duerr, 1981) zwei Seiten Bhagwan gewidmet hatte, fragte mich brieflich ein berühmter Swami, wie ich auf den verfluchten Gedanken kommen konnte, einem solch »unmitigated asshole« wie Bhagwan soviel Platz einzuräumen und nicht ihm. Soviel zum Thema »Heilige wie Du und ich«.

11 Zit. n. J. V. Downton, 1979, S. 134 f. Maharishi Mahesh Yogi meint, seine Lehre sei kompatibel mit *jeder* Weltanschauung, auch mit der konsumorientierten Ideologie der kapitalistischen Industriegesellschaften (cf. R. H. Prince, 1974, S. 263, S. A. Appelbaum, 1979, S. 290). In diesem Sinne äußert sich der kalifornische Menschheitsbeglücker John Lilly: »Die höheren Ebenen des Bewußtseins und die Mittel, sie zu erreichen, sind ein ökonomischer Faktor, der mehr Geld wert ist, als man ermessen kann. Eine Firma, die ihr Management und ihre Mitarbeiter dazu ermutigt, die grundlegenden und höheren Stufen des Bewußtseins zu erlangen, wird wachsenden Nutzeffekt, zunehmende Harmonie und Produktivität, verbesserte Geschäftstaktik und bessere Public Relations innerhalb von wenigen Monaten aufweisen können.« (Zit. n. Strasser, S. 664). *Sub specie aeternitatis* gibt es keine Unterschiede zwischen Lebensformen oder Ideologien, und so deutet auch nichts darauf hin, daß sich etwa der Buddha jemals gegen soziale Mißstände irgendwelcher Art gewandt hätte, und obgleich natürlich *nirvāṇa* auch die Befreiung von der Kaste bedeutet, hat er nie das Kastenwesen ›in der Welt‹ kritisiert. Cf. D. B. Forrester, 1980, S. 11. Der Zen-Bud-

dhismus in Japan ist stets den Weg der jeweiligen Machthaber gegangen – was wohl teilweise damit zu erklären ist, daß er vornehmlich eine höfische und aristokratische Ideologie gewesen ist (cf. J. M. Kitagawa, 1966, S. 110, ders., 1980, S. 87, 99 f., D. Riepe, 1966, S. 436) – und es spricht auch nicht das geringste dagegen, warum sich heute einem Zen-Mönch nicht »die Buddhanatur« als 748-ccm-Suzuki zeigen sollte.

12 In der christlichen mystischen Tradition wird statt von »Nichts« auch häufig von »Tod« geredet, was den Indern wohl deshalb ferner lag, weil man den »mystischen Tod« leicht mit dem Tod als Voraussetzung der Wiedergeburt hätte verwechseln können. Meister Eckhart etwa fordert, »daz wir uns halten, als ob wir tôt sîn, daz uns niht berüere weder liep noch leit«. Der christlich-hinduistische Entsager H. Le Saux, 1980, S. 169, schreibt über den Befreiten: »Er reagiert auf das Angenehme und das Unangenehme wie ein Leichnam oder ein Stummer, Tauber und Blinder.«

13 Cf. C. Castañeda, 1974, S. 123.

14 Cf. Castañeda, 1977, S. 239.

15 Cf. Castañeda, 1974, S. 7. Es handelt sich um das Motto von Castañedas viertem Buch, das er von Johannes vom Kreuz nimmt:
»The conditions of a solitary bird are five:
The first that it flies to the highest point;
the second, that it does not suffer for company, not even of its own kind;
the third, that it aims its beak to the skies;
the fourth, that it does not have a definite color;
the fifth, that it sings very softly.«

16 Cf. Castañeda, 1971, S. 175, 106 f.

17 *Brahmana Upaniṣad* 3.12 f.

18 Castañeda, a.a.O., S. 186. »All of this«, sagt Castañeda, 1974, S. 234, »exists only because of our attention. This very rock where we're sitting is a rock because we have been forced to give our attention to it as a rock.« Zieht der Wissende diese »attention« zurück, hört der Fels auf, etwas Bestimmtes zu sein. Damit wird der Wissende vom Wissen ›befreit‹ und vom *nagual* ›geschluckt‹, was nichts anderes ist als eine Metapher dafür, daß er aufhört, als Person zu existieren. Angesichts dieser Lehre vom »spirituellen Selbstmord« ist es etwas merkwürdig, daß nicht nur Philosophen wie J. H. Gill, 1974, S. 399, sondern auch Ethnologen und Religionswissenschaftler wie Wilk, Harner, Myerhoff, Gover oder neuerdings Elémire Zolla von der »indianischen« oder »schamanischen« Lehre Don Juans reden. Mit indianischem Schamanismus hat diese Philosophie nicht das geringste gemein, ja, man kann sich

keinen größeren Gegensatz denken als den zwischen einem Schamanen, der, um in Castañedas Terminologie zu bleiben, die Erfahrung des *nagual* in den Dienst des Lebens stellt, und einem Don Juan, der sich im *nagual* auflöst, ohne jemals wiederzukehren. Damit ist das inzwischen etwas abgekämpfte Problem der Authentizität der Berichte Castañedas nicht berührt. P. Riesman, 1980, S. 215, meint, Castañeda hätte die Frage, ob Don Juan wirklich existiere, offengelassen. Castañeda hat mir gegenüber indessen mit Nachdruck betont, daß Don Juan gelebt habe, bevor er ins *nagual* eingegangen sei. Dies wurde mir auch von der derzeitigen Lebensgefährtin Castañedas, der venezolanischen Ethnologin Florinda Donner, bestätigt. Als ich Florinda vor zwei Jahren zusammen mit Castañeda begegnete, erzählte sie mir eine recht abenteuerliche Geschichte, nach der sie Don Juan zunächst unabhängig von Castañeda in Mexiko kennengelernt habe, wo Don Juan als *curandero* tätig gewesen sei. Leider bin ich nicht dazu autorisiert, diese Geschichte wiederzugeben. Nachdem freilich Florindas eigenes Buch *Shabono* inzwischen von vielen Ethnologen als fiktiv bezeichnet wird (cf. hierzu z. B. R. B. de Holmes, 1983, S. 664 ff., D. R. Price-Williams/R. B. Edgerton/L. L. Langness, 1983, S. 2, 7), gerät Florinda auch als Kronzeugin für die Existenz Don Juans ins Zwielicht. Im Jahre 1968 schrieb Castañeda in einem Brief an Wasson, Don Juan sei im kulturellen Sinne kein Yaqui, vielmehr sei er den verschiedensten kulturellen Einflüssen ausgesetzt gewesen. So habe er etwa dreißig Jahre in Oaxaca verbracht, und sein Guru sei ein Mazateke gewesen. Cf. R. de Mille, 1980, S. 324. Als Castañeda an der University of California in Irvine unterrichtete, erzählte er seinen Studenten, Don Juan sei ein Wohlfahrtsempfänger im Staate Arizona (cf. G. G. Globus, 1975, S. 13, dagegen Muktananda, 1982, S. 106). Und in der Tat scheint mir die Vermutung nicht unplausibel, daß sich hinter der weitestgehend literarisierten Gestalt des Don Juan ein Mann verbirgt, der irgendwo in der Sonorawüste – in Arizona oder Südkalifornien – lebt und Castañeda dazu angeregt hatte, seine Privatphilosophie aufs Papier zu bringen. R. L. Beals, 1978, S. 359 f., einer der akademischen Lehrer Castañedas, schreibt in diesem Sinne über Don Juan: »Actually he reminds me most of some of the ›desert rats‹ I met in my youth, who taught me how to survive in the desert, mostly elderly lone men, withdrawn from the world and culturally isolated, wandering as prospectors or living around deserted mines and lonely water holes, perhaps farming a bit and occasionally emerging into civilization to earn enough to buy a year's supply of flour, beans, and bacon. Full of tales, they live in an alternate fantasy reality full of adolescent sex dreams and unique views of the universe.« Vielleicht hat Castañeda Don Juan einen Yaqui genannt, weil dieses Wort »die Wegziehenden« bedeutet. Die »Quetzalfederschlange« Kukulcan beispielsweise, der Gottkönig der Maya, wurde *yaqui vinak*, »fortgezogener Mann«, genannt, und höchstwahrscheinlich war das aus dem Aztekischen stammende Wort später eine Bezeichnung für die Tolteken, die in den letzten Büchern Castañedas auftauchen.

19 Cf. Bhagwan Shree Rajneesh, 1977, S. 64, 65. A. Coomaraswamy, 1938, S. 28, schreibt, es gehe in der hinduistisch-buddhistischen Tradition nicht um eine Freiheit *für*, sondern lediglich um eine Freiheit *von* etwas (den Dingen und sich selbst). Cf. auch J. Marías, 1962, S. 332.

20 Ich kann diese Situation am besten in Castañedas eigenen Worten beschreiben: »For an instant I think I *saw*. I *saw* the loneliness of man as a gigantic wave which had been frozen in front of me.« (Castañeda, 1974a, S. 281).

21 Die indischen ›Erstarrungsideologien‹ sind bisweilen als »artifizielle Katatonie« (G. Devereux, 1983, S. 106) bezeichnet worden. D. Langen, 1963, S. 80, spricht von »kataleptischer Starre«. Katatoner Stupor findet sich häufig in Indien, was nach E. D. Wittkower/R. H. Prince, 1980, S. 10, damit zusammenhängt, daß in Indien der ›emotionale Rückzug‹ eine weitverbreitete Konfliktbewältigungsstrategie ist. ›Depersonalisation‹ tritt häufig als Überlebensstrategie angesichts extremer Krisen, etwa bei Todesgefahr, auf und entspricht in gewisser Weise dem Totstellreflex der Tiere. Cf. R. Noyes/R. Kletti, 1976, S. 19 ff., R. Ruyer, 1977, S. 293 f. Man denke auch an die Katatonie bei KZ-Insassen. Cf. B. Bettelheim, 1979, S. 116.

Anmerkungen zu § 22

1 Cf. Sextus Empiricus, 26, M. Frede, 1979, S. 109 f.
2 Cf. L. Hasler, 1977, S. 39.
3 Bereits Jean de Silhon hat in einer Kritik an Montaigne die Frage gestellt, wie denn der Skeptiker noch *behaupten* könne, daß er nichts behaupte. Cf. R. H. Popkin, 1960, S. 168. Cf. auch R. Hönigwald, 1914, S. 70. Es nützt natürlich auch nichts, wie R. Richter, 1904, S. 100, zu sagen, dem Skeptiker *schiene* nur, daß sich alle Meinungen gegenseitig aufheben. Wittgenstein würde auf eine solche Behauptung antworten: »Vielleicht scheinen sie nur zu scheinen!«
4 Cf. A. Naess, 1969, S. 8 f., A. Goedeckemeyer, 1905, S. 276.

5 Ein Lehrbeispiel Bhagwans (1977, S. 66) ist eine Geschichte, in der Hakuin von seinen Nachbarn als Heiliger verehrt wurde, bis eines Tages angeblich ein Mädchen von ihm schwanger wurde. Die erbosten Eltern rannten zu ihm und stellten ihn zur Rede, ob er ihre Tochter geschwängert habe, doch Hakuin »would not deny, he would not accept. He didn't make any commitment. He didn't say, ›I am not responsible‹. He didn't say, ›I am responsible‹. He simply said a very noncommittal thing – he said, ›Is that so?‹ As if he was not related – so detached, so absolutely out of it.« Der Skeptiker J. Agassi, 1981, S. 456, meint, ich würde die Skeptiker hassen, weil ich einmal geschrieben habe, ein guter Skeptiker sei ein toter Skeptiker. Ich kann freilich Agassi beruhigen: Ich hasse weder die Skepsis im allgemeinen noch Agassi (oder Hans Albert) im besonderen. Ich meine lediglich, daß die Skepsis sich selbst eliminiert, um auf diese Weise die ἀταραξία zu realisieren. Sollte es so sein, daß die *modernen* Skeptiker so sehr von der Wissenschaft träumen, daß ihnen dieses Ziel abhanden gekommen ist?
6 *Chāndogya-Upaniṣad* 7.25.2.
7 So E. Jünger in einem *Spiegel*-Interview (*Der Spiegel* 33, 1982, S. 161).
8 Cf. P. Feyerabend, 1977, S. 21. Wenn ihm überhaupt nichts mehr einfällt, kann er sogar kritischer Rationalist sein, aber er wird immer wissen, daß er nur Märchen erzählt. Neuerdings scheint es mir freilich, daß Feyerabend den Pelz waschen will, ohne ihn naß zu machen. So meint er, daß man »das Spiel der Tradition« spielen könne, ohne dies unernst tun zu müssen: »Man kann ernsthaft Theater spielen, ohne in den Irrtum zu verfallen, daß man sich dem Lebensprozeß selbst verschrieben hat. Und man kann ernsthaft ein Christ sein in dem vollen Bewußtsein, daß das Christentum nur eine Religion ist und vielleicht nicht einmal die beste« (Feyerabend, 1980, S. 43 f.). Freilich: Die Bretter, die die Welt bedeuten, sind nicht *wirklich* die Welt! Ein Christ ist kein Schauspieler, der einen Christen *spielt*. Ein Weißer, der als ›participant observer‹ einige Zeit bei den Cheyenne verbringt, *ist* kein Cheyenne, sondern im günstigen Falle ein einfühlsamer Gast. Das alles wußten die alten Skeptiker, die »den väterlichen Sitten und Gesetzen« eben nicht *ernsthaft* folgen wollten, sondern ›just so‹. Aber vielleicht meint Feyerabend es mit seiner Meinung, daß man ernsthaft und unernst zur gleichen Zeit sein kann, gar nicht ernst? »Ich bin weder ein Anarchist noch ein Dadaist«, sagt Feyerabend in einem Interview (cf. G. P. Pasternak, 1984, S. 98), »und was ich ›wirklich‹ glaube, geht nur meine engsten Freunde etwas an.« Da dieser Satz sich an die Öffentlichkeit und nicht an Feyerabends Freunde wendet, haben wir hier ein

Paradoxon vor uns, das ich die »Feyerabend-Antinomie« nennen möchte. Dies bedeutet, daß Feyerabend *nichts* sagt: oder *alles* (Anything goes). Damit entfällt Anmerkung 8.
9 Cf. hierzu J. Goudsblom, 1980, S. 88 ff.
10 Cf. L. Wittgenstein, 1967, IV.53. »I feel like mad«, schreibt er in Briefen an Russell, und: »Ich glaube oft, daß ich verrückt werde.« Zu Rush Rhees sagte er einmal: »My own problems appear in what I write in philosophy.« Cf. Wittgenstein, 1974, S. 15, 28, 41, R. Rhees, 1974, S. 74 f.
11 Cf. Wittgenstein, 1977, S. 87.
12 Cf. F. Waismann, 1967, S. 68 f. »Gedanken« (λογισμοί) und »Dämonen« waren bei den christlichen Wüstengängern der Spätantike praktisch das gleiche. Cf. A. Guillaumont, 1975, S. 19.
13 Ein Beispiel: Im *Tractatus*, 6.51, schreibt Wittgenstein: »Denn Zweifel kann nur bestehen, wo eine Frage besteht; eine Frage nur, wo eine Antwort besteht.« Einige Jahrzehnte später meint er in derselben Weise, daß man bei ›metaphysischen‹ Zweifeln »vor dem Nichts stünde« (Wittgenstein, 1970, 370). »Und es ist so«, heißt es in einem Brief vom 9. April 1917, »wenn man sich nicht bemüht, das Unaussprechliche auszusprechen, so geht *nichts* verloren. Sondern das Unaussprechliche ist – unaussprechlich – in dem Ausgesprochenen *enthalten*!« Cf. P. Engelmann, 1970, S. 16. Von Gertrude Stein wird erzählt, sie habe auf dem Totenbett ihre Lebensgefährtin gefragt: »Was ist die Antwort?« Als diese erwiderte: »Es gibt keine Antwort«, sei Gertrude ins Bett zurückgesunken und habe gemurmelt: »Dann gibt es auch keine Frage.« Cf. J. Z. Smith, 1973, S. 342.
14 Cf. M. Heidegger, 1957, S. 93, ders., 1961, S. 252.
15 Aus dem Gedächtnis zitiert. Heidegger, der es mehr mit dem Denken hatte, sagt analog: »Die Wissenschaft denkt nicht.«
16 »The philosophy of common sense is not common sense«, meint J. Agassi, 1974, S. 509. Bekanntlich ist inzwischen dieser Traum zur »analytischen Philosophie« verkommen, einer Richtung, an die auch ich mich geklammert habe (cf. Duerr, 1974), als mir die Lysergsäure einige Illusionen weggepustet hatte.
17 Sie sagt, sie könne »keine Meinung abschließen«, alles sei »so *offen*«, sie könne keine Grenzen finden: »Die Grenze finden: Das ist ja das Erwachsenwerden.« Und ein anderer Patient meint: »Alles, überhaupt alles, ist so fragwürdig – das Leben!« Cf. W. Blankenburg, 1971, S. 42 ff., 107, ferner E. Becker, 1973, S. 201.
18 Cf. W. Röd, 1981, S. 91, N. Rescher, 1981, S. 43 f.
19 Mit welcher Selbstverständlichkeit solche Verdrängungen vor

sich gehen, sieht man etwa bei C. G. Hempel, 1972, S. 15 f., der die Grenzen der Einfühlung mit dem Beispiel aufweist, daß man einen Psychotiker zwar nicht *verstehen*, wohl aber dessen Verhalten mit Hilfe geeigneter Hypothesen *erklären* könne!

20 Zit. n. A. Watts, 1981, S. 108.
21 Cf. A. M. Allchin, 1980, S. 79.
22 Cf. W. L. King, 1977, S. 150. Von der hl. Ananda Mayi Ma wird z. B. berichtet, daß sie sich vollkommen verlottern ließ und ständig bemuttert werden mußte, weil sie ihr Essen nicht anrührte. Tagelang blieb sie in der Versenkung, atmete kaum und bewegte nicht einmal die Augenlider. Cf. P. Yogananda, 1962, S. 130.
23 Bhagwan, 1977, S. 213.
24 Cf. H. Benoit, 1959, S. 89.
25 Cf. Bhagwan, 1977, S. 145 f.
26 Cf. Nakamura, S. 111. Cf. auch T. Hirata, 1962, S. 185 f., 193 f.
27 Cf. H. Dumoulin, 1959, S. 43. »Zazen und Meditation, die Kontrolle von Unreinheiten in den Gedanken, die Abneigung gegen jede Geschäftigkeit und die Vorliebe für die Stille, das alles ist die Lehre Irrgläubiger.« Cf. Nakamura, S. 30. Cf. auch H. C. Zander, 1979, S. 135 f. Bhagwan sagt, daß der Mann, der den Markt vermeiden will und deshalb in den Himalaya geht, den Markt mit sich ins Gebirge schleppe. Es gehe vielmehr darum, »ordinary« zu sein, »extraordinarily ordinary«. Alle Tiere waren gleich, aber die Schweine waren noch gleicher als all die anderen.

Bibliographie

Aalto, P.: »Zur Mystik des Brahmanismus-Hinduismus« in *Mysticism*, ed. S. S. Hartman/C.-M. Edsman, Stockholm 1970.
Aarne, A.: *Die magische Flucht*, Helsinki 1930.
Abel, O./W. Koppers: »Eiszeitliche Bärendarstellungen und Bärenkulte«, *Palaeobiologica*, Wien 1933.
Abercromby, I.: »Plastic Art in the Grand Canary«, *Man* 1915.
Abramova, Z. A.: »L'art mobilier paléolithique en URSS«, *Quartär* 1967.
Absolon, K.: »The Diluvial Anthropomorphic Statuettes and Drawings, Especially the So-Called Venus Statuettes, Discovered in Moravia«, *Artibus Asiae* 1949.
Acaroglu, I. A.: *The Evolution of Urbanization in Anatolia*, Ann Arbor 1983.
Achelis, T.: »Der Maui-Mythus« in *Festschrift für Adolf Bastian*, Berlin 1896.
Adam, K. D./R. Kurz: *Eiszeitkunst im süddeutschen Raum*, Stuttgart 1980.
Adama v. Scheltema, F.: *Die deutsche Volkskunst und ihre Beziehungen zur germanischen Vorzeit*, Leipzig 1938.
–: *Die Kunst der Vorzeit*, Stuttgart 1950.
–: »Das Kammerfensterl«, *Antaios* 1962.
Adkins, A. W. H.: »Greek Religion« in *Historia Religionum*, ed C. J. Bleeker/G. Widengren, Bd. I, Leiden 1969.
Agassi, J.: »The Logic of Scientific Inquiry«, *Synthese* 1974.
–: »The Place of Sparks in the World of Blah«, *Inquiry* 1981.
Ager, L. P.: »The Economic Role of Women in Alaskan Eskimo Society« in *A World of Women*, ed. E. Bourguignon, New York 1980.
Aitken, B.: »Temperament in Native American Religion«, *Journal of the Royal Anthropological Institute* 1930.
Akurgal, E.: *Orient und Okzident*, Baden-Baden 1966.
Alaux, J.-F.: »Gravure féminine sur plaquette calcaire du Magdalénien supérieur de la grotte du Courbet«, *Bulletin de la Société préhistorique française* 1972.
Albers, P./S. Parker: »The Plains Vision Experience«, *Southwestern Journal of Anthropology* 1971.
Albrecht, G.: »Die Jäger der späten Eiszeit« in *Urgeschichte in Baden-Württemberg*, ed. H. Müller-Beck, Stuttgart 1983.
Alderink, L. J.: »Mythical and Cosmological Structure in the Homeric Hymn to Demeter«, *Numen* 1982.
Alexiou, S.: »Ἡ μινωϊκὴ θεὰ μεθ' ὑψωμένων χειρῶν«, *Kretika Chronika* 1958.
–: *Minoische Kultur*, Göttingen 1976.
Alföldi, A.: *Die Struktur des voretruskischen Römerstaates*, Heidelberg 1974.
Alford, V.: *The Hobby Horse*, London 1978.
Alkim, U. B.: *Anatolien*, Bd. I, Genf 1968.
Allam, S.: *Beiträge zum Hathorkult bis zum Ende des Mittleren Reiches*, Berlin 1963.

Allchin, A. M.: »Julian of Norwich and the Continuity of Tradition« in *The Medieval Mystical Tradition in England*, ed. M. Glasscoe, Exeter 1980.
Allen, M. R.: »Kumari or ›Virgin‹ Worship in Kathmandu Valley«, *Contributions to Indian Sociology* 1976.
Alliot, M.: *Le culte d'Horus à Edfou*, Le Caire 1954.
de Almeida, A.: *Bushmen and Other Non-Bantu Peoples of Angola*, Johannesburg 1965.
Altenmüller, H.: »Jagdritual« in *Lexikon der Ägyptologie*, ed. W. Helck/W. Westendorf, Bd. III, Wiesbaden 1980.
Altheim, F.: *Terra Mater*, Gießen 1931.
Alvarez, O.: *The Celestial Brides*, Stockbridge 1978.
Aly, W.: *Der kretische Apollonkult*, Leipzig 1908.
Amandry, P.: »L'antre corycien dans les textes antiques et modernes« in *L'antre corycien*, Bd. I, Athen 1981.
Amiet, P.: »Le symbolisme cosmique du répertoire animalier en Mésopotamie«, *Revue d'Assyriologie* 1956.
Anati, E.: »Anatolia's Earliest Art«, *Archaeology* 1968.
Anders, F.: *Das Pantheon der Maya*, Graz 1963.
Andersen, J.: *The Witch on the Wall*, København 1977.
Anderson, R.: »The Buffalo Men«, *Southwestern Journal of Anthropology* 1956.
–: *A Study of Cheyenne Culture History*, Ann Arbor 1972.
Angel, J. L.: »Early Neolithic Skeletons from Çatal Hüyük«, *Anatolian Studies* 1971.
Anisimov, A. F.: »Cosmological Concepts of the Peoples of the North« in *Studies in Siberian Shamanism*, ed. H. N. Michael, Toronto 1963.
–: »The Shaman's Tent of the Evenks and the Origin of the Shamanistic Rite« in *Studies in Siberian Shamanism*, ed. H. N. Michael, Toronto 1963.
Anthes, R.: »Die Sonnenboote in den Pyramidentexten«, *Zeitschrift für ägyptische Sprache und Altertumskunde* 1957.
Antoniou, A.: »Minoische Elemente im Kult der Artemis von Brauron«, *Philologus* 1981.
Antropova, V. V.: »The Koryaks« in *The Peoples of Siberia*, ed. M. G. Levin/L. P. Potapov, Chicago 1964.
Appelbaum, S. A.: *Out in Inner Space*, Garden City 1979.
Arapura, J. G.: *Religion as Anxiety and Tranquillity*, The Hague 1972.
Araquistáin, L.: »Some Survivals of Ancient Iberia in Modern Spain«, *Man* 1945.
Arbousset, T.: *Relation d'un Voyage d'Exploration au Nord-Est de la Colonie du Cap de Bonne Espérance*, Paris 1842.
Ardussi, J./L. Epstein: »The Saintly Madman in Tibet« in *Himalayan Anthropology*, ed. J. F. Fisher, The Hague 1978.
Armstrong, E. A.: »The Crane Dance in East and West«, *Antiquity* 1943.
Armstrong, L.: »A Fisherman's Festival at Cape Finisterrre«, *Folklore* 1971.

Arnett, W. S.: *The Predynastic Origin of Egyptian Hieroglyphs*, Washington 1982.
Ashe, G.: *The Virgin*, London 1976.
Askin-Edgar, S.: »Die Cheyennes und der letzte Hüter der heiligen Pfeile«, *Zeitschrift für Ethnologie* 1971.
Assmann, J.: »Neith spricht als Mutter und Sarg«, *Mitteilungen des Deutschen Archäologischen Instituts, Abt. Kairo* 1972.
–: »Das Bild des Vaters im Alten Ägypten« in *Das Vaterbild in Mythos und Geschichte*, ed. H. Tellenbach, Stuttgart 1976.
–: »Muttergottheit« in *Lexikon der Ägyptologie*, ed. W. Helck/W. Westendorf, Bd. IV, Wiesbaden 1981.
–: »Die Zeugung des Sohnes« in *Funktionen und Leistungen des Mythos*, ed. F. Stolz, Göttingen 1982.
–: *Re und Amun*, Fribourg 1983.
–: »Das Doppelgesicht der Zeit im altägyptischen Denken« in *Die Zeit*, ed. A. Peisl/A. Mohler, München 1983.
–: »Tod und Initiation im altägyptischen Totenglauben« in *Sehnsucht nach dem Ursprung*, ed. H. P. Duerr, Frankfurt/M. 1983.
–: Brief vom 11. November 1983.
Astour, M.: »Un texte d'Ugarit récemment découvert et ses rapports avec l'origine des cultes bachiques«, *Revue de l'Histoire des Religions* 1963.
Atalay, E.: »Die Kurudağ-Höhle mit archäologischen Funden«, *Jahreshefte des Österreichischen Archäologischen Instituts in Wien*, Beiblatt 1978.
Atzeni, E.: »Die Vornuraghenzeit« in *Kunst und Kultur Sardiniens vom Neolithikum bis zum Ende der Nuraghenzeit*, ed. J. Thimme, Karlsruhe 1980.
Atzler, M.: *Untersuchungen zur Herausbildung von Herrschaftsformen in Ägypten*, Hildesheim 1981.
Awolalu, J. O.: *Yoruba Beliefs and Sacrificial Rites*, London 1979.

van Baal, J.: *Dema*, The Hague 1966.
Babb, L. A.: »Destiny and Responsibility: Karma in Popular Hinduism« in *Karma*, ed. C. F. Keyes/E. V. Daniel, Berkeley 1983.
Bachofen, J. J.: »Versuch über die Gräbersymbolik der Alten« in *Gesammelte Werke*, Bd. IV, Basel 1954.
Bachtin, M.: *Rabelais and His World*, Cambridge 1968.
Badawy, A.: »Min, the Cosmic Fertility God of Egypt«, *Mitteilungen des Instituts für Orientforschung* 1959.
Bahder, O. N.: »Die paläolithischen Höhlenmalereien in Osteuropa«, *Quartär* 1967.
Bahm, A. J.: »Is There a Soul or No Soul? The Buddha Refused to Answer. Why?« in *East-West Studies on the Problem of the Self*, ed. P. T. Raju/A. Castell, Den Haag 1968.
Bahn, P. G.: »The ›Unacceptable Face‹ of the West European Upper Palaeolithic«, *Antiquity* 1978.
–: »Late Pleistocene Economics of the French Pyrenees« in *Hunter-Gatherer Economy in Prehistory*, ed. G. Bailey, Cambridge 1983.

Bailey, R. N.: »Apotropaic Figures in Milan and North-West England«, *Folklore* 1983.
Bakari, M. b. M.: *The Customs of the Swahili People*, Berkeley 1981.
Bakr, M. I.: »Amon, der Herdenstier«, *Zeitschrift für ägyptische Sprache und Altertumskunde* 1972.
Balikci, A.: »Shamanistic Behavior Among the Netsilik Eskimos« in *Magic, Witchcraft, and Curing*, ed. J. Middleton, Garden City 1967.
Balint, M.: *Therapeutische Aspekte der Regression*, Stuttgart 1970.
Ballentine, F. G.: »Some Phases in the Cult of Nymphs«, *Harvard Studies in Classical Philology* 1904.
Banesz, L.: »Les structures d'habitat au paléolithique supérieur en Europe centrale« in *Les structures d'habitat au paléolithique supérieur*, ed. A. Leroi-Gourhan, Paris 1976.
Banks, M. M.: »Female Fertility Figures«, *Man* 1935.
de Barandiarán, J. M.: »Die prähistorischen Höhlen in der baskischen Mythologie«, *Paideuma* 1941.
–: »Die baskische Mythologie« in *Götter und Mythen im alten Europa*, ed. H. W. Haussig, Stuttgart 1973.
Barrière, C.: *L'art pariétal de Rouffignac*, Paris 1982.
Barrière, C./A. Sahly: »Les empreintes humaines de Lascaux« in *Miscellánea en homenaje al Abate Henri Breuil*, ed. E. R. Perelló, Bd. I, Barcelona 1964.
Barthel, T. S.: »Untersuchungen zur Großen Göttin der Maya«, *Zeitschrift für Ethnologie* 1977.
Bauer, E. W.: *Höhlen-Welt ohne Sonne*, Wien 1971.
Baumann, H.: *Schöpfung und Urzeit des Menschen im Mythus der afrikanischen Völker*, Berlin 1936.
–: »Afrikanische Wild- und Buschgeister«, *Zeitschrift für Ethnologie* 1938.
–: »Nyama, die Rachemacht«, *Paideuma* 1950.
–: »Die Sonne in Mythus und Religion der Afrikaner« in *Afrikanistische Studien*, ed. J. Lukas, Berlin 1955.
–: »Die Geier-Mutter und Verwandtes« in *Festschrift Paul Schebesta*, Wien-Mödling 1963.
Baumgartel, E. J.: *The Cultures of Prehistoric Egypt*, Bd. II, London 1960.
Bawden, C. R.: »The Theme of the Calumniated Wife in Mongolian Popular Literature«, *Folklore* 1963.
Beals, R. L.: »Sonoran Fantasy or Coming of Age?«, *American Anthropologist* 1978.
Beane, W. C.: *Myth, Cult and Symbols in Śākta Hinduism*, Leiden 1977.
Beck, B. E. F.: »The Symbolic Merger of Body, Space and Cosmos in Hindu Tamil Nadu«, *Contributions to Indian Sociology* 1976.
Becker, E.: *The Denial of Death*, New York 1973.
Becker, M.: *Helena*, Straßburg 1939.
Bégouën, H./H. Breuil: *Les cavernes du Volp*, Paris 1958.

Bégouën, R./J. Clottes/J.-P. Giraud/F. Rouzaud: »Plaquette gravée d'Enlène, Montesquieu-Avantès (Ariège)«, *Bulletin de la Société préhistorique française* 1982.
Behm-Blancke, G.: »Zur Typologie der jungpaläolithischen Zelt- und Hüttenanlagen Europas«, *Ausgrabungen und Funde* 1960.
–: »Eine Kultstätte magdalénien-zeitlicher Wildpferdjäger in Thüringen« in *Actes du VIIe Congrès International des Sciences Préhistoriques et Protohistoriques*, ed. J. Filip, Bd. I, Prag 1970.
–: »Trankgaben und Trinkzeremonien im Toten-Kult der Völkerwanderungszeit«, *Alt-Thüringen* 1979.
Behn, F.: *Zur Problematik der Felsbilder*, Berlin 1962.
Behrens, H.: »The First ›Woodhenge‹ in Middle Europe«, *Antiquity* 1981.
Behrens, P.: »Phallus« in *Lexikon der Ägyptologie*, ed. W. Helck/W. Westendorf, Bd. IV, Wiesbaden 1982.
Bellah, R. N.: *Beyond Belief*, New York 1970.
Bellamy, J. A.: »Sex and Society in Islamic Popular Literature« in *Society and the Sexes in Medieval Islam*, ed. A. L. al-Sayyid-Marsot, Malibu 1979.
Beltrán, A.: »Las vulvas y otros signos rojos de la cueva de Tito Bustillo« in *Symposium internacional de arte rupestre*, ed. M. Almagro Basch/M. A. G. Guinea, Santander 1972.
Bender, B.: »Gatherer-Hunter to Farmer: A Social Perspective«, *World Archaeology* 1978.
Benítez, F.: *In the Magic Land of Peyote*, New York 1975.
Benjamin, G.: »Indigenous Religious Systems of the Malay Peninsula« in *The Imagination of Reality*, ed. A. L. Becker/A. A. Yengoyan, Norwood 1979.
Bennett, F. M.: *Religious Cults Associated With the Amazons*, New York 1912.
Benoit, H.: *The Supreme Doctrine*, New York 1959.
Benz, E.: »Gebet und Heilung im brasilianischen Spiritismus« in *Der Religionswandel unserer Zeit*, ed. G. Stephenson, Darmstadt 1976.
Bérard, C.: *Anodoi*, Neuchâtel 1974.
Berenguer, M.: *Prehistoric Man and His Art*, Park Ridge 1973.
Bergman, J.: »Nut: Himmelsgöttin – Baumgöttin – Lebensgeberin« in *Humanitas religiosa*, Stockholm 1979.
Berndt, C. H.: *Women's Changing Ceremonies in Northern Australia*, Paris 1950.
–: »Monsoon and Honey Wind« in *Échanges et communications*, Bd. II, ed. J. Pouillon/P. Maranda, The Hague 1970.
Berndt, R. M.: *Kunapipi*, Melbourne 1951.
–: *Djanggawul*, London 1952.
–: *Australian Aboriginal Religion*, Leiden 1974.
Berndt, R. M./C. H. Berndt: *Sexual Behavior in Western Arnhem Land*, New York 1951.
Bernstein, M.: *Nonnen*, München 1977.

Best, E.: »Maori Beliefs Concerning the Human Organs of Generation«, *Man* 1914.
Bethe, E.: »Das archaische Delos und sein Letoon«, *Hermes* 1937.
Bettelheim, B.: *Symbolic Wounds*, New York 1962.
–: *Surviving and Other Essays*, New York 1979.
Bhagwan Shree Rajneesh: *No Water, No Moon*, London 1977.
–: *Intelligenz des Herzens*, Berlin 1979.
Bharati, A.: *The Light at the Center*, Santa Barbara 1976.
–: »Techniques of Control in the Esoteric Traditions of India and Tibet« in *The Realm of the Extra-Human*, ed. A. Bharati, The Hague 1976.
–: »Eliade: privilegierte Information and anthropologische Aporien« in *Sehnsucht nach dem Ursprung*, ed. H. P. Duerr, Frankfurt/M. 1983.
Bhreathnach, M.: »The Sovereignty Goddess as Goddess of Death?«, *Zeitschrift für Celtische Philologie* 1982.
Biale, D.: »The God With Breasts: El Shaddai in the Bible«, *History of Religions* 1982.
Bianchi, U.: »Prometheus, der titanische Trickster«, *Paideuma* 1961.
–: »Seth, Osiris et l'ethnographie«, *Revue de l'Histoire des Religions* 1971.
–: *The Greek Mysteries*, Leiden 1976.
Biedermann, H.: *Lexikon der Felsbildkunst*, Graz 1976.
–: »Weitere Nachträge zum Thema der ›Ringwellensymbole‹ in den megalithischen Petroglyphen«, *Almogaren* 1979.
–: *Höhlenkunst der Eiszeit*, Köln 1984.
Biegert, C.: »What Is ›Traditional‹?« in *James Bay Project – A River Drowned By Water*, ed. R. Wittenborn/C. Biegert, Montréal 1981.
Biesele, M.: »Aspects of !Kung Folklore« in *Kalahari Hunter-Gatherers*, ed. R. B. Lee/I. DeVore, Cambridge 1976.
–: »Religion and Folklore« in *The Bushmen*, ed. P. V. Tobias, Cape Town 1978.
–: »Der alte K//xau« in *Die andere Wirklichkeit der Schamanen*, Bern 1981.
Bietak, M./R. Engelmayer: *Eine frühdynastische Abri-Siedlung mit Felsbildern aus Sayala-Nubien*, Wien 1963.
Bietak, M./E. Reiser-Haslauer: *Das Grab des 'Anch-Hor*, Wien 1978.
Biezais, H.: *Die himmlische Götterfamilie der alten Letten*, Uppsala 1972.
–: *Von der Wesensidentität der Religion und Magie*, Åbo 1978.
–: »Religion des Volkes und Religion der Gelehrten« in *Der Wissenschaftler und das Irrationale*, Bd. I, ed. H. P. Duerr, Frankfurt/M. 1981.
Bing-Bergen, J.: *Der Sonnenwagen von Trundholm*, Leipzig 1934.
Birket-Smith, K.: »Folk Wanderings and Culture Drifts in Northern North America«, *Journal de la Société des Américanistes* 1930.
–: *The Chugach Eskimo*, København 1953.
Blacking, J.: *How Musical Is Man?*, Seattle 1974.
Blackman, A. M.: »On the Position of Women in the Ancient Egyptian Hierarchy«, *Journal of Egyptian Archaeology* 1921.

–: *Das hundert-torige Theben*, Leipzig 1926.
Blanc, A. C.: »A New Paleolithic Cultural Element, Probably of Ideological Significance«, *Quaternaria* 1957.
–: »Some Evidence for the Ideologies of Early Man« in *Social Life of Early Man*, ed. S. L. Washburn, New York 1961.
Blankenburg, W.: *Der Verlust der natürlichen Selbstverständlichkeit*, Stuttgart 1971.
Blázquez, J.-M.: »Die Mythologie der Althispanier« in *Götter und Mythen im alten Europa*, ed. H. W. Haußig, Stuttgart 1973.
Bleek, D. F.: »Bushmen of Central Angola«, *Bantu Studies* 1928.
Bleeker, C. J.: *Die Geburt eines Gottes*, Leiden 1956.
–: »The Position of the Queen in Ancient Egypt« in *La regalità sacra*, Leiden 1959.
–: *The Sacred Bridge*, Leiden 1963.
–: »The Religion of Ancient Egypt« in *Historia Religionum*, ed.C. J. Bleeker/G. Widengren, Bd. I, Leiden 1969.
–: *Hathor and Thoth*, Leiden 1973.
–: »The Egyptian Goddess Neith« in *The Rainbow*, Leiden 1975.
–: »Zur Bedeutung des Kultus im alten Ägypten« in *Sehnsucht nach dem Ursprung*, ed. H. P. Duerr, Frankfurt/M. 1983.
Bleichsteiner, R.: »Roßweihe und Pferderennen im Totenkult der kaukasischen Völker« in *Die Indogermanen- und Germanenfrage*, ed. W. Koppers, Salzburg 1936.
Bloch, P.: »Die Muttergottes auf dem Löwen«, *Jahrbuch der Berliner Museen* 1970.
Blome, P.: *Die figürliche Bildwelt Kretas in der geometrischen und früharchaischen Periode*, Mainz 1982.
Blumenberg, H.: *Arbeit am Mythos*, Frankfurt/M. 1979.
Blundell, V. J.: »The *Wandjina* Cave Paintings in Northwest Australia«, *Arctic Anthropology* 1974.
Boardman, J.: *The Cretan Collection in Oxford*, Oxford 1961.
Boas, F.: »Die Sagen der Baffin-Land-Eskimos«, *Zeitschrift für Ethnologie* 1885.
–: »The Central Eskimo«, *6th Annual Report of the Bureau of Ethnology*, Washington 1888.
–: »The Eskimo of Baffin Land and Hudson Bay«, *Bulletin of the American Museum of Natural History* 1901.
Bodmer, K.: *Bildatlas der Reise zu den Indianern am oberen Missouri*, Frankfurt/M. 1970.
Bodson, L.: Ἱερὰ ζῷα, Bruxelles 1978.
Bödiger, U.: *Die Religion der Tukano*, Köln 1965.
Bögli, A./H. W. Franke: *Leuchtende Finsternis*, Bern 1965.
Böhme, R.: *Orpheus*, Bern 1970.
–: *Der Sänger der Vorzeit*, Bern 1980.
–: »Der Name Orpheus«, *Minos* 1981.
Børresen, K. E.: »God's Image, Man's Image? Female Metaphors Describing God in the Christian Tradition«, *Temenos* 1983.

Boetticher, K.: *DieTektonik der Hellenen*, Bd. I, Berlin 1874.
Boglár, L.: »Chieftainship and the Religious Leader«, *Acta Ethnographica* 1971.
Bogoras, W.: *The Chukchee*, New York 1907.
duBois, P.: *Centaurs and Amazons*, Ann Arbor 1982.
Bolle, K. W.: »Die Göttin und die Ritualbewegung«, *Antaios* 1961.
–: »A World of Sacrifice«, *History of Religions* 1983.
Bond, G. D.: »Theravada Buddhism's Meditations on Death«, *History of Religions* 1979.
Bonime, W.: »Depersonalization as a Manifestation of Evolving Health« in *Das Irrationale in der Psychoanalyse*, Göttingen 1977.
Bonnerjea, B.: »Reminiscences of a Cheyenne Indian«, *Journal de la Société des Américanistes* 1935.
Bonnet, H.: *Reallexikon der ägyptischen Religionsgeschichte*, Berlin 1952.
Borneman, E.: »Sexualität und Semantik« in *Sexualität*, ed. E. Borneman, Weinheim 1979.
Boshier, A.: »Afrikanische Lehrjahre« in *Der Wissenschaftler und das Irrationale*, ed. H. P. Duerr, Bd. I, Frankfurt/M. 1981.
Bosinski, G.: »Magdalenian Anthropomorphic Figures at Gönnersdorf«, *Bolletino del Centro Camuno di Studi Preistorici* 1970.
–: *Die Kunst der Eiszeit in Deutschland und in der Schweiz*, Bonn 1982.
Bosinski, G./G. Fischer: *Die Menschendarstellungen von Gönnersdorf*, Wiesbaden 1974.
Bossert, E.-M.: *Die Grabfunde der Kykladenkultur*, Bd. I, Tübingen 1952.
Bouman, K. H.: *Forgotten Gods*, Leiden 1949.
Bourdelle, Y./H. Delporte/J. Virmont: »Le gisement magdalénien et la Vénus d'Enval«, *L'Anthropologie* 1971.
Bovenschen, S.: »Die aktuelle Hexe, die historische Hexe und der Hexenmythos« in *Aus der Zeit der Verzweiflung*, Frankfurt/M. 1977.
Bowers, A. W.: *Mandan Social and Ceremonial Organization*, Chicago 1950.
–: »Hidatsa Social and Ceremonial Organization«, *Bulletin of the Bureau of American Ethnology*, Washington 1965.
Boyd, J. W.: »The Theravāda View of Saṃsāra« in *Buddhist Studies in Honour of Walpola Rahula*, ed. S. Balasoorija et al., London 1980.
Boyer, L. B.: »Stone as a Symbol in Apache Folklore« in *Fantasy and Symbol*, ed. R. H. Hook, London 1979.
–: *Kindheit und Mythos*, Stuttgart 1982.
Boyer, L. B./R. M. Boyer/H. W. Basehart: »Shamanism and Peyote Use Among the Apaches of the Mescalero Indian Reservation« in *Hallucinogens and Shamanism*, ed. M. J. Harner, New York 1973.
Branigan, K.: *The Foundations of Palatial Crete*, London 1970.
Brazda, M. K.: *Zur Bedeutung des Apfels in der antiken Kultur*, Bonn 1977.

Breasted, J. H.: *Egyptian Servant Statues*, Washington 1948.
–: *Geschichte Ägyptens*, Zürich 1954.
Brein, F.: *Der Hirsch in der griechischen Frühzeit*, Wien 1969.
Brelich, A.: »Symbol of a Symbol« in *Myths and Symbols*, ed. J. M. Kitagawa/C. H. Long, Chicago 1969.
Brentjes, B.: »Protominoische Züge altkleinasiatischer Kultur«, *Klio* 1965.
Breuil, H.: »Pratiques religieuses chez les humanités quaternaires«, *Scienza e Civiltà* 1951.
–: *Quatre Cents Siècles d'art pariétal*, Montignac 1952.
–: »La Caverne de Niaux«, *Bulletin de la Société Préhistorique de l'Ariège* 1952.
–: »Bas-reliefs féminins de la Magdelaine près Montauban«, *Quaternaria* 1954.
Breuil, H./R. Lantier: *Les hommes de la pierre ancienne*, Paris 1951.
Breuil, H./L. R. Nougier/R. Robert: »Le ›Lissoir aux Ours‹ de la grotte de La Vache«, *Bulletin de la Société Préhistorique de l'Ariège* 1956.
Breuil, H./H. Obermaier: »Les premiers travaux de l'Institut de Paléontologie Humaine«, *L'Anthropologie* 1912.
Briffault, R.: *The Mothers*, London 1927.
Broëns, M.: *Ces Souterrains*, Paris 1976.
Brooks, R. R. R./V. S. Wakankar: *Stone Age Painting in India*, New Haven 1976.
Brown, D.: *Begrabt mein Herz an der Biegung des Flusses*, Hamburg 1972.
Brown, N. O.: *Hermes the Thief*, Madison 1947.
Brown, P. L.: *Megaliths, Myths and Men*, Poole 1976.
Brown, P. W. F.: »The Luxuriant Pig«, *Folklore* 1965.
Brownmiller, S.: *Against Our Will*, New York 1975.
Brunner, H.: *Die Geburt des Gottkönigs*, Wiesbaden 1964.
–: *Die südlichen Räume des Tempels von Luxor*, Mainz 1977.
–: »Fruchtbarkeit« in *Lexikon der Ägyptologie*, ed. W. Helck/W. Westendorf, Bd. II, Wiesbaden 1977.
–: *Grundzüge der altägyptischen Religion*, Darmstadt 1983.
Brunner-Traut, E.: *Die alten Ägypter*, Stuttgart 1974.
–: *Gelebte Mythen*, Darmstadt 1981.
Bruns, G.: *Die Jägerin Artemis*, Borna 1929.
Buber, M.: *Ekstatische Konfessionen*, Leipzig 1923.
Buchanan, B.: »A Snake Goddess and Her Companions«, *Iraq* 1971.
Buchholz, H.-G.: *Zur Herkunft der kretischen Doppelaxt*, München 1959.
–: *Methymna*, Mainz 1975.
–: »Zum Bären in Syrien und Griechenland«, *Acta praehistorica et archaeologica* 1975.
–: »Kälbersymbolik«, *Acta Praehistorica et archaeologica* 1980.
–: »›Schalensteine‹ in Griechenland, Anatolien und Zypern« in *Studien zur Bronzezeit*, ed. H. Lorenz, Mainz 1981.

–: »Griechisch oder ›Kaukasisch‹?« in *Antidoron Jürgen Thimme*, ed. D. Metzler et al., Karlsruhe 1983.
Buchholz, H.-G./G. Jöhrens/I. Maull: *Archaeologia Homerica: Jagd und Fischfang*, Göttingen 1973.
Buchler, I. R.: »The Fecal Crone« in *The Rainbow Serpent*, ed. I. R. Buchler/K. Maddock, The Hague 1978.
Budge, E. A. W.: *From Fetish to God in Ancient Egypt*, London 1934.
Bühler, W.: *Europa*, München 1968.
Buhl, M.-L.: »The Goddesses of the Egyptian Tree Cult«, *Journal of Near Eastern Studies* 1947.
Bulat, K.: »Beiträge zur slavischen Bedeutungslehre«, *Archiv für slavische Philologie* 1918.
Bu'lock, J. D.: »Phallus and Fallacy«, *Man* 1953.
Bullough, V. L.: *Sexual Variance in Society and History*, New York 1976.
Bunzel, R.: »The Nature of Katcinas« in *Reader in Comparative Religion*, ed. W. A. Lessa/E. Z. Vogt, New York 1965.
Burckhardt, T.: *Vom Sufitum*, München 1953.
–: *Vom Wesen heiliger Kunst*, Zürich 1955.
Bureau, R.: *La religion d'Eboga*, Lille 1972.
Burgess, E. M./A. J. Arkell: »The Reconstruction of the Haṭḥōr Bowl«, *Journal of Egyptian Archaeology* 1958.
Burghart, R.: »Renunciation in the Religious Traditions of South Asia«, *Man* 1983.
–: »Wandering Ascetics of the Rāmānandi Sect«, *History of Religions* 1983.
Burkert, W.: *Weisheit und Wissenschaft*, Nürnberg 1962.
–: »Γόης: Zum griechischen Schamanismus«, *Rheinisches Museum für Philologie* 1962.
–: *Homo Necans*, Berlin 1972.
–: *Griechische Religion der archaischen und klassischen Epoche*, Stuttgart 1977.
–: »Von Ullikummi zum Kaukasus: die Felsgeburt des Unholds«, *Würzburger Jahrbücher für die Altertumswissenschaften* 1979.
–: Brief vom 16. August 1980.
–: »Griechische Mythologie und die Geistesgeschichte der Moderne« in *Les études classiques aux XIXe et XXe siècles*, Vandœuvres-Genève 1980.
–: »Literarische Texte und funktionaler Mythos: Zu Ištar und Atraḥasis« in *Funktionen und Leistungen des Mythos*, ed. F. Stolz, Göttingen 1982.
–: Brief vom 28. November 1983.
–: Brief vom 5. Juni 1984.
Burl, H. A. W.: »Pi in the Sky« in *Archaeoastronomy in the Old World*, ed. D. C. Heggie, Cambridge 1982.
Burland, C. A.: »Lascaux«, *Man* 1952.
Butterworth, E. A. S.: *Some Traces of the Pre-Olympian World in Greek Literature and Myth*, Berlin 1966.
Butzer, K. W.: »Studien zum vor- und frühgeschichtlichen Landschafts-

wandel der Sahara«, *Abhandlungen der Akademie der Wissenschaften und Literatur, Math.-Naturwiss. Kl.* 1959.
–: *Early Hydraulic Civilization in Egypt*, Chicago 1976.
Bynum, C. W.: *Jesus as Mother*, Berkeley 1982.

Cain, H.: Mitteilung vom 17. Mai 1984.
Calame, C.: *Les choeurs de jeunes filles en Grèce archaïque*, Roma 1977.
Camp, C. M./B. Nettl: »The Musical Bow in Southern Africa«, *Anthropos* 1955.
Campbell J.: »Renewal Myths and Rites of the Primitive Planters and Hunters«, *Eranos-Jahrbuch* 1959.
Campbell, S.: »The Cheyenne Tipi«, *American Anthropologist* 1915.
Camps, G.: »Art paléolithique et manifestation de la personnalité« in *Symposium internacional de arte rupestre*, ed. M. Almagro Basch/M. A. G. Guinea, Santander 1972.
Camps-Fabrer, H.: »Comparaisons entre l'art mobilier épipaléolithique de l'Europe méridionale et de l'Afrique du Nord« in *Les courants stylistiques dans l'art mobilier au paléolithique supérieur*, ed. Z. Abramova/P. Graziosi, Nice 1976.
Canney, M.: »The Skin of Rebirth«, *Man* 1939.
Cancik, H.: »Die Jungfrauenquelle«, *Der altsprachliche Unterricht* 1982.
Cantlie, A.: »Aspects of Hindu Asceticism« in *Symbols and Sentiments*, ed. I. Lewis, London 1977.
Capart, J.: *Primitive Art in Egypt*, London 1905.
Capell, A.: »Language and World View in the Northern Kimberley«, *Southwestern Journal of Anthropology* 1960.
Capelle, P.: »Elysium und die Inseln der Seligen«, *Archiv für Religionswissenschaft* 1927.
Carpenter, E. S.: »Changes in the Sedna Myth Among the Aivilik«, *Anthropological Papers of the University of Alaska* 1955.
–: *Eskimo*, Toronto 1959.
–: »Comment on Haselberger's Method of Studying Ethnological Art«, *Current Anthropology* 1961.
–: *Eskimo Realities*, New York 1973.
–: Brief vom 7. Januar 1984.
Carpenter, R.: *Folk Tale, Fiction and Saga in the Homeric Epics*, Berkeley 1956.
Carstairs, G. M.: *Die Zweimal Geborenen*, München 1963.
Cassin, E.: »Le Roi et le Lion«, *Revue de l'Histoire des Religions* 1981.
Castañeda, C.: *A Separate Reality*, New York 1971.
–: *Tales of Power*, New York 1974.
–: *The Second Ring of Power*, London 1977.
Castrén, M. A.: *Vorlesungen über die finnische Mythologie*, St. Petersburg 1853.

Catlin, G.: *Die Indianer Nordamerikas*, Berlin-Friedenau 1924.
–: *O-kee-pa*, New Haven 1967.
Cauvin, J.: *Les premiers villages de Syrie-Palestine du IXème au VIIème millénaire avant J. C.*, Lyon 1978.
Červíček, P.: *Felsbilder des Nord-Etbai, Oberägyptens und Unternubiens*, Wiesbaden 1974.
Chadwick, J.: *Die mykenische Welt*, Stuttgart 1979.
–: »Discussion of Palmer's Paper« in *Res Mycenaeae*, ed. A. Heubeck/G. Neumann, Göttingen 1983.
Charrière, G.: »Le Taureau aux trois grues et le bestiaire du héros celtique«, *Revue de l'Histoire des Religions* 1966.
–: »La scène du puits de Lascaux ou le thème ›de la mort simulée‹«, *Revue de l'Histoire des Religions* 1968.
–: *La signification des représentations érotiques dans les arts sauvages et préhistoriques*, Paris 1970.
–: »De Cernunnos à Gargantua«, *Revue de l'Histoire des Religions* 1977.
Chaumeil, J.-P.: »Rôle et utilisation des hallucinogènes chez les Yagua de Nord-Est péruvien«, *L'Ethnographie* 1982.
Chernus, I.: *Mysticism in Rabbinic Judaism*, Berlin 1982.
Chesi, G.: *Voodoo*, Wörgl 1979.
–: »Voodoo« in *Colon: Das schwarze Bild vom weißen Mann*, ed. J. Jahn, München 1983.
Cipriani, L.: »Altertümlichkeit und Bedeutung der Kultur der Andamaner« in *Festschrift Paul Schebesta zum 75. Geburtstag*, Mödling 1963.
Clader, L. L.: *Helen*, Leiden 1976.
Clark, G.: »Primitive Man as Hunter, Fisher, Forager, and Farmer« in *The Origins of Civilization*, ed. P. R. S. Moorey, Oxford 1979.
Clark, J. D.: »Studies of Hunter-Gatherers as an Aid to the Interpretation of Prehistoric Societies« in *Man the Hunter*, ed. R. B. Lee/I. DeVore, Chicago 1968.
Clark, J. G. D.: *Excavations at Star Carr*, Cambridge 1954.
Clark, R. J..: »Trophonius: The Manner of His Revelation«, *Transactions and Proceedings of the American Philological Association* 1968.
Clarke, E. D.: *Travels in various countries of Europe, Asia and Africa*, London 1818.
Clemen, C.: »Der Ursprung des Karnevals«, *Archiv für Religionswissenschaft* 1914.
–: *Religionsgeschichte Europas*, Heidelberg 1926.
Clemmer, R.: »Nahrungsmittel und Lebenssymbole bei den westlichen Schoschonen«, Ms. (1984).
Closs, A.: »Zerstückelung in autosuggestiver Imagination, im Mythos und im Kult«, *Temenos,* 1979.
Clottes, J.: »La découverte d'une statuette féminine paléolithique à Monpazier (Dordogne)«, *Préhistoire Ariégoise* 1971.
Clottes, J./E. Cérou: »La statuette féminine de Monpazier«, *Bulletin de la Société préhistorique française* 1970.

Clottes, J./R. Simonnet: »Le réseau René Clastres de la Caverne de Niaux«, *Bulletin de la Société préhistorique française* 1972.
Codrington, K. de B.: »Iconography: Classical and Indian«, *Man* 1935.
Cohen, A. P.: »Coercing the Rain Deities in Ancient China«, *History of Religions* 1978.
Cohen, M. N.: *The Food Crisis in Prehistory*, New York 1977.
–: »Population Pressure and the Origins of Agriculture« in *Origins of Agriculture*, ed. C. A. Reed, The Hague 1977.
Coldstream, J. N.: »The Jewellery and Other Small Finds« in *Knossos: The Sanctuary of Demeter*, Athens 1973.
–: *Geometric Greece*, London 1977.
Collins, H. B.: »The Okvik Figurine: Madonna or Bear Mother«, *Folk* 1969.
Collum, V. C. C.: »Female Fertility Figures«, *Man* 1935.
Colpe, C.: »Mithra-Verehrung, Mithras-Kult und die Existenz iranischer Mythen« in *Mithraic Studies*, ed. J. R. Hinnells, Bd. II, Manchester 1975.
Combet-Farnoux, B.: *Mercure romain*, Paris 1980.
Conkey, M. W.: »The Identification of Prehistoric Hunter-Gatherer Aggregation Sites«, *Current Anthropology* 1980.
Conrad, J. R.: *The Horn and the Sword*, New York 1957.
Cook, A. B.: *Zeus*, Bd. I, Cambridge 1914.
Coolidge, D./M. R. Coolidge: *The Last of the Seris*, New York 1939.
Coomaraswamy, A. K.: »The Philosophy of Mediaeval and Oriental Art«, *Zalmoxis* 1938.
–: *Time and Eternity*, Ascona 1947.
–: *Selected Papers*, Bd. II, Princeton 1977.
Cordwell, J. M.: »The Very Human Arts of Transformation« in *The Fabrics of Culture*, ed. J. M. C. Schwarz/R. A. Schwarz, The Hague 1979.
Cornelius, F.: »Das Alter der Tierzucht«, *Mannus* 1941.
Cornwall, I. W.: *Prehistoric Animals and Their Hunters*, New York 1968.
Cottrell, L.: *The Bull of Minos*, London 1953.
Coulborn, R.: *Der Ursprung der Hochkulturen*, Stuttgart 1962.
Cranz, D.: *Historie von Grönland*, Leipzig 1765.
Crapanzano, V.: »Mohammed and Dawia: Possession in Morocco« in *Case Studies in Spirit Possession*, ed. V. Crapanzano/V. Garrison, New York 1977.
–: *Die Ḥamadša*, Stuttgart 1981.
–: *Tuhami*, Stuttgart 1983.
Crawford, I. M.: *The Art of the Wandjina*, Melbourne 1968.
Crawford, O. G. S.: *The Eye Goddess*, London 1957.
Crawley, A. E.: »Achilles at Skyros«, *The Classical Review* 1893.
Croon, J. H.: *The Herdsman of the Dead*, Utrecht 1952.
–: »The Mask of the Underworld Demon«, *Journal of Hellenic Studies* 1955.

Culianu, I. P.: »L'›Ascension de l'Ame‹ dans les mystères et hors des Mystères« in *La soteriologia dei culti orientali nell' Impero Romano*, ed. U. Bianchi/M. J. Vermaseren, Leiden 1982.
Cumont, F.: *Die Mysterien des Mithra*, Leipzig 1903.
Curtis, E. S.: *The North American Indians*, Bd. VI, New York 1911.
Czarnowski, S.: »L'arbre d'Esus, le taureau aux trois grues et le culte des voies fluviales en Gaule«, *Revue Celtique* 1925.

Dahlmann, J.: *Nirvāṇa*, Berlin 1896.
Dakaris, S. I.: *The Acheron Necromanteion*, Athens 1973.
Dams, L.: *L'art pariétal de la grotte du Roc Saint-Cirq*, Oxford 1980.
Dams, L./M. Dams.: »La roche peinte d'Algodonales (Cádiz)« in *Altamira Symposium*, Madrid 1981.
Daniélou, A.: *Hindu Polytheism*, London 1964.
Danthine, H.: »Élements de rituels paléolithiques« in *Symposium internacional de arte rupestre*, ed. M. Almagro Basch/M. A. G. Guinea, Santander 1972.
Daraki, M.: »Aspects du Sacrifice Dionysiaque«, *Revue de l'Histoire des Religions* 1980.
Darrah, J.: *The Real Camelot*, London 1981.
Dart, R. A.: »The Birth of Symbology«, *African Studies* 1968.
Dasgupta, C. C.: »Female Fertility Figures«, *Man* 1935.
Daumas, F.: »Hathor« in *Lexikon der Ägyptologie*, ed. W. Helck/W. Westendorf, Bd. II, Wiesbaden 1977.
Davaras, C.: *Guide to Cretan Antiquities*, Park Ridge 1976.
Davaras, C./O. Masson.: »Cretica: Amnisos et ses inscriptions«, *Bulletin de Correspondance Hellénique* 1983.
Davidson, H. R. E.: »Thor's Hammer«, *Folklore* 1965.
Davies, O.: »Rock Gong and Rock Slides«, *Man* 1959.
Davis, W.: »Pilgrimage and World Renewal: A Study of Religion and Social Values in Tokugawa Japan«, *History of Religions* 1984.
Dawkins, R. M.: *The Sanctuary of Artemis Orthia at Sparta*, London 1929.
Dawson, W. R.: *Magician and Leech*, London 1929.
Deacon, A. B.: »Geometrical Drawings from Malekula and Other Islands of the New Hebrides«, *Journal of the Royal Anthr. Institute* 1934.
Déchelette, J.: »Une nouvelle interprétation des gravures de New-Grange et de Gavr'inis«, *L'Anthropologie* 1912.
Deighton, H. J.: *The ›Weather God‹ in Hittite Anatolia*, Oxford 1982.
Delporte, H.: *L'image de la femme dans l'art préhistorique*, Paris 1979.
Delporte, H./L. Mons/B. Schmider: »Sur un rognon de silex, en forme de statuette féminine, provenant du gisement du Pré-des-Forges à Marsangy«, *Bulletin de la Société préhistorique française* 1982.
DeMause, L.: »Probe-Kriege«, *Psychologie heute*, Sonderheft 1984.
Deng, F. M.: *The Dinka of the Sudan*, New York 1972.
Derolez, R. L. M.: *Götter und Mythen der Germanen*, Wiesbaden 1976.

Derrick, C.: »Die Bewohner der Gilbert- und Ellice-Inseln« in *Bild der Völker,* Bd. I, ed. E. E. Evans-Pritchard, Wiesbaden 1974.
Deubner, L.: »Der ithyphallische Hermes« in *Corolla Ludwig Curtius,* Stuttgart 1937.
van Deursen, A.: *Der Heilbringer,* Groningen 1931.
Devereux, G.: *Angst und Methode in den Verhaltenswissenschaften,* München 1973.
–: *Ethnopsychoanalyse,* Frankfurt/M. 1978.
–: Brief vom 23. November 1979.
–: *Baubo, die mythische Vulva,* Frankfurt/M. 1981.
–: *Träume in der griechischen Tragödie,* Frankfurt/M. 1982.
–: *Femme et mythe,* Paris 1982.
–: »Weltzerstörung in Wahn und Wirklichkeit« in *Der gläserne Zaun,* ed. R. Gehlen/B. Wolf, Frankfurt/M. 1983.
Devitt, M. K.: *Knossos Revisited,* Ann Arbor 1983.
Diels, H.: *Die Fragmente der Vorsokratiker,* Hamburg 1957.
Dierbach, J. H.: *Flora mythologica,* Frankfurt/M. 1833.
Dieterich, A.: *Eine Mithrasliturgie,* Leipzig 1903.
–: *Mutter Erde,* Leipzig 1905.
Dietrich, B. C.: »Demeter, Erinys, Artemis«, *Hermes* 1962.
–: »Some Light from the East on Cretan Cult Practice«, *Historia* 1967.
–: »A Religious Function of the Megaron«, *Rivista storica dell'Antichita* 1973.
–: *The Origins of Greek Religion,* Berlin 1974.
Diószegi, V.: »Die Drei-Stufen-Amulette der Nanajen« in *Glaubenswelt und Folklore der sibirischen Völker,* ed. V. Diószegi, Budapest 1963.
Dirlmeier, F.: »Die ›schreckliche‹ Kalypso« in *Lebende Antike,* ed. H. Meller/H.-J. Zimmermann, Berlin 1967.
Dirr, A.: »Der kaukasische Wild- und Jagdgott«, *Anthropos* 1925.
Dixon, R. B.: »Some Aspects of the American Shaman«, *Journal of American Folklore* 1908.
Doan, J.: »Five Breton ›Cantiques‹ from Pardons«, *Folklore* 1980.
Dobkin de Rios, M.: *The Wilderness of Mind,* Beverly Hills 1976.
Dobkin de Rios, M./W. Emboden.: »Narcotic Ritual Use of Water Lilies Among the Ancient Egyptians and Maya« in *Folk Healing and Herbal Medicine,* ed. G. Meyer/K. Blum, Springfield 1980.
Doht, R.: *Der Rauschtrank im germanischen Mythos,* Wien 1974.
Dolgich, B. O.: »Matriarchal'nye čerty v verovanijach Nganasan« in *Problemy antropologii i istoričeskoj etnografii Azii,* Moskau 1968.
Donahue, C.: »The Valkyries and the Irish War-Goddesses«, *Publications of the Modern Language Association of America* 1941.
Donner, F.: *Shabono. Eine Frau in der magischen Welt der Iticoteri,* Wien 1983.
Donner, K.: *Ethnological Notes About the Yenisey-Ostyaks,* Helsinki 1933.
Dornbach, M.: »Gods in Earthenware Vessels«, *Acta Ethnographica* 1977.

Dorsey, G. A.: *The Arapaho Sun Dance*, Chicago 1903.
–: *The Cheyenne*, Chicago 1905.
–: *The Pawnee*, Bd. I, Washington 1906.
Dorsey, J. O.: »Osage Traditions«, *Sixth Annual Report of the Bureau of Ethnology*, Washington 1888.
–: »A Study of Siouan Cults«, *11th Annual Report of the Bureau of Ethnology*, Washington 1894.
Dostal, W.: »Über Jagdbrauchtum in Vorderasien«, *Paideuma* 1962.
Dover, K. J.: *Greek Homosexuality*, London 1978.
Downs, J. F.: *The Two Worlds of the Washo*, New York 1966.
Downton, J. V.: *Sacred Journeys*, New York 1979.
Dozier, E. P.: »Rio Grande Pueblos« in *Perspectives in American Indian Culture Change*, ed. E. H. Spicer, Chicago 1961.
Draak, M.: »Some Aspects of Kingship in Pagan Ireland« in *La regalità sacra*, Leiden 1959.
Dräger, L.: »Einige indianische Darstellungen des Sonnentanzes«, *Jahrbuch des Museums für Völkerkunde zu Leipzig* 1961.
Draper, P.: »!Kung Women« in *Toward an Anthropology of Women*, ed. R. R. Reiter, New York 1975.
Drewal, H. J.: »Efe: Voiced Power and Pageantry«, *African Arts* 1974.
–: »Pageantry and Power in Yoruba Costuming« in *The Fabrics of Culture*, ed. J. M. Cordwell/R. A. Schwarz, The Hague 1979.
Drijvers, H. J. W.: »De matre inter leones sedente« in *Hommages à Maarten J. Vermaseren*, ed. M. B. de Boer/T. A. Edridge, Leiden 1978.
Drößler, R.: *Als die Sterne Götter waren*, Leipzig 1976.
–: *Kunst der Eiszeit*, Wien 1980.
Duchâteau, A.: »Das Bild der Weißen in frühen afrikanischen Mythen und Legenden« in *Europäisierung der Erde?*, ed. G. Klingenstein et al., München 1980.
Duday, H./M. Garcia: »Les empreintes de l'Homme préhistorique«, *Bulletin de la Société préhistorique française* 1983.
Duerr, H. P.: *Ni Dieu-ni mètre*, Frankfurt/M. 1974.
–: *Traumzeit*, Frankfurt/M. 1978.
–: »Die Angst vor dem Leben und die Sehnsucht nach dem Tode« in *Der Wissenschaftler und das Irrationale*, Bd. I, ed. H. P. Duerr, Frankfurt/M. 1981.
–: *Satyricon*, Berlin 1982.
–: »Tanzt Papa Legba in Afrika?« in *Spiegel und Gleichnis*, ed. N. W. Bolz/W. Hübener, Würzburg 1983.
Dütting, D.: »The Great Goddess in Classic Maya Religious Belief«, *Zeitschrift für Ethnologie* 1976.
Duhn, F. v.: »Rot und tot«, *Archiv für Religionswissenschaft* 1906.
Dumont, L.: *La civilization Indienne et nous*, Paris 1975.
–: *Gesellschaft in Indien*, Wien 1976.
Dumoulin, H.: *Begegnung mit dem Buddhismus*, Freiburg 1982.
Dunbar, J. H.: *The Rock-Pictures of Lower Nubia*, Cairo 1941.
Dupré, G.: »Sorcellerie et salariat«, *Les Temps Modernes* 1977.

Durdin-Robertson, L.: *The Goddesses of Chaldaea, Syria and Egypt*, Clonegal 1975.
Dussaud, R.: *Les civilisations préhelléniques dans le bassin de la mer égée*, Paris 1910.
Duthoy, R.: *The Taurobolium*, Leiden 1969.

Earhart, H. B.: *A Religious Study of the Mount Haguro Sect of Shugendō*, Tokyo 1970.
Ebers, E./F. Wollenik: *Felsbilder in den Alpen*, Hallein 1980.
Ebert, J.: »Parinirvāṇa« in *Leben und Tod in den Religionen*, ed. G. Stephenson, Darmstadt 1980.
Echegaray, J. G./L. G. Freeman.: »La mascara del santuario de la Cueva del Juyo« in *Altamira Symposium*, Madrid 1981.
Eckardt, H. v.: *Die Macht der Frau*, Stuttgart 1949.
Edelmann, S. S.: *Medicine Elk: Lebensgeschichte eines Ritualisten der Cheyennes Indianer*, Wien 1970.
Edsman, C.-M.: »Mysticism, Historical and Contemporary« in *Mysticism*, ed. S. S. Hartman/C.-M. Edsman, Stockholm 1970.
Efimenko, P. P.: *Kostenki I*, Moskau 1958.
Eggan, F.: *The American Indian*, Chicago 1966.
Egli, H.: *Das Schlangensymbol*, Olten 1982.
Eibl-Eibesfeldt, I.: *Die !Ko-Buschmann-Gesellschaft*, München 1972.
–: *Der vorprogrammierte Mensch*, Wien 1973.
Eichinger Ferro-Luzzi, G.: »The Female Liṅgam«, *Current Anthropology* 1980.
Eilers, W.: *Semiramis*, Wien 1971.
Eisler, R.: »Kuba-Kybele«, *Philologus* 1909.
–: *Weltenmantel und Himmelszelt*, Bd. II, München 1910.
Eisner, R. E.: *Ariadne in Religion and Myth*, Ann Arbor 1971.
Elderkin, G. W.: »The Marriage of Zeus and Hera and Its Symbolism«, *American Journal of Archaeology* 1937.
–: »The Bee of Artemis«, *American Journal of Philology* 1939.
Eliade, M.: »Notes sur le symbolisme aquatique«, *Zalmoxis* 1939.
–: *Der Mythos der Ewigen Wiederkehr*, Düsseldorf 1953.
–: »Mythologies of Death« in *Religious Encounters With Death*, ed. F. E. Reynolds/E. H. Waugh, University Park 1977.
–: *Im Mittelpunkt*, Wien 1977.
–: »Foreword« in D. Allen: *Structure and Creativity in Religion*, The Hague 1978.
–: *Geschichte der religiösen Ideen*, Bd. I, Freiburg 1978, Bd. II, Freiburg 1979.
–: »History of Religions and ›Popular‹ Culture«, *History of Religions* 1980.
Elkin, A. P.: »The Gate of Horn and Aboriginal Australia«, *Man* 1949.
–: »Introduction« in *Kunapipi*, Melbourne 1951.
–: »The Nature of Australian Totemism« in *Gods and Rituals*, ed. J. Middleton, Garden City 1967.

–: *The Australian Aborigines*, Sydney 1979.
Ellis, F. H.: »Jemez Kiva Magic and Its Relation to Features of Prehistoric Kivas«, *Southwestern Journal of Anthropology* 1952.
El-Sayed, R.: *La déesse Neith de Saïs*, Caire 1982.
Elwin, V.: *Folk Songs of the Maikal Hills*, London 1944.
Emboden, W.: *Narcotic Plants*, New York 1980.
–: »Pilz oder Seerose« in *Rausch und Realität*, ed. G. Völger et al., Bd. I, Köln 1981.
Emery, W. B.: *Archaic Egypt*, Harmondsworth 1961.
Endicott, K.: »The Batek Negrito Thunder God« in *The Imagination of Reality*, ed. A. L. Becker/A. A. Yengoyan, Norwood 1979.
Engelmann, P.: *Ludwig Wittgenstein: Briefe und Begegnungen*, Wien 1970.
Erdheim, M.: *Die gesellschaftliche Produktion von Unbewußtheit*, Frankfurt/M. 1982.
Erixon, S.: »Popular Conceptions of Sprites and Other Elementals in Sweden During the 19th Century« in *The Supernatural Owners of Nature*, ed. Å. Hultkrantz, Stockholm 1961.
Erlich, M.: »Infibulation féminine et phallicisation de la vulve« in *George Devereux zum 75. Geburtstag*, ed. E. Schröder/D. H. Frießem, Braunschweig 1984.
Erman, A.: »Beiträge zur ägyptischen Religion«, *Sitzungsberichte der Königlich-preußischen Akademie der Wissenschaften, Philos.-Histor. Kl.* 1916.
–: *Die Religion der Ägypter*, Berlin 1934.
Esterle, G.: *Die Boviden in der Germania*, Wien 1974.
Estioko-Griffin, A./P. B. Griffin.: »Woman the Hunter: The Agta« in *Woman the Gatherer*, ed. F. Dahlberg, New Haven 1981.
Ettlinger, E.: »Review of Andersen's *The Witch on the Wall*«, *Folklore* 1979.
Evans, A.: »The Mycenaean Tree and Pillar Cult«, *Journal of Hellenic Studies* 1901.
–: »The Ring of Nestor: A Glimpse into the Minoan Afterworld«, *Journal of Hellenic Studies* 1925.
–: *The Palace of Minos*, Bd. II, London 1928.
Evans, J. D.: *Malta*, London 1959.
–: »Cretan Cattle-Cults and Sports« in *Man and Cattle*, ed. A. E. Mourant/F. E. Zeuner, London 1963.
–: *The Prehistoric Antiquities of the Maltese Islands*, London 1971.
Evans-Pritchard, E. E.: *The Nuer*, Oxford 1940.
–: »Marriage Customs of the Luo in Kenya«, *Africa* 1950.
–: *Nuer Religion*, Oxford 1967.
Evers, D.: »Felsbilder in den Alpen«, *Antike Welt* 1, 1982.
Evola, J.: »Geistige Männlichkeit und erotische Symbolik«, *Antaios* 1961.
Ewers, J. C.: »An Appreciation of George Catlin's ›O-kee-pa‹« in *O-kee-pa*, New Haven 1967.

Fabian, J.: »Popular Culture in Africa«, *Africa* 1978.
Fábri, C. L.: »The Cretan Bull-Grappling Sports and the Bull-Sacrifice in the Indus Valley Civilization«, *Annual Report of the Archaeological Survey of India* 1937.
Fagg, B.: »Rock Gongs and Rock Slides«, *Man* 1957.
Fairman, H. W.: »Worship and Festivals in an Egyptian Temple«, *Bulletin of the John Rylands Library* 1954.
–: »The Kingship Rituals of Egypt« in *Myth, Ritual, and Kingship*, ed. S. H. Hooke, Oxford 1958.
Farnell, L. R.: »Cretan Influence in Greek Religion« in *Essays in Aegean Archaeology*, ed. S. Casson, Oxford 1927.
Faron, L. C.: »Symbolic Values and the Integration of Society Among the Mapuche of Chile« in *Right & Left*, ed. R. Needham, Chicago 1973.
Fasolo, R.: »Riparo Gaban (Martignano-Trento)« in *L'arte preistorica nell' Italia settentrionale*, ed. A. Aspes, Verona 1978.
Faulkner, R. O.: *The Ancient Egyptian Coffin Texts*, Bd. I, Warminster 1973.
Faure, P.: »Labyrinthes crétois et méditerranéens«, *Revue des Études Grecques* 1960.
–: »La grotte de Léra (Kydonias) et la nymphe Akakallis«, *Kretika Chronika* 1962.
–: »Cultes de sommets et culte de cavernes«, *Bulletin de Correspondance Hellénique* 1963.
–: »A la recherche du vrai Labyrinthe de Crète«, *Kretika Chronika* 1963.
–: *Fonctions des cavernes crétoises*, Paris 1964.
–: »Nouvelles recherches sur trois sortes de sanctuaires crétois«, *Bulletin de Correspondance Hellénique* 1967.
–: »Sur trois sortes de sanctuaires crétois«, *Bulletin de Correspondance Hellénique* 1969.
–: »Cultes populaires dans la Crète antique«, *Bulletin de Correspondance Hellénique* 1972.
–: *Das Leben im Reich des Minos*, Stuttgart 1976.
–: »Höhlen« in *Merianheft Kreta*, Hamburg 1978.
Faust, M.: »Der ägäische Ortsname Mino(i)a«, *Zeitschrift für Vergleichende Sprachforschung* 1969.
Fauth, W.: »Aphrodite Parakyptusa«, *Abhandlungen der Akademie der Wissenschaften und der Literatur* 1966.
Feddema, J. P.: »Tswana Rituals Concerning Rain«, *African Studies* 1966.
Fehrle, E.: *Badische Volkskunde*, Heidelberg 1924.
de Ferdinandy, M.: »Die Mythologie der Ungarn« in *Götter und Mythen im alten Europa*, ed. H. W. Haussig, Stuttgart 1973.
Ferembach, D.: »Filiation paléolithique des hommes du Mésolithique« in *La fin des temps glaciaires en Europe*, ed. D. de Sonneville-Bordes, Bd. I, Paris 1979.
Fernandez, J. W.: *Bwiti*, Princeton 1982.

Fester, R.: *Die Steinzeit liegt vor deiner Tür*, München 1981.
Feustel, R.: »Sexuologische Reflexionen über jungpaläolithische Objekte«, *Alt-Thüringen* 1970.
–: »Statuettes féminines paléolithiques de la République Démocratique Allemande«, *Bulletin de la Société préhistorique française* 1970.
Feustel, R./K. Kerkmann/E. Schmid/R. Musil/H. Jacob.: »Der Bärenkeller bei Königsee-Garsitz«, *Alt-Thüringen* 1971.
Feyerabend, P.: »Unterwegs zu einer dadaistischen Erkenntnistheorie«, *Unter dem Pflaster liegt der Strand* 4, 1977.
–: *Erkenntnis für freie Menschen*, Frankfurt/M. 1980.
–: »Rückblick« in *Versuchungen*, Bd. II, ed. H. P. Duerr, Frankfurt/M. 1981.
Field, H.: »A Magdalenian ›Churinga‹«, *Man* 1954.
Field, J. H.: »Sexual Themes in Ancient and Primitive Art« in *The Erotic Arts*, ed. P. Webb, Boston 1975.
Filipetti, H./J. Trotereau: *Zauber, Riten und Symbole*, Freiburg 1979.
Findeisen, H.: »Einiges über die Jagd bei den westlichen Tungusen«, *Zeitschrift für Ethnologie* 1954.
–: *Schamanentum*, Stuttgart 1957.
Fingarette, H.: »The Ego and Mystic Selflessness« in *Identity and Anxiety*, ed. M. R. Stein et al., Glencoe 1960.
Fingesten, P.: »Topographische und anatomische Aspekte der gotischen Kathedrale«, *Antaios* 1964.
Fink, H.: *Verzaubertes Land*, Innsbruck 1973.
Fink, H./H. Guanella/O. Reverdin/K. D. Francke: *Kreta*, München 1982.
Finley, M. I.: »Archaeology and History«, *Daedalus* 1971.
Finncane, R. C.: »Sacred Corpse, Profane Carrion« in *Mirrors of Mortality*, ed. J. Whaley, London 1981.
Firth, R.: »Ceremonies for Children and Social Frequency in Tikopia«, *Oceania* 1956.
Fischer, H. G.: »The Cult and Nome of the Goddess Bat«, *Journal of the American Research Center in Egypt* 1962.
–: »Bat« in *Lexikon der Ägyptologie*, ed. W. Helck/W. Westendorf, Bd. I, Wiesbaden 1975.
Fischer-Liebmann, S.: »Die Renjagd in Eurasien«, *Archiv für Völkerkunde* 1969.
Flannery, R.: *The Gros Ventres of Montana*, New York 1957.
Fleischer, R.: *Artemis von Ephesos*, Leiden 1973.
–: »Neues zu kleinasiatischen Kultstatuen«, *Archäologischer Anzeiger* 1983.
Fleming, A.: »The Myth of the Mother-Goddess«, *World Archaeology* 1969.
Flucher, H.: »Die franko-kantabrischen Felsbilder aus der Sicht der Tierkunde«, *Mitteilungen der Anthropologischen Gesellschaft in Wien* 1977.
Fluck, H.: »Der Risus Paschalis«, *Archiv für Religionswissenschaft* 1934.

Foerster, R.: *Der Raub und die Rückkehr der Persephone*, Stuttgart 1874.
Fontenrose, J.: *Python*, Berkeley 1959.
–: »The Cult and Myth of Pyrros at Delphi«, *University of California Publications in Classical Archaeology*, Berkeley 1960.
–: *The Ritual Theory of Myth*, Berkeley 1966.
–: *The Delphic Oracle*, Berkeley 1978.
–: *Orion*, Berkeley 1981.
Forbes, R. J.: *Studies in Ancient Technology*, Bd. VIII, Leiden 1964.
Forrester, D. B.: *Caste and Christianity*, London 1980.
Forsdyke, E. J.: »The Mavro Spelio Cemetery at Knossos«, *The Annual of the British School at Athens* 1927.
Fortes, M.: »Ritual and Office in Tribal Society« in *Essays on the Ritual of Social Relations*, ed. M. Gluckman, Manchester 1962.
Fox, D. C.: »Labyrinth und Totenreich«, *Paideuma* 1940.
Fox, J. R.: »Witchcraft and Clanship in Cochiti Therapy« in *Magic, Faith, and Healing*, ed. A. Kiev, New York 1964.
Fox, R. B.: »Notes on the Stone Tools of the Tasaday« in *Further Studies on the Tasaday*, ed. D. E. Yen/J. Nance, Makati 1976.
Franz, L.: *Die Muttergöttin im Vorderen Orient und in Europa*, Leipzig 1937.
Franz, M.: »Exile on Main Street« in *Der gläserne Zaun*, ed. R. Gehlen/B. Wolf, Frankfurt/M. 1983.
Frayer, D. W.: »Body Size, Weapon Use, and Natural Selection in the European Upper Paleolithic and Mesolithic«, *American Anthropologist* 1981.
Frede, M.: »Des Skeptikers Meinungen«, *Neue Hefte für Philosophie* 1979.
Fredén, G.: *Orpheus and the Goddess of Nature*, Göteborg 1958.
Freed, R. S./S. A. Freed: »Two Mother Goddess Ceremonies of Delhi State in the Great and Little Traditions«, *Southwestern Journal of Anthropology* 1962.
Freeman, D.: »Severed Heads That Germinate« in *Fantasy and Symbol*, ed. R. H. Hook, London 1979.
Freeman, L. G./J. G. Echegaray: »El Juyo: A 14 000-Year-Old Sanctuary from Northern Spain«, *History of Religions* 1981.
Freise, R.: *Studie zum Feuer in Vorstellungswelt und Praktiken der Indianer des südwestlichen Nordamerika*, Tübingen 1969.
Freund, G.: »L'art aurignacien en Europe centrale«, *Bulletin de la Société Préhistorique de l'Ariège* 1957.
Friedrich, A.: »Knochen und Skelett in der Vorstellungswelt Nordasiens«, *Wiener Beiträge zur Kulturgeschichte und Linguistik* 1943.
Friedrich, A./G. Buddruss: *Schamanengeschichten aus Sibirien*, München 1955.
Friedrich, P.: *The Meaning of Aphrodite*, Chicago 1978.
Friis Johansen, K.: *Thésée et la danse à Délos*, København 1945.
Fritsch, G.: *Die Eingeborenen Süd-Afrikas*, Breslau 1872.

Frobenius, L.: *Kulturgeschichte Afrikas*, Zürich 1954.
Fromm, E.: *Aggressionstheorie*, Stuttgart 1980.
Fruzzetti, L./A. Östör: »Seed and Earth: A Cultural Analysis of Kinship in a Bengali Town«, *Contributions to Indian Sociology* 1976.
Fuchs, S.: *Gond and Bhumia of Eastern Mandla*, Bombay 1960.
Fuchs, S.: *Sudan*, Wien 1977.
Fürer-Haimendorf, C. v.: »Diesseits- und jenseitsgerichtete Religiosität in Ceylon« in *Festschrift für Ad. E. Jensen*, ed. E. Haberland et al., Bd. I, München 1964.
Furst, J. L.: »The Tree Birth Tradition in the Mixteca«, *Journal of Latin American Lore* 1977.
Furst, P. T.: »The Olmec Were-Jaguar Motif in the Light of Ethnographic Reality« in *Dumbarton Oakes Conference on the Olmec*, ed. E. P. Benson, Washington 1968.
–: »To Find Our Life« in *Flesh of the Gods*, ed. P. T. Furst, London 1972.
–: *Hallucinogens and Culture*, San Francisco 1976.
–: »›High States‹ in Culture-Historical Perspective« in *Alternate States of Consciousness*, ed. N. E. Zinberg, London 1977.
–: »Jaguar Baby and Toad Mother« in *The Olmec and Their Neighbors*, Washington 1981.
Furumark, A.: »Was There a Sacral Kingship in Minoan Crete?« in *La regalità sacra*, Leiden 1959.

Gaerte, W.: »Die Bedeutung der kretisch-minoischen Horns of Consecration«, *Archiv für Religionswissenschaft* 1922.
Gahs, A.: »Kopf-, Schädel- und Langknochenopfer bei Rentiervölkern« in *Festschrift P. W. Schmidt*, ed. W. Koppers, Wien 1928.
Gallini, C.: »Die sardinischen Argia-Riten« in *Ethnopsychiatrie*, ed. E. Wulff, Wiesbaden 1978.
Galvin, M.: *The Priestesses of Hathor in the Old Kingdom and the 1st Intermediate Period*, Ann Arbor 1981.
Gamble, C.: »Culture and Society in the Upper Palaeolithicum of Europe« in *Hunter-Gatherer Economy in Prehistory*, ed. G. Bailey, Cambridge 1983.
Gardiner, A..: *Egyptian Grammar*, London 1957.
Gaster, T. H.: *Thespis*, Garden City 1961.
Gaussen, J.: *La grotte ornée de Gabillou*, Bordeaux 1964.
Gauthier, H.: *Les fêtes du dieu Min*, Kairo 1931.
Gebsattel, V. E. v.: »Die Störungen des Werdens und des Zeiterlebens im Rahmen psychiatrischer Erkrankungen« in *Die Wahnwelten*, ed. E. Straus/J. Zutt, Frankfurt/M. 1963.
–: »Zur Frage der Depersonalisation« in *Depersonalisation*, ed. J.-E. Meyer, Darmstadt 1968.
Gell, A.: »Magic, Perfume, Dream« in *Symbols and Sentiments*, ed. I. Lewis, London 1977.
Gelling, P./H. E. Davidson: *The Chariot of the Sun*, London 1969.

George, B.: *Frühe Keramik aus Ägypten*, Stockholm 1975.
Georgiev, G. I.: »Forschungsstand der alten Felskunst in Bulgarien« in *Acts of the International Symposium on Rock Art*, ed. S. Marstrander, Oslo 1978.
Gérard-Rousseau, M.: »La grotte d'Eileithyia à Amnisos«, *Studi Micenei ed Egeo-Anatolici* 1967.
–: *Les mentions religieuses dans les tablettes Mycèniennes*, Roma 1968.
Gerasimov, M. M.: »The Paleolithic Site Malta« in *The Archaeology and Geomorphology of Northern Asia*, ed. H. N. Michael, Toronto 1964.
Gernet, L.: »Dolon le loup« in *Mélanges Franz Cumont*, Bruxelles 1936.
Ghurye, G. S.: *Indian Sadhus*, Bombay 1953.
Giedion, S.: *Die Entstehung der Kunst*, Köln 1964.
Gigon, O.: »Die Kultur der Griechen« in *Die Kultur des klassischen Altertums*, Frankfurt/M. 1969.
Gill, J. H.: »The World of Don Juan«, *Soundings* 1974.
Gill, S. D.: *Native American Religions*, Belmont 1982.
Gimbutas, M.: *The Gods and Goddesses of Old Europe*, Berkeley 1974.
–: »Vulvas, Breasts, and Buttocks of the Goddess Creatress« in *The Shape of the Past*, ed. G. Buccellati/C. Speroni, New York 1981.
Ginzburg, C.: *Die Benandanti*, Frankfurt/M. 1980.
Gjerstad, E.: »Das attische Fest der Skira«, *Archiv für Religionswissenschaft* 1929.
Gjessing, G.: »Hunter-Fishermen's Monumental Art in Northern Norway as Seen in Its Socio-Religious Context«, *Mannus* 1977.
–: »Rock-Pictures in Northern Fenno-Scandia and Their Affinities« in *Acts of the International Symposium on Rock Art*, ed. S. Marstrander, Oslo 1978.
Gladigow, B.: »Jenseitsvorstellungen und Kulturkritik«, *Zeitschrift für Religions- und Geistesgeschichte* 1974.
Globus, G. G.: »Will the Real ›Don Juan‹ Please Stand Up«, *The Academy* 1975.
Glory, A.: »Debris de corde paléolithique à la grotte de Lascaux«, *Bulletin de la Société préhistorique française* 1956.
–: »La grotte de Lascaux. Étude technique de figures superimposées« in *In memoriam do Abade Henri Breuil*, Bd. II, Lisboa 1966.
Gobert, E.-G.: »Sur les ›Vénus aurignaciennes‹« in *La préhistoire*, ed. J. Piveteau, Paris 1968.
Gočeva, Z.: »Der Bendiskult und die Beziehungen zwischen Thrakien und Kleinasien« in *Hommages à J. Vermaseren*, ed. M. B. de Boer/T. A. Edridge, Leiden 1978.
Goddard, I.: »The Sutaio Dialect of Cheyenne« in *Papers of the Ninth Algonquian Conference*, ed. W. Cowan, Ottawa 1978.
Godwin, J.: *Mystery Religions in the Ancient World*, London 1981.
Goedeckemeyer, A.: *Die Geschichte des griechischen Skeptizismus*, Leipzig 1905.

Göttner-Abendroth, H.: »Du Gaia bist Ich. Matriarchale Religionen früher und heute« in *Feminismus: Inspektion der Herrenkultur,* ed. L. F. Pusch, Frankfurt/M. 1983.
Goldfrank, E. S.: »The Social and Ceremonial Organization of Cochiti«, *Memoirs of the American Anthropological Association,* Menasha 1927.
Goldman, H.: »The Origin of the Greek Herm«, *American Journal of Archaeology* 1942.
Goldmann, B.: »Typology of the Mother-Goddess Figurines«, *Ipek* 1963.
Golowin, S.: *Die weisen Frauen,* Basel 1982.
Golzio, K.-H.: *Der Tempel im alten Mesopotamien,* Leiden 1983.
Gonda, J.: »A Note on Indian ›Pessimism‹« in *Studia varia C. G. Vollgraff a discipulis oblata,* Amsterdam 1948.
–: »Ascetics and Courtesans«, *Adyar Library Bulletin* 1961.
–: »A Note on the Vedic Student's Staff«, *Journal of the Oriental Institute of Baroda* 1965.
–: »Śiva in Indonesien«, *Wiener Zeitschrift für die Kunde Süd- und Ostasiens* 1970.
Goodman, F. D.: »Body Posture and the Religious Altered State of Consciousness«, Ms. (1983).
–: »Die ›psychomentale Erfahrung des Yoga‹« in *Sehnsucht nach dem Ursprung,* ed. H. P. Duerr, Frankfurt/M. 1983.
Gorman, C.: »A Priori Models and Thai Prehistory« in *Origins of Agriculture,* ed. C. A. Reed, The Hague 1977.
Goudsblom, J.: *Nihilism and Culture,* Oxford 1980.
Graber, G.: »Das Schwert auf dem Brautlager«, *Archiv für Religionswissenschaft* 1938.
Graham, J. W.: »The Central Court as the Minoan Bull-Ring«, *American Journal of Archaeology* 1957.
Grand-Chastel, P. M.: *Die Kunst der Vorzeit,* Stuttgart 1968.
Grant, C.: *The Rock Art of the North American Indians,* Cambridge 1983.
Graulich, M.: »The Metaphor of the Day in Ancient Mexican Myth and Ritual«, *Current Anthropology* 1981.
Graziosi, P.: *Die Kunst der Altsteinzeit,* Stuttgart 1956.
–: *L'arte preistorica in Italia,* Firenze 1973.
–: »Nuove manifestazioni d'arte mesolitica e neolitica nel riparo Gaban presso Trento«, *Rivista di scienze preistoriche* 1975.
Grégoire, H.: »Bacchos le taureau et les origines de son culte« in *Mélanges Charles Picard,* Bd. I, Paris 1949.
Greve, R.: »›Deu basne‹ und Antibiotika: Schamanistische Heilrituale und westliche Medizin im Austausch« in *Nachtschatten im weißen Land,* ed. M. Brinkmann/M. Franz, Berlin 1982.
Grey, G.: *Polynesian Mythology,* London 1855.
Griffiths, J. G.: *The Origins of Osiris and His Cult,* Leiden 1980.
Grigson, G.: *Aphrodite,* Bergisch-Gladbach 1978.
Grimm, G.: *Die Lehre des Buddho,* Wiesbaden 1976.

Grinnell, G. B.: »Cheyenne Woman Customs«, *American Anthropologist* 1902.
–: »Some Early Cheyenne Tales«, *Journal of American Folklore* 1907.
–: »The Great Mysteries of the Cheyenne«, *American Anthropologist* 1910.
–: »The Cheyenne Medicine Lodge«, *American Anthropologist* 1914.
–: »A Buffalo Sweatlodge«, *American Anthropologist* 1919.
–: »The Medicine Wheel« *American Anthropologist* 1922.
–: *The Cheyenne Indians*, New Haven 1923.
–: *By Cheyenne Campfires*, New Haven 1926.
Grof, S.: *Topographie des Unbewußten*, Stuttgart 1978.
Grünert, H.: *Geschichte der Urgesellschaft*, Berlin 1982.
Güntert, H.: *Kalypso*, Halle 1919.
–: *Labyrinth*, Heidelberg 1932.
Guenther, H.: »The Old and the New Vision« in *The Evolutionary Vision*, ed. E. Jantsch, Boulder 1981.
Guenther, M. G.: »Bushman Religion and the (Non)-sense of Anthropological Theory of Religion«, *Sociologus* 1979.
Guiart, J.: *Ozeanien*, München 1963.
Guillaumont, A.: »La conception du désert chez les moines d'Egypte«, *Revue de l'Histoire des Religions* 1975.
Gundlach, R.: »Min« in *Lexikon der Ägyptologie*, ed. W. Helck/W. Westendorf, Bd. IV, Wiesbaden 1980.
Gunther, E.: »An Analysis of the First Salmon Ceremony«, *American Anthropologist* 1926.
Gupta, E. M.: *Brata und Ālpanā in Bengalen*, Wiesbaden 1983.
Gusinde, M.: *Die Kongo-Pygmäen in Geschichte und Gegenwart*, Halle 1942.
Gutbrod, K.: *Geschichte der frühen Kulturen der Welt*, Köln 1978.
Guthrie, W. K. C.: *Orpheus and the Greek Religion*, London 1952.
–: *The Religion and Mythology of the Greeks*, Cambridge 1961.

Haas, A. M.: *Sermo mysticus*, Fribourg 1979.
Haas, V.: *Der Kult von Nerik*, Rom 1970.
–: »Remarks on the Hurrian Ištar-Šawuška«, *Sumer* 1979.
–: »Nordsyrische und kleinasiatische Doppelgottheiten im 2. Jahrtausend«, *Wiener Zeitschrift für die Kunde des Morgenlandes* 1981.
–: *Hethitische Berggötter und hurritische Steindämonen*, Mainz 1982.
Haase, E.: *Die Gestalt der Meeresfrau in Mythos und Kult der Eskimos*, Freiburg 1980.
Haavio, M.: *Väinämöinen*, Helsinki 1952.
–: *Heilige Haine in Ingermanland*, Helsinki 1963.
Haberland, E./S. Seyfarth: *Die Yimar am oberen Korowori*, Wiesbaden 1974.
Hadingham, E.: *Ancient Carvings in Britain*, London 1974.
Häger, A.: »Der Meißner und seine Frau Holle«, *Germanen-Erbe* 1940.

Haekel, J.: »Die Vorstellung vom Zweiten Ich in den amerikanischen Hochkulturen« in *Kultur und Sprache*, ed. W. Koppers et al., Wien 1952.
–: »Der ›Herr der Tiere‹ im Glauben der Indianer Mesoamerikas« in *Amerikanistische Miszellen*, Hamburg 1959.
Haensch, W. G.: *Die menschlichen Statuetten des mittleren Jungpaläolithikums aus der Sicht der somatischen Anthropologie*, Bonn 1982.
Haerlin, P.: »Psychoanalyse der Derealisation«, *Katabole*, 2, 1981.
Hahn, E.: *Demeter und Baubo*, Lübeck 1896.
Hahn, J.: »Eine jungpaläolithische Elfenbeinplastik aus dem Hohlenstein-Stadel«, *Fundberichte aus Schwaben* 1971.
–: »Demi-relief aurignacien en ivoire de la grotte Geißenklösterle, près d'Ulm«, *Bulletin de la Société préhistorique française* 1982.
–: »Eiszeitliche Jäger zwischen 35 000 und 15 000 Jahren vor heute« in *Urgeschichte in Baden-Württemberg*, ed. H. Müller-Beck, Stuttgart 1983.
Halifax, J.: *Die andere Wirklichkeit der Schamanen*, Bern 1981.
–: *Schamanen*, Frankfurt/M. 1983
Hall, R. L.: »A Pan-Continental Perspective on Red Ocher and Glacial Kame Ceremonialism« in *Lulu Linear Punctated*, ed. R. C. Dunnell/D. K. Grayson, Ann Arbor 1983.
Hallström, G.: *Monumental Art of Northern Sweden from the Stone Age*, Stockholm 1960.
Halm, H.: »Der islamische Mystiker und sein ekstatischer Zustand« in *Rausch-Ekstase-Mystik*, ed. H. Cancik, Düsseldorf 1978.
Hamdorf, F. W.: *Griechische Kultpersonifizierungen der vorhellenistischen Zeit*, Mainz 1964.
Hančar, F.: »Zum Problem der Venusstatuetten im eurasiatischen Jungpaläolithikum«, *Prähistorische Zeitschrift* 1939.
–: »Die Venusstatuette von Jelisejeviči«, *Ipek* 1953.
–: *Das Pferd in prähistorischer und früher historischer Zeit*, Wien 1955.
Hanfmann, G. M. A.: »Lydiaka«, *Harvard Studies in Classical Philology* 1958.
Hani, J.: *La religion égyptienne dans la pensée de Plutarque*, Paris 1976.
Hannibal, O.: »Das Zeiterleben in der Schizophrenie«, *Studium Generale* 1955.
Harding, J. R.: »Certain Upper Palaeolithic ›Venus‹ Statuettes Considered in Relation to the Pathological Condition known as Massive Hypertrophy of the Breasts«, *Man* 1976.
Harland, J. P.: *Prehistoric Aigina*, Paris 1925.
Harrison, J. E.: *Prolegomena to the Study of Greek Religion*, Cambridge 1922.
–: *Themis*, London 1963.
Harva, U.: *Die religiösen Vorstellungen der altaischen Völker*, Helsinki 1938.
–: *Die religiösen Vorstellungen der Mordwinen*, Helsinki 1952.
Hasenfratz, H. P.: »Der indogermanische ›Männerbund‹«, *Zeitschrift für Religions- und Geistesgeschichte* 1982.

Hasler, L.: »Die skeptische Zerstörung der Esoterik« in *Esoterik und Exoterik der Philosophie,* ed. H. Holzhey/W. C. Zimmerli, Basel 1977.
Hatt, G.: »The Corn Mother in America and in Indonesia«, *Anthropos* 1951.
Hatto, A. T.: »Stonehenge and Midsummer«, *Man* 1953.
Hauenstein, A.: »L'Ombala de Caluquembe«, *Anthropos* 1963.
Hauschild, T.: »Abwehrmagie und Geschlechtssymbolik im mittelmeerischen Volksglauben«, *Baessler-Archiv* 1980.
–: »Ethno-Psychoanalyse: Symboltheorien an der Grenze zweier Wissenschaften« in *Grundfragen der Ethnologie,* ed. W. Schmied-Kowarzik/J. Stagl, Berlin 1981.
–: *Der böse Blick,* Berlin 1982.
Hausmann, W.: »Die medizinische Höhlenschule des Cheiron«, *Antike Welt* 1, 1983.
Hawkes, E. W.: *The Labrador Eskimo,* Ottawa 1916.
Hayden, F. V.: »Contributions to the Ethnography and Philology of the Indian Tribes of the Missouri Valley«, *Transactions of the American Philosophical Society* 1863.
Hedburg, D. S.: *Nowahwus, Bear Butte, Sacred Mountain of the Cheyenne,* Wichita 1976.
Heesterman, J. C.: »Brahmin, Ritual and Renouncer«, *Wiener Zeitschrift für die Kunde Süd- und Ostasiens* 1964.
Heidegger, M.: *Der Satz vom Grund,* Pfullingen 1957.
–: *Nietzsche,* Bd. II, Pfullingen 1961.
Heiler, F.: *Die buddhistische Versenkung,* München 1918.
Heimann, H.: »Zeitstrukturen in der Psychopathologie« in *Die Zeit,* ed. A. Mohler/A. Peisl, München 1983.
Heinz, H.-J./M. Lee: *Namkwa,* London 1978.
Heizer, R. F./C. W. Clewlow: *Prehistoric Rock Art of California,* Ramona 1973.
Helbaek, H.: »First Impressions of the Çatal Hüyük Plant Husbandry«, *Anatolian Studies* 1964.
Helck, W.: *Jagd und Wild im alten Vorderasien,* Hamburg 1968.
–: *Betrachtungen zur Großen Göttin,* München 1971.
–: »Bukranion« in *Lexikon der Ägyptologie,* ed. W. Helck/W. Westendorf, Bd. I, Wiesbaden 1975.
Héléna, P.: »L'art figuré du paléolithique ancien dans la région narbonnaise« in *A Pedro Bosch-Gimpera,* ed. S. Genovés, México 1963.
Heller, J. L.: »A Labyrinth From Pylos«, *American Journal of Archaeology* 1961.
Hemberg, P.: *Die Kabiren,* Uppsala 1950.
Hempel, C. G.: »Formen und Grenzen des wissenschaftlichen Verstehens«, *Conceptus* 1972.
Henney, J. H.: »Sex and Status: Women in St. Vincent« in *A World of Women,* ed. E. Bourguignon, New York 1980.
Henningsen, G.: »Die ›Frauen von außerhalb‹« in *Die Mitte der Welt,* ed. H. P. Duerr, Frankfurt/M. 1984.

Henrichs, A.: »Die Maenaden von Milet«, *Zeitschrift für Papyrologie und Epigraphik* 1969.
Henry, P. L.: »Furor Heroicus«, *Zeitschrift für Celtische Philologie* 1982.
Hentze, C.: »Le culte de l'ours ou du tigre et le T'ao-t'ié«, *Zalmoxis* 1938.
–: *Tod, Auferstehung, Weltordnung*, Zürich 1955.
–: »Die Tierverkleidung in Erneuerungs- und Initiationsmysterien«, *Symbolon* 1960.
Herberger, C. F.: *The Thread of Ariadne*, New York 1972.
–: *The Riddle of the Sphinx*, New York 1979.
Herington, C. J.: *Athena Parthenos and Athena Polias*, Manchester 1955.
Hermsen, E.: *Lebensbaumsymbolik im alten Ägypten*, Köln 1981.
Herrmann, F.: »Zu einem verbreiteten Verwandlungsrequisit europäischer Kultbünde«, *Tribus* 1951.
Hershman, P.: »Virgin and Mother« in *Symbols and Sentiments*, ed. I. Lewis, London 1977.
Herskovits, M. J.: »African Gods and Catholic Saints in New World Religious Belief« in *Reader in Comparative Religion*, ed. W. A. Lessa/E. Z. Vogt, New York 1965.
Herter, H.: »Theseus der Athener«, *Rheinisches Museum für Philologie* 1939.
Hertz, R.: »The Pre-Eminence of the Right Hand« in *Right & Left*, ed. R. Needham, Chicago 1973.
Hesse, P. G./H. Grimm: *Sexuologie*, Bd. II, Leipzig 1976.
Heubeck, A.: *Aus der Welt der frühgriechischen Lineartafeln*, Göttingen 1966.
Hiatt, L. R.: »Queen of Night, Mother-Right, and Secret Male Cults« in *Fantasy and Symbol*, ed. R. H. Hook, London 1979.
Hidiroglou, P.: *Das religiöse Leben auf Kreta nach Ewlijā Čelebi*, Leiden 1969.
Hill, L. G.: »Die Tasaday von Mindanao« in *Bild der Völker*, ed. E. E. Evans-Pritchard, Bd. 2, Wiesbaden 1974.
Hiller, S.: *Das minoische Kreta nach den Ausgrabungen des letzten Jahrzehnts*, Wien 1977.
–: »Amnisos in den mykenischen Texten«, *Kadmos* 1982.
Hiller, S./O. Panagl: *Die frühgriechischen Texte aus mykenischer Zeit*, Darmstadt 1976.
Hiltebeitel, A.: »The Indus Valley ›Proto-Śiva‹«, *Anthropos* 1978.
–: »Rāma and Gilgamesh«, *History of Religions* 1979.
Himmelheber, H.: *Eskimokünstler*, Eisenach 1953.
–: »Schmuckhaft überladene Negerplastik«, *Paideuma* 1965.
–: »Ethnographische Notizen von den Nunivak-Eskimo«, *Abhandlungen und Berichte des Staatlichen Museums für Völkerkunde Dresden* 1980.
Hinnells, J. R.: »Reflections on the Bull-Slaying Scene« in *Mithraic Studies*, ed. J. R. Hinnells, Bd. II, Manchester 1975.

Hirata, T.: »Ein Leben in Zen« in *Höhlen, Klöster, Ashrams,* ed U. v. Mangoldt, Weilheim 1962.
Hirsch, F.: *Der Sonnenwendbogen,* Lahr 1965.
Hissink, K./A. Hahn: *Die Tacana,* Bd. I, Stuttgart 1961.
Hoebel, E. A.: *The Cheyennes,* New York 1960.
Höckmann, O.: *Die menschengestaltige Figuralplastik der südosteuropäischen Jungsteinzeit,* Hildesheim 1968.
Höfler, O.: *Kultische Geheimbünde der Germanen,* Frankfurt/M. 1934.
–: *Der Runenstein von Rök und die germanische Individualweihe,* Tübingen 1952.
–: »Der Sakralcharakter des germanischen Königtums« in *La regalità sacra,* Leiden 1959.
–: *Siegfried, Arminius und die Symbolik,* Heidelberg 1961.
Höfner, M.: »Die Semiten Äthiopiens« in *Götter und Mythen im Vorderen Orient,* ed. H. W. Haußig, Stuttgart 1965.
Hönigswald, R.: *Die Skepsis in Philosophie und Wissenschaft,* Göttingen 1914.
Hoffman, M. A.: *Egypt Before the Pharaohs,* London 1980.
Hoffmann, H.: *Symbolik der tibetischen Religionen und des Schamanismus,* Stuttgart 1967.
Hoijer, H.: »The Sapir-Whorf Hypothesis« in *Language in Culture,* ed. H. Hoijer, Chicago 1954.
Holas, B.: »Krou Popular Traditions in the Ivory Coast« in *The Realm of the Extra-Human,* ed. A. Bharati, The Hague 1976.
Holl, A.: *Religionen,* Stuttgart 1981.
Holmberg, H. J.: »Ethnographische Skizzen über die Völker des russischen Amerika«, *Acta Societatis Scientiarum Fennicae* 1856.
Holmberg, U.: *Der Baum des Lebens,* Helsinki 1923.
–: *Die Religion der Tscheremissen,* Helsinki 1926.
de Holmes, R. B.: »*Shabono:* Scandal or Superb Social Science?«, *American Anthropologist* 1983.
Holtved, E.: »Tôrnârssuk: An Eskimo Deity«, *Folk* 1963.
–: »The Eskimo Myth About the Sea-Woman«, *Folk* 1966.
–: »Eskimo Shamanism« in *Studies in Shamanism,* ed. C.-M. Edsman, Stockholm 1967.
Honko, L.: »Finnische Mythologie« in *Götter und Mythen im alten Europa,* ed. H. W. Haußig, Stuttgart 1973.
Hooke, S. H.: »Myth and Ritual: Past and Present« in *Myth, Ritual, and Kingship,* ed. S. H. Hooke, Oxford 1958.
van Hoorn, G.: »Dionysos et Ariadne«, *Mnemosyne* 1959.
Hoppe, M.: »Vorrede« in *Die Lehre des Buddho,* Wiesbaden 1976.
Hori, I.: »Hitotsu-Mono« in *Myths and Symbols,* ed. J. M. Kitagawa/C. H. Long, Chicago 1969.
–: »Shamanism in Japan«, *Japanese Journal of Religious Studies* 1975.
Hornblower, G. D.: »Phallic Offerings to Hat-hor«, *Man* 1926.
–: »Further Notes on Phallism in Ancient Egypt«, *Man* 1927.

–: »Predynastic Figures of Women and Their Successors«, *Journal of Egyptian Archaeology* 1929.
–: »Osiris and His Rites«, *Man* 1937.
Hornung, E.: *Der Eine und die Vielen*, Darmstadt 1971.
–: *Ägyptische Unterweltsbücher*, Zürich 1972.
–: *Der ägyptische Mythos von der Himmelskuh*, Göttingen 1982.
Houlberg, M. H.: »Social Hair: Tradition and Change in Yoruba Hairstyles in Southwestern Nigeria« in *The Fabrics of Culture*, ed. J. M. Cordwell/R. A. Schwarz, The Hague 1979.
Hours, F.: *Les civilisations du Paléolithique*, Paris 1982.
Houston, M. G.: *Ancient Greek, Roman and Byzantine Costume*, London 1947.
How, M. H.: *The Mountain Bushmen of Basutoland*, Pretoria 1962.
Huard, P.: »Contribution à l'étude des premiers travaux agraires au Sahara tchadien«, *Bulletin de la Société préhistorique française* 1970.
Huber, R.: *Sexualität und Bewußtsein*, München 1977.
Hübner, K.: »Mythische und wissenschaftliche Denkformen« in *Philosophie und Mythos*, ed. H. Poser, Berlin 1979.
Hünnerkopf, R.: »Höhle« in *Handwörterbuch des deutschen Aberglaubens*, ed. H. Bächtold-Stäubli, Bd. IV, Berlin 1932.
Hultkrantz, Å.: »Some Notes on the Arapaho Sun Dance«, *Ethnos* 1952.
–: *The North American Indian Orpheus Tradition*, Stockholm 1957.
–: »Bachofen and the Mother Goddess«, *Ethnos* 1961.
–: »The Owner of the Animals in the Religion of the North American Indians« in *The Supernatural Owners of Nature*, ed. Å. Hultkrantz, Stockholm 1961.
–: *Prairie and Plains Indians*, Leiden 1973.
–: »A Definition of Shamanism«, *Temenos* 1973.
–: »The Religio-Ecological Method in the Research on Prehistoric Religion« in *Symposium International sur les religions de la préhistoire*, ed. E. Anati, Capo di Ponte 1975.
–: »The Traditional Symbolism of the Sun Dance Lodge Among the Wind River Shoshoni« in *Religious Symbols and Their Functions*, ed. H. Biezais, Stockholm 1979.
–: »The Development of the Plains Indian Sun Dance« in *Perennitas*, ed. G. Piccaluga, Rom 1980.
–: »Das Wirklichkeitsbild eines Medizinmannes« in *Der gläserne Zaun*, ed. R. Gehlen/B. Wolf, Frankfurt/M. 1983.
–: »The Concept of the Supernatural in Primal Religion«, *History of Religions* 1983.
Hurwitz, S.: *Lilith – die erste Eva*, Zürich 1980.
Hutchinson, R. W.: »Cretan Neolithic Figurines«, *Ipek* 1938.
–: *Prehistoric Crete*, Harmondsworth 1962.
Huth, O.: *Vesta*, Leipzig 1943.
Hutten, K.: *Die Bhakti-Religion in Indien und der christliche Glaube im Neuen Testament*, Stuttgart 1929.

Hvidberg, F. F.: *Weeping and Laughter in the Old Testament*, København 1962.

Ingstad, H.: *Nunamiut*, Berlin 1952.
Iogna-Prat, D.: »La femme dans la perspective penitentielle des ermites du Bas-Maine«, *Revue de l'Histoire de la Spiritualité* 1977.
Irimoto, T.: *Chipewyan Ecology*, Osaka 1981.
Ishida, E.: »Über Mutter-Sohn-Gottheiten« in *Actes du IVe Congrès International des Sciences Anthropologiques et Ethnologiques*, Bd. II, Wien 1955.
–: »The Mother-Son Complex in East Asiatic Religion and Folklore« in *Die Wiener Schule der Völkerkunde*, ed. J. Haekel et al., Horn 1956.
Izikowitz, K. G.: »The Gotr Ceremony of the Boro Gadaba« in *Primitive Views of the World*, ed. S. Diamond, New York 1964.
Izutsu, T.: »The Nexus of Ontological Events«, *Eranos* 1980.

Jacobsen, T. W.: »Excavations at Porto Cheli and Vicinity: The Franchthi Cave«, *Hesperia* 1969.
–: *The Treasures of Darkness*, New Haven 1976.
Jacobsohn, H.: *Die dogmatische Stellung des Königs in der Theologie der alten Ägypter*, Glückstadt 1939.
Jacoby, M.: *Sehnsucht nach dem Paradies*, Fellbach 1980.
James, E. O.: *The Cult of the Mother-Goddess*, London 1959.
Jantzen, H.: *Kunst der Gotik*, Hamburg 1957.
Jarman, C.: *Atlas der Tierwanderungen*, Hamburg 1974.
Jaspers, K.: *Allgemeine Psychopathologie*, Heidelberg 1946.
Jeanmaire, H.: *Couroi et Courètes*, Lille 1939.
–: *Dionysos*, Paris 1951.
Jeffreys, M. D. W.: »Ogoni Folklore«, *Folklore* 1970.
Jenness, D.: »The Life of the Copper Eskimos«, *Report of the Canadian Arctic Expedition 1913-18*, Bd. XII, Ottawa 1922.
Jensen, A. E.: *Hainuwele*, Frankfurt/M. 1939.
–: »Eine ost-indonesische Mythe als Ausdruck einer Weltanschauung«, *Paideuma* 1939.
–: *Die getötete Gottheit*, Stuttgart 1966.
–: »Gibt es Zauberhandlungen?« in *Magie und Religion*, ed. L. Petzoldt, Darmstadt 1978.
Jéquier, G.: »Les temples primitifs et la persistance des types archaïques«, *Bulletin de l'Institut Français d'Archéologie Orientale du Caïre* 1908.
Jettmar, K.: »Fruchtbarkeitsrituale und Verdienstfeste im Umkreis der Kafiren«, *Mitteilungen der Anthropologischen Gesellschaft in Wien* 1965.
–: »Die anthropologische Aussage der Ethnologie« in *Die ›wahren‹ Bedürfnisse*, ed. S. Moser et al., Basel 1978.
Jochelson, W.: *The Yukaghir and the Yukaghirized Tungus*, Leiden 1926.
Jochim, M. A.: »Palaeolithic Cave Art in Ecological Perspective« in *Hunter-Gatherer Economy in Prehistory*, ed. G. Bailey, Cambridge 1983.

Johansen, J. P.: »The Thesmophoria as a Women's Festival«, *Temenos* 1975.
Johansen, U.: »Zur Methodik der Erforschung des Schamanismus«, *Ural-Altaische Jahrbücher* 1967.
Jones, R. L.: »Limbu Spirit Possession and Shamanism« in *Spirit Possession in the Nepal Himalayas*, ed. J. T. Hitchcock/R. L. Jones, Warminster 1976.
Jordà Cerdà, F.: »Sobre ideomorfos de haces de lineas y animales sin cabeza« in *Symposium International sur les religions de la préhistoire*, ed. E. Anati, Capo di Ponte 1975.
Jorgensen, J. G.: *The Sun Dance Religion*, Chicago 1972.
Jünger, E.: »Interview«, *Der Spiegel* 33, 1982.
Junker, H.: *Das Götterdekret über das Abaton*, Wien 1913.
–: *Die Onurislegende*, Wien 1917.
–: »Die Geisteshaltung der Ägypter in der Frühzeit«, *Sitzungsberichte der österreichischen Akademie der Wissenschaften, Philos.-Hist. Kl.*, Wien 1961.

Kaberry, P. M.: »Spirit-Children and Spirit-Centres of the North Kimberley Division«, *Oceania* 1936.
Kaelber, W. O.: »The Brahmacārin«, *History of Religions* 1981.
Kämpchen, M.: »Der Heilige im Hinduismus«, *Zeitschrift für Missions- und Religionswissenschaft* 1983.
Kahil, L. G.: »Autours de l'Artémis attique«, *Antike Kunst* 1965.
Kapelrud, A. S.: *Baal in the Ras Shamra Texts*, København 1952.
Kapleau, P.: *Die drei Pfeiler des Zen*, Zürich 1969.
Karageorghis, J.: *La Grande Déesse de Chypre et son culte*, Lyon 1977.
Karageorghis, V.: »Notes on Some Centaurs from Crete«, *Kretika Chronika* 1965.
–: *Zypern*, München 1978.
Karjalainen, K. F.: *Die Religion der Jugra-Völker*, Bd. II, Porvoo 1922.
Karo, G.: *Greifen am Thron*, Baden-Baden 1959.
Kaschnitz-Weinberg, G. v.: *Die mittelmeerischen Grundlagen der antiken Kunst*, Bd. I, Frankfurt/M. 1944.
Katz, R.: »Education for Transcendence: !Kia Healing With the Kalahari !Kung« in *Kalahari Hunter-Gatherers*, ed. R. B. Lee/I. DeVore, Cambridge 1976.
Kaufmann, W.: *Tragedy and Philosophy*, Princeton 1979.
Kaushik, M.: »The Symbolic Representation of Death«, *Contributions to Indian Sociology* 1976.
Kees, H.: »Ein alter Götterhymnus als Begleittext zur Opfertafel«, *Zeitschrift für ägyptische Sprache und Altertumskunde* 1922.
–: *Totenglauben und Jenseitsvorstellungen der alten Ägypter*, Leipzig 1926.
Kehoe, A. B.: »The Function of Ceremonial Sexual Intercourse Among the Northern Plains Indians«, *Plains Anthropologist* 1970.

Keimer, L.: »Pendeloques en forme d'insectes faisant partie de colliers égyptiens«, *Annales du service des antiquités de l'Égypte* 1931.

Kellogg, L. P.: *Early Narratives of the Northwest 1634-1639*, New York 1917.

Kemp, W.: »Die Höhle der Ewigkeit«, *Zeitschrift für Kunstgeschichte* 1969.

Kenna, V. E. G.: *Cretan Seals*, Oxford 1960.

Kennard, E. A.: »Hopi Reactions to Death«, *American Anthropologist* 1937.

Kenoyer, J. M./J. D. Clark/J. N. Pal/G. R. Sharma: »An Upper Palaeolithic Shrine in India?«, *Antiquity* 1983.

Kerényi, K.: »Zum Urkind-Mythologem«, *Paideuma* 1939.

–: »Kore: Zum Mythologem vom göttlichen Mädchen«, *Paideuma* 1940.

–: *Hermes der Seelenführer*, Zürich 1944.

–: *Die Geburt der Helena*, Zürich 1945.

–: *Labyrinth-Studien*, Zürich 1950.

–: *Pythagoras und Orpheus*, Zürich 1950.

–: *Die Jungfrau und Mutter der griechischen Religion*, Zürich 1952.

–: »Licht, Wein, Honig: Die Frage nach dem minoischen Festkalender«, *Kretika Chronika* 1962.

–: »Die Blume der Persephone«, *Der weiße Turm* 1967.

–: *Zeus und Hera*, Leiden 1972.

–: *Dionysos*, München 1976.

Kern, H.: »Abbild der Welt und heiliger Bezirk«, *Daidalos*, März 1982.

Kern, O.: »Zum Sakrament der eleusinischen Mysterien«, *Archiv für Religionswissenschaft* 1919.

Keyes, C. F.: »The Study of Popular Ideas of Karma« in *Karma*, ed. C. F. Keyes//E. V. Daniel, Berkeley 1983.

Kilborne, B.: *Interprétations du rêve au Maroc*, Grenoble 1978.

Kindaichi, K./M. Yoshida.: »The Concepts Behind the Ainu Bear Festival«, *Southwestern Journal of Anthropology* 1949.

King, W. L.: »Practicing Dying: The Samurai-Zen Death Techniques of Suzuki Shōsan« in *Religious Encounters With Death*, ed. F. E. Reynolds/E. H. Waugh, University Park 1977.

Kinsley, D. R.: »›The Death that Conquers Death‹: Dying to the World in Medieval Hinduism« in *Religious Encounters With Death*, ed. F. E. Reynolds/E. H. Waugh, University Park 1977.

Kirchhoff, H.: »Muttergottheiten, weibliche Fruchtbarkeitsidole und Mutterschaft«, *Geburtshilfe und Frauenheilkunde* 1975.

Kirchner, H.: »Ein archäologischer Beitrag zur Urgeschichte des Schamanismus«, *Anthropos* 1952.

–: *Die Menhire in Mitteleuropa und der Menhirgedanke*, Mainz 1955.

Kitagawa, J. M.: *Religion in Japanese History*, New York 1966.

–: »Buddhism and Social Change« in *Buddhist Studies in Honour of Walpola Rahula*, ed. S. Balasooriya et al., London 1980.

Kitchell, K. F.: »The Mallia ›Wasp‹ Pendant Reconsidered«, *Antiquity* 1981.
Kitchen, K. A.: »Barke« in *Lexikon der Ägyptologie*, ed. W. Helck/W. Westendorf, Bd. I, Wiesbaden 1975.
Kjellström, R.: *Eskimo Marriage*, Lund 1973.
Klamath, G.: »Von der Sykomore der Hathor bis zur Wunderpalme des Pseudo-Matthäus« in *Festschrift für P. W. Schmidt*, ed. W. Koppers, Wien 1928.
Klejn, R. G.: *Man and Culture in the Late Pleistocene*, San Francisco 1969.
–: »Ice-Age Hunters of the Ukraine« in *Avenues to Antiquity*, ed. B. M. Fagan, San Francisco 1976.
–: »Spätpleistozäne Jäger« in *Cambridge Enzyklopädie der Archäologie*, ed A. Sherratt, München 1980.
Klengel-Brandt, E.: *Der Turm von Babylon*, Wien 1982.
Klíma, B.: »The First Ground-Plan of an Upper Paleolithic Loess Settlement in Middle Europe« in *Courses Toward Urban Life*, ed. R. J. Braidwood/G. R. Willey, Chicago 1962.
–: »Une nouvelle statuette Paléolithique à Dolní Věstonice«, *Bulletin de la Société préhistorique française* 1983.
Klinz, A.: Ἱερὸς γάμος, Halle 1933.
Klockars, B.: »S. Brigitta and Mysticism« in *Mysticism*, ed. S. S. Hartman/C.-M. Edsman, Stockholm 1970.
Klügmann, A.: *Die Amazonen in der attischen Literatur und Kunst*, Stuttgart 1875.
Knight, W. F. J.: »Maze Symbolism and the Trojan Game«, *Antiquity* 1932.
–: »A Prehistoric Ritual Pattern in the Sixth Aeneid«, *Transactions of the American Philological Association* 1935.
–: *Elysion*, London 1970.
Knipe, D. M.: »Sapindīkaraṇa: The Hindu Rite of Entry into Heaven« in *Religious Encounters With Death*, ed. F. E. Reynolds/E. H. Waugh, University Park 1977.
Kőhalmi, K. U.: »Der sibirische Hintergrund des Bärenfestes der Wogulen« in *Congressus Quartus Internationalis Fenno-Ugristarum*, Bd. IV, ed. A. Paládi-Kovács/J. Gulya, Budapest 1981.
Köhler, O.: »Die rituelle Jagd bei den Kxoe-Buschmännern von Mutsiku« in *Festschrift für H. Petri*, ed. K. Tauchmann, Köln 1973.
König, M.: *Das Weltbild des eiszeitlichen Menschen*, Marburg 1954.
–: »Das Rätsel der Felsbilder« in *C. G. Jung heute*, Stuttgart 1976.
–: »Die Frau im Kult der Eiszeit« in *Weib und Macht*, Frankfurt/M. 1979.
–: *Unsere Vergangenheit ist älter*, Frankfurt/M. 1980.
Koenigswald, G. H. R. v.: »Die Göttin ohne Gesicht« in *Miscelánea en homenaje al Abate Henri Breuil*, Bd. I, ed. E. R. Perelló, Barcelona 1964.
Koepping, K.-P.: »Religion in Aboriginal Australia«, *Religion* 1981.

–: »Australier (Arnhem-Land)« in *Menschenbilder früher Gesellschaften*, ed. K. E. Müller, Frankfurt/M. 1983.
–: »Schamanismus und Massenekstase« in *Alcheringa oder die beginnende Zeit*, ed. H. P. Duerr, Frankfurt/M. 1983.
Koerner, J. L.: *Die Suche nach dem Labyrinth*, Frankfurt/M. 1983.
Koestler, A.: »Cosmic Consciousness«, *Psychology Today*, April 1977.
Konrad, G.: »Meaning of Phallic Display Among the Asmat and Other Societies of Irian Jaya«, *Ethnomedizin* 1977.
Koppers, W.: »Pferdeopfer und Pferdekult der Indogermanen« in *Die Indogermanen- und Germanenfrage*, ed. W. Koppers, Salzburg 1936.
Korfmann, M.: »Eine weibliche Gottheit in der Frühbronzezeit Anatoliens«, *Prähistorische Zeitschrift* 1979.
Korvin Krasinski, C. v.: *Mikrokosmos und Makrokosmos*, Düsseldorf 1960.
–: »Himmel und Erde als Manifestationen des göttlichen Urgrundes in der ältesten Mittelmeerkultur«, *Symbolon* 1974.
–: »Kosmozentrik-Anthropozentrik?« in *Christliche Grundlagen des Dialogs mit den Weltreligionen*, ed. W. Strolz/H. Waldenfels, Freiburg 1983.
Kramer, F.: *Literature Among the Cuna Indians*, Göteborg 1970.
–: »Über Zeit, Genealogie und solidarische Beziehung« in *Gesellschaften ohne Staat*, ed. F. Kramer/C. Sigrist, Frankfurt/M. 1978.
–: »Die Fremdheit afrikanischer Colon-Figuren« in *Colon: Das schwarze Bild vom weißen Mann*, ed. J. Jahn, München 1983.
–: »Afrikanische ›Fremdgeister‹ in ihren Verkörperungen« in *Spiegel und Gleichnis*, ed. N. W. Bolz/W. Hübener, Würzburg 1983.
–: »Über afrikanische Darstellungen von Fremden«, *Unter dem Pflaster liegt der Strand* 14, 1984.
Kramer, S. N.: *The Sacred Marriage Rite*, Bloomington 1969.
–: »Le Rite de Mariage Sacré Dumuzi-Inanna«, *Revue de l'Histoire des Religions* 1972.
Krause, H. C.: *Die Amazonensage*, Berlin 1893.
Krebs, W.: »Lilith, Adams erste Frau«, *Zeitschrift für Religions- und Geistesgeschichte* 1975.
Kriss, R./H. Kriss-Heinrich: *Peregrinatio neohellenika*, Wien 1955.
Kroeber, A. L.: »The Eskimo of Smith Sound«, *Bulletin of the American Museum of Natural History*, New York 1899.
–: »Cheyenne Tales«, *Journal of American Folklore* 1900.
Krohn, K.: *Magische Ursprungsrunen der Finnen*, Helsinki 1924.
Kronenberg, W./A. Kronenberg: *Die Bongo*, Wiesbaden 1981.
Krüger, H.: »›Primitialopfer‹ und Hochgott bei den philippinischen Negritos« in *Proceedings of the XIIth International Congress of the IAHR*, ed. C. J. Bleeker et al., Leiden 1975.
Krumbach, H.: »Schwitzbaddarstellungen und deren Symbole in Bilderhandschriften aus Mexiko«, *Zeitschrift für Ethnologie* 1982.
Krzyżaniak, L.: *Early Farming Cultures on the Lower Nile*, Warszawa 1977.

–: »Les débuts de la domestication des plantes et des animaux dans les pays du Nil«, *Bulletin de la Société Française d'Égyptologie* 1983.
Kühn, H.: »Menschendarstellungen im Paläolithikum«, *Zeitschrift für Rassenkunde* 1936.
–: *Das Erwachen der Menschheit*, Frankfurt/M. 1954.
–: *Die Felsbilder Europas*, Stuttgart 1971.
–: »Die Felsbilder vom westlichen Nordamerika« in *Acts of the International Symposium on Rock Art*, ed. A. Marstrander, Oslo 1978.
Kuhlemann, P.: *Ethnologische und zoologische Irrtümer in der Archäologie*, Bd. I, Barmstedt 1979.
Kummer, B.: »Kind und Kinderherkunft« in *Handwörterbuch des deutschen Aberglaubens*, ed. H. Bächtold-Stäubli, Bd. IV, Berlin 1932.
–: *Midgards Untergang*, Leipzig 1935.
Kuntner, L.: »Die Gebärhaltung der Frau« in *Die Geburt aus ethnomedizinischer Sicht*, ed. W. Schiefenhövel/D. Sich, Braunschweig 1983.
Kuruniotis, K.: »Das eleusinische Heiligtum von den Anfängen bis zur vorperikleischen Zeit«, *Archiv für Religionswissenschaft* 1935.
Kværne, P.: »On the Concept of Sahaja in Indian Buddhist Tantric Literature«, *Temenos* 1975.

Laager, J.: *Geburt und Kindheit des Gottes in der griechischen Mythologie*, Winterthur 1957.
Ladendorf, H.: »Das Labyrinth in Antike und neuerer Zeit«, *Archäologischer Anzeiger* 1963.
de Laguna, F.: »A Comparison of Eskimo and Palaeolithic Art«, *American Journal of Archaeology* 1932.
Laiblin, W.: »Das Urbild der Mutter« in *Märchenforschung und Tiefenpsychologie*, ed. W. Laiblin, Darmstadt 1969.
Lalanne, G.: »Découverte d'un bas-relief à représentation humaine dans les fouilles de Laussel«, *L'Anthropologie* 1911.
–: »Bas-reliefs à figuration humaine de l'abri Sous Roche de ›Laussel‹ (Dordogne)«, *L'Anthropologie* 1912.
Lalanne, J. G./C. J. Bouyssonie: »Le gisement paléolithique de Laussel«, *L'Anthropologie* 1946.
Laming, A.: *Lascaux*, Dresden 1962.
–: »Art rupestre et organisation sociale« in *Symposium internacional de arte rupestre*, ed. M. Almagro Basch/M. A. G. Guinea, Santander 1972.
Lamy, L.: *Egyptian Mysteries*, London 1981.
de Landa, D.: *Relación de las cosas de Yucatán*, ed. A. M. Tozzer, Cambridge 1941.
Lang, K.: »Ka, Seele und Leib bei den alten Ägyptern«, *Anthropos* 1925.
Langdon, E. J.: »Yagé Among the Siona« in *Spirits, Shamans, and Stars*, ed. D. L. Browman/R. A. Schwarz, The Hague 1979.
Langen, D.: *Archaische Ekstase und asiatische Meditation*, Stuttgart 1963.
Lantis, M.: »The Social Culture of the Nunivak Eskimos«, *Transactions of*

the American Philosophical Society 1946.
—: *Alaskan Eskimo Ceremonialism*, Seattle 1947.
Latte, K.: »Methodenprobleme der modernen Religionsgeschichte« in *Selbstverständnis und Wesen der Religionsgeschichte*, ed. G. Lanczkowski, Darmstadt 1974.
Laubscher, B. J. F.: *Sex, Custom and Psychopathology of South African Pagan Natives*, London 1937.
Lawson, J. C.: *Modern Greek Folklore and Ancient Greek Religion*, Cambridge 1910.
Layard, J.: »Der Mythos der Totenfahrt auf Malekula«, *Eranos-Jahrbuch* 1937.
—: »Labyrinth Ritual in South India«, *Folklore* 1937.
—: »Review of Knight's Cumaean Gates«, *Man* 1938.
Leach, E.: *Social Anthropology*, Glasgow 1982.
Lebzelter, V.: »Bei den !Kun-Buschleuten am oberen Omuramba und Ovambo«, *Mitteilungen der Anthropologischen Gesellschaft in Wien* 1929.
—: *Eingeborenenkulturen in Südwest- und Südafrika*, Leipzig 1934.
Lechler, G.: »The Interpretation of the ›Accidental Scene‹ at Lascaux«, *Man* 1951.
Leclant, J.: »Le rôle du lait et de l'allaitement d'après les Textes des Pyramides«, *Journal of Near Eastern Studies* 1951.
Lecouteux, C.: *Mélusine et le Chevalier au Cygne*, Paris 1982.
de Leeuwe, J.: »On Former Gynecocracy Among African Pygmies«, *Acta Ethnographica* 1962.
—: »Entwicklungen in der Bambuti-Gesellschaft«, *Anthropos* 1966.
Lehmacher, G.: »Die zweite Schlacht von Mag Tured und die keltische Götterlehre«, *Anthropos* 1931.
—: »Die Göttin Brigit«, *Anthropos* 1951.
Lehmann-Hartleben, K.: »Athena als Geburtsgöttin«, *Archiv für Religionswissenschaft* 1926.
Lehmann-Haupt, C. F.: »Das Tempelgrab des Priesterkönigs zu Knossos«, *Klio* 1932.
Lehtisalo, T.: *Beiträge zur Kenntnis der Rentierzucht bei den Juraksamojeden*, Oslo 1932.
Leiris, M.: *Das Auge des Ethnographen*, Frankfurt/M. 1978.
Lemozi, A.: *La grotte-temple du Pech-Merle*, Paris 1929.
Lemozi, A./P. Renault/A. David: *Pech Merle, Le Combel, Marcenac*, Graz 1969.
Lendle, O.: »Das kretische Stiersprungspiel«, *Marburger Winckelmann-Programm* 1965.
Lenormant, F.: *Monographie de la voie sacrée éleusinienne* , Paris 1864.
Lerch, P. B.: »Spirit Mediums in Umbanda Evangelizada of Porto Alegre« in *A World of Women*, ed. E. Bourguignon, New York 1980.
Lerner, R. E.: *The Heresy of the Free Spirit in the Later Middle Ages*, Berkeley 1972.

Leroi-Gourhan, A.: *Le geste et la parole*, Bd. II, Paris 1965.
–: *Prähistorische Kunst*, Freiburg 1971.
–: *Les religions de la préhistoire*, Paris 1971.
–: »Iconographie et interprétation« in *Symposium International sur les religions de la préhistoire*, ed. E. Anati, Capo di Ponte 1975.
–: »L'art mobilier au paléolithique supérieur et ses liaisons européennes« in *Les courants stylistiques dans l'art mobilier au paléolithique supérieur*, ed. Z. Abramova/P. Graziosi, Nice 1976.
–: »Le préhistorien et le chaman«, *L'Ethnographie* 1977.
–: *Höhlenkunst in Frankreich*, Bergisch Gladbach 1981.
–: *Les racines du monde*, Paris 1982.
–: »Les entités imaginaires. Esquisse d'une recherche sur les monstres pariétaux paléolithiques« in *Homenaje al Prof. Martin Almagro Basch*, Bd. I, Madrid 1983.
LeSaux, H.: *Der Weg zum Anderen Ufer*, Düsseldorf 1980.
Lethbridge, T. C.: *Witches*, New York 1968.
van Leuven, J. C.: »Mycenaean Goddesses Called ›Potnia‹«, *Kadmos* 1979.
LeVine, B. B.: »Die Initiation der Mädchen in Nyansongo« in *Initiation*, ed. V. Popp, Frankfurt/M. 1969.
Lévi-Strauss, C.: »Introduction à l'œuvre de Marcel Mauss« in *Sociologie et anthropologie*, Paris 1950.
–: »L'efficacité symbolique« in *Anthropologie structurale*, Paris 1958.
–: *Le cru et le cuit*, Paris 1964.
Levy, G. R.: *The Gate of Horn*, London 1948.
Lewis, I. M.: *A Pastoral Democracy*, London 1961.
–: »Die Danakil im französischen Afar- und Issa-Territorium« in *Bild der Völker*, Bd. 2, ed. E. E. Evans-Pritchard, Wiesbaden 1974.
Lewis, T. H.: »The Oglala (Teton Dakota) Sun Dance«, *Plains Anthropologist* 1972.
Lewis-Williams, J. D.: »The Drakensberg Rock Paintings as an Expression of Religious Thought« in *Symposium International sur les religions de la préhistoire*, ed. E. Anati, Capo di Ponte 1975.
–: »Aspects of Southern San Thought and Art«, *Man* 1980.
–: »The Economic and Social Context of Southern San Rock Art«, *Current Anthropology* 1982.
–: *The Rock Art of Southern Africa*, Cambridge 1983.
Lewis-Williams, J. D./M. Biesele: »Eland Hunting Rituals Among Northern and Southern San Groups«, *Africa* 1978.
Leyen, F. v. d.: »Zur Entstehung des Märchens« in *Wege der Märchenforschung*, ed. F. Karlinger, Darmstadt 1973.
Liberty, M.: »The Northern Cheyenne Sun Dance and the Opening of the Sacred Medicine Hat 1959«, *Plains Anthropologist* 1967.
–: »Priest and Shaman on the Plains: A False Dichotomy?«, *Plains Anthropologist* 1970.
Licht, H.: *Kulturkuriosa aus Altgriechenland*, Dresden 1929.
Lienhardt, G.: *Divinity and Experience*, Oxford 1961.

Lilliu, G.: »Malta« in *Frühe Randkulturen des Mittelmeerraumes*, Bd. I, Baden-Baden 1968.
Lincoln, B.: *Priests, Warriors, and Cattle*, Berkeley 1981.
–: *Emerging from the Chrysalis*, Cambridge 1981.
Lips, J. E.: »Naskapi Law«, *Transactions of the American Philosophical Society* 1947.
Liungman, W.: »Das Rå und der Herr der Tiere« in *The Supernatural Owners of Nature*, ed. Å. Hultkrantz, Stockholm 1961.
Llewellyn, K. N./E. A. Hoebel: *The Cheyenne Way*, Norman 1941.
Lloyd, G.: »Right and Left in Greek Philosophy« in *Right & Left*, ed. R. Needham, Chicago 1973.
Loeb, E. M.: »Staatsfeuer und Vestalinnen«, *Paideuma* 1962.
Loewe, M.: *Ways to Paradise*, London 1979.
Loewenthal, J.: »Zur Mythologie des jungen Helden und des Feuerbringers«, *Zeitschrift für Ethnologie* 1918.
Löwis of Menar, A. v.: »Nordkaukasische Steingeburtsagen«, *Archiv für Religionswissenschaft* 1910.
Lohse, B.: *Askese und Mönchtum in der Antike und in der alten Kirche*, München 1969.
Lommel, A.: *Die Unambal*, Hamburg 1952.
–: *Schamanen und Medizinmänner*, München 1980.
Long, J. B.: »Death as a Necessity and a Gift in Hindu Mythology« in *Religious Encounters With Death*, ed. F. E. Reynolds/E. H. Waugh, University Park 1977.
Lot-Falck, E.: *Les rites de chasse chez les peuples sibériens*, Paris 1953.
–: »Le mammouth auxiliaire chamanique«, *L'Homme* 1963.
Low, A. P.: *Cruise of the Neptune*, Ottawa 1906.
Lowie, R. H.: *The Assiniboine*, New York 1909.
–: »Societies of the Hidatsa and Mandan Indians«, *Anthropological Papers of the American Museum of Natural History*, New York 1913.
–: *Primitive Religion*, New York 1924.
–: *The Crow Indians*, New York 1935.
–: »The Vision Quest Among the North American Indians« in *Reader in Comparative Religion*, ed. W. A. Lessa/E. Z. Vogt, New York 1965.
Lublinski, I.: »Der Mythos von der Geburt«, *Zeitschrift für Ethnologie* 1932.
Lucas, H.: *Der Tanz der Kraniche*, Emsdetten 1971.
Lucas, J. O.: *The Religion of the Yorubas*, Lagos 1948.
Lucier, C.: »Noatagmiut Eskimo Myths«, *Anthropological Papers of the University of Alaska* 1958.
Luckert, K. W.: *The Navajo Hunter Tradition*, Tucson 1975.
–: »An Approach to Navajo Mythology« in *Native Religious Traditions*, ed. E. H. Waugh/K. D. Prithipaul, Waterloo 1979.
Lugauer, H.: *Untersuchungen zur Symbolik des Apfels in der Antike*, Bamberg 1967.
Luquet, G. H.: »La magie dans l'art paléolithique«, *Journal de Psychologie* 1931.

Lurker, M.: *Symbol, Mythos und Legende in der Kunst,* Baden-Baden 1974.
–: *Der Kreis als Symbol,* Tübingen 1981.
–: *Adler und Schlange,* Tübingen 1983.
Lux, U.-M.: *Beiträge zur Darstellung des ›Herrn der Tiere‹,* Bonn 1962.
Lydall, J./I. Strecker: *The Hamar of Southern Ethiopia,* Bd. II, Hohenschäftlarn 1979.

Maack, R.: »Die ›Weiße Dame‹ vom Brandberg« in *Beiträge zur afrikanischen Kunst,* ed. W. Fröhlich, Köln 1966.
Maaß, E.: »Mutter Erde«, *Jahreshefte des Österreichischen Archäologischen Instituts* 1908.
Macalister, R. A. S.: »The Goddess of Death in the Bronze-Age Art and the Traditions of Ireland«, *Ipek* 1926.
Mackenzie, D. A.: *The Migration of Symbols,* New York 1926.
Mackie, E.: *The Megalith Builders,* Oxford 1977.
Macqueen, J. G.: »Hattian Mythology and Hittite Monarchy«, *Anatolian Studies* 1959.
Macurdy, G. H.: »Basilinna and Basilissa, the Alleged Title of the ›Queen-Archon‹ in Athens«, *American Journal of Philology* 1928.
Macy, J.: »The Dialectics of Desire«, *Numen* 1975.
Maddock, K.: »Metaphysics in a Mythical View of the World« in *The Rainbow Serpent,* ed. I. R. Buchler/K. Maddock, The Hague 1978.
Madsen, W.: »Shamanism in Mexico«, *Southwestern Journal of Anthropology* 1955.
Maier, R. A.: »Fragen zu neolithischen Erdwerken Südbayerns«, *Jahresberichte der bayerischen Bodendenkmalpflege* 1962.
Mails, T. E.: *Sundancing at Rosebud and Pine Ridge,* Sioux Falls 1978.
Makarius, L.: »Le mythe du ›Trickster‹«, *Revue de l'Histoire des Religions* 1969.
Makkay, J.: »Die balkanischen sog. kopflosen Idole«, *Acta Archaeologica* 1962.
Malaurie, J.: *Die letzten Könige von Thule,* Frankfurt/M. 1979.
de Mallie, R. J./R. H. Lavenda: »*Wakan:* Plains Siouan Concepts of Power« in *The Anthropology of Power,* ed. R. D. Fogelson/R. N. Adams, New York 1977.
Malten, L.: »Elysion und Rhadamanthys«, *Jahrbuch des kaiserlichen Deutschen Archäologischen Instituts* 1913.
–: »Der Stier in Kult und mythischem Bild«, *Jahrbuch des deutschen Archäologischen Instituts* 1928.
Malvesin-Fabre, G./L.-R. Nougier/R. Robert.: »Empreintes de pieds préhistoriques de la caverne de Niaux«, *Bulletin de la Société Préhistorique de l'Ariège* 1952.
Manker, E.: »*Seite*-Kult und Trommelmagie der Lappen« in *Glaubenswelt und Folklore der sibirischen Völker,* ed. V. Diószegi, Budapest 1963.
–: »The Noaidde Art«, *Folk* 1969.

Mannhardt, W.: *Wald- und Feldkulte*, Bd. I, Berlin 1905.
Maple, E.: *Hexensabbat*, Eltville 1978.
Marcelin, E.: »Les grands dieux du Vodou haïtien«, *Journal de la Société des Américanistes* 1947.
Marconi, M.: »Μελισσα dea cretese«, *Athenaeum* 1940.
Margry, P.: *Découvertes et établissements des Français dans l'Ouest et dans le Sud de l'Amérique Septentrionale*, Bd. II, Paris 1877.
Marías, J.: »Ataraxie und halkyonische Heiterkeit«, *Antaios* 1962.
Marinatos, S.: »Höhlenforschungen in Kreta«, *Zeitschrift des Hauptverbandes deutscher Höhlenforscher* 1928.
–: »The Cult of the Cretan Caves«, *Review of Religion* 1941.
–: *Kreta und das mykenische Hellas*, München 1959.
–: »Zur Frage der Grotte von Arkalochori«, *Kadmos* 1962.
Maringer, J.: *Vorgeschichtliche Religion*, Zürich 1956.
–: »Das Wasser in Kult und Glauben der vorgeschichtlichen Menschen«, *Anthropos* 1973.
–: »Das Feuer im Kult und Glauben der vorgeschichtlichen Menschen«, *Anthropos* 1974.
–: »Das Blut in Kult und Glauben der vorgeschichtlichen Menschen«, *Anthropos* 1976.
–: »Priests and Priestesses in Prehistoric Europe«, *History of Religions* 1977.
–: »Die Frau in den vorgeschichtlichen Religionen«, *Anthropos* 1979.
–: *Das Kreuz als Zeichen und Symbol in der vorchristlichen Welt*, St. Augustin 1980.
–: »Der Tanz im Leben der vorgeschichtlichen Menschen«, *Zeitschrift für Ethnologie* 1982.
Mariscotti de Görlitz, A. M.: »Der Kult der Pachamama«, *Zeitschrift für Missions- und Religionswissenschaft* 1978.
Marquard, O.: »Lob des Polytheismus« in *Philosophie und Mythos*, ed. H. Poser, Berlin 1979.
Marriott, A./C. K. Rachlin: *Dance Around the Sun: The Life of Mary Little Bear Inkanish*, New York 1977.
Marry, J. D.: *History, Society, and Religion in the Minoan-Mycenaean Era*, Ann Arbor 1982.
Mars, L. P.: »The Story of Zombi in Haiti«, *Man* 1945.
Marshack, A.: »Le bâton de commandement de Montgaudier«, *L'Anthropologie* 1970.
–: *The Roots of Civilization*, New York 1972.
–: »Upper Paleolithic Notation and Symbol«, *Science* 1972.
–: »Complexité des traditions symboliques du Paléolithique supérieur« in *La préhistoire française*, ed. H. de Lumley, Bd. I, Paris 1976.
–: »Use Versus Style in the Analysis and Interpretation of Upper Paleolithic Image and Symbol« in *Les courants stylistiques dans l'art mobilier au paléolithique supérieur*, ed. Z. Abramova, Nice 1976.
–: »On Paleolithic Ochre and the Early Uses of Color and Symbol«, *Current Anthropology* 1981.

Marshall, L.: »Marriage Among the !Kung Bushmen«, *Africa* 1959.
–: »The Medicine Dance of the !Kung Bushmen«, *Africa* 1969.
Massignon, L.: »Der gnostische Kult der Fâtima im schiitischen Islam«, *Eranos-Jahrbuch* 1938.
Massoulard, É.: *Préhistoire et protohistoire d'Égypte*, Paris 1949.
Matheson, C.: »Man and Bear in Europe«, *Antiquity* 1942.
Matilal, B. K.: *The Logical Illumination of Indian Mysticism*, Oxford 1977.
Matthes, W.: »Die Darstellung von Tier und Mensch in der Plastik des älteren Paläolithikums«, *Symbolon* 1964.
–: »Vogelfiguren aus dem älteren und mittleren Paläolithikum« in *Actes du VIIe Congrès International des Sciences Préhistoriques et Protohistoriques*, Bd. I, ed. J. Filip, Prag 1970.
Matz, F.: »Minoischer Stiergott?«, *Kretika Chronika* 1962.
Maury, J.: »Les gestes de l'exhibition phallique et de la main ouverte dans l'art préhistorique«, *Préhistoire Ariégoise* 1977.
Mauser, P. F.: »Phänomene des eiszeitlichen Höhlenkultus als Ausdruck der Symbolik der menschlichen Gestalt«, *Symbolon* 1982.
Maxwell, T. S.: »The Abundance of Life« in *In the Image of Man*, ed. G. Michell et al., London 1982.
Maxwell-Stuart, P. G.: »Myrtle and the Eleusinian Mysteries«, *Wiener Studien* 1972.
May, A. F.: *Der Schmuck aus jungpaläolithischen Bestattungen in Frankreich und Ligurien*, Bern 1962.
Mayer-Gross, W.: »Zur Depersonalisation« in *Depersonalisation*, ed. J.-E. Meyer, Darmstadt 1968.
Mayhall, M. P.: *The Kiowas*, Norman 1962.
McCall, D. F.: *Wolf Courts Girl*, Athens 1970.
–: »The Prevalence of Lions«, *Paideuma* 1973.
McClintock, W.: *The Old North Trail of Life*, London 1910.
McGinty, P.: *Interpretation and Dionysos*, The Hague 1978.
McNeley, J. K.: *Holy Wind in Navajo Philosophy*, Tucson 1981.
Mehta, M.: »Śūnyatā and Dharmatā: The Mādhyamika View of Inner Reality« in *Developments in Buddhist Thought*, ed. R. C. Amore, Waterloo 1979.
Meier, E.: *Struktur und Wesen der Negation in den mystischen Schriften des Johannes vom Kreuz*, Altenberge 1982.
Meier, J.: *Ahnengrab und Brautstein*, Halle 1944.
Meillet, A.: »Le nom de Kalypso«, *Revue des études grecques* 1919.
Meldgaard, J.: *Eskimo Sculpture*, London 1960.
Mellaart, J.: »Second Preliminary Report of Excavations at Çatal Hüyük«, *Anatolian Studies* 1963.
–: »Third Preliminary Report of Excavations at Çatal Hüyük«, *Anatolian Studies* 1964.
–: »Fourth Preliminary Report of Excavations at Çatal Hüyük«, *Anatolian Studies* 1966.
–: *Çatal Hüyük*, London 1967.

–: *Excavations at Hacilar*, Edinburgh 1970.
–: *The Neolithic of the Near East*, London 1975.
–: »A Neolithic City in Turkey« in *Avenues to Antiquity*, ed. B. M. Fagan, San Francisco 1976.
–: *The Archaeology of Ancient Turkey*, Totowa 1978.
Mellink, M. J.: *Hyakinthos*, Utrecht 1943.
Menghin, O.: *Weltgeschichte der Steinzeit*, Wien 1931.
Menghin, O. F. A.: »Labyrinthe, Vulvenbilder und Figurenrapporte in der Alten und Neuen Welt« in *Beiträge zur Alten Geschichte und deren Nachleben*, ed. R. Stiehl/H. E. Stier, Bd. I, Berlin 1969.
Menghin, W.: *Kelten, Römer und Germanen*, München 1980.
Merivale, P.: *Pan the Goat God*, Cambridge 1969.
Merkelbach, R.: *Isisfeste in griechisch-römischer Zeit*, Meisenheim 1963.
Merz, R.: *Die numinose Mischgestalt*, Berlin 1978.
Meslin, M.: »Agdistis ou l'éducation sentimentale«, *Bulletin de l'Association Guillaume Budé* 1979.
Métraux, A.: »Social Organization of the Kaingang and Aweikóma«, *American Anthropologist* 1947.
–: *Voodoo in Haiti*, London 1959.
Metzger, H.: »Dionysos chthonien«, *Bulletin de Correspondance Hellénique* 1945.
Metzler, D.: »Zum Schamanismus in Griechenland« in *Antidoron Jürgen Thimme*, ed. D. Metzler et al., Karlsruhe 1982.
Meuli, K.: *Schweizer Masken*, Zürich 1943.
–: *Gesammelte Schriften*, Basel 1975.
Meurer, M.: »Die Mammae der Artemis Ephesia«, *Mitteilungen des Kaiserlichen Deutschen Archäologischen Instituts, Röm. Abt.* 1914.
Meyer, E.: »Der Ursprung des Odysseusmythos«, *Hermes* 1895.
Meyer, J. E.: *Todesangst und das Todesbewußtsein der Gegenwart*, Heidelberg 1979.
Mezger, W.: »Bemerkungen zum mittelalterlichen Narrentum« in *Narrenfreiheit*, ed. H. Bausinger, Tübingen 1980.
Michailidis, G.: »Contribution à l'étude de la Grande Déesse en Égypte«, *Bulletin de l'Institut d'Égypte* 1954.
Middleton, J.: »Ritual and Ambiguity in Lugbara Society« in *Secular Ritual*, ed. S. F. Moore/B. G. Myerhoff, Assen 1977.
Milisauskas, S.: *European Prehistory*, New York 1978.
de Mille, R.: *The Don Juan Papers*, Santa Barbara 1980.
Miller, F.: »The Crow Sun Dance Lodge«, *Temenos* 1980.
Milojčič, V.: »Zur Frage der Herkunft des Mäanders und der Spirale bei den Bandkeramikern Mitteleuropas«, *Jahrbuch des römisch-germanischen Zentralmuseums Mainz* 1964.
–: »Die Tontafeln von Tărtăria (Siebenbürgen) und die absolute Chronologie des mitteleuropäischen Neolithikums«, *Germania* 1965.
Mitropoulou, E.: *Deities and Heroes in the Form of Snakes*, Athens 1977.

Miyakawa, H./ A. Kollautz: »Zur Ur- und Frühgeschichte des Schamanismus«, *Zeitschrift für Ethnologie* 1966.
Mlecko, J. D.: »The Guru in Hindu Tradition«, *Numen* 1982.
Mößinger, F.: »Wildweibchen, Holle und Christkind«, *Hessische Blätter für Volkskunde* 1940.
Moftah, R.: »Die uralte Sykomore und andere Erscheinungen der Hathor«, *Zeitschrift für ägyptische Sprache und Altertumskunde* 1966.
Molenaar, H. A.: »Concentric Dualism as Transition Between a Lineal and Cyclic Representation of Life and Death in Scandinavian Mythology«, *Bijdragen tot de Taal-, Land- en Volkenkunde* 1982.
Mooney, J.: »The Ghost-Dance Religion and the Sioux Outbreak of 1890«, *14th Annual Report of the Bureau of Ethnology*, Washington 1896.
–: »Myths of the Cherokee«, *19th Annual Report of the Bureau of American Ethnology*, Washington 1900.
–: »The Cheyenne Indians«, *Memoirs of the American Anthropological Association* 1907.
–: »Cheyenne« in *Handbook of American Indians North of Mexico*, Bd. I, ed. F. W. Hodge, Washington 1910.
Moore, J. H.: *A Study of Religious Symbolism Among the Cheyenne Indians*, Ann Arbor 1978.
Moortgat, A.: *Tammuz*, Berlin 1949.
Morenz, S.: »Rezension von Bissings Der Tote vor dem Opfertisch«, *Orientalia* 1954.
–: »Ein Wöchnerin mit Siegelring«, *Zeitschrift für ägyptische Sprache und Altertumskunde* 1958.
de Morgan, J.: *Recherches sur les origines de l'Égypte*, Bd. II, Paris 1897.
Morton-Williams, P.: »A Cave Painting, Rock Gong and Rock Slide in Yorubaland«, *Man* 1957.
Motz, L.: »Giantesses and Their Names«, *Frühmittelalterliche Studien* 1981.
Mountford, C. P.: *Ayers Rock*, Honolulu 1965.
–: »The Rainbow-Serpent Myths of Australia« in *The Rainbow Serpent*, ed. I. R. Buchler/K. Maddock, The Hague 1978.
Movius, H. L.: »Bas-relief Carving of a Female Figurine Recently Discovered in the Final Périgordian Horizon at the Abri Pataud« in *Festschrift für Lothar Zotz*, ed. G. Freund, Bonn 1960.
Mühlberger, J.: »Auf der Insel der Großen Mutter«, *Antaios* 1961.
Mühlmann, W. E.: »Eckstein und Horn bei Polynesiern und Semiten«, *Zeitschrift für Ethnologie* 1932.
–: *Die Transformation der Frau*, Berlin 1981.
–: »Ergriffenheit und Besessenheit als Probleme der Kulturanthropologie« in *Emigrationsland Süditalien*, Tübingen 1982.
–: »Formen und Wechselwirkung zwischen Kulturen« in *Bilinguale und multikulturelle Erziehung*, ed. J. Swift, Würzburg 1982.
Müller, K. E.: »Zur Problematik der kaukasischen Steingeburt-Mythen«, *Anthropos* 1965.

–: »Grundzüge der agrarischen Lebens- und Weltanschauung«, *Paideuma* 1973.
Müller, V.: *Frühe Plastik in Griechenland und Kleinasien*, Augsburg 1929.
Müller, W.: *Die Religionen der Waldlandindianer Nordamerikas*, Berlin 1956.
–: *Glauben und Denken der Sioux*, Berlin 1970.
–: »Die Pawnee in Nebraska«, *Antaios* 1970.
–: »Hera und Herakles«, *Scheidewege* 1974.
–: *Geliebte Erde*, Bonn 1976.
–: »Stirb- und Werdeformeln in Nordamerika« in *Leben und Tod in den Religionen*, ed. G. Stephenson, Darmstadt 1980.
–: *Neue Sonne – Neues Licht*, Berlin 1981.
–: *Amerika, die Neue oder die Alte Welt?*, Berlin 1982.
–: Brief vom 5. August 1983.
Müller-Karpe, H.: *Geschichte der Steinzeit*, München 1974.
Müller-Stellrecht, I.: *Feste in Dardistan*, Wiesbaden 1973.
–: *Materialien zur Ethnographie von Dardistan*, Bd. II, Graz 1980.
Münster, M.: *Untersuchungen zur Göttin Isis*, Berlin 1968.
Münsterberger, W.: *Ethnologische Studien an indonesischen Schöpfungsmythen*, Den Haag 1939.
Münzel, M.: *Medizinmannwesen und Geistervorstellungen bei den Kamayurá*, Wiesbaden 1971.
–: »Aktions-Ethnologie: Sich verstecken hinter dem abstrakten Gesamtbetroffenen?«, *Ethnologische Absichten* 6, 1980.
Muktananda, Swami: »Im Gespräch mit Carlos Castañeda« in *Nagual Junior*, ed. D. Timm, Drensteinfurth 1982.
Mundkur, B.: »On Pre-Columbian Maize in India and Elephantine Deities in Mesoamerica«, *Current Anthropology* 1980.
–: *The Cult of the Serpent*, Albany 1983.
Murie, J. R.: *Ceremonies of the Pawnee*, Washington 1981.
Murnane, J.: »Opetfest« in *Lexikon der Ägyptologie*, ed. W. Helck/W. Westendorf, Bd. IV, Wiesbaden 1981.
Murphy, J.: »Gesture, Magic and Primitive Art«, *Man* 1940.
Murphy, R. F.: *Mundurucú Religion*, Berkeley 1958.
–: »Social Structure and Sex Antagonism«, *Southwestern Journal of Anthropology* 1959.
Murray, M. A.: »The Witch-Cult in Palaeolithic Times«, *Man* 1922.
–: »Female Fertility Figures«, *Journal of the Royal Anthropological Institute* 1934.
–: »Burial Customs and Beliefs in the Hereafter in Predynastic Egypt«, *Journal of Egyptian Archaeology* 1956.
–: »The Divine King« in *La regalità sacra*, Leiden 1959.
Muthmann, F.: *Mutter und Quelle*, Mainz 1975.
Myerhoff, B. G.: *Peyote Hunt*, Ithaca 1974.
–: »Return to Wirikuta« in *The Reversible World*, ed. B. A. Babcock, Ithaca 1978.

Myers, J. L.: »The Cretan Exploration Fund«, *Man* 1901.
Mylonas, G. E.: *Eleusis and the Eleusinian Mysteries*, Princeton 1961.
–: *Mycenae and the Mycenaean Age*, Princeton 1966.

Naber, F. B./D. J. Berenger/C. Zalles-Flossbach: *L'art pariétal paléolithique en Europe romane*, Bonn 1976.
Naess, A.: *Scepticism*, London 1969.
Nahodil, O.: »Mutterkult in Sibirien« in *Glaubenswelt und Folklore der sibirischen Völker*, ed. V. Diószegi, Budapest 1963.
Nakamura, H.: *Ansätze modernen Denkens in den Religionen Japans*, Leiden 1982.
Nance, J.: *Tasaday*, München 1977.
Narr, K. J.: »Interpretation altsteinzeitlicher Kunstwerke durch völkerkundliche Parallelen«, *Anthropos* 1955.
–: »Bärenzeremoniell und Schamanismus in der Älteren Steinzeit Europas«, *Saeculum* 1959.
–: »Weibliche Symbol-Plastik der älteren Steinzeit«, *Antaios* 1960.
–: *Kultur, Umwelt und Leiblichkeit des Eiszeitmenschen*, Stuttgart 1963.
–: »Approaches to the Religion of Early Paleolithic Man«, *History of Religions* 1964.
–: »Religion und Magie in der jüngeren Altsteinzeit« in *Handbuch der Urgeschichte*, Bd. I, ed. K. J. Narr, Bern 1966.
–: »Mutterrechtliche Züge im Neolithikum«, *Anthropos* 1968.
–: »Zum Sinngehalt der altsteinzeitlichen Höhlenbilder«, *Symbolon* 1974.
–: »Wohnbauten des Jungpaläolithikums in Osteuropa« in *Palast und Hütte*, Mainz 1982.
–: »Kostenki I: Wohnbau und Fundverteilung«, *Archäologisches Korrespondenzblatt* 1983.
–: Brief vom 10. Oktober 1983.
–: »Felsbild und Weltbild« in *Sehnsucht nach dem Ursprung*, ed. H. P. Duerr, Frankfurt/M. 1983.
–: Brief vom 3. Januar 1984.
Nash, J.: *In the Eyes of the Ancestors*, New Haven 1970.
Navratil, L.: *Schizophrenie und Kunst*, München 1965.
Needham, R.: »Blood, Thunder, and Mockery of Animals«, *Sociologus* 1964.
–: »Right and Left in Nyoro Symbolic Classification« in *Right & Left*, ed. R. Needham, Chicago 1973.
Neeracher, O.: *Die Etrusker waren Süd-Kelten*, Basel 1981.
Nehring, A.: »Studien zur indogermanischen Kultur und Urheimat« in *Die Indogermanen- und Germanenfrage*, ed. W. Koppers, Salzburg 1936.
Nelson, E. W.: »The Eskimo About Bering Strait«, *18th Annual Report of the Bureau of American Ethnology*, Washington 1899.
Neumann, E.: *Herrschafts- und Sexualsymbolik*, Stuttgart 1980.
Neumann, E.: *Die Große Mutter*, Zürich 1956.

Neuville, R.: »Statuette érotique du Désert de Judée«, *L'Anthropologie* 1933.

Nicholson, H. B.: »An Aztec Stone Image of a Fertility Goddess«, *Baessler-Archiv* 1963.

Nicolaisen, J.: *Ecology and Culture of the Pastoral Tuareg*, København 1963.

Niehues-Pröbsting, H.: *Der Kynismus des Diogenes*, München 1979.

Nielsen, D.: »Die altsemitische Muttergöttin«, *Zeitschrift der Deutschen Morgenländischen Gesellschaft* 1938.

Nilsson, M. P.: »Die eleusinischen Gottheiten«, *Archiv für Religionswissenschaft* 1935.

–: »Die eleusinische Religion«, *Die Antike* 1942.

–: *The Minoan-Mycenaean Religion*, Lund 1950.

Nimuendajú Unkel, C.: »Die Sagen von der Erschaffung und Vernichtung der Welt als Grundlagen der Religion der Apapocúva-Guaraní«, *Zeitschrift für Ethnologie* 1914.

Nippold, W.: »Lebensraum und Weltbild der Andamaner« in *Festschrift Paul Schebesta zum 75. Geburtstag*, Mödling 1963.

Noack, F.: *Eleusis*, Berlin 1927.

Noblecourt, C. D.: »›Concubines du mort‹ et mères de famille au Moyen Empire«, *Bulletin de l'Institut Français d'Archéologie Orientale* 1953.

Nock, A. D.: »The Mother Goddess«, *The Classical Review* 1925.

Norden, E.: *Die Geburt des Kindes*, Leipzig 1924.

Nordenskiöld, E.: *Forschungen und Abenteuer in Südamerika*, Stuttgart 1924.

Notebaart, J. C.: »Der Pflug als Kultgerät« in *Von fremden Völkern und Kulturen*, ed. W. Lang et al., Düsseldorf 1955.

Nougier, L.-R.: »La femme dans la préhistoire« in *Histoire mondiale de la femme*, ed. P. Grimal, Paris 1974.

–: »L'importance du choix dans l'explication religieuse de l'art quaternaire« in *Symposium International sur les religions de la préhistoire*, ed. E. Anati, Capo di Ponte 1975.

Nougier, L.-R./R. Robert: *Niaux*, Toulouse 1954.

–: »Le rhinocéros dans l'art franco-cantabrique occidentale«, *Bulletin de la Société Préhistorique de l'Ariège* 1957.

Nougier, L.-R./R. Romain: »Les félins dans l'art quaternaire«, *Préhistoire Ariégoise* 1971.

Novak, M./S. Durrant: *The Tale of the Nišan Shamaness*, Seattle 1977.

Noyes, R./R. Kletti: »Depersonalization in the Face of Life-Threatening Danger«, *Psychiatry* 1976.

Nunberg, H.: »Über Depersonalisationszustände im Lichte der Libidotheorie« in *Depersonalisation*, ed. J.-E. Meyer, Darmstadt 1968.

Nurse, G. T./T. Jenkins: *Health and the Hunter-Gatherer*, Basel 1977.

Nyberg, B.: *Kind und Erde*, Helsingfors 1931.

Oakley, K. P.: »On Man's Use of Fire« in *Social Life of Early Man*, ed. S. L. Washburn, New York 1961.

–: »The Diopet of Ephesus«, *Folklore* 1971.
Oates, J.: »Religion and Ritual in Sixth-Millennium B. C. Mesopotamia«, *World Archaeology* 1978.
Obermaier, H.: *Der Mensch der Vorzeit*, Berlin 1912.
Obeyesekere, G.: »Pregnancy Cravings *(dola-duka)* in a Sinhalese Village« in *Culture and Personality*, ed. R. A. LeVine, Chicago 1974.
–: »The Goddess Pattini: A Jaina-Buddhist Deity« in *Buddhist Studies in Honour of Walpola Rahula*, ed. S. Balasooriya et al., London 1980.
Ochshorn, J.: *The Female Experience and the Nature of the Divine*, Bloomington 1981.
O'Flaherty, W. D.: *Asceticism and Eroticism in the Mythology of Śiva*, London 1973.
–: *Women, Androgynes, and Other Mythical Beasts*, Chicago 1980.
Ohnuki-Tiernay, E.: »Shamanism and World View« in *The Realm of the Extra-Human*, ed. A. Bharati, The Hague 1976.
–: »Shamans and *Imu* Among Two Ainu Groups«, *Ethos* 1980.
O'Kelly, C.: *Guide to Newgrange*, Wexford 1971.
Okladnikov, A. P.: »Ancient Population of Siberia and Its Culture« in *The Peoples of Siberia*, ed. M. G. Levin/L. P. Potapov, Chicago 1964.
–: *Der Mensch kam aus Sibirien*, Wien 1974.
Olivelle, P.: »A Definition of World Renunciation«, *Wiener Zeitschrift für die Kunde Südasiens* 1975.
Ó Máille, T.: »Medb Chruachna«, *Zeitschrift für Celtische Philologie* 1928.
Omlin, J. A.: *Der Papyrus 55001*, Torino 1973.
Oosten, J. G.: *The Theoretical Structure of the Religion of the Netsilik and Iglulik*, Meppel 1977.
Oppitz, M.: *Schamanen im Blinden Land*, Frankfurt/M. 1981.
–: »Schamanen, Hexen, Ethnographen« in *Der Wissenschaftler und das Irrationale*, Bd. I, ed. H. P. Duerr, Frankfurt/M. 1981.
O'Rahilly, T. F.: »On the Origins of the Names Érainn and Ériu«, *Ériu* 1946.
Orme, B.: »Twentieth-Century Prehistorians and the Idea of Ethnographic Parallels«, *Man* 1974.
Ó Ríordáin, S. P./G. Daniel: *New Grange and the Bend of the Boyne*, London 1964.
Ortiz, A.: *The Tewa World*, Chicago 1969.
Ortner, S. B.: »The White-Black Ones: The Sherpa View of Human Nature« in *Himalayan Anthropology*, ed. J. F. Fisher, The Hague 1978.
Oster, R.: »The Ephesian Artemis as an Opponent of Early Christianity«, *Jahrbuch für Antike und Christentum* 1976.
Otte, M.: *Le Gravettien en Europe centrale*, Bd. I, Brugge 1981.
Otto, E.: *Beiträge zur Geschichte der Stierkulte in Ägypten*, Leipzig 1938.
Otto, W. F.: *Dionysos*, Frankfurt/M. 1933.
Ozols, J.: »Vorgeschichtliche Tierdarstellungen und frühe Bildermagie«, *Kölner Jahrbuch für Vor- und Frühgeschichte* 1970.

–: »Zum Schamanismus der jungpaläolithischen Rentierjäger von Mal'ta«, *Kölner Jahrbuch für Vor- und Frühgeschichte* 1971.
–: »Zur Frage der paläolithischen Lochstäbe«, *Kölner Jahrbuch für Vor- und Frühgeschichte* 1974.
–: »Der Röntgenstil«, *Bonner Jahrbuch* 1975.
–: »Über die Jenseitsvorstellungen des vorgeschichtlichen Menschen« in *Tod und Jenseits im Glauben der Völker*, ed. H.-J. Klimkeit, Wiesbaden 1978.
–: »Die Felsbilder des Mont Bego«, *Antike Welt* 1978.
–: »Zur Altersfrage des Schamanismus« in *Sehnsucht nach dem Ursprung*, ed. H. P. Duerr, Frankfurt/M. 1983.

Paetow, K.: *Frau Holle*, Kassel 1952.
Pales, L.: »Les ci-devant Vénus stéatopyges aurignaciennes« in *Symposium internacional de arte rupestre*, ed. M. Almagro Basch/M. A. G. Guinea, Santander 1972.
–: »Les empreintes de pieds humains dans les cavernes«, *Archives de l'Institut de paléontologie humaine* 1976.
Palihawadana, M.: »›Liberation‹ in the Theravāda Buddhist Tradition« in *Offenbarung als Heilserfahrung im Christentum, Hinduismus und Buddhismus*, ed. W. Strolz/S. Ueda, Freiburg 1982.
Pallis, S. A.: *The Babylonian Akîtu Festival*, København 1926.
Palmer, L. R.: »Mycenaean Religion: Methodological Choices« in *Res Mycenaeae*, ed. A. Heubeck/G. Neumann, Göttingen 1983.
Papacostas, N. K.: »Animal Folklore from Greece«, *Man* 1904.
Papathanassopoulos, G.: *Neolithic and Cycladic Civilization*, Athens 1981.
Paproth, H.-J.: *Studien über das Bärenzeremoniell*, Uppsala 1976.
–: »Bär« in *Enzyklopädie des Märchens*, ed. K. Ranke, Bd. I, Berlin 1977.
Parin, P.: »Irrationales in der Wissenschaft: lebenslänglich« in *Der Wissenschaftler und das Irrationale*, Bd. I, ed. H. P. Duerr, Frankfurt/M. 1981.
Parrinder, G.: *The Indestructible Soul*, London 1973.
–: *Sex in the World's Religions*, London 1980.
–: »Theistischer Yoga« in *Sehnsucht nach dem Ursprung*, ed. H. P. Duerr, Frankfurt/M. 1983.
Parry, J.: »Sacrificial Death and the Necrophagous Ascetic« in *Death and the Regeneration of Life*, ed. M. Bloch/J. Parry, Cambridge 1982.
Parsons, E. C.: »Social Organization of the Tewa«, *Memoirs of the American Anthropological Association*, Menasha 1929.
Pashley, R.: *Travels in Crete*, Cambridge 1837.
Passarge, S.: *Die Buschmänner der Kalahari*, Berlin 1907.
Passemard, L.: *Les statuettes féminines paléolithiques dites Vénus stéatopyges*, Nîmes 1938.
Pasternak, G. P.: »Interview mit Paul Feyerabend«, *Unter dem Pflaster liegt der Strand* 13, 1984.

Paul, M.: *Wolf, Fuchs und Hund bei den Germanen*, Wien 1981.
Paulson, I.: »Zur Aufbewahrung der Tierknochen im nördlichen Nordamerika« in *Amerikanistische Miszellen*, Hamburg 1959.
–: »Die Schutzgeister und Gottheiten der Jagdtiere im Glauben der nordasiatischen Völker«, *Zeitschrift für Ethnologie* 1960.
–: *Schutzgeister und Gottheiten des Wildes in Nordeurasien*, Uppsala 1961.
–: »Wildgeistvorstellungen in Nordeurasien«, *Paideuma* 1962.
–: »Zur Aufbewahrung der Tierknochen im Jagdritual der nordeurasischen Völker« in *Glaubenswelt und Folklore der sibirischen Völker*, ed. V. Diószegi, Budapest 1963.
–: »Die Hausgeister und ihre Idole in Nordeurasien«, *Tribus* 1963.
Perera, V./R. D. Bruce: *The Last Lords of Palenque*, Boston 1982.
Perrin du Lac, M.: *Voyage dans les deux Louisianes*, Paris 1805.
Perrot, G./C. Chipiez: *Histoire de l'art dans l'Antiquité*, Bd. VI, Paris 1894.
Persson, A. W.: »Der Ursprung der eleusinischen Mysterien«, *Archiv für Religionswissenschaft* 1922.
–: *The Religion of Greece in Prehistoric Times*, Berkeley 1942.
Pestalozza, U.: *L'éternel féminin dans la religion méditerranéenne*, Bruxelles 1965.
Petri, H.: »Rituelle Vermehrungshandlungen in den Kimberleys«, *Paideuma* 1952.
–: *Sterbende Welt in Nordwest-Australien*, Braunschweig 1954.
–: »Mircea Eliade und die australischen ›Aborigines‹« in *Sehnsucht nach dem Ursprung*, ed. H. P. Duerr, Frankfurt/M. 1983.
Petrie, W. M. F.: *Koptos*, London 1896.
–: *The Royal Tombs of the Earliest Dynasties*, Bd. II, London 1901.
–: *Prehistoric Egypt*, London 1920.
–: *The Making of Egypt*, London 1939.
Petrie, W. M. F./J. E. Quibell: *Naqada and Ballas*, London 1896.
Petter, R.: »Sketch of the Cheyenne Grammar«, *Memoirs of the American Anthropological Association* 1907.
–: *English-Cheyenne Dictionary*, Kettle Falls 1915.
Pettersson, O.: *Mother Earth*, Lund 1967.
Pettinato, G.: »Das altorientalische Menschenbild und die sumerischen und akkadischen Schöpfungsmythen«, *Abhandlungen der Heidelberger Akademie der Wissenschaften, Philos.-hist. Kl.* 1971.
Peuckert, W.-E.: *Deutscher Volksglaube im Spätmittelalter*, Stuttgart 1942.
–: »Die Ordnung der Welt und das Fehlende« in *Wiedergeburt*, Berlin 1949.
Peyer, B.: *Hyemeyohsts Storm's 'Seven Arrows'*, Wiesbaden 1979.
Pfeiffer, M.: »Hinduismus der Gegenwart«, *Verkündigung und Forschung* 1974.
Pfiffig, A. J.: *Religio etrusca*, Graz 1975.
Phillips, P.: *The Prehistory of Europe*, London 1980.

Picard, C.: *Ephèse et Claros*, Paris 1922.
–: »L'Héraeon de Pérachora et les enfants de Médée«, *Revue archéologique* 1932.
–: »Die Große Mutter von Kreta bis Eleusis«, *Eranos-Jahrbuch* 1938.
–: *Les religions préhelléniques*, Paris 1948.
Pinch, G.: »Offerings to Hathor«, *Folklore* 1982.
Pingiatoglou, S.: *Eileithyia*, Würzburg 1981.
Pini, I.: *Beiträge zur minoischen Gräberkunde*, Wiesbaden 1968.
Pippidi, D. M.: »Grottes dionysiaques à Callatis«, *Bulletin de Correspondance Hellénique* 1964.
Pischelt, M.: *Dionysos in der griechischen Vasenmalerei*, Willsbach 1949.
Platakis, E. K.: Σπηλλία καὶ ἄλλαι καρστικαὶ μορφαὶ τῆς κρήτης, Irakleion 1973.
Plotin: *Enneaden*, ed. R. Harder, Leipzig 1930.
Pococke, R.: *A Description of the East, and Some other Countries*, London 1743.
Pohl, M./J. Pohl: »Ancient Maya Cave Rituals«, *Archaeology*, June 1983.
Pohlhausen, H.: *Das Wanderhirtentum und seine Vorstufen*, Braunschweig 1954.
Pollack-Eltz, A.: *María Lionza*, Caracas 1972.
Pollard, J.: *Birds in Greek Life and Myth*, London 1977.
Popkin, R. H.: *The History of Scepticism from Erasmus to Descartes*, Assen 1960.
Porphyrios: *Opuscula selecta*, ed. A. Nauck, Leipzig 1886.
Powell, B. B.: »The Significance of the So-Called ›Horns of Consecration‹«, *Kadmos* 1977.
Powell, P. J.: *Sweet Medicine*, Norman 1969.
–: *The Cheyenne: Maheoo's People*, Bloomington 1980.
Press, L.: »The Location of Minoan Displays«, *Man* 1969.
Pressel, E.: »Spirit Magic in the Social Relations Between Men and Women, São Paulo, Brazil« in *A World of Women*, ed. E. Bourguignon, New York 1980.
Price, T. H.: *Kourotrophos*, Leiden 1978.
Price-Williams, D. R./R. B. Edgerton/L. L. Langness: »Journey to a Shabono«, *American Anthropology Newsletter*, December 1983.
Prince, R. H.: »Cocoon Work: An Interpretation of the Concern of Contemporary Youth With the Mystical« in *Religious Movements in Contemporary America*, ed. I. I. Zaretsky/M. P. Leone, Princeton 1974.
Prince, R. H./F. Tcheng-Laroche; »Die soziale Stellung der Geisteskranken« in *Psychopathologie im Kulturvergleich*, ed. W. M. Pfeiffer/W. Schoene, Stuttgart 1980.
–: »Religiöse Erfahrung und der Wissenschaftler« in *Der Wissenschaftler und das Irrationale*, Bd. II, ed. H. P. Duerr, Frankfurt/M. 1981.
Prokofyeva, E. D./G. N. Prokofyev: »The Selkups« in *The Peoples of Siberia*, ed. M. G. Levin/L. P. Potapov, Chicago 1964.

Prokofyeva, Y. D.: »The Costume of an Enets Shaman« in *Studies in Siberian Shamanism*, ed. H. N. Michael, Toronto 1963.
Puhvel, J.: »›Meadow of the Otherworld‹ in Indo-European Tradition«, *Zeitschrift für Vergleichende Sprachforschung* 1969.
Purce, J.: *The Mystic Spiral*, London 1974.

Quanter, R.: *Das Weib in den Religionen der Völker*, Berlin 1925.

Radcliffe-Brown, A. R.: *The Andaman Islanders*, Cambridge 1922.
Radha, L. C.: »Tibet« in *Oracles and Divination*, ed. M. Loewe/C. Blacker, Boulder 1981.
Radin, P.: *The Trickster*, London 1956.
Radnitzky, G.: »Wertfreiheitsthese: Wissenschaft, Ethik und Politik« in *Voraussetzungen und Grenzen der Wissenschaft*, ed. G. Radnitzky/G. Andersson, Tübingen 1981.
Ränk, G.: *Die heilige Hinterecke im Haushalt der Völker Nordosteuropas und Nordasiens*, Helsinki 1949.
Rätzel, W.: »Bemerkungen über einige Capriden-Darstellungen in der paläolithischen Kunst« in *Miscelánea en homenaje al Abate Henri Breuil*, Bd. II, ed. E. R. Perelló, Barcelona 1964.
–: »Die ›Frau mit dem Ren‹ von Laugerie Basse« in *Kurt Tackenberg zum 75. Geburtstag*, ed. A. Alföldi, Bonn 1974.
Rainey, F. G.: »Eskimo Prehistory: the Okvik Site on the Punuk Islands«, *Anthropological Papers of the American Museum of Natural History*, New York 1941.
Raingeard, P.: *Hermès Psychagogue*, Rennes 1934.
Rank, O.: *Das Trauma der Geburt*, Leipzig 1924.
Raphael, M.: *Wiedergeburtsmagie in der Altsteinzeit*, Frankfurt/M. 1979.
Rasmussen, K.: *Grönlandsagen*, Berlin 1922.
–: *Across Arctic America*, New York 1927.
–: »Intellectual Culture of the Iglulik Eskimos«, *Report of the 5th Thule Expedition*, København 1929.
–: »Observations on the Intellectual Culture of the Caribou Eskimos«, *Report of the 5th Thule Expedition*, København 1930.
–: »The Netsilik Eskimos«, *Report of the 5th Thule Expedition*, København 1931.
–: »Intellectual Culture of the Copper Eskimos«, *Report of the 5th Thule Expedition*, København 1932.
Ratnayaka, S.: »Zen is the Theravāda Branch of Buddhism in Mahāyāna Countries« in *Buddhist Studies*, ed. S. Balascoriya, London 1980.
Ratschow, C. H.: »Von der Frömmigkeit« in *Ethik der Religionen*, ed. C. H. Ratschow, Stuttgart 1980.
Rawson, P.: *Tantra*, Stuttgart 1972.
Ray, D. J.: *Aleut and Eskimo Art*, London 1981.
Ray, R.: »Yoga-Typologie und die Frage des Buddhismus bei Eliade« in *Sehnsucht nach dem Ursprung*, ed. H. P. Duerr, Frankfurt/M. 1983.

Rebling, E.: *Die Tanzkunst Indiens*, Berlin 1982.
Redfield, R./A. Villa Rojas: *Chan Kom*, Washington 1934.
Reed, R. C.: »An Interpretation of some ›Anthropomorphic‹ Representations from the Upper Palaeolithic«, *Current Anthropology* 1976.
Reeden, S. v.: *Die Megalith-Kulturen*, Köln 1978.
Rees, A./B. Rees: *Celtic Heritage*, London 1961.
Reichel, A.: »Die Stierspiele in der Kretisch-mykenischen Cultur«, *Mit. des Kaiserlich Deutschen Archäologischen Instituts, Athen. Abt.* 1909.
Reichel-Dolmatoff, G.: *Amazonian Cosmos*, Chicago 1971.
–: »The Cultural Context of an Aboriginal Hallucinogen: Banisteriopsis caapi« in *Flesh of the Gods*, ed. P. T. Furst, London 1972.
–: *The Shaman and the Jaguar*, Philadelphia 1975.
–: »Desana Animal Categories, Food Restrictions, and the Concept of Color Energies«, *Journal of Latin American Lore* 1978.
–: »Brain and Mind in Desana Shamanism«, *Journal of Latin American Lore* 1981.
–: »Astronomical Models of Social Behavior Among Some Indians of Colombia«, *Annals of the New York Academy of Sciences* 1982.
–: Brief vom 29. Mai 1983.
Reinbacher, E.: »Eine vorgeschichtliche Hirschmaske aus Berlin-Biesdorf«, *Ausgrabungen und Funde* 1956.
Reiser, E.: *Der königliche Harim im alten Ägypten und seine Verwaltung*, Wien 1972.
Renehan, R.: »Hera as Earth-Goddess«, *Rheinisches Museum für Philologie* 1974.
Resch, W. F. E.: »Neue Felsbilderfunde in der ägyptischen Ostwüste«, *Zeitschrift für Ethnologie* 1963.
–: *Das Rind in den Felsbilddarstellungen Nordafrikas*, Wiesbaden 1967.
–: *Die Felsbilder Nubiens*, Graz 1967.
Rescher, N.: »Einige Fragen zur Abgeschlossenheit der Wissenschaft und den Grenzen der wissenschaftlichen Erkenntnis« in *Voraussetzungen und Grenzen der Wissenschaft*, ed. G. Radnitzky/G. Andersson, Tübingen 1981.
Reusch, H.: »Zum Wandschmuck des Thronsaales in Knossos«, *Minoica* 1958.
Rhees, R.: »Review of Bartley's *Wittgenstein*«, *The Human World* 1974.
Rice, P. C.: »Prehistoric Venuses: Symbols of Motherhood or Womanhood?«, *Journal of Anthropological Research* 1981.
Richardson, D. A.: *The Mother Goddess in Minoan Crete and Vestiges in the Contemporary Greek Orthodox Church*, Ann Arbor 1983.
Richter, R.: *Der Skeptizismus in der Philosophie*, Bd. I, Leipzig 1904.
Ridington, R.: »The Final Direction of Shamanic Revelation«, *Studia Missionalia* 1971.
Ridington, R./T. Ridington: »Das innere Gesicht von Schamanismus und Totemismus« in *Über den Rand des tiefen Canyons*, ed. D. Tedlock/B. Tedlock, Düsseldorf 1978.

Ridley, M.: *The Megalithic Art of the Maltese Islands*, Poole 1976.
Riek, G.: *Die Eiszeitjägerstation am Vogelherd im Lonetal*, Tübingen 1934.
Riemschneider, M.: *Augengott und Heilige Hochzeit*, Leipzig 1953.
Riepe, D.: »The Significance of the Attack upon Rationality by Zen-Buddhism«, *Philosophy and Phenomenological Research* 1966.
Riesman, P.: »Fictions of Art and of Science or Does It Matter Whether Don Juan Really Exists?« in *The Don Juan Papers*, ed. R. de Mille, Santa Barbara 1980.
Ring, K.: *Life at Death*, New York 1980.
Ringbom, S.: »Mystik und gegenstandslose Malerei« in *Mysticism*, ed. S. S. Hartman/C.-M. Edsman, Stockholm 1970.
Rink, H.: *Tales and Traditions of the Eskimo*, Edinburgh 1875.
Ritchie, J. N. G.: »Archaeology and Astronomy« in *Archaeoastronomy in the Old World*, ed. D. C. Heggie, Cambridge 1982.
Ritter, D. W./E. W. Ritter: »Medicine Men and Spirit Animals in Rock Art of Western North America« in *Acts of the International Symposium on Rock Art*, ed. S. Marstrander, Oslo 1978.
Robinson, G. A.: *Friendly Mission*, Kingsgrove 1966.
de la Roche, J.: »Le culte de la femme genitrix chez les hommes quaternaires«, *Bulletin de la Société Préhistorique Française* 1937.
Röd, W.: »Der vorgebliche Mißbrauch der Sprache in metaphysischen Aussagen« in *Sprache und Erkenntnis als soziale Tatsache*, ed. R. Haller, Wien 1981.
Roeder, G.: *Urkunden zur Religion des alten Ägypten*, Jena 1923.
–: *Volksglaube im Pharaonenreich*, Stuttgart 1952.
Röder, J.: »Felsbildforschung auf West-Neuguinea«, *Paideuma* 1938.
–: *Pfahl und Menhir*, Neuwied 1949.
Roellenbleck, E.: *Magna Mater im Alten Testament*, Darmstadt 1949.
Róheim, G.: »Die Sedna-Sage«, *Imago* 1924.
–: »Women and Their Life in Central Australia«, *Journal of the Royal Anthropological Institute* 1933.
–: *Die Panik der Götter*, München 1975.
Romano, I. B.: *Early Greek Cult Images*, Ann Arbor 1983.
Rooth, A. B.: *The Alaska Expedition 1966*, Lund 1971.
Rose, F. G. G.: »Australian Marriage, Land Owning Groups, and Initiations« in *Man the Hunter*, ed. R. B. Lee/I. DeVore, Chicago 1968.
Rose, H. J.: *Primitive Culture in Greece*, London 1925.
–: »Chthonian Cattle«, *Numen* 1954.
–: »The Evidence of Divine Kings in Greece« in *La regalità sacra*, Leiden 1959.
Rosenfeld, A.: »Profile Figures: Schematisation of the Human Figure in the Magdalenian Culture of Europe« in *Form in Indigenous Art*, ed. P. J. Ucko, London 1977.
Rotter, F./R. Weier: *Nähe Gottes und ›Gottesfremde‹*, Aschaffenburg 1980.
Rousseau, J.: »La religion primitive des Montagnais et des Hurons« in *Pro-

ceedings of the 30th International Congress of Americanists, London 1953.

Roussel, P.: »L'initiation préalable et le symbole éleusinien«, *Bulletin de Correspondance Hellénique* 1930.

Roussot, A./J. Ferrier: »Le Roc de Marcamps (Gironde)«, *Bulletin de la Société préhistorique française* 1970.

Roux, R.: *Le problème des Argonautes*, Paris 1949.

Rowland, B.: *Animals With Human Faces*, Knoxville 1973.

Rowley-Conwy, P.: »Sedentary Hunters: the Ertebølle Example« in *Hunter-Gatherer Economy in Prehistory*, ed. G. Bailey, Cambridge 1983.

Rozoy, J.-G.: *Les derniers chasseurs*, Charleville 1978.

Rubin, G.: *Les sources inconscientes de la misogynie*, Paris 1977.

Ruck, C. A. P.: »Plato's Hierarchy of Visions: Hallucinatory, Sensate, and Paradigmatic« in *The Don Juan Papers*, ed. R. de Mille, Santa Barbara 1980.

Rudolph, E.: »Das ›Andere Ich‹ des Menschen im Tiere«, *Zeitschrift für Ethnologie* 1980.

Rudolph, K.: *Die Gnosis*, Göttingen 1980.

Rühlmann, G.: »Der Geier auf dem Schlachtfeld«, *Wissenschaftliche Zeitschrift der Universität Halle-Wittenberg* 1965.

Rütimeyer, L.: *Ur-Ethnographie der Schweiz*, Basel 1924.

Ruipérez, M. S.: »The Mycenaean Name of Dionysos« in *Res Mycenaeae*, ed. A. Heubeck/G. Neumann, Göttingen 1983.

Rusch, A.: *Die Entwicklung der Himmelsgöttin Nut zu einer Totengottheit*, Leipzig 1922.

Russell, J. B.: *A History of Witchcraft*, London 1980.

Rust, A.: *Urreligiöses Verhalten im Opferbrauchtum des eiszeitlichen Homo sapiens*, Neumünster 1974.

Rutkowski, B.: *Cult Places in the Aegean World*, Wrocław 1972.

–: *Frühgriechische Kultdarstellungen*, Berlin 1981.

Ruyer, R.: *Jenseits der Erkenntnis*, Wien 1977.

Rybakov, B. A.: »The Rusalii and the God Simargl-Pereplut«, *Soviet Anthropology and Archaeology* 1968.

Saccasyn della Santa, E.: *Les figures humaines du paléolithique supérieur eurasiatique*, Antwerpen 1947.

Sachs, C.: *Eine Weltgeschichte des Tanzes*, Berlin 1933.

de Saint-Perier, R.: »Deux œuvres d'art de la grotte d'Isturitz«, *L'Anthropologie* 1932.

Saintyves, P.: *Les grottes dans les cultes magico-religieux et la symbolique primitive*, Paris 1918.

Sakellarakis, J. A.: *Illustrierter Führer durch das Museum von Heraklion*, Athen 1979.

Sala, B.: »Die ältesten menschlichen Kulturen« in *Illustrierte Weltgeschichte der Archäologie*, ed. L. Fasani, München 1979.

Sale, W.: »Callisto and the Virginity of Artemis«, *Rheinisches Museum für Philologie* 1965.

–: »The Temple-Legends of the Arkteia«, *Rheinisches Museum für Philologie* 1975.
Saler, B.: »Supernatural as a Western Category«, *Ethos* 1977.
Sandars, N. K.: *Prehistoric Art in Europe*, Harmondsworth 1968.
–: »The Religious Development of Some Early Societies« in *The Origins of Civilization*, ed. P. R. S. Moorey, Oxford 1979.
Sanday, P. R.: *Female Power and Male Dominance*, Cambridge 1981.
Sander-Hansen, C. E.: »Das Gottesweib des Amun«, *Det Kongelige Danske Videnskabernes Selskab, Hist.-fil. Skrifter*, København 1940.
Sandklef, A: *Singing Flails*, Helsinki 1949.
Sankalia, H. D.: »The Earliest Private Shrine in Western India« in *Symposium International sur les religions de la préhistoire*, ed. E. Anati, Capo di Ponte 1975.
Sarasin, P.: *Helios und Keraunos*, Innsbruck 1924.
Savard, R.: »La déesse sous-marine des Eskimo« in *Échanges et communications*, Bd. II, ed. J. Pouillon/P. Maranda, The Hague 1970.
Sbrzesny, H.: *Die Spiele der !Ko-Buschleute*, München 1976.
Schaafsma, P.: *Indian Rock Art of the Southwest*, Albuquerque 1980.
Schachermeyr, F.: *Poseidon und die Entstehung des griechischen Götterglaubens*, München 1950.
–: »Ursprung und Hintergrund der griechischen Geschichte« in *Propyläen Weltgeschichte*, Bd. 3, Berlin 1962.
–: *Die mykenische Zeit und die Gesittung von Thera*, Wien 1976.
–: *Die minoische Kultur des alten Kreta*, Stuttgart 1979.
–: *Die griechische Rückerinnerung im Lichte neuer Forschungen*, Wien 1983.
Schalk, P.: »Der alte Buddhismus als innerweltliche Mystik«, *Temenos* 1977.
Schapera, I.: *The Khoisan Peoples of South Africa*, London 1930.
Scharff, A.: *Grundzüge der ägyptischen Vorgeschichte*, Leipzig 1927.
–: »Die frühen Felsbilderfunde in den ägyptischen Wüsten«, *Paideuma* 1942.
Schauenburg, K.: »Pluton und Dionysos«, *Jahrbuch des Deutschen Archäologischen Instituts* 1953.
Schavernoch, H.: »Die Krone der Ariadne«, *Antike Welt* 3, 1983.
Schebesta, P.: *Die Bambuti-Pygmäen vom Ituri*, Bd. II.2, Brüssel 1948, Bd. II.3, Brüssel 1950.
–: *Die Negrito Asiens*, Bd. II.1, Mödling 1954.
–: »Colin M. Turnbull und die Erforschung der Bambuti-Pygmäen«, *Anthropos* 1963.
–: »Ursprüngliche Gynäkokratie bei afrikanischen Pygmäen?«, *Anthropos* 1965.
Schiefferdecker, P.: »Über ein Relief aus dem Abri von Laussel«, *Zeitschrift für Ethnologie* 1919.
Schiering, W.: »Der Goldbecher von Vaphio«, *Antike Welt* 4, 1971.
Schilder, P.: »Deskriptiv-psychologische Analyse der Depersonalisation« in *Depersonalisation*, ed. J.-E. Meyer, Darmstadt 1968.

Schimmel, A.: »Eros – Heavenly and Not so Heavenly – in Sufi Literature and Life« in *Society and the Sexes in Medieval Islam*, ed. A. L. al Sayyid-Marsot, Malibu 1979.
Schlesier, K. H.: »Migration und Kulturwandel am Mittleren Missouri 1550-1850«, *Zeitschrift für Ethnologie* 1968.
–: »Zum Weltbild einer neuen Kulturanthropologie«, *Zeitschrift für Ethnologie* 1980.
–: »Bemerkungen zum Schamanismus der Tsistsistas (Cheyenne)«, *Unter dem Pflaster liegt der Strand* 11, 1982.
–: »Jenseits der *Traumzeit:* Welterfahrungen im Tsistsistas-Schamanismus«, Ms. (1982).
–: »Anmerkungen über Tsistsistas Hehmaneh und Hohnúhka oder die Coincidentia Oppositorum« in *Sehnsucht nach dem Ursprung*, ed. H. P. Duerr, Frankfurt/M. 1983.
–: *Die Wölfe des Himmels*, Köln 1984.
Schlesier, R.: »Die totgesagte Vagina« in *Weiblich–Männlich*, ed. B. Wartmann, Berlin 1980.
Schlichting, R.: »Neith« in *Lexikon der Ägyptologie*, ed. W. Helck/W. Westendorf, Bd. IV, Wiesbaden 1980.
Schlocker, G.: »Kampfspiel an der Silberküste«, *Atlantis* 1963.
Schmeling, W.: *Das Mutterleibs- und Geburtsmotiv in der experimentellen Psychose*, Göttingen 1966.
Schmid, E.: »Eine jungpaläolithische Frauenfigur aus Achat von Weiler bei Bingen«, *Quartär* 1973.
Schmid, G.: *Interessant und heilig*, Zürich 1971.
Schmidt, B.: *Das Volksleben der Neugriechen*, Leipzig 1871.
Schmidt, J.: »Perchtenglaube bei den Slovenen«, *Zeitschrift für Volkskunde* 1889.
Schmidt, L.: »Der ›Herr der Tiere‹ in einigen Sagenlandschaften Europas und Eurasiens«, *Anthropos* 1952.
Schmidt, R. R.: *Der Geist der Vorzeit*, Berlin 1934.
Schmidt, W.: *Der Ursprung der Gottesidee*, Bd. II, Münster 1929.
Schmied-Kowarzik, W.: *Frühe Sinnbilder des Kosmos*, Kastellaun 1974.
Schneider, H. K.: *The Africans*, Prentice Hall 1981.
Schönbeck, G.: »Odysseus auf der Insel der Kirke«, *Jahresberichte des Bismarck-Gymnasiums Karlsruhe* 1979.
Schoknecht, U.: »Eine Hirschmaske aus Plau, Kr. Lübz«, *Ausgrabungen und Funde* 1961.
Schott, R.: *Die sozialen Beziehungen zwischen ethnischen Gruppen in Südafrika*, Bonn 1964.
–: »Triviales und Transzendentes: Einige Aspekte afrikanischer Rechtstraditionen« in *Entstehung und Wandlung rechtlicher Traditionen*, ed. W. Fikentscher et al., Freiburg 1980.
Schott, S.: *Das Schöne Fest vom Wüstentale*, Wiesbaden 1953.
–: »Nut spricht als Mutter und Sarg«, *Revue d'Égyptologie* 1966.
–: »Ein Kult der Göttin Neith« in *Das Sonnenheiligtum des Königs Userkaf*, Bd. II, Wiesbaden 1969.

Schröder, F. R.: »Ein altirischer Krönungsritus und das indogermanische Roßopfer«, *Zeitschrift für Celtische Philologie* 1927.
—: *Skadi und die Götter Skandinaviens*, Tübingen 1941.
—: *Ingunar-Freyr*, Tübingen 1941.
—: »Hera«, *Gymnasium* 1956.
Schubart, W.: *Religion und Eros*, München 1966.
Schüttler, G.: *Die Erleuchtung im Zen-Buddhismus*, Freiburg 1974.
Schützinger, H.: »Tod und ewiges Leben im Glauben des Alten Zweistromlandes« in *Tod und Jenseits im Glauben der Völker*, ed. H.-J. Klimkeit, Wiesbaden 1978.
Schultes, R. E./A. Hofmann: *Pflanzen der Götter*, Bern 1980.
Schumann, H. W.: *Der historische Buddha*, Köln 1982.
Schwarzer Hirsch: *Die heilige Pfeife*, Bornheim 1982.
Schweeger-Hefel, A.: »Die Kurumba von Lurum (Obervolta)« in *Schwarz-Afrikaner*, ed. W. Raunig, Innsbruck 1980.
Schwertheim, E.: »Mithras: Seine Denkmäler und sein Kult«, *Antike Welt* (Sondernummer) 1979.
Scott, H. L.: »Notes on the Kado, or Sun Dance of the Kiowa«, *American Anthropologist* 1911.
Scrobogna, B.: *Die Pintubi*, Berlin 1980.
Scully, V.: *The Earth, the Temple, and the Gods*, New Haven 1979.
Segal, C. P.: »The Phaeacians and the Symbolism of Odysseus' Return«, *Arion* 1962.
—: »*Kleos* and Its Ironies in the Odyssey«, *L'Antiquité classique* 1983.
Seger, I.: *Wenn die Geister wiederkehren*, München 1982.
Seger, J. H.: *Early Days Among the Cheyenne and Arapaho Indians*, Norman 1956.
Seiterle, G.: »Artemis, die Große Göttin von Ephesos«, *Antike Welt* 3, 1979.
—: Brief vom 20. Oktober 1983.
Seithel, F.: *Zur Geschichte der Action Anthropology*, Hamburg 1982.
Seitz, G. J.: »Einige Bemerkungen zur Anwendung und Wirkungsweise des *Epena*-Schnupfpulvers der Waika-Indianer«, *Etnologiska Studier* 1965.
Servier, J.: »Hermès africain«, *Eranos* 1980.
Sethe, K.: *Urkunden der 18. Dynastie*, Bd. I, Leipzig 1906.
Sextus Empiricus: *Grundriß der pyrrhonischen Skepsis*, ed. M. Hossenfelder, Frankfurt/M. 1968.
Shackley, M.: *Neanderthal Man*, London 1980.
Sharma, P. S.: »Pantheistic Monism or Absolute Advaita« in *Proceedings of the XIIth International Congress of the IAHR*, ed. C. J. Bleeker, Leiden 1975.
Showerman, G.: *The Great Mother of the Gods*, Chicago 1901.
Shulman, D.: »The Murderous Bride: Tamil Versions of the Myth of Devī and the Buffalo-Demon«, *History of Religions* 1976.
—: »The Serpent and the Sacrifice: An Anthill Myth from Tiruvārūr«, *History of Religions* 1978.
Sicard, H. v.: »Das Menschenbild der Altsteinzeit«, *Anthropos* 1967.

–: »Herd und Herdfeuer im südlichen Afrika«, *Ethnologia Europaea* 1970.
–: »Der wunderbare Hirsch«, *Acta Ethnographica* 1971.
Sichtermann, B.: »Vergewaltigung und Sexualität« in *Weiblichkeit*, Berlin 1983.
Sieveking, A.: *The Cave Artists*, London 1979.
Siiger, H.: »The ›Abominable Snowman‹: Himalayan Religion and Folklore from the Lepchas of Sikkim« in *Himalayan Anthropology*, ed. J. F. Fisher, The Hague 1978.
Siikala, A. L.: »Arte rupestre e sciamanesimo«, *Conoscenza religiosa* 1982.
Silberbauer, G. B.: *Hunter and Habitat in the Central Kalahari Desert*, Cambridge 1981.
de Silva, L. A.: *The Problem of the Self in Buddhism and Christianity*, New York 1979.
de Silva, P.: »Two Paradigmatic Strands in the Buddhist Theory of Consciousness« in *The Metaphors of Consciousness*, ed. R. S. Valle/R. v. Ekkartsberg, New York 1981.
Simms, S. C.: »A Wheel-Shaped Stone Monument in Wyoming«, *American Anthropologist* 1903.
Simon, E.: *Festivals of Attica*, Madison 1983.
Simoons, F. J./D. O. Lodrick: »Background to Understanding the Cattle Situation in India«, *Zeitschrift für Ethnologie* 1981.
Singer, K.: »Cowrie and Baubo in Early Japan«, *Man* 1940.
Singer, R.: »The Biology of the San« in *The Bushmen*, ed. P. V. Tobias, Cape Town 1978.
Skinner, A.: »Notes on the Eastern Cree and Northern Salteaux«, *Anthropological Papers of the American Museum of Natural History*, New York 1911.
Skipton, R. K.: »Die Chokwe in Angola« in *Bild der Völker*, ed. E. E. Evans-Pritchard, Bd. 2, Wiesbaden 1974.
Skov, G. E.: »The Priestess of Demeter and Kore and Her Role in the Initiation of Women at the Festival of the Haloa in Eleusis«, *Temenos* 1975.
Slawik, A.: »Kultische Geheimbünde der Japaner und Germanen« in *Die Indogermanen- und Germanenfrage*, ed. W. Koppers, Salzburg 1936.
de Smet, A.: *La grande déesse n'est pas morte*, Paris 1983.
Smith, A.: *Powers of Mind*, New York 1975.
Smith, E. W.: »African Symbolism«, *Journal of the Royal Anthropological Institute* 1952.
Smith, J. Z.: »When the Bough Breaks«, *History of Religions* 1973.
Smith, P. E. L.: »The Late Paleolithic of Northeast Africa in the Light of Recent Research« in *Recent Studies in Paleoanthropology*, ed. J. D. Clark/F. C. Howell, Menasha 1966.
Smith, S.: »The Pomegranate as a Charm«, *Man* 1925.
–: »The Practice of Kingship in Early Semitic Kingdoms« in *Myth, Ritual, and Kingship*, ed. S. H. Hooke, Oxford 1958.

Smith, W. R.: *Die Religion der Semiten*, Freiburg 1899.
Smolla, G.: *Neolithische Kulturerscheinungen*, Bonn 1960.
Snoy, P.: *Bagrot*, Graz 1975.
Søby, R. M.: »The Eskimo Animal Cult«, *Folk* 1969.
Solecki, R. S.: »Cave Art in Kürtün Ini«, *Man* 1964.
Sourvinou-Inwood, C.: »Persephone and Aphrodite at Locri«, *Journal of Hellenic Studies* 1978.
Spartz, E.: *Das Wappenbild des Herrn und der Herrin der Tiere in der minoisch-mykenischen und frühgriechischen Kunst*, München 1962.
Speck, F. G.: »Game Totems Among the Northeastern Algonkians«, *American Anthropologist* 1917.
–: *Naskapi*, Norman 1935.
–: *Penobscot Man*, Philadelphia 1940.
Speleers, L.: *Recueil des Inscriptions Égyptiennes des Musées Royaux du Cinquentenaire à Bruxelles*, Bruxelles 1923.
Spence, L.: *Myth and Ritual in Dance, Game, and Rhyme*, London 1947.
Spencer, B./F. J. Gillen: *The Native Tribes of Central Australia*, London 1899.
Spencer, R. F.: *The North Alaskan Eskimo*, Washington 1959.
Spicer, E. H.: *Potam*, Menasha 1954.
Spiegel, J.: *Die Erzählung vom Streite des Horus und Seth*, Glückstadt 1937.
Spier, L.: »The Sun Dance of the Plains Indians«, *Anthropological Papers of the American Museum of Natural History* 1921.
Spieth, J.: *Die Ewe-Stämme*, Berlin 1906.
Spiro, M. E.: »Culture and Human Nature« in *The Making of Psychological Anthropology*, ed. G. D. Spindler, Berkeley 1978.
–: »Symbolism and Functionalism in the Anthropological Study of Religion« in *Science of Religion*, ed. L. Honko, The Hague 1979.
Sprockhoff, J. F.: »Zur Idee der Erlösung bei Lebzeiten im Buddhismus«, *Numen* 1962.
–: »Der Weg zur Erlösung bei Lebzeiten«, *Wiener Zeitschrift für die Kunde Süd- und Ostasiens* 1964.
–: *Saṃnyāsa*, Wiesbaden 1976.
–: »Die feindlichen Toten und der befriedete Tote« in *Leben und Tod in den Religionen*, ed. G. Stephenson, Darmstadt 1980.
Sprung, M.: »The Problem of Being in Mādhyamika Buddhism« in *Developments in Buddhist Thought*, ed. R. C. Amore, Waterloo 1979.
Srejović, D.: *Lepenski Vir*, Mainz 1981.
Staehelin, E.: *Untersuchungen zur ägyptischen Tracht im Alten Reich*, Berlin 1966.
Stands in Timber, J./M. Liberty: *Cheyenne Memories*, New Haven 1967.
Stanner, W. E. H.: »On Aboriginal Religion«, *Oceania* 1961.
Steinmetz, P. B.: *Pipe, Bible and Peyote Among the Oglala Sioux*, Stockholm 1980.

Stengel, P.: »Chthonischer und Totenkult« in *Festschrift zum fünfzigjährigen Doctorjubiläum Ludwig Friedlaenders*, Leipzig 1895.
Sternberg, L. J.: »Die Auserwählung im sibirischen Schamanismus«, *Zeitschrift für Missionskunde* 1935.
Stietencron, H. v.: »Die Rolle des Vaters im Hinduismus« in *Vaterbilder in den Kulturen Asiens, Afrikas und Ozeaniens*, ed. H. Tellenbach, Stuttgart 1979.
Stiglitz, R.: *Die Großen Göttinnen von Arkadien*, Baden 1967.
Störk, L.: »Erotik« in *Lexikon der Ägyptologie*, ed. W. Helck/W. Westendorf, Bd. II, Wiesbaden 1977.
Stoop, M. W.: *Floral Figurines from South Italy*, Assen 1960.
Storch, A.: *Wege zur Welt und Existenz des Geisteskranken*, Stuttgart 1965.
Strasser, P.: »Irrationalismus, Lebenssinn und innere Freiheit« in *Der Wissenschaftler und das Irrationale*, Bd. I, ed. H. P. Duerr, Frankfurt/M. 1981.
Straube, H.: *Die Tierverkleidungen der afrikanischen Naturvölker*, Wiesbaden 1955.
Straus, A. S.: »The Meaning of Death in Northern Cheyenne Culture«, *Plains Anthropologist* 1978.
Straus, L. G.: »The Upper Paleolithic Cave Site of Altamira«, *Quaternaria* 1977.
–: »Paleolithic Adaptations in Cantabria and Gascony« in *Homenaje al Prof. Martin Almagro Basch*, Bd. I, Madrid 1983.
Streck, B.: *Sudan*, Köln 1982.
Strehlow, T. G. H.: »Commentary of Father Worms's Paper« in *Australian Aboriginal Studies*, ed. T. G. H. Strehlow, Melbourne 1963.
Struwe, R.: »Zur Widerspiegelung sozialer Organisationsformen der Jäger-Sammler-Gesellschaften im Fundmaterial des Jungpaläolithikums« in *Die Entstehung des Menschen und der menschlichen Gesellschaft*, ed. F. Schlette, Berlin 1980.
Stumpfl, R.: *Kultspiele der Germanen als Ursprung des mittelalterlichen Dramas*, Berlin 1936.
Stutley, M.: »The Aśvamedha or Indian Horse Sacrifice«, *Folklore* 1969.
Sütterlin, L.: »›Mutter Erde‹ im Sanskrit«, *Archiv für Religionswissenschaft* 1906.
Suffern, C.: »Ritual Killings, Ainu and Finnish«, *Man* 1938.
Sundermeier, T.: »Todesriten und Lebenssymbole in den afrikanischen Religionen« in *Leben und Tod in den Religionen*, ed. G. Stephenson, Darmstadt 1980.
Swinton, G.: »Touch and the Real: Contemporary Inuit Aesthetics« in *Art in Society*, ed. M. Greenhalgh/V. Megaw, London 1978.
Syrkin, A. Y.: »On the Behavior of the ›Fool for Christ's Sake‹«, *History of Religions* 1983.

Taksami, T. M.: »Zu den alten religiösen Riten und Verboten der Nivchen (Giljaken)« in *Glaubenswelt und Folklore der sibirischen Völker*, ed. V. Diószegi, Budapest 1963.
Tamvaki, A.: »The Seals and Sealings from the Citadel House Area«, *The Annual of the British School at Athens* 1974.
Tanaka, J.: »Subsistence Ecology of Central Kalahari San« in *Kalahari Hunter-Gatherers*, ed. R. B. Lee/I. DeVore, Cambridge 1976.
Taube, G.: »Steinzeit-Hütten aus Mammutknochen«, *Antike Welt* 3, 1977.
Taylor, W. E.: »Speculations and Hypotheses on Shamanism in the Dorset Culture of Arctic Canada« in *Symposium International sur les religions de la préhistoire*, ed. E. Anati, Capo di Ponte 1975.
Taylour, W: *The Mycenaeans*, London 1983.
Technau, W.: »Die Göttin auf dem Stier«, *Jahrbuch des deutschen Archäologischen Instituts* 1937.
Te Rangi Hiroa: *The Coming of the Maori*, Wellington 1962.
Termer, F.: »Zur Ethnologie und Ethnographie des nördlichen Mittelamerika«, *Ibero-Amerikanisches Archiv* 1930.
–: »Die Kenntnis des Uterus bei den Maya«, *Ethnos* 1959.
Thalbitzer, W.: »Cultic Deities of the Inuit« in *Proceedings of the XXIInd Congress of Americanists*, Bd. II, Roma 1928.
–: »Die kultischen Gottheiten der Eskimos«, *Archiv für Religionswissenschaft* 1928.
–: »Les magiciens esquimaux«, *Journal de la Société des Américanistes* 1930.
–: *The Ammassalik Eskimo*, Bd. II.2, København 1941.
Thausing, G.: »Der Tierkult im alten Ägypten«, *Antaios* 1963.
Theocharis, D. R.: »The Palaeolithic and Mesolithic Periods« in *History of the Hellenic World*, Bd. I, ed. G. A. Christopoulos/J. C. Bastians, Athens 1974.
Thiersch, H.: »Äginetische Studien« in *Nachrichten der Gesellschaft der Wissenschaften zu Göttingen, Philol.-Hist. Kl.* 1928.
Thimme, J.: »Bilder, Inschriften und Opfer an attischen Gräbern«, *Archäologischer Anzeiger* 1967.
–: »Die Kykladenkultur der frühen Bronzezeit« in *Frühe Randkulturen des Mittelmeerraumes*, Bd. I, Baden-Baden 1968.
–: »Kunst« in *Kunst und Kultur Sardiniens vom Neolithikum bis zum Ende der Nuraghenzeit*, ed. J. Thimme, Karlsruhe 1980.
–: *Kunst der Sarden*, München 1983.
Thomas, E. M.: *The Harmless People*, New York 1959.
Thomas, N. W.: »Animal Folklore from the Herzegovina«, *Man* 1904.
Thompson, D. E.: »Maya Paganism and Christianity«, *Publications of the Middle American Research Institute*, New Orleans 1954.
Thompson, J. E. S.: »The Moon Goddess in Middle America«, *Contributions to American Anthropology and History* 1939.
–: »The Role of Caves in Maya Culture« in *Amerikanistische Miszellen*, Hamburg 1959.

–: »Comment on ›The Influence of Psychotropic Flora and Fauna on Maya Religion‹«, *Current Anthropology* 1974.
Thompson, R. F.: »Traditionen: Voodoo in Afrika und Haiti« in *Kunst aus Haiti*, Berlin 1979.
Thompson, W. I.: »Frau und Mann im Neolithikum«, *Alemantschen* 1982.
Thomson, G.: *Aischylos und Athen*, Berlin 1957.
Thorbjørnsrud, B.: »What Can the Gilgamesh Myth Tell us about Religion and the View of Humanity in Mesopotamia?«, *Temenos* 1983.
Thurnwald, R.: »Primitive Initiations- und Wiedergeburtsriten«, *Eranos-Jahrbuch* 1940.
Till, W.: ›Colon im Puppenspiel« in *Colon: Das schwarze Bild vom weißen Mann*, ed. J. Jahn, München 1983.
Tiné, S.: »Passo di Corvo. Ausgrabungen in einem neolithischen Dorf auf dem Tavogliere della Puglia«, *Antike Welt* 3, 1975.
Tobias, P. V.: »Bushmen of the Kalahari«, *Man* 1957.
Todd, I. A.: *Çatal Hüyük in Perspective*, Menlo Park 1976.
Topitsch, E.: *Vom Ursprung und Ende der Metaphysik*, Wien 1958.
–: *Erkenntnis und Illusion*, Hamburg 1979.
Touchais, G.: »Le matériel néolithique« in *L'antre corycien*, Bd. I, Athen 1981.
Trombe, F./G. Dubuc: *Le centre préhistorique de Ganties-Montespan*, Paris 1947.
Trump, D.: »Megalithic Architecture in Malta« in *Antiquity and Man*, ed. J. D. Evans et al., London 1981.
Trumpf, J.: »Kydonische Äpfel«, *Hermes* 1960.
Trupp, F.: *Die letzten Indianer*«, Wörgl 1981.
Tschenjetzov, V. N.: »Bärenfest bei den Ob-Ugriern«, *Acta Ethnographica* 1974.
Tucci, G.: »Earth in India and Tibet«, *Eranos-Jahrbuch* 1953.
Turnbull, C.: *Molimo*, Köln 1963.
–: *The Mbuti Pygmies*, New York 1965.
–: »Mbuti Womanhood« in *Woman the Gatherer*, ed. F. Dahlberg, New Haven 1981.
Turner, L. M.: »Ethnology of the Ungava District, Hudson Bay Territory«, *11th Annual Report of the Bureau of American Ethnology* 1894.
Twohig, E. S.: *The Megalithic Art of Western Europe*, Oxford 1981.
Tyree, E. L.: *Cretan Sacred Caves*, Ann Arbor 1978.

Ucko, P. J.: »The Interpretation of Prehistoric Anthropomorphic Figurines«, *Journal of the Royal Anthropological Institute* 1962.
–: *Anthropomorphic Figurines of Predynastic Egypt and Neolithic Crete*, London 1968.
–: »Some Aspects of the Interpretation of Human Representations in Early Post-Palaeolithic Art« in *Valcamonica Symposium*, ed. E. Anati, Brescia 1970.
Ucko, P. J./A. Rosenfeld: *Palaeolithic Cave Art*, London 1967.

–: »Anthropomorphic Representations in Palaeolithic Art« in *Symposium internacional de arte rupestre*, ed. M. Almagro Basch/M. A. G. Guinea, Santander 1972.
Uenze, H. P.: »Steinzeit« in *Archäologie in Bayern*, Pfaffenhofen 1982.
Uerpmann, H.-P.: »Die Anfänge von Tierhaltung und Pflanzenanbau« in *Urgeschichte in Baden-Württemberg*, ed. H. Müller-Beck, Stuttgart 1983.
Ulf, C.: *Das römische Lupercalienfest*, Darmstadt 1982.
Underhill, R. M.: *Red Man's Religion*, Chicago 1965.
Unterste, H.: »Der Mythos der Iemanjá«, *Archiv für Religionspsychologie* 1978.
Uyanik, M.: *Petroglyphs of South-Eastern Anatolia*, Graz 1974.

Vajda, L.: »Zur phaseologischen Stellung des Schamanismus« in *Religionsethnologie*, ed. C. A. Schmitz, Frankfurt/M. 1964.
–: *Untersuchungen zur Geschichte der Hirtenkulturen*, Wiesbaden 1968.
Vajnštein, S.: »Das Problem der Entstehung der Rentierzucht in Eurasien«, *Jahrbuch des Museums für Völkerkunde zu Leipzig* 1975.
Vallois, H. V.: »Les empreintes de pieds humains des grottes préhistoriques du Midi de la France«, *Palaeobiologica* 1931.
Vandier, J.: *La religion égyptienne*, Paris 1949.
–: *Manuel d'archéologie égyptienne*, Bd. I, Paris 1952.
Vanggaard, T.: *Phallos*, Frankfurt/M. 1979.
Varin, A.: »Mordred, King Arthur's Son«, *Folklore* 1979.
Vastokas, J./R. K. Vastokas: *Sacred Art of the Algonkians*, Peterborough 1973.
Vazeilles, D.: »Quelques aspects du chamanisme des Indiens Lakota«, *L'Ethnographie* 1982.
Vecsey, C.: *Traditional Ojibwa Religion*, Philadelphia 1983.
Vedder, H.: *Die Bergdama*, Bd. II, Hamburg 1923.
Verbrugge, A. R.: *Le symbole de la main dans la préhistoire*, Milly-la-Forêt 1958.
Verbruggen, H.: *Le Zeus crétois*, Paris 1981.
Verdier, Y.: *Façons de dire, façons de faire*, Paris 1979.
Vermaseren, J.: *Cybele and Attis*, London 1977.
Vermeule, E. T.: *Archaeologia Homerica: Götterkult*, Göttingen 1974.
Verner, M.: *Some Nubian Petroglyphs*, Praha 1973.
Vernière, Y.: »Le léthé de Plutarque«, *Revue des études anciennes* 1964.
Verny, T./J. Kelly.: *Das Seelenleben des Ungeborenen*, München 1981.
Vértes, L.: »Die Rolle des Höhlenbären im ungarischen Paläolithikum«, *Quartär* 1959.
Vézian, J.: »Les utilisations de contours dans la grotte du Portel«, *Bulletin de la Société Préhistorique de l'Ariège* 1956.
Vialou, D.: »Le passage et l'abside« in *Lascaux inconnu*, ed. Arl. Leroi-Gourhan et al., Paris 1979.

–: »Art pariétal paléolithique ariégeois«, *L'Anthropologie* 1983.
Vigliardi, A.: »L'art mobilier paléolithique de la province méditerranéenne« in *Les courants stylistiques dans l'art mobilier au paléolithique supérieur*, ed. Z. Abramova/P. Graziosi, Nice 1976.
Vilkuna, A.: »Über den finnischen *haltija* ›Geist, Schutzgeist‹« in *The Supernatural Owners of Nature*, ed. Å. Hultkrantz, Stockholm 1961.
Vinnicombe, P.: »The Ritual Significance of Eland *(Taurotragus oryx)* in the Rock Art of Southern Africa« in *Symposium International sur les religions de la préhistoire*, ed. E. Anati, Capo di Ponte 1975.
–: *People of the Eland*, Pietermaritzburg 1976.
Virolleaud, C.: »Die Große Göttin in Babylonien, Ägypten und Phönikien«, *Eranos-Jahrbuch* 1938.
Vita-Finzi, C.: »Late Quaternary Continental Deposits of Central and Western Turkey«, *Man* 1969.
de Vries, J.: *Contributions to the Study of Othin*, Helsinki 1931.
–: *Untersuchungen über das Hüpfspiel*, Helsinki 1957.
–: »Der irische Königstein«, *Antaios* 1959.
–: *Keltische Religion*, Stuttgart 1961.
Vycichl, W.: »Die Mythologie der Berber« in *Götter und Mythen im alten Europa*, ed. H. W. Haußig, Stuttgart 1973.

Wace, A. J. B.: *Mycenae*, Princeton 1949.
Wängler, H.-H.: »Über südwestafrikanische Bogenlieder«, *Afrika und Übersee* 1954.
Wagley, C.: *Welcome of Tears*, New York 1977.
Wagner, B.: *Die Frau in der frühgriechischen Gesellschaft*, Frankfurt/M. 1982.
Wagner, E.: *Eiszeitjäger im Blaubeurener Tal*, Stuttgart 1979.
Wagner-Robertz, D.: »Schamanismus bei den Hain//om in Südwestafrika«, *Anthropos* 1975.
–: *Der Alte hat mir erzählt*, Swakopmund 1977.
–: »Krankenheilung bei den Hei//om in Südwestafrika«, *Unter dem Pflaster liegt der Strand* 9, 1981.
Wainwright, G. A.: »The Red Crown in Early Prehistoric Times«, *Journal of Egyptian Archaeology* 1923.
–: »Some Celestial Associations of Min«, *Journal of Egyptian Archaeology* 1935.
–: *The Sky-Religion in Egypt*, Cambridge 1938.
Waismann, F.: *Wittgenstein und der Wiener Kreis*, Frankfurt/M. 1967.
Walcot, P.: »Cattle Raiding, Heroic Tradition, and Ritual«, *History of Religions* 1979.
Walker, J. R.: »The Sun Dance and Other Ceremonies of the Oglala Division of the Teton Dakota«, *Anthropological Papers of the American Museum of Natural History*, New York 1917.
–: »Die Metaphysik der Oglala« in *Über den Rand des tiefen Canyon*, ed. D. Tedlock/B. Tedlock, Düsseldorf 1978.
Ward, A.: »The Cretan Bull Sports«, *Antiquity* 1968.

Wardle, H. N.: »The Sedna Cycle«, *American Anthropologist* 1900.
Warren, P.: »Minoan Crete and Ecstatic Religion« in *Sanctuaries and Cults in the Aegean Bronze Age*, ed. R. Hägg/N. Marinatos, Stockholm 1981.
Waschnitius, V.: »Perht, Holda und verwandte Gestalten«, *Sitzungsberichte der kaiserlichen Akademie der Wissenschaften*, Wien 1914.
Wasson, R. G.: *The Wondrous Mushroom*, New York 1980.
Wasson, R. G./A. Hofmann/C. A. P. Ruck: *Der Weg nach Eleusis*, Frankfurt/M. 1984.
Watkins, R. N.: »Two Women Visionaries and Death«, *Numen* 1983.
Watts, A.: *Im Einklang mit der Natur*, München 1981.
Watzlawick, P.: »Bausteine ideologischer ›Wirklichkeiten‹« in *Die erfundene Wirklichkeit*, ed. P. Watzlawick, München 1981.
Weber, M.: *Gesammelte Aufsätze zur Religionssoziologie*, Bd. II, Tübingen 1920.
Weber, R.: »Reflections on David Bohm's Holomovement« in *The Metaphors of Consciousness*, ed. R. S. Valle/R. v. Eckartsberg, New York 1981.
Wehrli, F.: »Die Mysterien von Eleusis«, *Archiv für Religionswissenschaft* 1934.
Weidkuhn, P.: »Die Rechtfertigung des Mannes aus der Frau bei den Ituri-Pygmäen«, *Anthropos* 1973.
–: »The Quest for Legitimate Rebellion«, *Religion* 1977.
Weiler, I.: *Der Sport bei den Völkern der alten Welt*, Darmstadt 1981.
Weinstock, S.: »Tellus«, *Glotta* 1934.
Weismann, E.: *Revierverhalten und Wanderungen der Tiere*, Ravensburg 1978.
Weisweiler, J.: *Heimat und Herrschaft*, Halle 1943.
Welbon, G. R.: »On Understanding the Buddhist Nirvāṇa«, *History of Religions* 1966.
Wellmann, K. F.: *A Survey of North American Indian Rock Art*, Graz 1979.
–: »Vorläufer von Dr. Jekyll and Mr. Hyde: das Konzept der Zweiteilung in der Felskunst nordamerikanischer Indianer«, *Unter dem Pflaster liegt der Strand* 11, 1982.
Welter, G.: *Aigina*, Berlin 1938.
Wendel, H.: »Eiszeitliche und altägyptische Sanktuare als Orte einer Wiedergeburts-Religion«, *Almogaren* 1975.
Wendorff, R.: *Zeit und Kultur*, Opladen 1980.
Wendt, W. E.: »›Art Mobilier‹ aus der Apollo 11-Grotte in Südwest-Afrika«, *Acta Praehistorica et Archaeologica* 1974.
Wentz, W. Y. E.: *The Fairy Faith in Celtic Countries*, Rennes 1909.
Wernick, R.: *Steinerne Zeugen früher Kulturen*, Turnhout 1974.
Weschner, E. E.: »Red Ochre and Human Evolution«, *Current Anthropology* 1980.
Wescott, J.: »The Sculpture and Myths of Eshu-Elegba«, *Africa* 1962.
Wescott, J./P. Morton-Williams: »The Symbolism and Ritual Context of

the Yoruba ›Laba Shango‹«, *Journal of the Royal Anthr. Institute* 1962.
Westendorf, W.: *Altägyptische Darstellungen des Sonnenlaufes auf der abschüssigen Himmelsbahn*, Berlin 1966.
–: »Beiträge aus und zu den medizinischen Texten«, *Zeitschrift für ägyptische Sprache und Altertumskunde* 1966.
–: »Bemerkungen zur ›Kammer der Wiedergeburt‹ im Tutanchamungrab«, *Zeitschrift für ägyptische Sprache und Altertumskunde* 1967.
–: *Das alte Ägypten*, Baden-Baden 1968.
–: »Die ›Wiedergeburt‹ des heimgekehrten Sinuhe«, *Studien zur altägyptischen Kultur* 1977.
Westrop, H. M./C. S. Wake: *Ancient Symbol Worship*, New York 1875.
Weyer, E. M.: *The Eskimos*, Hamden 1962.
Weyersberg, M.: »Osiris und seine Beziehungen zum Monde«, *Paideuma* 1942.
Wheatley, I. M.: *The ›Hieros Gamos‹ in the Ancient Near East and in Israel*, Iowa City 1966.
White, L. A.: *The Pueblo of Sia*, Washington 1962.
Whitman, W.: »Origin Legends of the Oto«, *Journal of American Folklore* 1938.
Whyte, W. F.: »Age-Grading of the Plains Indians«, *Man* 1944.
zu Wied, M. Prinz: *Reise in das Innere Nord-America in den Jahren 1832 bis 1834*, Bd. II, Coblenz 1841.
Wiegers, F.: »Die Entwicklung der diluvialen Kunst«, *Zeitschrift für Ethnologie* 1914.
Wiesendanger, H.: »›Die könnten doch ihren Spaß dran haben‹«, *Psychologie heute*, Juli 1984.
Wildung, D.: »Felstempel« in *Lexikon der Ägyptologie*, ed. W. Helck/W. Westendorf, Bd. II, Wiesbaden 1977.
–: *Ägypten vor den Pyramiden*, Mainz 1981.
Will, G. F.: »The Cheyenne Indians of North Dakota«, *Proceedings of the Mississippi Valley Historical Association* 1913.
Willetts, R. F.: *Aristocratic Society in Ancient Crete*, London 1955.
–: »Cretan Eileithyia«, *The Classical Quarterly* 1958.
–: »The Myth of Glaukos and the Cycle of Birth and Death«, *Klio* 1959.
–: *Cretan Cults and Festivals*, London 1962.
–: *The Civilization of Ancient Crete*, London 1977.
Williams, B. J.: *A Model of Band Society*, Washington 1974.
Wilson, M.: *Rituals of Kingship Among the Nyakyusa*, London 1957.
Wilson, J. V. K.: *The Rebel Lands*, Cambridge 1979.
van Windekens, A. J.: »Ηοα ›(die) junge Kuh, (die) Färse‹«, *Glotta* 1958.
–: »Le taureau dans la pensée des Égéens«, *Minos* 1958.
Winkler, H. A.: *Ägyptische Volkskunde*, Stuttgart 1936.
–: *Völker und Völkerbewegungen im vorgeschichtlichen Ägypten*, Stuttgart 1937.

–: *Rock Drawings of Southern Upper Egypt*, Bd. I, London 1938.
Winkler, W. T.: »Sprachzerfall bei einem Derealisations- und Depersonalisationsprozeß« in *Die Sprache des Anderen*, ed. G. Hofer/K. P. Kisker, Basel 1976.
Wisseman, S. U.: *The Archaeological Evidence for Etruscan Games*, Ann Arbor 1983.
Witherspoon, G.: »Relativismus in der ethnographischen Theorie und Praxis« in *Der Wissenschaftler und das Irrationale*, Bd. I, ed. H. P. Duerr, Frankfurt/M. 1981.
Wittgenstein, L.: *Tractatus logico-philosophicus*, London 1922.
–: *Bemerkungen über die Grundlagen der Mathematik*, Cambridge 1967.
–: *Über Gewißheit*, Frankfurt/M. 1970.
–: *Letters to Russell, Keynes and Moore*, Oxford 1974.
–: *Vermischte Bemerkungen*, Frankfurt/M. 1977.
Wittkower, E. D./R. H. Prince: »Geschichte und Entwicklung der transkulturellen Psychiatrie« in *Psychopathologie im Kulturvergleich*, ed. W. M. Pfeiffer/W. Schoene, Stuttgart 1980.
Wittkower, E. D./H. H. Weidman: »Magical Thought and the Integration of Psychoanalytic and Anthropological Theory« in *Das Irrationale in der Psychoanalyse*, Göttingen 1977.
Wobst, H. M.: »Boundary Conditions for Paleolithic Social Systems«, *American Antiquity* 1974.
Wolf, W.: *Das Schöne Fest von Opet*, Leipzig 1931.
Wolfram, R.: *Die Volkstänze in Österreich und verwandte Tänze in Europa*, Salzburg 1951.
Woodburn, J.: »Hunters and Gatherers Today and Reconstructions of the Past« in *Soviet and Western Anthropology*, ed. E. Gellner, London 1980.
–: »Social Dimensions of Death in Four African Hunting and Gathering Societies« in *Death and the Regeneration of Life*, ed. M. Bloch/J. Parry, Cambridge 1982.
Woodhouse, H. C.: *The Bushman Art of South Africa*, Cape Town 1979.
Worms, E. A.: »Contemporary and Prehistoric Rock Paintings in Central and Northern North Kimberley«, *Anthropos* 1955.
Wosien, M.-G.: *Sacred Dance*, New York 1974.
Wright, H. E.: »Environmental Change and the Origin of Agriculture« in *Origins of Agriculture*, ed. C. A. Reed, The Hague 1977.
Wulff, O.: *Zur Theseussage*, Dorpat 1892.
Wunderlich, H. G.: *Wohin der Stier Europa trug*, Reinbek 1972.
Wutt, K.: »Chaumos = ›Vier Mal Fleisch‹. Notizen zum winterlichen Festkalender der Kalash von Bumburet«, *Archiv für Völkerkunde* 1983.

Yablonsky, L.: *The Hippie Trip*, New York 1968.
Yerkes, R. K.: *Sacrifice in Greek and Roman Religions and Early Judaism*, London 1953.

Yogananda, P.: »Eine Begegnung mit Ananda Mayi Ma« in *Höhlen, Klöster, Ashrams*, ed. U. v. Mangoldt, Weilheim 1962.
Young, E. R.: *The Slaying of the Minotaur*, Ann Arbor 1980.
Younger, J. G.: »Bronze Age Representations of Aegean Bull-Leaping«, *American Journal of Archaeology* 1976.
Yoyotte, J.: »Vorgeschichte« in *Lexikon der ägyptischen Kultur*, ed. G. Posener, München 1960.

Zaehner, R. C.: *Mystik: Harmonie und Dissonanz*, Olten 1980.
Zahan, D.: *The Religion, Spirituality, and Thought of Traditional Africa*, Chicago 1979.
Zammit, T.: »The Prehistoric Remains of the Maltese Islands«, *Antiquity* 1930.
Zander, H. C.: »Guru Guru« in *Die himmlischen Verführer*, ed. H. Nannen, Hamburg 1979.
Zelenin, D.: *Le culte des idoles en Sibérie*, Paris 1952.
Zerries, O.: *Wild- und Buschgeister in Südamerika*, Wiesbaden 1954.
–: »Wildbeuter und Jägertum in Südamerika«, *Paideuma* 1962.
Zervos, C.: *L'art des Cyclades*, Paris 1957.
–: *L'art de l'époque du renne en France*, Paris 1959.
Zeuner, F. E.: *A History of Domesticated Animals*, London 1963.
–: *Geschichte der Haustiere*, München 1967.
Zimmer, H.: »Die indische Weltmutter«, *Eranos-Jahrbuch* 1938.
–: *Die indische Weltmutter*, Frankfurt/M. 1980.
Zimmermann, E.: *Emigrationsland Süditalien*, Tübingen 1982.
Zimón, H.: *Regenriten auf der Insel Bukerebe*, Fribourg 1974.
Zivie, A.-P.: »Regen« in *Lexikon der Ägyptologie*, ed. W. Helck/W. Westendorf, Bd. V, Wiesbaden 1983.
Zolotarev, A. M.: »The Bear Festival of the Olcha«, *American Anthropologist* 1937.
Zotz, L. F.: »Ein altsteinzeitliches Idol des Zweigeschlechterwesens«, *Forschungen und Fortschritte* 1949.
–: »Zwei inhaltsgleiche sexual-mysteriöse Bilder aus dem französischen Magdalénien«, *Quartär* 1965.
–: »Die Venusstatuette von Moravany nad Váhom«, *Slovenska Archeológia* 1968.
Züchner, C.: *Die Menschendarstellungen im französischen Jungpaläolithikum*, Erlangen 1972.
Zuesse, E. M.: »Divination and Deity in African Religions«, *History of Religions* 1975.
–: *Ritual Cosmos*, Athen 1979.
Zuntz, G.: *Persephone*, London 1971.
Zutt, J.: »Über den tragenden Leib« in *Die Wahnwelten*, ed. E. Straus/J. Zutt, Frankfurt/M. 1963.

Register

Sach- und Ortsregister

Aa-Cheper-ka-Rê 116
abantubomlambo 220, 222
Abbots Bromley Horn Dance 307
Abendsonne 115, 335
Abfallgruben 320, 331
Acharaca 386
Acheloos 385
Acheron Nekromanteion 209 f.
Acheuléen 330
Achilles 154, 374
Achtschild 186, 190, 388
Ackerbau 51, 57 f., 348, 400
Action Anthropology 267
Adam 338, 345
Adler 283, 360
Adlerfedern 37, 280
Adlergeist 37
Adonis 140, 365
Adoption 71
Ägina 199
Ähre, hl. 197, 201, 202, 346, 355
afición 245
Agdistis 141, 401
Agdos 359
Aggressivität 189, 301, 302, 326, 400 f.
Aghoris 417
Agiaspatsi-Höhle 366
agrimi 175, 376, 387
Ahmes-nebt-ta 116
Ahnen 215
Ahnenkult 416
Ahrensberg 300, 313
Aïami 36, 83
Aïn Sakhri 104
'Aiša Qandīša 412
Aisyt 313
Akakallis 395
Aki no Mine 405
Akîtu-Fest 345
Aktaion 140, 353
Aldène 55
Alkyonischer See 354
Allah 349
Allât 346, 349

Almosen 242
Altamira 286, 288
Alte Frau 27 ff., 56, 273 f., 278, 373
Altelefant 286
Amaltheia 172, 374, 376
Amaterasu 399
Amazonen 346, 351
Amenophis III. 116
Amnisos 145, 156, 190, 198, 369
Amphitrite 391
Amun 116, 117 ff., 337, 343
Amun Ameapet 336
Amun-Rê 335
Amurtiger 315
Anahita 359, 369
Anakonda 294
Analverkehr 60, 67 f., 104, 345
Analytische Philosophie 429
Anarch 257
Anarchist 257, 428
Anat 131 f., 135, 348 f., 353
Anat-Ascherah 348
Anchises 161
Andania 380
Andra Mari 77
Androgynität 349, 390, 407
Andromeda 397
angakoq 40, 41, 45
Angles-sur-l'Anglin 93, 295
Aṅkālamman 357
Anna, hl. 87, 399
Anna Perenna 403
Annikki 87
Anthesterien 143, 353
Antichrist 347
Antilope 55, 126, 387
Antilopenherrin 298
Antinomie 257, 429
Anu 399
Apesokari 330
Apfel 385, 401
Aphaia 199, 394
Aphidnos 191
Aphrodisiakum 138, 401

505

Aphrodite 145, 161, 189, 190, 202, 300, 372, 373, 423
Aphrodite Melainis 371
Aphrodite v. Paphos 141, 372
Aphrodite Skotio 371
Aphrodite v. Temnos 202
Apis 127
Apollo 159, 386, 387, 389, 396
Apollo Lairbenos 386
Apulien 358
Arahat 243
Arbeitsteilung 304
Arcy-sur-Cure 290
Arge 381
Argia-Tanz 400
Argo 381
Argonauten 381
Argos 138, 160, 353
Ariadne 95, 142, 154, 161 f., 189, 190 f., 354, 372, 373, 385, 391
Ariadnefaden 160
Ariagne 372
Aridela 391
Arkadien 188, 378, 389
Arkalochori-Höhle 351, 375
Arkoudia-Höhle 377
Arnhem-Land 221
Artemis 78, 87, 189, 199, 317, 346, 358, 371, 376, 377, 380, 402
Artemis v. Brauron 359, 377
Artemis v. Ephesos 140, 358
Artemis Kalliste 378
Artemis Locheia 158
Artemis, lydische 358
Artemis Munichia 377
Artemis Orthia 191
Aruru 368
Ascherah 349
Ascheru-Tempel 336
āśrama 418
Assurbanipal 344
Astarte-Tempel 347
Asterios 392
Aśvamedha-Ritual 362
Ataecina 403
Atalanta 378
Ataraxie 256, 258, 423, 428

Athene 359, 384, 386, 397
Athena Nikephoros 358
Ati'kwanabe'o 38
Atlantis 388
atmān 245, 419
Atramḫasis-Mythos 368
Attis 140, 365
Atum 119
Auerochse 97, 108, 112, 154, 175, 177, 178, 184, 343, 351
Aufrechte Hörner 17 ff., 29, 33, 34, 266 f., 271, 319
Aurignacien 51, 87, 292, 307, 309, 317 f., 328
Außerkörperlichkeit 308
Australopithecinen 316
avidya 238
Axt 354 f.
Ayers Rock 54
Ayia Triada 133, 139
Azilien 329

ba 339
Ba'al 131 ff., 135, 348, 353
Bacchen 138, 353
Bacchos 354
Badari-Kultur 123, 124, 340 f.
Bär 36, 81, 85 ff., 172, 195, 265, 285, 302 f., 317, 359, 377 f.
Bärenfest 86, 317
Bärenjagd 86
Bärenkult 316
Bärennymphe 377 f.
Bagrot 327
Båhuslen 175, 321, 354 f., 382
Baktrien 375
Baldr 153, 361, 365
Balztanz 163 f., 175
Bana-Devī 310
Bandkeramiker 320
bands 97, 270, 271, 288, 296, 328
banman 89
Baoussès-Roussés 305
Barbaren 409
Basileus 143, 360
Basilinna 143, 360
Bat 121, 339

Bata 124
al-Bâtul 349
Baubo 203 ff., 329, 397 f.
Bauchtanz 339
Bauern 11, 155, 175, 208, 232, 235, 237, 239, 270, 289, 344, 348
Baum des Lebens 345
Bédeilhac 47, 48, 51, 290, 292
Befreiung 12, 242, 244, 246, 250, 260, 416, 420
Befruchtung 20, 26, 27, 103, 124, 127, 138, 140, 279, 295
Beginen 421
Begräbniszeremonien 356, 361
Behauptung 256
Beischläferinnen 341
Beischlaf 20, 22, 28, 40, 60 f., 62 ff., 74, 86 f., 104 ff., 113, 118, 123 ff., 128 ff., 135, 141, 189, 198, 209, 212, 214, 217 ff., 227, 251, 268, 278, 285 f., 290, 293 f., 300 f., 305, 321, 333, 337 f., 344 f., 354, 360 ff., 401, 404, 408, 412
Beischlaf, hl. 17, 19 ff., 29, 31, 34, 36, 38, 116 f., 133 ff., 142 ff., 166, 268 f., 336, 343
Beischlaf v. hinten 108, 296
Beischlaf, symbolischer 36, 52, 68, 421 f.
Beischlafbereitschaft 108, 343
Beischlafstellungen 338
Beldibi-Höhle 330
Bendis 401
Benediktinerinnen 361
Berg, hl. 17, 18 f., 22, 33, 37, 38, 39, 265, 266, 271, 280, 352
Berggöttin 115, 402
Berggott 342
Berglemminge 49
Bergwerk 375
Berserkr 153, 381
Besessenheit 89, 222 f., 227
Bestialität 133, 350, 382
Beth(en) 367
Beth Schan 347
Bevölkerungszunahme 328, 329

Bewußtseinserweiterung 424
Beycesultan 352
Beziehungslosigkeit 89, 245, 247
bhikkus 241, 251
Biberfrau 281
Biberherr 281
Biddaray 77
Biene 172, 195, 356, 378 f.
Bienengöttin 378 f., 396
Bier, rotes 144
Bikini 106
Blanchard 51
Blumen 392 f.
Blut 51, 55, 78, 81, 94, 138 ff., 209, 219, 272, 289, 312, 356 f.
Bluthorn 94
Blutschuld 94, 291, 357
Bobeis-See 189
Bocksfell 355
Bodb 370
Bodhisattva 258, 261
Boedromion 394
Böser Blick 400
Bogenlieder 65
Bohnen 26, 27, 31
Bon 347
bora-Ritual 69
brahmacārin 419
brahman 255, 418, 419
Brahmane 336
Bralku 219
Brassempouy 325 f.
Brautbett 354, 361
Brautkleid 361
Brautkranz 142, 190, 366, 391
Brimo 189, 201, 202
Brimos 187, 201 f.
Britomartis 199, 378 f.
Brodu 214
Boissy-aux-Cailles 361
Borneo 289, 302
Braunbär 317, 378
Brüste 35, 54, 76, 77, 80 f., 83, 86, 99, 102 f., 123, 140 f., 187, 213, 222, 285, 290, 292, 295, 297, 309, 358 f., 369, 379, 382, 398 f., 406

Brüstehalten 105, 107 f., 110, 130, 187, 329, 341, 394
Brug-smyon 251
brujo 254
Brunftstarre 304
Brunnen 159
Brustwarzen 54, 102, 358, 398
Brynhild 153
Buddha 13, 237, 242, 244 f., 250, 253, 259, 274, 420, 424
Buddhismus 237, 239, 245, 415 ff.
Büffel 17, 23, 26, 27, 28 f., 49, 61, 82, 88, 91 f., 177, 272, 275 f., 280, 297, 321, 323, 325, 357
Büffel, mythische 22, 34, 151, 270, 297
Büffelfell 23, 25, 37, 270
Büffelherrin 28 ff., 45
Büffelhorn 93 f., 325
Büffeljäger 17, 19, 25, 31, 271, 273
Büffelkalb 33, 280
Büffelkappe 17, 27, 29, 31, 66 f., 266, 271
Büffelkleid 29, 64, 66, 269
Büffelknochen 271
Büffelkuh 22, 28 f., 63 f., 68, 83, 92, 266
Büffelkuhfrau 28, 29, 31, 37, 66, 92 ff., 275, 277, 280, 322
Büffelmaske 297
Büffelschädel 37, 82, 278 f.
Büffelstier 22, 63 f.
Büffeltanz 30 f., 94
Büffeltipi 32
Büffelträumer 66
Büffelzeremonie 20, 22, 66, 94, 267
Bündner Oberland 170
buffona 398
bugady mushun 75, 78
Bukerebe 231
Bukolion 143
Bulari 54
Bumerang 220
Buret 107
Bwiti 214

Cabrerets 56, 290, 292
Cailb 360
caillech 143
Callisto 378
căluşari 175, 382
Candomblé 222, 411
Çarkini-Höhle 330
Carnac 367
Çatal Hüyük 99 ff., 129 f., 145, 147, 154, 156, 177 f., 184, 196, 205, 330 f., 351 f., 368, 376, 379, 387
Cawatahat 27
Charonion 386
Châtelperronien 290
Cheiron 423
Cellier 51, 309
Cenote 346
Centauren 134 f., 141, 374, 380
Ceram 364
Ceres 187, 195, 206
Chagar Bazar 369
Chamyne 198
Childerich 356
Chonsu 353
Christentum 236, 275, 282, 428
Cichyros 209
Cinquecento 358
Cinteotl 70
cista mystica 203
Cochiti-Pueblo 312
Common Sense 258, 429
contemptus mundi 239
Corona 190
Cougnac 51
Coyote-Mann 33
Cro-Magnon 98, 111, 328
Cú Chullain 345, 381
Cumae 372
curandero de aire 324

Dá Chich Anann 399
Dadaismus 428
Dagda 370
Daidalos 142, 145, 366
Ḍākinī 216
Daktylen 171 f., 375 f., 379, 381

David 302
David-Höhle 290
Deir el-Bahari 115, 116
Delos 163, 165
Delphi 353, 354, 387, 395 f.
Delphin 190, 391
Delphyne 396 f.
Demeter 187, 192 f., 194, 196 ff., 202, 203 ff., 328, 354, 389, 393 f., 400
Demeter Eleusinia 394
Demeter v. Epidauros 203
Demeter Erinys 180, 194
Demeter Melaina 393
Demeter Pheraia 202
Demeter Phigalia 394
Demetra, hl. 208
Demetrios, hl. 208
Denderah 399
Depersonalisation 246 ff., 427
Derealisation 246 f., 248, 421 f.
devadāsī 347
deva-līlā 257
Devī 347
Dia 189
Dialektik 235
Diana 274, 346, 382
Diasparagmos 387
Dies Irae 361
digambara 242
Dikte-Gebirge 147, 171
Dikte-Höhle 192, 330, 392
Diktynna 142, 147, 172, 199, 366, 374, 391
Ding an sich 243, 246
Dionysos 137 f., 141, 142 f., 162, 173, 179, 182, 189 ff., 203, 289, 349, 353, 354, 360, 372, 377, 379, 380 f., 384, 386, 387, 392, 395, 396 f.
Dionysos Aktaios 353
Dionysos Laphystios 138
Diospolis 121
Dipolieia 136
Disen 370
Dissignac 279

divja žena 274
Djanggawul 218 f., 407
Dolmen 151, 351
Dolní Veštonice 77, 97, 288
Dolon 380 f.
domus de janas 212
Don Juan 254, 420, 425 f.
Donnerkeil 125 f., 342, 417
Donnervogel 283, 346
Doppelaxt 136 ff., 144 ff., 150, 156, 180, 331, 342, 351, 353, 358, 362, 366, 375, 386
Dornröschen 189
Dornröschentanz 365
Dorset-Kultur 42, 45, 285
Drache 347, 385, 396 f.
Dröhnender Donner 17 f.
Dschebel Sahaba 300
Dünger 206, 208
Dumuzi 128 f., 194, 345
Durgā 130, 140, 310, 347
Durgā Siṃhavāhinī 347
Dyggvis 360

Eannatum v. Lagasch 129
eboga 406
Eden 251
Edfu 336, 342, 343
Ehe 354
Ehebruch 390
Ehyoph'sta 33 ff., 37, 275, 280
Eibengöttin 153
Eileithyia 77, 103, 157 ff., 191, 198, 366, 368, 369, 371, 394, 402
Eileithyiahöhlen 145, 155 ff., 190, 198, 330, 351, 366, 370, 371
Eileithyien 369
Einfühlung 430
Eingeweide 363 f., 406
Einheit d. Darstellung 46
Einheitsstiftung 26
Eisbär 39, 41
Eisenbearbeitung 375
Eisengeweih 307
Ejakulation 87, 89, 92, 119, 126 f., 138, 141, 218, 342, 355, 359, 367, 412

Ekstase 35, 38, 59, 88 ff., 186, 319 f., 390
El 349
Eland 62, 94, 291, 298
Eland-Tanz 62
Elbenspeise 401
El Castillo 46, 286, 287
Elch 35, 68 f., 75, 78, 81, 321
Elegba 390
Eleusinien 198 ff., 207 f., 375, 394 f., 403
Eleutherios, hl. 369
Eleutho 157, 198
Elchfell 25
Elefant 123
Eleusinios 394
Elfenmühlen 367
Elis 138
Eliseeviči 80
El Juyo 316
Elkab 103, 332
El Mahāsna 341
El Pindal 287
Elysion 159 f., 167, 170, 189 ff., 198
Embryo 20, 78, 79, 214
Embryonalstellung 102, 288, 292, 332
Empfängnisfelsen 54 f.
enanitos 324
Endymion 392
Enki 128
Enkidu 345
Entblößung 127, 130, 203 ff., 310, 398 ff.
Ente 194
Entenjagd 32
Entfremdung 248
Enthaltsamkeit 272, 294
Entjungferung 220
Entrückung 345
Entsager 251 ff.
Entzauberung d. Welt 249
Eochaid Mugmedón 143
epena 293
Ephesus 358
Epimenides 172, 374

Epipaläolithikum 328 f., 330
Epiphanie 173 f., 390
Epirus 209, 384
Epona 361
Erdbeben 179 f., 386
Erde 26, 126, 133, 178 ff., 328, 340
Erdfarbe 25, 27, 289
Erdgott 92, 180, 321, 338, 346
Erdhütten 19, 20, 25, 27, 31, 266, 268
Erdmutter 35, 51, 56 ff., 101, 124, 126 f., 129, 140, 144, 150, 159, 195 f., 198, 219, 274, 277 ff., 292 f., 312, 315, 334, 341, 344, 354, 364, 368 f., 375, 377 f., 395 f., 407 f., 411
Erechtheion 384
Erektion 29, 64, 65, 67 f., 89, 94, 184, 188, 298, 302
Ereschkigal 390
Erichthonios 359, 384
Eritrea 400
Erkenntnis 216, 245 f., 249, 255, 259, 267, 407
Erleuchtung 245, 260
Erlöschen 243 f.
Erotik 104, 119, 122, 294
Erstlingsopfer 402
Erytheia 385
Escheheman 34
Eschetewuarha 273
Esel 123, 338
esewon 17
Eshu 390
Esna 339
Estremadura 349
etsetoheva 18
Etxeberri'ko-karbia 318
Europa 192 f., 213, 391, 394
Eurydike 376
Eva 338, 358
Evolutionismus 31
Ewigkeit 12, 256, 424
Existenzangst 199, 417

Fär-Öer 153
Fafnir 153

Fála 404
Fastnachtsmasken 170
Fates 369, 370
Fâtima 349
Feen 273 f., 321 f., 327, 384
Feengrotte 159
Feenhäuser 212
Feenkönigin 401
Feenschüsselchen 367
Feige 300, 310
Felsbilder 35 f., 46 ff., 60, 69, 97, 118 f., 147 f., 175 f., 231, 272 f., 276, 286 f., 291, 296, 309 f., 321, 327, 335, 338 f., 342, 367
Felsengräber 210 ff.
Felsgeburt 141, 359
Felstempel 115, 124
Feministinnen 301, 304, 406
femme fatale 345, 348
feriae sementivae 206
Fergus mac Roig 355, 360
Ferkel 206 f.
Fersengehen 55, 291
Fettsucht 309
Feuer 242, 313, 408, 417 f.
Feuerblumenfrau 274, 312
Feuerbohren, rituelles 367 f.
Feuergeist 75, 312, 408
Feuerherstellung 310
Feuerhüterinnen 76 f., 368
Feueropfer 78, 312
Feuerreiben 76
Feuerspringen 402
Feuerstelle 75 ff., 108, 195, 288, 295, 312 ff.
Fezzan 335
Finisterre 367
Fische 80 f., 287, 291, 293
Fischfang 32
Fischherrin 293 f.
Flachs 170
Flagellum 337
Flora 400
Floralien 400
Fontainebleau 290
Fontanet 55
Font-de-Gaume 286, 292

Frau, hl. 18, 22, 24 f., 34, 269
Frauenarbeit 287, 400
Frauenbund 300
Frauenfigurinen 99 ff., 211 f., 320, 329, 331, 340, 349, 351, 368 f., 370, 394, 396, 404
Frauengöttin 78 f., 314
Frauenhaß 348
Frauenherrschaft 31, 351
Frauenmauerhöhle 371
Frauenraub 142, 188, 191
Frauenseite 71, 78 f., 313
Frauenzähmung 348
Frau Holle 159, 167, 370
Frau Hollen-Teich 370
Freiheit 255, 427
Freyr 153, 365
Frigg 153
Frosch 398
Fruchtbarkeit 79 f., 121, 124, 127 ff., 138 f., 144, 154, 159, 171, 175, 184, 189, 206, 287, 304, 309, 313, 322, 333, 337, 340, 343, 345, 347, 357, 362, 369, 390, 398, 400 f.
Fruchtwasser 227
Frühlingstanz 170
Fuchshäute 343
Funktionalismus 323, 420
Füllhorn 94, 327, 376, 393
Fußabdrücke 55, 290 f., 313

Gagarino 94
Gallehus-Horn 355
Gallen 140, 386
Gangā 310
Gargas 51, 56, 292
Garuda 227
Gavr'inis 351
Ge 141, 159, 180, 196, 203, 326, 328, 354, 359, 374, 385, 393, 396
Gebärhaltung 334, 368
Gebet 274
Gebirgsasketen 406
Geburt 54 f., 61, 71, 78, 79, 99, 103, 108, 158, 172, 202, 277,

313, 325, 335, 340, 344, 379, 395, 398
Geburtserfahrung 308
Geburtsgöttin 78, 157 f., 198, 274, 277, 285, 312, 314, 322, 339, 366, 410 f.
Geburtshütte 344
Gegenhimmel 115, 335
Geier 102 f., 111, 332 f.
Geierhaube 332
Geiermasken 103
Geißel 343
Geisterabwehr 354, 365, 375, 398, 399
Geisterhaus 280
Geisterlöcher 363
Geistfrauen 36, 294, 324, 364
Geländeuhr 279
Gelbhaarige Jungfrau 33 ff.
Gelede-Fest 348
Gelübdemacher 18, 20, 22, 24, 269
Genitalien 138, 140 f., 301
Genitalien, getrocknete 302
Geräuschhorn 94
Gerste 98, 100, 273
Geryon 385, 386
Gerzeh 339
Gesäß 67, 76, 80, 83, 99, 107 f., 296, 325
Geschlechtslust 122, 130 f., 189, 223, 280, 293, 390, 400
Gesichtsurnen 405
Getreide 138, 201, 206
Getreidereichtum 198, 202
Ġgantija 209, 211, 213, 404
Ghar Dalam-Höhle 404
Gilgamesch 345, 364
ǧinn 412
girki aïami 78
Girkumki-Zeremonie 297
Gísli 360
Gladiatoren 356, 403
Glaubensgewißheit 245
Glaukosmythos 379, 392
Gleichgültigkeit 250, 259
Glied, steifes 29, 88 f., 92, 119, 125 f., 128, 175, 188 f., 220, 272, 276 f., 296, 300, 334, 337, 342, 354
Gönnersdorf 62, 290, 295
Goeten 375 f., 379
Göttin v. Gazi 379, 389
Goldenes Vlies 397
Gortyn 192, 392
Gortyn-Höhle 160 f., 371
Gott 244 f., 248, 345, 370, 421 f.
Gottesminne 421 f.
Gottesweib 116, 117, 119, 337
Gotteswinkel 313
Gouy 51
Grab 290, 331, 335, 404 f.
Granatapfel 401
Grand River 25
Grani 153
Gravettien 51
Greife 146 f.
Grenzbegriff 243
Grenze 429
Gríma 404
Grimes Graves 375
Grímhildr 404
Groote Eylandt 219
Große Göttin 99 ff., 134, 139, 141 f., 147, 149, 172, 177, 179, 185, 193, 205, 211, 227, 340, 345, 347, 348, 358, 362 f., 371, 380, 405
Große Seen 32, 35
Großer Geist 17 ff., 27, 29, 31, 35, 267, 270
Großhaus-Zeremonie 163
Großwildjäger 35, 276, 330
Grundlinie 89
Grundwassergott 346
Gruppensex 220 f., 268, 282, 354
Gunnloð 360
Guru 243, 255, 336, 416
gut u. böse 234, 250, 254, 270, 422 f.
Gwenhwyfar 360

Haare 42, 282 f., 335, 347
Hacilar 100, 105 ff., 129, 147, 333
Hadding 370

Hades 159, 188, 191, 203, 209, 361, 368, 395
Hadeseingang 159, 182, 386
Haematit 51
Häuptlinge 31, 126
Hagar Qim 209, 212
hagebart 365
Hagen v. Tronje 153, 365
Hagno 372
Hainuwele 151, 364
Haki 153
Hakuin 428
Hála 404
Halfter 50
Halluzination 92, 238
Hal Saflieni 211
Handabdrücke 56, 292, 313
Hanf 170
Hannahanna 379
Haramoshtal 322
Harappa 206
Harem 116, 336
Haremhab 117
Harmonie 270
Harpune 40, 125, 147, 282, 297, 304, 327
Hathor 115, 116, 117, 119, 121, 335 ff., 341, 343, 399
Hatschepsut 113, 116
Hauskrypten 156, 331, 366
Hausschlange 384
Hebamme 157, 333, 369
Heidenwerfen 156
Heiðrun 377
Heiligenbilder 313, 320
Heiliges 275 f., 423
Heilsverlangen 200, 270
Hekate 189, 375
Heket 103
Hel 167, 360 f., 404
Heldentaten 135, 142, 183, 302, 365, 397
Helena 159, 191
Helios 385
Hellotis 192
hemàtasooma 35
Hepatu 346

Hephaistos 145, 147, 359, 366
Hera 141, 145 ff., 359, 377, 381, 397
Hera Akraia 379
Hera-Tempel 147, 381
Herakles 135, 360, 376, 378, 385 f.
Herdmutter 77 f., 312 f.
Herme 360, 390 f.
Hermes 116, 170, 186 ff., 202, 300, 372, 375 f., 386, 388 f., 390, 391, 395, 403
Hermes Charidotes 389
Hermes Nymphagetes 389
Herodias 382
Heroin 422
Herr der Tiere 38, 55 f., 59 ff., 64 f., 94, 111, 272, 280 f., 291, 293 f., 298, 305, 327
Herrin d. Tiere 34 f., 36, 38, 39 ff., 55 f., 60 f., 65, 73 ff., 83 ff., 98, 99, 108, 111, 123, 129, 141, 146 ff., 154 f., 273 f., 278, 281 f., 293 ff., 298, 310, 312 f., 315, 321 ff., 327, 329, 332 f., 350, 366, 374, 391, 407
Herrschaft 143 f., 360
Herrschaftsbestätigung 143 f., 159, 336, 343, 355, 362
Herrschaftssymbol 136, 343, 347
Herzegowina 317
Hesperiden 385
heszevox 35
Hetären 401
Hetanehao 22 f.
Hexen 270, 307, 319, 408
Hierapolis 386
Hierophant 198, 201, 202 f., 375
hieros gamos 17, 23, 105 f., 113, 118, 121, 124 f., 129 ff., 142 ff., 153 ff., 162, 180, 189, 203, 266 ff., 269, 279, 343, 344, 350, 354 f., 360, 362, 368, 404, 417
Hilfsgeister 36, 38, 41 f., 83, 274, 280 f., 283, 305, 308, 313, 325, 363
Himmelsgöttin 115 f., 126, 211, 335, 338 f.

Himmelsgott 24 f., 196, 346, 413
Himmelskuh 115 f., 337
Himmelsreise 299, 319
Hindaleikur-Tanz 307
Hindin 83, 92, 153, 307, 321, 355, 381, 382
Hinduismus 239, 245, 416, 418
Hine-nui-te-po 335, 348
Hippie 12, 252
Hirsch 60, 81, 92, 153, 272, 289, 355
Hirsch-Frau 36, 278
Hirschgeweih 66, 153, 305, 307, 332, 375
Hirschgott 153
Hirten 77, 155, 391
Hirtennomaden 11, 67, 123 f., 232, 235, 323, 340, 385
Hirtenstab 342
Hochzeit 86, 140, 144, 190, 196, 223, 307, 346, 354 f., 361, 398
Hochzeitsbär 317
Hochzeitsstier 350
Hochzeitstanz 153, 154, 163 ff.
Hoden 87, 94, 131, 140, 301, 302, 337, 355, 357 f.
Högr 355
Höhenheiligtümer 351, 402
Höhle 17, 22, 27, 29, 33 ff., 39, 46 ff., 59 ff., 97, 99, 101, 111, 113, 115, 124, 129, 138, 143, 145, 147, 151, 154 ff., 167, 170, 171 f., 179 f., 194, 198 f., 206, 209 f., 227, 265, 271 ff., 278, 280, 286 ff., 294, 299, 307 ff., 316, 317 f., 324 f., 328, 330 f., 335, 347, 358 f., 366, 369, 371, 374 f., 384, 386 f., 389, 399, 401 f., 408, 412
Höhlenbär 317 f., 378
Höhlenheilige 77
Höhlenlöwe 83, 85, 315
Höhlenpanther 85, 315
Hören 174
Hörner 17, 29, 67, 94, 120 f., 122, 133 f., 136, 163, 178, 212, 214, 272, 305, 320, 326 f., 335, 338 f., 347, 349, 356, 366, 376, 387

Hörneraltar 163
Hofnarr 423
Hohepriesterin 128 f., 143, 145, 147, 152, 202, 345
hohvéheyom 17
Hoita 37
Holismus 420
Homo erectus 288 f.
Homoerotik 422
Homosexualität 301, 342
Honig 144, 157, 194, 369, 379, 396
hoodonnistz 266
Horizont 115, 352 f.
Horus 115, 124, 126, 301, 336, 339
Horus-Min 342, 343
Horus-Sopdu 126
Hottentottenschürze 296
Hsia wang mu 347
Hüttenmacher 24 f.
Hudson-Bay 32, 38
Huld 404
Humbaba 364
hunsi 227
Hure 390, 400, 417
Hure, hl. 129 f., 197, 338, 345, 347
Hvitlycke 354
Hyakinthos 147
Hybla 212
Hyperboreer 159

Iacchos 354
Iambe 203
Iasion 198
Idagebirge 145, 351
Idahöhle 143, 159, 171, 172, 366, 377
Ideenlehre 201
Identitätslosigkeit 251, 253
Iemanjá 222 f.
ijä-kyl 92
ikenipke 68
Illusion 238
Imap ukûa 42
Imdugud 346
Immantschoa 282
Inanna 128 ff., 338, 345, 346, 348
Inara 129 ff.

Inatos 370
Individualisierung 201
Individualismus 270, 288, 421
Indra 360
Industriegesellschaft 232
Ingunar 153, 365
Initiation 39, 47, 55, 92, 142, 150, 173, 182 f., 201, 214, 216, 220, 221, 239, 274, 294, 298, 299, 316, 324 f., 372, 374, 377, 380 f., 383, 386, 397, 406, 409
Initiative, sexuelle 29, 119, 128, 142, 147, 218
Inkubationstempel 211
Intellektuelle 9, 243
Interessantes 276
Internalisierung 270
Intichiuma 413
Inzest 20, 268, 390, 406, 411, 423
Ioma gubu 280
Irland 362
Irodeasa 382
Irrationalismus 9, 258
Irrgarten 148, 363, 365
Isanami 401
Ischtar 130, 197, 332, 338, 344 f., 346, 400, 401
Isis 113, 119, 124, 126 f., 128, 289, 301, 337, 339, 341
Isolationstanks 47
Isosthenie 256
is'siwun 17, 29, 265
Isturitz 50, 63 f., 72, 83, 304, 320
Itzam Na 392
Iya Mapo 367
Iyanla 348
Izerzer 388

Jadeberge 347
Jägerinnen 313
Jägertum 31, 54, 80, 94, 276, 304
Jagd 26, 27, 50, 67, 69, 78, 97, 154, 233, 272, 302, 303, 312
Jagdbogen 300
Jagdexpeditionen 25, 31, 123, 328
Jagdgöttin 123
Jagdgott 124

Jagdritual 45, 55, 79, 94, 177 f., 195, 343
Jagd, rituelle 37, 68, 343
Jagdwild 11, 17, 27, 35 ff., 39 ff., 49, 51, 59 f., 65 ff., 68, 80, 94, 123, 147 f., k186, 194 f., 276, 280 f., 288, 302, 321, 327
Jagdzauber 232, 302 f.
Jaguar 61, 294, 295, 333
Jaguarfrau 294
Jahwe 349
Jason 381, 396 f.
Jenseits 12, 275, 311, 312, 320, 385
Jenseitsreise 167, 191, 282, 375, 389, 392
Jenseitsvogel 170
Jericho 332
Jesus 213, 259, 361, 373, 405, 406
Jingana 410
Johannisnacht 268
Judentum 236, 275
Jütland 346
Julunggul 409 f.
Jungfernhöhle 401
Jungfrau 86
Jungfrau, hl. 87, 213 f., 222, 313, 339, 347, 358, 361, 368, 369, 377, 398, 405, 411
Juno 377
Jupiter 141, 359
Jurte 36

ka 125
Ka'aba 359
Kabbalisten 258
Kachina 270, 382
Kältaś 81
Känguruh 68 f.
Känguruhfrauen 289
/Kaggen 298
Kakao 321
Kalabrien 384
kālasaṁhāra 239
Kalb 137, 336, 339, 380
Kalender 49, 287
Kālī 310, 33, 360
Kalypso 149, 159, 209, 345, 403

Kamares-Höhle 366, 371, 401 f.
Kampfszenen 29, 97
Kamutef 124 f., 128, 129, 218, 404
Kanakapfaluk 40
Kap Prince of Wales 303
Karain-Höhle 330
Karibu 35, 38, 81, 281
Karibubulle 38, 281
Karibuherrin 38 f., 45
Karibukuh 37 f.
Karibu-Mann 38, 281
karma 12, 245, 250, 416
Karnak 336
Kaste 335, 423
Kastration 140, 301 f., 355, 357, 398, 401
Kastrationswunde 303
Katatonie 427
Kathedrale 213, 405
Kato Ierapetra 384
Kato Zakro 116, 177
Kaukasus 141, 321
Kaurischnecken 223
Keamukame 272
Keleos 198
Kerai ki Devi 76
Kerykeion 186, 388
Ketos 397
Kettenpanzer 302
Khaendaos 298 f.
khaniotikós 372
Khirokitia 332
Khosadam 308
Kimberleys 48
Kinder, hl. 269
Kinderherkunft 304 f.
Kinderhüpfspiele 373
Kinderopfer 324, 357
Kinderreichtum 79
Kinderseelen 219, 278, 299, 322, 367
King William Island 315
Kirchengebäude 214
Kirke 209, 411
Kisch 129
Kitzkammer 370
Kiva 195

Klageweiber 356
Klanherrin 75
Kleiner Bär 378
Kleinwildjäger 35, 272
Kleopatra 341
Klitoridektomie 401
Klitoris 51, 53, 54, 218 f., 290, 399, 407
Knochenhütten 288, 313
Knochenritual 92, 98, 211, 287, 327, 355
Knollenfrüchte 151
Knossos 144, 146, 154, 157, 178, 179, 330, 362, 365 f., 383, 389
Königin 143, 335
Königswürde 129, 144
Körperschema 247
Kohlendioxyd 92
Koitus reservatus 417
Kolchis 375, 381
Kolibris 293
Kom Ombo-Kultur 340
Komparatismus 323
Komposition 73, 354
Konfliktbewältigung 11, 408, 427
Kongo-Fluß 225
Kongo-Reich 412
Kongordjagdá 36
Konkubinen 341
Kopfjäger 380
Koptos 124, 337, 340
Kordofan-Jäger 357
Kore 142, 185 ff., 195, 350, 354, 375, 386, 393 f.
Korngeist 346, 365
Kornjunge 202
Kornmädchen 195, 197, 403
Kornmutter 193, 196 f., 203, 272, 395
Korybanten 173, 375, 378 f.
Korybantionten 173
Korykische Höhle 159, 395 f.
Kosmos 11, 18, 265, 266, 270, 345, 423
Kostenki 94, 288, 289, 313, 320
Kōtakuji 405
Kraal 221

Kranich 163, 166 f., 170, 175, 189, 190
Kranichflug 167
Kranichgöttin 166, 170
Kranichgott 167
Kranichtanz 163 ff., 372 f.
Kreuz 316
Kriegergesellschaften 31, 268
Kriegsgefangene 277, 301
Kriegsgöttin 131
Kriegsschmuck 272
Kriegszüge 20, 67, 266, 268, 272
Kritischer Rationalismus 428
Kröte 333, 398
Kronos 158, 171, 391
Krummstab 342
Kryptoerotik 421
Kudu 65
Kültepe 196
Kürtün Ini-Höhle 330
Kuh 77, 115, 120, 137, 138, 141, 144, 145, 172, 212, 335, 336, 339, 344, 353, 359, 387 f.
Kuhgöttin 115, 121, 126, 133 f., 340
Kuhhörner 119, 125, 138
Kuhmaske 113
Kuhtanz 119, 125, 343
Kukulcan 427
Kultecke 313
Kulthörner 136, 139, 157, 351 ff., 356
Kultpfahl 81, 313
Kulturheroen 271
Kuma 273
Kumarbi 141
Kumasa 178, 180
Kunapipi 219 f., 408 f.
Kuntillet 'Ajrud 349
Kureten 171 ff., 175, 375, 379, 380 f., 382, 386, 402
Kuros 171 f., 374
Kurotrophos 158, 172, 358, 370, 372, 374, 377, 379, 381, 395, 410
Kurzhornrind 184
Kxyàní 65
Kyane 384, 386

Kybele 130, 139, 140, 282, 346, 359, 372, 377, 386
Kydoniashöhle 395
Kykladenidole 196, 320, 369
Kynismus 423
Kynosura 378
Kyzikos 138
KZ 427

Labastide 311, 318
Labraunda 362
Labyrinth 135 ff., 142, 144 ff., 151 ff., 160 f., 180, 189 ff., 209, 211, 363 ff., 371 ff., 381, 403, 404
Lača-See 305
La Chapelle-aux-Saints 288
Lachen 424
Lachen, kultisches 133, 204, 399
Lachs 49 f., 287, 308, 315
La Ferrassie 46, 51, 309
Lakṣmī 310, 360
La Madeleine 295
La Magdeleine 61, 62, 87, 295, 315
La Marche 319
Lamia 396
La Mouthe 46, 321
Lancashire 365
Landtiere 39, 281
Langhornrind 184, 343, 383
Lao-tse 255
La Pileta 52
Lascaux 87 ff., 97, 286, 318, 320, 321
Lasterhaftigkeit 409
Laszivität 21, 390, 400
Lattich 300, 301, 337
Laugerie Basse 71, 72, 76, 83, 304
Laurin 159
Lebenderlöser 12, 246, 420
Lebensangst 201
Lebensbejahung 13
Lebensfarbe 27, 102 f.
Lebensfreude 232
Lebensgefühl 237
Lebensqualität 11
Lebensrichtung 164 f., 372

Lebenssubstanz 80 f., , 94, 103, 140, 289, 291, 305, 333
Lebenszeichen 118
Le Combel 52, 54, 292
Ledermaskenfrau 326
Leere 244, 247 ff., 253, 259, 261
Le Gabillou 61, 63, 74, 75
Le-hev-hev 151
Lehm 289, 291, 316, 368
Lehm, gebrannter 311
Leichen 239, 289, 292, 333, 356, 357, 364
Leichentuch 361
Leiden 237 ff., 415 ff.
Leidenschaftslosigkeit 417
Lekane 312
Lemminge 49
León 350
Leopard 36, 99, 107, 112, 196, 333
Leopardenfell 84, 105, 107, 112, 382
Leopardengöttin 106 ff., 111, 129 f., 131, 333, 346
Leopardenmaske 316
Lepenski-Vir 204, 206
Le Portel 286, 318, 319
Le Roc de Sers 321
Les Trois Frères 55, 63, 65, 66, 72 ff., 286, 307, 311
Leto 163, 165
Leukothea 391
Liebe 113, 126, 142, 189, 227, 232, 425
Liebesgöttin 107, 141, 336, 345, 367, 371
Liebeswerbung 401
Liebeszauber 303
Ligurien 404 f.
Lilith 227, 338
Limeuil 311
links-rechts 102, 163 ff., 292, 372 f.
Little Diomede Island 303
loa 390
Löschen d. Lampen 40, 282
Löwe 67, 83, 99, 286, 315, 347, 366, 388

Löwenfell 83
Löwenfrau 83 ff., 107, 130, 310, 346
Löwenmaske 316
Longueroche 317
Loreley 222
Lotos 147, 187, 310, 4179
Lügnerantinomie 172
ludi taurini 350
Lugaid 355
Luka-Vrubleveckaja 331
Luksor 116, 336
Lupercal-Höhle 171
Luperci 171, 343, 377
Lust 237 ff., 241, 417, 425
Lygos 400
Lykurgos 380
Lysergsäure 429

Macht 278, 280
Madame-la-Sirène 227
mader-akka 78
Madhya Pradesh 76
Madonna della Grotta 366
Madonna v. Okvik 284 ff.
Mäander 196, 213
Mädchenopfer 29, 357, 401
Mänaden 182, 380, 387, 396
Männerbund 171 f., 175, 183, 239, 381, 386
Mafdet 130, 346
Magdalénien 50, 72, 81, 87, 89, 149, 287, 295, 297, 299 f., 317, 325, 328
Magie 232 f., 414
Magna Mater 359
Magnesia 374
Ma Gog 399
mahāprasthāna 243
Maharaschtra 140
mahenhetaneo 274
Maheo 17, 20, 31
maheo 275
Mahlsteine 329
mahuts 271
Mai 76
Maieutik 48

Mais 25, 26, 27, 28, 31, 70, 195, 272, 324, 357
Maisgeister 27, 373
Maisgott 70
Maisjungfrauen 194 f.
Maismutter 27 ff., 195, 273, 357, 369, 393
Maissau 333
maiyun 271, 283
Makapansgat 316
Maki-Ritual 151
Mala-Frauen 54
Mallia 144, 177, 206
Maloca 59, 293
Malta 149, 209 ff.
Mal'ta 78, 83 f., 107, 149, 311, 363
Mamba muntu 225
Mami 368
Mami Wata 223 ff., 411 f.
Mami Wata-Kult 227
Mammut 49, 61, 80, 149, 287, 313
Mammutjäger 77, 80, 97
Mammutjagd 313
Mandragora 337
Manieren, feine 416
Manierismus 363
Maniok 110
manitu 275 f.
Māra 242, 244
Marathospilio 366
Mardūk 345
marebito 170, 373, 382
Marī 77, 397
María Lionza 347
Marienkult 333
Māriyamman 357
Maro-Tanz 151
Mas d'Azil 86, 87, 286, 329
Maske 75, 87, 89, 103, 149, 175, 177, 297 f., 305, 307, 320, 321, 348, 361, 365, 373, 382, 403
Masochismus 300, 406
Massaum 34, 266, 267, 278
Mastaba 352
Masturbation 423
Mātā 347
Matama Hehkait 27

Mater Expectationis 369
Materialismus 415
Mato Paha 265, 280
Matriarchat 351
Matú 408 f.
Maui 335, 348
Mavro Spelio 370
Māyā 227
māyā 238, 244, 261
McCluer-Golf 291
Medb 143 f., 206, 355, 360, 362
Medea 381
Meditation 421, 430
Medizingeister 19, 271
Medizinhorn 94
Medizinmann 47, 221, 270, 274, 286
Medizinrad 279
Medizintanz 19
Meeresgrundhütte 39 ff., 49
Meeressprung 142, 391
Megale Metér 358
Megalithgräber 279, 295
Megaron 180, 206, 400
Meißner 370
Mekka 359
Melissa 172 f., 374, 378
memento mori 240
Menarche 400
Menelaos 159, 191
Menhire 367
Menit-Kette 337
Menstrualblut 418
Menstruation 393, 400, 408
Merkur 388
Merlin 307
Merneptah 302
Merowinger 356
Mesolithikum 97 f., 154, 175, 290 f., 304, 328 f., 331
Met 377, 379
Metall 375, 378 f.
Metaphorik 293
Metaphysik 259, 429
Meteoriten 359
Methodologie 13
Mezin 313

Mhasobā 140
Micta'mack 281
Mikronesien 282
Milch 384
Min 124 ff., 337, 340, 342, 343
Minnegrab 422
Minnesota 25, 33, 34, 35, 265, 276
Minnesota River 25, 27
Minos 112, 133, 139, 143, 144, 151 f., 158, 159, 198, 199, 372
Minotaurus 112, 133, 135 ff., 142, 151 f., 183, 191, 192, 239, 350, 372, 319 f.
Mischwesen 75, 320, 333
Mißernte 348
Missionarsstellung 338
Mississippi 27
Missouri 25, 27
Mithras 138, 355
Mittsommerfeuer 402
Mjölnir 354
Mnajdra 209, 213
Mobile Kunst 49, 328
Moçambique 301
Mohenjo-daro 175, 177, 310, 346
Mohnkapseln 186 f., 379, 389 f.
Mohnstengel 186, 193
Moiren 194, 369, 371
Moisie River 81
mokṣa 243, 246
Molimo-Zeremonie 233 f., 408
Mond 27, 85, 186, 270, 280, 326
Mondhase 347
Mondmutter 280, 391 f., 393
Mone 282
Moneyba 377
Mont Bego 353
Montastruc 319
Monte Accodi 350
Montespan 55, 290, 291, 302, 318
Morgenstern 29, 292, 357
Morrígain 345, 359, 370
Moustérien 316
Mtoko 296
Mumien 289, 334
Mureybet 332, 351 f.
Murkum 322

Muscheln 161, 223, 269 f., 290, 305, 325, 400
Musikbogen 64, 65, 299 f.
Mut 116, 119, 332, 336
Mutsiuiv 271
Muttergöttin 76, 103 ff., 113 ff., 158, 214, 277, 310, 341, 367
Muttermilch 271, 369, 418
mutuku-Vogel 231
Muu-ikala 61
Mykenä 186, 197, 350, 362
Mykerinos 336
Myrte 202, 395
Myste 139, 174, 201, 202 ff., 207 f., 382
Mystik 12, 201, 244 f., 258, 375, 405, 419, 421
Mythos 406 f., 420

Nachtfahrende 274, 382
Nachtgrab 342
Nachtsonne 335
Nacktheit 113, 138, 147, 157, 193, 269, 317, 321, 322, 358, 367, 377
N!adima 233
Nämforsen 321
Nag Marsāb 119
nagual 254, 425 f.
Nahuatl 324
Nambe-Pueblo 312
Narmerpalette 121 f.
Narr, hl. 250 f., 363, 423
Narrentanz 417
Narsinghgarh 175 f.
Nashorn 123
Natufien 104, 107, 196, 206, 351
Natura 358
Naxos 372
Neandertaler 288 f., 316, 317, 318
Nebamun 342
Nebet-Hetepet 119
Nechbet 103, 332
Nefertem 124
Negade I 119 f., 123, 124, 341, 343
Negade II 117 ff., 125 f., 338, 339
Negative Mystik 420

Neith 113, 117, 121 ff., 336, 339 f., 342
Nekrophilie 13, 239, 390
Neprê 365
Nereiden 225, 396
Nerik 178
Nerrivik 45, 325
Nestor 180
Neue Hebriden 151
Neulebenshütte 17, 25, 30, 34, 163, 266, 288
New Grange 279
Niall 143, 360, 362
Niaux 55, 286, 290, 292
Nichts 238, 245, 246, 248, 253, 255, 258 f., 425
Nichtwissen 216
Nilgiriberge 365
Nilüberschwemmung 126 f., , 128, 339
Nimrud 131 f.
Ninattani 196
Ningiszida 388
Ninhursag 344
Nintur 344
nirmama 245
nirvāṇa 243 ff., 253 f., 416, 418, 424
noha'sewestan 268
Nomaden 26, 79, 328
Nonnen 361
Northumberland 310, 357
Notoma 23
Nous 420
Nowah'wus 18, 265, 274, 280
nsthoaman 328
Nujaliaq 40
Nuliajuk 39, 283, 315
Nun 343
Nut 103, 113 ff., 202, 334, 336, 341, 353
Nutzpflanzen 11, 100, 108, 151, 194 f., 200, 329, 333
nyamíri-mahsá 59
Nyingwan Megebe 214
Nymphaeaceae 389
Nymphen 172, 189, 220, 221 f., 225, 298, 366, 374, 376, 380, 381, 396, 410, 411
Nymphios 361
Nysaberg 380
Nyseion 173

Oaxaca 426
Obszönität 267, 398
Ochse 138, 356
Ocker 51, 60, 94, 102, 211, 219 f., 288 ff., 332, 343, 404 f.
Odin 153, 360, 365, 403
Odomankoma 103
oðrǫrir 360
Odysseus 159, 209, 345, 403
Öküzini 99, 330
Oelknitz 62, 77, 79
Östergötland 354
Ogygia 159, 209
Ohr 174
Ohrmazd 355
Okeanos 186, 188, 209
Okipa-Zeremonie 29 f., 37
Old Hoss of Padstoo 361
Olduvai 289
Olympia 198
omi 308
Omophagie 387
Omphalos 141, 158 f.
Onager 108
Ongone 79, 320
Ontario 35 f., 52
Ontologie 420 f.
Opetfest 116, 336
Opfer 94, 133, 141, 179 f., 222, 277, 292, 314 f., 346, 371, 383, 388
Opferteich 81, 300
Opium 379, 389
Orakel 359
Orgasmus 215, 218, 277, 295, 319, 406
Orgie 220
Orpheus 357 f.
Orphiker 198, 202, 372
Orunchafrauen 51
Orungan 222

Osiris 113, 126 f., 339, 365
Osterlachen 204, 397 f.
Ostern 373
Ostwüste 123 f., 338, 340
Ostibarre-Höhle 387
Ozeanisches Gefühl 244

Paarung 22, 29, 62, 120 f., 128, 142, 171, 194, 219, 285, 297, 356, 379, 385
Pachamama 273, 333, 357, 391
Palaiokastro 171, 173
Palanli-Höhle 330
Palast 352, 371
Palasthof 177, 180, 383
Palatin 359
Palenque 334, 392
Pan 376, 391
Panagia Spilaiotissa 366
Panakris 374
Papa Legba 390
Paphlagonier 381
Paradies 235, 241, 308, 338, 416
Paradoxon 257
Parakyptusa-Göttinnen 347
Paraskeví, hl. 161
Paredra 129, 143, 349
Paredros 100, 105, 111 f., 129, 131, 133 ff., 142 ff., 158 f., 166, 172, 179, 183, 189, 193, 205, 334, 346, 349 f., 352 f., 396, 405
Paríkata 272
parinirvāṇa 243, 418
Paris 191, 401
Parnaß 396
Paros 366
Parsen 102
Parthenon 384
Pasiphaë 112, 133 ff., 142, 145, 191, 192, 213, 376, 391
Patagonien 364
Pavlov 311
Paxi 376
Pazardžik 149
Pech-Merle 47, 55, 61, 93, 286, 295
Peleus 374

Pelion 329, 374
Pemmikan 271
Peña Escrita 329
Penetration 301
Penisfutteral 125
Pénitents Rouges 369
Pentheus 353
Perchten 382
Périgordien 75, 83, 292, 309, 325
peris 216
Persephone 149, 159, 187, 189, 190, 193, 197 ff., 209, 212, 216, 361, 376, 384, 386, 392 f., 395, 401, 403
Perseus 391, 397
Perspektive 311
Perversion 390
Pessimismus 235, 238
Pessinus 359
Peterborough 35 f.
Petersfels 62, 319
Petersilie 261
Petting 333
Petrus, hl. 390
Peyote-Pilger 272
Pfeife, hl. 280
Pfeile 29, 67 ff., 121, 122, 300, 303, 327, 328, 355
Pfeile, hl. 29, 271
Pfeilhüter 266, 274, 283
Pfeilzeremonie 266, 270, 273, 283
Pferd 29, 31, 50, 61, 75, 77, 79, 144, 179, 194, 275, 323, 361, 362, 385
Pferdegöttin 360, 361
Pflanzen 327 f.
Pflanzertum 26, 31, 67, 69, 98, 154, 194, 231 f., 266, 273, 321, 323, 329, 351, 357, 408
Pflugschar 344
Phaistos 144, 371, 393
Phallus 22, 29, 54, 59, 61, 67 ff., 87, 89, 94, 128, 140, 203, 206, 215, 219, 285, 290, 300 ff., 319, 337, 342, 344, 348 f., 365, 368 f., 375, 390, 395, 399, 407
Pharao 116, 126, 399

Phersephone 209
Phersu 403
Phigalia 194, 199
Philosophen 258
Phlya 380
Phrygische Mütze 355
Pinga 281
Pithos 173, 203
Plutonium 386
Plutonion v. Eleusis 366
Plutos 137, 196, 197 f., 302, 385, 393
Pontifex 367
Pornographie 60, 309, 326, 337, 338
Poseidon 133, 179 f., 194, 385, 388, 391
Positivisten 249, 258, 322
Possjo-Frau 312
Potnia v. Pakijana 180
Potnia Tauron 191
Priapos 188, 300, 309
Priester 274
Priesterkönig 129, 143, 145
Profeß 361
Proïtiden 353
Proserpina 41, 361
Pṛthivī 398
Pseudo-*nirvāṇa* 244, 419
Psychro-Höhle 135, 330, 351, 371, 375, 392
Puma 278
Punt 116
Punuk-Inseln 45, 286
Punyal 322
Purulliya-Fest 129
Puruṣa 254
Pylos 180, 350, 352, 362, 379
Pyramiden 335
Pythagoras 171, 374
Pythia 396
Python 353, 387, 396 f.

Quetzalcoatl 57, 277

Rán 223
Rananeita 393
Rationalismus 257
Rauschtrank 144, 337, 360, 379, 396
Raymonden 82
Rê 122, 399
Realitätsstatus 420 f.
Rê-Atum 116
Regen 124, 126 f., 170, 231, 232, 270, 299, 324, 340, 346
Regenbogenschlange 409 f.
Regenerierungszeremonien 11, 23 ff., 29, 34, 36, 40, 45, 50 f., 55, 79 ff., 97, 111, 129, 133, 142, 151, 198 f., 206, 211, 218 ff., 233 ff., 266, 270, 288 f., 291, 313, 321, 328, 382, 386, 397, 399, 402
Regenmutter 294
Regenzeremonie 231, 233, 273, 346, 412 ff.
Regin 374
regressus ad uterum 104, 113 ff., 125, 150, 202 f., 211, 214, 216 f., 227, 341, 404
rein-unrein 418
Reinkarnierung 38, 39, 45, 51, 54
Relativismus 13
Rengeweih 71, 81, 305, 307
Rentier 38, 39, 49 f., 64, 71 f., 74, 78, 81, 149, 287, 304, 305, 307, 314 f.
Rentierjäger 300, 313
Rentierkuh 81, 83, 297, 314
Rentiermutter 40, 71, 74 f.
Rhadamanthys 144, 158, 159, 198
Rhea 172, 372, 374, 380, 391
Rhiannun 361
Rhombos 380
Rideaux 83
Riesen 167
Riesinnen 403 f.
Rinder 376, 383, 385
Rinderinsel 385
Rindertanz 119 ff.
Rio Vaupés 59
Ritter 302
Ritual 9, 11, 17, 50, 135, 142, 199, 231 ff., 274, 398, 412 ff.

Ritualzelt 77, 155
Roc de Marcamps 320
Röntgenstil 61
Romantisierung 271
Roper River 219, 220
Rosengarten 159
rot 25, 27, 51, 59, 93, 103, 198, 211, 289, 294, 379
Rote v. Mauern 51
Rotwild 97, 278
Rouffignac 309
Rückelreih-Tanz 365
Rücken, hohler 278
rusalki 382
rusal'tsy 175
Rutschsteine 366

Saat 344, 357
Sadismus 300
Sänger 65, 376
Säulenheilige 141
Säulenkapitell 358
Safranfarbe 377
Saint-Cirq 319
Saïs 336, 339, 342
śakti 417
Sale-River 231
Salige 275
Salii 363
samādhi 12
Same 23, 31, 39, 126, 128, 138, 141, 332, 342, 344, 355, 359 ff.
Sammler 304
Sammlerinnen 11, 28, 31, 34, 98, 231, 296, 327 f., 408
Saṃnyāsin 241 ff., 253, 417 f.
Samos 147
Samothrake 189
saṃsāra 237, 240, 241, 244, 254, 256, 416, 422 f.
Samurai 239, 259
Sand-Altar Frau 274
Sand Creek-Massaker 302
sangia-mama 78
San Michele Maggiore 373
Santa Maria de las Arenas 369
Santería 222

Sappho 391
Saqqara 352
sar-akka 78
Sarg 113, 289, 334, 335, 391
Sarpedon 144
Satene 364
Satet 337
satori 244
Satyrn 380
Sāwa-Berg 369
Schächten 353, 357
Schädelbestattung 102, 331 f.
Schaf 209
Schalensteine 367
Schalksnarr 423
Schallbecken 375
Schamanen 9, 17 ff., 29, 34 f., 36, 38 ff., 46, 47 f., 51, 59 ff., 71 ff., 83, 87, 89 ff., 110, 149, 170, 186, 215, 220, 232, 265, 267, 271, 273, 274, 278, 280 ff., 286, 293 f., 296, 305 ff., 312, 315, 319 ff., 324, 347, 375, 388, 397, 399, 406, 413, 425 ff.
Schamanenbaum 37, 75
Schamanenstab 89, 186, 319, 388 f.
Schamanentracht 305 f.
Schamanentrommel 38, 307, 320, 375, 389
Schamanenzerstückelung 239, 299, 324, 397
Schamhaar 222, 268, 348
Schamlippen 62, 220, 222, 289, 296, 361, 307
Schamschranken 413
Schamschurz 296, 315, 399
Schamspalte 76, 107, 211, 295, 325
Schenkelspreizen 203 ff., 310, 329, 347, 398 ff.
Schere 398
Schicksalsgöttinnen 370
Schierling 370
Schiff 118, 122, 125, 147, 189 ff., 354, 381, 411
Schifferstern 190
Schiffstandarte 121, 125
Schiiten 349

Schipapu 195
Schizophrene 258, 373
Schlange 89, 149, 179, 186, 223, 278, 342, 346, 350, 351, 360, 378, 384, 388, 411
Schlangengöttin 384, 396
Schleicher 200
Schlingen-Alte 313
Schmiede 375
Schmutz 42 f., 282
Schnecken 161, 277, 290, 325, 331
Schneemenschen 322
Schneewittchen 189, 401
Schnupfpulver 59
Schnurkeramiker 331
Schönes Fest vom Wüstental 337
Schwängerung 28, 36, 141, 399, 409
schwarz 103, 198, 379
Schwarze Medizin 27
Schwein 206 f., 401
Schweinemasken 206
Schwirrholz 298, 299, 380
Schu 119
Schutzgöttin d. Pharao 103, 346
Schwangerschaft 45, 54, 61, 72, 73, 76, 79, 157, 289, 349, 359, 368 f., 370 f., 401
Schwitzhütte 277 f.
Séance 40, 276
Sedna 39 f., 44 f., 49, 59, 282, 285 f., 322
Sedna-Mythos 282
Seehunde 41 f.
Seele(n) 20, 22, 319, 356, 378
Seelenbegleiter 375, 403
Seerose 186 f., 389 f.
Seetiere 39 ff., 59, 89, 281, 283
Seevögel 42 ff., 273, 276
Segensgeste 134, 147
Sehen 46, 89 f., 173 f.
Sehseh 103
Sein 201, 416
Seklusionshütten 400
Selbstdisziplin 269
Selbstmord 227, 257, 425
Selbstverständlichkeit 258 f.

Selene 392
Semele 354, 395
Semiramis 348
Sensorische Deprivation 47, 167
Sesambrötchen 259
Seßhaftigkeit 50, 97 f., 288
Setanej 141, 359
Seth 301, 337, 342
Sexualgeruch 202
Sexualmoral 267
Sheila-na-gig 205, 206, 398 f.
Siduri 345
Siegfried 153
Sigurð 153, 374
Silen 374
Sinai 349
Sinnan 414
Sirene 223, 225, 227, 411
Sireuil 62
Sistrum 336, 339, 342
Sittenstrolch 60
Śiva 140, 215 f., 239, 417
Skadi 377
Skelettdeponierung 81, 92
Skeptiker, pyrrhonische 256 f., 427 f.
skogsfru 278
Skordolakkia-Höhle 147 f., 363
Skotinó-Höhle 160 f., 371, 373
skotioi 371
Småland 206
Smohalla 57
Solutréen 75
Soma 355, 360
Sommeren 50
Sonne 23, 26, 27, 115, 129, 186, 270, 279, 280, 283, 292, 335, 339 f., 352 f.
Sonnenbarke 122
Sonnenbüffel 22 f.
Sonnengott 115 f., 189, 339, 353, 392
Sonnentanz 17 f., 20, 25, 163, 170, 266, 268, 270 f., 276, 278
Sonnentanzhütte 19, 24, 25, 29, 268, 276, 279
Sonnentanzpfahl 276 f., 279, 292

Sonnentanzpriester 18, 20, 23, 269
Sonnenwendfest 268, 279, 322
Sonorawüste 426
Sopdet 126, 128, 339
sosom-Ritual 31
Sothis 126
Source Balan 227
Southampton Island 43, 45
Sozialismus 421
Sparta 377
Speer 68
Speiseopfer 312
Spinnalte 78
Spirale 148 ff., 164, 211, 279, 363, 365, 373
Spiraltanz 150 f., 153, 154
Springbock 67
Springen 163, 170 ff., 175 ff., 184, 382
Squash 26, 27, 31, 324
śrāddhas 241
Stadt 99
Stalagmitengöttin 77, 99, 156 ff., 330, 377
Stalaktiten 52, 54, 99 f., 157, 290, 330
Stamm 97, 270, 288
Stammeseinheit 270
Stammutter 78
St. Anthonyfälle 27, 28
Steatopygie 76, 309
Stehlrecht 389
Steinbock 297, 376
Steinlämpchen 46 f.
Stellmoor 81, 314
Stéphanos 142, 190
Steppenjäger 124
Sterben 218, 293
Stern 113, 115 f., 126, 339, 392
Stier 99 ff., 113, 119, 124, 127, 128, 129 ff., 136 ff., 151, 175, 179, 182 f., 193, 331, 335 f., 339, 342 ff., 349 ff., 356 ff., 376, 385 ff., 394, 404
Stierbeutel 140, 355, 358
Stierfang 184, 388
Stiergestalt 138, 145, 386

Stiergott 124, 127, 129 ff., 141, 142, 180, 192, 349
Stierhörner 137, 349 f., 351 ff., 382
Stierkampf 344, 350, 383
Stier v. Marathon 135
Stierschädel 179
Stierspringen 175 ff., 358, 376, 383 ff.
Stierstatue 349
Stillen 79, 158, 173, 344, 349
Stonehenge 279
Stopfer 170
Straußenfeder 124
Strigholden 278
Strukturalismus 420
Stutengöttin 144, 180, 194, 361
Subjektlosigkeit 245, 247 f., 421
Substanzlosigkeit 238
śuddha-vāsanā 246
Sünde 406
Süße Medizin 27
Süße Stehende Wurzel 271
Suhuy Dzip 278
Sumna 45
śūnyata 238, 259
Supergu'ksoak 38, 39
svabhāva 238
Sykomore 123, 339

Tabakspfeife 22
Taiga 68 f., 75, 308
Takánakapsâluk 283
Taleju 140
Talisman 363
Tammuz 344, 376
Tantrismus 216 f., 269, 417, 423
Tanum 354
Tanz 9, 62, 75, 119 ff., 161, 170, 184, 129 f., 222, 282, 291, 294, 296 f., 298, 322, 338, 363, 365, 373 f., 380, 382, 408
tao 347
Tara 355, 360
Tarb Uisge 385
Taru v. Nerik 129, 130, 346
Tarxien 149, 210, 213, 330, 404
Tata 316

Taucher v. Paestum 391
Taurobolium 139, 358
Taurokathapsien 358
Taurusgebirge 101, 154
Taurushöhlen 99, 145, 330 f.
Tavogliere della Puglia 351
Tazzelwurm 385
Tefnet 119
Tegea 193
Telemach 180
Telipinu 379
Tellus 206
Telphusa 396
Temazcalteci 277
Temenos 147, 349
Tempel 211 f., 213 f., 335, 336, 404, 405 f.
Tempelprostituierte 129 f.
Tenedos 137
Terra Amata 288
Territorialität 97, 287
Teschimi 129
Teti 113
Teufel 373
Teufels Großmutter 282, 338
Tezcatlipoca 56
Thawwathenennetare 25
Theseus 135 f., 139, 142, 152, 160, 163, 165, 183, 189 ff., 239, 350, 373, 385, 391
Thelpusa 180
Theokratie 345
Thesmophorien 206 ff., 289, 400 f.
Thessalien 202
Thetis 374, 380, 392
Tholosgrab 330
Thor 355
Thoth 116, 342
Thron 147
Thronbesteigung 144
Thurid 164
Thutmosis I. 113, 116
Thyiaden 396
Tiamat 397
Tierschwanz 83
Tierseelen 35, 38, 39, 45, 59, 75, 77, 92, 307

Tierwanderungen 38, 49 f., 80, 97, 167, 287, 327
Tierzucht 11, 108, 400
Tiger 36, 315, 347
Tigerfrau 36, 85, 310, 315
Tigris 128
Timarchus 370
Tin 289
Tiout 69
Tipi 19, 81, 266, 270, 276, 279
Titanen 182, 353, 380, 386
tlacacàliliztli 70
Tlalocan 324
Tlaltecuhtli 333
Tlalteotl 70
Tlazolteotl 393
Tod 12, 79, 102, 113, 131, 138, 151, 164 f., 1772, 183, 189, 235, 238, 258, 316, 324, 345, 361, 364, 373, 387, 401, 416, 422, 425
Todesdämon 153, 365
Todesfurcht 199
Todesmeditation 239 f.
Todesrichtung 163, 372
Todessehnsucht 13, 223, 411
Töten, spirituelles 45, 292
Tötung 29, 67 f., 70, 135 ff., 151, 164, 272, 276, 282, 291, 300, 348
Togo 223, 227
togo mushun 75, 77, 78
Tomam 273
tombe a forno 212
Tomsivsi 17
tonal 253
Tonga'rsoak 39
torngaq 41
Totalitarismus 271
Totemtiere 219, 413
Totenbegleiterinnen 369
Totengöttin 44 f., 102 f., 149, 202, 209, 212 f., 223, 285, 299, 360 f., 364, 390, 399, 400
Totenkopfaffen 399
Totenreich 59, 395
Totenrichter 372
Totenschädel 216, 240

Totenseelen 39, 41, 45, 59, 170, 209, 281, 283, 293, 356
Totstellreflex 427
Toussaint-Abtei 373
Träume, erotische 390
Träumer 57
Tragliatella 363
Trance 223, 244, 299, 319, 320, 412
Transzendenz 236, 275
Transzendenzideologie 12, 275, 415
Trauerkleidung 194
Traumführer 388
Traumzeit 51, 54, 219, 324, 407, 409
Trickster 296, 390, 423
Trinkhorn 144, 164, 325, 360
Trip 252
Tripolje-Kultur 331
Triumphator 289
Trockenzeit 231, 287
Trojaburgen 152 f.
Trophonius-Höhle 370
tsehešetovatto 20
tsemaheonesvsts 274
Tsutsuros 371
Tuc d'Audoubert 55, 291
Tümmler 282
Türkis 115, 277, 335
Tugtut Igfianut 281
Tundra 49, 72, 97, 328
Tunnelerlebnis 308
Tuonela 215
Turii 202
Typhon 397

Überblendung 89 f.
Überflußgesellschaft 11
Übernatürliches 275
Ugarit 349
Uidji 94
Uinigumisuitung 39
Uitsataqangitsq 42
Ukraine 170, 313
Ullr 153
Ulster 144

Umbanda 222, 390, 411
Unaussprechliches 429
Unberührbare 416
Undine 227
Ungava Bay 38
Ungud 48, 89
Unsterblichkeit 138, 139, 202, 345, 347, 381, 391
Unterwelt 77, 129, 149, 151, 159, 163, 167, 171, 173, 178, 186, 188, 195, 198 f., 204, 211, 215, 278, 307, 311, 320, 328, 333, 335, 354, 363 ff., 370, 372 f., 375 f., 385, 388, 392, 397, 401, 403
Unterweltsgöttin 189, 202 f., 209, 335, 405
Unterweltsreise 35, 36, 38, 39 ff., 61, 71, 74, 75, 133, 151, 188, 190, 274, 283, 307, 319
Untreue 268
Unzucht 317
Urania 130
Urkuh 122, 339
Urmutter 45, 75, 80, 85, 108, 122, 170, 214, 219, 322, 348, 408 f.
Urnenfelderkultur 333, 401
Ursprung 216
Uruk 345
Usse 94
Uterus 36, 51, 54, 56, 59 ff., 78, 101, 111, 115, 159, 202, 211, 216, 219 ff., 277, 292, 293, 308 f., 333, 334, 395, 405 f., 407, 408
Uttar Pradesh 416
Uzume 399

de la Vache 63
Vădastra 213, 215
Vänämöinen 86, 215
Vagina 22, 35 f., 54, 61, 67, 87, 119, 126, 206, 247, 269, 277, 289, 292, 300, 324, 333, 348, 367 f., 395, 408, 417 f.
vagina dentata 348
Vaginalsekrete 418

Vaí-mahsë 59 f.
Vaí-mahsë mango 60 f.
Vajrayoginī 216
Val Camonica 363, 367
Vamp 348
Vaphio-Becher 388
Vaterschaft 304
Vegetation 17, 79, 100, 126, 128, 132 f., 135 ff., 144, 167, 170, 183, 194, 196, 207, 220, 327, 357, 362, 392
Vegetationsgeister 170, 171, 271
Vegetationsgöttin 77, 142, 151, 185 ff., 194 f., 198 f., 202, 273, 348, 372, 392 f.
Vegetationsgott 140, 142, 151, 153, 167, 171 ff., 185, 354 f., 365, 376, 381
Venus 309
Venusfigurinen 51, 75, 76, 78, 80, 81, 83 ff., 94, 99, 289 f., 308 ff., 315, 325, 329, 331
Vénus impudique 76
Venusmalereien 329
Venus v. Dolní Veštonice 77, 325
Venus v. Eliseeviči 80
Venus v. Enval 309
Venus v. Grimaldi 76
Venus v. Hohlenstein-Stadel 87
Venus v. Königsee-Garsitz 77
Venus v. Laugerie-Basse 51
Venus v. Laussel 51, 93 f., 295, 325 f.
Venus v. Lespugue 83 ff.
Venus v. Monpazier 76, 91, 92, 310
Venus v. Moravany nad-Váhom 76
Venus v. Oelknitz 77, 79
Venus v. Okvik 44 f.
Venus v. Parabita 325
Venus v. Riparo Gaban 98, 329
Venus v. Southampton Island 43, 45
Venus v. Tursac 325
Venus v. Willendorf 51, 80, 94, 296, 325
Venus v. Wisternitz 51

Verdienste 241
Vergessen 12
Vergewaltigung 131, 141, 142, 191, 194, 222, 268, 295, 300 f., 317, 326, 348, 399
Verhüllung 403
Verkehrte Welt 311
Verkleidung 75
Verlöschen 343, 418
Vermehrungsrituale 68, 80, 297
Vernopheto-Höhle 147 f., 155, 363
Versenkung 430
Versinken 363
Verstehen 430
Verstümmelung 301 f.
Vesta 368
Vestalinnen 368
Viehdiebstahl 385 f.
Vierge de la Maternité 369
Vietnamkrieg 302
viho 59, 293
Villars 321
Vinča-Kultur 196, 206, 289, 349
Vision 173, 244, 270, 276 f., 292, 419
Viśnu 227
Vögel 316
Vögeln 302
Vogelfrau v. Wittenbergen 316
Vogelherrin 273
Vogelmaske 89
Volksreligion 155, 366
Vollmond 37, 222, 227, 367
Voodoo 89, 225, 227, 390
Vorhäute 302
Vorspiel 412
Votivfiguren 371
votostoom 328
Vounous 349
Vulva 45, 54, 56, 67, 69, 79, 115 f., 126, 128, 131, 171, 187, 203 ff., 211 f., 270, 277, 296, 302, 303, 333, 335 f., 342, 359, 395 f., 398 f., 402, 404
Vulvendarstellungen 35, 51, 52, 54, 68, 76, 77, 79, 92, 94, 105, 149, 203, 223, 290, 291, 293, 308 f., 323, 330, 361, 364

Wâdi Hamamât 123, 124
Wâdi Menîh 338, 339
Waffen 300 f., 348, 375
Waffentanz 363, 375, 381
Wahnsinn 222, 227, 258, 353, 410, 429
Wahrheit 9, 244, 257, 267, 407
wakan 275
Walanganda 48
Wald 97, 328, 408
Waldgöttin 321
Waldgott 233, 321
Waldviertel 367
Walfänger 303
Walküre 360, 370, 404
Wallaby 231
Walroß 89
Walrossmutter 39 f., 282
Wanassa 360
Wanax 360
Wasserfall 27, 28
Wassergeist 81
Wassergott 128
Wasserjungfrau 220, 222, 410
Wasserlilie 389
Wasserschlange 83, 294, 409 f.
Wasserstier 385
Wate 410
Wauwalak 219, 410
Weinen, kultisches 133
Weisheit 216, 256
Weizen 98
Weltall 266
Weltenbaum 36, 167, 276, 278, 299, 388 f.
Welterneuerung 18 f., 25 f., 29, 328
Weltfluchtsideologie 12, 416, 418, 423
Wettergott 124, 129, 346, 353, 354
Wettkämpfe 357
Wicca-Kult 307
Widder 77, 101, 112, 171, 209, 331, 339, 366, 374, 376
Widderfell 374
Wiederbeleber 18
Wiedergeburt 102 ff., 116, 129, 149 f., 172, 201 f., 204, 212, 216, 220, 240, 269, 277, 310, 318, 332, 335 f., 356, 373, 379, 388, 400, 404, 416, 417, 423
Wigwam 25, 32
Wildbeuter 11, 31, 34, 35 ff., 54, 59, 76, 79, 98 f., 124, 154, 231 ff., 289, 323, 330, 340, 357, 408, 413
Wildfrau 34, 83, 275, 278, 369, 410
Wildgräser 98
Wildheit 130, 348
Wildkuh 123, 124, 332, 341
Wildnis 242 f., 278, 343, 372, 380
Wildpferd 49
Wildschaf 108, 274
Wildschwein 60, 97
Wildziege 148, 175, 321 f., 327, 330 f., 376
Winterbüffel 50
Winter Counts 25
Wirbeltanz 175
Wirikuta 272
Wirklichkeit 238, 256, 261, 275
Wissenschaft 13, 258 f., 429
Wissenschaftscredo 422
Wöchnerinnen 341
Wolf 278, 380
Wolfsfrau 36
Wolfshütte 266
Wolfskrieger 380 f.
Wolfspelz 381
Wollnashorn 49, 88, 321
Wondschina 48, 287
wonga:r 219
Woodhenge 279
Wunde 68, 303, 405
Wurfholz 303, 342 f.
Wurunschemi 129

Xemxija 210
Xipe Totec 70
Xoanon 194, 289, 372
xo'pini 20
x-tabai 278

yajé 293 f.
yaqui vinak 427

Yecacoatl 324
Yei Tecpatl 277
Yemajá Ibu Aro 222
Yeye omo-eja 222 f., 227
Yggr 365
yin u. *yang* 347
Yogin 12, 216, 247
yoni 310, 335 f., 247
Yule 206

Zärtlichkeit 301
Zagreus 353, 384
Zagros-Gebirge 348, 385
Zarpanitum 345
Zauber 233
Zauberlieder 358
Zauberstadt 421
Za-Zen 274, 419, 430
Zeit 239, 407
Zen 246, 248, 259 ff., 417, 421, 424 f.
Zentralisierung 413
Zentralpfeiler 25
Zerbrechen 320, 331
Zerynthia v. Samothrake 372
Zeugung 113, 128, 133, 141, 203, 218, 304
Zeus 138, 141, 142, 143, 145 f., 158, 171, 192, 193, 201, 203, 350, 354, 359, 360, 372, 378, 380, 381, 384, 386, 394, 397
Zeus Aktaios 353
Zeus Asterion 392
Zeus Kretagenes 142, 158, 161, 172, 179, 365, 374, 392
Zeus Labraundos 358, 362
Zeus Melissaios 378
Zeus Olbios 137
Zeus Osogoa 358
Zeus Polieus 136
Zeussäugling 173, 375, 379
Zeus Thenatas 158
Zhabán 322
Ziege 172, 175, 183, 322, 366, 376 f., 412
Ziegenfrau 376, 403
Ziqqurat 344
Zivilisationskritik 271
Zivilisationsprozeß 9, 236, 413
Zivilisationstheorie 233
Zombie 421
Zukunft 236
Zurückficken 405
Zweifel 429
Zweitbestattung 331 f.
Zweites Gesicht 277
Zwillingsgöttinnen 196 f., 393
Zynismus 13
Zypern 349, 356, 360

Ethnienregister

Aborigines 218 ff., 286, 318, 407 f.
Agta-Negritos 313
Ainu 312, 317
Aivilik 45, 58, 89
Akan 103
Akkader 392
Algonkin 25, 35, 36, 37, 52, 81, 266, 268, 271, 272, 275, 276, 278, 281
Altaier 311
Andamaner 310, 331
Apache 278
Aranda 51, 289, 324, 413
Arapaho 24 f., 268, 270, 271
Asmat 67, 332
Assiniboin 280
Atsina 268
Azteken 57, 277, 324, 346, 362, 368, 393, 427

Baffinland-Eskimo 282
Baiga 76
Bambara 400
Bambuti 121, 233 ff., 237, 313, 328, 408, 413
Basken 77, 387
Beaver 348
Berber 218
Birhor 313
Blackfeet 22
Bongo 280
Boro Gadaba 357
Bretonen 367, 399
Bulsa 411
Burjaten 79
Buschleute 65, 67, 94, 233, 280, 291, 298 f., 303, 328, 407

Chaa 273
Chamokoko 273
Cherokee 280, 357
Cheyenne 17 ff., 31 ff., 36, 37, 51, 66 f., 82, 163, 265 ff., 273 ff., 283, 288, 300, 302, 317, 319, 328, 428
Chiricahua 278
Chokwe 302
Chugach-Eskimo 281
Churriter 141
Cenél Conaill 144
Comanche 29, 68
Cree 317
Crow 292
Cuna 61

Dakota 265, 275, 280, 292
Danakil 302
Darden 216, 274, 321, 327, 379
Dayak 302
Desana 59 ff., 67, 110 f., 293 f., 388, 408
Dinka 119, 338
Dolganen 86, 313
Dorer 152, 157, 172, 363, 380

Efe 348
Enzen 314
Ersänen 379
Eskimo 39 ff., 49, 89 f., 232, 237, 281 ff., 311, 313, 315
Esten 86, 354
Etrusker 153, 289, 403
Evenken 68, 75, 77, 86, 297
Ewe 410 f.

Fang 214, 300
Fingo 221
Finnen 74, 86, 87
Fox 265
Ful 335

Gallier 402
Germanen 164
Gilbert-Insulaner 282
Golden 36, 83, 311
Gros Ventre 268
G/wi 232, 298

Hain//om 298
Hamar 383
Haussa 367
Hebräer 345, 401
Hethiter 129, 196
Hidatsa 37, 268, 272, 273, 277, 373 f.
Hopi 274, 382
Huichol 272, 414
Hukwe 94
Hunza 327

Iatmul 68
Iglulik 281
Ijaw 224
Ijèbú 224
Ilàje 224
Inka 356

Jakuten 86, 308, 313
Jemez 194
Jenisej-Ostjaken 305
Jukun 94
Jurak-Samojeden 81

Kabylen 94
Kaingang 294
Kalash 322
Kanaaniter 349
Kanarier 376 f.
Karajá 333 f.
Karelier 86, 313, 321
Karibu-Eskimo 281
Katchinen 79
Kelten 350
Kemi-Lappen 313
Keten 273, 308
Khond 416
Kilindi 69
Kiowa 268
Kishis 312
!Ko 62
Kol 76
Kola-Lappen 304
Konjagen 313
Korjaken 312
Kota 365

!Kung 67, 296, 298, 313, 328, 413
Kupfer-Eskimo 40
Kurumba 344
Kwakiutl 315, 406
Kxoe 65, 94

Labrador-Eskimo 38, 281
Lakandonen 278, 392
Lakota 265, 392
Lappen 78, 305, 312, 320, 393
Lenape 163
Lepchas 322
Letten 268
Lugbara 231
Luo 69

Magar 276, 319
Mahalbi 55, 67
Makuna 60
Malekula-Insulaner 151, 364, 365
Maluti 320
Mandan 20 ff., 27, 31, 37, 47, 268, 272, 273, 286
Maori 67, 348
Marind-anim 31
Maya 268, 278, 324, 333, 334, 346, 392, 427
Mazateken 426
Minoer 154, 183, 363
Mistassini 38, 281
Móiseo 276
Montagnais 38, 81, 280 f.
Mordwinen 379
Munda 303
Mundurukú 294, 348
Mykener 353, 360

Nanai 78
Naskapi 37 f., 81, 280 f.
Natchez 357
Navaho 36, 234, 274, 278
Negritos 314
Newar 140
Netsilingmiut 39, 283, 287
Nganasanen 71, 73, 314
Nuer 119
Nunamiut 313

Nunivak-Eskimo 281, 327
Nyansongo 401

Oglala 276
Ogoni 411
Okvik-Eskimo 44
Ongi 331
Orotschen 85
Ostjaken 81, 320

Papago 400
Paviotso 47
Pawnee 27, 28, 195, 266, 280, 357
Perser 67 f.
Philister 302
Phrygier 381
Piaroa 305
Pima 365
Pintubi 399
Pipil 92, 389
Pitjandjara 53, 54
Plains-Indianer 25, 29, 170, 268, 274, 328
Podkammenaja-Tungusen 313
Polar-Eskimo 45, 277
Polynesier 335
Pomo 54
Pueblo-Indianer 194, 270 f., 293, 312
Punjabis 347, 418
Pygmäen 121, 233, 234, 310

Römer, alte 283

Sac 265
Samojeden 81, 170, 285, 312, 313
Sarden 398, 400, 405
Schoschonen 270
Selkupen 321
Semang 357
Senufo 411
Seri 278
Shawnee 195
Singhalesen 300
Siona 294
Sioux 25, 66, 266, 272, 280, 283, 357

Skidi-Pawnee 29, 357
Slowenen 275
Smith Sound-Eskimo 324
Sumerer 344
Sutaío 17, 25, 26, 32, 265, 267, 271
Swasi 51, 138
Sym-Evenken 68

Tacana 294
Tallensi 362
Tapirapé 60, 300
Tartaren 261
Tasaday 304
Tasmanier 399
Tembu 220
Teton 273
Tewa 195, 274, 382
Thraker 149, 401
Tibeter 250
Tiembara 214
Tikopia 289
Tim 94
Tofa 305 f.
Tolteken 427
Tschuktschen 282
Tsistsistas 17, 25, 26, 29, 265 ff., 271, 273
Tswana 413
Tuareg 377
Tukano 293
Tundrajuraken 74
Tungusen 64, 66, 92, 307

Umeda 300
Unambal 89
Ungarinyin 48
Ungarn 307
Urdechen 78

Wa'napûm 57
Washo 220
Watussi 165
Wemale 151
Wishram 315

/Xam 94, 320

Yanktonai Dakota 25
Yanomamö 293, 300
Yaqui 213 f., 426 f.
Yaruro 273
Yimar 289

Yirrkalla 221
Yoruba 222, 348, 367

Zulu 332
Zuñi 194